Horst Hanusch · Thomas Kuhn

Einführung in die Volkswirtschaftslehre

Unter Mitarbeit von
Alfred Greiner und Friedrich Kugler

Mit 167 Abbildungen

Springer-Verlag

Berlin Heidelberg New York
London Paris Tokyo
Hong Kong Barcelona
Budapest

Prof. Dr. Horst Hanusch
Dr. Thomas Kuhn

Lehrstuhl für Volkswirtschaftslehre V
Universität Augsburg
Memminger Straße 14
W-8900 Augsburg

ISBN 3-540-53801-1 Springer Verlag Berlin Heidelberg New York Tokyo

Gesamtherstellung: Druckhaus Beltz, Hemsbach/Bergstraße
2142/7130-543210 – Gedruckt auf säurefreiem Papier

Vorwort

Jedes Lehrbuch dürfte sicherlich seine eigene Geschichte haben. Diejenige dieser »Einführung in die Volkswirtschaftslehre« ist schnell erzählt. Einer der Autoren, Horst Hanusch, übernahm im Wintersemester 1985/86 zum ersten Mal die einführende Veranstaltung in Volkswirtschaftslehre, die für alle Studenten der Wirtschaftswissenschaften an der Universität Augsburg angeboten wird. Natürlich tauchte sofort die Frage auf, auf welchen Lehrtext sich diese Veranstaltung gründen sollte. Im Sommer und Herbst desselben Jahres verbrachte der Autor einige Monate in den USA, an der University of Michigan in Ann Arbor. Dort hatte er ausgiebig Gelegenheit, sich mit den gänzlich neu bearbeiteten und soeben erschienenen Lehrbüchern von Samuelson/Nordhaus (Economics) und Baumol/Blinder (Economics) vertraut zu machen. Er war von der darin gewählten Aufbereitung und Darstellung des Lehrstoffes, insbesondere von dem didaktischen Instrumentarium der aggregierten Nachfrage und des aggregierten Angebots, so begeistert, daß er beschloß, seine Veranstaltung in Augsburg ebenfalls auf solchen Grundlagen aufzubauen.

Dies war der Beginn zu einem Lehrbuch, an dessen Ende nun die vorliegende »Einführung« steht. Der Einfluß, den die beiden, eben erwähnten textbooks, aber auch andere englischsprachige Lehrbücher, vor allem auf den makroökonomischen Teil ausübten, läßt sich nicht verleugnen, auch wenn die jährliche Folge der Lehrveranstaltungen in Augsburg die ursprüngliche Textvorlage doch ziemlich stark verändert hat. Worin also liegen die besonderen Ziele, die sich die Verfasser in diesem Buch gesetzt haben?

Zum ersten möchte das Buch dem Studenten immer wieder vor Augen führen, daß alle Aussagen, die die Volkswirtschaftslehre trifft, letztlich nur Lehrmeinungen darstellen. Es gibt keine einzige, allgemeingültige Konzeption, die den Anspruch erheben könnte, alles, was in der ökonomischen Wirklichkeit passiert, mit absoluter Sicherheit und Wahrheit ein für allemal erklären oder gar vorhersagen zu können. Es mag zwar unter den Ökonomen zu weitgehenden Übereinstimmungen in einzelnen Teilbereichen der Disziplin kommen - man nennt die daraus resultierende Richtung dann einfach »mainstream economics« - aber, dieser Konsens muß nicht für immer gelten. Neue Strömungen können bereits vorhandene alte verändern oder gar verdrängen. Für den Studierenden kommt es daher bereits zu Beginn seines Studiums darauf an, zu erkennen, daß es wichtig ist, zwischen Faktum und Lehrmeinung zu unterscheiden. Er sollte sich also die Fähigkeit aneignen, die verschiedenen wissenschaftlichen Vorstellungen, die nicht nur in der Theorie, sondern auch in der Politik von heute große Bedeutung haben, in ihrem Wesen zu erfassen und auf systematische und moderne Weise zu unterscheiden. Die Voraussetzungen hierfür möchte der vorliegende Text bereits beim Erstsemester schaffen.

Zum zweiten haben sich die Autoren bemüht, die Lehrinhalte in möglichst einfacher und verständlicher Art zu vermitteln. Als didaktisches Hilfsmittel dienen immer wieder Graphiken und Zahlenbeispiele, die auch aus der Praxis entnommen sind. Daneben wurde ganz bewußt auf Wiederholungen von Inhalten (in verschiedenen Abschnitten) zurückgegriffen.

Drittens setzten wir uns zum Ziel, den Umfang des Stoffes so einzugrenzen, daß man diesen ohne Schwierigkeiten in einem Wintersemester in einer 3-stündigen Vorlesung unterbringen kann.

Viertens wurde versucht, dem Studenten neben dem gängigen, gleichsam abgelagerten Lehrstoff auch einige Ausblicke zu vermitteln auf Lehrinhalte, die ihm in späteren Semestern vertieft begegnen werden. Aber auch auf theoretische Entwicklungen, deren Bedeutung für die zukünftige Lehre und Forschung sich gerade erst herausbildet, wurde im Rahmen des hier Möglichen eingegangen. Das gilt insbesondere für das 11. Kapitel zur makroökonomischen Relevanz der Phillips-Kurve.

Wir sind, fünftens, schließlich im Aufbau des Buches einen anderen als den sonst üblichen Weg gegangen, und haben den makroökonomischen Teil vor die mikroökonomische Theorie gestellt. Die Gründe dafür sind vielfältig, aber auf zwei möchten wir doch besonders hinweisen. Zum einen erscheint uns die Makroökonomik, auf moderne Weise präsentiert, für den Anfänger interessanter und leichter zugänglich zu sein. Man kann damit sicherlich das Interesse und die Begeisterung für das Fach schon frühzeitig, in den ersten Veranstaltungsstunden, wecken. Zum zweiten basiert die Mikroökonomie, wie sie heute gängigerweise gelehrt wird, auf Grundlagen, die allein der Klassik und Neoklassik entstammen. Das Gebiet zeichnet sich dadurch zwar durch eine ausgeprägte theoretische und analytische Stringenz aus, aber es besitzt damit auch einen so hohen Grad an Abstraktheit, daß ihm allzu oft der notwendige Bezug zur Realität verlorengeht. Gerade dieser Umstand läßt die Mikroökonomie für manches Erstsemester als überaus trocken und weltfremd erscheinen. Man sollte den Studenten daher, nach unseren Erfahrungen, mit diesem Stoff erst dann eingehender konfrontieren, wenn dafür die Verständnisgrundlagen in vorhergehenden Kapiteln bereits gelegt sind. In diesem Buch haben wir uns darum vor allem in den Kapiteln 1 und 3 bis 5 eingehend bemüht.

In ein Lehrbuch, dessen Entstehung sich über mehrere Jahre hinzieht, haben, direkt oder indirekt, natürlich nicht nur jene Personen Ideen und Vorstellungen eingebracht, die als Autoren auf dem Titelblatt erscheinen. Auch andere trugen ihren Teil zum Gelingen des Werkes bei. Zu erwähnen sind hier an erster Stelle Alfred Greiner und Friedrich Kugler, durch deren Mitarbeit das eine oder andere Kapitel erst seine endgültige Gestalt gewann. Herr Greiner kümmerte sich insbesondere um das Kapitel 9 (Angebotsorientierte Makroökonomik) und das Kapitel 12 (Internationale Makroökonomik). Herr Kugler arbeitete intensiv am Kapitel 11 (Die makroökonomische Bedeutung der Phillips-Kurve) mit. Beiden »Mitautoren« sei dafür und für ihre sonstigen Hilfestellungen bei der Abfassung des gesamten Textes besonders gedankt.

Aber auch Uwe Cantner, Markus Hierl, Klaus Norbert Münch und Karl-Heinz Weiss halfen dem Vorhaben immer wieder durch Ermunterung, Anregung und Diskussion zu neuem Schwung, wenn es zu stocken drohte. Wir danken ihnen dafür ebenfalls ganz herzlich.

Kein einführendes Lehrbuch kann wohl endgültige Gestalt annehmen, wenn nicht die Studenten, an denen der werdende Lehrtext gleichsam erprobt wird, durch ihre Reaktion, durch Zustimmung oder Ablehnung, durch Kritik oder Begeisterung die mündlichen Darlegungen desselben unmittelbar begleiten. Wir möchten uns daher vor allem bei den Studenten der Wirtschaftswissenschaften an der Universität Augsburg bedanken, daß sie so bereitwillig und geduldig durch ihren Besuch der einführenden Veranstaltung auch am Werdegang dieses Buches teilgenommen haben.

Nicht zuletzt gilt unser ganz besonderer Dank wieder einmal Monika Bredow, die mit nie nachlassendem Verständnis für die Probleme der Autoren die x-fachen Textvarianten der verschiedenen Kapitel immer wieder in den Computer brachte und dabei nie die Übersicht verlor, welche Fassung denn gerade die aktuelle und relevante war. Ihr gilt unser ganz besonderer Dank. Ebenfalls danken möchten wir Jochen Cantner, der die Druckvorlagen für den Verlag mit vorbereitete.

Möge dieses Buch dazu beitragen, die Faszination des Faches Volkswirtschaftslehre, das dieses gerade durch seine Vielschichtigkeit als Realwissenschaft auf viele ausübt, von Beginn an auch auf den erstsemestrigen Studenten zu übertragen.

Augsburg, im September 1991

Horst Hanusch
Thomas Kuhn

INHALTSVERZEICHNIS

Teil I: Grundlagen der Volkswirtschaftslehre

TEIL III: MIKROÖKONOMISCHE THEORIE

Teil I
Grundlagen der Volkswirtschaftslehre

1. Grundprobleme

1.1 Die Knappheit

Grundtatbestand allen menschlichen Wirtschaftens ist die **Knappheit**:

- die Knappheit der Güter, um die menschlichen Bedürfnisse zu befriedigen und
- die Knappheit der Ressourcen, die zur Produktion dieser Güter benötigt werden.

Die Volkswirtschaftslehre könnte man deshalb auch einfach als **"Lehre von der Knappheit"** oder, wie der Ökonom **H. Siebert** es ausdrückt, als die "Kunst des Mangels" beschreiben.

Knappheit entsteht, weil die vorhandenen Ressourcen auf der Erde nicht ausreichen, um die prinzipiell unbegrenzten Bedürfnisse der Menschen zu befriedigen. Sie muß nicht notwendigerweise große Armut oder einen Mangel an lebensnotwendigen Gütern bedeuten, auch wenn dies in Entwicklungsländern, bedauerlicherweise, heute noch oft zu beobachten ist. Knappheit meint vielmehr den **Verzicht** auf ein anderes oder mehrere andere Güter, oder jedenfalls auf bestimmte Mengen davon, wenn man von einem Gut mehr haben und konsumieren möchte.

Man muß sich nämlich vorstellen, daß die Erstellung eines jeden Gutes den Einsatz von Ressourcen erfordert, die nicht unbegrenzt verfügbar sind und die daher nicht noch einmal für die Produktion eines anderen Gutes verwendet werden können. Es besteht also eine **Verwendungskonkurrenz** der Güter **um knappe Produktionsfaktoren**, etwa um Boden, Kapital und Arbeit. Diese wiederum schlägt sich nieder in der Knappheit der Güter selbst, die letztlich dazu dienen, menschliche Bedürfnisse zu befriedigen.

Die Knappheit der Ressourcen und der Güter zwingt die Menschen und die Gesellschaft zu **wirtschaften**. Darunter versteht man den rationalen Einsatz der begrenzten Mittel, um damit möglichst viele Bedürfnisse abzudecken. Wären alle

Güter im Überfluß vorhanden - man spricht in diesem Fall auch von freien Gütern - dann müßte niemand über ihre bestmögliche Weise der Herstellung und Verwendung nachdenken. Und auch die Volkswirtschaftslehre würde mit dem Verlust ihres Erfahrungsobjektes mit einem Male völlig überflüssig werden.

Freie Güter gibt es jedoch nur selten, etwa Sand in der Sahara oder Eis in der Antarktis. Natürlich existieren sie auch in einer populären Wunschvorstellung der Menschheit, dem Schlaraffenland. So gesehen, ist das Wirtschaften ein Grundtatbestand der menschlichen Existenz, der darauf verweist, daß all das, was man zum Leben dringend braucht und manches andere, was das Dasein sonst noch lebenswert macht, erst erarbeitet und produziert werden muß.

Jede Gesellschaft, in welcher Ordnung sich ihr wirtschaftliches Handeln auch immer vollzieht, sieht sich dabei drei **grundlegenden Problemen** gegenüber, die man sehr eingängig mit den Fragen

- **"Was?"**,
- **"Wie?"**,
- **"Für wen?"**

charakterisieren kann.

1.1.1 "Was?"

Mit "Was?" wird gefragt, wenn man wissen will, welche Güter in welchen Mengen hergestellt werden sollen. Es geht hier also um die **Zusammensetzung der Güterproduktion** in einer Volkswirtschaft.

Jeder, der durch die Fußgängerzone einer größeren Stadt oder durch ein Kaufhaus geht, wird sicherlich von der Vielfalt der Waren angetan sein, die man dort anbietet, und er wird sich vielleicht wundern, warum es gerade diese Güter sind und nicht andere, die die Menschen benötigen und kaufen wollen. Im Angebot wird er auch viele Güter finden, die nur in Kombination mit anderen nützlich sind. So hätte es beispielsweise wenig Sinn, Kassetten und Schallplatten auf den Markt zu bringen, wenn es nicht auch die dafür benötigten Recorder und Abspielgeräte gäbe. Manche Güter wiederum vermögen andere vollständig oder teilweise zu ersetzen; man denke nur an das Beispiel Füllfederhalter und Kugelschreiber.

Weiterhin steht jedem Konsumenten zur Befriedigung eines ganz bestimmten Bedürfnisses in der Regel nicht nur eine Alternative zur Verfügung, er kann vielmehr unter einer Vielzahl von Möglichkeiten wählen. Diese Erfahrung machen beispielsweise alle, die sich für den Kauf eines Möbelstückes interessieren. Bei der Fülle der angebotenen Stühle und sonstigen Sitzgelegenheiten etwa den Überblick zu bewahren, mutet fast wie eine Herkulesarbeit an. Natürlich wird man oft auch feststellen müssen, daß ein gesuchtes Produkt nicht oder jedenfalls nicht in der Form, wie man es sich gerne wünschte, angeboten wird. Andere Güter wiederum haben einen so hohen Preis, daß man sich diese wohl nie wird leisten können.

Wäre es möglich, für alle Produktionsbereiche einer Volkswirtschaft eine genaue Warenstatistik zu führen, so könnte man dieser entnehmen, welche und wieviele Güter in welchen Mengen zur Verfügung stehen, wie sich also das gesamtwirtschaftliche Angebot strukturell zusammensetzt. Das so erkennbare, in der Realität anzutreffende Güterspektrum freilich würde immer noch nur eine von vielen Möglichkeiten aufzeigen, wie sich der Warenkorb einer Volkswirtschaft prinzipiell gestalten läßt. Diese Wahlfreiheit der Gesellschaft nämlich wird durch das Phänomen der Knappheit nicht völlig aufgehoben, sondern lediglich beschränkt. Ressourcen, die in die Produktion von privaten Luxusgütern wandern, werden in der Herstellung von staatlichen Leistungen fehlen und deren Angebot entsprechend eingrenzen. Jeder Beschäftigte, der in der Automobilherstellung arbeitet, kann nicht gleichzeitig voll im Maschinenbau tätig sein und dort zur Güterproduktion beitragen. Und jede Werkzeugmaschine, die in der Elektroindustrie eingesetzt wird, kann nicht nochmals für den Bau von landwirtschaftlichen Geräten verwendet werden.

1.1.2 "Wie?"

Mit "Wie?" wird die Frage aufgeworfen, auf welche Weise ein gewünschtes Gut produziert werden sollte. Ist nämlich über die gesamtwirtschaftliche Güterstruktur entschieden, muß man sich Klarheit darüber verschaffen, wie man jedes darin enthaltene Gut mit **möglichst wenig Ressourcenaufwand** und möglichst geringen Kosten erstellen kann. Meist gibt es mehrere Möglichkeiten der Kombination von Produktionsfaktoren und auch mehrere technische Verfahren, um ein gewünschtes Produkt hervorzubringen. So können etwa Möbel nach alter Handwerkstradition in Handarbeit gefertigt werden oder auch industriell, durch den intensiven Einsatz holzbearbeitender Maschinen. Überhaupt lassen sich allgemein eher **arbeitsintensive** und eher **kapitalintensive** Herstellungsweisen unterscheiden, wobei sich natürlich nicht alle Güter gleich gut für die eine oder die andere Produktionsform eignen.

Um die vorhandenen Ressourcen sparsam zu verwenden, sollte dasjenige Produktionsverfahren und diejenige Faktorkombination gewählt werden, die bei gegebenen Preisen der Produktionsfaktoren die **geringsten Kosten** verursachen. Denn, sobald man für ein Gut mehr Hilfsmittel als unbedingt nötig aufwendet, fehlen diese für die Güterherstellung an anderer Stelle in der Volkswirtschaft. Man könnte also hier Ressourcen einsparen, und diese dort zur Produktion bereits bekannter oder neuer Waren einsetzen, sofern Mitglieder der Gesellschaft dies als wünschenswert und nützlich ansehen. So betrachtet, wird mit der Frage nach dem "Wie?" zugleich die Forderung nach einer **effizienten** Produktion erhoben. Diese ist Voraussetzung dafür, daß Art und Menge der in einer Volkswirtschaft anbietbaren Güter möglichst umfangreich ausfallen.

1.1.3 "Für wen?"

Mit der Frage "Für wen?" wird das Problem der **Verteilung** der vorhandenen Güter angesprochen. Verteilung kann sich dabei beziehen auf einzelne Konsumenten, auf bestimmte soziale Gruppen, auf Regionen oder auch auf verschiedene Generationen in einer Gesellschaft. Jahr für Jahr bringt eine Volkswirtschaft eine ganz bestimmte Menge an Erzeugnissen hervor. Wer aber erhält diese Produkte, nach welchen Kriterien werden sie verteilt?

Wie wir wissen, sind die Ressourcen zur Produktion verschiedener Güter begrenzt und es besteht zwischen diesen eine Konkurrenz um die knappen Produktionsfaktoren. Folglich lassen sich nicht alle Bedürfnisse in einer arbeitsteiligen Volkswirtschaft befriedigen. Auf deren Märkten werden nur die Wünsche zum Zuge kommen, die mit **Kaufkraft** ausgestattet sind. Das heißt, Konsumenten müssen, wenn sie bestimmte Güter erwerben wollen, über das dafür notwendige Einkommen verfügen. So decken, beispielweise, die Bestellungen, die bei einem Versandhaus für einen Katalogartikel eingehen, keineswegs den gesamten Umfang an Bedürfnis ab, der in der Leserschaft des Katalogs vorhanden sein mag. Denn viele Kunden möchten den betreffenden Artikel zwar ebenfalls besitzen, haben aber nicht das erforderliche Einkommen, um ihn tatsächlich zu kaufen. Vielleicht geben sie ihr Einkommen auch für andere Güter aus, die ihnen noch wichtiger erscheinen oder die in ihren Augen billiger zu haben sind.

Einkommen bedeutet, so gesehen, also nichts anderes als den verbrieften **Anspruch auf einen Teil des Güterspektrums einer Volkswirtschaft**. Die Verteilung der Einkommen auf Personen oder Haushalte legt somit letzten Endes auch fest, wer in welchem Umfang welche Güter erhalten wird.

Wie wir in Kapitel 5 noch genauer sehen werden, beruht die Verteilung der Einkommen auf zwei grundlegenden Prinzipien,

- dem Leistungsprinzip
  und
- dem Bedürfnisprinzip.

Die Verteilung nach dem **Leistungsprinzip** läßt sich, vereinfacht ausgedrückt, damit rechtfertigen, daß jeder am Wirtschaftsprozeß Beteiligte über ein hohes Einkommen verfügen sollte, wenn er viel, und nur ein geringes Einkommen erhalten sollte, wenn er wenig zur Produktion beiträgt. Allerdings ist diese Sichtweise viel zu einseitig an der geleisteten Arbeitszeit orientiert. Einkommen hängt daneben auch vom Lohnsatz ab, also dem Stundenlohn, der sich am Arbeitsmarkt für bestimmte Tätigkeiten bildet und den der einzelne Arbeitnehmer mit seiner Arbeitsleistung kaum beeinflussen kann.

Ungeachtet dessen hat sich in der Volkswirtschaftslehre der Begriff des Leistungsprinzips weithin eingebürgert. Er steht für die Verteilung der Einkommen und damit auch der Ansprüche auf Konsumgüter, wie sie sich am Markt durch die Entlohnung der Produktionsfaktoren ergeben. Dies schließt neben dem Arbeitseinkommen auch jene Einkommensteile ein, die aus dem Einsatz von weiteren Produktionsfaktoren entstehen, also beispielsweise den Zinsen aus Kapitalbesitz oder den Mieten und Pachten für die Überlassung von Grundstücken und Gebäuden.

Nun gibt es viele Mitglieder in einer Gesellschaft, die nicht besonders leistungsfähig sind, etwa weil sie unter einer chronischen Krankheit leiden oder behindert zur Welt kamen. Deren Einkommen reichen natürlich nicht aus, um ihre persönlichen Bedürfnisse in vollem Umfang zu befriedigen. Für sie kann somit, aus Gründen der sozialen Gerechtigkeit, das Leistungsprinzip nicht zur Anwendung gelangen. Es muß ersetzt werden durch das **Bedürfnisprinzip**. Nach diesem erhalten unverschuldet benachteiligte Personen in einer Gesellschaft mehr Einkommen als sie selbst am Arbeitsmarkt und den anderen Faktormärkten erzielen können.

Um jedoch diesem Prinzip gerecht zu werden, muß eine **Umverteilung** der am

Markt erzielten Einkommen stattfinden. Dies ist Aufgabe des Staates, wie wir noch sehen werden (Kapitel 5), der Steuern erhebt und sie in Form von **Transferzahlungen** an die Bedürftigen weitergibt. Beispiele für solche Transferzahlungen gibt es viele in einem modernen Staatswesen, angefangen beim Kindergeld, dem Wohngeld, der Ausbildungsförderung bis hin zu den allgemeinen Leistungen der Sozialhilfe. Sie alle erfolgen aus dem öffentlichen Budget ohne jede Gegenleistung des Empfängers.

Mit Hilfe von Steuern werden auch **öffentliche Güter** finanziert, die nicht nur einem privaten Haushalt allein, sondern einer Vielzahl von Haushalten gleichzeitig Nutzen stiften können und für deren Inanspruchnahme man keinen Preis entrichten muß. Auch diese Güterform werden wir gleich noch näher kennenlernen.

Eine Umverteilung der Einkommen findet zudem durch die **Sozialversicherungsträger** statt, etwa die Arbeitslosenversicherung oder die Rentenversicherung. Sie erheben bei der arbeitenden Bevölkerung Zwangsbeiträge und verteilen diese dann an Arbeitslose und an Rentner, also ganz allgemein an bedürftige Personen.

1.1.4 Das Koordinationsproblem

Auch wenn wir soeben die Fragen nach dem "Was?", "Wie?" und "Für wen?" für sich allein betrachtet haben, müssen wir hier betonen, daß dies nur eine rein gedankliche Trennung sein konnte. Im täglichen Wirtschaftsprozeß nämlich sind alle ökonomischen Aktivitäten miteinander verwoben und hängen gegenseitig voneinander ab. Auch die Probleme, die wir mit den obigen Fragen ansprachen, lassen sich daher nur **simultan**, in der Gesamtheit lösen.

In der Realität müssen also andauernd Entscheidungen darüber gefällt werden, welche Güter in welchen Mengen an welchen Orten mit welchen Produktionsfaktoren herzustellen, wohin sie zu transportieren, wann sie zum Verkauf anzubieten oder gegebenenfalls zu lagern sind. Konsumenten erwarten, daß sie sich in ihrem Laden mit Brot, Fleisch, Obst und Gemüse in ausreichenden Mengen und in guter Qualität versorgen können, daß ihre Zeitung pünktlich erscheint und die meisten anderen Dinge des täglichen Bedarfs, aber auch langlebige Gebrauchsgüter jederzeit für sie vorhanden sind.

All dies stellt eine Volkswirtschaft natürlich vor eine enorme **Koordinationsaufgabe**. Die vielen einzelwirtschaftlichen Aktivitäten der Produzenten und die zahlreichen Wünsche der Konsumenten müssen so aufeinander abgestimmt sein, daß die Vorstellungen von allen Beteiligten möglichst in Erfüllung gehen. Dieses Problem der **Allokation**, wie man die Koordinationsaufgabe auch nennt, stellt sich für jede Gesellschaft, unabhängig davon, in welcher Ordnung sich ihr Wirtschaften vollzieht. Produktionsfaktoren müssen in die Verwendungen gelenkt werden, in denen sie den Konsumenten und der Gesellschaft am meisten nützen. Das heißt, man hat bei geringstmöglichem Aufwand diejenigen Güter in jenen Mengen und Qualitäten zu produzieren, die der einzelne zu kaufen wünscht. Um diese riesige Aufgabe zu lösen, gibt es zwei grundlegende Koordinationsmechanismen:

- die Marktwirtschaft
  und
- die Zentralverwaltungswirtschaft.

Die **Marktwirtschaft** ist charakterisiert durch dezentrale Wirtschaftspläne, welche die Konsumenten und Unternehmen autonom erstellen und mit denen sie unabhängig voneinander ihre eigenen Ziele verfolgen. Die Koordination dieser Pläne erfolgt auf Märkten durch den **Preismechanismus**, der den einzelnen Wirtschaftssubjekten Informationen über die Knappheit der Güter und der Produktionsfaktoren liefert.

In der **Zentralverwaltungswirtschaft** wird für die gesamte Volkswirtschaft ein zentraler Plan erstellt, der festlegt, welche Güter in welchen Mengen produziert und wie die Produktionsfaktoren auf die einzelnen Produktionsstätten verteilt werden.

Bevor wir jedoch auf diese beiden Wirtschaftsordnungen genauer eingehen, wollen wir uns zunächst nochmals die wichtigsten Begriffe ansehen und zusätzlich präzisieren, die wir bisher schon kennengelernt und verwendet haben.

1.2 Grundbegriffe

1.2.1 Konsum

Der **Konsum** von Gütern stellt eine wichtige und auffällige ökonomische Aktivität dar, vielfach wird er sogar als die wichtigste Tätigkeit überhaupt angesehen, der alle anderen unterzuordnen sind. Dahinter steht die Vorstellung, daß es das höchste Ziel des Wirtschaftens in einer freiheitlich orientierten Gesellschaft sei, die Bedürfnisse der einzelnen Gesellschaftsmitglieder zu befriedigen. Und allein der Konsum dient der Bedürfnisbefriedigung von Individuen und stiftet diesen Nutzen.

Dabei wird in der Volkswirtschaftslehre weitgehend davon abstrahiert, wie individuelle Bedürfnisse zustande kommen und welche Ziele, Wünsche, Vorstellungen oder auch Zwänge der menschlichen Existenz diesen zugrundeliegen. Man geht einfach davon aus, daß Bedürfnisse prinzipiell unbegrenzt auftreten und daß sie, sofern diese materieller Art sind, durch den Konsum von Gütern auch zufriedengestellt werden können. Eine Klassifikation der Güter wird in Abbildung 1.1 vorgenommen.

Abb. 1.1: Güterklassifikation

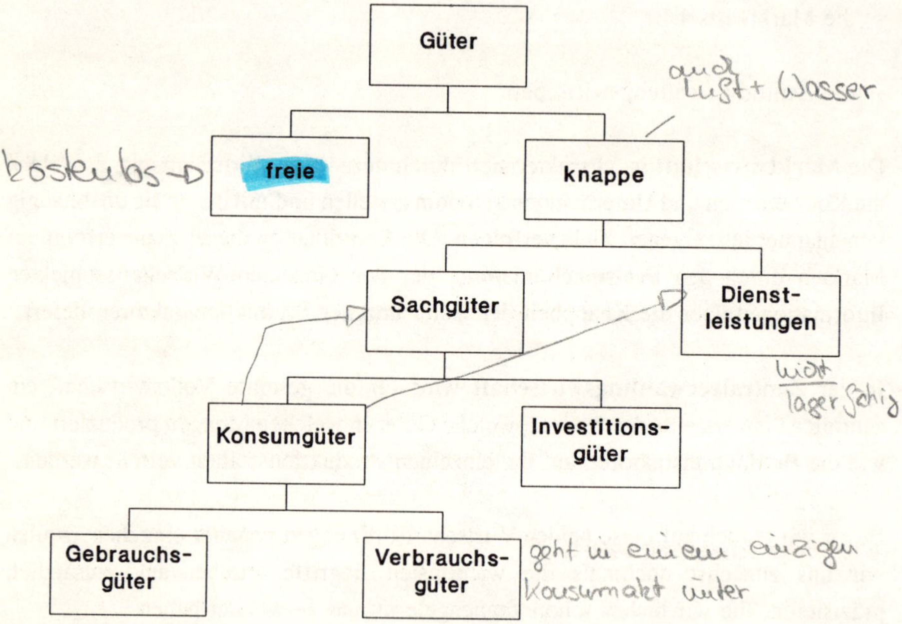

Freie und knappe Güter

Wie wir schon erwähnten, unterscheidet man zunächst nach der Begrenztheit ihres Vorhandenseins freie und knappe Güter.

Freie Güter stellt die Natur zur Verfügung, in der sie in nahezu unbegrenzter Menge vorkommen, wie etwa Luft oder Wasser. Man muß solche Güter nicht erst herstellen und deshalb verursachen sie auch keine Kosten. Zudem wäre niemand bereit, für ein nahezu unbegrenzt vorhandenes Gut etwas zu zahlen. Muß man andererseits für ein Gut einen Preis entrichten, so ist dies ein Indiz dafür, daß es nicht mehr als freies Gut auftritt.

Die meisten Güter sind nicht frei, sondern lediglich begrenzt verfügbar, weil man sie erst durch den Einsatz knapper Ressourcen nutzbar machen oder erstellen muß. Sie haben einen Preis, der sich aus Angebot und Nachfrage bestimmt und der ein Signal für ihre **Knappheit** darstellt. Je größer die Nachfrage nach einem Gut und je geringer sein Angebot ausfällt, desto knapper ist das Gut und umso höher wird daher dessen Preis sein.

Nun läßt sich beobachten, daß im Zuge der Industrialisierung in vielen Ländern ehedem freie sich in knappe Güter verwandeln, weil sie zu intensiv genutzt werden und dabei ihre natürlichen Eigenschaften verlieren. So haben insbesondere Luft und Wasser durch zunehmende **Verschmutzung** längst den Status knapper Güter angenommen. Wasser ist erst nach einer aufwendigen Reinigung und Aufbereitung wieder als Trinkwasser zu gebrauchen und die Ausgaben dafür machen heute, neben dem Aufwand für die Verteilung an die Haushalte, einen Großteil seines Preises aus. Auch die Luft scheint nur auf den ersten Blick noch ein freies Gut zu sein. Denn niemand braucht zwar für die Luft zum Atmen direkt zu zahlen, aber an vielen Orten ist diese schon so stark verunreinigt, daß dies insbesondere bei Kleinkindern und älteren Menschen zu Gesundheitsschäden führt, etwa zu Krankheiten wie Asthma oder Pseudokrupp. Für deren Linderung und Heilung entstehen heute bereits hohe Kosten.

Verursacher von Luftverschmutzung können sowohl Konsumenten wie auch Produzenten sein. Man denke an den Individualverkehr und an Hausfeuerungen auf der einen oder an Kohlekraftwerke und chemische Fabriken auf der anderen Seite. Sie alle müßten eigentlich zur Reinhaltung der Luft verpflichtet werden, etwa durch den Einsatz von Filtern oder von Katalysatoren. Bei den Verursachern würde dies natürlich zu Kosten führen, die dann als Preis der Luft zu betrachten wären. Wird Luft jedoch nach wie vor wie ein freies Gut behandelt, dann entstehen durch Verschmutzung die beobachtbaren Schäden und damit ebenfalls Kosten, die nunmehr aber nicht die Verursacher selbst, sondern andere betroffene Personen zu tragen haben. Auch auf diese, indirekte Weise kommt aber letztlich ebenfalls zum Ausdruck, daß Luft schon ein knappes Gut darstellt, das einen Preis hat. Wir werden auf diese Problematik in Kapitel 5, im Zusammenhang mit der Diskussion **externer Effekte**, noch genauer eingehen.

Konsum- und Investitionsgüter

Kehren wir zu den knappen Gütern zurück. Sie werden hergestellt, um die Bedürfnisse der Menschen zu befriedigen, entweder unmittelbar über den Konsum oder mittelbar über den Umweg der Produktion von anderen Gütern. Dementsprechend kann man Konsumgüter und Investitions- oder Kapitalgüter unterscheiden:

- Zu den **Konsumgütern** zählen alle Güter, die nicht der Produktion dienen, sondern direkt an den Endverbraucher gelangen.

- **Investitionsgüter** gehen zunächst in die Produktion ein und erhöhen, wie wir noch sehen werden, den Kapitalbestand von Unternehmen.

Ob ein Gut zur einen oder anderen Kategorie gehört, hängt also in erster Linie von seiner Verwendung ab. So kann ein Auto ein Konsumgut sein, wenn es für private Fahrten genutzt wird und ein Investitionsgut, wenn es einem Handelsvertreter für die Fahrten zum Kunden dient.

Konsumgüter wiederum lassen sich in **Sachgüter** und in **Dienstleistungen** einteilen. Sachgüter haben rein materiellen Charakter, während die Dienstleistung ein Produkt darstellt, das jemand durch den Einsatz seiner Arbeitskraft (und eventuell noch weiterer Produktionsmittel) erbringt und bei dem Erstellung und Konsum zusammenfallen. Dienstleistungen sind im Gegensatz zu Sachgütern auch nicht lagerfähig. Ein Kraftfahrzeug etwa oder Nahrungsmittel stellen Sachgüter dar. Eine Taxifahrt aber oder ein Essen im Restaurant sind Dienstleistungen, die von einem Taxifahrer oder von Köchen und allen sonst noch im Restaurant Beschäftigten für einen Kunden erbracht werden. Dabei spielt es keine Rolle, ob man dafür auch Sachgüter benötigt, in unseren Fällen etwa ein Automobil oder Nahrungsmittel. Ebenso ist natürlich ein Haarschnitt als eine Dienstleistung anzusehen, auch wenn dazu (neben anderen Dingen) zumindest noch eine Schere benötigt wird.

Private und öffentliche Güter

Nach dem **Grad ihrer Öffentlichkeit** kann man das Spektrum der Güter auch in

- private Güter
  und in
- öffentliche Güter

unterteilen.

Für den Grad der Öffentlichkeit sind dabei zwei Kriterien maßgebend, nämlich

- das Kriterium der **Rivalität im Konsum**
  und
- das Kriterium der **Ausschließbarkeit** potentieller Nutzer.

Ein **privates Gut** läßt sich in der Regel nur von einem Konsumenten nutzen und nicht gleichzeitig noch von anderen. Dies ist bei allen Verbrauchsgütern, die in einem einzigen Konsumakt untergehen, offensichtlich der Fall. Eine Banane oder einen Apfel kann immer nur einer verzehren und für alle anderen Konsumenten bleibt dann davon nichts mehr übrig. Auch langlebige private Konsumgüter, die sogenannten Gebrauchsgüter, können zwar mehrmals, jedoch immer nur von einer Person gleichzeitig genutzt werden. So vermag immer nur eine Person mit einem Staubsauger einen Teppich zu reinigen. Mit einem Automobil läßt sich immer nur ein Ziel ansteuern, um dorthin eine begrenzte Zahl von Personen zu befördern. Fahrgäste, die keinen Platz mehr finden, oder die ganz woanders hin wollen, müssen dann ein anderes Beförderungsmittel nehmen oder auf die gewünschte Fahrt verzichten.

Bei **reinen öffentlichen Gütern** hingegen haben wir es mit einem gänzlich anderen Sachverhalt zu tun. Solche Güter sind, zum einen, durch Nichtrivalität im Konsum charakterisiert. Dies bedeutet, daß sie von allen Konsumenten gleichzeitig genutzt werden können, ohne daß sich diese in ihren Konsummöglichkeiten gegenseitig beeinträchtigen. Klassische Beispiele dafür sind die Landesverteidigung, die Straßenbeleuchtung oder die Warnsignale des Leuchtturms an der Küste.

Vom Konsum eines reinen öffentlichen Gutes kann, zum anderen, auch niemand ausgeschlossen werden, weil dies entweder technisch überhaupt nicht möglich ist, wie bei der Landesverteidigung, oder weil es ökonomisch unsinnig wäre, da die Kosten des Ausschlusses in keinem Verhältnis stünden zu den Kosten für die Bereitstellung des öffentlichen Gutes. So macht es sicherlich keinen Sinn, bei Anbrechen der Dunkelheit alle Straßen abzusperren und nur noch diejenigen Personen durchzulassen, die eine Gebühr für die Straßenbeleuchtung entrichten.

Man könnte natürlich auch daran denken, Straßenlaternen mit einem kleinen Münzautomaten zu versehen, mit dem sich das Licht dann nur durch Einwerfen einer Münze einschalten ließe. Doch welcher Konsument wollte diese Regelung schon akzeptieren? Jeder würde vermutlich darauf warten, daß andere Passanten Münzen einwerfen und er somit kostenlos in den Genuß der Straßenbeleuchtung käme. Da die einzelnen Nutzer im Konsum nicht rivalisieren, sind sie auch nicht gezwungen, ihre **Zahlungsbereitschaft**, die an sich durchaus vorhanden wäre, **zu offenbaren**. Bei privaten Gütern dagegen müssen sie dies tun, denn sie kommen in den Genuß eines Gutes nur dann, wenn sie dafür ihre Präferenzen offenlegen und den entsprechenden Preis bezahlen. Alle anderen Konsumenten werden danach vom Ver- und Gebrauch des Gutes ausgeschlossen, allein schon aufgrund der Rivalität im Konsum. Der Preis dient hier also als Mittel zur Durchsetzung des Ausschlußprinzips, welches wiederum eine logische Konsequenz des Rivalitätsprinzips darstellt.

Im gesamten Güterspektrum einer Volkswirtschaft bilden das reine öffentliche Gut und das private Gut zwei polare Konzepte. Dazwischen liegt eine Reihe von Güterformen, die man gewöhnlich als **gemischte öffentliche Güter** bezeichnet. Auf sie treffen das Rivalitäts- und das Ausschlußprinzip nur teilweise zu. Wir wollen diesen Gütertypus hier jedoch nicht weiter vertiefen, sondern auf das gesamte Güterspektrum nochmals in Kapitel 5 zurückkommen und dort insbesondere die Frage behandeln, welche Güter eher am Markt und welche eher vom Staat bereitgestellt werden sollten.

Homo oeconomicus, gesellschaftliche Wohlfahrt und Sozialprodukt

In der Volkswirtschaftslehre werden Bedürfnisse, wie wir vorhin schon betonten, als prinzipiell unbegrenzt angesehen. Dem liegt ein Bild des Menschen als einer Art von Nimmersatt zugrunde, der möglichst viel für sich haben und verbrauchen möchte. Man spricht hier auch vom **homo oeconomicus**: Je mehr Güter ein Individuum besitzt und je mehr es von jedem Gut konsumieren kann, desto größer wird sein persönlicher Nutzen sein.

Ziel des Wirtschaftens in einer Gesellschaft ist jedoch nicht die Maximierung des Nutzens von einzelnen, sondern die Maximierung der **gesellschaftlichen Wohlfahrt**. Die gesellschaftliche Wohlfahrt, oder anders ausgedrückt, der gesellschaftliche Nutzen wird dabei als ein Aggregat der individuellen Nutzen angesehen - so auch in der älteren Wohlfahrtstheorie. Das Ziel des Wirtschaftens in einer Gesellschaft läßt sich demnach am einfachsten dadurch erreichen, daß man allen Gesellschaftsmitgliedern ein möglichst hohes Nutzenniveau ermöglicht. Da der individuelle Nutzen wiederum vom Konsum von Gütern abhängt, heißt dies gleichzeitig, daß die gesellschaftliche Wohlfahrt erhöht werden kann, wenn man die Güterproduktion und damit das Angebot in einer Volkswirtschaft steigert.

Die in einer Volkswirtschaft insgesamt hergestellten Güter kann man sich vereinfacht auch als Güterberg vorstellen, für den das **Sozialprodukt** einen in Geldeinheiten gemessenen Gegenwert darstellt. Um so das Sozialprodukt zu erhalten, muß man alle in einer Volkswirtschaft im Laufe eines bestimmten Zeitraums, meist eines Jahres, produzierten Mengen der einzelnen Güter mit ihren Preisen multiplizieren und aufaddieren. Da man den "Wert" eines Güterberges auf diese Weise besser erfassen kann als den Nutzen, den die darin enthaltenen Produkte bei den Konsumenten stiften, wird das Sozialprodukt zumeist auch als Indikator für die Wohlfahrt in einer Gesellschaft herangezogen. Denn bis heute gibt es noch keinen praktikablen Weg, individuelle Nutzen direkt zu messen und zur gesellschaftlichen Wohlfahrt zusammenzufassen. Dies erklärt unter anderem die herausragende Bedeutung, die dem Konzept des Sozialprodukts in Theorie und Politik beigemessen wird. Allerdings weist es in seiner Eigenschaft als Wohlfahrtsmaß einige gravierende Mängel auf, wie wir in Kapitel 6 noch sehen werden.

1.2.2 Produktion

In der Ökonomie beschäftigt man sich, wie wir nunmehr wissen, fast ausschließlich mit knappen oder, wie sie auch genannt werden, mit wirtschaftlichen Gütern. Knappe Güter fallen, wie wir zeigten, nicht wie Manna vom Himmel oder sind wie Sand in der Sahara im Überfluß vorhanden. Sie müssen erst durch den Einsatz begrenzt verfügbarer Ressourcen hervorgebracht werden. Nur knappe Güter sind dem **Wirtschaftlichkeits-** oder **ökonomischen Prinzip** unterworfen. Dieses kann in zweifacher Weise formuliert werden:

- Als **Maximalprinzip** verlangt es, bei gegebenem Ressourcenaufwand ein maximales Produktionsergebnis zu erzielen.

- Als **Minimalprinzip** erfordert es, ein bestimmtes Produktionsergebnis mit dem geringstmöglichen, das heißt minimalen Einsatz an Ressourcen hervorzubringen.

Betrachten wir also die Produktion von Gütern unter dem Aspekt des ökonomischen Prinzips noch etwas genauer.

Einfacher und mehrstufiger Produktionsprozeß

Unter **Produktion** wollen wir die Kombination von Produktionsfaktoren mit einer gegebenen Technologie zur Herstellung von Gütern und Dienstleistungen verstehen.

Kennzeichen der Produktion ist also die Kombination und Umwandlung von Produktionsfaktoren in einem Produktionsprozeß, aus dem heraus neue Güter entstehen. Die dabei eingesetzten Produktionsfaktoren bezeichnet man als den **Input**, und das Produktionsergebnis als den **Output** des Produktionsprozesses. Und die im Produktionsprozeß angewandten technischen und organisatorischen Verfahren werden **Technologie** genannt, wobei dieser Begriff alle Produktionsverfahren umfaßt, mit denen man ein bestimmtes Gut herstellen kann.

Die Technologie und das angewandte Produktionsverfahren selbst betrachtet die Volkswirtschaftslehre als sogenannte **"black box"**. Eine "black box" stellt, bildlich gesprochen, einen schwarzen Kasten dar, in dem die Zusammenhänge und Vorgänge, die für ein bestimmtes Ergebnis sorgen, verborgen bleiben. Wie der Produktionsprozeß abläuft und wie sich die technische und organisatorische Umwandlung der Produktionsfaktoren in neue Güter genau vollzieht, bleibt für den Ökonomen also im Dunkeln. Ihn interessieren nur die **mengenmäßigen Beziehungen**, die zwischen Input und Output bestehen.

Abb. 1.2: Die Produktion

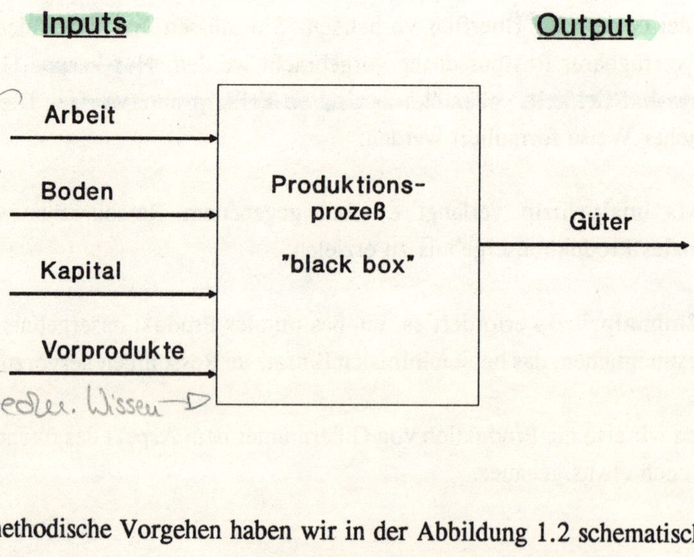

Dieses methodische Vorgehen haben wir in der Abbildung 1.2 schematisch veranschaulicht. Wir werden später sehen, daß man die Zusammenhänge, die zwischen dem Input und dem Output bestehen, auch noch durch eine mathematische Funktion, die sogenannte **Produktionsfunktion**, formal abbilden und graphisch darstellen kann.

Die Volkswirtschaftslehre hat also für die Produktion eine recht abstrakte Vorstellung entwickelt, die sich von den eigentlichen betrieblichen Produktionsvorgängen relativ weit entfernt. Der Produktionsbegriff umfaßt dabei nicht nur die Tätigkeiten zur Erzeugung eines neuen Produktes, sondern darüber hinaus auch alle weiteren Aktivitäten, die notwendig sind, um ein Gut zu konsumieren. Dazu gehört beispielsweise der Transport eines Gutes vom Großhändler zum Einzelhändler und die Auslieferung an den Konsumenten selbst. Denn für diesen ist etwa ein Möbelstück, das sich noch im Verkaufsraum eines Händlers befindet, ein anderes Gut als wenn es zuhause in seinem Wohnzimmer steht. Der Transport gehört demnach, volkswirtschaftlich gesehen, zur Produktion, auch wenn er vielleicht vom Käufer übernommen wird. Denn die Nutzung eines Möbelstücks, um bei unserem Beispiel zu bleiben, beginnt im Grunde erst beim Konsumenten in dessen Wohnung.

Der Produktionsbegriff schließt natürlich auch ein, daß die Produktion in **mehreren Stufen** erfolgen kann. Der Output einer Produktionsstufe wird dann wieder als Input auf der nächsten Stufe eingesetzt.

So kann die Herstellung eines Schrankes, zum Beispiel, als mehrstufiger Produktionsvorgang aufgefaßt werden, in dem auf der höchsten Stufe die verschiedenen Einzelteile zusammengeschraubt werden (manchmal sogar vom Verbraucher selbst). Diese Teile stellen ihrerseits wieder den Output eines vorgelagerten Produktionsprozesses dar, der sich ebenfalls als Beziehung zwischen Inputs und Output formulieren läßt. Der Unterschied zu oben besteht allein darin, daß der Output diesmal als Vorprodukt für eine nachgelagerte Produktionsstufe dient. Da jedoch auch Vorprodukte durch die Kombination von Produktionsfaktoren entstehen (gegebenenfalls unter Verwendung anderer Vorprodukte, die ihrerseits wiederum mit Produktionsfaktoren erzeugt werden, etc.), läßt sich die Produktion jedes Gutes letztlich auf den Einsatz von Produktionsfaktoren zurückführen.

Man sollte in diesem Zusammenhang vielleicht noch beachten, daß Güter, die in einem mehrstufigen Produktionsprozeß Vorprodukte für ein bestimmtes Konsumgut darstellen, selbst auch Endprodukte sein können. Kaufen Konsumenten zum Beispiel Schrauben, dann gelten diese als Konsumgut, selbst wenn sie für die häusliche Eigenproduktion eines Möbelstücks benötigt werden. Finden sie hingegen in der

Möbelindustrie Verwendung, dann hat man es eindeutig mit Vorprodukten zu tun.

Nach der Betrachtung der Outputseite wollen wir nun auf die **Produktionsfaktoren** etwas näher eingehen. In der Volkswirtschaftslehre unterscheidet man traditionell zwischen den Faktoren **Arbeit**, **Boden** und **Kapital**. Heute zählt man auch das **technische Wissen** hinzu, also alle Kenntnisse über Produktionsverfahren und Organisationsmöglichkeiten.

Arbeit

Arbeit wird in der Volkswirtschaftslehre definiert als jede menschliche Tätigkeit, die auf die Befriedigung der Bedürfnisse anderer Personen gerichtet ist. Man faßt sie als eine homogene Größe auf, die in Arbeitsstunden gemessen und mit dem Lohnsatz, als Preis für eine Arbeitsstunde, bewertet wird. Daher gilt der Produktionsfaktor Arbeit als weitgehend austausch- und in verschiedene Verwendungen transformierbar. In der Realität freilich dürfte diese Eigenschaft nur begrenzt zum Zuge kommen, weil für verschiedene Tätigkeiten gänzlich unterschiedliche Qualifikationen und Kenntnisse erforderlich sind. Solche Unterschiede finden insbesondere das Interesse der Arbeitsmarkttheorie und -politik.

Der Charakter von Arbeit hat sich im Laufe der Jahrhunderte entscheidend gewandelt und in Richtung einer zunehmenden **Spezialisierung** verändert. Kennzeichen von entwickelten Gesellschaften ist daher heute eine ausgeprägte **Arbeitsteilung**. Diese läßt sich in erster Linie mit den damit einhergehenden Produktivitätssteigerungen begründen und rechtfertigen. In dem Zusammenhang informiert dann die **Arbeitsproduktivität** darüber, welche Outputmenge eines bestimmten Gutes, oder welchen Output in der gesamten Volkswirtschaft, man mit einem bestimmten Arbeitsinput erzeugen kann.

Spezialisierung entsteht zunächst einmal durch die Herausbildung verschiedener Berufe. Eine Person oder ein Haushalt erzeugt dann nur noch einen Teil der benötigten und gewünschten Güter selbst. Der andere Teil wandert nicht mehr in den Eigenbedarf, sondern deckt zusätzlich den Bedarf von anderen Personen oder Haushalten ab. Im Gegenzug, oder anders ausgedrückt, im **Tausch** kann dann unser Haushalt von anderen die Güter erhalten, die er nicht mehr selbst erstellt. Ein solcher Tausch kommt auch deshalb zustande, weil er offensichtlich für beide Partner Vorteile mit sich bringt. Spezialisierung nämlich geht einher mit einer größeren beruflichen Geschicklichkeit und diese läßt die Arbeitsproduktivität entsprechend ansteigen. Dies wiederum bedeutet, daß nunmehr von allen betrachteten Gütern mit dem gleichen Arbeitseinsatz mehr hervorgebracht werden kann, und daher auch jeder Tauschpartner, nach dem Gütertausch, mehr konsumieren kann als zuvor.

Im Zuge der Industrialisierung und mit dem Aufkommen der **Fabrikarbeit** haben Arbeitsteilung und Spezialisierung immer weiter zugenommen und bestimmen heute den Fertigungsprozeß moderner Volkswirtschaften. Während früher, in Zeiten der Handarbeit, noch jeder alle Arbeitsvorgänge selbst beherrschte und auch ausführte, die zur Herstellung eines Produktes notwendig waren, wird im Zeitalter der fabrikmäßigen Fertigung der Produktionsvorgang in zahlreiche Einzelschritte zerlegt und jeder dieser Teilschritte wird nur noch von dafür spezialisierten Arbeitskräften erledigt. Die Montage eines Automobils mag hierfür ein gutes Beispiel abgeben. Jeder Arbeiter übernimmt darin eine ganz bestimmte Tätigkeit, die er im Laufe eines Arbeitstages immer wieder vollführt. Er kann dadurch eine große Geschicklichkeit und Fertigkeit entwickeln, was wiederum der Produktivität seines Arbeitseinsatzes zugutekommt. Die Nachteile einer derart hochentwickelten Spezialisierung liegen auf der Hand. Der einzelne sieht sich lediglich als Teilchen eines monotonen Arbeitsablaufs. Er vermag den Sinn seiner Arbeit nicht mehr in vollem Umfang zu erkennen, da ihm der Gesamtbezug zum hergestellten Produkt fehlt.

Auch die mehrstufige Produktion, wie wir sie oben kennenlernten, stellt eine Form der Arbeitsteilung dar. So ist ein Automobilunternehmen in der Endmontage eines Fahrzeugs auf eine Vielzahl von Vorprodukten und Vorleistungen aus anderen Unternehmen angewiesen. Auf diese Weise entsteht eine ausgeprägte Verflechtung zwischen Erzeugern in verschiedenen Produktionsbereichen. Es kommt zu einer engen gegenseitigen Abhängigkeit, die man als besonderes Kennzeichen einer modernen, industriell entwickelten Volkswirtschaft ansehen darf.

Boden

Unter dem Produktionsfaktor Boden versteht man traditionell zunächst einmal die fruchtbare Ackerfläche, auf der **landwirtschaftliche Produktion** stattfindet.

Boden dient daneben aber auch als **Standort** für Handwerks-, Industrie- und Dienstleistungsbetriebe.

Schließlich zählen zu diesem Faktor auch die abbaubaren **Rohstoffe und Bodenschätze**, wie überhaupt alle **Gaben der Natur**, etwa die Vorzüge des Klimas, der geographischen Lage, der Topographie und der Gewässer, sofern sie die Produktion eines Gutes befördern oder erst ermöglichen. Man denke nur an die Gewinnung von Wind- und Sonnenenergie, den Fischfang und den Fremdenverkehr.

So gesehen ist der Faktor Boden im weitesten Sinne mit der **natürlichen Umwelt** gleichzusetzen. Die Umwelt aber dient heute nicht nur als Energie- und Rohstofflieferant, sondern sie fungiert zunehmend auch als Organ zur Aufnahme von Abfällen und von Schadstoffen. Sie wird dabei in einem kaum für vorstellbar gehaltenen Maße selbst geschädigt und verbraucht, was wiederum bedeutet, daß sie ihre Eigenschaften als Konsumgut, als gegebener Lebens- und Erholungsraum des Menschen weitgehend einzubüßen droht. Dies erscheint umso besorgniserregender, als der Mensch heute mehr denn je auf seine natürlichen Lebensgrundlagen angewiesen ist. Hier besteht also ein ausgeprägter Zielkonflikt zwischen "Güterproduktion" auf der einen und "Bewahrung der Natur" auf der anderen Seite. In der Öffentlichkeit rückt dieser Gegensatz zwischen Ökonomie und Ökologie zunehmend in das Zentrum der politischen Diskussion.

Kapital

Unter Kapital versteht die Volkswirtschaftslehre alle **produzierten Güter**, die nicht konsumiert werden, sondern wieder in die Produktion eingehen. Dazu gehören Geräte, Werkzeuge, Maschinen oder ganze Betriebsstätten. Der Kapitalbegriff beinhaltet daneben alle Vorräte, also die Lagerbestände, die schon produziert, aber noch nicht konsumiert sind. Keinesfalls darf man darunter aber das Geldvermögen subsumieren. Kapital meint vielmehr immer nur das Sachkapital oder, mit anderen Worten, das **Realkapital** in einer Volkswirtschaft. Diese Abgrenzung wird sofort einsichtig, wenn man weiß, wie Kapital überhaupt entsteht.

Die **Kapitalbildung** erfolgt durch

- Sparen
  und
- Investieren.

Sparen heißt, daß Konsumenten darauf verzichten, einen Teil der Güter zu verbrauchen, die in einem bestimmten Zeitraum insgesamt produziert wurden. Dieser Konsumverzicht setzt Ressourcen frei, die man für die Produktion von Investitionsgütern verwenden kann.

Werden diese Güter dann in einem Unternehmen eingesetzt, indem sie entweder im Produktionsprozeß bereits abgenutzte Produktionsmittel ersetzen oder den vorhandenen Kapitalbestand erweitern, so liegt eine **Investition** vor.

Konsumenten werden Konsumverzicht jedoch nur leisten, wenn dadurch später ein für sie höherer Konsum herauskommt als dies bei einer Produktion des "Von der Hand in den Mund" der Fall wäre. Denn Investitionen, und die damit verbundene Kapitalbildung für die Zukunft, bedeuten immer auch einen zeitraubenden **Produktionsumweg**. Dieser muß sich in ihren Augen lohnen, andernfalls sind sie zu dem dafür notwendigen Schritt des Verzichts nicht bereit. Denn man darf wohl annehmen, daß Konsumenten stets den vorhandenen Konsum in der Gegenwart einem unsicheren in der Zukunft vorziehen.

Die Beziehungen zwischen Kapitalbestand und Investitionen lassen sich auch in Form einer Gleichung ausdrücken. Darin stellt das vorhandene Kapital eine **Bestandsgröße** dar, die jeweils zu einem bestimmten Zeitpunkt, meist am Anfang oder Ende einer Periode, ermittelt wird. Die Investitionen dagegen verkörpern eine **Stromgröße**, die sich über die ganze Dauer einer bestimmten Periode erstreckt. Der Kapitalbestand zum Ende einer Periode K_{t+1} ergibt sich somit aus dem **Anfangsbestand** K_t, zu Beginn der Periode, und den in der Periode selbst getätigten **Nettoinvestitionen** I_n, die den Anfangsbestand in der Regel erhöhen:

$$K_{t+1} = K_t + I_n \ .$$

Die Nettoinvestitionen geben also den Zuwachs des Kapitalbestands an. Man ermittelt sie als Differenz zwischen den sogenannten

- **Bruttoinvestitionen** I_{br}, das sind alle in einer Periode getätigten Investitionen, und den
- **Ersatzinvestitionen**, die den Kapitalbestand nicht erhöhen, sondern nur die verbrauchten Kapitalgüter ersetzen.

Den monetären, also in Geldeinheiten gemessenen Gegenwert des verbrauchten Kapitals nennt man **Abschreibungen** D.

Wir können also nunmehr schreiben:

$$I_n = I_{br} - D \ ,$$

Nettoinvestitionen = Bruttoinvestitionen - Abschreibungen.

1.3 Wirtschaftsordnungen

Jede Gesellschaft, die wirtschaftet, sieht sich dem gewaltigen Problem der Koordination der einzelwirtschaftlichen Aktivitäten gegenüber, jener Aufgabe also, die wir mit den Fragen "Was?", "Wie?", "Für Wen?" und den Interdependenzen zwischen diesen charakterisiert haben.

Die Aktivitäten der einzelnen Wirtschaftssubjekte sind auf vielfache Weise miteinander verwoben und verflochten. Man hat es mit einer Vielzahl und Vielfalt von Personen und Unternehmen, Zielen, Produkten, Produktionsverfahren und Produktionsfaktoren zu tun, die unter persönlichen, räumlichen, zeitlichen, quantitativen und qualitativen Aspekten aufeinander abgestimmt werden müssen. Gelingt diese Koordination nur unvollkommen, dann hat dies für die gesamte Volkswirtschaft Effizienzverluste zur Folge.

Die Effizienz in der Koordination, indessen, darf man nicht von vornherein als selbstverständlich ansehen, sie hängt ab von der gewählten **Wirtschaftsordnung**. Je nachdem, wie diese ausgestaltet ist, wie ihre einzelnen Elemente aussehen, wird die Koordination besser oder schlechter funktionieren. Es wird also ein Ordnungsrahmen benötigt, in dem der Wirtschaftsprozeß effizient ablaufen kann und in den sich die einzelnen wirtschaftlichen Aktivitäten optimal einfügen. Für eine solche Wirtschaftsordnung gibt es, wie wir schon kurz erwähnten, grundsätzlich zwei Modelle, die **Marktwirtschaft** und die **Zentralverwaltungswirtschaft**. Beide sind heute jedoch in reiner Form nirgendwo mehr anzutreffen. Betrachten wir zunächst die marktwirtschaftliche Ordnung.

1.3.1 Marktwirtschaft

Die Marktwirtschaft ist charakterisiert durch eine Vielzahl von autonomen Entscheidungsträgern, die Pläne über ihre wirtschaftlichen Aktivitäten aufstellen. Die Koordination der einzelwirtschaftlichen Pläne erfolgt dann auf Märkten durch den Preismechanismus, der die divergierenden Vorstellungen in Übereinstimmung bringt. Sehen wir uns diese Zusammenhänge noch etwas genauer an.

Wirtschaftliche Entscheidungsträger oder **Wirtschaftssubjekte** sind in der Marktwirtschaft

- die privaten Haushalte

und

- die Unternehmen.

Haushalte erstellen Pläne über ihren Güterkonsum und über ihr Angebot an Produktionsfaktoren, zum Beispiel ihren Arbeitseinsatz oder ihre Ersparnis, die den Vermögensbestand erhöht. Diese Pläne äußern sich auf den Gütermärkten als **Güternachfrage** und auf den Märkten für Produktionsfaktoren als **Faktorangebot**. Indem Haushalte Produktionsfaktoren besitzen und diese den Unternehmen zur Verfügung stellen, beziehen sie dafür ein Faktoreinkommen, zum Beispiel Löhne und Gehälter, die sie wieder für den Kauf von Konsumgütern verwenden oder sparen können. Die Konsumgüter wiederum dienen der Bedürfnisbefriedigung von Individuen und stiften diesen einen Nutzen. Dabei ist es das Ziel der Konsumenten, wie wir bei der Abhandlung des "homo oeconomicus" schon ausführlich darlegten, den eigenen Nutzen zu maximieren. Konsumenten in der Marktwirtschaft orientieren sich in ihren Plänen also ausschließlich an ihren eigenen Interessen.

Unternehmen haben in einer Marktwirtschaft die Aufgabe, Güter zu produzieren. Sie erstellen Pläne über ihre Güterproduktion, die dann auf den Gütermärkten als **Güterangebot** erscheint. Durch den Verkauf der Güter erzielen sie Einnahmen, mit denen sie auf den Faktormärkten die Produktionsfaktoren kaufen können, die sie zur Herstellung benötigen. Die Nachfrage der Unternehmen nach Produktionsfaktoren, insbesondere nach Arbeitsleistungen und Kapital, bildet auf den Faktormärkten die **Faktornachfrage**. In ihren Plänen verfolgen die Unternehmen, genau wie die Konsumenten auch, ausschließlich ihre eigenen Ziele. In den meisten Fällen besteht das Ziel allein darin, einen möglichst großen Gewinn zu erwirtschaften. Dieser ergibt sich, wie wir ebenfalls bereits wissen, aus der Differenz zwischen den Einnahmen, die das Unternehmen für seine Produkte erzielt, und den Kosten, die bei der Produktion durch die Entlohnung der Produktionsfaktoren anfallen.

Da Haushalte und Unternehmen in einer Marktwirtschaft jeweils ihre eigenen Ziele verfolgen, wäre es rein zufällig, wenn ihre Pläne übereinstimmten. Die unterschiedlichen Interessen jedoch werden auf Märkten koordiniert und ausgeglichen. Dies geschieht durch den **Preismechanismus**. Der Preis eines Gutes oder eines Produktionsfaktors richtet sich, grob gesprochen, nach **Angebot** und **Nachfrage**. Er fällt umso höher aus, je geringer das Angebot und je höher die Nachfrage ist, und er bleibt umso niedriger, je höher das Angebot und je niedriger die Nachfrage ist.

In jedem Falle aber sorgt der Preis für die Übereinstimmung von angebotener und nachgefragter Menge eines Gutes. Man nennt ihn deshalb auch **Gleichgewichtspreis**. Bei diesem Preis können die Konsumenten die von ihnen gewünschte Menge eines bestimmten Gutes kaufen und die Produzenten können die von ihnen angebotene Menge auch verkaufen.

An den Preisen wiederum, die sich auf den verschiedenen Märkten bilden, richten sich die Pläne der einzelnen Wirtschaftssubjekte aus. Von ihnen hängt nicht nur das Einkommen der Konsumenten, ihre Kaufkraft und ihre Konsummöglichkeiten ab. Sie bestimmen auch als Faktorpreise die Produktionskosten der Unternehmen. Preise und Preisbewegungen signalisieren zudem Knappheit von Gütern und Produktionsfaktoren und geben so die notwendigen Informationen für die Erstellung von Plänen weiter. Preise bilden also den wirtschaftlichen Orientierungsrahmen für die Haushalte und Unternehmen und damit auch die Grundlage von Angebot und Nachfrage auf Märkten. Die einzelwirtschaftlichen Pläne schließlich beeinflussen ihrerseits die Preise, so daß letztlich, mit Hilfe des Preissystems, ständig Pläne an Preise und Preise an Pläne angepaßt werden.

Haushalte und Unternehmen verfolgen, wie wir eben schon erwähnten, in ihren wirtschaftlichen Aktivitäten ausschließlich **eigene Interessen**:

Haushalte entscheiden autonom über ihr Arbeitsangebot, ihre Ersparnisse und den Güterkonsum. Niemand schreibt ihnen vor, welche Güter sie zu kaufen und zu konsumieren haben. Einmal erworbene Güter stellen ihr privates Eigentum dar, das ausschließlich dazu dient, auf Güter- und Faktormärkten die eigenen Bedürfnisse möglichst gut zu befriedigen. Auf diese Weise erhalten die Haushalte einen starken Leistungsanreiz. Gleichzeitig erwächst aus dem Selbstinteresse aber auch eine Selbstkontrolle zu wirtschaftlichem und rationalem Handeln.

Unternehmen entscheiden autonom über Güterangebot, Faktornachfrage und Investitionen. Diese Autonomie gründet sich in erster Linie auf das **Privateigentum an Produktionsmitteln**, insbesondere an Kapital, das es den Eignern erlaubt, die darin gebundenen Produktivkräfte dort einzusetzen, wo sie die höchste Rentabilität, das heißt die höchste Verzinsung erwirtschaften. Die nach Abzug aller entstandenen Kosten verbleibenden Gewinne stehen in der Regel ebenfalls voll den Kapitaleignern zu. Deshalb sind diese auch an einem möglichst hohen Gewinn interessiert, was wiederum einen starken Leistungsanreiz bedeutet. Denn Gewinne stellen für Kapitaleigner letztlich ja nichts anderes als Einkommen dar, das diese für Konsum und Bedürfnisbefriedigung verwenden können.

Wenn nun aber alle Wirtschaftssubjekte ausschließlich nur ihre eigenen Interessen verfolgen, wie kann dann erreicht werden, daß sich das Einzelinteresse nicht auf Kosten des Gemeinwohls durchsetzt? Wie läßt sich verhindern, daß stärkere Wirtschaftssubjekte sich nicht zu Lasten von schwächeren Vorteile verschaffen, die nicht auf Leistung, sondern auf ökonomischer Macht beruhen? Wir haben vorhin gesagt, daß die egoistisch motivierten Aktivitäten der Wirtschaftssubjekte auf Märkten koordiniert werden. Voraussetzung für die Wirksamkeit des Marktmechanismus jedoch ist ein funktionierender **Wettbewerb**. Erst der Wettbewerb auf Märkten stellt sicher, daß die einzelwirtschaftlichen Intentionen auch dem gesamtwirtschaftlichen Interesse entsprechen und damit dem Gemeinwohl unterworfen werden. Wie aber funktioniert dieser Wettbewerb?

Zunächst einmal findet am Markt eine **Kontrolle durch die Konsumenten** statt. Unternehmen können nur die Produkte verkaufen und damit ihre Existenz sichern, für die ein wirklicher Bedarf besteht. Durch die Pläne und Entscheidungen der Konsumenten werden auch die Produktionsfaktoren in die Verwendungen gelenkt, die für den einzelnen Konsumenten und für die Gesellschaft insgesamt den größten Nutzen erbringen. Diese herausragende Stellung des Konsumenten in der Marktwirtschaft bezeichnet man auch als **Konsumentensouveränität**.

Darüber hinaus stellt im Unternehmensbereich die **Konkurrenz der Anbieter** sicher, daß Güter zu minimalen Kosten produziert werden. Jedes Unternehmen nämlich unterliegt einem dauernden Zwang, die Kosten zu senken und seine Güter zu einem möglichst niedrigen Preis anzubieten. Im anderen Falle nämlich muß es damit rechnen, daß ein Konkurrent die gleichen Produkte kostengünstiger erstellen und damit billiger auf den Markt bringen kann. Da aber Konsumenten, aus ihrem eigenen Interesse heraus, das von ihnen gewünschte Angebot nur dort kaufen, wo es am preiswertesten ist, werden Unternehmen, die unrentabel produzieren, früher oder später vom Markte verdrängt.

Insgesamt gesehen, sorgt also erst ein funktionierender Wettbewerb auf den Märkten für das von den Konsumenten gewünschte Güterangebot und für eine sparsame Verwendung der Ressourcen in der Produktion. Auf der anderen Seite darf man natürlich nicht verkennen, daß von Seiten der Unternehmen immer das Bestreben besteht, den Wettbewerb einzuschränken. Denn auf einem Markt mit beschränktem Wettbewerb lassen sich höhere Gewinne erzielen als auf einem reinen Konkurrenzmarkt. Wir werden darauf später noch ausführlich eingehen (siehe Kapitel 4). Deshalb ist es auch eine der wichtigsten Aufgaben des Staates in der Marktwirtschaft, durch Gesetze sicherzustellen (in der Bundesrepublik regelt dies das "Gesetz gegen Wettbewerbsbeschränkungen" von 1958), daß auf Märkten Wettbewerb herrscht. Fehlt es also in einer Marktwirtschaft an der notwendigen Kontrolle einzelwirtschaftlicher Interessen durch die Konkurrenz der Unternehmen und/oder die Souveränität der Verbraucher, dann muß diese, nolens volens, durch staatliche Wettbewerbspolitik sichergestellt werden.

1.3.2 Zentralverwaltungswirtschaft

In einer Zentralverwaltungswirtschaft versucht der Staat die einzelwirtschaftlichen Aktivitäten mit Hilfe eines **zentralen Plans** zu koordinieren. Je nach Dauer der Planungsperiode unterscheidet man Mehrjahrespläne (in der Regel für vier bis fünf Jahre) und Einjahrespläne. Im folgenden wollen wir kurz und in vereinfachter Form den Planungsablauf für den Einjahresplan kennenlernen.

Zunächst wird ein Gesamtplan aufgestellt und in diesem in einem mehrstufigen Prozeß die Produktionsziele für die wichtigsten Güter detailliert festgelegt. Für die meisten Produkte begnügt man sich mit weniger spezifizierten Vorgaben. Der Gesamtplan wird dann in Einzelpläne für die verschiedenen Ministerien unterteilt, und dort wiederum in Pläne für die ihnen zugeordneten Staatsbetriebe umgesetzt. Grundlage eines jeden Plans ist die **Planbilanz**, in der Aufkommen und Verwendung eines jeden Gutes gegenübergestellt sind. Die Aufkommensseite erfaßt die Bestände zu Beginn der Planungsperiode, den Import, die Inlandsproduktion und die Lagerab- und zugänge. Auf der Verwendungsseite stehen der Export, die Lieferungen an andere Unternehmen aufgrund von Vorleistungsverflechtungen und die Endnachfrage.

Eine solche Planbilanz kann zunächst jedoch nur ein vorläufiges Bild von der wirtschaftlichen Situation vermitteln. Da zur Herstellung eines Gutes, wie wir wissen, eine Vielzahl von Vorprodukten, die von anderen Unternehmen kommen, und von Produktionsfaktoren benötigt werden, müssen die produzierenden Unternehmen ihrerseits Planbilanzen aufstellen. In denen teilen sie den übergeordneten Planungsbehörden ihre Produktionskapazitäten und Lagerbestände sowie die dafür benötigten Inputmengen mit und bitten entweder um eine Verringerung der Produktionsmengen oder um eine Erhöhung der Materialzuweisungen und Arbeitskräfte.

Falls das geplante Produktionssoll für ein bestimmtes Gut nicht ausreicht, um die Anforderungen der einzelnen Betriebe zu erfüllen, zeigt sich dies in dessen gesamtwirtschaftlicher Planbilanz als **Fehlmengensaldo**. Als Knappheitsanzeiger dienen hier also die Mengensalden in den güterwirtschaftlichen Planbilanzen. Die Planbilanz ist somit jenes Instrument, das die Produktionsmengen eines Sektors mit dessen Produktionszielen in Übereinstimmung zu bringen hat.

Nach mehreren Runden der Abstimmung - zunächst von oben nach unten, dann von unten nach oben - steht dann der endgültige Plan, den die zentrale Planungsbehörde schließlich für verbindlich erklärt. Nach seiner Verabschiedung in der Volksvertretung erhält er Gesetzeskraft, wird in Einzelpläne aufgeschlüsselt und detailliert den einzelnen Betrieben als Produktionssoll oder als deren Norm vorgeschrieben.

Die Unternehmen in einer Zentralverwaltungswirtschaft sind in der Regel Staatsbetriebe, das heißt es besteht **Kollektiveigentum** an den Produktionsmitteln. Um in einem solchen Rahmen Leistungsanreize zu setzen, müssen **Prämien** zur Erfüllung und Übererfüllung des Plansolls ausgelobt werden. Die Unternehmen sind deshalb eher an sogenannten "weichen Plänen" interessiert, also an Plänen, die leicht erfüllt oder übererfüllt werden können. Natürlich entsteht dann sofort die Gefahr, daß die Betriebe zu viele Ressourcen anfordern oder ihre Produktionsmöglichkeiten als zu niedrig angeben. Die Informationen, welche die zentralen Planungsbehörden über die Knappheit der Güter erhalten, dürften somit in der Regel verzerrt sein.

Während in der Zentralverwaltungswirtschaft das Kollektiveigentum an Produktionsmitteln ein nahezu unverzichtbares Instrument darstellt, um auf Betriebsebene ein Plansoll durchzusetzen (in der Marktwirtschaft können ja Kapitalbesitzer nicht dazu gezwungen werden, ein bestimmtes Gut in einer bestimmten Menge zu produzieren), besteht für die Konsumenten meist freie Konsumwahl und Privateigentum an Konsumgütern. **Freie Konsumwahl** bedeutet auch in der Zentralverwaltungswirtschaft, daß die Konsumenten selbst bestimmen können, für welche Güter sie ihr Einkommen ausgeben wollen. Sie sind dabei allerdings stark durch das vorhandene Güterangebot beschränkt. Da dieses zentral geplant wird, käme es also bei der Planaufstellung vor allem darauf an, die Bedürfnisse der Menschen genau zu ermitteln und zu kennen. Die zentrale Planungsbehörde indessen entscheidet zumeist nach **politischen Vorgaben** über die Prioritäten in der Produktion und in der Güterzusammensetzung. Die Präferenzen der Bürger können sich daher im Planungsprozeß nur schwer wiederfinden, so daß häufig einfach am Bedarf vorbei produziert wird.

Inkonsistenzen zwischen Nachfrage und Angebot können in der Zentralver-

Anteil des Staates am BSP = Staatsquote

waltungswirtschaft auch durch das dort praktizierte System von **administrierten Preisen und Einkommen** entstehen. Setzt die staatliche Behörde einen Preis als zu niedrig an, etwa um jedem Konsumenten aus Gleichheitserwägungen einen nominellen Anspruch auf den Konsum eines bestimmten Gutes zu gewähren, so kommt es zu einem Nachfrageüberhang. Dieser muß dann über andere Ausschlußprinzipien abgebaut werden, wie zum Beispiel Lieferfristen oder Warteschlangen. Der damit verbundene Geldüberhang bleibt freilich bestehen. Die Konsumenten verfügen zwar, auch wegen großzügiger Prämienregelungen, über viel Geld, können mit diesem aber nicht alle Konsumgüter in der gewünschten Menge und Qualität erwerben.

1.3.3 Gemischte Wirtschaftsordnungen

In der Realität sind Marktwirtschaft und Zentralverwaltungswirtschaft nirgendwo als Reinformen anzutreffen. In den Ländern vor allem Osteuropas (Ungarn, Tschechoslowakei, Polen, UdSSR, Rumänien, Bulgarien), die als Ordnungsrahmen auf die Zentralverwaltungswirtschaft gesetzt hatten, zeigt sich heute mehr und mehr, daß der Zentralplan nicht fähig ist, die einzelwirtschaftlichen Aktivitäten auf effiziente Weise zu regeln. Diese Staaten sehen sich daher zunehmend gezwungen, Elemente der Marktwirtschaft, wenn nicht gar das gesamte System, zu übernehmen. Neben dem Privateigentum an langlebigen Gebrauchsgütern (Wohnungseigentum) gibt es dort zumeist bereits einen kleinen, aber wachsenden Teil an privater landwirtschaftlicher Produktion, die auf Märkten frei verkauft werden darf. Auch den Handel und Teile der industriellen Produktion will man, gegenwärtigen Reformüberlegungen zufolge, nach und nach privatisieren und stärker der Konkurrenz und Kontrolle des Marktes unterwerfen.

In den Marktwirtschaften der westlichen Welt wiederum nehmen wirtschaftliche Aktivitäten des Staates und staatliche Eingriffe in die Märkte einen immer breiteren Raum ein. Der Anteil des Staates am Bruttosozialprodukt, die sogenannte Staatsquote, die eine ungefähre Aussage über den Umfang der wirtschaftlichen Betätigung des Staates zuläßt, beträgt zum Beispiel in der Bundesrepublik Deutschland einschließlich der Sozialversicherungsträger fast die Hälfte. Die Aufgaben des Staates von heute liegen, wie wir später in Kapitel 5 noch genauer zeigen werden, vor allem in der Ordnungs-, der Stabilisierungs- sowie in der Verteilungs- und Sozialpolitik, aber auch in der Versorgungspolitik mit öffentlichen Gütern.

Kontrollfragen zu Kapitel 1:

1. Woraus ergibt sich die Notwendigkeit des Wirtschaftens?

2. Was besagt der ökonomische Begriff der Knappheit?

3. Welches sind die ökonomischen Grundprobleme eines jeden Wirtschaftssystems?

4. Was versteht man unter Produktion? Nennen Sie die wichtigsten Produktionsfaktoren. Wodurch unterscheiden sie sich?

5. Grenzen Sie gegeneinander ab:
   -freie/knappe Güter
   -öffentliche/private Güter
   -Investitions-/Konsumgüter

6. Welche Arten öffentlicher Güter lassen sich unterscheiden?

7. Nehmen Sie Stellung zur Behauptung: "öffentliche Güter sind frei, da ihr Preis Null ist".

8. Was versteht man unter einem Wirtschaftssystem? Welche grundsätzlichen Möglichkeiten zur Lösung der optimalen Faktorallokation gibt es?

9. Worin unterscheiden sich Marktwirtschaft und Zentralverwaltungswirtschaft? Welche Bedeutung haben die Preise in den beiden Wirtschaftsordnungen?

10. Wie läuft der Planungsprozeß in einer zentralgeleiteten Wirtschaft ab? Welche Schwächen können dabei auftreten?

2. Methodische Fragen

2.1 Gesetzmäßigkeiten in der Volkswirtschaftslehre

Erkenntnisobjekt der Volkswirtschaftslehre ist die wirtschaftliche Wirklichkeit oder, umgangssprachlich ausgedrückt, die "Welt der Wirtschaft". Die Volkswirtschaftslehre hat sich dabei zum Ziel gesetzt, **Gesetzmäßigkeiten** der wirtschaftlichen Realität zu erkennen und diese in Form von Kausalabhängigkeiten zwischen ökonomischen Größen zu beschreiben. Damit soll es möglich werden, wirtschaftliche Phänomene und Ereignisse zu erklären und zu prognostizieren. Man möchte also gerne eine Antwort haben auf die Frage: "Was wäre wenn?". Das heißt, man möchte wissen, welches Ereignis unter bestimmten Bedingungen eintritt (Prognose) oder, umgekehrt, welche Bedingungen für ein beobachtetes ökonomisches Phänomen als ursächlich anzusehen sind (Erklärung). Beispiele für solche Kausalabhängigkeiten findet man viele, so etwa die Beziehung, die zwischen dem Preis eines Gutes und dessen nachgefragter Menge existiert, oder die Relation, in der sich volkswirtschaftlicher Konsum und Volkseinkommen befinden.

Das erste Beispiel haben wir der Mikroökonomie, das zweite der Makroökonomie entnommen. In diese beiden großen Disziplinen kann man, fürs erste jedenfalls, auch die Volkswirtschaftslehre einteilen:

- Die **Mikroökonomie** versucht, die ökonomischen Aktivitäten der kleinsten Wirtschaftseinheiten (Wirtschaftssubjekte) und ihr Zusammenspiel auf den Märkten zu untersuchen.

- Untersuchungsobjekt der **Makroökonomie** hingegen sind volkswirtschaftliche Aggregate und die Kausalabhängigkeiten zwischen ihnen.

Volkswirtschaftliche Aggregate entstehen, indem man mehrere einzelwirtschaftliche Vorgänge (meist ähnlicher Art) zusammenfaßt. So bildet, zum Beispiel, der volkswirtschaftliche Konsum einfach die Summe des Konsums aller Haushalte und das Volkseinkommen wird als Summe der Faktoreinkommen aller Wirtschaftssubjekte in einer Volkswirtschaft definiert.

Die kausale Abhängigkeit, die zwischen Volkseinkommen Y und volkswirtschaftlichem Konsum C besteht, läßt sich auch in Form einer mathematischen Funktion $C(Y)$ schreiben, die jedem möglichen Volkseinkommen den gesamtwirtschaftlichen Konsum zuordnet:

$$C = C(Y) = cY + C_a, \quad 0<c<1,\ C_a>0 \text{ (konstant)} .$$

Man nennt diese Funktion die **makroökonomische Konsumfunktion** und sie besagt, daß der gesamtwirtschaftliche Konsum linear vom Volkseinkommen abhängt. Den Faktor c bezeichnet man als marginale Konsumneigung. Wie wir an anderer Stelle noch sehen werden (Kapitel 8), gibt er an, um wieviele Einheiten der Konsum zunimmt, wenn das Volkseinkommen um eine Einheit steigt. Hinzu kommt noch ein konstanter Faktor C_a, der den sogenannten autonomen oder Basiskonsum darstellt. Er erfaßt den lebensnotwendigen Minimalkonsum, der auch bei einem Einkommen von Null getätigt werden muß.

Eine solche Funktion läßt sich natürlich auch graphisch veranschaulichen, wie wir dies in Abbildung 2.1 getan haben.

Abb. 2.1: Die Konsumfunktion

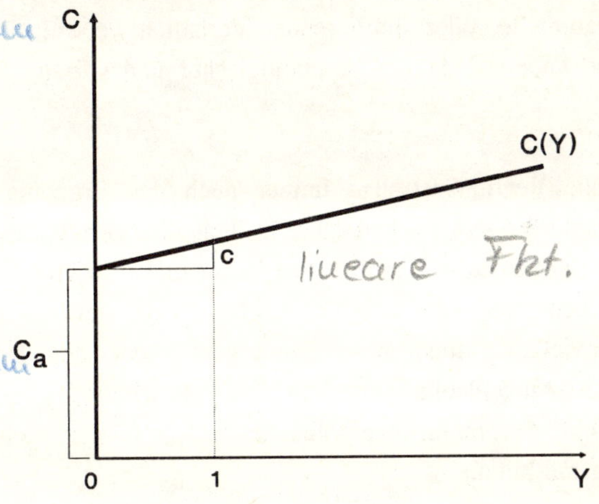

Die obige Funktion mag auch als ein Beispiel dafür stehen, daß man es in der Volkswirtschaftslehre nicht mit der gleichen Art von Gesetzmäßigkeiten zu tun hat wie in den Naturwissenschaften oder in der Mathematik. Denn die Funktion $C(Y)$ drückt zunächst nur eine **Hypothese** aus, also einen vermuteten Zusammenhang, den die Realität jederzeit widerlegen kann. Es gilt heute wohl als unbestritten, daß es in den Wirtschaftswissenschaften keine generellen Gesetzmäßigkeiten gibt, die sich im Raum oder in der Zeit nicht veränderten und mithin allgemeingültig wären.

Warum ist das so und was unterscheidet unsere Wissenschaft von den oben genannten Disziplinen?

2.2 Erkenntnisobjekt der Volkswirtschaftslehre

Die Schwierigkeiten der Ökonomie, zu allgemeingültigen Gesetzen zu gelangen, liegen in der Natur ihres Erkenntnisobjekts begründet. Erfahrungsobjekt ist, wie gesagt, die wirtschaftliche Realität, die aus einer Vielzahl von Konsumenten, Arbeitern, Firmen, Institutionen, aus verschiedenen Gütern und Ressourcen besteht. Die Nationalökonomie ist somit zuallererst eine **Realwissenschaft**. Sie versucht Erscheinungen zu erforschen, die in der Realität tatsächlich auftreten.

Die Volkswirtschaftslehre versteht sich, im Unterschied zu den Naturwissenschaften, aber auch als eine **Sozialwissenschaft**, weil sie die Entscheidungen und Handlungen von Individuen oder von Gruppen und die von ihnen geschaffenen Institutionen in ihre Erklärungsansätze einzubringen hat. Dabei müssen Individuen ihre Aktivitäten keineswegs nur an der ökonomischen Rationalität ausrichten. Es können auch habituelle oder imitierende Verhaltensweisen, Prestigedenken, Machtstreben und andere Faktoren psychologischer und sozialer Art eine Rolle spielen.

Die wirtschaftliche Realität ist also immer auch das Ergebnis von sozialen Beziehungen, was die Volkswirtschaftslehre freilich allzu gern vernachlässigt. Man denke nur an den Kauf eines Automobils, der sicher nicht nur vom Einkommen des Erwerbers sowie dem Preis oder dem Gebrauchswert des gewünschten Fahrzeugs abhängt, sondern vielleicht auch vom Imponiergehabe oder dem Repräsentationsdenken des Käufers. Auch ideelle Werte, etwa die Verwirklichung von individuellen Freiheiten, die ein Automobil symbolisieren mag, spielen sicherlich in die Kaufentscheidung mit hinein.

Komplexität und historische Einmaligkeit wirtschaftlicher Realität

Zu beachten ist zudem, daß Entscheidungen und Aktivitäten von Wirtschaftssubjekten nicht unabhängig voneinander erfolgen, sondern sich gegenseitig beeinflussen und bedingen. Die wirtschaftliche Realität kann so als ein vernetztes System angesehen werden, in dem sich, zum Beispiel, eine auf einem Markt getroffene Entscheidung über den Preis wieder auf die Entscheidungen anderer Individuen und ihrer Aktivitäten auf weiteren Märkten auswirkt. Solche gegenseitigen Abhängigkeiten, man spricht hier auch von **Interdependenzen**, drücken sich besonders deutlich in den Lieferverflechtungen aus, die aufgrund der Arbeitsteilung zwischen der Vielzahl von Unternehmen in einer Volkswirtschaft bestehen.

Die Interdependenz des Geschehens, in Verbindung mit dem menschlichen Faktor, darf man letztlich auch dafür verantwortlich machen, daß die Wirtschaftswissenschaft ihre Aussagen nicht auf allgemeine Gesetzmäßigkeiten stützen kann, die für alle Zeiten und Räume gelten würden. Die wirtschaftliche Realität ist dafür leider viel zu **komplex** gestaltet.

Die Komplexität ökonomischer Abläufe macht es auch schwer, in der Ökonomie **Laborexperimente** durchzuführen. Solche Experimente haben ja in den Naturwissenschaften, etwa in der Physik oder Chemie, den Zweck, kontrollierbare Bedingungen herzustellen, unter denen die variablen Größen eines Modells sich verändern, während die übrige Umwelt, also alle anderen Bedingungen, konstant bleiben. Diese Vorgehensweise hilft dem Forscher ganz wesentlich, zu überprüfen, ob seine im Modell vorausgesagten Ergebnisse, zumindest unter Laborbedingungen, tatsächlich eintreten oder ob sie falsch sind.

Laborexperimente stellen so eine weitere, wichtige Voraussetzung dar, um Gesetzmäßigkeiten zu überprüfen. In den Wirtschaftswissenschaften lassen sie sich aber, wie gesagt, leider nur sehr begrenzt durchführen. Zwar wählt man in der dortigen Modellbetrachtung häufig eine ähnliche Vorgehensweise, indem man ebenfalls bestimmte Determinanten (gedanklich) konstant setzt und nur einige wenige, als wichtig erachtete Einflußgrößen variiert, die daraus abgeleiteten Erkenntnisse kann man jedoch in den meisten Fällen nicht in der Empirie testen. Denn der Wirtschaftswissenschaftler findet nur selten eine reale Situation vor, auf die seine im Modell getroffenen Annahmen genau zutreffen. In der Realität ist es ihm eben nicht möglich, die als konstant angenommenen Randbedingungen (man spricht hier auch von der **ceteris paribus-Klausel**) umfassend zu beobachten und zu kontrollieren.

Die gewünschte Situation wird sich allein schon deshalb überhaupt nicht oder nur zufällig einstellen, weil jede ökonomische Maßnahme und jeder Eingriff in den Wirtschaftsablauf im Grunde von den handelnden Wirtschaftssubjekten auf gewisse Weise antizipiert und in die eigenen Strategien einbezogen werden. Auf diesem Wege können die erhofften Ergebnisse andauernd durch Verhaltensänderungen der Individuen konterkarriert werden. Will etwa der Staat aus haushaltspolitischen Überlegungen heraus Kapitaleinkünfte an der Quelle ihres Entstehens, das heißt im

Bankensystem besteuern (Quellensteuer), so werden die Anleger versucht sein, Teile ihres Finanzvermögens in Länder zu verlegen, die eine solche Steuer nicht kennen. Als Folge davon wird zum einen das Steueraufkommen nicht im erhofften Umfang steigen, zum anderen treten zusätzlich noch negative Einflüsse auf die Kapitalbildung in der Volkswirtschaft auf.

Überhaupt muß man bezweifeln, ob ökonomische Ereignisse sich in unveränderter Form wiederholen und in der Realität immer wiederkehren können. Die Dynamik des Wirtschaftslebens und der technische Fortschritt nämlich schaffen laufend veränderte Bedingungen für alle am Wirtschaftsprozeß Beteiligten. Vor allem letzterer bringt ständig neue Produkte oder neue Produktionsverfahren hervor. Er induziert auch laufend neue Gewohnheiten und Wertvorstellungen, also all das, was man am besten mit dem Begriff "Zeitgeist" umschreibt. Dies alles mag als Indiz gelten für die **historische Einmaligkeit** bestimmter Konstellationen in einer Volkswirtschaft. Da sich darin alles stetig und schnell ändert, fällt auch jede Prognose über zukünftige Entwicklungen besonders schwer. Denn Erfindungen oder Verhaltensmuster, die erst noch entstehen müssen, lassen sich eben nicht hinreichend genau voraussehen.

Fassen wir also zusammen: In der Empirie wird es praktisch fast nie vorkommen, daß die in einem ökonomischen Modell konstant gehaltenen Einflußfaktoren eines zu erklärenden Phänomens auch wirklich unverändert bleiben. Daher können im Modell gewonnene Aussagen nur schwer auf ihre allgemeine Geltung hin empirisch überprüft werden. Hat sich das vom Forscher erhoffte Ergebnis nicht eingestellt, weiß dieser zudem nie genau, ob sein Modell falsch war, oder ob er es nur auf eine dafür ungeeignete ökonomische Situation übertragen hat.

Die Werturteilsproblematik

Eine weitere Schwierigkeit für die Volkswirtschaftslehre ergibt sich aus der Vielfalt der **Zielsetzungen** ökonomisch handelnder Subjekte, die zum Teil miteinander konfligieren. Dies bedeutet, daß man bestimmte Ziele, wenn überhaupt, immer nur auf Kosten anderer Ziele verfolgen und realisieren kann.

So besteht, zum Beispiel, ein grundlegender Konflikt zwischen den Zielen "Effizienz" und "Verteilung": Wenn alle Wirtschaftssubjekte, ganz gleich was und wieviel sie tun, immer nur das gleiche Einkommen bekämen, dann möchte niemand mehr als der andere arbeiten, sofern Arbeit von allen lediglich als Mittel angesehen wird, um Einkommen zu erzielen und Konsumbedürfnisse zu befriedigen. Ein

Konsequanz knapper Ressourcen
Normative Wissenschaft

anderes, uns bestens bekanntes Beispiel für einen Zielkonflikt stellt die Verwendungskonkurrenz um die knappen Ressourcen dar: Im allgemeinen geht der Mehrkonsum eines Konsumenten stets mit dem Konsumverzicht von anderen einher. Überhaupt dürfte es kaum einen ökonomischen Vorgang geben, der sich nicht für einige Individuen positiv, für andere jedoch negativ auswirkt.

Wirtschaftliche Maßnahmen setzen in den meisten Fällen **Werturteile** voraus, denn es ist notwendig, Prioritäten unter den Zielen festzulegen, die es zu erreichen gilt. Unter einem Werturteil verstehen wir dabei eine Aussage, die offen oder versteckt eine Empfehlung irgendeiner Art enthält.

Soweit in die Volkswirtschaftslehre Wertvorstellungen eingehen, ist sie eine **normative Wissenschaft.** Sie beinhaltet in diesen Fällen, wenn es etwa um die Frage einer Erhöhung der Wohlfahrt in einer Gesellschaft geht, auch Anleitungen zur Gestaltung des menschlichen Daseins im ethischen Sinne. Die Volkswirtschaftslehre darf dann auch nicht, wie die Naturwissenschaften, einen absoluten Wahrheitswert beanspruchen. Denn allen Empfehlungen oder Werturteilen liegen vorrangig Prinzipien zugrunde, für die man nicht beweisen kann, ob sie richtig oder falsch sind.

Nehmen wir wieder ein einleuchtendes Beispiel: Man kann, im allgemeinen, empirisch überprüfen, ob eine bestimmte Maßnahme das Sozialprodukt erhöht. Nicht nachprüfbar bleibt allerdings die Frage, ob man diese Steigerung auch wirklich als wünschenswert ansehen darf. Denn dazu müßte man eine Empfehlung abgeben, in der das Wohlbefinden, die Zufriedenheit, das gute Leben, kurz die "Wohlfahrt" eines Individuums allein auf den Konsum von möglichst vielen Gütern zurückgeführt wird.

Natürlich versucht die Volkswirtschaftslehre, Werturteile weitgehend zu vermeiden. Insofern ist sie auch eine **positive Wissenschaft**. Diesen Anspruch auszufüllen, gelingt ihr jedoch nicht immer, weil Wertvorstellungen oft in versteckter Form in ihre Argumente einfließen und, bewußt oder unbewußt, nicht offen dargelegt werden. Den Vorwurf mangelnder "Wertfreiheit" muß man dann wohl an den Wissenschaftler selbst richten, oft aber trifft diesen auch keine Schuld. Denn Werturteile können sich in den Wirtschaftswissenschaften manchmal über Jahre oder sogar Jahrzehnte hinweg halten, bevor sie, durch aufwendige Forschungen, endlich offengelegt werden. Man vertritt heute sogar die Meinung, daß es eine wertfreie Volkswirtschaftslehre überhaupt nicht geben kann, weil sich immer, gewollt oder ungewollt, bestimmte Wertvorstellungen in die Analyse einschleichen.

Vor dem Hintergrund dieser grundsätzlichen Schwierigkeiten, mit denen es die ökonomische Wissenschaft zu tun hat, wollen wir uns nun mit der **Modell-** und **Theoriebildung** und ihrer empirischen Anwendung näher beschäftigen. In dem Zusammenhang müssen wir auch eine Reihe von Begriffen präzisieren, die wir eingangs schon des öfteren verwendet haben.

2.3 Modelle

Die Volkswirtschaftslehre steht also vor dem fundamentalen Problem, der Komplexität ihres Untersuchungsobjekts einigermaßen gerecht zu werden. Für den menschlichen Geist nämlich ist es schlicht unmöglich, auf die verschiedenen Facetten der wirtschaftlichen Realität vollständig und umfassend einzugehen. Deshalb ist der Ökonom auch gezwungen, modellhaft zu denken.

Ein **Modell** stellt einfach eine Abstraktion von der Wirklichkeit dar; es verkörpert somit ein vereinfachtes Abbild der Realität. In ihm werden also nur einige wenige, als wichtig erachtete Beziehungen zwischen ökonomischen Größen berücksichtigt. Zusammenhänge und Einflüsse, die darüber hinaus in der Realität noch vorhanden sein mögen, bleiben darin unbeachtet.

Welchen Ausschnitt der Realität man abbilden möchte und welchen Grad der Vereinfachung man wählt, hängt von dem Untersuchungszweck ab, dem ein Modell dienen soll. Wir werden darauf gleich noch ausführlich eingehen. Ganz allgemein aber hat die Modellbildung den Sinn, durch **Simplifizierung** Erkenntnisse zu gewinnen, die man in der komplexen Wirklichkeit wohl nicht entdecken würde. Wir sollten jedoch schon an dieser Stelle ausdrücklich betonen, daß jede Erkenntnis zunächst einmal nur innerhalb des Modells selbst Gültigkeit beanspruchen darf und ihre Übertragbarkeit auf reale ökonomische Situationen eigens zu prüfen ist.

Modelle können in **verbaler, graphischer** und **analytischer** Form vorliegen. So bildet unsere Hypothese, der volkswirtschaftliche Konsum hänge vom Volkseinkommen ab, bereits ein Modell, dessen Informationsgehalt sich allerdings beträchtlich steigern läßt, wenn man die Art der Abhängigkeit noch präzisiert. Ein solches **verbales Modell** bedient sich, wie der Name schon sagt, der Sprache als Darstellungsmittel. Der semantische Kontext freilich wird hier viel präziser festgelegt als dies die einfache Umgangssprache vermag. So müssen vor allem Begriffe, die in der Umgangssprache mehrere Bedeutungen haben, vom jeweiligen Konstrukteur eines Modells ganz genau festgelegt werden. In dem Zusammenhang spricht man auch von **Fachbegriffen** oder der **Fachsprache**, die dem breiten Publikum oft genug auch wie ein "Fach-Chinesisch" anmutet, weil sie nur noch von Spezialisten verstanden werden kann.

Gute Beispiele für die **graphische** Modelldarstellung geben die sogenannten Kreislaufmodelle in der Makroökonomie ab. Im einfachsten Fall veranschaulicht man damit die Beziehungen zwischen Haushalten und Unternehmen durch Güterströme und durch Geldströme zwischen zwei Polen. Die beiden Pole repräsentieren den zusammengefaßten Haushalts- und Unternehmenssektor, enthalten also jeweils alle Haushalte und Unternehmen einer Volkswirtschaft. Es fließt dann ein Strom von Faktorleistungen von den Haushalten zu den Unternehmen und ein entgegengerichteter Strom von Konsumgütern von den Unternehmen zu den Haushalten, wodurch ein geschlossener Kreislauf zustande kommt.

Dem Güterkreislauf entspricht ein Geldkreislauf. Die Unternehmen zahlen für die Faktorleistungen eine Faktorentlohnung an die Haushalte, die wieder für den Kauf von Konsumgütern ausgegeben wird und als Konsumausgaben von den Haushalten zu den Unternehmen gelangt. Dieses einfache Modell eines Wirtschaftskreislaufs haben wir in der Abbildung 2.2 graphisch veranschaulicht.

Abb. 2.2: Einfaches Kreislaufmodell

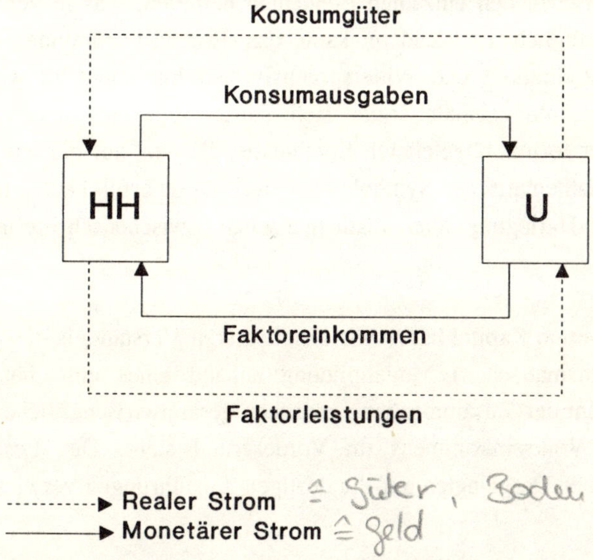

Im Laufe ihrer Geschichte ging die Volkswirtschaftslehre immer mehr von verbalen und graphischen zu **analytischen** Modellen über. Analytische Modelle werden in der Sprache der Mathematik dargestellt, also in Form von Variablen und mathematischen Beziehungen zwischen Variablen formuliert. Die bekannteste Beziehung zwischen zwei (oder mehreren) Variablen bildet in der Mathematik wohl die **Funktion**, die ganz allgemein jedem Wert einer unabhängigen Variablen x genau einen Wert der abhängigen Variablen y zuordnet. Als Beispiel dafür kann die uns schon bekannte gesamtwirtschaftliche Konsumfunktion dienen.

Natürlich wird ein analytisches Modell in der Regel nicht nur aus zwei Variablen und einer Gleichung bestehen, wie dies im Beispiel der Konsumfunktion der Fall ist, sondern aus wesentlich mehr Veränderlichen und einem ganzen System von mathematischen Relationen und Funktionen, so etwa aus Gleichungen, Ungleichungen, Zielfunktionen, Nebenbedingungen, etc.

Der Vorteil eines analytischen Modells liegt vor allem darin, daß man es in der Sprache und mit den Regeln der Mathematik behandeln kann, um zu Ergebnissen und Aussagen zu kommen. Die mathematischen Operationen und Umformungen der ursprünglichen Gleichungen können dabei völlig unabhängig von der ökonomischen Bedeutung erfolgen, die die Variablen und Gleichungen besitzen. Man braucht sich also um den ökonomischen Gehalt des Modells zunächst einmal nicht zu kümmern, sondern kann allein durch mathematische Manipulationen neue Gleichungen und Beziehungen zwischen den einzelnen Elementen herleiten, was in verbaler Form zumeist nicht möglich ist. Zudem kann das Ergebnis zumindest auf seine mathematische Richtigkeit und Widerspruchsfreiheit hin überprüft werden. Der ökonomische Bedeutungsinhalt ergibt sich danach erst aus einer geeigneten Interpretation der formal abgeleiteten Ergebnisse, die jetzt auf die wirtschaftliche Bedeutung der mathematischen Symbole rekurriert. Diese erfolgt auf verbale Weise und ist auf die Darlegung aller mathematischen Zwischenschritte nicht mehr angewiesen.

Im Anhang zu diesem Kapitel haben wir zum besseren Verständnis die Vorgehensweise der (mathematischen) Modellbildung anhand eines einfachen Beispiels illustriert, bei dem der Zusammenhang zwischen gesamtwirtschaftlichem Konsum und Höhe des Volkseinkommens im Vordergrund steht. Der Leser sei zur Vertiefung des hier Dargelegten auf die dortigen Ausführungen verwiesen.

Annahmensysteme

Was darf man nun als gemeinsames Kennzeichen von Modellen herausstellen?

Jedes Modell stellt bekanntlich eine geeignete Abstraktion von der Realität dar. Man könnte deshalb bei ihm auch von einem Gefüge von Annahmen über die Realität sprechen, also von einer Vorstellung, die wir uns von der Realität machen. So gesehen beinhaltet jedes Modell ein **System von Annahmen**.

In ökonomischen Modellen unterscheidet man im wesentlichen zwei Arten von Annahmen,

- Definitionen
  und
- Hypothesen.

Definitionen dienen der Begriffsbestimmung, Abgrenzung oder Quantifizierung ökonomischer Variablen, die auch als Aggregate auftreten können. Auch Beziehungen zwischen ökonomischen Variablen können definitorischer Art sein, etwa in Form von **Definitionsgleichungen** vorliegen. Besonders gekennzeichnet sind solche Gleichungen dadurch, daß sie immer erfüllt sind, weil sie eben ausschließlich definitorische Zusammenhänge wiedergeben. Nehmen wir als Beispiel die Gleichung für das Volkseinkommen in einer geschlossenen Volkswirtschaft ohne Staat:

$$Y = C + I \quad .$$

Das Volkseinkommen Y setzt sich hier aus Konsumgütern C und Investitionsgütern I zusammen. Dabei darf man davon ausgehen, daß diese Gleichung ex post immer gilt, wenn man Investitionsgüter als den Teil der Güterproduktion definiert, der nicht konsumiert wird, und hierzu auch die Lagerbildung zählt, die in Form von unfreiwilligen Investitionen erfolgt.

Mit solchen Annahmen freilich läßt sich die Realität lediglich **beschreiben**, nicht aber im strengen Sinne erklären und prognostizieren. Trotzdem gibt es in der Ökonomie eine Reihe von Modellen, die nur aus definitorischen Annahmen bestehen. Das vorhin beschriebene Kreislaufmodell mag dafür als gutes Beispiel dienen. Es beschreibt einen Tatbestand, der ex post betrachtet in einer Volkswirtschaft ohne Kapitalbildung, ohne staatliche Aktivität und ohne Beziehungen zum

Ausland immer erfüllt ist, nämlich die Identität der Konsumausgaben und der Faktoreinkommen. Dieses Modell eignet sich jedoch nicht, um die Höhe der Faktoreinkommen zu erklären oder vorauszusagen.

Dennoch haben auch beschreibende Annahmensysteme unzweifelhaft einen Erkenntniswert, weil sie eine Abstraktion von der Realität und damit ein Modell darstellen, mit dessen Hilfe die komplexe Wirklichkeit **geordnet** werden kann. Selbst ein deskriptives Modell setzt somit eine bestimmte Vorstellung von der Realität voraus; es reduziert die komplexe Wirklichkeit und bringt auf diese Weise einen Zuwachs an (deskriptiver) Information.

Will man im Rahmen eines Modells die ökonomische Wirklichkeit nicht nur beschreiben, sondern auch **erklären**, dann hat darin, wie oft gefordert wird, wenigstens eine Annahme eine ökonomische Gesetzmäßigkeit zu repräsentieren. Allerdings kann damit kein raumzeitlich invariantes Gesetz gemeint sein, weil, wie wir eingangs schon deutlich zu machen versuchten, in der Volkswirtschaftslehre solche allgemeingültigen Gesetze, jedenfalls bislang, noch nicht entdeckt wurden. Stattdessen sollte man hier besser von **Hypothesen über Kausalabhängigkeiten** sprechen, die ökonomische Variablen oder das Verhalten von Wirtschaftssubjekten (Verhaltenshypothesen) betreffen.

Die gesamtwirtschaftliche Konsumfunktion, zum Beispiel, wie sie das von uns im Anhang beschriebene analytische Modell enthält, stellt eine solche Hypothese über die Kausalität zwischen dem gesamtwirtschaftlichen Konsum und dem Volkseinkommen dar. Beispiele für Verhaltenshypothesen, die man in ökonomischen Modellen häufig verwendet, bilden die Annahme der Nutzenmaximierung der Konsumenten oder die der Gewinnmaximierung der Unternehmen.

Auch wenn Hypothesen nur raumzeitlich beschränkte Geltung beanspruchen dürfen, können volkswirtschaftliche Modelle auf sie dennoch zur Erklärung und Prognose nicht verzichten. Sie haben sich vor allem auch deshalb als besonders brauchbar erwiesen, weil makroökonomische Zusammenhänge sich oft als erstaunlich stabil erweisen und, auf mikroökonomischer Ebene, das Verhalten von Wirtschaftssubjekten oder Gruppen ebenfalls nur selten abrupt wechselt.

2.4 Theorien

Der Begriff Theorie wird uns in den späteren Kapiteln immer wieder begegnen. So spricht man etwa von der Konsumtheorie, der Produktionstheorie und der Preistheorie, die zum mikroökonomischen Theoriebereich gehören, oder von der Konjunkturtheorie, der Wachstumstheorie und der Beschäftigungstheorie, die der Makroökonomik zuzurechnen sind.

Im **wissenschaftstheoretischen** Sinn verstehen wir unter einer Theorie ganz allgemein die Gesamtheit der aus einem Modell, also aus einem Annahmensystem, ableitbaren Aussagen (Sätze). Theorien sollen die Erklärung oder Prognose bestimmter ökonomischer Ereignisse ermöglichen. Und Erklärungen wiederum beinhalten die logischen Folgerungen aus dem gewählten Annahmensystem.

Natürlich sollte jede Theorie der ökonomischen Realität möglichst nahekommen. Aber eine simple Übertragung in den Bereich der Empirie hinein ist im Grunde nur dann zulässig, wenn die Annahmen des zugrundeliegenden Modells in der Realität wenigstens annähernd erfüllt sind. Ein Annahmensystem muß also **empirischen Gehalt** haben, wenn man die daraus abgeleitete Theorie auf die Realität anwenden oder ihre Anwendbarkeit überhaupt erst prüfen möchte.

Darauf werden wir noch ausführlich eingehen. Betrachten wir jedoch im folgenden zunächst, wie man eine Theorie überhaupt entwickeln kann. Dazu gibt es im wesentlichen zwei Methoden, die **Deduktion** und die **Induktion**.

2.4.1 Deduktion

Theorien können mit Hilfe der Methode der Deduktion gebildet werden. Damit meint man die Ableitung von Sätzen aus Annahmen. Ein Satz gehört also dann zu einer Theorie, wenn er sich als logische Folge einer (oder mehrerer) Annahmen ergibt. Man sagt auch, daß die Annahmen den Satz **implizieren** oder daß der Satz aus den Annahmen **deduziert** (abgeleitet, gefolgert) wird.

Beispielsweise ist die Ableitung der Aussage A5) in dem im Anhang beschriebenen analytischen Modell zur Bestimmung des Volkseinkommens eine logische Folge aus den Annahmen A1) bis A4). Wir haben diese Ableitung allein durch die Anwendung mathematischer Rechenregeln gewonnen.

An diesem Beispiel wird auch deutlich, daß eine Theorie und die in ihr enthaltenen Sätze in einem logischen Sinne immer wahr sind: Sind die Annahmen wahr, dann müssen es auch die aus ihnen deduzierten Aussagen sein, soweit sie logisch fehlerfrei hergeleitet wurden. Liegt ein in der Sprache der Mathematik formuliertes Annahmensystem vor, dann kann man die **logische Richtigkeit** immer nachprüfen, indem man darauf mathematisch-formale Regeln anwendet.

Eine Theorie hat man weiterhin, im logischen Sinne, auch auf ihre **Widerspruchsfreiheit** hin zu überprüfen. Widerspruchsfrei bedeutet hier, daß die Theorie nicht gleichzeitig einen Satz und dessen Verneinung (also die gegenteilige Aussage) beinhalten darf. Deshalb muß das Annahmensystem selbst widerspruchsfrei formuliert sein und darf nicht gleichzeitig die Deduktion eines Satzes und dessen Negation ermöglichen. Mit einer widersprüchlichen Theorie kann man natürlich nichts anfangen, weil sich damit beliebige, insbesondere aber inkonsistente und sich widersprechende Aussagen begründen lassen.

Die Deduktion als methodische Hilfe, um eine Theorie aufzubauen, ist in der Volkswirtschaftslehre heute weitgehend anerkannt, wohl auch deshalb, weil man sich hier zumeist des Hilfsmittels der Mathematik bedienen kann. Dadurch läßt sich ein beträchtlicher Erkenntnisgewinn erzielen. Das einfache Urteilsvermögen des menschlichen Geistes allein reicht häufig nicht aus, alle möglichen Aussagen, die ein Annahmensystem impliziert, sofort zu erkennen. Hier hilft die formale Deduktion weiter, weil "das erkennbar (wird, d.V.), was unerkannt in den Voraussetzungen liegt" (**E. Schneider**). Allerdings, und auf diesen Einwand können wir nicht oft genug hinweisen, das Annahmensystem selbst enthält bereits vollständig den **Informationsgehalt** einer Theorie.

Auch die **Kontrolle** und **Nachvollziehbarkeit** einer Theorie durch andere Forscher wird durch das deduktive Vorgehen weitgehend erleichtert. Außerdem erfordert dieses, notwendigerweise, die explizite Angabe der zugrundeliegenden Annahmen. Dieser Zwang zur Offenlegung ermöglicht es zum einen jederzeit, Theorie und ökonomische Realität miteinander zu konfrontieren. Zum anderen lassen sich dadurch auch alle in einer Theorie implizit enthaltenen Werturteile relativ einfach aufdecken.

2.4.2 Induktion

Mit Hilfe der Methode der Induktion wird versucht, "von besonderen Sätzen, die zum Beispiel Beobachtungen, Experimente usw. beschreiben, auf allgemeine Sätze, auf Hypothesen ...." zu schließen **(K. Popper)**. Ein Empiriker beobachtet in n Fällen, daß eine bestimmte Abhängigkeit zwischen zwei ökonomischen Größen vorliegt oder sich Wirtschaftssubjekte ähnlich verhalten, und schließt daraus auf die Existenz einer allgemeinen "Gesetzmäßigkeit". Betrachten wir als ein Beispiel dafür wieder die makroökonomische Konsumfunktion:

Angenommen, es lägen das Volkseinkommen und die Konsumausgaben eines bestimmten Jahres in verschiedenen Ländern oder in nur einem Land für verschiedene Jahre statistisch erfaßt vor. Damit verfügt man über eine gewisse Anzahl von Beobachtungen, im ersten Fall über einen Querschnitt, im zweiten Fall über eine Zeitreihe. Diese Beobachtungen können in ein Koordinatensystem mit dem Volkseinkommen als Abszisse und dem makroökonomischen Konsum als Ordinate übertragen werden, so wie wir dies in der Abbildung 2.3 beispielhaft getan haben.

Abb. 2.3: Ökonometrische Schätzung von Konsumfunktionen

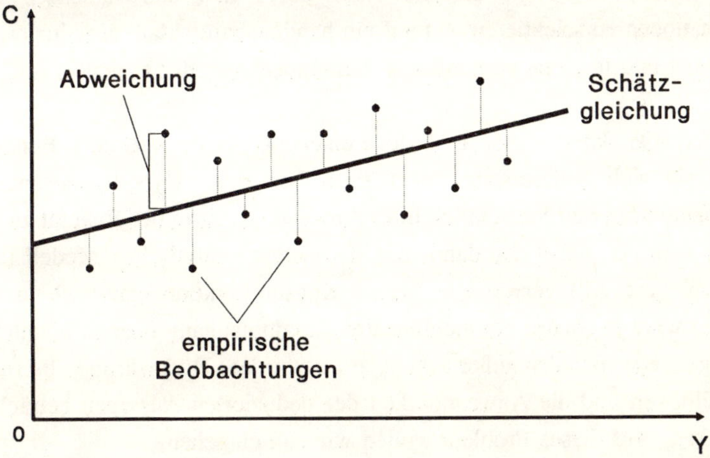

Mit Hilfe der Induktion soll daraus nun eine Hypothese über den generellen Zusammenhang zwischen dem Volkseinkommen und den Konsumausgaben gewonnen werden. Dies geschieht in der Volkswirtschaftslehre in der Regel durch die **statistische Schätzung** der funktionalen Abhängigkeit zwischen den beiden

Größen. In unserem Fall kann etwa mit Hilfe des Verfahrens der Regressionsanalyse eine Funktion geschätzt werden, die eine gute Annäherung an die Beobachtungspunkte darstellt, indem man, zum Beispiel, die Summe der quadrierten Abweichungen der Funktionswerte von den tatsächlichen Werten minimiert (Methode der kleinsten Quadrate). Abweichungen kommen deshalb vor, weil der gesamtwirtschaftliche Konsum in der Realität vermutlich nicht nur vom Volkseinkommen, sondern auch noch von anderen Faktoren (Determinanten) abhängt, die jedoch in der geschätzten Funktionsgleichung unberücksichtigt bleiben mußten. Wir haben es also auch hier mit einem Modell zu tun. Da der Bereich der Volkswirtschaftslehre, in dem solche statistischen Verfahren zur Anwendung gelangen, **Ökonometrie** genannt wird, spricht man in dem Zusammenhang auch von einem **ökonometrischen Modell.**

Eine Funktion läßt sich nur schätzen, wenn die abhängigen und unabhängigen Variablen sowie der Funktionstyp zuvor festgelegt sind, das heißt, wenn die Schätzgleichung spezifiziert ist. Diese Spezifizierung kann nur vor dem Hintergrund einer Theorie erfolgen, die Vorstellungen davon vermittelt, welche Variablen man zu berücksichtigen und auszuwählen hat, wie es um deren empirische Messung steht und welche kausalen Abhängigkeiten zwischen den Variablen existieren. Diese Aufgabe läßt sich ohne eine Abstraktion von der Realität nicht leisten. Auch bei induktivem Vorgehen und empirisch ausgerichteter Forschung wird somit modellhaftes Denken verlangt, um die Fülle der Daten und statistisch erhobenen Informationen zu selektieren und auf ein handhabbares Maß zu reduzieren, um sie zu ordnen und in einen vernünftigen Zusammenhang zu bringen.

Bedürfen also ökonometrische Modelle einerseits der theoretischen Fundierung, so lassen sie sich andererseits selbst dazu benutzen, Hypothesen und deduktiv aufgebaute Theorien hinsichtlich ihrer Anwendbarkeit in der Realität zu testen. So könnte man beispielsweise damit die in unserem analytischen Modell im Anhang als Hypothese A2) verwendete lineare Konsumfunktion empirisch testen. Denn denkbar wäre ja ebenso ein nichtlinearer Zusammenhang oder es könnte sein, daß wichtige Determinanten außer acht gelassen wurden. Dies würde selbstverständlich die Gültigkeit und die Anwendbarkeit der deduzierten Aussagen beträchtlich einschränken. Auf dieses Problem wollen wir nun eingehen.

2.5 Gültigkeit und Anwendbarkeit von Theorien

Theorien lassen sich auf die ökonomische Realität nur dann anwenden, wenn sie empirisch gehaltvoll formuliert sind. Dazu müssen die zugrundegelegten Annahmen **Realitätsbezug** und **Informationsgehalt** aufweisen. Daß sich Annahmen auf die wirtschaftliche Realität beziehen oder zumindest fähig sein sollten, einen Ausschnitt davon zu erfassen, muß man an sich als selbstverständlich voraussetzen. Vereinfacht ausgedrückt nimmt dabei der Informationsgehalt einer Annahme umso mehr zu, je mehr sie verbietet.

Sehen wir uns als Beispiel noch einmal den Zusammenhang zwischen volkswirtschaftlichem Konsum und Volkseinkommen an. Wir erhalten dazu umso mehr Informationen, je präziser wir diese Beziehung formulieren und je mehr wir im folgenden von A1) ausgehend bis hin zu A4) den Funktionsverlauf einschränken:

A1) Der volkswirtschaftliche Konsum hängt vom Volkseinkommen ab:

$$C = C(Y) \quad .$$

A2) Der volkswirtschaftliche Konsum nimmt mit steigendem Volkseinkommen zu. Die Funktion $C(Y)$ ist also eine streng monoton wachsende Funktion des Volkseinkommens.

A3) Der volkswirtschaftliche Konsum stellt eine lineare Funktion des Volkseinkommens dar:

$$C = C(Y) = cY + C_a, \quad 0<c<1,\ C_a>0 \text{ (konstant)} \quad .$$

A4) $$C = \frac{4}{5}Y \quad .$$

Theorien können, wie wir schon öfters betont haben, keine Allgemeingültigkeit beanspruchen. Sie gelten lediglich von Fall zu Fall, sofern sichergestellt ist, daß die darin enthaltenen Annahmen in der Realität wenigstens annähernd erfüllt sind. Die Anwendbarkeit einer Theorie setzt also einen gewissen empirischen Gehalt voraus, den man wiederum mit Hilfe von ökonometrischen Methoden überprüfen kann. Wenn eine Theorie dieser Überprüfung nicht standhält, dann gilt sie als **falsifiziert** (widerlegt).

Popper: Falsifizierung einer Methode

Andererseits gibt es jedoch keinen empirischen Beweis für die Richtigkeit oder Wahrheit einer Theorie. Selbst wenn diese in der Empirie schon bestätigt wurde, läßt sich nie völlig ausschließen, daß in der Realität doch noch irgendwann ein Anwendungsfall vorkommen kann, der die Theorie widerlegt. Dazu müßte man nur eine Situation finden, in der zwar die in der Theorie zugrundegelegten Annahmen erfüllt sind, die daraus abgeleiteten Schlußfolgerungen indessen auf die Realität nicht zutreffen.

Dieses Prinzip ist in der Wissenschaftstheorie auch als **Popper-Kriterium** bekannt, benannt nach dem englischen Philosophen **K. Popper**. Demnach sollte man nicht nach Fakten suchen, die eine Theorie stützen, sondern diese gezielten Versuchen der **Falsifizierung** aussetzen. Die Möglichkeit des Scheiterns einer Theorie ist dabei umso größer, je mehr Realitätsbezug und Informationsgehalt diese besitzt.

Allerdings existieren mittlerweile in der Volkswirtschaftslehre eine Reihe von Theorien, die gegen solche Falsifizierungsversuche als quasi immun gelten. Sie beruhen zumeist auf Annahmen, die so realitätsfern und idealisierend formuliert sind, daß man fast nie eine reale Situation finden wird, auf die sie zutreffen könnten. Dies hat auch der Volkswirtschaftslehre den möglicherweise durchaus berechtigten Vorwurf des "Modell-Platonismus" eingebracht.

Die Immunisierung einer Theorie gegenüber der Erfahrung liegt in erster Linie in der Anwendung der **ceteris paribus-Klausel** begründet. Ceteris paribus bedeutet: "Unter sonst gleichen Bedingungen". Damit ist die (gedankliche) Konstanz aller Zusammenhänge und Einflußfaktoren gemeint, die in der Realität vorkommen, im Modell aber nicht explizit berücksichtigt werden. So gilt beispielsweise unsere makroökonomische Konsumfunktion, wie wir gesehen haben, nur ceteris paribus, nämlich unter der Annahme, daß sich alle anderen ökonomischen Größen nicht verändern, die neben dem Volkseinkommen den gesamtwirtschaftlichen Konsum in der Realität sonst noch beeinflussen.

Wenn man aber auf die ceteris paribus-Klausel zurückgreift, dann eröffnet sich einem stets die Möglichkeit, zu argumentieren, daß diese nicht erfüllt war, sobald eine Theorie von der Realität widerlegt wird. Also kann diese Widerlegung noch nicht als Beweis für ihre endgültige Falsifikation gelten. Da es in der Ökonomie zudem kaum möglich ist, wie wir wissen, Theorien unter Laborbedingungen zu testen, die genau den Annahmen des benutzten Modells entsprächen, muß also die ceteris paribus-Klausel notwendigerweise dazu führen, daß Theorien gegenüber Falsifizierungen immun werden.

So gibt es in der Literatur heute eine Vielzahl **konkurrierender Theorien**, die manchmal fast ausschließlich didaktischen Zwecken dienen und für die Realität so gut wie keine Bedeutung haben. Selbst Theorien, die in der Wirtschaftspolitik völlig versagt haben, werden nur selten aufgegeben, weil man immer behaupten kann, daß sie auf die jeweilige Situation nicht anwendbar waren. Der Vergleich der Volkswirtschaftslehre mit einem prall gefüllten Werkzeugkasten, aus dem man lediglich, von Fall zu Fall, die geeignete Theorie herauszunehmen hätte, zeichnet daher wohl ein viel zu optimistisches Bild von deren Zustand. Man muß, ehrlicherweise, vielmehr einräumen, daß die Ökonomen, öfter als es der Gesellschaft lieb sein kann, ratlos oder unter sich uneins sind und keineswegs immer über die richtigen Rezepte und Vorschläge für wirtschaftspolitische Maßnahmen verfügen. Allerdings sollte man bei jeder kritischen Beurteilung der ökonomischen Wissenschaft unter keinen Umständen die Schwierigkeiten vergessen, denen sie sich als empirische Disziplin gegenübersieht und die wir eingangs dieses Kapitels ausführlich zu würdigen versucht haben.

Anhang: Beispiel für die Bildung eines mathematischen Modells

Betrachten wir zur Illustration der Vorgehensweise der mathematischen Modellbildung ein Beispiel, das als eine der Annahmen die gesamtwirtschaftliche Konsumfunktion enthält und aus dem sich Aussagen zur Höhe des Volkseinkommens ableiten lassen. Es ist insgesamt durch folgende Annahmen gekennzeichnet:

A1) Es gibt in einer Volkswirtschaft nur zwei Sektoren: Private Haushalte und private Unternehmen. Der Staat ist wirtschaftlich nicht aktiv, Beziehungen zum Ausland bestehen nicht.

A2) Der von den Haushalten geplante Konsum C hängt linear vom Volkseinkommen Y ab. Die Konsumfunktion lautet

$$C = C(Y) = cY + C_a\,, \quad 0<c<1,\ C_a>0 \text{ (konstant)}\,. \tag{1}$$

A3) Die Unternehmen planen ihre Investitionen autonom (das heißt unabhängig von anderen Einflußfaktoren) in einer Höhe von

$$I = I_a\,, \quad (I_a>0 \text{ konstant})\,. \tag{2}$$

A4) "Gleichgewichtsbedingung": Das Volkseinkommen Y soll im Gleichgewicht der Gesamtnachfrage entsprechen, die sich aus der Konsumgüter- und

Investitionsgüternachfrage zusammensetzt:

$$Y = C + I \ . \tag{3}$$

Dieses Modell enthält drei endogene Variablen, Y, C und I, wobei I nur einen Wert, nämlich I_a annehmen kann, und drei exogene Variablen, c, C_a und I_a. Als endogen bezeichnet man Variablen, die innerhalb des Modells bestimmt werden. Exogene Variablen werden, im Gegensatz dazu, von außen in das Modell eingeführt. Man sollte deshalb auch besser von Parametern oder Daten sprechen, die bereits vorgegeben sind. Natürlich können auch diese unterschiedliche Werte annehmen, aber innerhalb des Modells ändern sie sich nicht. Der Faktor c steht auch hier für die marginale Konsumneigung, der Parameter C_a erfaßt den uns bekannten Basiskonsum. I_a schließlich stellt die vom Unternehmenssektor geplanten autonomen Investitionen dar.

Die Variablen Y, C und I werden im Modell als Lösungen der Gleichungen (1)-(3) bestimmt. Die Lösungen, die wir mit Y^*, C^* und I^* bezeichnen, heißen Gleichgewichtswerte, weil hier das produzierte Volkseinkommen Y^* genau ausreicht, um den geplanten Konsum der Konsumenten C^* und die geplanten Investitionen der Produzenten I^* zu realisieren. Durch Einsetzen von C und I in die Gleichgewichtsbedingung erhält man nach einigen Umformungen:

$$Y^* = \frac{C_a + I_a}{1-c} \ , \quad C^* = \frac{1}{1-c} C_a + \frac{c}{1-c} I_a \ , \quad I^* = I_a \ . \tag{4}$$

In diesem Modell führen also mathematische Rechenregeln automatisch von den Gleichungen (1)-(3) zu den Gleichgewichtswerten in (4), ohne daß dafür die ökonomische Bedeutung der Variablen Y, C und I herangezogen werden müßte. Y^* und C^* lassen sich anschließend wieder ökonomisch interpretieren. Die Gleichgewichtswerte hängen von den exogenen Variablen ab. Beispielsweise steigt Y^* mit I_a, dem Basiskonsum C_a und mit steigender marginaler Konsumneigung c.

Würde man weiterhin die Parameter c, C_a und I_a spezifizieren, also mit numerischen Werten versehen, dann erhielte man für das gleichgewichtige Volkseinkommen und den gleichgewichtigen Konsum auch ganz bestimmte Werte. Die endogenen Variablen hängen nämlich in eindeutiger Weise nur von den exogenen Variablen ab. In dem Fall ließe sich auch analysieren, wie das Volkseinkommen und der Konsum auf eine Veränderung der Randbedingungen reagieren, beispielsweise der marginalen Konsumneigung, die im Modell als ein Parameter behandelt wird. Diese Vorgehensweise hat in der Volkswirtschaftslehre große Bedeutung, man spricht hier von der **komparativen Statik**. Es wird dabei untersucht, wie die im Modell bestimmten endogenen Variablen reagieren, wenn sich exogene Variablen (von außen) verändern.

Kontrollfragen zu Kapitel 2:

ökonomische Aktivitäten der kleinsten Wirtschaftseinheit

1. Worin unterscheiden sich Mikroökonomie und Makroökonomie voneinander?

2. Wie unterscheiden sich die Aufgaben der Volkswirtschaftslehre: Deskription, Erklärung und Prognose voneinander?

3. Wofür werden in der Ökonomie Modelle benötigt? Wie unterscheiden sie sich von Theorien?

4. Erläutern Sie die unterschiedlichen Vorgehensweisen bei der Deduktion und Induktion ökonomischer Theorien.

5. Warum kann ein Modell der ökonomischen Realität nicht alle Details enthalten, die in der Realität vorhanden sind?

6. Welchen Nachteil bringt die ceteris paribus Klausel mit sich? Wieso ist sie dennoch in der Theoriebildung unerläßlich?

7. Warum können die Modelle der Volkswirtschaftslehre nicht immer an der Realität überprüft werden?

8. Kennzeichnen Sie die Vorgehensweise bei der Aufstellung und Überprüfung von Theorien.

9. Erläutern Sie die grundsätzlichen Möglichkeiten wirtschaftswissenschaftlicher Betrachtungsweise: Positive Ökonomik und normative Ökonomik.

3. Die Produktionsmöglichkeiten

Wir haben im ersten Kapitel erfahren, daß die Knappheit als Grundtatbestand des menschlichen Wirtschaftens überhaupt anzusehen ist. Wir haben dort weiterhin gehört, daß Güter nur im begrenzten Umfang zur Verfügung stehen, um die prinzipiell unbegrenzten menschlichen Bedüfnisse zu befriedigen. Dies liegt, wie wir argumentierten, in der Knappheit der Produktionsfaktoren begründet, denn Güter entstehen ja erst als das Ergebnis eines Produktionsprozesses, in welchem Produktionsfaktoren miteinander kombiniert werden. Es kommt also zu der allseits bekannten Verwendungskonkurrenz der Güter um die knappen Produktionsfaktoren.

Betrachtet man nun vereinfachend eine Volkswirtschaft, in der nur zwei Güter hergestellt werden, dann lassen sich die alternativen Produktionsmöglichkeiten, unter denen die dortige Gesellschaft prinzipiell wählen kann, durch die sogenannte **Produktionsmöglichkeiten-** oder **Transformationskurve** beschreiben. Auf sie wollen wir nachfolgend etwas genauer eingehen.

3.1 Transformationskurve

Die Transformationskurve gibt allgemein an, welche Mengen von verschiedenen Gütern man mit den vorhandenen Ressourcen und mit dem vorhandenen technischen Wissen in einer Volkswirtschaft produzieren kann. Sehen wir uns zur Erläuterung und zum besseren Verständnis die Abbildungen 3.1 und 3.2 an. Die erste Darstellung bringt ein einfaches Zahlenbeispiel:

Abb. 3.1: Die Produktionsmöglichkeiten

	A	*B*	*C*	*D*	*E*
x	0	1	2	3	4
y	10	9	7	4	0

In einer Volkswirtschaft sollen die vorhandenen Ressourcen entweder für die Produktion des Gutes *x*, etwa Nahrungsmittel, oder für die Herstellung des Gutes *y*, etwa Industriegüter, verwendet werden. Die alternativen Möglichkeiten, die sich dabei ergeben, sind mit den großen Buchstaben **A** bis **E** bezeichnet. Man sieht, daß man beispielsweise im Fall **A** 10 Einheiten von Gut ***y*** produzieren kann, wenn man auf die Produktion von Gut ***x*** völlig verzichtet. Umgekehrt lassen sich im Fall **E** 4 Einheiten von Gut ***x*** herstellen, wenn man die Produktion von ***y*** gänzlich einstellt. Dazwischen liegen jene Fälle, in denen vom einen oder anderen Gut mehr oder weniger produziert werden kann, je nachdem, ob man von der Situation **A** oder von **E** ausgeht.

Abb. 3.2: Die Transformationskurve

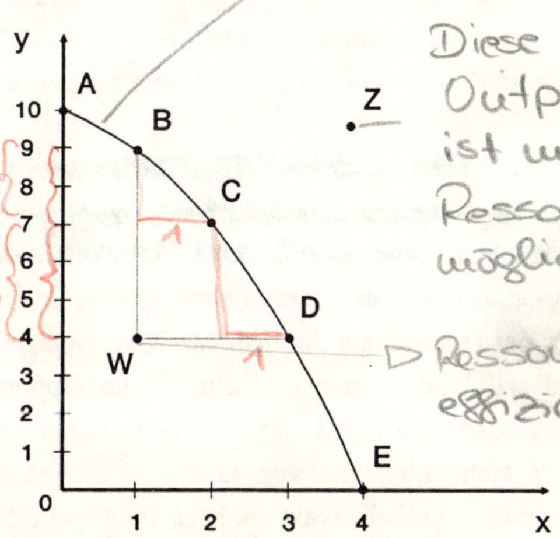

Dieses Zahlenbeispiel haben wir in der zweiten Darstellung in eine Graphik übertragen. Die Abszisse gibt hier die produzierte Menge des Gutes ***x*** an und die Ordinate die des Gutes ***y***, während die Punkte **A** bis **E** die alternativen Produktionsmöglichkeiten bezeichnen. Verbindet man nun die einzelnen Punkte durch eine Linie, so erhält man die eben schon erwähnte Transformationskurve, die die Produktionsmöglichkeiten in der betrachteten Volkswirtschaft beschreibt.

Was fällt uns an dieser Kurve auf?

Zum einen läßt sich festhalten, daß Outputkombinationen außerhalb der Transformationskurve, etwa der Punkt **Z**, mit den vorhandenen Ressourcen und technischen Möglichkeiten grundsätzlich nicht realisierbar sind. Dagegen können Punkte innerhalb der Transformationskurve durchaus zum Zuge kommen. In den Fällen jedoch wären die eingesetzten Ressourcen nicht effizient genutzt. Es wäre jederzeit möglich, von einem Gut mehr zu produzieren, ohne dafür entsprechend auf das andere verzichten zu müssen. So ließen sich etwa, ausgehend von W, ohne weiteres die Punkte **B** oder **D** auf der Transformationskurve erreichen, die eine eindeutige Verbesserung der Ausgangssituation bedeuten.

Zum zweiten tritt die Transformationskurve in der Regel, so wie auch in unserem Beispiel, als zum Ursprung hin **konkave** Funktion auf. Dies bedeutet aus ökonomischer Sicht, daß zur Produktion einer zusätzlichen Einheit eines Gutes auf immer mehr Einheiten eines anderen verzichtet werden muß. Will man in unserem Fall ausgehend von Punkt **B** beim Gut *x* die Menge von einer Einheit auf zwei Einheiten steigern, dann ist das nur möglich, wenn die Produktion von *y* um zwei Einheiten verringert wird. Will man die Produktion von *x* noch um eine weitere Einheit steigern, dann muß man schon auf drei Einheiten von *y* verzichten.

In dieser Eigenschaft der Transformationsfunktion drückt sich, ganz allgemein, das **Gesetz der zunehmenden Opportunitätskosten** aus. Als Opportunitätskosten oder Alternativkosten bezeichnet man gewöhnlich den Wert einer "entgangenen Gelegenheit" (opportunity foregone). Die entgangene Gelegenheit besteht hier einfach in der Menge des Gutes *y*, auf die man verzichten muß, wenn man von Gut *x* mehr produzieren will. So verstanden nehmen die Opportunitätskosten der Produktion einer zusätzlichen Einheit des Gutes *x* immer mehr zu, weil im Gegenzug auf immer mehr Einheiten von Gut *y* verzichtet werden muß. Die Opportunitätskosten drücken deshalb exakt die Knappheit von Gütern aus und damit auch die Verwendungskonkurrenz der Produktionsfaktoren. Dabei sind die Opportunitätskosten eines Gutes umso höher, je mehr man davon produziert, und je knapper dadurch ein alternatives Gut wird.

Wie kann man sich nun die Existenz der Transformationskurve und ihre nach außen gewölbte Form erklären? Um diese Frage zu beantworten, müssen wir zunächst die Produktion eines einzelnen Gutes näher untersuchen.

3.2 Produktionsfunktion und Ertragsgesetz

Wenn wir uns erinnern, so sind wir dem Begriff der Produktion bereits in Kapitel 1 begegnet. Dort haben wir damit ganz allgemein die Herstellung von Gütern und Dienstleistungen als Kombination von Produktionsfaktoren mit einer vorhandenen Technologie umschrieben. Zu den wichtigsten Ressourcen zählten wir die Faktoren Arbeit, Boden, Kapital und technisches Wissen. Auch den Begriff des Produktionsprozesses haben wir dort schon eingehend erläutert. Hier nun wollen wir ergänzend auf die Beziehungen zwischen Input und Output eingehen, so wie sie die sogenannte **Produktionsfunktion** beschreibt.

Eine Produktionsfunktion stellt allgemein auf die Abhängigkeit ab zwischen dem Output x und dem Einsatz von Produktionsfaktoren, also von Arbeit (A), Boden (B), Kapital (K) und technischem Wissen (T). Formal schreiben wir dafür:

$$x = f(A, B, K, T)$$

Die Produktionsfunktion f gibt demnach an, welche Outputmengen x maximal produziert werden können, wenn man bestimmte Mengen der Produktionsfaktoren miteinander kombiniert.

Im folgenden wollen wir die Produktionsfunktion auch graphisch veranschaulichen. Dazu nehmen wir vereinfachend an, daß der Einsatz nur eines Produktionsfaktors, etwa des Faktors Arbeit, sich verändere, derjenige aller anderen aber konstant bleibe, auf dem Niveau $\overline{B}$, $\overline{K}$ und $\overline{T}$. Wir können dann die Outputmenge x eines Gutes nur als Funktion der eingesetzten Arbeitsmenge angeben. In der Literatur spricht man in dem Zusammenhang von einer **partiellen Faktorvariation**. Sehen wir uns hierzu Schaubild 3.3 an.

Abb. 3.3: Die Produktionsfunktion

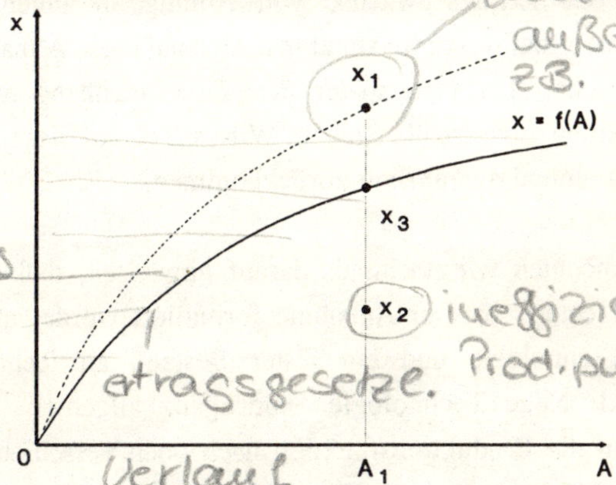

Auf der Abszisse des Schaubildes ist die Menge des Produktionsfaktors Arbeit A abgetragen, auf der Ordinate die des produzierten Gutes x. Auf der Produktionsfunktion $x = f(A, \overline{B}, \overline{K}, \overline{T})$ liegen dann alle Outputmengen, die mit einem bestimmten Arbeitsinput jeweils maximal erstellt werden können. Outputmengen unterhalb der Produktionsfunktion, etwa x_2, könnten zwar prinzipiell auch produziert werden, es wären aber ineffiziente Produktionspunkte, da bei dem angewandten Produktionsverfahren mit der gleichen Inputmenge ein größerer Output erzielbar wäre, nämlich die Outputmenge x_3, die sich genau auf der Produktionsfunktion befindet. Outputmengen oberhalb der Produktionsfunktion hingegen, lassen sich mit dem zugrundeliegenden Produktionsverfahren nicht realisieren, so etwa der Punkt x_1, der beim gegebenen Arbeitseinsatz A_1 außerhalb der Produktionsmöglichkeiten liegt.

Die hier dargestellte Produktionsfunktion weist einen für die Volkswirtschaftslehre typischen, nämlich **ertragsgesetzlichen Verlauf** auf. Dies bedeutet zunächst einmal, daß der Output mit dem vermehrten Einsatz eines Produktionsfaktors, hier des Faktors Arbeit zunimmt. Die Zunahme des Outputs, also der Ertragszuwachs, schwächt sich dann jedoch immer mehr ab, je mehr vom Faktor Arbeit eingesetzt wird. Den durch eine zusätzliche Einheit eines Faktors hervorgerufenen Ertragszuwachs nennt man auch **Grenzproduktivität**.

Auf diesen Zusammenhang hat als erster Nationalökonom **A.R.J. Turgot** (1727-1781) hingewiesen. Er beobachtete zu seiner Zeit, daß der Ertrag einer begrenzten, fest umrissenen landwirtschaftlich bebauten Fläche mit vermehrtem Arbeitseinsatz zwar anstieg, daß die Ertragszuwächse aber nach anfänglicher Zunahme immer geringer wurden. Der Bereich zunehmender Ertragszuwächse hat in der Volkswirtschaftslehre heute freilich nur noch geringe Bedeutung, meist geht man davon aus, daß Ertragszuwächse von Anfang an abnehmen. Auch zur Ableitung der Transformationskurve stützt man sich auf diese Annahme. Ausgehend von der Landwirtschaft hat man später den Zusammenhang auch auf andere, industrielle Produktionsprozesse übertragen. Wir werden auf diese Zusammenhänge in Kapitel 14 noch einmal ausführlich zurückkommen.

An dieser Stelle möchten wir nochmals darauf hinweisen, daß die Produktionsfunktion unter der ceteris paribus-Annahme formuliert wurde, also insbesondere eine bestimmte Technologie und ein fester Bestand an technischem Wissen vorausgesetzt wird. Neue Technologien und, ganz allgemein, der **technische Fortschritt** können die Produktionsfunktion nach oben verschieben, was jeweils höhere Outputmengen bei gleichem Einsatz an Produktionsfaktoren ermöglicht. Schaubild 3.3 zeigt dies beispielhaft anhand der gestrichelten Produktionsfunktion. Man sieht, daß beispielsweise die Menge x_1, die vorher außerhalb der Produktionsmöglichkeiten lag, nunmehr aufgrund des technischen Fortschritts durchaus produzierbar wird.

3.3 Transformationskurve und Produktionsfunktion

Nachdem wir jetzt wissen, was wir als Ökonomen unter der Produktion eines Gutes zu verstehen haben, wollen wir wieder auf unsere ursprüngliche Fragestellung zurückkommen und das Zustandekommen der Transformationskurve erklären. Dazu nehmen wir wieder der Einfachheit halber an, daß nur ein Produktionsfaktor, nämlich Arbeit, in den Produktionsprozeß gelangt. Er kann alternativ für die Produktion eines Gütertyps x oder eines Gütertyps y verwendet werden. Es besteht also die bekannte Verwendungskonkurrenz der Güter um den Produktionsfaktor Arbeit. Bei x soll es sich auch hier um Nahrungsmittel, bei y um Industriegüter handeln. Die Herstellung dieser Güter werde jeweils durch eine ertragsgesetzliche Produktionsfunktion beschrieben, wie wir sie eben kennengelernt haben.

Betrachten wir dazu die Abbildung 3.4. Sie will auf graphische Weise den Zusammenhang erläutern, der zwischen der Transformationskurve, der Produktionsfunktion und einem gegebenem Bestand des Faktors Arbeit besteht.

Die Darstellung ist in vier Quadranten unterteilt. Der erste Quadrant gibt die Transformationskurve für Nahrungsmittel und Industriegüter wieder. Im zweiten Quadranten haben wir die Produktionsfunktion für Industriegüter eingezeichnet mit der Outputmenge y auf der Vertikalen und dem Arbeitsinput A_2 auf der Horizontalen. Hierbei müssen wir allerdings beachten, daß die Funktion im Unterschied zur üblichen Darstellung spiegelbildlich erscheint. Im vierten Quadranten finden wir die Produktionsfunktion für Nahrungsmittel. Deren Outputmenge x wurde auf der Horizontalen, die Einsatzmenge des Faktors Arbeit A_1 auf der Vertikalen aufgetragen. Der gesamte Bestand an Arbeit ist im dritten Quadranten durch die Strecke **OF** auf der horizontalen Achse A_2 beziehungsweise durch die gleichlange Strecke **OG** auf der vertikalen Achse A_1 begrenzt.

Die Frage ist nun, wie sich in dieser Darstellung die Transformationskurve im ersten Quadranten ableiten läßt. Beginnen wir unsere Erklärung mit den Strecken **OF** und **OG** im dritten Quadranten. Wir haben es hierbei mit einer Situation zu tun, in der die gesamte verfügbare Arbeitsmenge entweder für die Produktion von Nahrungsmitteln oder Industriegütern eingesetzt wird. Im einen Fall wird auf der Transformationskurve der Punkt **K**, im anderen der Punkt **H** realisiert. Beide stellen gleichzeitig die Endpunkte der Transformationskurve dar.

Abb. 3.4: Transformationskurve und Produktionsfunktion

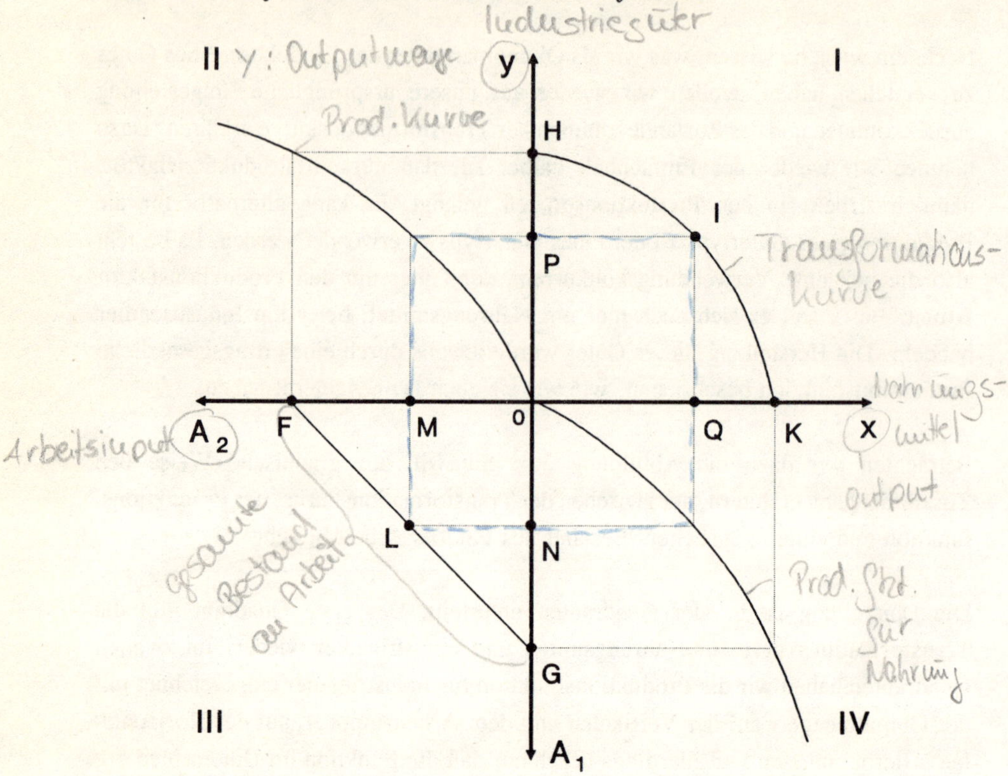

Dazwischen liegen Punkte, die man erhält, wenn man den Faktor Arbeit teilweise dem Gut *x* und teilweise dem Gut *y* zuweist. Dazu wählt man einfach einen beliebigen Punkt auf der Verbindungslinie **FG** im dritten Quadranten. Jeder Punkt auf dieser Geraden nämlich teilt den Produktionsfaktor Arbeit so auf die alternativen Verwendungen auf, daß sich die Einsatzmengen für *x* und *y* immer zur Gesamtmenge addieren. Im Punkt **L** beispielsweise kommt zum Ausdruck, daß die Arbeitsmenge **OM** zur Produktion von *y* und der Arbeitsinput **ON** zur Produktion von *x* verwendet wird. Die dazugehörigen Outputmengen für beide Güterarten geben die Punkte **P** und **Q** an. Diese liegen auch im ersten Quadranten und bestimmen dort den Punkt **I** auf der Transformationskurve. Mit ihm wiederum werden die Produktionsmöglichkeiten abgesteckt, die in der angenommenen Situation für die Herstellung von Nahrungsmitteln und Industriegütern bestehen. In analoger Weise können so auch alle anderen Punkte der Transformationskurve gefunden werden, was der Leser für sich selbst einmal nachvollziehen mag.

3.4 Ineffizienzen

Nachdem wir die Entstehung der Transformationskurve kennengelernt haben, können wir auch einige ihrer Eigenschaften besser verstehen. Wir haben vorhin gesagt, daß die Transformationskurve die Grenze der Produktionsmöglichkeiten angibt. Punkte außerhalb der Transformationskurve lassen sich mit dem gegebenem Faktorbestand und dem vorhandenen technischen Wissen nicht realisieren. Punkte innerhalb der Transformationskurve wiederum zeigen an, daß man

- entweder nicht alle verfügbaren Produktionsfaktoren in der Produktion eingesetzt hat (Unterbeschäftigung),
- oder daß man auf einen Produktionsprozeß zurückgreift, der mit Verschwendung einhergeht.

Beide Male bedeutet dies eine **ineffiziente Allokation der Ressourcen**. Würde man nämlich die Ressourcen anders verwenden, dann wäre es möglich, von einem Gut mehr herzustellen, ohne gleichzeitig die Produktionsmenge eines anderen Gutes reduzieren zu müssen. Alle effizienten Produktionskombinationen liegen also auf der Transformationskurve. Dort ist es nicht mehr möglich, von einem Gut mehr zu produzieren, ohne bei einem anderen Verzicht zu üben.

Betrachten wir den Fall der **Unterbeschäftigung** noch anhand eines graphischen Beispiels: Abbildung 3.5 bezieht sich auf eine Volkswirtschaft, in der wieder die beiden Güter x und y mit Hilfe des Faktors Arbeit hergestellt werden. Zur Produktion von y setzt man davon die Menge **OR** ein, so daß für die Herstellung von x noch die Menge **OS** an Arbeitskraft verbliebe. Tatsächlich wird jedoch nur die Menge **OT** beschäftigt, woraus sich eine Unterbeschäftigung in Höhe von **TS** ergibt. Daher kann auch nur der Punkt **W** unterhalb der Transformationskurve erreicht werden. Die betrachtete Volkswirtschaft ist nicht fähig, ihre Produktionsmöglichkeiten voll auszuschöpfen.

Zum gleichen Ergebnis gelangt man, wenn zwar der Produktionsfaktor Arbeit vollbeschäftigt ist, aber die technischen Möglichkeiten nicht ausgeschöpft werden. An anderer Stelle haben wir ausgeführt, daß die Produktionsfunktion immer die maximal mögliche Outputmenge angibt, die mit einem bestimmten Faktorinput zu erzielen ist. Wenn nun bei gegebenem Faktorinput nicht der maximal mögliche, sondern ein geringerer Output unterhalb der Produktionsfunktion erzeugt wird, liegt eindeutig eine **Verschwendung** von Ressourcen vor.

Abb. 3.5: Ineffizienz

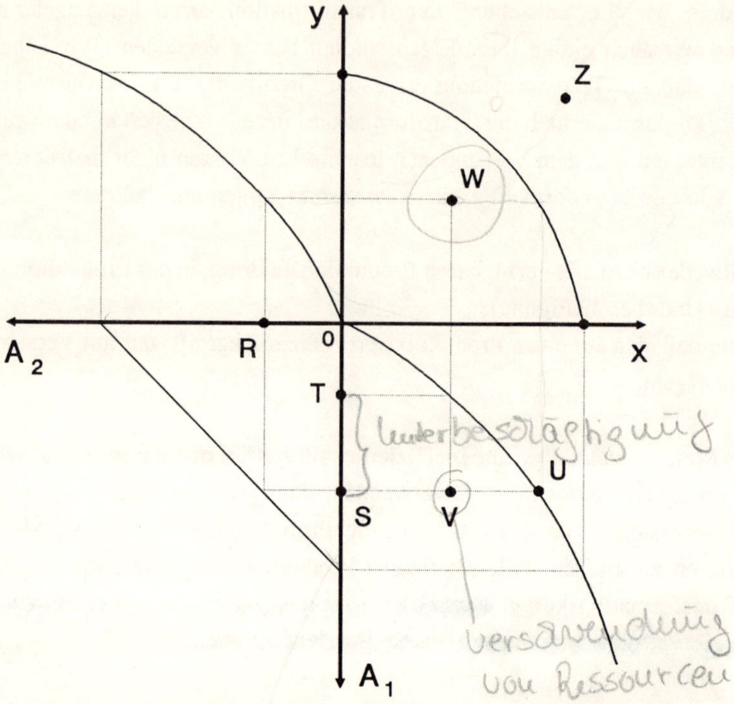

Auch diese Situation läßt sich anhand des Schaubilds 3.5 veranschaulichen. Wird vom Produktionsfaktor Arbeit die Menge **OR** für ***y*** im Industriegütersektor und die verbleibende Menge **OS** für ***x*** im Nahrungsmittelbereich eingesetzt, dann herrscht zwar Vollbeschäftigung in unserer Wirtschaft, dennoch wird bei der Produktion des Gutes ***x*** nur der Punkt **V** anstatt des möglichen Outputs **U** realisiert. Es kommt zu einer Verschwendung von Ressourcen im Nahrungsmittelsektor, mit den gleichen gesamtwirtschaftlichen Wirkungen wie im Beispiel der Unterbeschäftigung. Die Volkswirtschaft muß sich mit einer ineffizienten Outputkombination **W** zufriedengeben.

3.5 Technischer Fortschritt und Zunahme des Faktorbestands

Wir haben vorhin gesagt, daß bei einem gegebenen Faktorbestand und einem gegebenen Stand des technischen Wissens Outputkombinationen außerhalb der Transformationskurve, in unserem Beispiel etwa der Punkt **Z**, nicht erreichbar sind.

Dies wäre nur möglich, wenn sich die Grenze der Produktionsmöglichkeiten nach außen hin erweitern würde. Fragen wir uns also als nächstes, wie es zu solchen Verschiebungen der Transformationskurve kommen kann.

Die Erweiterung des Produktionspotentials einer Volkswirtschaft kann auf zweierlei Weise erfolgen:

- einmal durch ein Anwachsen des Faktorbestandes,
- zum anderen durch eine Zunahme des technischen Wissens.

Sehen wir uns diese Möglichkeiten anhand der Abbildungen 3.6 und 3.7 näher an.

Abb. 3.6: Erhöhung des Faktorbestands

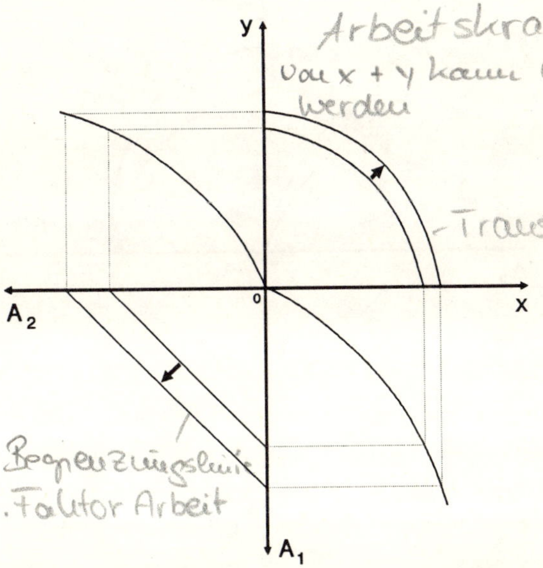

In Abbildung 3.6 ist eine Situation dargestellt, in der die **Menge des Faktors Arbeit** ansteigt, bedingt durch die demographische Entwicklung in einem Land oder den Zuzug von Gastarbeitern. In diesem Fall verschiebt sich die Begrenzungslinie für den Faktor Arbeit nach außen und mit dieser auch die Transformationskurve. Es kann von beiden Gütern x und y mehr produziert werden.

Abbildung 3.7 kennzeichnet eine Situation, in der im Industriegütersektor **technischer Fortschritt** auftritt. Dadurch wird die Produktionsfunktion für das Gut *y* nach oben verschoben, so daß bei jeder Inputmenge nunmehr ein größerer Output erzeugt werden kann. Als Folge verschiebt sich auch die Transformationskurve nach außen, so wie dies unser Schaubild darstellt. Die Wirkung des technischen Fortschritts kann sich dabei sowohl auf das Gut *y* wie auch auf das Gut *x* verteilen. Es ist also, zum einen, eine Lösung denkbar, in der sich eine Volkswirtschaft dafür entscheidet, allein von Gut *y* mehr zu produzieren. Ebenso ist aber auch denkbar, daß die zusätzlich eingesparten Ressourcen beim Gut *y* dazu verwendet werden, die Herstellungsmenge von *x* zu erhöhen. Die Outputmenge im Industriegütersektor bleibt dann konstant und die Ressourcenersparnis wandert allein in die Produktion von Nahrungsmitteln.

Abb. 3.7: Technischer Fortschritt I

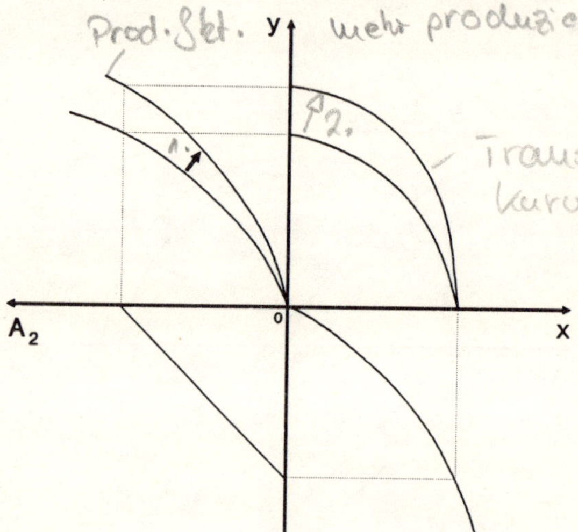

Allerdings ist zu berücksichtigen, daß in diesem Falle der maximal mögliche Output an Nahrungsmitteln, also die Menge, die realisierbar wäre, wenn der gesamte Faktorbestand der Volkswirtschaft dort eingesetzt würde, sich nicht erhöhen läßt. In Abbildung 3.7 gehen daher die neue und die alte Transformationskurve durch den gleichen Punkt auf der *x*-Achse.

Analoge Überlegungen kann man natürlich auch für den Fall anstellen, daß technischer Fortschritt allein im Nahrungsmittelsektor oder in beiden Sektoren gleichzeitig auftritt. Im einen Fall wird sich dann die Transformationskurve etwa wie in Abbildung 3.8 (a), im anderen Fall wie in Abbildung 3.8 (b) verschieben. Der Leser möge diese beiden Fälle mit Hilfe des Vierquadrantensystems einmal selbst durchspielen.

Abb. 3.8: Technischer Fortschritt II

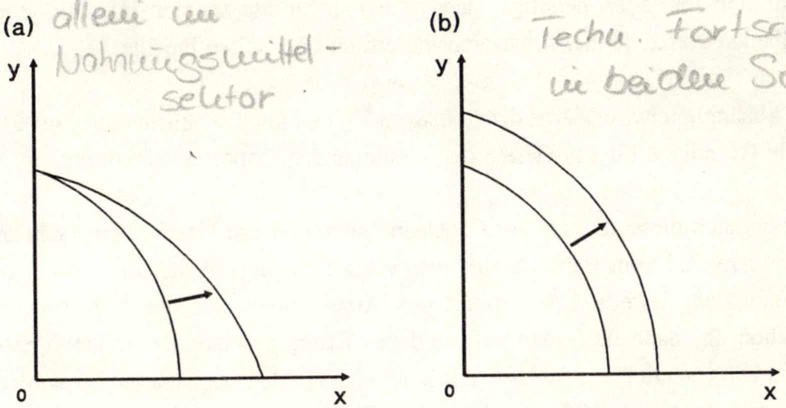

3.6 Das Gesetz der zunehmenden Opportunitätskosten

Zum Schluß sollten wir noch einmal einen Zusammenhang aufgreifen und zu erklären versuchen, den wir eingangs bereits formuliert, aber noch nicht bewiesen haben, nämlich das Gesetz der zunehmenden Opportunitätskosten. Was hat man darunter zu verstehen?

Dieses Gesetz hängt eng mit den Input-Output-Beziehungen in den einzelnen Sektoren einer Volkswirtschaft und hier insbesondere mit dem Ertragsgesetz zusammen. Betrachten wir dazu nochmals unsere Abbildung 3.2. Geht man dort von der Outputkombination **A** zu **B**, von **B** zu **C**, und so fort, bis hin zu **E**, so muß man auf immer größere Mengen des Gutes y verzichten, um eine zusätzliche Einheit von x herzustellen. Hier wirkt sich bei der Produktion von x das Ertragsgesetz aus: Je mehr man von x bereits produziert hat, umso höher ist der Faktorinput, der zur Produktion einer zusätzlichen Einheit benötigt wird. Diese Ressourcen müssen natürlich der Produktion des Gutes y entzogen werden. Da jedoch im Sektor y ebenfalls das Ertragsgesetz gilt, werden dort umso weniger Ressourcen freigesetzt, je geringer die Produktion ausfällt.

Zusammengefaßt kann man also sagen, daß bei einem Übergang der Produktion von Gut *y* zu Gut *x* folgendes passiert:

- Es können, zum einen, pro Einheit immer weniger Ressourcen aus der Produktion des Gutes *y* abgezogen werden, je weniger von diesem produziert wird.
- Zum anderen aber benötigt man immer mehr Ressourcen für zusätzliche Einheiten von *x*, je mehr man von diesem Gut herstellen möchte.

Diese Abhängigkeiten erklären den konkaven Verlauf der Transformationskurve und sind die Grundlage für das Gesetz der zunehmenden Opportunitätskosten.

Man kann sich dieses Gesetz auch noch in anderer Weise klarmachen. Geht man in Abbildung 3.2 vom Punkt **A** aus, also einer Situation, in der nur *y* produziert wird und zieht jeweils eine Einheit des Arbeitsinputs aus der Industriegüterproduktion ab, dann muß man aufgrund des Ertragsgesetzes auf immer größere Mengen von *y* verzichten. Andererseits kann man mit den eingesparten Ressourcen, wiederum aufgrund des Ertragsgesetzes, pro Inputeinheit immer weniger von Gut *x*, den Nahrungsmitteln erzeugen. Mit den freigesetzten Ressourcen kann also immer weniger von *x* produziert, gleichzeitig muß auf immer mehr Einheiten von *y* verzichtet werden.

Ein Maß für die Transformierbarkeit der beiden Güter *x* und *y* in einem bestimmten Punkt auf der Transformationskurve stellt die Steigung dieser Kurve in dem betreffenden Punkt dar. Sie wird auch als **Transformationsrate** bezeichnet und gibt an, auf wieviele Einheiten von *y* man verzichten muß, um eine Einheit von *x* mehr produzieren zu können. Mathematisch erhält man sie als erste Ableitung der Transformationsfunktion in einem bestimmten Punkt. Wir werden darauf im nächsten Kapitel noch zurückkommen.

3.7 Anwendungen

Zum Abschluß wollen wir das Instrument der Transformationskurve auf zwei Fälle anwenden, in denen die Knappheit der Güter, und damit auch das Entscheidungsdilemma, in dem sich jede Gesellschaft befindet, exemplarisch zum Ausdruck kommt. Es handelt sich einmal um die Wahl zwischen Investitions- und Konsumgütern, zum anderen um die zwischen öffentlichen und privaten Gütern. Deren Charakteristika haben wir ja im ersten Kapitel schon kennengelernt.

Investitions- versus Konsumgüter

Sehen wir uns zunächst die Transformationskurve für die Alternativen **Investitions-** und **Konsumgüter** an, wie sie die Abbildung 3.9 (a) beispielhaft darstellt.

Abb. 3.9: Investitions- versus Konsumgüter

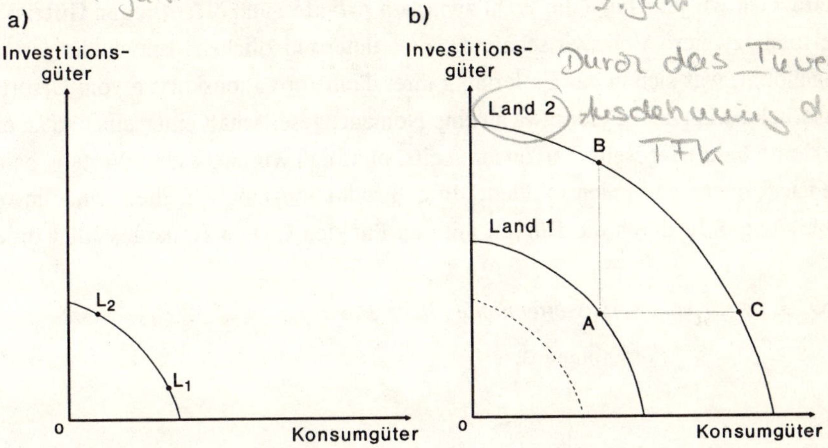

Diese Kurve soll die Produktionsmöglichkeiten zweier Länder 1 und 2 beschreiben, die sich in einem bestimmten Jahr, in dem unsere Beobachtung beginnt, von der Produktionsseite her den gleichen Restriktionen und Bedingungen gegenübersehen. Das Land 1 entscheidet sich für den Punkt $\mathbf{L_1}$ auf der Transformationskurve und damit, wie man erkennt, für eine relative große Menge Konsumgüter und relativ wenig Investitionen. Dies wiederum heißt, daß es überaus stark den gegenwärtigen Konsum gegenüber der Kapitalbildung und den daraus sich ergebenden zukünftigen Konsummöglichkeiten präferiert. Das Land 2 hingegen investiert bedeutend mehr (Punkt $\mathbf{L_2}$) und muß daher auch auf einen großen Teil des an sich möglichen Konsums in der Gegenwart verzichten.

Sehen wir uns als nächstes die Situation der beiden Länder zu einem späteren Zeitpunkt an. Sie wird sich etwa wie in der Abbildung 3.9 (b) darstellen.

Man sieht nunmehr, daß sich die Produktionsmöglichkeiten beider Länder nach außen verschoben haben, diejenige des Landes 2 allerdings sehr viel weiter als die des Landes 1. Dadurch ist es dem Land 2 möglich, von beiden Güterarten mehr zu produzieren als das Land 1 es vermag, wenn beispielsweise das Land 1 die

Güterkombination A wählt und dem Land 2 sich im Bereich **BC** seiner Produktionsmöglichkeitengrenze bewegt. Die höheren Investitionen zu Beginn haben sich also für Land 2 insofern ausgezahlt, als diesem zu einem späteren Zeitpunkt sowohl für den Konsum als auch für Investitionen mehr Güter zur Verfügung stehen.

Private versus öffentliche Güter

Betrachten wir jetzt noch die Wahl zwischen **privaten** und **öffentlichen Gütern** am Beispiel zweier Volkswirtschaften, die unterschiedlichen Entwicklungsstufen angehören, was sich in der Entfernung ihrer Transformationskurven vom Ursprung ausdrückt. Man denke hier etwa an eine Nomadengesellschaft einerseits und an eine moderne Industriegesellschaft andererseits, ohne daß wir damit eine Wertung beider Lebensformen verbinden wollen. Ihre Produktionsmöglichkeiten sind in der Abbildung 3.10 durch die Kurven mit den Punkten $\mathbf{L_1}$ und $\mathbf{L_2}$ dargestellt worden.

Abb. 3.10: Private versus öffentliche Güter

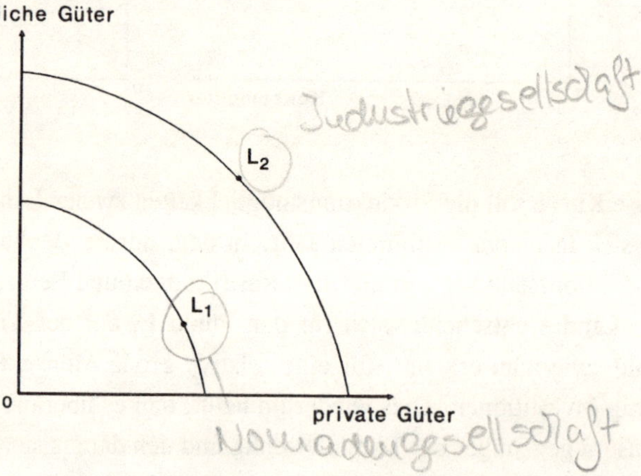

Die Nomadengesellschaft (Punkt $\mathbf{L_1}$)produziert im Grunde nur die Güter, die jeder zum Leben in dieser Gemeinschaft benötigt und die vom Charakter her eher als privat zu bezeichnen sind. Der Bedarf für öffentliche Güter hingegen fällt, wie man sieht, nur gering aus. Viele öffentliche Einrichtungen und sonstige Leistungen einer staatlichen Gemeinschaft sind dort eben nicht vorhanden und aufgrund der besonderen Lebensweise vielleicht auch leicht entbehrlich, was etwa auf Straßen, öffentliche Verwaltung, militärische Verteidigung und vieles mehr zutrifft.

Im Vergleich dazu ist die Industriegesellschaft viel reicher und gibt auch einen größeren Teil ihres Einkommens für öffentliche Güter aus (Punkt $\mathbf{L_2}$). Dieser höhere Bedarf entsteht zum Teil schon aus einer völlig anderen Siedlungsstruktur, die oft durch Ballungszentren auf der einen und dünn besiedelte Gegenden auf der anderen Seite gekennzeichnet ist. Allein dies erfordert bereits in hohem Umfang die Produktion von öffentlichen Gütern, wie verkehrsmäßige Infrastruktur, Sozialfürsorge oder Institutionen zur Aufrechterhaltung von Sicherheit und Ordnung.

Kontrollfragen zu Kapitel 3:

1. Erläutern Sie das Konzept der Produktionsfunktion. Inwiefern wird der Produktionsprozeß darin in eine "black box" verbannt?

2. Was sagt die Transformationskurve aus? Warum hat sie bei Produktionsfunktionen mit sinkenden Grenzproduktivitäten einen konkaven Verlauf?

3. Erläutern Sie das Gesetz von der abnehmenden Grenzrate der Substitution.

4. Wie verändert sich die Produktionsmöglichkeitenkurve, wenn von einem Produktionsfaktor insgesamt weniger zur Verfügung steht und davon die Produktion beider Güter betroffen ist?

5. Warum befindet sich eine Volkswirtschaft im Falle einer Unterbeschäftigung immer innerhalb der Produktionsmöglichkeitenkurve?

6. Inwieweit sieht sich eine Volkswirtschaft mit unterbeschäftigten und nicht effizient eingesetzten Produktionsfaktoren teilweise mit den gleichen Problemen konfrontiert?

7. Was versteht man unter dem technischen Fortschritt? Wie verändert sich die Kurve der Produktionsmöglichkeiten, wenn bei der Produktion eines Gutes technischer Fortschritt auftritt?

8. Wie können in einer Volkswirtschaft zunächst außerhalb der gesamtwirtschaftlichen Kapazitätslinie liegende Gütermengen auf Dauer doch produziert werden?

Reallokation

4. Märkte und Preise

Im letzten Kapitel haben wir gesehen, unter welchen alternativen Produktionsmöglichkeiten eine Gesellschaft wählen kann. Grundsätzlich kommen dafür alle Punkte auf der Transformationskurve in Betracht. Damit haben wir allerdings noch keine endgültige Antwort auf die Fragen nach dem "Was?", "Wie?", "Für Wen?" gefunden, denn in einem weiteren Schritt geht es nun darum, die **Produktion auf die Präferenzen der Konsumenten abzustimmen**. Was hat man darunter konkret zu verstehen?

Jede Volkswirtschaft steht immer wieder vor dem Problem, sich für eine einzige und bestimmte Güterkombination und somit für einen einzigen und bestimmten Punkt auf der Transformationskurve entscheiden zu müssen. Für diese Entscheidung hat sie jene Lösungen zu finden, die ihren Präferenzen am ehesten entsprechen. Präferenzen stehen dabei einfach als Ausdruck für die Wertschätzung, die Konsumenten den jeweiligen Gütern im Angebot einer Volkswirtschaft entgegenbringen. Wenn, auf unser einfaches Beispiel in der Abbildung 3.2 übertragen, in einer Gesellschaft also das Gut y gegenüber dem Gut x relativ hoch bewertet wird, dann sollte man sich vielleicht für den Punkt **B** auf der Transformationskurve entscheiden und eine relativ große Menge von y und eine relativ kleine Menge von x produzieren. Wird dagegen das Gut x im Vergleich zu y relativ hoch eingeschätzt, dann kommt eher die Güterkombination **D** in Frage, die aus einer relativ großen Menge von x und einer entsprechend kleinen Menge von y besteht. Jede Änderung in den Präferenzen der Gesellschaft, etwa eine Verschiebung der gewünschten Güterkombination von **B** nach **D**, löst eine Reallokation der Produktionsfaktoren aus. Diese werden dann, in unserem Beispiel, aus dem Industriegütersektor abgezogen und wandern in den Nahrungsmittelbereich.

Es ist nun kaum anzunehmen, daß es in einer Gesellschaft irgendeine Person oder eine Instanz gibt, die einerseits die Produktionsmöglichkeiten und andererseits auch die Präferenzen der einzelnen genau kennt und beide so aufeinander abstimmen könnte, daß für die Gesellschaft das bestmögliche Ergebnis herauskommt. In der Realität ist ja nicht nur, wie in unserem einfachen Fall, über die Produktion und Verteilung zweier Güter und die bestmögliche Allokation der dafür benötigten Produktionsfaktoren zu entscheiden, sondern es müssen tagtäglich zahllose Aktivitäten der Wirtschaftssubjekte, konsumptiver und produktiver Art, koordiniert werden. Diese Koordinationsaufgabe übernehmen in einer marktwirtschaftlichen Ordnung, wie wir wissen, die Preise. Damit wollen wir uns im folgenden noch einmal ausgiebiger beschäftigen und uns ansehen, wie sich die Preise auf den Märkten aus Angebot und Nachfrage bilden, wie sich die verschiedenen Wirtschaftssubjekte in ihren Entscheidungen an sie anpassen und ihre Pläne so aufeinander abstimmen, daß eine optimale Güterstruktur und Allokation der Produktionsfaktoren erreicht wird.

4.1 Der Markt als Koordinationsmechanismus

Wir haben schon mehrfach betont, daß in einer marktwirtschaftlichen Ordnung Haushalte und Unternehmen ihre ökonomischen Entscheidungen autonom treffen. Sie stellen eigene Wirtschaftspläne auf, die auf Märkten koordiniert werden. Der Markt stellt also den Koordinationsmechanismus für die einzelwirtschaftlichen Entscheidungen zur Verfügung. Man kann ihn daher ganz einfach als gedanklichen Ort des Zusammentreffens von Angebot und Nachfrage definieren.

Wir wissen auch schon, daß man grob zwischen **Gütermärkten** und **Faktormärkten** unterscheiden kann, von denen es in der Realität jeweils sehr viele gibt. Auf den Gütermärkten treten die Haushalte als Nachfrager und die Unternehmen als Anbieter von Konsumgütern auf. Genau das umgekehrte Bild erhalten wir für die Faktormärkte. Hier sind die Haushalte Anbieter von Produktionsfaktoren, die Unternehmen fragen diese nach. Auf dem Faktormarkt wird also Faktorangebot und Faktornachfrage, auf dem Gütermarkt Güterangebot und Güternachfrage in Übereinstimmung gebracht.

In Abbildung 4.1 sind die Angebots- und Nachfragebeziehungen zwischen Haushalten und Unternehmen auf Güter- und Faktormärkten nochmals zusammengestellt.

Abb. 4.1: Angebots-Nachfragebeziehungen auf Güter- und Faktormärkten

Art des Marktes / Marktpartner	Faktormarkt	Gütermarkt
Anbieter	Haushalte (Faktorangebot)	Unternehmen (Güterangebot)
Nachfrager	Unternehmen (Faktornachfrage)	Haushalte (Güternachfrage)

Um die Preisbildung auf den Güter- und Faktormärkten analysieren zu können, hat man in der Volkswirtschaftslehre die Vorstellung von einem idealen Markt, der sogenannten **vollständigen Konkurrenz** entwickelt. Dies ist eine gedankliche Konstruktion, die vor allem zwei Merkmale aufweist:

- Vorhandensein eines Polypols,
- Existenz eines vollkommenen Marktes.

Ein **Polypol** oder, anders ausgedrückt, die atomistische Konkurrenz, ist eine Marktform, bei der sich eine Vielzahl von Anbietern und eine Vielzahl von Nachfragern gegenüberstehen. Der Marktanteil eines einzelnen Marktteilnehmers ist daher so gering, daß dieser auf den Marktpreis keinen Einfluß ausüben kann. Den Marktpreis nehmen sowohl die Nachfrager wie auch die Anbieter als vorgegebenes Datum, dem sie sich mit der nachgefragten, beziehungsweise angebotenen Gütermenge anzupassen haben, wollen sie ihre jeweiligen Ziele erreichen. Man bezeichnet die Marktteilnehmer auf dem Polypolmarkt aus diesem Grunde auch als **Mengenanpasser**.

Wie steht es um die zweite Eigenschaft der vollständigen Konkurrenz, der Bedingung, daß ein **vollkommener Markt** gegeben sein muß?

Einen Markt darf man dann vollkommen nennen, wenn

- die dort getauschten Güter homogen sind
  und
- Markttransparenz vorliegt.

Bei **homogenen Gütern** darf es keine sachlichen, persönlichen, räumlichen und zeitlichen Präferenzen geben:

Sachliche Präferenzen wären immer dann vorhanden, wenn ein Konsument ein Gut einem anderen vorzieht, weil er Unterschiede in dessen Eigenschaften, etwa in der Verpackung oder Qualität, wahrzunehmen meint.

Unter **persönlichen Präferenzen** versteht man die Bevorzugung bestimmter Anbieter gegenüber anderen, die das gleiche Gut zum gleichen Preis anbieten. Dazu kann es beispielsweise kommen, wenn man mit dem Verkäufer gut bekannt ist oder für diesen bestimmte Sympathien hegt. Auch die Verkäufer können sich natürlich von persönlichen Präferenzen leiten lassen, etwa wenn sie ein begehrtes Gut zunächst an Stammkunden verkaufen und dann erst die Laufkundschaft bedienen.

Räumliche Präferenzen liegen vor, wenn der Standort eines Anbieters die Kaufentscheidung der Kunden mitbeeinflußt, also ein Konsument etwa seine Frühstücksbrötchen bei dem Bäcker kauft, der seiner Wohnung am nächsten liegt.

Zeitliche Präferenzen schließlich bedeuten, daß ein Käufer seine Entscheidung davon abhängig macht, ob er über ein Gut sofort oder erst später verfügen kann, also beispielsweise ein Möbelstück oder ein Auto bei dem Anbieter kauft, der es ihm zum gewünschten Termin liefern kann.

Wenn Präferenzen solcher Art vorhanden sind, kann man nicht mehr von **homogenen**, das heißt von gleichartigen Gütern sprechen. Konkret bedeutet dies, daß eben Brötchen vom Bäcker in der Nachbarschaft nicht das gleiche Gut verkörpern wie Brötchen einer entfernt gelegenen Bäckerei, auch wenn sie sich sonst in nichts unterscheiden. Ebenso sind identische Möbelstücke, einmal sofort, ein ander Mal später erst geliefert, nicht mehr als homogene Güter zu betrachten. Die gleichen Schmuckstücke können allein schon aufgrund ihrer unterschiedlichen Präsentation, im schicken Juwelierladen oder im unübersichtlichen Kaufhaus, von einem Interessenten als gänzlich verschiedene Produkte angesehen werden. Und, sicher würden viele ihr Kleidungsstück lieber bei einem freundlichen und sympathischen Händler kaufen als in der Anonymität eines Selbstbedienungsladens.

Zu einem vollkommenen Markt gehört auch die **Markttransparenz**. Damit meint man insbesondere die vollständige Information der Käufer und Verkäufer über den Preis eines Gutes. Alle Marktteilnehmer müssen über alle Preise informiert sein, die zwischen Verkäufern und Käufern für das gleiche Gut ausgehandelt werden. Die Käufer müssen also wissen, wo sie ein Gut am billigsten erwerben können und die Verkäufer müssen wissen, wer für das Gut am meisten bezahlen möchte. Ist diese **vollkommene Preisinformation** nicht sichergestellt, dann wäre es jederzeit möglich, Preise zu differenzieren und somit Preisdiskriminierung zu betreiben. In dem Fall würde ein Verkäufer einem Kunden ein Gut zu einem höheren Preis verkaufen als einem anderen, sobald er nämlich im Laufe des Verkaufsgespräches merkt, daß ersterer den höheren Preis zu zahlen bereit ist.

Sind Homogenität und Markttransparenz als Bedingungen für den vollkommenen Markt erfüllt, kann es auf diesem Markt **nur einen Preis** geben. Da nämlich Käufer und Verkäufer die Preise der angebotenen Güter genau kennen und diese zudem homogen sind, würde niemand bei einem Anbieter kaufen, der einen höheren Preis verlangt. Und kein Anbieter würde an einen Nachfrager verkaufen, der nur einen niedrigeren Preis bezahlen möchte. Unterschiedliche Preise kämen, zum einen, nur dann zustande, wenn die Käufer über ein billigeres Angebot nicht informiert wären, oder die Verkäufer nicht wüßten, daß sie auch zu einem höheren Preis verkaufen könnten. Zum anderen vermag natürlich auch die Existenz von Präferenzen der oben angesprochenen Art unterschiedliche Preise für ein und dasselbe Gut zu begründen. Man kann dies am Beispiel der räumlichen Präferenzen recht gut demonstrieren. Kauft ein Kunde ein Gut von einem weiter entfernt liegenden Anbieter, entstehen ihm Transportkosten. Diese (und den Zeitverlust für Fahrten) wird er nur dann auf sich nehmen wollen, wenn dort der Preis für das ansonsten gleichartige Gut geringer ist und so die Entfernungsnachteile aufwiegt.

Auf unvollkommenen Märkten gibt es, falls große Preisunterschiede bestehen, prinzipiell Möglichkeiten zur **Arbitrage**. Es lassen sich dann die vorhandenen Preisunterschiede geschäftlich ausnutzen, indem man Güter auf einem Markt mit niedrigem Preis kauft und auf einem anderen mit höherem Preis verkauft. Allerdings entstehen dem Arbitrageur dadurch auch Kosten, nämlich zum einen Transportkosten, weil Märkte zumeist räumlich voneinander getrennt sind und, zum anderen, Informationskosten, weil er sich über die Preise hier wie dort zu informieren hat. Streng genommen, müßte der Arbitrageur auch noch die Opportunitätskosten für entstandene Zeitverluste in seiner Kalkulation ansetzen. Dies wird die Vorteile, die er aus Preisdifferenzen zu ziehen vermag, wieder schmälern oder sogar ganz verschwinden lassen.

Insgesamt gesehen, führt Arbitrage auf unvollkommenen Märkten letztlich dazu, daß sich Preisunterschiede angleichen. Denn die zusätzliche Nachfrage des Arbitrageurs auf dem Niedrigpreismarkt läßt hier den Preis ansteigen und sein zusätzliches Angebot auf dem Hochpreismarkt führt dort zu einer Preissenkung.

4.2 Pläne der privaten Haushalte

Einen privaten Haushalt haben wir charakterisiert als eine Person oder eine Gruppe von Personen, die Faktoreinkommen beziehen und diese für den Konsum von Gütern oder das Sparen verwenden. Das Ziel eines privaten Haushalts besteht darin, wie wir wissen, die Bedürfnisbefriedigung, die er aus dem Konsum von Gütern erfährt, zu maximieren. Güter stiften dem Konsumenten Nutzen, wobei dieser allein von der Wertschätzung abhängt, die ein Konsument Gütern entgegenbringt.

In der Mikroökonomie stellt man sich diesen Zusammenhang wie folgt vor: Der Konsument ist einfach in der Lage, verschiedene Güter oder Bündel von Gütern gemäß seiner Wertschätzung so zu ordnen, daß ein Güterbündel einen höheren Rang einnimmt, wenn es einem anderen Güterbündel vorgezogen wird. Man unterstellt dann, daß sich der Konsument **rational** verhält und am Gütermarkt diejenigen Güter nachfragt, die ihm, nach diesem Prozeß des Abwägens, den größten Nutzen bringen.

Um seinen Nutzen zu maximieren, müßte ein Konsument eigentlich von jedem Gut möglichst viel nachfragen, weil man bei ihm ja prinzipiell von unbegrenzten Bedürfnissen ausgehen darf. In der Realität freilich muß er bei seiner Nachfrage sowohl sein beschränktes Einkommen wie auch die Preise der Güter berücksichtigen, aus denen sich die Kaufkraft seines Einkommens bestimmt. Steigen die Güterpreise, dann nimmt natürlich die Kaufkraft des Einkommens ab, bei sinkenden Güterpreisen nimmt sie entsprechend zu.

Plant der Konsument den Kauf bestimmter Güter, dann nimmt er deren Preis auf dem Markt als gegeben hin. Denn schon aufgrund der hohen Zahl von Nachfragern, die in der Regel das von ihm gewünschte Güterbündel ebenfalls haben möchten, kann er nicht davon ausgehen, daß seine Nachfrage den Preis merklich beeinflußt. Er wählt dann dasjenige Güterbündel aus, das ihm den größten Nutzen bringt und das er, bei gegebenen Marktpreisen, aus seinem Einkommen bezahlen kann. Daraus ergibt sich letztendlich die Nachfrage des Konsumenten auf dem Gütermarkt.

Ein Konsument gibt sein Einkommen jedoch nicht nur für den gegenwärtigen Konsum aus, er muß sich auch darüber klar werden, welchen Teil des Einkommens er **sparen** möchte. Sparen bedeutet für ihn natürlich einen Konsumverzicht in der Gegenwart. Als Gegenleistung erhält er dafür ein Zinseinkommen, das seine Konsummöglichkeiten in der Zukunft erhöht. Diese Zinsen zahlen diejenigen Wirtschaftssubjekte, denen die Ersparnisse zum Kauf von Konsumgütern oder Produktionsfaktoren überlassen werden. Beim **Zins** handelt es sich also um einen Preis, den ein Haushalt dafür erhält, daß er Konsumverzicht übt und es auf diese Weise ermöglicht, daß entweder andere Haushalte mehr konsumieren oder bestimmte Unternehmen dafür Investitionsgüter kaufen können. !

Die Entscheidung eines Konsumenten über die Höhe seiner Ersparnis wird also einmal vom Zins und damit seinen zukünftigen Konsummöglichkeiten abhängen, zum anderen aber auch davon bestimmt sein, wie er zukünftigen im Vergleich zum gegenwärtigen Konsum bewertet. Diese Bewertung kommt in der **Zeitpräferenzrate**

Positive Zeitpräferenzrate
Nutzen besser jetzt als morgen

Faktorentlohnung

des Konsumenten zum Ausdruck.

In der Ökonomie geht man normalerweise von einer **positiven** Zeitpräferenzrate aus. Das heißt, man unterstellt, daß Konsumenten den Nutzen einer bestimmten Gütermenge, die sie sofort verbrauchen können, höher bewerten als den Nutzen der gleichen Gütermenge zu einem späteren Zeitpunkt. Oder, anders ausgedrückt, ein Konsument schätzt zwei Güterbündel, von denen er das eine sofort, das andere erst später konsumieren kann, nur dann gleich hoch ein, wenn er beim letzteren mehr erhält. Unter dieser Bedingung wird ein Konsument überhaupt nur dann sparen, wenn der Zins positiv ist und die Kaufkraft seines Einkommens in der Zukunft nicht abnimmt, er also später damit mehr kaufen kann als zum gegenwärtigen Zeitpunkt.

Bevor ein Haushalt auf dem Gütermarkt als Nachfrager auftreten kann, muß er natürlich ein Einkommen haben. Das erforderliche Einkommen kann er erzielen, indem er die in seinem Besitz befindlichen Produktionsfaktoren auf den Faktormärkten verkauft. Es handelt sich hierbei im wesentlichen um die Faktoren Arbeit, Kapital und Boden. Diese Produktionsfaktoren werden den Unternehmen angeboten, die sie nachfragen und in der Produktion einsetzen. Dafür erhalten die Haushalte eine **Faktorentlohnung**, in Form von Löhnen, Zinsen und Renten, die ihr Einkommen ausmachen.

Abb. 4.2: Pläne der Haushalte

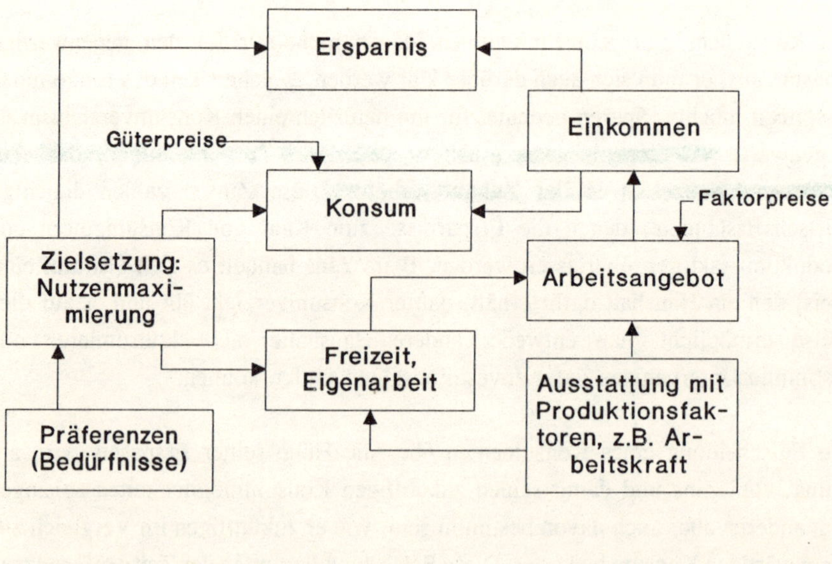

Da Konsumenten möglichst viel konsumieren möchten, sind sie natürlich an einem möglichst hohen Einkommen interessiert. Dies betrifft vor allem ihr Arbeitseinkommen, welches sich, bei gegebenem Lohnsatz, allerdings nur dann steigern läßt, wenn der Haushalt seine angebotene Arbeitszeit erhöht. Davon aber wird maßgeblich seine Freizeit tangiert. Auch die aufgewendete Zeit für Hausarbeit und andere Eigenarbeiten muß er entsprechend verringern. Dies wiederum führt zu Nutzeneinbußen, weil der Nutzen nicht nur vom Konsum von Marktgütern, sondern auch von der verfügbaren Freizeit und den selbsterstellten Gütern abhängt. Insofern besteht ein **Zielkonflikt zwischen dem Konsum von Gütern und der Freizeit**, denn ein Konsument möchte natürlich möglichst viel konsumieren, gleichzeitig aber auch möglichst wenig dafür arbeiten.

Die verschiedenen Einflußgrößen und die Zusammenhänge, die auf den Wirtschaftsplan eines privaten Haushalts einwirken, haben wir in Abbildung 4.2 noch einmal schematisch zusammengefaßt.

4.3 Pläne der Unternehmen

Das Wesen und die Aufgaben von Unternehmen in einer Marktwirtschaft haben wir im ersten Kapitel schon kennengelernt. Versuchen wir dennoch, zur Vertiefung und zum besseren Verständnis, das Essentielle hier nochmals zu wiederholen.

Unternehmen sind verantwortlich für die Produktion von Gütern, die durch die Kombination von Produktionsfaktoren in einem technischen Produktionsprozeß entstehen. Die dafür benötigten Produktionsfaktoren kaufen sie auf den Faktormärkten, während sie die erstellten Produkte auf Gütermärkten verkaufen. Unternehmen treten also auf Faktormärkten als Nachfrager und auf Gütermärkten als Anbieter auf.

Wirtschaftliches Ziel eines Unternehmens ist normalerweise die Maximierung des Gewinns. Dieser ergibt sich aus der Differenz zwischen dem Erlös, den das Unternehmen aus dem Verkauf von Gütern erzielt, und den Kosten, die ihm aus dem Einsatz von Produktionsfaktoren entstehen. Um seinen Gewinn zu maximieren, muß ein Unternehmen demnach jede Outputmenge, die es anbieten möchte, mit möglichst geringen Kosten produzieren. Dabei darf es die Faktorpreise als gegeben hinnehmen, sofern auf dem Faktormarkt vollkommene Konkurrenz herrscht. Dann nämlich macht die Faktornachfrage eines einzelnen Unternehmens nur einen geringen Teil der Gesamtnachfrage aus und dieses kann daher die Faktorpreise nicht beeinflussen. Ein Unternehmen hat andererseits jedoch zumeist die Möglichkeit, ein und dieselbe Outputmenge mit ganz unterschiedlichen Kombinationen der Produktionsfaktoren herzustellen. In diesem Fall kommt es für das Unternehmen besonders darauf an, bei gegebenen Faktorpreisen, diejenige Faktorkombination zu wählen, die die geringsten Kosten verursacht. Man nennt dies auch die **Minimalkostenkombination.**

Die Produktion zu minimalen Kosten ist zwar eine ganz wichtige Voraussetzung für die Maximierung des Gewinns, sie reicht dafür allein aber nicht aus. Denn der Gewinn hängt bekanntlich auch von den **Erlösen** ab, die ein Unternehmen für sein Angebot auf dem Gütermarkt erzielt. Bieten dort noch viele Konkurrenten das gleiche Gut an, so wird ein einzelnes Unternehmen von sich aus den Preis dieses Gutes nicht beeinflussen können. (Wir kommen auf die Preisbildung am Gütermarkt gleich zu sprechen.) Es kann sich lediglich mit der angebotenen Menge anpassen und so versuchen, den Gewinn zu maximieren. Bei gegebenem Preis bietet das Unternehmen diejenige Menge eines Gutes an, bei der die Differenz zwischen den erzielten Erlösen und den aufzuwendenden Kosten am größten ist.

Mit dieser **gewinnmaximalen Outputmenge** wird gleichzeitig die Nachfrage des Unternehmens nach Produktionsfaktoren festgelegt. Denn das Unternehmen weiß ja, welche Faktormengen es zur kostenminimalen Produktion des gewinnmaximalen Outputs benötigt. Damit ist der Kreis von der Gewinnmaximierung hin zum Güterangebot und zur Faktornachfrage geschlossen.

Abb. 4.3: Pläne der Unternehmen

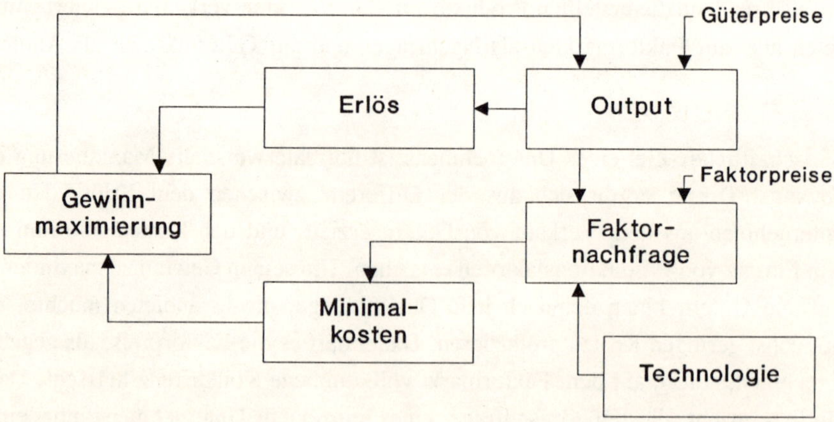

Auch den Entscheidungsablauf für den Unternehmenssektor haben wir noch einmal in Abbildung 4.3 schematisch dargestellt.

4.4 Preisbildung auf dem Gütermarkt

Im folgenden behandeln wir die Preisbildung auf dem Gütermarkt bei **vollständiger Konkurrenz**. Der Preis bildet sich grundsätzlich aus Angebot und Nachfrage. Um daher die Preisbildung zu verstehen, müssen wir zunächst fragen, welche Determinanten die Nachfrage und welche das Angebot bestimmen. Güternachfrage und -angebot leiten sich, wie wir wissen, aus den Plänen der Haushalte und Unternehmen ab, die wir soeben ausführlich behandelt haben. Betrachten wir zunächst die Nachfrage nach einem Gut.

4.4.1 Die Nachfragefunktion

Nehmen wir an, ein Konsument hätte die Entscheidung über sein Arbeitsangebot, und damit über die Höhe seines Einkommens schon getroffen und auch schon entschieden, welchen Teil er davon sparen möchte. Seine Nachfrage nach einem bestimmten Gut hängt dann nur noch von folgenden **Determinanten** ab:

- den Präferenzen,
- dem Einkommen,
- dem Preis des Gutes,
- den Preisen der anderen Güter.

Die **Präferenzen** des Konsumenten sind ein Ausdruck dafür, ob ein Gut von ihm überhaupt gewünscht wird. Die **Preise** der Güter und das für den Konsum verwendbare **Einkommen** legen fest, welche Güter und welche Mengen davon er am Markt kaufen kann.

Um auch die Beziehung zwischen der nachgefragten Menge eines Gutes und ihrer Determinanten analysieren zu können, wenden wir wieder die ceteris paribus--Klausel an. Wir betrachten alle Bestimmungsgrößen bis auf den Preis des Gutes als unveränderlich und fragen dann, wie die Nachfrage vom Preis abhängt. Die Beziehung zwischen nachgefragter Menge und dem Preis des Gutes bezeichnet man auch als **Nachfragefunktion**. In ihr kommt eine allgemeine Erfahrung zum Ausdruck, die jeder von uns schon gemacht hat: Je höher der Preis eines Gutes ist, umso weniger wird davon nachgefragt, und je niedriger der Preis ist, desto höher beläuft sich die nachgefragte Menge.

In einem Koordinatensystem, in dem wir den Preis p auf der Ordinate und die nachgefragte Menge x^N auf der Abszisse abtragen, hat die Nachfragefunktion einen **fallenden Verlauf**, wie es das Beispiel in Abbildung 4.4 zeigt.

Abb. 4.4: Nachfragefunktion

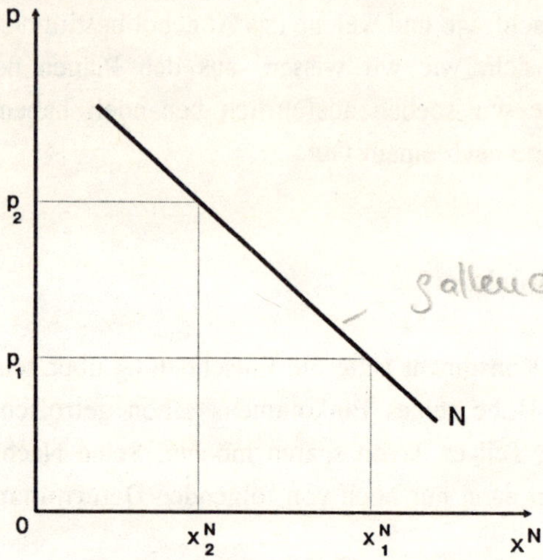

Wir sehen, daß bei dem niedrigen Preis p_1 eine große Menge x_1^N nachgefragt wird. Bei dem hohen Preis p_2 hingegen wird eine nur geringe Menge x_2^N gewünscht. Wie kann man sich diesen fallenden Verlauf der Nachfragekurve erklären?

Dafür gibt es im wesentlichen zwei Gründe:

(a) Eine Erhöhung des Güterpreises, bei konstantem Einkommen und konstanten Preisen für die anderen Güter, hat einen Kaufkraftverlust zur Folge. Denn der Konsument kann jetzt mit seinem Einkommen von dem teurer gewordenen Gut, und wahrscheinlich auch von den anderen Gütern, nur noch weniger nachfragen. Dies nennt man den **Einkommenseffekt** einer Preiserhöhung.

(b) Wenn ein Konsument von einem Gut weniger kaufen kann, dann erleidet er auch eine Nutzeneinbuße. Deshalb wird er versuchen, das teurer gewordene Gut durch ein anderes, preiswerteres zu substituieren, indem er vom teureren weniger und vom anderen Gut mehr nachfragt. Dies nennt man den **Substitutionseffekt** einer Preiserhöhung.

Beide Effekte führen zu einer Verringerung der Nachfrage nach einem Gut, wenn dessen Preis steigt.

Bei der Ableitung der Nachfragefunktion sind wir von der Konstanz der übrigen Einflußgrößen ausgegangen. In Wirklichkeit aber wirken sich diese, genau wie der Preis des Gutes selbst, ebenfalls auf die Nachfragemengen aus. Wie sieht nun deren Wirkungsweise aus?

Betrachten wir zunächst beispielhaft eine **Einkommensänderung** und sehen uns dazu die Abbildung 4.5 an.

Abb. 4.5: Verschiebung der Nachfragefunktion

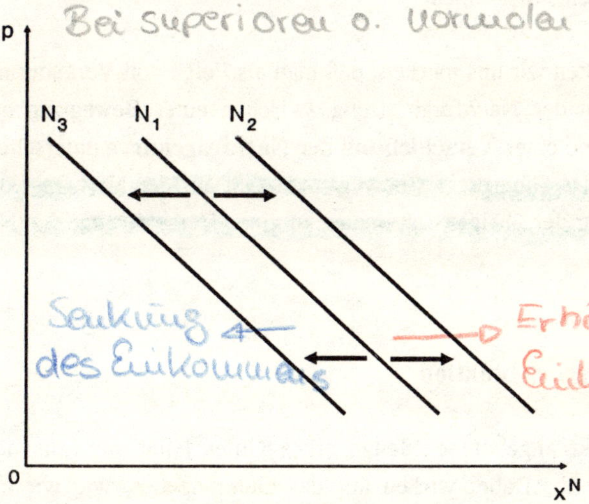

Eine **Erhöhung** des Einkommens bewirkt im allgemeinen, daß von jedem Gut, bei gleichen Preisen, mehr nachgefragt werden kann. Dadurch verschiebt sich die Nachfragekurve in der Abbildung 4.5 nach rechts von N_1 zu N_2. Eine **Senkung** des Einkommens hingegen führt zu einer Verschiebung nach links, von N_1 zu N_3. Vom betrachteten Gut kann nunmehr nur noch weniger nachgefragt werden. Einkommensänderungen bewirken also eine **Verschiebung** der Nachfragekurve.

Güter, die in der aufgezeigten Weise auf Einkommensänderungen reagieren, nennt man **superiore** oder **normale** Güter. Es gibt allerdings auch andere, die **inferioren** Güter, deren Nachfrage bei einer Erhöhung des Einkommens zurückgeht. Sie werden dann durch Güter substituiert, die ein Konsument an sich höher bewertet, die er sich aber bei dem niedrigeren Einkommen noch nicht leisten konnte. Beispiele für inferiore Güter sind etwa Kartoffeln und Malzkaffee, die durch Fleisch und Bohnenkaffee ersetzt werden.

Erhöhen wir als nächstes, ceteris paribus, den **Preis eines anderen Gutes**. Dann erhöht sich die Nachfrage nach dem bisher betrachteten Gut und dessen Nachfragekurve verschiebt sich nach rechts, falls es das teurer gewordene Gut ersetzt. In diesem Fall spricht man von einem **Substitutionsgut**, wofür Füllfederhalter und Kugelschreiber ein Beispiel darstellen. Es ist jedoch auch möglich, daß als Folge der Preiserhöhung die Nachfrage nach beiden Gütern sinkt und sich die Nachfragekurve nach links verschiebt. Dann hat man es mit **Komplementärgütern** zu tun. Beispiele für solche Güter gibt es genügend, das Auto und das Benzin etwa gehören sehr eng zusammen.

Insgesamt sollten wir uns merken, daß man als Folge von Veränderungen einzelner Determinanten der Nachfrage streng zwischen einer **Bewegung auf der Nachfragekurve** und einer **Verschiebung der Nachfragekurve** unterscheiden muß. Bei Änderungen des Güterpreises bewegt man sich auf der Nachfragekurve, während jede Änderung der übrigen Parameter zu einer Verschiebung der Nachfragekurve führt.

4.4.2 Die Angebotsfunktion

Die am Markt angebotene Menge eines Gutes leitet sich aus den Plänen der Unternehmen ab. Dabei wirken auf das Güterangebot, wie wir eingangs schon erwähnten, die folgendes Determinanten ein:

- der **Preis** des Gutes
  und
- die entstehenden **Produktionskosten**.

Die Produktionskosten wiederum hängen von der angewandten **Technologie** und den **Faktorpreisen** ab.

Wendet man auch hier die ceteris paribus-Klausel an und verändert die Technologie und die Faktorpreise nicht, dann läßt sich folgender Zusammenhang zwischen Preis und angebotener Gütermenge feststellen:

Die Unternehmen bieten bei einem niedrigeren Preis geringere Mengen und bei einem höheren Preis größere Mengen an. Diese Beziehung zwischen angebotener Menge eines Gutes und seinem Preis bezeichnet man als **Angebotsfunktion**.

Die Angebotsfunktion stellt das Gegenstück zur Nachfragefunktion dar und kann, wie jene, ebenfalls graphisch veranschaulicht werden. Sehen wir uns hierzu die Abbildung 4.6 an.

Abb. 4.6: Angebotsfunktion

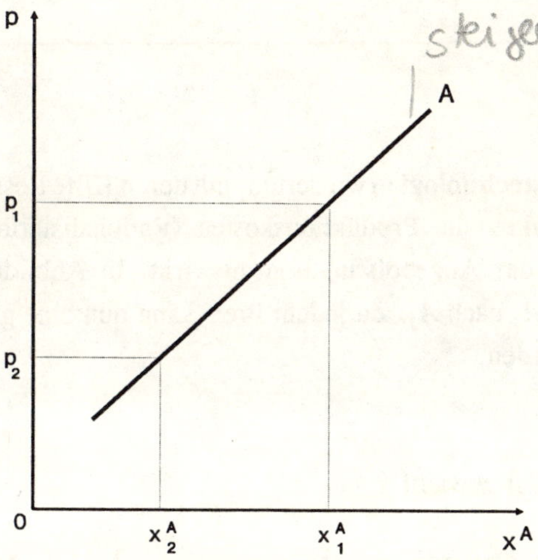

Auf der Abszisse ist die angebotene Menge x^A und auf der Ordinate wieder der Preis p des betrachteten Gutes abgetragen. Man sieht, daß bei dem hohem Preis p_1 relativ viel (x_1^A) und bei dem niedrigen Preis p_2 relativ wenig (x_2^A) angeboten wird. Die Angebotskurve weist also einen **steigenden Verlauf** auf.

Änderungen der übrigen Determinanten äußern sich wieder in einer Verschiebung der Angebotsfunktion. Steigen etwa die **Faktorpreise** und damit die Kosten der Produktion, so wird das Unternehmen zu jedem Preis nun weniger anbieten. Die Angebotsfunktion verschiebt sich als Folge nach links. Dieser Fall ist in der Abbildung 4.7 dargestellt, wo beispielhaft die Angebotskurve von A_1 nach A_2 wandert.

Abb. 4.7: Verschiebung der Angebotsfunktion

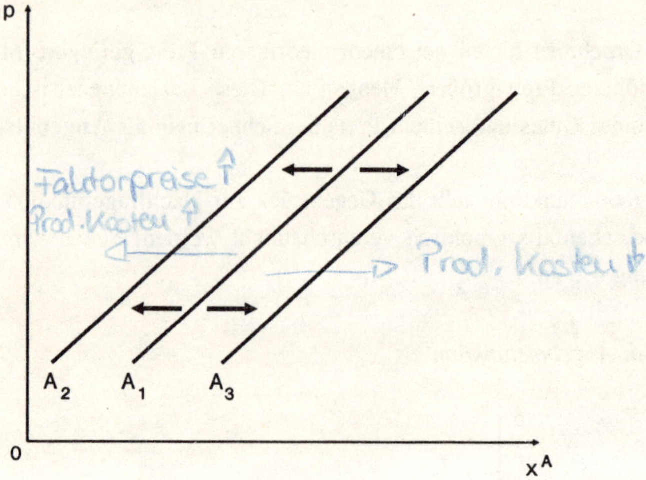

Bessere **Produktionstechnologien** wiederum, mit deren Hilfe Ressourcen eingespart werden können, senken die Produktionskosten (Rationalisierung), was sich als Rechtsverschiebung der Angebotsfunktion auswirkt. In Abbildung 4.7 rückt die Angebotskurve von A_1 nach A_3. Zu jedem Preis kann nun eine größere Menge des Gutes angeboten werden.

4.4.3 Das Marktgleichgewicht

Im allgemeinen werden die Pläne der Unternehmen und die der Haushalte natürlich nicht übereinstimmen. Vereinfacht ausgedrückt kann man sagen, daß bei niedrigen Preisen die Unternehmen wenig anbieten, die Haushalte aber viel nachfragen. Bei hohen Preisen hingegen werden die Haushalte wenig nachfragen und die Unternehmen aber viel anbieten. Im einen Fall bleiben einige Unternehmen auf ihren Gütern sitzen, im anderen Fall gehen einige Nachfrager leer aus. Die Planungen der Haushalte und der Unternehmen sind also nicht miteinander vereinbar; Angebot und Nachfrage befinden sich nicht im Gleichgewicht.

Die Vorstellung und Idee eines **gleichgewichtigen Marktes** gehört zu den zentralen Konzepten in der Volkswirtschaftslehre überhaupt. Das Marktgleichgewicht definiert man dabei als einen Zustand, in dem die auf einem Markt angebotene Menge eines Gutes genau der nachgefragten Menge entspricht. Dieses Gleichgewicht wird durch den Preis herbeigeführt, der Angebot und Nachfrage in Übereinstimmung bringt. Man spricht bei diesem Gleichgewichtszustand daher präziser auch von einem **notionalen** Gleichgewicht, da es keine Konsumentenwünsche unbefriedigt läßt und auch die Produzenten ihre Waren alle absetzen können. Betrachten wir dazu die Abbildung 4.8.

Abb. 4.8: Marktgleichgewicht

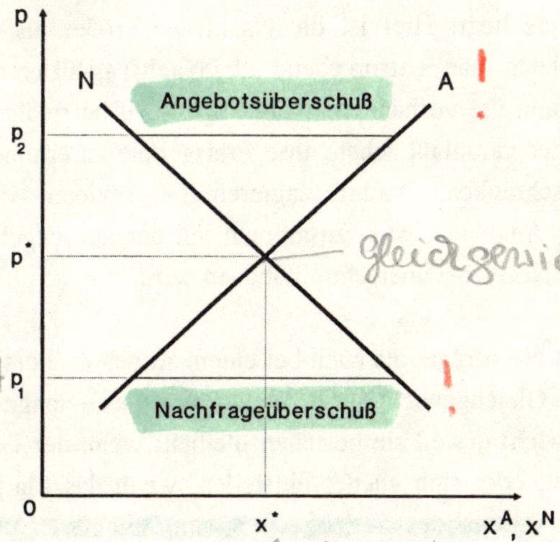

Das Marktgleichgewicht ergibt sich in unserer Darstellung im Schnittpunkt von Angebots- und Nachfragekurve. Zu beachten ist hier, daß diese Kurven diesmal das Gesamtangebot und die Gesamtnachfrage nach dem betrachteten Gut wiedergeben, die sich aus der Addition der Nachfrage der einzelnen Konsumenten beziehungsweise des Angebots der einzelnen Unternehmen auf dem betrachteten Gütermarkt ergeben. Im Ergebnis erhalten wir dann p^* als den Gleichgewichtspreis und x^* als die gleichgewichtige Menge.

Besonders festhalten sollten wir hier, daß der **Gleichgewichtspreis den Markt räumt**: Jeder Käufer findet einen Verkäufer, da das Gesamtangebot exakt der Gesamtnachfrage entspricht. Auch werden Marktungleichgewichte durch den Gleichgewichtspreis beseitigt. Wie aber kommt ein solches Marktgleichgewicht zustande?

Werfen wir zum besseren Verständnis nochmals einen Blick auf unsere Abbildung 4.8. Dort haben wir auch eine Situation eingezeichnet, in der der Preis p_2 über dem

Stabiles Gleichgewicht

Gleichgewichtspreis p^* liegt. Wir können erkennen, daß zu diesem Preis die angebotene Menge größer ist als die nachgefragte Menge. Die Differenz bezeichnet man als **Angebotsüberschuß**. Einige Anbieter werden bei diesem Preis auf ihren Waren sitzenbleiben. Um dies zu vermeiden, müssen sie den Preis senken, was wiederum die Nachfrager veranlaßt, von dem Gut mehr nachzufragen. Als Folge wird der Angebotsüberschuß zurückgehen.

Analoge Überlegungen lassen sich auch für den Preis p_1 anstellen, der unter dem Gleichgewichtspreis liegt. Hier ist die Nachfrage größer als das Angebot. Die Differenz bezeichnet man entsprechend als **Nachfrageüberschuß**. Bei diesem niedrigen Preis kann die vorhandene Nachfrage nicht befriedigt werden, weshalb sich die Nachfrager veranlaßt sehen, ihre Preisgebote zu erhöhen, aber auch ihre Nachfrage einzuschränken. Darauf reagieren die Anbieter wiederum mit einer Ausweitung ihres Angebots, was, zusammen mit der zurückgehenden Nachfrage, den vorhandenen Nachfrageüberschuß abbauen wird.

Sowohl bei einem Nachfrage- als auch bei einem Angebotsüberschuß läßt sich also eine Tendenz zum Gleichgewicht hin feststellen. Solche Gleichgewichte heißen auch **stabile Gleichgewichte**, weil sie bestehen bleiben, wenn der Gleichgewichtspreis einmal erreicht ist, oder sich wieder einstellen, wenn das Marktgleichgewicht in Unordnung gerät. Ein stabiles Gleichgewicht kann nur durch Verschiebungen der Nachfrage- oder der Angebotskurve in seiner Lage verändert werden. Diese Situationen haben wir in den Abbildungen 4.9 und 4.10 dargestellt.

Abb. 4.9: Nachfrageerhöhung durch zB Einkommens ↑

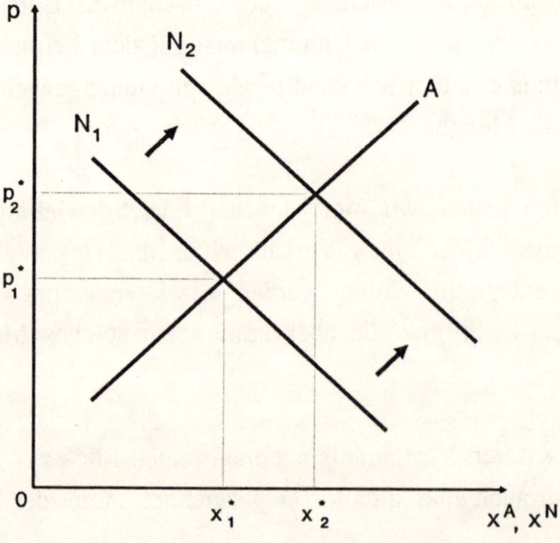

es wird mehr von dem Gut nachgefragt

In Abbildung 4.9 verschiebt sich die Nachfragekurve nach rechts, von N_1 zu N_2. Diese Verschiebung kann, zum Beispiel, durch eine Einkommenserhöhung bewirkt sein. Zu jedem Preis wird nun mehr von dem betrachteten Gut nachgefragt. Dies führt zu einem neuen Marktgleichgewicht mit einem höheren Gleichgewichtspreis p_2^* und einer höheren Gleichgewichtsmenge x_2^*.

Abb. 4.10: Angebotssenkung

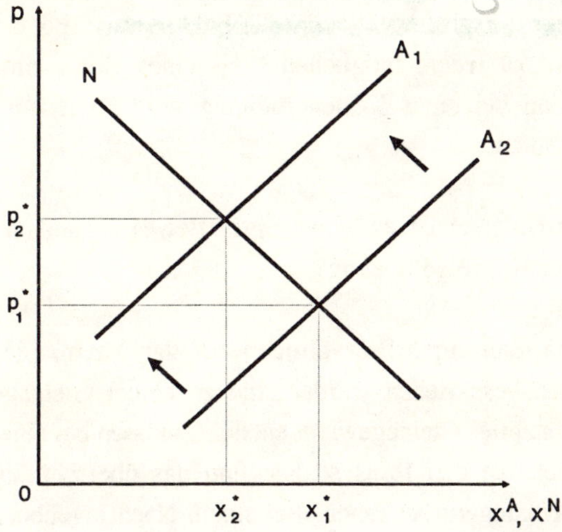

Die Abbildung 4.10 zeigt, demgegenüber, wie sich eine Verschiebung der Angebotsfunktion nach links auswirkt. Eine solche Verschiebung könnte sich, zum Beispiel, durch eine Erhöhung der Faktorpreise einstellen. Zu jedem Preis wird nun eine geringere Menge des betrachteten Gutes angeboten. Der Gleichgewichtspunkt verschiebt sich infolgedessen nach links oben und der gleichgewichtige Preis steigt entsprechend von p_1^* auf p_2^*, während die gleichgewichtige Menge von x_1^* auf x_2^* sinkt.

Auch an dieser Stelle möchten wir besonders darauf hinweisen, daß man Bewegungen auf einer Angebots- oder Nachfragekurve genau von Verschiebungen der Angebots- und Nachfragekurve trennen sollte. Halten wir also nochmals fest:

(a) Da die Nachfragefunktion, beziehungsweise die Angebotsfunktion, den Zusammenhang zwischen der nachgefragten, beziehungsweise angebotenen, Menge eines Gutes und dem Preis dieses Gutes unter der ceteris paribus-Annahme beschreibt, bewegt man sich auf der Kurve, wenn sich der Preis des

Gutes ändert. Eine Preisänderung führt dann zur Änderung der angebotenen oder nachgefragten Menge. Steigt der Preis, geht die nachgefragte Menge zurück und die angebotene Menge nimmt zu. Das umgekehrte Bild ergibt sich bei einer Preissenkung.

(b) Streng davon zu unterscheiden sind Verschiebungen der Nachfrage- oder Angebotskurve. Sie kommen dadurch zustande, daß sich eine der übrigen Determinanten der Nachfrage oder des Angebots ändert, wie zum Beispiel das Einkommen eines Konsumenten oder die Faktorpreise. Bei einer Einkommenserhöhung wird zu jedem möglichen Preis eines Gutes eine größere Menge nachgefragt und bei einer Kostenerhöhung wird zu jedem möglichen Preis weniger angeboten.

Warum ist dieser Unterschied zwischen einer Bewegung auf der Kurve und der Verschiebung einer Kurve so wichtig?

Wir haben gesehen, daß durch **Bewegungen auf der Nachfrage- und Angebotskurve** die Prozesse beschrieben werden, die zu einem Gleichgewichtspunkt hin führen. Damit ein stabiles Gleichgewicht entsteht, müssen bei einem Angebotsüberschuß die Unternehmen den Preis senken und das überschüssige Angebot muß infolge der Preissenkung zurückgehen. Bei einem Nachfrageüberschuß müssen die Käufer ihre Preisgebote erhöhen und infolge der Preiserhöhung muß sich die überschüssige Nachfrage abbauen. Sowohl Anbieter als auch Nachfrager bewegen sich dabei auf der Angebots- beziehungsweise Nachfragekurve bis das Gleichgewicht erreicht ist.

Durch **Verschiebungen der Nachfrage- oder Angebotskurve** verändert sich die Lage des Gleichgewichts. Man spricht in diesem Fall auch von exogenen Einflüssen auf das Marktgleichgewicht. Es wirken dann Faktoren auf die Nachfrage oder das Angebot ein, die außerhalb des betrachteten Marktes liegen und verändern so das vorhandene Gleichgewicht.

4.4.4 Angebots- und Nachfrageelastizitäten

Wir haben im letzten Abschnitt gesehen, wie sich der Markt an Veränderungen der Determinanten von Angebot und Nachfrage anpaßt. Um die Stärke der Anpassungsreaktion zu messen, wird in der Volkswirtschaftslehre häufig auf das Konzept der Elastizität zurückgegriffen. Was hat man darunter zu verstehen?

Die **Elastizität** ist ganz allgemein definiert als ein Maß für die prozentuale Veränderung einer abhängigen Variablen zur prozentualen Veränderung einer unabhängigen Variablen. Betrachten wir dazu speziell die Preiselastizität der Nachfrage und des Angebots.

Die **Preiselastizität der Nachfrage** gibt an, um wieviel Prozent sich die nachgefragte Menge eines Gutes ändert, wenn sich der Preis des Gutes um ein Prozent ändert, und alle anderen Determinanten der Nachfrage konstant bleiben. In entsprechender Weise ist auch die **Preiselastitzität des Angebots** definiert. Sie mißt die prozentuale Veränderung der angebotenen Menge bei einer Veränderung des Güterpreises um ein Prozent.

Wie wertvoll der Elastizitätsbegriff für den Ökonomen ist, wollen wir anhand folgender Beispiele aufzeigen. Betrachten wir dazu Abbildung 4.11.

Abb. 4.11: Nachfrageelastizitäten

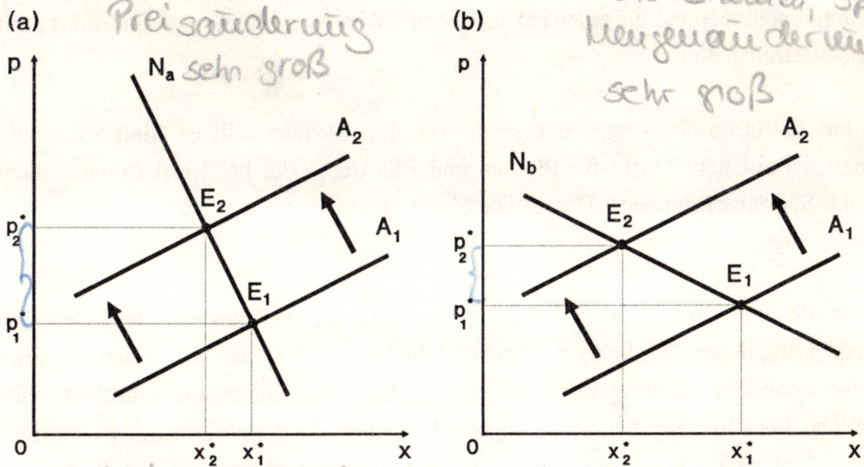

Wir haben es in den Teilbildern (a) und (b) mit zwei Gütermärkten zu tun, die identische Angebotskurven aufweisen. Die Angebotskurve verschiebe sich nun auf beiden Märkten von A_1 nach A_2, wobei wir offenlassen wollen, wodurch diese Verschiebung verursacht wurde. Die Unternehmen verlangen nun also für die gleiche Gütermenge einen höheren Preis. Auf die Nachfragekurve hat diese Veränderung keinen Einfluß, ihre Lage bleibt die alte. Nur das Gleichgewicht paßt sich der Verschiebung der Angebotskurve an und wandert jeweils von E_1 nach E_2.

Der gleichgewichtige Preis steigt dadurch von p_1^* auf p_2^* und die gleichgewichtige Menge sinkt von x_1^* auf x_2^*. Man sieht, daß in Abbildung (a) die Preisänderung relativ groß ausfällt, während in Abbildung (b) die Mengenänderung überwiegt.

Offensichtlich reagiert im einen Fall die nachgefragte Menge auf Preisänderungen nicht so stark wie im anderen. Die Preiselastizität der Nachfrage im alten Gleichgewichtspunkt E_1 ist in Teilbild (a) geringer als in Teilbild (b).

Sucht man in der Realität nach einem Markt mit einer relativ inelastischen Nachfrage, wie wir sie im Teilbild (a) angenommen haben, so stößt man schnell auf den Ölmarkt. Als gegen Ende des Jahres 1973 die Organisation erdölexportierender Länder (OPEC), zu jener Zeit die Hauptexporteure von Erdöl, aufgrund von Kartellabsprachen den Preis um 200 Prozent erhöhten, ging die Nachfrage nach Öl in den ersten Jahren danach nur geringfügig zurück, weil die Preiselastizität der Nachfrage für Öl gering ist. Da die Ölförderländer eine nahezu unveränderte Fördermenge zu wesentlich höheren Preisen absetzen konnten, erhöhten sich ihre Einnahmen immens. Diese Steigerung mußte von den importierenden Staaten aufgebracht werden, die einen entsprechend hohen Anteil ihres Sozialprodukts dafür einzusetzen hatten.

Eine elastische Nachfrage, wie sie in Teilbild (b) unterstellt ist, findet sich zum Beispiel auf dem Markt für Blumen und Pflanzen, oder bei Körperpflegeartikeln und Sportausrüstungen. Deren Nachfrage reagiert äußerst sensibel auf Preisänderungen.

Die gleichen Überlegungen kann man auch für die Angebotsseite anstellen. Wir haben dies in der Abbildung 4.12 getan. Nunmehr unterstellen wir für beide Märkte eine identische Nachfragekurve und verschieben diese Kurve von N_1 nach N_2. Eine solche Verschiebung könnte durch eine Erhöhung der Einkommen ausgelöst sein. Das Gleichgewicht verändert daraufhin seine Lage und wandert von E_1 nach E_2 entlang der Angebotskurve. Wir sehen, daß auch hier die Preis- und Mengenänderungen durch die Lage der Angebotskurve bestimmt werden. In Teilbild (a) sind die Mengenänderungen, in Teilbild (b) die Preisänderungen relativ groß. Offensichtlich reagiert die angebotene Menge auf Preisänderungen in Teilbild (a) wesentlich stärker als in Teilbild (b). Dies liegt an der unterschiedlichen Preiselastizität des Angebots im alten Gleichgewichtspunkt E_1. Man erhält dort für die Angebotsfunktion A_a einen wesentlich höheren Wert als für die Angebotskurve A_b.

Abb. 4.12: Angebotselastizitäten

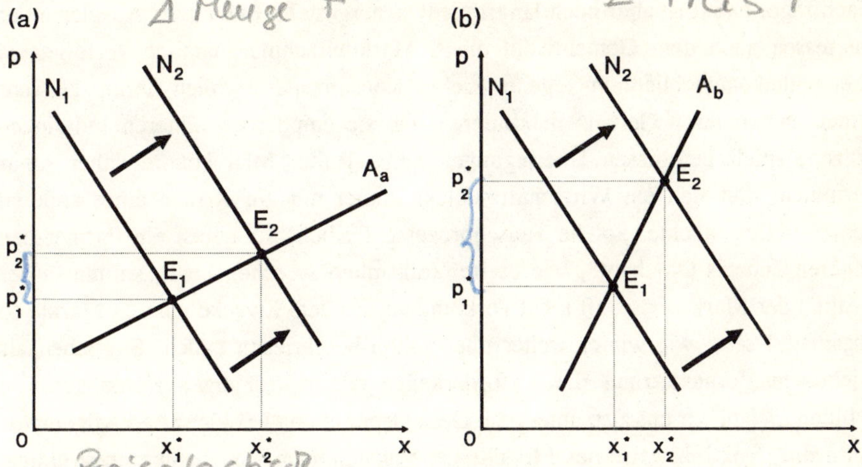

Ein praktisches Beispiel für ein relativ inelastisches Angebot, vergleichbar mit der Angebotskurve A_b, dürfte der Markt für idyllisch am Seeufer oder am Waldrand gelegene Grundstücke sein. Hier sollte auch eine kräftige Preiserhöhung kaum zu einem wesentlich höheren Angebot führen, weil solche Grundstücke zum einen nicht beliebig vermehrbar sind, und nach den Vorstellungen der Städte- und Landesplaner auch gar nicht bebaut werden sollten, und weil zum anderen die jeweiligen Eigentümer normalerweise einen so attraktiven Besitz nicht aufgeben, es sei denn, sie fänden ein vergleichbares Grundstück zu günstigeren Bedingungen.

Eine relativ flache Angebotskurve, wie sie die Kurve A_a zeigt, dürfte etwa auf dem Markt für Devisen gegeben sein. Auf einem Devisenmarkt wird die Währung einer Volkswirtschaft gegen Währungen des Auslands getauscht, beispielsweise DM gegen Dollar. Dort wird man ein relativ elastisches Angebot vorfinden: Eine geringe Änderung des Devisenkurses, das heißt des Preises für eine Einheit der ausländischen Währung ausgedrückt in Einheiten der inländischen Währung, hat dann eine relativ große Änderung des Devisenangebots zur Folge.

4.5 Die Effizienz der vollständigen Konkurrenz

Bisher haben wir das Verhalten einzelner Wirtschaftssubjekte und die Koordination ihrer Pläne auf den Märkten betrachtet. Nunmehr wollen wir uns fragen, ob diese

Märkte ihre Aufgaben auch effizient zu erfüllen vermögen. Denn der Markt sorgt zwar, wie wir gesehen haben, für ein Gleichgewicht zwischen Angebot und Nachfrage, damit ist aber noch längst nicht sichergestellt, daß dieser Ausgleich der Interessen auch dem Gemeinwohl dient. Marktteilnehmer nämlich verfolgen ja zuerst und ausschließlich eigene Ziele: Konsumenten wollen ihren Nutzen, Unternehmen ihren Gewinn maximieren. Ob sie damit auch anderen Individuen nützen, spielt bei diesen Überlegungen keine Rolle. Man könnte daher sogar vermuten, daß sich ein Wirtschaftssubjekt immer nur auf Kosten eines anderen besser stellen möchte. Solche Tauschprozesse freilich, bei denen ein Partner den anderen "über's Ohr haut", wie es im Volksmund so schön heißt, sollten in der Realität der Marktwirtschaft nicht vorkommen. Zu dem Zwecke müssen Märkte so organisiert sein, wie wir es weiter oben schon beschrieben haben. Sie haben als wichtigste Voraussetzung die Anforderungen der vollständigen Konkurrenz zu erfüllen. Sehen wir uns also unter dem Gesichtspunkt von **Effizienz** und **Allgemeinwohl** die Funktionsweise des Modells der vollständigen Konkurrenz noch einmal etwas genauer an.

Reiner Tausch

Beginnen wollen wir unsere Betrachtung mit einer ganz elementaren Vorstellung von einem Markt, nämlich dem **Naturaltausch** zwischen zwei Konsumenten. Auf diesem Markt findet ein Tausch zwischen zwei Gütern nur dann statt, wenn er sich für beide Seiten lohnt. Würde sich ein Partner durch den Tausch schlechterstellen, wäre er sicherlich dazu nicht bereit, sofern er, wie wir stets annehmen, sich rational verhält.

Angenommen, die beiden betrachteten Konsumenten verfügen jeweils über eine bestimmte Anfangsausstattung mit beiden Gütern, deren Gesamtmengen begrenzt sein sollen. Die Wertschätzung, die ein Konsument den Gütern entgegenbringt, kann dann durch die sogenannte **Grenzrate der Substitution im Konsum**, oder kurz Substitutionsrate, ausgedrückt werden. Sie stellt das Pendant zur Grenzrate der Transformation in der Produktion dar und gibt an:

Wieviele Einheiten von dem einen Gut muß man einem Konsumenten geben, um den Verlust einer Einheit des anderen Gutes so zu kompensieren, daß der Nutzen des Konsumenten sich nicht verändert.

Die Substitutionsrate entspricht auf diese Weise gleichzeitig auch dem Verhältnis, zu dem ein Konsument bereit ist, das eine Gut gegen das andere einzutauschen.

Der Austausch von Gütern auf dem betrachteten Markt wird nun so lange anhalten, wie sich die Substitutionsraten der beiden Tauschpartner unterscheiden. In diesem Falle nämlich gibt es immer die Möglichkeit für einen Tausch, der beide Partner oder wenigstens einen davon besser, aber keinen von ihnen schlechter stellt. Beträgt zum Beispiel die Substitutionsrate des einen Konsumenten 2 und die des anderen 1, dann ist der eine Konsument zum Tausch eines Gutes gegen ein anderes im Verhältnis 2:1 bereit, während der andere Konsument für eine Einheit des einen nur eine Einheit des anderen Gutes verlangt. Kommt nun ein Tausch im Verhältnis 1:1 zustande, erhöht dies den Nutzen des einen Tauschpartners, da dieser weniger hergeben muß als er eigentlich hergeben könnte, um sein Nutzenniveau konstant zu halten. Ein Gleichgewicht stellt sich auf diesem Markt erst dann ein, wenn sich die Substitutionsraten der Konsumenten entsprechen, was wiederum bedeutet, daß auch ihre Tauschraten übereinstimmen. Sind schließlich die gleichgewichtigen Mengen getauscht, besteht für niemanden mehr ein Anreiz, den Tauschprozeß noch weiter fortzusetzen, weil sich dann eine Seite immer nur verschlechtern würde.

Paretoeffizienz

Unsere Überlegungen von eben gelten nicht nur für den Fall des reinen (Real-)Tausches, sondern auch für alle Kaufakte auf den Gütermärkten und für Vertragsabschlüsse auf dem Markt für Produktionsfaktoren. Indem beide Seiten aus einem Tauschprozeß Vorteile ziehen und ihre ökonomische Situation verbessern, tragen sie auch gleichzeitig zu einer **Steigerung des Gemeinwohls** bei. Diese Aussage gilt jedenfalls dann, wenn man sich das Gemeinwohl, oder anders ausgedrückt, die gesellschaftliche Wohlfahrt, einfach als ein Aggregat aus den Nutzen der einzelnen Gesellschaftsmitglieder vorstellt. Um unter dieser Voraussetzung die Wohlfahrt in der Gesellschaft zu erhöhen, genügt es, den Nutzen mindestens eines Individuums zu steigern, ohne den Nutzen eines anderen zu verringern.

Nutzenänderungen ergeben sich bei Individuen normalerweise immer dann, wenn in der Gesellschaft die Produktionsfaktoren anders verwendet werden: sei es, daß man Güter mit einer anderen Faktorkombination produziert, sei es, daß die Mengen der produzierten Güter sich verändern, oder daß die Konsumenten über eine andere Ausstattung mit Produktionsfaktoren verfügen, was in der Folge auch eine Umverteilung der insgesamt produzierten Güter auf die einzelnen Konsumenten mit sich bringt. Den Zustand, der

- eine ganz bestimmte Verteilung der Ressourcen auf die einzelnen Verwendungszwecke in der Produktion,

- eine bestimmte Güterstruktur
- und eine bestimmte Verteilung der produzierten Güter auf die Konsumenten

beschreibt, nennt man auch eine **Allokation**. Dieser Begriff ist uns bereits mehrfach begegnet und er wird uns auch zukünftig noch häufig beschäftigen.

Jede Gesellschaft hat natürlich ein starkes Interesse daran, unter allen möglichen Allokationen diejenigen zu realisieren, die ihr eine möglichst hohe Wohlfahrt garantieren. Man spricht hier, etwas präziser, auch von **effizienten** Allokationen, die mit Hilfe eines Kriteriums bestimmt werden können, das nach seinem Entdecker, dem Ökonomen **Vilfredo Pareto** (1848-1923) benannt ist:

Das **Paretokriterium** definiert eine Allokation dann als effizient, wenn diese sich, um ein Individuum besser zustellen, nicht mehr verändern läßt, ohne daß gleichzeitig wenigstens ein Individuum schlechter gestellt werden muß.

Das Problem für jede Gesellschaft besteht nun darin, die einzelwirtschaftlichen Aktivitäten so zu koordinieren, daß ein Paretooptimum auch tatsächlich erreicht wird.

"Invisible hand"

Da diese Koordinationsaufgabe, wie wir an anderer Stelle auch schon darlegten, den menschlichen Geist bei weitem übersteigt und auch mit den größten Rechenanlagen nicht zu bewältigen ist, wird sie in der Marktwirtschaft dezentralisiert und den Märkten überlassen. Diese sorgen nicht nur für eine Abstimmung der zahllosen Aktivitäten der einzelnen Wirtschaftssubjekte an sich, sondern auch für eine Koordination, die effizient erfolgt. Daß Tauschprozesse zur Besserstellung von Individuen führen und daher sehr viel mit Effizienz zu tun haben, haben wir ja vorhin schon gesehen. Wie von einer **"unsichtbaren Hand"** gelenkt, sorgen die Märkte und die sich aus Angebot und Nachfrage bildenden Preise dafür, daß die Marktteilnehmer, indem sie eigene Ziele verfolgen und auf den Märkten konkurrieren, gleichzeitig auch dem Gemeinwohl dienen.

Dies ist die entscheidende und sicherlich auch revolutionäre Botschaft von **Adam Smith** (1723-1790), dem geistigen Vater der marktwirtschaftlichen Idee und einem der Begründer der Volkswirtschaftslehre als akademischer Disziplin. Er hat auch den oben zitierten Begriff der "invisible hand" geprägt. Stellen wir seine epochale Erkenntnis noch einmal heraus:

Indem Konsumenten und Produzenten ausschließlich eigennutzorientiert und gewinnorientiert agieren und ihre eigenen Ziele verfolgen, handeln sie auch im Interesse des Gemeinwohls. Die konfligierenden Eigeninteressen werden durch den Markt aufeinander abgestimmt und zum Ausgleich gebracht. Dies geschieht überdies in effizienter Weise, demnach ohne jede Verschwendung knapper Ressourcen in der Produktion und auch ohne ein "zuviel" oder "zuwenig" des einen oder anderen Güterangebots, was einfach nur heißt, daß am Bedarf nicht vorbei produziert wird.

Der Preismechanismus

Im Marktprozeß spielen die Preise, die als Indikatoren für die Knappheit der Güter dienen, die entscheidende Rolle. Alle Akteure orientieren sich ausschließlich an ihnen. Weitere Informationen, etwa über die Produktions- und Konsumpläne der anderen Marktteilnehmer, stehen unmittelbar nicht zur Verfügung; sie sind jedoch indirekt in den Preisen ebenfalls enthalten: Den Konsumenten geben Preise Aufschluß über den Ressourceneinsatz und die Produktionskosten, die die von ihnen gewünschten Güter verursachen. Den Produzenten liefern sie Hinweise auf den Wert, den die Konsumenten einem bestimmten Güterangebot beimessen.

Wir müssen hier jedoch ein weiteres Mal betonen, daß Preise, streng genommen, ihre Funktion nur dann erfüllen können, wenn die Märkte, sowohl für Güter wie für Produktionsfaktoren, der Idealvorstellung der vollständigen Konkurrenz entsprechen. Eine effiziente Allokation der Ressourcen in der Marktwirtschaft ist daher stets an diese essentielle Bedingung geknüpft.

Sehen wir uns diesen für die Marktwirtschaft so bedeutsamen Zusammenhang im folgenden noch etwas genauer an. Wie werden die Ressourcen durch den Preismechanismus in ihre effizienten Verwendungen gelenkt?

Am Beispiel des reinen Gütertausches haben wir das Grundprinzip ja schon kennengelernt. Die Konsumenten passen ihre Substitutionsraten einer für beide Seiten optimalen Tauschrate an, die gleichzeitig das Preisverhältnis der Güter repräsentiert. Dabei wurden allerdings die insgesamt verfügbaren Mengen der beiden Güter als gegeben angenommen. Im folgenden wollen wir dieses einfache Tauschmodell erweitern, indem wir auch die Produktionssphäre in die Analyse einbeziehen. Zu dem Zweck betrachten wir eine Volkswirtschaft mit nur zwei Gütermärkten, die stellvertretend für die vielen Märkte stehen sollen, die eine moderne Volkswirtschaft von heute kennzeichnen. Die Produktionsmöglichkeiten

Reallokation, Opportunitätskosten!

denke man sich durch eine Transformationskurve beschrieben, in der Art, wie wir sie ja im letzten Kapitel ausführlich kennengelernt haben. Was passiert nun in diesem neuen institutionellen Rahmen?

Zunächst bilden sich auf beiden Märkten Preise. Dabei kommt es weniger auf die absolute Höhe der Einzelpreise an, sondern auf das **Verhältnis**, in dem diese zueinander stehen. Denn dieses signalisiert zweierlei:

(a) Zum einen entspricht das Preisverhältnis immer der Grenzrate der Transformation zwischen den beiden Gütern. Letztere gibt an, wenn wir uns erinnern, welche Mengen von einem Gut zusätzlich produziert werden können, wenn man auf die Produktion einer Einheit eines anderen Gutes verzichtet. Die Mehrproduktion des einen und die Minderproduktion des anderen Gutes geht zugleich mit einer Reallokation der Ressourcen einher, die aus dem einen Sektor abgezogen und dafür im anderen Sektor eingesetzt werden. Die Kosten der Produktion des einen Gutes erfaßt man dabei anhand der **Opportunitätskosten**, also in Form des Verzichts auf eine bestimmte Menge des jeweils anderen Gutes.

(b) Zum zweiten spiegelt das Preisverhältnis die **relative Wertschätzung** der Konsumenten für die beiden Güter wieder. Als Maß dafür dient die Substitutionsrate, die wir vorhin schon ausführlich erklärt haben.

Eine **effiziente Allokation** erfordert nun, daß der Wert eines Gutes, den es im Vergleich zu anderen Gütern in den Augen der Konsumenten hat, mit seinen Opportunitätskosten in der Produktion übereinstimmt, und somit eine Gleichheit zwischen Substitutions- und Transformationsrate besteht. Diese Bedingung ist leicht einzusehen:

Angenommen, unsere Ökonomie befände sich in einer Situation, in der die Substitutionsrate irgendeines Konsumenten nicht mit der Transformationsrate übereinstimmt. Eine solche Situation kann nicht paretooptimal sein. Denn dann gibt es immer eine Möglichkeit, durch Reallokation der Produktionsfaktoren wenigstens einen Konsumenten besserzustellen, ohne einen anderen in seiner Stellung zu verschlechtern. Bei einer Substitutionsrate von 1 etwa wären die Konsumenten bereit, eine Einheit des einen Gutes gegen eine Einheit des anderen einzutauschen. Beträgt die Transformationsrate im Vergleich dazu aber etwa 2 oder 1/2, dann lassen sich durch Reallokation zwei Einheiten des einen Gutes in eine Einheit des anderen transformieren. Damit wird es ermöglicht, einen Konsumenten für den

Verlust einer Einheit des einen mit zwei Einheiten des anderen Gutes zu kompensieren. Dies sollte seinen Nutzen sicherlich erhöhen, da er ja zuvor bereits einem Tausch von 1:1 indifferent gegenüberstand.

Auf vollständigen Konkurrenzmärkten ist die Gleichheit von Substitutions- und Transformationsrate immer gegeben, weil diese im Gleichgewicht mit dem Preisverhältnis übereinstimmen. Die **Relativpreise** signalisieren somit:

- dem **Konsumenten**, relativ wenig von einem Gut nachzufragen, wenn dessen Opportunitätskosten relativ hoch sind, und
- dem **Produzenten**, relativ viel von einem Gut und relativ wenig von anderen zu produzieren, falls die Wertschätzung der Konsumenten für dieses Gut relativ hoch ist.

Der große Vorteil dieses Mechanismus besteht ohne Frage darin, daß das Allokationsproblem auf **dezentraler** Ebene gelöst wird. Die Funktion des Wegweisers für die einzelwirtschaftlichen Aktivitäten übernehmen hierbei der **Gewinn** und der **Nutzen**. Ein steigender Gewinn bedeutet, daß die Konsumenten für ein Gut noch mehr zu zahlen bereit sind, als die Produktion einer zusätzlichen Einheit mindestens kostet. Und ein steigender Nutzen besagt, daß die Wertschätzung des Konsumenten für zusätzliche Einheiten eines Gutes noch größer ist, als die Kosten, die ihre Produktion mindestens verursacht.

Das daraus resultierende **Gleichgewicht**, bei dem die zusätzlichen Kosten der Produktion einer weiteren Einheit genau dem Wert entsprechen, den ihm die Konsumenten beimessen, beschreibt gleichzeitig einen **paretoeffizienten Zustand**. Um ihn zu erreichen, genügt es vollkommen, wenn Konsumenten und Produzenten vollständige Information über die Relativpreise besitzen.

Jede Änderung in den Produktionsbedingungen oder in der Wertschätzung für ein Gut drückt sich dann in einer Änderung der relativen Preise aus und führt so zu einer Reallokation der Produktionsfaktoren:

- **Steigende Produktionskosten** etwa erhöhen den relativen Preis des Gutes, worauf Konsumenten ihre Nachfrage dafür einschränken. Als Folge geht dessen Produktion zurück, wodurch Ressourcen freigesetzt werden, die für andere Güter verwendet werden können, deren Preise relativ gefallen und deren Nachfragen daher entsprechend angestiegen sind.

- Eine **steigende Wertschätzung** der Konsumenten für ein Gut führt zu einem ähnlichen Anpassungsprozeß. Dessen Relativpreis wird steigen und den Unternehmen signalisieren, mehr von diesem Gut zu produzieren, was den Einsatz zusätzlicher Ressourcen im zugehörigen Sektor notwendig macht. Die Mehrproduktion wird so lange anhalten, bis die Opportunitätskosten, die aufgrund des Ertragsgesetzes stetig zunehmen, wieder dem Wert des Gutes im Konsum entsprechen.

Das Verteilungsproblem

Mit einem gegebenem Bestand an Ressourcen läßt sich in einer Volkswirtschaft nicht nur ein paretooptimaler Zustand erreichen. Es existieren davon sehr viele, die sich in der **Verteilung** der Güter auf die einzelnen Konsumenten unterscheiden. Ein paretooptimaler Zustand, beispielsweise, könnte mit einer extrem ungleichen Güterverteilung einhergehen, bei der einige wenige Individuen fast alles, die meisten fast nichts besitzen. Ein anderer wiederum mag durch Gleichverteilung charakterisiert sein, bei der jeder von allem gleichviel erhält. Das endgültige Ergebnis hängt letztlich von der **Anfangsausstattung** der Konsumenten mit Produktionsfaktoren und der daraus resultierenden Einkommensverteilung ab.

Welche der möglichen Verteilungen man freilich als **gerecht** oder als **fair** bezeichnen darf, darüber macht das Paretokriterium keine Aussage. Da es zudem in gemischten Wirtschaftsordnungen kaum eine wirtschafts- oder sozialpolitische Maßnahme gibt, die nicht wenigstens einen Konsumenten schlechter stellt, wäre eine Gesellschaft ziemlich schnell entscheidungsunfähig, wenn sie sich allein nach dem Paretokriterium richten wollte. Dieses ist im Grunde nur für eine Welt geschaffen, in der es überhaupt keine Staatseingriffe gibt und in der die Allokation voll dem Markte überlassen bleibt. Er hat dann für Paretoeffizienz zu sorgen.

Andererseits sollte Paretoeffizienz als Ziel in einer Gesellschaft auch nicht ernsthaft umstritten sein, weil dieses im Grunde nur verlangt, daß Ressourcen nicht verschwendet werden dürfen. Nur so nämlich läßt sich verhindern, daß Individuen nicht schlechter gestellt werden, als sie es bei einer effizienten Allokation der Ressourcen wären. Das Verteilungsproblem bleibt bei dieser Forderung selbstverständlich ungelöst. Um darüber zu entscheiden, benötigt man zusätzliche Kriterien, von der Art etwa, wie sie in bestimmten Vorstellungen zur Egalität oder in Prinzipien der Fairness enthalten sind. Solche normativen Vorgaben zielen im wesentlichen darauf ab, die materielle Ungleichheit unter den Mitgliedern einer Gesellschaft zu verringern. Sie erfordern Eingriffe des Staates in den Marktprozeß, die auf eine Umverteilung der Einkommen hinauslaufen und somit eine Reallokation von Ressourcen und Gütern bewirken. Wir werden darauf im nächsten Kapitel wieder zurückkommen.

Pareto nur ohne Staatseingriffe
Aber: keine Verschwendung der Ressourcen (effiziente Allokation)

Kontrollfragen zu Kapitel 4:

1. Was versteht man unter einem Markt? Wie unterscheiden sich Produkt- und Faktormärkte hinsichtlich der dort herrschenden Angebots-Nachfragebeziehungen?

2. Erläutern Sie die für die Pläne eines privaten Haushalts relevanten Ziele, Daten und Entscheidungsvariablen.

3. Nennen Sie die Determinanten des Angebots eines Unternehmens für ein privates Gut.

4. Wodurch ist ein vollkommener Markt charakterisiert? Warum kann es auf ihm nur einen einheitlichen Preis geben? Könnte man die Verhältnisse auf einem städtischen Wochenmarkt als vollkommen in diesem Sinne ansehen?

5. Stellen Sie das Marktgleichgewicht auf einem vollkommenen Gütermarkt graphisch dar und erläutern Sie den Preismechanismus, der zu einem Gleichgewicht führt.

6. Inwiefern sind in der Marktwirtschaft die Preise Knappheitsanzeiger? Welche Lenkungsaufgabe kommt ihnen zu?

7. Erläutern Sie, was man unter der Preiselastizität des Angebots und der Nachfrage versteht.

8. Was besagt der Ausdruck "invisible hand" des Marktmechanismus?

9. Welche Mechanismen führen in der Marktwirtschaft zu allokativer Effizienz?

5. Der Staat in einer marktwirtschaftlichen Ordnung

Geht man von der Idealvorstellung vollkommener Märkte aus, wie wir sie im letzten Kapitel beschrieben haben, dann gibt es natürlich aus ökonomischer Sicht keine Begründung für eine Betätigung des Staates, die über die Setzung des rechtlichen Rahmens und die damit verbundenen Verwaltungsdienste hinausginge. Dann hätte man es mit einem sogenannten **"Nachtwächterstaat"** zu tun, der lediglich die Vertragsfreiheit und die Eigentumsrechte seiner Bürger zu schützen hat. In der Realität jedoch sind solche Idealmärkte, wie wir im letzten Kapitel auch schon anklingen ließen, fast nirgendwo anzutreffen, wenngleich man zweifelsohne einräumen muß, daß der Preismechanismus, selbst dann, durchaus für eine vergleichsweise effiziente Produktion und Distribution der Güter zu sorgen vermag. Andererseits darf man natürlich nicht von vornherein ausschließen, daß das freie Spiel der Marktkräfte (Prinzip des "laissez-faire") auch in die Irre führen kann, nämlich immer dann, wenn im Marktmechanismus **Mängel** auftreten, die verhindern, daß ein Pareto-optimaler Zustand erreicht wird.

Wie nun die **Theorie des Marktversagens** aufzeigt, sind solche Mängel in der Realität stets und sogar zahlreich anzutreffen. So kann der Markt etwa zu **Ineffizienzen** führen, wenn es um das Angebot von öffentlichen Gütern geht, er externe Effekte verursacht oder auf der Angebotsseite die Konzentration von Unternehmen zu Marktmacht und überhöhten Unternehmensgewinnen führt.

Auch haben Marktwirtschaften immer mit **konjunkturellen Schwankungen** zu kämpfen, in denen Arbeitslosigkeit und inflationäre Tendenzen auftreten. Hierbei handelt es sich sogar um Grundübel der Marktwirtschaft, wie wir im makroökonomischen Teil noch sehen werden.

Schließlich kann die **Verteilung der Einkommen und Vermögen**, wie sie sich am Markt ergibt (primäre Verteilung), aus ethischen Erwägungen heraus unerwünscht sein, was dann nach einer Korrektur verlangt.

Marktwirtschaftliche Ordnungen kommen deshalb in den westlichen Industrieländern nicht mehr in reiner Form vor, sondern als **gemischte Wirtschaftsordnungen**, in denen der Staat ganz bestimmte Aufgaben übernimmt. Diese ergeben sich nahezu zwangsläufig aus dem Versagen des Marktes. Wenn man nun die verschiedenen Tätigkeiten, für die der Staat heute bereits verantwortlich zeichnet, nach ökonomischen Einteilungskriterien grob aufzugliedern versucht, dann läßt sich folgende

Systematik der **staatlichen Aufgabenbereiche** aufstellen:

- **Effiziente Allokation,**
- **Konjunkturelle Stabilisierung,**
- **Korrektur der primären Verteilung von Einkommen und Vermögen.**

Mit diesen drei Bereichen wollen wir uns nachfolgend etwas intensiver auseinandersetzen.

5.1 Effiziente Allokation

Wir haben im letzten Kapitel gezeigt, daß die Preise Knappheitsanzeiger sowohl für Güter als auch für Produktionsfaktoren darstellen. Als solche koordinieren sie die einzelwirtschaftlichen Entscheidungen und lenken die Produktionsfaktoren in die Verwendungen, die für die Gesellschaft den größten Nutzen erbringen. Das Preissystem kann diese Funktion, streng genommen, jedoch nur bei vollständiger Konkurrenz erfüllen. Auf Märkten, die von dieser Idealvorstellung abweichen, treten immer **Effizienzverluste** auf. Der Güterberg, den das Marktsystem hervorzubringen vermag, wird sich infolgedessen verringern und es kommt, salopp gesprochen, zu Wohlfahrtsverlusten in der Gesellschaft.

5.1.1 Wettbewerbspolitik

Die Vorstellung des Polypolmarktes ist ein Idealkonzept, das sich, wie wir schon mehrmals betonten, in der Realität wohl nirgendwo finden läßt. Eigentlich dient es primär dazu, die Effizienz des Marktsystems auf stringente und didaktisch überzeugende Weise aufzuzeigen. Die Realität einer Marktwirtschaft hingegen zeichnet sich durch eine Vielfalt von Marktformen aus. Neben dem Polypol, bei dem bekanntlich sehr viele Anbieter und sehr viele Nachfrager miteinander im Wettbewerb stehen, gibt es andere Marktformen, bei denen entweder auf der Angebots- oder auf der Nachfrageseite, oder auf beiden eine geringere Zahl von Marktteilnehmern vorhanden ist. Diese besitzen daher einen höheren Marktanteil und können, im Gegensatz zur vollkommenen Konkurrenz, die Preise der dort gehandelten Güter beeinflussen. Sie müssen sich also nicht länger mit der Rolle des reinen Mengenanpassers und Preisnehmers begnügen.

Unvollkommene Märkte

Die Volkswirtschaftslehre kennt nach einer Klassifikation von **A. Cournot** (1801-1877) traditionell neun Marktformen, für die jeweils die Anzahl der Marktteilnehmer auf der Nachfrage- und Angebotsseite maßgeblich sind. Unterschieden wird dabei zwischen einem, wenigen und vielen Marktteilnehmern, was in der Kombination die insgesamt neun Marktformen ergibt. Darunter sind neben dem Polypol sicherlich das Oligopol und das Monopol am bedeutendsten, die durch Konzentrationen auf der Anbieterseite charakterisiert sind. Darauf wollen wir gleich noch genauer eingehen. Die übrigen Fälle hingegen, wo Konzentrationen auf der Nachfragerseite vorherrschen, dürften heute weit weniger anzutreffen sein und sie sollen deshalb hier nicht im einzelnen behandelt werden. Eine starke Konzentration der Nachfrage kommt auf Gütermärkten höchstens dann vor, wenn der Staat als Kunde auftritt. Private Unternehmen jedoch werden zumeist versuchen, den Wettbewerb auf der Anbieterseite einzuschränken, eine Entwicklung, der unter dem Stichwort "Konzentration in der Wirtschaft" in den letzten Jahren eine erhöhte Aufmerksamkeit zukommt und die den Staat zu **wettbewerbspolitischen Maßnahmen** aufruft.

Was ist nun für die Preisbildung auf konzentrierten Anbietermärkten charakteristisch? Betrachten wir dazu zunächst den einfachen Fall des Monopolmarkts.

Als **Monopolmarkt** bezeichnet man einen Markt, auf dem es nur einen Anbieter, aber viele Nachfrager gibt. Der Monopolist sieht sich auf diesem Markt der gesamten Nachfrage der Konsumenten gegenüber. Während der Polypolist, wie wir wissen, auf den Preis nicht einwirken kann und sich daher mit seiner Menge anpaßt, vermag der Monopolist den Preis durchaus zu beeinflussen, indem er seine Absatzmenge variiert. Die Konsumenten nämlich werden für ein geringeres Angebot einen höheren Preis zu zahlen bereit sein. Der Monopolist bietet nun diejenige Menge an, die ihm den größtmöglichen Gewinn einbringt. Dies wird im Endeffekt, verglichen mit dem Fall des Polypolisten, eine geringere Menge zu einem höheren Preis sein. Damit ist der Monopolist in der Lage, sogenannte **Monopolrenten** abzuschöpfen. Vereinfacht ausgedrückt, sind dies Gewinne, die nur dadurch entstehen, daß die Konsumenten für das gleiche Gut mehr bezahlen müssen als auf einem Konkurrenzmarkt. Da sie davon auch noch weniger konsumieren können, ist dieses Marktergebnis für die Gesellschaft natürlich nicht Pareto-effizient. Die Konsumenten erleiden **Wohlfahrtsverluste**. (Die Preisbildung im Monopol werden wir im Teil Mikroökonomie (Kapitel 15) noch ausführlich auf formale Art behandeln).

Einen weiteren mängelbehafteten Markt, der aufgrund von Unternehmenskonzentrationen gerade in der letzten Zeit zunehmend Bedeutung erlangt, bildet der **Oligopolmarkt**. Hier konkurrieren nur wenige Anbieter um die Nachfrage der zahlreichen Konsumenten. Es besteht deshalb immer die Gefahr, daß der Wettbewerb beschränkt wird.

Dies kann einmal durch Preisabsprachen geschehen, die auch stillschweigend getroffen werden können, indem ein Unternehmen die **Preisführerschaft** übernimmt und alle anderen diesem folgen. Oligopolisten werden auch gerne so verfahren, weil sie genau wissen, daß ein Preiswettbewerb auf Dauer ihren Gewinn verringert, selbst wenn sie vielleicht kurzfristig durch eine Preissenkung ihren Marktanteil erhöhen können. In diesem Fall müssen sie aber jederzeit damit rechnen, daß die Konkurrenzanbieter ebenfalls die Preise senken, und somit der Gewinn aller Unternehmen wieder zurückgeht.

Oligopolisten können, zum zweiten, den Wettbewerb auch dadurch beschränken, daß sie die Preise drastisch senken, um durch diese Art von **ruinöser Konkurrenz** die restlichen Wettbewerber aus dem Markt zu drängen. Gelingt ihnen dies, dann können sie danach eine Monopolstellung einnehmen und die entsprechenden Monopolrenten abschöpfen.

In diesem Zusammenhang gilt es nun danach zu fragen, welche Maßnahmen der Staat ergreifen kann, um die auf solchen unvollkommenen Märkten entstehenden Wohlfahrtsverluste so gering wie möglich zu halten.

Wettbewerbspolitische Maßnahmen

Der Staat muß sich vor allem darauf konzentrieren, die Marktmacht von Unternehmen zu beschränken, falls diese überwiegend dazu benutzt wird, durch überhöhte Preise die Konsumenten zu übervorteilen. Hier ist dann in erster Linie die staatliche **Wettbewerbspolitik** ("anti-trust policy") gefordert. Die gesetzliche Grundlage hierzu liefert in der Bundesrepublik Deutschland das **"Gesetz gegen Wettbewerbsbeschränkungen"**, das durch das Kartellamt in Berlin überwacht wird. Es enthält ein grundsätzliches Kartellverbot und untersagt die Fusion von Unternehmen, wenn dadurch auf einem oder mehreren Märkten eine marktbeherrschende Stellung entstehen würde. Außerdem übt das Kartellamt eine Mißbrauchsaufsicht bei ungerechtfertigten Preiserhöhungen von Unternehmen in marktbeherrschender Stellung aus.

Diesem wettbewerbspolitischen Ansatz liegt als Leitbild die vollständige Konkurrenz zugrunde, die sich aus allokativer Sicht vor allen anderen Marktformen auszeichnet. Staatliche Maßnahmen zielen hier im wesentlichen darauf ab, eine möglichst große Annäherung der tatsächlichen Marktverhältnisse an den Idealzustand der Konkurrenzmärkte zu erreichen.

Nun behaupten andererseits viele Ökonomen, daß ein **funktionsfähiger Wettbewerb** ("workable competition") nicht nur auf vollkommenen Polypolmärkten, sondern auch auf weltweit umkämpften Oligopolmärkten stattfinden kann, heute etwa auf dem Markt für Unterhaltungselektronik oder für Computertechnik. Sie haben dabei ein wettbewerbspolitisches Leitbild im Auge, das sich nicht so sehr an der eher statischen mikroökonomischen Preistheorie ausrichtet, derart, wie wir sie bislang kennengelernt haben und später noch eingehender vorstellen werden. Sie betonen vielmehr die **Dynamik** des marktwirtschaflichen Wettbewerbs, eine Vorstellung, die letztlich auf **Joseph A. Schumpeter** (1883-1950) zurückgeht:

Schumpeter war der Ansicht, daß der Kampf um Marktanteile die Unternehmen zur Durchsetzung sowohl von neuen Produktionsverfahren als auch von neuen Produkten zwinge. Diese Innovationen seien in erster Linie dynamischen oder Pionierunternehmen zu verdanken. Sie werden von der Chance vorübergehender Monopolgewinne motiviert und durch diese für das eingegangene Risiko entlohnt, das stets mit dem Einsatz produktiver Mittel für Forschung und Entwicklung verbunden ist. Solche (vorübergehenden) Gewinne rufen dann Imitatoren auf den Plan, die für eine Diffusion der Innovationen sorgen sowie für deren dauerhafte Etablierung in verschiedenen Bereichen einer Volkswirtschaft. Dies wiederum muß zu einer Steigerung der gesellschaftlichen Wohlfahrt führen.

Auf diese Weise wird ein dynamischer Wettbewerb in Gang gesetzt, der durch eine ständige Suche nach Innovationen und einem damit verbundenen Prozeß der **"kreativen Zerstörung"** gekennzeichnet ist. Ineffiziente Produktionsverfahren oder veraltete Produkte unterliegen dem technologischen Wandel und müssen früher oder später erfolgreichen Neuerungen weichen.

In einem solchen Rahmen kommen auf den Staat natürlich gänzlich andere Aufgaben zu als im Falle eines am Polypolmarkt orientierten Wettbewerbskonzepts. Er hat etwa die Forschung und Entwicklung der Unternehmen durch direkte oder indirekte Maßnahmen zu fördern, so durch Steuererleichterungen oder durch Subventionen für entsprechende Projekte. In diesem Zusammenhang ist auch die staatliche Grundlagenforschung an Universitäten und öffentlichen Forschungsinstituten zu nennen, deren Ergebnisse allen Unternehmen zugänglich sein sollten. Der Innovations- und Diffusionsprozeß wird des weiteren durch die wirtschaftlichen Rahmenbedingungen beeinflusst. Hier spielt vor allem das Patentgesetz eine besondere Rolle, das die Amortisation getätigter Investitionen in die Forschung und Entwicklung ermöglichen sollte.

Alle aufgezählten Maßnahmen sind eher einer Wirtschaftspolitik zuzuordnen, die auf die privaten Unternehmen und damit auf das Angebot in einer Volkswirtschaft abzielt. Wir werden darauf im Teil angebotsorientierte Makroökonomik (Kapitel 9) noch ausführlich zu sprechen kommen.

5.1.2 Externe Effekte und Umweltpolitik

Fehlallokationen von Produktionsfaktoren und Ineffizienzen auf einem Markt können auch durch sogenannte externe Effekte bedingt sein. Was ist darunter zu verstehen?

Als **externe Effekte** bezeichnet man Kosten oder Nutzen, die durch die Produktion oder den Konsum von Gütern verursacht werden und die bei unbeteiligten Wirtschaftssubjekten außerhalb des Marktes anfallen, ohne daß diese für die entstandenen Kosten entschädigt würden oder für die empfangenen Nutzen einen Preis bezahlen müßten. Externe Effekte oder Externalitäten (spillovers) lassen sich also insbesondere durch zwei Merkmale charakterisieren:

(a) Es müssen von einzelwirtschaftlichen Aktivitäten auf den Märkten Wirkungen auf Wirtschaftssubjekte außerhalb des Marktes ausgehen.
(b) Diese Wirkungen werden nicht über den Markt entschädigt oder abgegolten.

Man kann auf diese Weise positive und negative externe Effekte unterscheiden, die sowohl in der Produktion als auch durch den Konsum entstehen und sich ebenso auf Produktion oder Konsum auswirken können. In schematischer Betrachtung kommt man so zu insgesamt acht unterscheidbaren Kategorien, die wir in Abbildung 5.1 zusammengestellt und jeweils mit einem praktischen Beispiel versehen haben.

Als ökonomisch besonders bedeutsam gelten in der heutigen Zeit die **negativen externen Effekte der Produktion**, aber auch die des Konsums. Betrachten wir dazu ein recht einleuchtendes Beispiel aus dem **Verkehrsbereich**.

Volkswirtschaftslehre, interne, externe Kosten

Abb. 5.1: Externe Effekte

Wirkung / Entstehung		Produktion	Konsum
Produktion	negativ	geringere Fischfangquoten durch Gewässerverschmutzung mit Schwermetallen	Abgase, Lärm von LKW's
	positiv	Designentwicklung bei Automobilen	Pflege des Waldes durch Forstwirtschaft
Konsum	negativ	höherer Ausschuß bei Chipproduktion durch Luftverschmutzung des Individualverkehrs	Lärmbelastung durch private PKW's
	positiv	geringerer Krankenstand in Unternehmen durch gesundheitsbewußte Lebensweise der Arbeitnehmer	Schrebergartenpflege

Ein Transportunternehmen befördert Güter von Ort A nach Ort B. Der Preis für die Transportleistung richtet sich dabei, wie wir im letzten Kapitel erfahren haben, nach den betriebswirtschaftlichen Kosten (zum Beispiel Treibstoffkosten, Personalkosten, Abschreibung für den Wertverlust des Lkw, Reparaturkosten, etc.). Durch den Transport der Güter entstehen jedoch nicht nur solche Kosten, für die der Transportunternehmer selbst aufzukommen hat und die in seine betriebswirtschaftliche Kostenrechnung eingehen, sondern auch andere finanzielle Belastungen, die die Allgemeinheit oder vom Lkw-Verkehr betroffene Wirtschaftssubjekte tragen müssen. Dazu gehören zum Beispiel die Kosten der Luftverschmutzung, die zu einem höheren Erhaltungsaufwand für öffentliche und private Gebäude führen, oder Kosten für Schallschutzfenster, die den vom Lkw-Verkehr verursachten Lärm reduzieren sollen.

Der Transport von Gütern erfordert also in der gesamten Volkswirtschaft einen Einsatz von Produktionsfaktoren, der über den reinen betriebswirtschaftlichen Aufwand hinausgeht und den man daher als **volkswirtschaftliche Kosten** der Produktion in Rechnung zu stellen hat. In der einzelwirtschaftlichen Kalkulation taucht davon nur ein Teil, nämlich die **internen Kosten** auf. Den anderen Teil machen die **externen Kosten** aus, also bewertete negative externe Effekte, die Teile der Allgemeinheit treffen und die daher auch als **Sozialkosten** bezeichnet werden.

Fragen wir uns als nächstes, wie sich die fehlende Internalisierung der Sozialkosten in das einzelwirtschaftliche Rechnungswesen auf die allokative Effizienz in einer Volkswirtschaft auswirkt?

Ist die Herstellung eines Gutes x mit vergleichsweise hohen Sozialkosten verbunden und verursacht andererseits die Produktion eines Gutes y so gut wie keine Sozialkosten, dann wird der Preis des Gutes x verglichen mit dem von y, also sein relativer Preis, zu niedrig sein, wenn beide Güter auf vollkommenen Konkurrenzmärkten getauscht werden, auf denen sich das Angebot an den einzelwirtschaftlichen Grenzkosten orientiert. Da sich weiterhin die Konsumenten bei ihren Käufen nach den Relativpreisen richten, wird demzufolge von Gut x vergleichsweise zuviel und von Gut y vergleichsweise zu wenig nachgefragt. Die Preise können also in diesem Fall ihre Funktion als Knappheitsanzeiger nicht länger erfüllen. Sie reflektieren nicht mehr den Wert des gesamten für die Produktion eines Gutes benötigten Faktoreinsatzes in einer Volkswirtschaft.

Häufig sind Produkte, die einen hohen Sozialkostenanteil aufweisen, auch diejenigen, die die **Umwelt** am meisten schädigen. Da ihr Preis zu niedrig ist, wird davon zuviel nachgefragt und produziert. Würden ihre Sozialkosten internalisiert, das heißt in betriebswirtschaftliche Kosten übergeführt, dann stiege auch ihr Prcis und die Nachfrage nach ihnen müßte normalerweise zurückgehen. Denn die Konsumenten würden die umweltschädigenden Produkte durch andere substituieren und/oder den Kaufkraftverlust aus deren Preiserhöhung kompensieren, indem sie davon weniger verbrauchen.

Um Verzerrungen in der Preisstruktur und daraus folgende Ineffizienzen zu vermeiden, ist es also notwendig, **Sozialkosten zu internalisieren** und damit dem Verursacher aufzuerlegen. Da diese Aufgabe der Marktmechanismus selbst nicht leisten kann, und auch Verhandlungslösungen zwischen den Verursachern und Betroffenen in den meisten Fällen nicht praktikabel sein dürften, müssen **staatliche Eingriffe** in die Märkte die notwendigen Korrekturen herbeiführen. Dies ist die ureigenste Domäne der staatlichen **Umweltpolitik**, der angesichts der fortschreitenden Schädigung von Klima und Natur durch eine zu intensive Nutzung in der Produktion und im Konsum eine wachsende Bedeutung zukommt.

Sie kann sich hierbei zum einen **administrativer Auflagen** beziehungsweise **gesetzlicher Verbote** bedienen. Der Staat könnte also, um bei unserem Beispiel zu bleiben, der Privatwirtschaft zwingend vorschreiben, nur noch lärm- und abgasarme Kraftwagen zu verwenden, deren Mehrkosten dann die Eigentümer selbst zu tragen hätten. Andererseits kommen auch **Eingriffe in den Preismechanismus** selbst in Frage. So kann der Staat versuchen, die verzerrten Marktpreise für Transportleistungen zu korrigieren, indem er etwa die Mineralölsteuer erhöht oder eine Straßenbenutzungsgebühr einführt.

Betrachten wir kurz die Wirkungen einer solchen indirekten steuerlichen Maßnahme, die in diesem Fall den Charakter einer **Umweltsteuer** hat, und bedienen wir uns hierzu des bekannten Angebots-Nachfrageschemas (Abbildung 5.2).

Abb. 5.2: Umweltsteuern

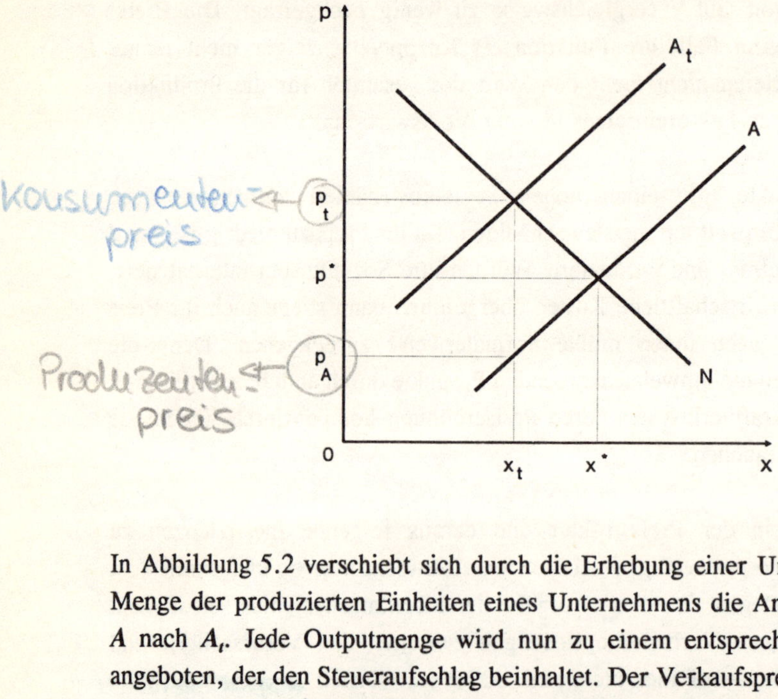

In Abbildung 5.2 verschiebt sich durch die Erhebung einer Umweltsteuer auf die Menge der produzierten Einheiten eines Unternehmens die Angebotsfunktion von A nach A_t. Jede Outputmenge wird nun zu einem entsprechend höheren Preis angeboten, der den Steueraufschlag beinhaltet. Der Verkaufspreis steigt damit vom alten Marktpreis p^* auf den Preis p_t und die gleichgewichtige Menge geht von x^* auf x_t zurück. Bei dieser Menge ergibt sich nunmehr ein Produzentenpreis von p_A, der unterhalb des ursprünglichen Gleichgewichtspreises liegt. Der Konsumentenpreis hingegen, der dem Marktpreis entspricht, befindet sich über dem alten Preis.

Insgesamt gesehen wird die abgesetzte Menge des unerwünschten Produkts zurückgehen. Denn zum einen sinkt der Produktionsanreiz für die Unternehmen, da sie mit diesem Produkt nur noch geringere Gewinne erwirtschaften können. Zum anderen reagieren die Verbraucher auf den höheren Preis mit einer Reduktion ihrer

Nachfrage nach dem Gut. Wieweit jedoch Produktion und Absatz eingeschränkt werden, hängt entscheidend von der **Elastizität der Nachfrage** ab. Ist diese groß, dann werden die Verbraucher schon auf geringe Preisaufschläge mit einer erheblichen Reduzierung ihrer Nachfrage antworten. Im anderen Fall werden sie nicht bereit sein, sich sehr stark einzuschränken. Letzteres dürfte leider auf zahlreiche Produkte zutreffen, die heute für Umweltschädigungen in besonderer Weise verantwortlich sind. Wir denken hier vor allem an die Nachfrage nach Automobilen und Kraftstoffen, als Ausdruck für die Mobilitätswünsche der Bevölkerung, aber auch an die Nachfrage nach Tabak und Zigaretten oder Alkoholika, wo die Verbraucher, häufig aus einem Suchtverhalten heraus, nahezu jeden Preis zu zahlen bereit sind. Dem Staat bleibt in diesen Fällen praktisch nicht viel anderes übrig, als die Einnahmen aus der Besteuerung dieser Güter für die Prävention oder die Beseitigung von Schäden zu verwenden, die durch ihren Konsum entstehen.

Letztlich aber, dienen staatliche Maßnahmen des Umweltschutzes vor allem dazu, das **Verursacherprinzip** durchzusetzen. Dies besagt, daß derjenige, der Schäden zu verantworten hat, auch dafür aufkommen muß. Beim Verursacher, sei es ein Unternehmen oder ein Konsument, will man damit Anreize schaffen, jene Produktionsfaktoren oder Verbrauchsgüter, die vorher falsch bewertet waren, wieder zu den Preisen zu kalkulieren, die ihrer tatsächlichen Knappheit entsprechen. Andernfalls kommt es unvermeidlich zur Diskrepanz zwischen einzel- und gesamtwirtschaftlicher Rationalität. Das Ziel der Maximierung von Gewinn und Nutzen nämlich legt es jedem Wirtschaftssubjekt nahe, Konsumgüter oder Produktionsfaktoren, die mit externen Effekten verbunden sind, auf exzessive Weise zu gebrauchen.

5.1.3 Öffentliche Güter

Märkte bieten zumeist nur private Güter an, sie versagen jedoch im allgemeinen, wenn es um die Bereitstellung sogenannter **öffentlicher Güter** geht. Auch wenn in einer Gesellschaft dafür genügend Bedarf vorhanden ist, kann dieser über den Markt überhaupt nicht oder nur bedingt gedeckt werden. Fragen wir uns also als nächstes, wieso es eigentlich zu dieser Art von Marktversagen kommt.

Konsumenten, die ein privates Gut auf dem Markt kaufen, erwerben damit zugleich das Recht, das erstandene Gut allein zu konsumieren. Andere werden dann vom Verbrauch des Gutes ausgeschlossen. Dieser Ausschluß wird also allein schon über

Reine öff Güter, gemischte öff Güter

den Preis erreicht. Da ein privates Gut, etwa ein Anzug oder ein Paar Schuhe, immer nur von einer Person gleichzeitig genutzt werden kann, besteht zudem zwischen den einzelnen Verbrauchern eine ausgeprägte Rivalität im Konsum.

Bei öffentlichen Gütern ist dies völlig anders. Sie sind, wie wir auch an anderer Stelle schon darlegten, durch die Kriterien

- der **Nichtrivalität im Konsum**
  und
- der **Nichtausschließbarkeit**

charakterisiert.

"Nichtrivalität im Konsum" bedeutet, wenn wir uns erinnern, daß ein öffentliches Gut von mehreren Individuen gleichzeitig genutzt werden kann, ohne daß sich diese in ihrem Konsum gegenseitig beeinträchtigen. "Nichtausschließbarkeit" besagt, daß es kein dem Preis vergleichbares Instrument gibt, mit dessen Hilfe es gelänge, die Individuen vom gewünschten Konsum eines Gutes auszuschließen.

Weist ein öffentliches Gut beide Eigenschaften zugleich auf, so spricht man, wie wir wissen, von einem **reinen öffentlichen Gut**. Beispiele für solche Güter sind etwa die militärische Landesverteidigung oder so selbstverständliche Dinge wie die Straßenbeleuchtung oder die Werbung an Litfaßsäulen. Für jeden, der abends einen Stadtbummel unternimmt, leuchten die Straßenlaternen und ihr Licht wird auch nicht schwächer, wenn die Zahl der Spaziergänger zunimmt.

Daß reine öffentliche Güter nicht von privaten Unternehmen angeboten werden, muß also an deren besonderen Eigenschaften liegen. Für nicht ausschließbare Güter sind Konsumenten eben nicht gezwungen, ihre Zahlungsbereitschaft, also den Preis, den sie eigentlich zu zahlen bereit wären, zu offenbaren. Jeder nämlich hofft, daß ein anderer für das Gut bezahlt und er selbst dann sozusagen kostenlos an dessen Konsum teilhaben kann. Dieses Phänomen bezeichnet man recht anschaulich auch als **Trittbrettfahrerverhalten**.

Zwischen den beiden Extremen des privaten und des öffentlichen Gutes liegt, wie wir ebenfalls schon darlegten, noch eine dritte Güterkategorie, die sogenannten **gemischten öffentlichen Güter**. Beispiele dafür stellen etwa Kulturveranstaltungen oder öffentliche Verkehrsleistungen dar. Bei diesen Gütern kann man zwar ohne weiteres über den Preis Interessenten vom Konsum ausschließen, aber das Kriterium der Nichtrivalität im Konsum bleibt weiterhin bestehen. Allerdings kommt dieses nur bis zu einer gewissen Kapazitätsgrenze zum Tragen, ab der sich die Nutzer durch Überfüllung (congestion) wieder gegenseitig im Konsum beeinträchtigen. So kann eine Konzertveranstaltung problemlos von vielen Personen gleichzeitig besucht werden, aber die Zahl der Besucher muß auf die vorhandenen Sitzplätze (und Stehplätze) begrenzt bleiben, soll der Genuß an der künstlerischen Darbietung nicht rapide absinken. Auch viele Autofahrer machen tagtäglich die Erfahrung, daß die Kapazität einer öffentlichen Straße beschränkt ist und es zu Stauungen und, damit verbunden, zu erheblichen Beeinträchtigungen kommt, wenn diese überschritten wird.

Bei reinen öffentlichen Gütern hat allein der Staat für die Bereitstellung zu sorgen. Er finanziert das notwendige Güterangebot dann überwiegend aus **Steuereinnahmen**, die ein Zwangsinstrument der Kostenabdeckung darstellen. Insofern zahlen die Konsumenten natürlich auch für diese Güter ein entsprechendes Entgelt. Dieses aber wird nicht nach dem Äquivalenzprinzip des "do ut des" bestimmt, wie es den Preis am Markt kennzeichnet. Steuereinnahmen nämlich sind im allgemeinen nicht zweckgebunden, sie wandern vielmehr in einen gemeinsamen Topf und dürfen daher nicht als direkte finanzielle Gegenleistung für ein bestimmtes Güterangebot des Staates verwendet werden (Nonaffektationsprinzip).

Während der Staat im Wege der Besteuerung Individuen oder Haushalte selbst dann zwangsweise zur Finanzierung eines öffentlichen Gutes heranzieht, wenn sie dieses gar nicht nutzen, besteht bei **Gebühren**, einem zweiten wichtigen Finanzierungsinstrument der öffentlichen Hand, ein unmittelbarer Zusammenhang zur Nutzung. Auch wenn die Höhe der Gebühren nicht in jedem Falle mit den Kosten der Erstellung einer öffentlichen Leistung übereinstimmt, eröffnet diese Finanzierungsform doch die Möglichkeit, potentielle Nutzer auszuschließen. Gebühren kommen daher eigentlich nur zur Finanzierung von gemischten öffentlichen Gütern in Betracht. Bei reinen öffentlichen Gütern wäre dies aus den bekannten Gründen weder sinnvoll noch praktikabel. So erhebt man mittlerweile in vielen Ländern in und außerhalb Europas Straßenbenutzungsgebühren, die sich als durchaus einnahmenwirksam erweisen.

Als Anbieter von gebührenfinanzierten Leistungen kommen dann freilich nicht mehr nur die öffentlichen Hände, sondern auch private Unternehmen in Frage. Die Möglichkeiten zur **Privatisierung** von öffentlichen Leistungen hängen dabei jedoch in hohem Maße von den Gewinnerwartungen ab, die die Privatwirtschaft damit verbindet. So sind stark subventionierte staatliche Bereiche, wie zum Beispiel der öffentliche Kulturbetrieb, für Privatunternehmen weniger interessant als Bereiche, die eine hohe Rentabilität versprechen, wie etwa der Sektor Kommunikationsdienstleistungen innerhalb der Deutschen Bundespost. Bei der Entscheidung darüber, ob man besser privatisieren oder bei einem staatlichen Angebot mit weitreichender Subventionierung verbleiben sollte, spielt zudem das Kriterium der Verteilungsgerechtigkeit eine gewichtige Rolle. Darauf kann der Markt, wie wir noch sehen werden, keine entsprechende Rücksicht nehmen.

Gemischte öffentliche Güter werden in verschiedenen Ländern mit unterschiedlichen Anteilen vom Staat und von privaten Unternehmen produziert und angeboten. So überwiegt in den USA, zum Beispiel, die Neigung, hierfür die Privatwirtschaft heranzuziehen, während sich in Europa, und speziell in der Bundesrepublik, eher der Hang zur öffentlichen Wirtschaft als Produzent und Anbieter herausgebildet hat. Dies erklärt zu großen Teilen auch die Unterschiede, die sich für verschiedene westliche Länder in der Aufteilung der volkswirtschaftlichen Ressourcen auf Markt- und Staatswirtschaft ergeben. Wir werden darauf gleich noch zu sprechen kommen.

Neben Steuern und Gebühren kommt als dritte Möglichkeit der Finanzierung von öffentlichen Leistungen noch die **Staatsverschuldung** in Betracht. Ihre Bedeutung in den Industrieländern der westlichen Welt wächst von Tag zu Tag, wie wir an anderer Stelle ausführlich zeigen werden (siehe die Abschnitte 5.4 und 10.6).

5.2 Stabilisierung des Wirtschaftsablaufs

In marktwirtschaftlichen Ordnungen kann es, genau wie in der Zentralverwaltungswirtschaft, immer wieder zu krisenhaften Erscheinungen kommen, insbesondere zu Arbeitslosigkeit und Inflation, die unter Umständen sogar die sozialen und politischen Verhältnisse in einem Land zu destabilisieren vermögen. Dieses Auf und Ab im wirtschaftlichen Ablauf einer Volkswirtschaft bezeichnet man auch als **Konjunkturschwankungen**. Auf die Art und Weise ihres Zustandekommens, auf die Ursachen und Folgen dieses Phänomens werden wir im Teil Makroökonomik noch ausführlich zu sprechen kommen.

Hier genügt es zu wissen, daß, vereinfacht ausgedrückt, jede Volkswirtschaft die Fähigkeit hat, bei Vollbeschäftigung ihrer Produktionsfaktoren eine ganz bestimmte Menge an Gütern hervorzubringen. Im Falle zweier Güter läßt sich dies bekanntlich anhand der Produktionsmöglichkeitenkurve beschreiben. Den maximal produzierbaren volkswirtschaftlichen Output bezeichnet man auch als **Produktionspotential**.

Jede Gesellschaft wird natürlich bestrebt sein, ihr Produktionspotential im Laufe der Zeit zu erweitern, ein Vorgang, den man Wachstum des Produktionspotentials nennt.

Dieses Wachstum wird überlagert durch die zu einem bestimmten Zeitpunkt jeweils vorhandene Auslastung des Produktionspotentials, die die **tatsächliche Produktion** angibt. Sie kann in Zeiten der Hochkonjunktur, etwa durch Ableistung von Überstunden, kurzfristig sogar über dem Produktionspotential liegen. Im wirtschaftlichen Abschwung aber oder in einer Rezession bleibt die effektive Produktion erheblich hinter den Produktionsmöglichkeiten zurück.

Dies äußert sich in den schon erwähnten Konjunkturschwankungen, die der Staat einzuebnen oder, anders ausgedrückt, zu verstetigen hat. Die staatliche Politik konzentriert sich dabei im wesentlichen auf vier makroökonomische Ziele, die in allen entwickelten Industrieländern des Westens Gültigkeit besitzen und die für die Bundesrepublik Deutschland im **Stabilitäts- und Wachstumsgesetz** verankert sind. Es handelt sich dabei um die Ziele:

- **Wirtschaftswachstum**
- **Preisniveaustabilität**
- **Vollbeschäftigung** und
- **Zahlungsbilanzausgleich**.

Man bezeichnet diese Ziele mitunter auch als "**magisches Viereck**" - einerseits, weil der Staat alle Ziele gleichzeitig anstreben muß, andererseits, weil es nahezu magischer Fähigkeiten bedarf, wenn dies wirklich gelingen soll. So darf man durchaus behaupten, daß es bisher keinem Land möglich war, für einen längeren Zeitraum Vollbeschäftigung und Preisniveaustabilität zu gewährleisten. Nach dem zweiten Weltkrieg läßt sich zwar in den meisten westlichen Industrienationen, alles in allem, ein anhaltender Wirtschaftsaufschwung feststellen. Aber, seit der letzten Ölkrise Anfang der 70er Jahre haben diese Volkswirtschaften auch mit einem besonders heimtückischen Phänomen zu kämpfen, der sogenannten **Stagflation**. Allein schon die Wortschöpfung weist auf das Besondere dieses Übels hin, nämlich auf das gleichzeitige Vorhandensein von Inflation und Arbeitslosigkeit. Hinzu kommt, daß die Wirtschaftspolitik heute nicht nur mit dem magischen Viereck konfrontiert ist, sondern daß man in dem Zusammenhang sogar von magischen Vielecken sprechen kann. Denn zu den klassischen vier Zielen gesellte sich in jüngster Zeit ein weiteres bedeutsames Ziel hinzu, das des Umweltschutzes.

Wir können in diesem Abschnitt natürlich nicht näher auf die Maßnahmen und Instrumente eingehen, die der Staat ergreifen kann, um obige Ziele zu erreichen. Dies wird im Rahmen des Teiles "Makroökonomik" geschehen. Dort werden wir uns ausführlich mit diesen Fragen auseinandersetzen und, vor allen Dingen, auch nach den Ursachen fragen für konjunkturelle Schwankungen und für das Wachstum des Produktionspotentials. An dieser Stelle wollen wir nur die Ziele näher beschreiben, und kurz aufzeigen, ob und inwieweit sie in der Bundesrepublik in den letzten Jahrzehnten erreicht wurden. Betrachten wir als erstes das wohl wichtigste wirtschaftspolitische Ziel überhaupt, die Gewährleistung von Vollbeschäftigung.

5.2.1 Vollbeschäftigung

Seit der Weltwirtschaftskrise gegen Ende der 20er Jahre, die zu Massenarbeitslosigkeit geführt hat und die vielen Familien ihre Existenzgrundlage raubte, steht das Ziel, einen hohen Beschäftigungsstand zu sichern, auf der Prioritätenliste der staatlichen Wirtschaftspolitik ganz oben. Man will also möglichst vermeiden, daß es in einer Volkswirtschaft zu **Arbeitslosigkeit** kommt. Was aber hat man darunter eigentlich genauer zu verstehen?

Die in einer Volkswirtschaft herrschende Arbeitslosigkeit wird anhand der **Arbeitslosenquote** gemessen. Sie ist in der Bundesrepublik Deutschland definiert als Anteil der "registrierten" Arbeitslosen an den abhängigen Erwerbspersonen, die sich wiederum aus den abhängigen Erwerbstätigen und den Arbeitslosen zusammensetzen. Die Rubrik "registrierte Arbeitslose" erfaßt allerdings nur einen Teil der Beschäftigungswilligen ohne Arbeit, nämlich die beim Arbeitsamt registrierten Arbeitslosen. Man spricht in diesem Fall auch von **offener Arbeitslosigkeit**. Daneben gibt es die sogenannte **"Stille Reserve"**. Hierzu zählen alle Personen, die eine Arbeit suchen, ohne beim Arbeitsamt gemeldet zu sein. Es handelt sich hierbei hauptsächlich um Frauen, neu in das Erwerbsleben kommende Jugendliche und vorzeitig ins Rentenalter eintretende Arbeitnehmer. Auch werden seit 1985 arbeitslose Personen, die 58 Jahre und älter sind oder die einen erwerbstätigen Partner haben, nicht mehr zu den registrierten Arbeitslosen gezählt. Dadurch sinkt die Arbeitslosenquote natürlich ab. Sie ist ferner auch deshalb ungenau, weil in ihr die Zahl der Kurzarbeiter, die nur einen Teil der "normalen" Arbeitszeit beschäftigt sind, nicht enthalten ist.

Die Arbeitslosenquote hängt nicht nur von der Zahl der Arbeitslosen, sondern auch von der Beschäftigtenzahl ab. So kann die Arbeitslosenquote sinken, wenn die Zahl

AQ hängt von der Zahl d. Erwerbstätigen ab

der abhängigen Erwerbstätigen zunimmt, ohne daß sich dabei die Zahl der registrierten Arbeitslosen verändern muß. Entsprechend kann sie steigen, wenn die Beschäftigtenzahl abnimmt. Sehen wir uns die Entwicklung der Arbeitslosenquote in der Bundesrepublik an.

Abb. 5.3: Entwicklung der Arbeitslosenquote in der BRD, 1950-1990

Zeitraum	Arbeitslose[3] in Tsd.	Arbeitslosenquote[4]
1950	1580	10,4
1951	1432	9,1
1952	1379	8,5
1953	1259	7,6
1954	1221	7,1
1955 [1]	928	5,2
1956	761	4,2
1957	662	3,5
1958	683	3,6
1959	476	2,5
1960	235	1,2
1960	271	1,3
1961	181	0,9
1962	155	0,7
1963	186	0,9
1964	169	0,8
1965	147	0,7
1966	161	0,7
1967	459	2,1
1968	323	1,5
1969	179	0,8
1970	149	0,7
1971	185	0,8
1972	246	1,1

Zeitraum	Arbeitslose[3] in Tsd.	Arbeitslosenquote[4]
1973	273	1,2
1974	582	2,5
1975	1074	4,6
1976	1060	4,5
1977	1030	4,3
1978	993	4,1
1979	876	3,6
1980	889	3,6
1981	1272	5,1
1982	1833	7,2
1983	2258	8,8
1984	2266	8,8
1985	2304	8,9
1986	2228	8,5
1987	2229	8,5
1988 [2]	2242	8,4
1989	2038	7,6
1987 1.Hj.	2312	8,8
2.Hj.	2146	8,1
1988 1.Hj.	2351	8,9
2.Hj.	2132	8,0
1989 1.Hj. [2]	2142	8,0
2.Hj.	1933	7,2
1990 1.Hj.	2004	7,4

1) Ohne Saarland und Berlin. Beschäftigte Ausländer bis 1958 ohne Saarland.

2) Vorläufige Ergebnisse.

3) Quelle: Bundesanstalt für Arbeit.

4) Anteil der Arbeitslosen an den abhängigen Erwerbspersonen (Beschäftigte Arbeitnehmer plus Arbeitslose).

Quelle: Jahresgutachten 1990/91 des Sachverständigenrates zur Begutachtung der gesamtwirtschaftlichen Entwicklung, S.344, Tab.18*.

Wie man der Abbildung 5.3 entnehmen kann, ging in der Bundesrepublik die Arbeitslosenquote ab dem Jahre 1950 kontinuierlich zurück. In den 60er Jahren bis Anfang der 70er Jahre schwankte sie mit Ausnahme von 1967 um die 1 Prozentmarke. Seit 1974 hat sie sich wieder beträchtlich erhöht und in den 80er Jahren eine Größenordnung erreicht, die mit der unmittelbaren Nachkriegszeit vergleichbar ist. Im Jahre 1985 war die Zahl der registrierten Arbeitslosen so hoch wie noch nie in der Geschichte der Bundesrepublik. In den letzten Jahren ist die Arbeitslosenquote

Inflation: Preisindex, Preisniveau

wieder etwas gefallen, stellt aber nach wie vor eines der gravierendsten wirtschaftspolitischen Probleme dar.

5.2.2 Inflation

Unter Inflation versteht man den Anstieg der Preise in einer Volkswirtschaft, der dazu führen kann, daß die Kaufkraft der Einkommen immer mehr abnimmt. Dies wird der Fall sein, wenn die Einkommen der Haushalte langsamer steigen als die Preise der Güter. Der Geldwert des Einkommens, der bekanntlich ja nur einen Anspruch auf einen Teil der in einer Volkswirtschaft erwirtschafteten Gütermenge darstellt, muß als Folge absinken. Die Konsumenten können mit ihrem Einkommen nunmehr weniger Güter kaufen als zuvor.

Da es in einer Volkswirtschaft eine Vielzahl von Güterpreisen gibt, die sich zudem in ganz unterschiedlicher Weise entwickeln können, verwendet man zur Messung der Preisniveaustabilität sogenannte **Preisindizes**, die diese unterschiedlichen Preisbewegungen zu einer Maßzahl verschmelzen. Wie dies genau erfolgt, haben wir im Anhang zu diesem Kapitel näher erläutert.

An dieser Stelle wollen wir daher nur kurz einen Blick auf die Preisentwicklung in der Bundesrepublik Deutschland seit dem Zweiten Weltkrieg werfen. Die nachfolgende Abbildung 5.4 zeigt entsprechend den Index für die Kosten der Lebenshaltung eines 4-Personen-Arbeitnehmerhaushalts, der für die Mehrheit der Bevölkerung als repräsentativ angesehen und deshalb am häufigsten zur Messung der Preisentwicklung herangezogen wird.

Wie man sieht, erhöhte sich das Preisniveau in der Bundesrepublik seit 1950 (ausgenommen die Jahre 1953 und 1986) kontinuierlich. Die Preissteigerungsraten waren jedoch unterschiedlich hoch. Besonders stark erhöhten sich die Preise Anfang der 70er (Ölpreise!) und Anfang der 80er Jahre. In den letzten Jahren allerdings stieg das Preisniveau nur geringfügig an, 1986 ist es sogar gefallen. Man spricht allgemein von Preisniveaustabilität schon dann, wenn sich Preise nur wenig erhöhen. Denn ein fallendes Preisniveau ist in der Welt fast nirgendwo mehr zu beobachten.

Die Preissteigerungsraten der meisten Länder (vor allem der Entwicklungsländer und der sogenannten Schwellenländer wie Brasilien) liegen wesentlich höher als in der Bundesrepublik. Bis in die 70er Jahre ging man auch davon aus, daß in

Rezessionen (wenn also in einer Volkswirtschaft nur geringes Wirtschaftswachstum und hohe Arbeitslosigkeit herrschen) die Preise nicht oder nur sehr langsam steigen. In wirtschaftlichen Boomphasen hingegen seien hohe Preissteigerungsraten zu erwarten. Doch gerade die Ölkrisen haben gezeigt, daß auch Rezessionsphasen mit einer hohen Preissteigerungsrate einhergehen können (Stagflation!).

Abb. 5.4: Preissteigerungsraten für die Kosten der Lebenshaltung (4-Personen-Arbeitnehmerhaushalte[1]) in der BRD, 1950-1990

Zeitraum	Gesamtlebenshaltung 1970=100	Preissteigerungsrate
1950	64,5	-
1951	69,6	7,9
1952	71,0	2,0
1953	69,8	-1,7
1954 [2]	69,9	0,1
1955	71,0	1,6
1956	72,8	2,5
1957	74,4	2,2
1958	75,9	2,0
1959	76,7	1,1
1960 [3]	77,8	1,4
1961	79,6	2,3
1962	81,9	2,9
1963	84,4	3,1
1964	86,4	2,4
1965	89,3	3,4
1966	92,4	3,5
1967	93,8	1,5
1968	95,0	1,3
1969	96,9	2,0
1970	**100**	3,2
1971	105,1	5,1
1972	110,7	5,3
1973	118,2	6,8

Zeitraum	Gesamtlebenshaltung 1970=100	Preissteigerungsrate
1974	126,3	6,9
1975	134,0	6,1
1976	139,9	4,4
1977	144,8	3,5
1978	148,4	2,5
1979	154,0	3,8
1980	162,1	5,3
1981	172,3	6,3
1982	181,5	5,3
1983	187,4	3,3
1984	191,9	2,4
1985	195,7	2,0
1986	195,3	0,2
1987	195,5	0,1
1988	197,6	1,1
1989	203,3	2,9
1989 1.Vj.	201,6	2,0
2.Vj.	203,6	1,0
3.Vj.	203,5	-0,1
4.Vj.	204,7	0,6
1990 1.Vj.	206,9	1,1
2.Vj.	208,1	0,6
3.Vj.	209,2	0,5

1) Haushalte mit mittlerem Einkommen.
2) Ohne Saarland und Berlin.
3) Ohne Berlin.

Quelle: Jahresgutachten 1990/91 des Sachverständigenrates zur Begutachtung der gesamtwirtschaftlichen Entwicklung, S.419, Tab.70*; eigene Berechnungen.

5.2.3 Wirtschaftswachstum

Als Indikator für das Wirtschaftswachstum dient das sogenannte **Bruttosozialprodukt (BSP)**. Es erfaßt alle in einer Volkswirtschaft während eines Jahres produzierten Güter und Dienstleistungen. Zur Beurteilung des Wachstums in der

Volkswirtschaft wird meist nicht das BSP als absolute Größe, sondern die Veränderungsrate des BSP (in Prozent) verwendet. Man unterscheidet hierbei zwischen der **realen Wachstumsrate** des Bruttosozialprodukts und der **nominalen Wachstumsrate**. Bei der nominalen Wachstumsrate werden die Güter zu den Preisen des jeweiligen Jahres bewertet. Bei der realen Wachstumsrate versucht man, den Teil des Wachstums, der ausschließlich auf Preissteigerungen zurückzuführen ist, herauszurechnen, indem man die Preise eines bestimmten Basisjahres (das von Zeit zu Zeit angepaßt wird) zugrundelegt.

In der Abbildung 5.5 ist die Entwicklung des realen BSP in der Bundesrepublik Deutschland von 1960 bis 1989 abzulesen.

Abb. 5.5: Entwicklung des realen BSP in der BRD (1960-1989), in Mrd.DM, in Preisen von 1980

Zeitraum	Bruttosozialprodukt	Wachstumsrate
1960	731,70	-
1961	763,70	4,4
1962	799,80	4,7
1963	821,80	2,8
1964	875,70	6,6
1965	922,70	5,4
1966	950,10	3,0
1967	949,40	-0,1
1968	1004,20	5,8
1969	1079,60	7,5
1970	1134,00	5,0
1971	1168,00	3,0
1972	1217,00	4,2
1973	1274,10	4,7
1974	1276,50	0,2

Zeitraum	Bruttosozialprodukt	Wachstumsrate
1975	1258,00	-1,5
1976	1328,20	5,6
1977	1363,40	2,7
1978	1407,90	3,3
1979	1463,60	4,0
1980	1485,20	1,5
1981	1485,30	0,0
1982	1471,00	-1,0
1983	1498,90	1,9
1984	1548,10	3,3
1985	1578,10	1,9
1986	1614,70	2,3
1987	1639,80	1,6
1988 [1]	1700,50	3,7
1989 [1]	1766,00	3,9

[1] Vorläufige Ergebnisse.

Quelle: Jahresgutachten 1990/91 des Sachverständigenrates zur Begutachtung der gesamtwirtschaftlichen Entwicklung, S.351, Tab.22*; eigene Berechnungen.

Das reale BSP hat in der Bundesrepublik seit 1960 (ausgenommen 1967, 1975, 1981, 1982) laufend zugenommen. Allerdings war es starken Schwankungen unterworfen. Deutlich zu sehen sind die Konjunktureinbrüche von 1966/67, 1973-75 und 1980-82. Als Trend ist ersichtlich, daß die hohen Wachstumsraten der 50er Jahre danach kaum noch erreicht werden konnten. In den letzten drei Jahren ist freilich wieder ein bemerkenswerter Anstieg der Wachstumsrate zu verzeichnen.

Wie das BSP genau berechnet wird, und welche Aussagefähigkeit es als Indikator für die Wohlfahrt in einer Gesellschaft besitzt, werden wir im nächsten Kapitel erfahren (Abschnitt 6.7).

5.3 Verteilungspolitik

Im letzten Kapitel haben wir gesehen, daß der Marktmechanismus - sofern perfekte Konkurrenzmärkte existieren - auf Effizienz gerichtet ist und eine Allokation von Gütern und Produktionsfaktoren erzeugt, bei der kein Individuum bessergestellt werden kann, ohne gleichzeitig ein anderes Individuum schlechter zu stellen (Pareto-Optimum). Damit ist zwar sichergestellt, daß in einer Volkswirtschaft keine Ressourcen verschwendet werden, das Paretokriterium sagt jedoch überhaupt nichts darüber aus, wie die Güter auf die Gesellschaftsmitglieder verteilt sind. Eine Pareto-effiziente Allokation nämlich kann ohne weiteres mit einer äußerst ungleichen Güterverteilung einhergehen, bei der sehr wenige Individuen relativ viel und alle übrigen relativ wenig erhalten. Auf der anderen Seite dürfte es in einer demokratischen Gesellschaft von heute kaum umstritten sein, daß eine gleichere Verteilung der Einkommen und Vermögen gegenüber einer ungleicheren Verteilung präferiert werden sollte.

Primäre und sekundäre Einkommensverteilung

Einkommen entstehen, wie wir wissen, am Markt durch die Entlohnung der Produktionsfaktoren in Form von Löhnen und Gehältern, Renten, Zinsen und Dividenden. Vermögen ergibt sich durch die Akkumulation von gespartem Einkommen im Zeitablauf und führt wiederum zu Einkommen. Die Einkommens- und Vermögensverteilung, wie sie der Markt hervorbringt, bezeichnet man auch als **primäre Einkommensverteilung**. Sie richtet sich in erster Linie nach dem Leistungsfähigkeitsprinzip (justitia comutativa) und wird vom Staat durch Besteuerung und Transferzahlungen korrigiert. Dieser sollte sich dabei von den in einer Gesellschaft akzeptierten Prinzipien der Verteilungsgerechtigkeit (justitia distributiva) leiten lassen.

Durch die Umverteilungsmaßnahmen des Staates entsteht aus der primären die sogenannte **sekundäre Einkommensverteilung**. Sie ist im Ergebnis gleicher angelegt als die primäre Verteilung, und wird deshalb, im allgemeinen, von der Gesellschaft auch als gerechter empfunden. Die Verteilungswirkungen hin zu mehr Gleichheit lassen sich zum einen auf das progressive Steuersystem zurückführen, das denjenigen Bürgern eine höhere Steuerlast aufbürdet, die als leistungsfähiger gelten und daher am Markt ein höheres Einkommen erzielen. Zum anderen sind dafür Transferzahlungen im System der sozialen Sicherung verantwortlich. Auf sie haben in der Regel nur Personen einen Anspruch, die auch bedürftig sind, die also kein eigenes, oder jedenfalls nur ein recht bescheidenes Einkommen erhalten.

Unterschieden wird häufig auch zwischen der sogenannten

- funktionalen
  und der
- personalen Einkommensverteilung.

Funktionale Einkommensverteilung

Wie der Name schon sagt, betrachtet die **funktionale Einkommensverteilung**, wie sich das Volkseinkommen aus der Entlohnung der verschiedenen im volkswirtschaftlichen Produktionsprozeß eingesetzten Faktoren aufteilt. Dazu werden, in recht grober Aufteilung, lediglich zwei große Aggregate gebildet:

- die Einkommen aus unselbständiger Arbeit einerseits
- und die aus Unternehmertätigkeit und Vermögen andererseits.

Den Anteil der Einkommen aus unselbständiger Arbeit am Volkseinkommen mißt man dann mit Hilfe der **Lohnquote**. Den Anteil aus Unternehmertätigkeit und Vermögen drückt die **Gewinnquote** aus.

Man beachte hierbei, daß sich Lohnquote und Gewinnquote allein schon dadurch verändern können, daß sich die Struktur der Erwerbspersonen in einer Volkswirtschaft verändert. So kann sich die Lohnquote einfach schon dadurch erhöhen, daß die Zahl der Arbeitnehmer zu- und die der Selbständigen abnimmt. An der materiellen Position der einzelnen Einkommensempfänger muß sich dabei nichts geändert haben. Teile des Volkseinkommens, die bisher als Gewinn ausgeschüttet wurden, werden nun als Lohneinkommen gezahlt.

Um solche Einflüsse auszuschalten, berechnet man eine "bereinigte" Lohn- und Gewinnquote, bei der die Erwerbstätigenstruktur eines Basisjahres (1960 oder 1989) konstant gehalten wird. Ihre Entwicklung zeigt die Abbildung 5.6.

Abb. 5.6: Funktionale Verteilung des Volkseinkommens

Jahr[1]	Bereinigte[2] Lohnquote[3]
1950	75,7
1955	72,0
1960	69,5
1960	69,4
1961	71,4
1962	72,2
1963	72,7
1964	71,6
1965	71,9
1966	72,8
1967	72,7
1968	70,7
1969	70,9
1970	72,6
1971	73,4
1972	73,2
1973	73,8
1974	75,6
1975	75,7
1976	73,6
1977	73,6
1978	72,7
1979	72,4
1980	74,2
1981	74,9
1982	74,3
1983	72,2
1984	70,8
1985	70,2
1986	69,3
1987[4]	69,4
1988[4]	68,3
1989[4]	67,2

1) 1950, 1955 Bundesgebiet ohne Berlin, 1960 (1. Zeile) ohne Saarland und Berlin.
2) Quote bei konstant gehaltenem Anteil der Arbeitnehmer an den Erwerbstätigen im Jahr 1989 (bei den Erwerbstätigen sind die Werte - auf der Basis der Volkszählung 1987 - bis 1971 zurückgerechnet.
3) Bruttoeinkommen aus unselbständiger Arbeit in % des Volkseinkommes.
4) Vorläufige Ergebnisse.

Quelle: Bundesministerium für Arbeit und Sozialordnung, Statistisches Taschenbuch 1990, Nr. 1.9 Volkseinkommensquoten.

Auffallend ist hier der starke Anstieg der Lohnquote zu Beginn der 70er Jahre. Ab 1982 setzt dann ein anhaltender Rückgang ein, der die Lohnquote bis heute auf den tiefsten Stand in der Geschichte der Bundesrepublik zurückführte.

Personale Einkommensverteilung

Von der funktionalen Einkommensverteilung kann im allgemeinen nicht auf die Verteilung der Einkommen auf einzelne Personen oder Personengruppen, also auf die **personale Verteilung** geschlossen werden. Zum einen gibt es durchaus Personen, die neben ihrem Einkommen aus selbständiger Tätigkeit auch Einkünfte aus Unternehmertätigkeit und Vermögen (Mieten, Dividenden, Sparzinsen) beziehen. Zum anderen ist zu berücksichtigen, daß in der Lohnquote auch überaus hohe Einkommen, etwa von angestellten Spitzenmanagern, enthalten sind. Genauso können Einkommen von Selbständigen nur äußerst gering ausfallen.

Zur Darstellung der personalen Verteilung des Volkseinkommens verwendet die

Volkswirtschaftslehre gerne das statistische Instrument der **Lorenzkurve**. Was hat man darunter zu verstehen? Sehen wir uns dazu die Abbildung 5.7 an.

Abb. 5.7: Lorenzkurven

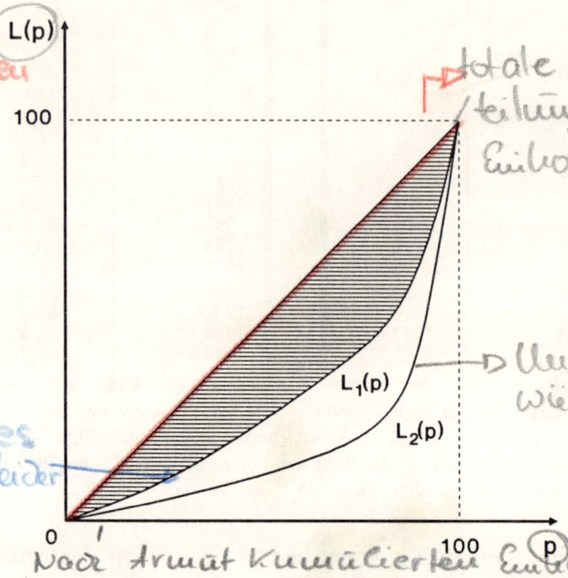

Um die Lorenzkurve zu bilden, ordnet man die Einkommensbezieher zunächst nach der Höhe ihres Einkommens in aufsteigender Reihenfolge und betrachtet, wieviel Prozent des gesamten Volkseinkommens die jeweils ***p***-Prozent ärmsten Einkommensbezieher besitzen. Die Lorenzkurve ***L=L(p)*** stellt dann einfach eine Beziehung zwischen den nach ihrer Armut kumulierten Einkommensbeziehern ***p*** und ihrem kumulierten Einkommen ***L(p)*** her, wobei beide Größen in der Regel als Prozentwerte gemessen werden. ***L(p)*** gibt also an, daß die ***p***-Prozent ärmsten Einkommensbezieher über genau ***L(p)*** Prozent des Gesamteinkommens verfügen. In unserem Koordinatensystem haben wir ***p*** auf der Abszisse und ***L(p)*** auf der Ordinate abgetragen. Wir sehen, daß aufgrund dieser Definition die Lorenzkurve jeder Verteilung durch die Punkte (0,0) und (100,100) geht, weil die 0 Prozent am wenigsten Verdienenden natürlich 0 Prozent vom Gesamteinkommen und alle Einkommensbezieher zusammen natürlich 100 Prozent vom Gesamteinkommen erhalten.

Bei einer totalen Gleichverteilung aller Einkommen bekommt jeder Einkommensbezieher das gleiche Einkommen. In diesem Falle läßt sich die Lorenzkurve durch die Winkelhalbierende des ersten Quadranten wiedergeben, weil dann irgend x-Prozent der Personen genau x Prozent vom Gesamteinkommen erhalten. In der Realität jedoch wird die Lorenzkurve von der Gleichverteilung mehr oder weniger weit entfernt sein und typischerweise einen **konvexen** Verlauf haben, wie es in Abbildung 5.7 die Kurven $L_1(p)$ und $L_2(p)$ zeigen.

Mit Hilfe der Lorenzkurve kann man nun recht gut die **Ungleichheit einer Verteilung** der Einkommen auf Personen oder Haushalte veranschaulichen. Eine Verteilung ist umso ungleicher, je weiter sich ihre Lorenzkurve von der Linie der Gleichverteilung entfernt. Auf dieser Vorstellung beruht auch das Kriterium der **Lorenzdominanz**. Es stuft eine Verteilung der Einkommen gleicher ein als eine andere Verteilung, wenn die Lorenzkurve der einen überall oberhalb der Lorenzkurve der anderen liegt und wenn sich die beiden Lorenzkurven nicht schneiden. In unserer Abbildung trifft dies für die Kurve $L_1(p)$ im Vergleich zur Kurve $L_2(p)$ zu. Im Falle sich schneidender Lorenzkurven kann mit diesem Kriterium allerdings über die Ungleichheit einer Verteilung nichts mehr ausgesagt werden.

In einem solchen Falle liegt es nahe, die Fläche zwischen der Lorenzkurve und der Linie der Gleichverteilung - in unserer Abbildung schraffiert für $L_1(p)$ - als Maß für die Ungleichheit einer Verteilung heranzuziehen. In der Statistik hat es sich zudem eingebürgert, nicht die absolute Flächengröße, sondern deren Anteil an der Fläche des gesamten Dreiecks mit den Eckpunkten (0,0), (0,100) und (100,100) zu verwenden. Dieses Maß heißt auch **Gini-Koeffizient** und nimmt definitionsgemäß Werte zwischen 0 bei Gleichverteilung und 1 bei totaler Ungleichheit an. Je größer der Gini-Koeffizient ist, umso ungleicher verläuft auch die zugrundeliegende Verteilung.

Wie die Lorenzkurve der Netto-Einkommensverteilung für die Bundesrepublik Deutschland im Jahre 1983 aussieht, zeigt die Abbildung 5.8.

Die der Lorenzkurve zugrundeliegenden Daten werden leider nur in größeren Zeitabständen erhoben und weisen daher auch nicht die gewünschte Aktualität auf. Darüber hinaus beansprucht die Auswertung durch das Statistische Bundesamt in der Regel eine längere Zeit.

Wie man sieht, liegt die Lorenzkurve für die BRD im Jahre 1983 unterhalb der Linie der Gleichverteilung, was für sich genommen noch nicht viel besagt. Aus ihr läßt sich jedoch auch entnehmen, daß das ärmste Drittel der Einkommensbezieher damals nur über weniger als 15 Prozent des Gesamteinkommens, die reichsten 20

Prozent hingegen über rund 40 Prozent des Volkseinkommens verfügten.

Abb. 5.8: Lorenzkurve, BRD 1983

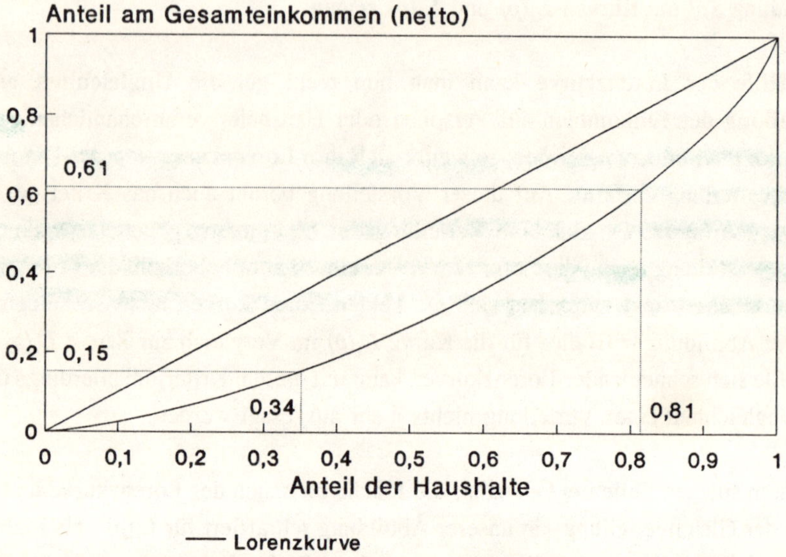

Quelle: Statistisches Bundesamt, o.O., o.J.

Der dazugehörige Gini-Koeffizient hatte im Jahre 1983 den Wert 0,34. Er war damit geringfügig höher als in den Jahren 1978 (0,32), 1973 (0,31) und 1969 (0,32), für die derartige Zahlen ebenfalls vorliegen.

Vielleicht sollte man noch besonders erwähnen, daß alle statistischen Angaben auf den Nettoeinkommen beruhen, also die Ungleichheit der Einkommensverteilung nach erfolgter Umverteilung der Einkommen durch den Staat aufzeigen.

5.4 Die Staatstätigkeit in der Bundesrepublik Deutschland

Wir wollen uns abschließend noch ein Bild darüber machen, in welchem Umfang sich der Staat am wirtschaftlichen Geschehen in der Bundesrepublik beteiligt. Ein grobes Maß dafür stellt die **Höhe des Staatsanteils am Sozialprodukt** dar, der das Ausmaß der staatlichen Wirtschaftstätigkeit reflektiert. Statistisch gemessen wird dieser Anteil in der Regel, indem man für ein bestimmtes Jahr die Höhe der

Staatsquote steigt → Theorie d. Staatsversagens

Staatsausgaben von Bund, Ländern, Gemeinden und den Sozialversicherungsträgern zur Höhe des Sozialprodukts in Beziehung setzt und auf diese Weise die sogenannte **Staatsquote** berechnet.

Staatsquote

Diese Berechnungsweise liegt auch der Abbildung 5.9 zugrunde, die sich, wie alle Abbildungen, auf die wir im folgenden verweisen, im Anhang zu diesem Kapitel findet.

In diesem Schaubild sind für den Zeitraum von 1960 bis 1990 die Ausgaben der Gebietskörperschaften und der Sozialversicherungsträger ins Verhältnis gesetzt zum Bruttosozialprodukt zu Marktpreisen. Als Trend ist erkennbar, daß in dem betrachteten Zeitraum der Staatsanteil stetig zugenommen hat, bis auf die letzten Jahre, in denen er wieder rückläufig ist. In der Literatur spricht man daher sogar von einem **Gesetz der wachsenden Staatsausgaben**. Heute beträgt der Anteil des öffentlichen Sektors inklusive der Sozialversicherungsträger rund 45 Prozent, nachdem er Mitte der 70er Jahre sogar schon fast 50 Prozent erreicht hatte. Diese Zahlen sind für viele Grund genug, nach einer Beschränkung des Wachstums der Staatstätigkeit in der Bundesrepublik zu verlangen, was in den letzten Jahren auch mehr oder weniger erfolgreich politisch angestrebt wurde.

Interessant ist auch, die Staatsquote in den wichtigsten Industrienationen der westlichen Welt miteinander zu vergleichen, wie wir dies in Abbildung 5.10 versucht haben.

Wodurch es zu dem in vielen Ländern in den letzten Jahrzehnten zu beobachtenden Wachstumstrend der Staatsausgaben und zu den hohen Staatsquoten kam, ist noch nicht völlig geklärt. In der Literatur werden dafür mehrere Gründe genannt, so daß von einer multikausalen Erklärung gesprochen werden muß. Von den dort angeführten Gründen leuchten sicherlich solche am ehesten ein, die als Pendant zur Theorie des Marktversagens gleichsam eine **Theorie des Staatsversagens** zu begründen suchen.

Von einem Staatsversagen kann man allgemein immer dann sprechen, wenn die Produktion und das Angebot öffentlicher Güter nicht paretoeffizient erfolgt, wenn also am Bedarf vorbei oder mit zu hohen Kosten erstellt wird. Dies wird zum Beispiel dann der Fall sein, wenn der Wettbewerb der politischen Parteien um Wählerstimmen dazu führt, daß zu viele öffentliche Güter versprochen und auch bereitgestellt werden, zumal die Wähler häufig einer Finanzierungsillusion unterliegen. Bürger sind sich dann der Kosten öffentlicher Leistungen nicht bewußt. Dies mag vor allem bei der Besteuerung als Finanzierungsinstrument der Fall sein, da bei dieser, als einer Zwangsabgabe, der direkte Zusammenhang zwischen Kosten und Finanzierungslast des einzelnen Bürgers verlorengeht. Zudem glaubt man aus empirischen Untersuchungen auf eine sehr geringe Preiselastizität und eine relativ hohe Einkommenselastizität für öffentliche Güter schließen zu können. Dies würde bedeuten, daß zum einen die Nachfrage nach öffentlichen Gütern nur wenig oder mitunter gar nicht zurückgeht, falls sich diese Güter verteuern. Zum anderen wird ein wachsendes Volkseinkommen zumeist mit einer noch stärker zunehmenden Nachfrage nach öffentlichen Gütern einhergehen.

Ineffizienzen im Staatssektor können auch bei der Produktion von öffentlichen Gütern selbst auftreten, wofür letztlich die Bürokratie verantwortlich zu machen ist. Hier wird argumentiert, daß staatliche Bürokraten aufgrund ihrer monopolartigen Stellung gegenüber den Politikern und Wählern und wegen ihres Informationsvorsprungs hinsichtlich der Produktionsbedingungen in der Lage seien, ein höheres Budget zu verlangen, als sie eigentlich zu einer effizienten Bereitstellung bei minimalen Kosten benötigen würden. Dieses sogenannte **diskretionäre Budget** würden die Bürokraten dann für ihre eigenen Ziele einsetzen, etwa für angenehme Arbeitsbedingungen, großzügige Verwaltungsbauten oder für eine Aufblähung des Verwaltungsapparates über das notwendige Maß hinaus. Kurz, ein Teil des Budgets werde verschwendet und nicht für die Produktion öffentlicher Güter eingesetzt, so wie dies vom Parlament eigentlich beabsichtigt und bewilligt worden war. Da dieser Teil in den öffentlichen Haushalten aber nicht eigens ausgewiesen wird, sondern sich in den gesamten Kosten verbirgt, bleiben diese Vorgänge den Politikern und Wählern weitgehend verborgen. Denn diese besitzen keine Kenntnisse darüber, wieviel ein öffentliches Gut bei effizienter Produktion eigentlich hätte kosten dürfen. So können die öffentlichen Haushalte immer ausgeglichen gestaltet werden und Bürokraten der Forderung nach Kostendeckung, formal gesehen, immer nachkommen. Dies aber sind die einzigen Kriterien, nach denen ihre Arbeit beurteilt wird.

Staatstätigkeit in ausgewählten Aufgabenbereichen

Sehen wir uns als nächstes an, wie sich die Staatstätigkeit in ausgewählten Aufgabenbereichen der öffentlichen Hände entwickelt hat (Abbildung 5.11).

Hier sind die Ausgaben für einige ausgewählte Funktionalbereiche der öffentlichen

Haushalte für den Zeitraum von 1950 bis 1987 aufgezeichnet. Die Sozialversicherungsträger haben wir ab dem Jahre 1974 nicht mehr berücksichtigt, da sie ab diesem Jahr in einer eigenen Rechnung geführt werden und wir sie abschließend noch gesondert betrachten wollen.

Die wichtigsten Haushaltsposten stellen heute die Bereiche soziale Sicherung, Bildung und Wissenschaft, der Schuldendienst und die Verteidigung dar. Man kann weiterhin erkennen, daß vor allem im Bereich der Bildung und bei der Zinsbelastung in den letzten Jahrzehnten ein überproportional starkes Wachstum der Ausgaben stattgefunden hat. Dies trifft auch für den Bereich der Sozialen Sicherung zu, jedenfalls dann, wenn man die Ausgaben der Sozialversicherungsträger hinzunimmt.

Sozialversicherungsträger

Hier konnte der Ausgabenanstieg bis heute noch nicht entscheidend gebremst werden. Wie sich die Ausgabentätigkeit entwickelt hat, zeigt für den Zeitraum von 1960 bis 1989 die Abbildung 5.12.

Man sieht den ungebrochenen Trend in der Ausgabenentwicklung, der in der letzten Zeit zu ständig steigenden Beitragssätzen in der Sozialversicherung geführt hat. Den Ausgabenanstieg zu begrenzen und die Belastung von Arbeitnehmern und Arbeitgebern zu verringern, gehört mit zu den größten Aufgaben der Politik in den kommenden Jahren. Davon wird in hohem Maße nicht nur die wirtschaftliche, sondern auch die gesellschaftliche und kulturelle Entwicklung unseres Landes berührt sein.

Staatseinnahmen

Wenden wir uns abschließend den Staatseinnahmen zu. Wie die öffentlichen Ausgaben in der Bundesrepublik Deutschland finanziert werden, will das Schaubild 5.13 aufzeigen.

In dieser Graphik ist die Entwicklung der wichtigsten Einnahmearten der öffentlichen Hand für den Zeitraum von 1950 bis 1987 festgehalten. Der staatliche Sektor finanziert sich im wesentlichen durch Steuern, zu einem geringen Teil durch Gebühren und natürlich auch durch Schuldenaufnahme. Daneben gibt es noch sonstige Einnahmen, die aber umfangmäßig keine große Bedeutung aufweisen. Es fällt auf, daß vor allem seit 1973 die Staatsverschuldung stark zugenommen hat.

Nicht zuletzt diese Entwicklung war es, die in der Bundesrepublik Deutschland im Jahre 1981 zu der sogenannten politischen Wende geführt hat. Hauptziel der damaligen Finanzpolitik war es, die Zunahme der Staatsverschuldung zu beschneiden und durch eine Reduktion der Staatsausgaben die öffentlichen Haushalte wieder zu sanieren.

Für den Bereich des Bundes scheint dies in Grenzen gelungen zu sein. Der Beitritt der ehemaligen Deutschen Demokratischen Republik zur Bundesrepublik Deutschland im Oktober 1990 und die damit verbundenen Aufgaben der Sanierung und des Wiederaufbaus freilich läßt den Kreditbedarf des Staates heute wieder enorm ansteigen.

Anhang

A. Was ist ein Preisindex?

In diesem Anhang wollen wir der Frage nachgehen, was unter dem **Preisniveau** zu verstehen ist und wie es gemessen wird.

Man kann sich leicht vorstellen, daß sich die Preise der Güter im Zeitablauf verändern, denn sie sorgen, wie wir gesehen haben, für ein Gleichgewicht zwischen Angebot und Nachfrage. Wenn sich nun angebotene und nachgefragte Menge eines Gutes ändern, dann muß sich auch der Preis verändern, um ein neues Gleichgewicht zu erzeugen. Da es in einer Volkswirtschaft sehr viele Güter und zu jedem Gut einen Preis gibt, muß man die Preisentwicklung beziehungsweise das Preisniveau aus der Veränderung vieler Preise ermitteln. Dieses Problem wäre einfach zu lösen, wenn alle Preise gefallen beziehungsweise alle Preise gestiegen wären. Dann könnte man von einem fallenden beziehungsweise steigenden Preisniveau sprechen. Im allgemeinen werden aber bei einem Teil der Güter die Preise fallen und bei einem anderen Teil steigen. Wie also kann man in diesem Falle Veränderungen des Preisniveaus messen?

Zur Messung der Preisentwicklung verwendet man sogenannte **Preisindizes**. Preisindizes sind, vereinfacht ausgedrückt, Funktionen, die die Preise und deren Veränderungen aggregieren und zu einer Meßzahl zusammenfassen, die eine Aussage über die Preisentwicklung als Ganzes zuläßt. Praktisch geht man so vor, daß man einen **"Warenkorb"** für ein bestimmtes Basisjahr bildet. In diesem Warenkorb werden die verschiedenen Güter und Dienste je nach ihrem Einkommensanteil gewichtet, den die Konsumenten dafür aufwenden. Der Preisindex mißt nun die Veränderung der Güterpreise in dem Warenkorb über einen bestimmten Zeitraum im Vergleich zum Basisjahr, indem die gewichteten Einzelpreisveränderungen aggregiert werden.

Die bekanntesten Preisindizes sind der **Laspeyres**- und der **Paasche-Preisindex**.

Bezeichnen wir mit

$p^0 = (p_1^0, \ldots, p_n^0)$ den Vektor der Preise der Güter 1 bis n zum Zeitpunkt t_0 ,
$p^1 = (p_1^1, \ldots, p_n^1)$ den Preisvektor der Güter zum Zeitpunkt t_1,
$q^0 = (q_1^0, \ldots, q_n^0)$ den Vektor der Mengen von Gut 1 bis n zum Zeitpunkt t_0,
$q^1 = (q_1^1, \ldots, q_n^1)$ den Vektor der Mengen der Güter zum Zeitpunkt t_1.

Den **Laspeyres-Preisindex** P_L erhält man dann als

$$P_L(p^0,q^0,p^1,q^1) = \frac{\sum_{i=1}^{n} q_i^0 p_i^1}{\sum_{i=1}^{n} q_i^0 p_i^0}$$

und den **Paasche-Index** P_P als

$$P_P(p^0,q^0,p^1,q^1) = \frac{\sum_{i=1}^{n} q_i^1 p_i^1}{\sum_{i=1}^{n} q_i^1 p_i^0} .$$

Man sieht, im Laspeyres-Index werden die Preise mit dem Warenkorb der Basisperiode, im Paasche-Index mit dem Warenkorb der Vergleichsperiode gewichtet. Der Vorteil des Laspeyres-Index besteht darin, daß man nicht in jedem Vergleichsjahr den Warenkorb neu berechnen muß. Dies bringt allerdings auch eine Schwäche dieses Index mit sich, denn der Warenkorb im Basisjahr, das schon weit zurückliegen kann, muß nicht mehr repräsentativ für das Kaufverhalten im Vergleichsjahr sein. Dies ist ja auch der Grund, weshalb der Laspeyres-Index von Zeit zu Zeit auf eine neue Basis gestellt werden muß. Von daher betrachtet böte sich eher der Paasche-Index an, der mit dem Warenkorb der Vergleichsperiode berechnet wird. Allerdings läßt sich damit nicht mehr gewährleisten, daß der Warenkorb der Vergleichsperiode als repräsentativ für weiter zurückliegende Jahre gelten kann.

B. Tabellen zur Staatstätigkeit

Abb. 5.9: Staatsanteil am BSP, BRD 1960-1990

Zeitraum	BSP in jeweiligen Preisen, in Mrd	Gesamtausgaben Staat[2)]	
		in Mrd	v.H.d. BSPs
1960	303,00	99,66	32,9
1961	331,40	113,35	34,2
1962	360,50	129,58	36,0
1963	382,10	140,38	36,7
1964	419,60	153,17	36,5
1965	458,20	170,23	37,2
1966	487,40	181,59	37,3
1967	493,70	193,56	39,2
1968	533,70	211,08	39,6
1969	597,80	233,33	39,0
1970	675,70	264,13	39,1
1971	751,80	304,30	40,5
1972	825,10	340,99	41,3
1973	918,90	386,45	42,1
1974	985,60	444,84	45,1
1975	1029,40	509,09	49,5
1976	1126,20	546,20	48,5
1977	1199,20	582,68	48,6
1978	1291,60	620,76	48,1
1979	1396,60	669,75	48,0
1980	1485,20	722,36	48,6
1981	1545,10	766,17	49,6
1982	1597,10	795,98	49,8
1983	1680,40	816,44	48,6
1984	1769,90	848,97	48,0
1985	1844,30	875,45	47,5
1986	1945,20	912,29	46,9
1987	2015,60	949,94	47,1
1988 [1)]	2123,20	991,15	46,7
1989 [1)]	2261,30	1015,55	44,9
1990 1.Hj. [1)]	1162,10	507,66	-

1) Vorläufige Ergebnisse.

2) Gemeinsamer Haushalt der Gebietskörperschaften und der Sozialversicherung in der Abgrenzung der Volkswirtschaftlichen Gesamtrechnungen.

Quelle: Jahresgutachten 1990/91 des Sachverständigenrates zur Begutachtung der gesamtwirtschaftlichen Entwicklung, S.366 ff., Tab.33*; eigene Berechnungen.

Abb. 5.10 Staatsquote[1)] in verschiedenen Industrienationen

Land	1970	1980	1988
Belgien	36,5	50,8	50,7
BR Deutschland	38,6	48,3	46,6
Dänemark	40,2	56,2	60,2
Frankreich	38,9	46,4	50,3
Griechenland	22,4[2)]	30,5[2)]	45,7[2)]
Großbritannien	39,8	46,0	40,7
Irland	39,6	50,9	53,4[3)]
Italien	34,2	46,1	50,8
Niederlande	43,9	57,5	57,9
Portugal	21,6	39,5	43,9[4)]
Spanien	22,2	32,9	41,7[4)]
Finnland	30,5	36,6	40,2
Norwegen	41,0	50,7	52,5
Schweden	43,3	61,6	59,6
Österreich	39,2	48,9	50,6
Schweiz	21,3[2)]	29,3[2)]	30,4[2)]
Kanada	34,8	40,5	44,4
USA	31,6	33,7	36,3
Japan	19,4	32,6	32,9

1) Gesamtausgaben des Staates in Prozent des Bruttoinlandproduktes.

2) Nur laufende Ausgaben.

3) 1987.

4) 1986.

Quelle: Institut der deutschen Wirtschaft Köln: Zahlen zur wirtschaftlichen Entwicklung der Bundesrepublik Deutschland, Ausgabe 1991, Tab.140.

Abb. 5.11: Staatsausgaben in ausgewählten Aufgabenbereichen[1)]

Zeitraum	Staatsausgaben insgesamt abzügl. Sozialversich. in Mill	darunter in %							
		Zinsausgaben	Verteidigung	Öffentl. Sicherheit u. Ordnung, Rechtsschutz	Schulen, Hochschulen, übriges Bildungswesen	Wissenschaftl. Forsch., Entwicklung außerh. d.Hochschulen	Soziale Sicherung o. Ausgaben der Sozialvers.	Gesundheit, Sport u. Erholung	Verkehr u. Nachrichtenwesen
1950	28141	2,2	16,7	4,0	7,0	0,4	27,1	3,6	4,5
1960	64555	3,0	13,1	4,0	8,6	0,8	23,9	3,9	7,2
1970	196330	3,5	10,1	4,0	12,6	1,4	20,6	5,2	9,0
1975	351897	4,2	9,2	4,3	15,3	1,7	20,9	6,2	6,7
1977	386733	5,4	8,9	4,5	14,9	1,8	20,3	6,1	6,3
1978	417748	5,3	8,8	4,5	14,7	1,8	19,1	6,3	6,5
1979	456196	5,5	8,5	4,5	14,5	2,0	18,7	6,3	6,7
1980	491336	6,0	8,3	4,5	14,9	2,0	18,1	6,6	6,4
1981	500203	7,3	8,8	4,7	15,3	2,1	15,4	6,7	6,1
1982	517484	8,7	8,9	4,7	15,0	2,2	15,2	6,7	5,6
1983	531238	9,7	9,1	4,7	14,7	2,1	15,0	6,7	5,1
1984	544926	9,8	9,1	4,7	14,2	2,1	14,9	6,7	5,1
1985	564733	9,9	9,0	4,7	14,3	2,2	14,8	6,7	5,1
1986	628076	9,2	8,3	4,4	13,3	2,0	20,7	6,4	4,7
1987	650025	9,0	8,2	4,5	13,3	1,8	20,9	6,3	4,6

[1)] Bund, Lastenausgleichfonds, ERP-Sondervermögen (ab 1962), Länder und Gemeinden/Gv. (ab 1961 einschl. des Saarlandes); ab 1974 einschl. Sozialversicherungsträgern, Bundesanstalt für Arbeit, Zusatzversorgungskassen, kommunaler Zweckverbände, Finanzanteil der BRD an den Europäischen Gemeinschaften sowie Ausgaben der Krankenhäuser und Hochschulkliniken mit kaufmännischem Rechnungswesen. - 1960 Rumpfrechnungsjahr (1.4.-31.12.1960).

Quelle: Statistisches Bundesamt (Hrsg.): Statistisches Jahrbuch 1990, S.443, Nr.20.3.1 und Nr.20.3.2; eigene Berchnungen.

Abb. 5.12: Unmittelbare Ausgaben der Sozialversicherungsträger, BRD 1960-1989

Zeitraum	BSP in jeweiligen Preisen, in Mrd	Sozialversicherung Ausgaben insgesamt[2)]	
		in Mrd	v.H.d. BSPs
1960	303,00	34,00	11,2
1961	331,40	37,67	11,4
1962	360,50	41,42	11,5
1963	382,10	45,53	11,9
1964	419,60	48,23	11,5
1965	458,20	53,39	11,7
1966	487,40	60,15	12,3
1967	493,70	68,09	13,8
1968	533,70	72,85	13,7
1969	597,80	80,10	13,4
1970	675,70	87,91	13,0
1971	751,80	101,13	13,5
1972	825,10	117,20	14,2
1973	918,90	136,06	14,8
1974	985,60	162,47	16,5
1975	1029,40	193,36	18,8
1976	1126,20	211,74	18,8
1977	1199,20	225,84	18,8
1978	1291,60	238,26	18,5
1979	1396,60	253,79	18,2
1980	1485,20	272,93	18,4
1981	1545,10	294,60	19,1
1982	1597,10	311,18	19,5
1983	1680,40	318,43	19,0
1984	1769,90	332,05	18,8
1985	1844,30	343,04	18,6
1986	1945,20	354,95	18,3
1987	2015,60	372,09	18,5
1988[1)]	2123,20	396,24	18,7
1989[1)]	2261,30	401,76	17,8

[1)] Vorläufige Ergebnisse.

[2)] Subventionen, soziale Leistungen, Zinsen, Staatsverbrauch, geleistete Vermögensübertragungen (einschließlich der Vermögensübertragungen an die Gebietskörperschaften), Bruttoinvestitionen und sonstige laufende Übertragungen.

Quelle: Jahresgutachten 1990/91 des Sachverständigenrates zur Begutachtung der gesamtwirtschaftlichen Entwicklung, S.366 ff., Tab.33*.

Abb. 5.13: Einnahmen von Bund, Ländern und Gemeinden nach Arten[1], *BRD 1950-1987*

Zeitraum	Brutto-einnahmen in Mill	darunter in %		Zeitraum	Netto-kredit-aufnahme in Mill	Verhältnis Nettokreditaufnahme zu Bruttoeinnahmen in %
		Steuern u. steuerähnl. Abgaben	Gebühren, sonstige Entgelte			
1950	26443	79,8	5,9	1950	606	2,3
1960	65460	81,8	5,9	1960	605	0,9
1970	188305	82,3	7,0	1970	6302	3,4
1975	460712	86,4	5,5	1975	54237	11,8
1977	559056	87,1	5,5	1977	31981	5,7
1978	596366	86,7	5,6	1978	40918	6,9
1979	643824	86,5	5,5	1979	43673	6,8
1980	690009	86,4	5,5	1980	54096	7,8
1981	723581	85,7	5,6	1981	69877	9,7
1982	763480	84,2	5,8	1982	68689	9,0
1983	792636	84,2	6,0	1983	56252	7,1
1984	827497	84,4	6,0	1984	49756	6,0
1985	870067	84,5	6,0	1985	40560	4,7
1986	905869	84,6	6,1	1986	41476	4,6
1987	932821	85,2	6,2	1987	48790	5,2

[1] Bund, Lastenausgleichfonds, ERP-Sondervermögen (ab 1962), Länder und Gemeinden/Gv. (ab 1961 einschl. des Saarlandes); ab 1974 einschl. Sozialversicherungsträgern, Bundesanstalt für Arbeit, Zusatzversorgungskassen, kommunaler Zweckverbände, Finanzanteil der BRD an den Europäischen Gemeinschaften sowie Ausgaben der Krankenhäuser und Hochschulkliniken mit kaufmännischem Rechnungswesen. - 1960 Rumpfrechnungsjahr (1.4.-31.12.1960).

Quelle: Statistisches Bundesamt (Hrsg.): Statistisches Jahrbuch 1990, S.443, Nr.20.3.1; eigene Berchnungen.

Kontrollfragen zu Kapitel 5:

1. Welche Aufgaben hat der Staat in einer Marktwirtschaft zu erfüllen?

2. Welche wettbewerbspolitischen Leitbilder lassen sich unterscheiden?

3. Wie wirkt sich wirtschaftliche Macht auf den Gütermärkten aus?

4. Vergleichen Sie Gleichgewichtspreis und gleichgewichtige Menge auf einem Monopolmarkt und einem vollständigen Konkurrenzmarkt.

5. Was versteht man unter einem statischen, was unter dynamischem Wettbewerb?

6. Nennen Sie Beispiele für negative externe Effekte der Produktion und des Konsums.

7. Durch welche Kriterien ist ein öffentliches Gut charakterisiert?

8. Muß ein öffentliches Gut immer vom Staat produziert werden?

9. Nennen Sie die vier wirtschaftspolitischen Ziele des "Magischen Vierecks". Warum kann man heute schon von wirtschaftspolitischen Vielecken sprechen?

10. Welche Indikatoren können zur Messung der Arbeitslosigkeit, Inflation und des Wirtschaftswachstums benutzt werden?

11. Worin besteht der Unterschied zwischen der Primär- und der Sekundärverteilung des Volkseinkommens?

12. Wie verändert sich die Lorenzkurve der Einkommensverteilung, wenn eine ärmere Person einer reicheren Person etwas von ihrem Einkommen abgibt?

13. Nennen Sie Gründe für eine wachsende Staatstätigkeit.

14. Was besagt die Theorie des Staatsversagens?

15. Diskutieren Sie die Gefahren einer wachsenden Staatsverschuldung. Wie hat sich diese in der BRD entwickelt?

6. Wirtschaftskreislauf und Sozialprodukt

6.1 Grundlegende Berechnungsmethoden des Sozialprodukts

Der Begriff Sozialprodukt ist uns bisher immer wieder begegnet. Wir sollten uns daher eingehender fragen, was man darunter eigentlich versteht.

Das **Sozialprodukt** ist definiert als der in Geld gemessene Wert aller in einer Volkswirtschaft innerhalb einer Wirtschaftsperiode, meist einem Jahr, erzeugten Sachgüter und Dienstleistungen.

Dies ist eine gängige Definition des Sozialprodukts, wie man sie in jedem Lehrbuch der Volkswirtschaftslehre findet. Man erhält also das Sozialprodukt, indem man die vielen, verschiedenen Güter - zum Beispiel Äpfel, Autos, Schuhe, Maschinen - , die jede Gesellschaft mit Hilfe ihrer Produktionsfaktoren Arbeit, Kapital und Boden produziert, auf den gemeinsamen Nenner des Geldwertes bringt und aufsummiert.

Das Sozialprodukt gilt in der Ökonomie als Maßstab für die Leistungsfähigkeit einer Volkswirtschaft, als Indikator des wirtschaftlichen Wohlstands. Es ist daher verständlich, daß sich die Volkswirtschaftslehre bemüht, diesen Indikator möglichst genau zu erfassen. Man kann dazu an verschiedenen Stellen im Wirtschaftskreislauf ansetzen,

- bei der **Entstehung** des Sozialprodukts, als der Summe aller Wertschöpfungen in den Unternehmen;
- bei seiner **Verwendung** in der Güternachfrage (Konsum, Investitionen sowie Nachfrage des Staates).

Daraus gehen verschiedene Sozialproduktskonzepte hervor, die jedoch eng miteinander zusammenhängen und im Prinzip zum gleichen Ergebnis gelangen. Sehen wir uns also die verschiedenen Berechnungsmethoden im einzelnen an.

6.2 Das Sozialprodukt in einer stationären Volkswirtschaft

Der grundlegende Gedanke, wie man den Umfang des Sozialprodukts in Geldgrößen ausgedrückt messen könnte, ist einfach. Er läßt sich dem nachfolgenden Schaubild

6.1 entnehmen, das uns im Kapitel 2 in anderem Zusammenhang auch schon begegnet ist. Die Darstellung stellt auf ein ganz einfaches Modell der Volkswirtschaft ab, in der es keine Investitions- und Spartätigkeit, keinen Staat und keine Einflüsse aus dem Ausland gibt. Wir werden später - Schritt für Schritt - die Berechnung des Sozialprodukts auch auf diese Situationen hin erweitern.

Abb. 6.1: Einfaches Modell des Wirtschaftskreislaufs mit Haushalten und Unternehmen

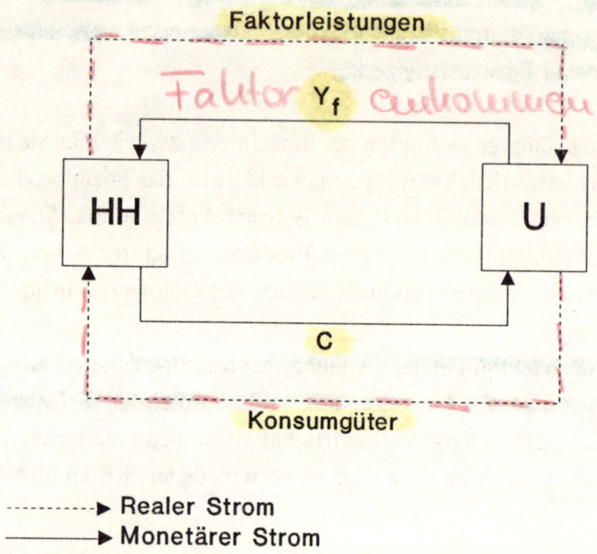

Das obige Schaubild erfaßt also den Wirtschaftskreislauf für eine einfache Volkswirtschaft, in der nur Haushalte und Unternehmen existieren, die zu Sektoren, nämlich dem Sektor Haushalte und dem Sektor Unternehmen, zusammengefaßt sind. Zwischen diesen beiden Sektoren kommt es zu **Güterströmen** auf der einen und zu **Geldströmen** auf der anderen Seite. Geld- und Güterströme laufen jeweils in entgegengesetzter Richtung ab. Die Haushalte bieten den Unternehmen ihre Faktorleistungen (Arbeit, Kapital, Boden) an und erhalten dafür von den Unternehmen eine Faktorentlohnung beziehungsweise ein Faktoreinkommen. Dieses ist in Abbildung 6.1 mit Y_f angegeben. Umgekehrt liefern die Unternehmen Konsumgüter an die Haushalte, die diese mit ihrem Einkommen bezahlen. Den Unternehmen fließen dadurch Konsumausgaben zu, die sie wieder zur Entlohnung der Produktionsfaktoren verwenden. Konsumausgaben werden in der Volkswirtschaftslehre gemeinhin mit C bezeichnet.

Dem realen Strom der Faktorleistungen entspricht also monetär die Faktorentlohnung, dem realen Strom von Konsumgütern entsprechen die Konsumausgaben der Haushalte. Auf diese Weise entsteht ein Kreislauf zwischen Haushalten und Unternehmen: Die Einkommen der Haushalte werden vollständig für den Kauf von Konsumgütern verwendet, die Unternehmen wenden ihre Einnahmen für die Entlohnung der Produktionsfaktoren auf. Es besteht also eine Identität zwischen Faktoreinkommen und Konsumausgaben:

$$Y_f = C \quad .$$

Man kann nun das Sozialprodukt grundsätzlich auf zwei Arten erfassen:

- Im ersten Fall rekurriert man auf den **Güterausgabenstrom** (Verwendungsrechnung),
- im zweiten Fall greift man auf den **Faktoreinkommenstrom** (Entstehungsrechnung) zurück.

Beide Methoden stehen in der Volkswirtschaftlichen Gesamtrechnung gleichberechtigt nebeneinander, beide führen zu dem gleichen Ergebnis.

Das Sozialprodukt, nach der **Güterausgabenstrommethode** gemessen, ist definiert als Summe aller Sachgüter und Dienstleistungen, die für die Endnachfrage produziert werden, bewertet zu Marktpreisen. Man spricht daher auch vom Bruttosozialprodukt zu Marktpreisen Y_m^{br}. Vorprodukte, die von Unternehmen an andere Unternehmen verkauft werden, bleiben dabei außer Betracht. Sonst würde dies zu Doppelzählungen führen, da in den Marktpreisen der Endprodukte auch die Kosten für Vorleistungen enthalten sind.

Weiterhin ist zu beachten, daß man auch in einer stationären Volkswirtschaft, das heißt in einer Ökonomie, die kein Wachstum des Kapitalbestands kennt, nicht nur Konsumgüter, sondern auch Investitionsgüter für den Ersatz bestehender Anlagen produziert. Den Verzehr von Kapitalgütern erfassen wertmäßig die **Abschreibungen**, die wir vorhin schon kurz kennengelernt haben. Den Unternehmen wird dabei das Recht eingeräumt, nach bestimmten Vorschriften, in der Regel sind dies steuerrechtliche Vorschriften, den Wert, den eine Investition einmal hatte, von Periode zu Periode um einen bestimmten Betrag zu vermindern. Je nach deren Ausgestaltung können Abschreibungen **linear** erfolgen, das heißt zeitlich in gleichbleibenden Beträgen, oder aber **progressiv** oder **degressiv** vorgenommen werden. Das heißt sie können in der zeitlichen Abfolge entweder betragsmäßig zunehmen oder abnehmen.

Zieht man die Abschreibungen D vom Bruttosozialprodukt Y_m^{br} ab, so erhält man das **Nettosozialprodukt zu Marktpreisen** Y_m^n:

$$Y_m^n = Y_m^{br} - D \quad .$$

Mißt man das Sozialprodukt über den **Einkommensstrom**, so ist es definiert als die Summe der Faktoreinkommen (Löhne, Renten, Zinsen, Gewinne), die in der Produktion entstehen und in den Unternehmen zu Kosten führen. Man spricht deshalb auch vom **Nettosozialprodukt zu Faktorkosten** oder vom **Volkseinkommen**.

Bei der Einkommensstrommethode beziehungsweise der Entstehungsrechnung des Sozialprodukts besteht die Gefahr der Doppelzählung nicht, weil nur jeweils die Wertschöpfung der einzelnen Unternehmen aggregiert wird. Betrachten wir dies noch etwas genauer.

Als **Wertschöpfung** bezeichnet man die in einem Unternehmen entstandenen Faktoreinkommen. Die Vorleistungen, die schon in anderen Unternehmen zu Faktoreinkommen geführt haben, sind darin nicht enthalten. Auch die Abschreibungen, die bekanntlich nur den Kapitalverzehr messen und deshalb nicht einkommenswirksam werden können, gehen darin nicht ein. Als Einkommensstrom gemessen erhält man daher das Volkseinkommen einfach als die **Summe der Wertschöpfungen** aller Unternehmen.

Zu den Faktoreinkommen zählt auch der **Gewinn** der Unternehmen. Dazu sollten wir noch eine zusätzliche Erläuterung geben. In einer stationären Wirtschaft kann es keine im Unternehmen einbehaltenen Gewinne geben, da kein zusätzliches Kapital gebildet wird. Die Unternehmen schütten also ihre Gewinne vollständig als Residualeinkommen an die Kapitaleigner aus. Bei Einzel- und Personengesellschaften geschieht dies in Form von Einkommen, das die Selbständigenhaushalte für Unternehmertätigkeit und die Verzinsung des eingesetzten Eigenkapitals erhalten. Bei den Kapitalgesellschaften wird der Gewinn vollständig in Form von Dividenden an die Aktionäre weitergegeben.

Da der Gewinn als Residualgröße definiert ist, die von den Einnahmen eines Unternehmens aus Güterverkäufen nach Abzug aller Kosten für die Entlohnung der

Produktionsfaktoren verbleibt, muß der Faktoreinkommensstrom immer genauso groß sein wie der Güterausgabenstrom.

Die eben erläuterten Zusammenhänge zwischen dem Bruttosozialprodukt zu Marktpreisen und dem Volkseinkommen gehen auch aus der folgenden Abbildung 6.2 hervor.

Abb. 6.2: Bruttosozialprodukt zu Marktpreisen und Volkseinkommen

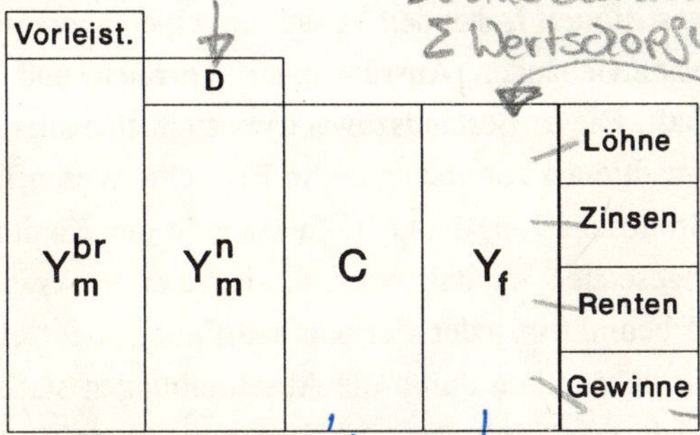

Die obige Übersicht ist wie folgt zu verstehen: Das Bruttosozialprodukt als der Marktwert aller Endprodukte Y_m^{br} ergibt sich als Summe aller produzierten Güter und Dienstleistungen abzüglich der Vorleistungen. Zieht man davon noch die Abschreibungen D ab, dann erhält man das Volkseinkommen als Summe der Wertschöpfung in den Unternehmen (Y_f). In einer stationären Volkswirtschaft entspricht dieses zugleich den gesamten Konsumausgaben oder dem gesamten Faktoreinkommen, das sich wiederum aus Löhnen, Renten, Zinsen und Gewinnen zusammensetzt.

6.3 Das Sozialprodukt in einer Volkswirtschaft mit Kapitalbildung

Bislang beschränkten wir uns darauf, eine stationäre Volkswirtschaft zu betrachten, in der Güter und Dienstleistungen, von Ersatzinvestitionen abgesehen, allein für den Konsum produziert werden. In Wirklichkeit aber wollen die Haushalte nicht nur konsumieren, sondern einen Teil ihres Einkommens auch **sparen**, das heißt, sie wollen Konsum von der Gegenwart in die Zukunft verlagern. Die Unternehmen wiederum produzieren nicht nur Konsumgüter, sondern tätigen auch **Nettoinvestitionen**. Betrachten wir dies noch etwas genauer.

Brutto- und Nettoinvestitionen

Sicher werden Sie sich daran erinnern, daß wir an anderer Stelle **Investitionen** allgemein als Güter definiert haben, die nicht für den Konsum verwendet werden. Dabei kann es sich um Lagerinvestitionen handeln, also um Güter, die auf Lager gelegt werden, oder um Investitionsgüter, die verbrauchtes Kapital ersetzen oder den vorhandenen Kapitalbestand erhöhen sollen. Zu unterscheiden ist demzufolge zwischen Bruttoinvestitionen und Nettoinvestitionen:

Bei den **Bruttoinvestitionen** I_{br} handelt es sich um eine unbereinigte Schätzung des Bestandszuwachses an Gebäuden, Ausrüstungen, Vorräten, und ähnlichem mehr in einer Volkswirtschaft. Dieser Bestandszuwachs bezieht sich allerdings nur auf **reale** Größen, Finanzinvestitionen kommen nicht in Betracht. Wesentlich hierbei ist, daß es sich um eine Bruttoschätzung handelt. In sie geht der Kapitalverzehr, also die Abnutzung des eingesetzten Kapitalstocks, die in einer Volkswirtschaft durch den Produktionsprozeß bedingt in jeder Periode stattfindet, nicht ein. Zieht man den Kapitalverzehr, der bekanntlich durch die Abschreibungen statistisch erfaßt wird, von den Bruttoinvestitionen I_{br} ab, dann erhält man die **Nettoinvestitionen** I_n. Diese berechnen sich demnach wie folgt:

$$I_n = I_{br} - D \quad .$$

Eine Volkswirtschaft, in der Nettoinvestitionen getätigt werden, heißt **wachsende** oder **evolutorische** Volkswirtschaft.

Vermögensänderungskonto

Um die Erhöhung des Kapitalstocks im Wirtschaftskreislauf zu berücksichtigen, müssen wir unser Zweisektorenmodell um einen weiteren Sektor erweitern, der die Vermögensänderung in der Volkswirtschaft erfaßt. Diesen Sektor nennen wir **Vermögensänderungskonto** (VÄ). Er wird durch zwei Ströme gespeist:

Zum einen erhöht die **Ersparnis der Haushalte** S_H das Gesamtvermögen in der Volkswirtschaft. Sie fließt als monetärer Strom von den Haushalten zum Vermögensänderungskonto. Zum anderen können wir nun auch einbehaltene Gewinne der Kapitalgesellschaften berücksichtigen. Sie werden im Kreislauf als **Ersparnis der Unternehmen** S_U behandelt und fließen vom Unternehmenssektor ebenfalls zum Vermögensänderungskonto.

Die Ersparnis der Unternehmen und Haushalte wiederum ermöglicht es, Investitionen zu tätigen, sei es in Form von Lager- oder in Form von Anlageinvestitionen . Diese stellen dann einen monetären Strom vom Vermögensänderungskonto zu den Unternehmen dar. Dieser Strom wird als Nettogröße erfaßt. Da die Abschreibungen ja bekanntlich nicht vermögenswirksam sind, können sie auch zu keiner Vermögensänderung führen. Es wäre natürlich auch möglich, statt den Nettoinvestitionen die Bruttoinvestitionen zu verwenden. Dann müßte man allerdings die Abschreibungen als einen monetären Strom von den Unternehmen zum Vermögensänderungskonto in den Kreislauf einfügen.

Für eine nicht stationäre Volkswirtschaft sieht der Wirtschaftskreislauf nunmehr wie in Abbildung 6.3 dargestellt aus.

Abb. 6.3: Wirtschaftskreislauf für eine evolutorische Volkswirtschaft

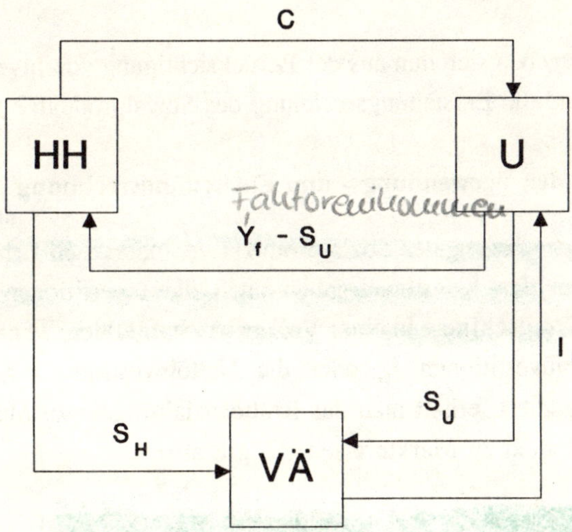

Identität von Ersparnis und Investition

Aus dem obigen Kreislaufschema läßt sich eine weitere Erkenntnis gewinnen, die in der Volkswirtschaftlichen Gesamtrechnung große Bedeutung hat. Man kann leicht erkennen, daß eine Identität zwischen Ersparnis und Investition besteht. Unterteilt man das Sparen in das der Haushalte S_H und in jenes der Unternehmen S_U, dann gilt:

$$S_H + S_U = I_n \quad .$$

Diese Übereinstimmung ist auch leicht einzusehen: Denn die Ersparnis stellt den Teil des Sozialprodukts dar, der nicht für Konsumgüter ausgegeben wird, und Investitionen bilden den Teil der Güterproduktion, der nicht konsumiert wird. Zu beachten ist allerdings, daß diese Identität immer nur **ex post**, also am Ende einer betrachteten Periode gilt. Die **geplanten Ersparnisse** und die **geplanten Investitionen** müssen dagegen nicht übereinstimmen.

Ein Ungleichgewicht wird beispielsweise entstehen, wenn die Haushalte vorhaben, einen bestimmten Teil ihres Einkommens zu sparen, die Unternehmen aber nicht investieren wollen. Dann werden die Unternehmen zu **unfreiwilligen** Investitionen gezwungen, sie müssen ihre Produkte auf Lager legen. Ex ante stimmen in dem Fall Investitionen und Ersparnisse nicht überein. Ex post aber ist durch die unfreiwilligen Investitionen die Identität zwischen realisierter Investition und tatsächlich erfolgter Ersparnis stets gegeben.

Welche Folgen ergeben sich nun aus der Berücksichtigung von Investitionen für die Verwendungs- und die Entstehungsrechnung des Sozialprodukts?

Investitionen in der Verwendungs- und Entstehungsrechnung

Die Verwendungsrechnung des Sozialprodukts verändert sich beträchtlich. Darin gehen jetzt neben den Konsumausgaben auch die Investitionen ein, die beide zusammen die Güternachfrage in einer Volkswirtschaft bilden. Je nachdem, ob man dabei die Bruttoinvestitionen I_{br} oder die Nettoinvestitionen I_n zu den Konsumausgaben C addiert, erhält man das Bruttosozialprodukt zu Marktpreisen oder das Nettosozialprodukt zu Marktpreisen. Es gilt also:

$$Y_m^{br} = C + I_{br} \quad \text{und} \quad Y_m^n = C + I_n \quad .$$

Daraus ergibt sich unter Verwendung der Abschreibungen wiederum unsere bekannte Beziehung:

$$Y_m^{br} = Y_m^n + D \quad .$$

An der Entstehungsrechnung ändert sich im Vergleich zur stationären Volkswirtschaft nichts. Das Volkseinkommen erfaßt nach wie vor die Summe aller Wertschöpfungen, da es hier unerheblich ist, ob Konsumgüter oder Investitionsgüter produziert werden. Allerdings sollte man noch beachten, daß diesmal nicht das gesamte Volkseinkommen zu den Haushalten fließt, sondern das Einkommen der Haushalte um die Ersparnis der Unternehmen vermindert ist.

6.4 Der Staat in der Volkswirtschaftlichen Gesamtrechnung

Bislang haben wir nur auf private Konsumenten und Produzenten als Wirtschaftssubjekte abgestellt, den größten Wirtschaftssektor im Lande aber, den **Staat** (Bund, Länder, Gemeinden) haben wir nicht beachtet. Der Staat greift, wenn wir uns erinnern, in den Wirtschaftskreislauf an mehreren Stellen ein:

Einmal fließen von den Haushalten und den Unternehmen **direkte Steuern** T_H^{dir} und T_U^{dir} in den öffentlichen Sektor; es handelt sich hierbei im wesentlichen um die Lohn- und Einkommensteuern und die Körperschaftssteuern. Sodann müssen **indirekte Steuern** T_{ind}, die in den Preisen der Güter enthalten sind, von den Unternehmen an den Staat abgeführt werden, etwa die Mehrwertsteuer und eine Vielzahl spezieller Verbrauchssteuern (Mineralölsteuer, Alkoholsteuer, Tabaksteuer, etc.).

Der Staat wiederum verwendet die Einnahmen für den Kauf von Gütern und Produktionsfaktoren bei den Unternehmen und Haushalten. Diese stellen dann die Grundlage dar für sein eigenes Angebot, das er als öffentliche Güter den Konsumenten unentgeltlich zur Verfügung stellt. Die hierfür notwendigen Ausgaben bezeichnet man einfach als **Staatsausgaben** A_{St}.

Gleichzeitig fließen **Transfers** Tr an Haushalte (Unterstützungszahlungen, die ohne Gegenleistung gewährt werden) und **Subventionen** Z an Unternehmen.

Falls zudem die gesamten Ausgaben des Staates größer sind als seine gesamten Einnahmen, entsteht ein **Budgetdefizit**. Dieses muß durch Verschuldung des Staates gedeckt werden. **Verschuldung** zeigt sich im Kreislauf als Strom vom Vermögensänderungskonto zum Staat und wird als negative Ersparnis des Staates $S_{St(-)}$ bezeichnet.

Falls jedoch die Einnahmen die Ausgaben übersteigen sollten, was in modernen Volkswirtschaften fast nie vorkommt, wäre dieser Überschuß im Kreislauf als ein Strom $S_{St(+)}$ in umgekehrter Richtung einzuzeichnen. Das heißt, der Staat trägt dann zur Ersparnisbildung in der Volkswirtschaft bei.

Wenn wir nun in Abbildung 6.4 unseren Wirtschaftskreislauf um den Staatssektor erweitern, erhalten wir folgendes Bild:

Abb. 6.4: Modell des Wirtschaftskreislaufs mit staatlicher Aktivität

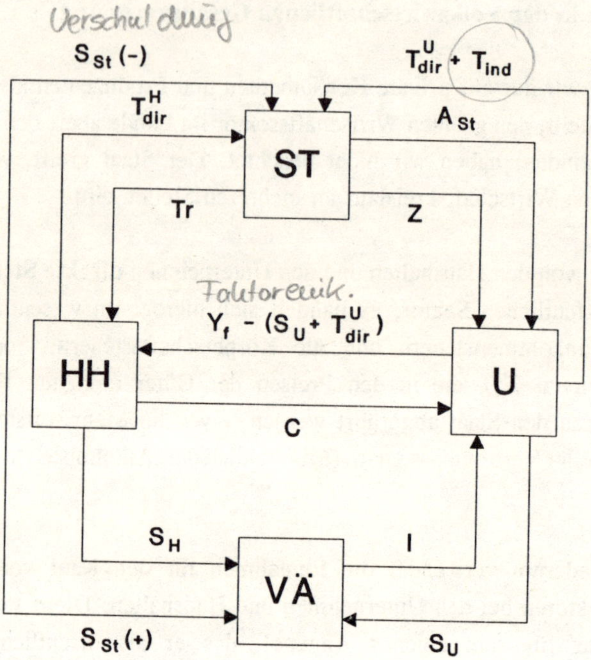

Wie aber läßt sich der Staat in die Berechnung des Sozialprodukts integrieren?

Die Volkswirtschaftliche Gesamtrechnung beruht durchwegs auf Konventionen, auf die sich Statistiker geeinigt haben. Dies gilt insbesondere für die Vorgehensweise in den Industrieländern der westlichen Welt, den sogenannten OECD-Ländern. Eine der wichtigsten Konventionen dabei ist, daß man den Staat in möglichst einfacher Weise in die Berechnung des Sozialprodukts einzubringen versucht.

In der **Verwendungsrechnung** werden die Ausgaben des Staates zum privaten Konsum und zu den Investitionen addiert. Relevant sind dabei nur die Ausgaben, die der Staat für Güter und Dienste tätigt, denn nur sie stellen Güternachfrage dar. Transferzahlungen und Subventionen dürfen dagegen nicht berücksichtigt werden, denn dabei handelt es sich um reine Übertragungen und keine Zahlungen für geleistete Güter und Dienste. Unter dieser Annahme berechnet sich das Bruttosozialprodukt zu Marktpreisen wie folgt:

$$Y_m^{br} = C + I_{br} + A_{St} \quad .$$

Für das Nettosozialprodukt zu Marktpreisen gilt entsprechend:

$$Y_m^n = C + I_n + A_{St} \quad .$$

In diesem Zusammenhang möchten wir besonders auf ein spezielles Problem der Volkswirtschaftlichen Gesamtrechnung hinweisen. Wie eben dargelegt, werden darin die Staatsausgaben als Größe für die Wertschöpfung des Staates verwendet. Dies aber bedeutet, daß man den **Output** im öffentlichen Sektor gleichsam über die **Kosten** mißt. Dessen Bewertung erfolgt also nicht über Marktpreise für das öffentliche Angebot, da dieses in der Regel nicht auf Märkten gehandelt wird und Preise dafür nicht existieren. Man verwendet lediglich reine Inputpreise und funktioniert die Input- zu einer Outputbewertung um.

Leider gibt es in der Volkswirtschaftlichen Gesamtrechnung bis heute keine anderen Möglichkeiten, die Leistungen des Staates zu bewerten. Auch die staatliche **Kapitalbildung** wird nicht in der Form berücksichtigt, wie wir sie bei den privaten Unternehmen kennengelernt haben. Der Staatssektor kennt in der Regel **keine** Abschreibungen. Öffentliche Investitionen werden, genau wie die anderen Ausgaben des Staates für Güter und Dienste, als Konsum des Staates behandelt (Staatsverbrauch). Dies führt zum Ergebnis, daß der Staat in der Volkswirtschaftlichen Gesamtrechnung als Konsument seiner eigenen Leistungen erscheint.

Mißt man das Sozialprodukt am **Faktoreinkommensstrom** (Entstehungsrechnung), dann sind alle Eingriffe des Staates in die Preisbildung herauszurechnen, wenn man vom Nettosozialprodukt zu Marktpreisen zum Volkseinkommen übergeht. Es sind dann einmal die indirekten Steuern abzuziehen, da sie die Marktpreise erhöhen. Andererseits müssen Subventionen hinzuaddiert werden, weil in ihrem Fall die Faktorkosten eines Unternehmens höher liegen als die subventionierten Marktpreise. Man erhält auf diese Weise das Volkseinkommen Y_f wie folgt:

$$Y_f = Y_m^n + Z - T_{ind} \quad .$$

Zu beachten ist weiterhin, daß das Volkseinkommen in einer Volkswirtschaft mit Staatsaktivität nicht identisch ist mit dem **persönlichen Einkommen Y_p**. Dieses ist definiert als derjenige Teil des Volkseinkommens, den die privaten Haushalte erhalten. Vom Volkseinkommen sind demzufolge die direkten Steuern der Unternehmen abzuziehen, da diese der Staat abschöpft und sie so bei den Haushalten nicht einkommenswirksam werden können. Das gleiche gilt für die nicht ausgeschütteten Gewinne der Unternehmen. Andererseits ist das Volkseinkommen um die Transferzahlungen des Staates zu erhöhen. Das persönliche Einkommen berechnet sich demnach wie folgt:

$$Y_p = Y_f - S_U - T_U^{dir} + Tr \quad .$$

Vom persönlichen Einkommen zu unterscheiden ist wiederum das **persönlich verfügbare Einkommen Y_p^v**. Hierbei handelt es sich um das Einkommen, das die Haushalte letztlich für den Konsum oder die Ersparnis verwenden können. Da auch den Haushalten vom Staat Einkommen in Form von direkten Steuern entzogen wird, müssen diese das persönliche Einkommen entsprechend vermindern. Man kommt somit auf folgende Weise zum persönlich verfügbaren Einkommen:

$$Y_p^v = Y_p - T_H^{dir} \quad .$$

6.5 Berechnung des Sozialprodukts in einer offenen Volkswirtschaft

Die Volkswirtschaftliche Gesamtrechnung muß weiterhin berücksichtigen, daß ein Land in der Regel wirtschaftlich mit dem Ausland verbunden ist. Man spricht in dem Fall von einer **offenen Volkswirtschaft**. Das Land wird nun Güter und Dienste auch an das Ausland verkaufen und von dort Güter und Dienste beziehen. Verkäufe an das Ausland erfolgen in Form von **Exporten**, Einkäufe aus dem Ausland werden als **Importe** bezeichnet. Der Saldo zwischen Exporten und Importen heißt **Außenbeitrag**. Er ist positiv bei einem Exportüberschuß und negativ bei einem Importüberschuß. Der Außenbeitrag muß natürlich in der Berechnung des Sozialprodukts berücksichtigt werden. In welcher Weise geschieht dies?

Mißt man das Sozialprodukt am Güterausgabenstrom, so werden Exporte X zu den Konsumausgaben, den Investitionen und den Staatsausgaben addiert. Importe M werden hingegen abgezogen. Der Grund hierfür liegt darin, daß Exporte Nachfrage des Auslands nach den im Inland produzierten Gütern darstellen, Importgüter jedoch nicht im eigenen Land, sondern im Ausland produziert werden und dort das Sozialprodukt erhöhen. Das Bruttosozialprodukt zu Marktpreisen setzt sich demnach unter Berücksichtigung des Auslandes wie folgt zusammen:

$$Y_m^{br} = C + I_{br} + A_{St} + (X - M) \quad .$$

Das Bruttosozialprodukt in einer offenen Volkswirtschaft wird also neben den Ausgaben der Inländer für Konsum- und Investitionsgüter und den Staatsverbrauch auch für den Außenbeitrag verwendet.

An der **Entstehungsrechnung** des Sozialprodukts ändert sich nichts, wenn man den Außenhandel berücksichtigt. Denn die Entstehung des Volkseinkommens, also die Wertschöpfung, geschieht unabhängig von der Verwendung des Sozialprodukts.

Die folgende Abbildung 6.5 zeigt, wie sich das Ausland in den Wirtschaftskreislauf einfügt. Vereinfachend wird dabei angenommen, daß Importe M und Exporte X ausschließlich durch private Unternehmen erfolgen, im Falle der Importe beispielsweise durch Händler, die sie im Inland an die Verbraucher weiter veräußern. Der Staatssektor spielt demnach in dieser Darstellung keine Rolle.

Abb. 6.5: Modell des Wirtschaftskreislaufs mit Ausland, ohne Staatssektor

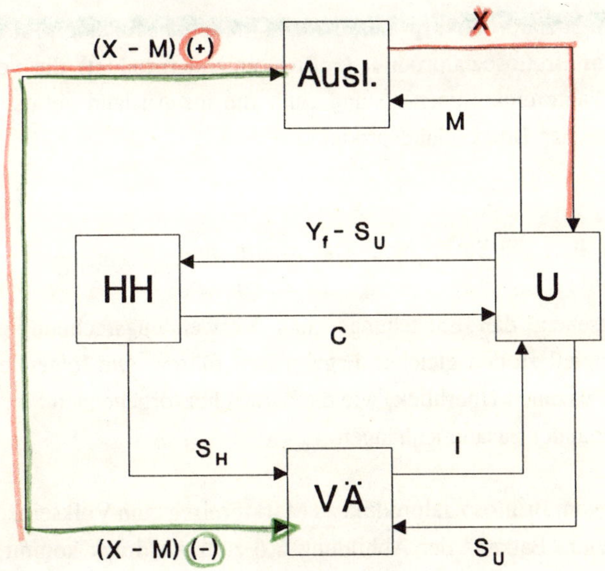

Zwischen dem Ausland und dem inländischen Unternehmenssektor fließen nun Import- und Exportströme. Damit der Kreislauf geschlossen wird, geht bei einem Importüberschuß ein monetärer Strom vom Vermögensänderungskonto an das Ausland, der dem inländischen Finanzierungsdefizit entspricht. Bei einem Exportüberschuß würde sich dieser Strom umkehren. Er ist dann als Finanzierungsüberschuß des Inlands zu verstehen. Ex-post betrachtet gilt also immer die Identität:

$$I_n + (X - M) = S_H + S_U \quad .$$

In einer offenen Volkswirtschaft besteht in jedem Zeitraum eine Identität zwischen der gesamten Ersparnis und der Summe aus Nettoinvestition und Außenbeitrag.

In diesem Zusammenhang ist noch zu erwähnen, daß bisweilen zwischen dem **Inländerprodukt** und dem **Inlandsprodukt** unterschieden wird. Das Inlandsprodukt bezeichnet alle Güter und Dienstleistungen, die innerhalb der geographischen Grenzen eines Landes erzeugt werden, unabhängig davon, wer dafür die Produktionsfaktoren zur Verfügung stellt. Demgegenüber zählt man zum Inländerprodukt alle Güter und Dienstleistungen, die unabhängig von ihrem Produktionsort mit Produktionsfaktoren erwirtschaftet werden, die sich im Besitz von Inländern befinden.

Wenn man vom Sozialprodukt spricht, dann ist immer das Inländerprodukt gemeint. Zieht man vom Bruttosozialprodukt (=Bruttoinländerprodukt) die vom Ausland empfangenen Faktoreinkommen ab und zählt die ins Ausland geflossenen hinzu, dann erhält man das Bruttoinlandsprodukt.

6.6 Überblick über die Sozialproduktsberechnung

Wir haben gesehen, daß Entstehungs- und Verwendungsrechnung des Sozialprodukts prinzipiell zu den gleichen Ergebnissen führen. Die folgende Abbildung 6.6 gibt nochmals einen Überblick, wie die daraus hervorgehenden Sozialproduktskonzepte miteinander zusammenhängen.

Den Übergang vom Bruttosozialprodukt zu Marktpreisen zum Volkseinkommen, der in den ersten vier "Balken" der Abbildung 6.6 zum Ausdruck kommt, haben wir ja schon beschrieben (siehe auch Abbildung 6.2). Das persönliche Einkommen entsteht dann aus dem Volkseinkommen durch Abzug der direkten Unternehmenssteuern und einbehaltenen Unternehmensgewinne. Zieht man vom persönlichen

Einkommen die direkten Steuern der Haushalte ab, erhält man das persönlich verfügbare Einkommen, das sich wiederum aus den Konsumausgaben und der Ersparnis der Haushalte zusammensetzt.

Abb. 6.6: Überblick über die verschiedenen Sozialproduktkonzepte

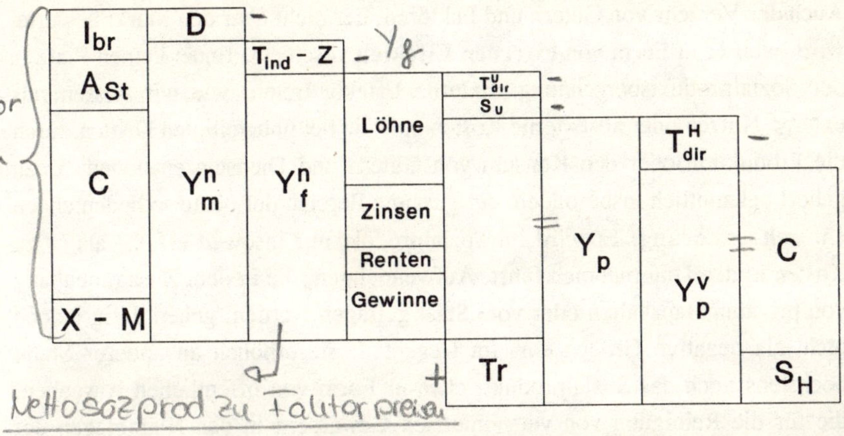

Neben der Entstehungs- und der Verwendungsrechnung kennt die Volkswirtschaftliche Gesamtrechnung noch die **Verteilungsrechnung**. Diese geht aus der Entstehungsrechnung hervor. Sie informiert darüber, wie sich das Volkseinkommen auf die Produktionsfaktoren verteilt. Von Interesse sind hier insbesondere die Bruttoeinkommen aus unselbständiger Arbeit und die Bruttoeinkommen aus Unternehmertätigkeit und Vermögen, also die **funktionale Einkommensverteilung**, auf die wir an anderer Stelle ja schon ausführlich eingegangen sind (siehe Kapitel 5.3).

6.7 Schwächen der Volkswirtschaftlichen Gesamtrechnung

Die Volkswirtschaftliche Gesamtrechnung gründet, wie wir schon andeuteten, auf einer allgemeinen Übereinkunft der statistischen Ämter. Sie weist dabei allerdings eine Reihe von Schwächen auf, die zwar erkannt sind und immer wieder diskutiert werden, zu deren Behebung man sich aber bislang nicht durchzuringen vermochte. Zu ihren gravierendsten Mängeln zählen insbesondere die beiden folgenden:

(a) Die Erstellung von Gütern und Diensten, deren Wert nicht über den Markt festgestellt und gemessen wird, geht in das Sozialprodukt nicht ein. Es handelt sich hierbei um die Problematik der sogenannten **Untergrund**- oder **Schattenwirtschaft**, also von Wirtschaftstätigkeiten, die außerhalb des Marktes geschehen. Aber auch die **Hausfrauenarbeit**, die als Eigenleistung für die Familien erbracht wird, erhält in der Volkswirtschaftlichen Gesamtrechnung keine Wertzuweisung.

(b) Auch der Verzehr von Gütern und Faktoren, der nicht über den Markt bewertet wird, weil er in Form von **externen Effekten** geschieht, findet keinen Platz in der Sozialproduktsberechnung. Externe Effekte treten, wie wir wissen, als externe Nutzen oder als externe Kosten auf, die bei unbeteiligten Dritten durch die Produktion oder den Konsum von Gütern und Diensten entstehen. Dazu gehört bekanntlich insbesondere der gesamte Bereich der heute so bedeutenden **Umweltzerstörung**. Er wird im Sozialprodukt nur insoweit erfaßt, als er zu Kosten in den Unternehmen führt. Aufwendungen, die in dem Zusammenhang von privaten Haushalten oder vom Staat getragen werden, gehen darin jedoch nicht als negative Größen ein. Im Gegenteil, sie erhöhen an anderer Stelle höchstens noch das Sozialprodukt, etwa in Form von öffentlichen Ausgaben, die für die Reinigung von verschmutzten Gewässern in den Kläranlagen der Städte und Gemeinden aufzubringen sind.

Auf die Problematik, die bei der **Integration der Staatswirtschaft** in die Volkswirtschaftliche Gesamtrechnung entsteht, sind wir vorhin schon eingegangen. Auch hierfür gibt es bis heute noch keine zufriedenstellenden Lösungsansätze.

Kontrollfragen zu Kapitel 6:

1. An welchen Stellen des gesamtwirtschaftlichen Kreislaufs kann man ansetzen, um das Sozialprodukt statistisch zu messen?

2. Welche alternativen Darstellungsformen des Wirtschaftskreislaufs sind grundsätzlich möglich?

3. Stellen Sie graphisch den monetären und realen Wirtschafskreislauf für eine stationäre Volkswirtschaft mit den Sektoren Haushalte und Unternehmen dar und bezeichnen Sie die Ströme.

4. Warum kann man die Begriffe Volkseinkommen und Nettosozialprodukt zu Faktorkosten synonym verwenden?

5. Welche Arten von Investitionen unterscheidet man in der Verwendungsrechnung des Sozialprodukts?

6. Warum entspricht in einer geschlossenen Volkswirtschaft ohne staatliche Aktivität ex-post die Ersparnis der Nettoinvestition?

7. Warum sind die Abschreibungen im Nettosozialprodukt nicht enthalten?

8. Wie unterscheiden sich Volkseinkommen, persönliches Einkommen und persönlich verfügbares Einkommen?

9. Diskutieren Sie Schwächen der Volkswirtschaftlichen Gesamtrechnung.

Verwendete Literatur zum Teil I Grundlagen der Volkswirtschaftslehre:

1. BARTEL, R., Charakteristik, Methodik und wissenschaftsmethodische Probleme der Wirtschaftswissenschaften, WiSt 2, 1990.
2. BAUMOL, W.J., A.S. BLINDER, Economics, Principles and Policy, San Diego, 1985[3].
3. BRONFENBRENNER, M., W. SICHEL, W. GARDNER, Economics, Boston, 1987[2].
4. EICHHORN, W., Die Begriffe Modell und Theorie in der Wirtschaftswissenschaft 1,2, WiSt 7/8, 1972.
5. FISCHER, S., R. DORNBUSCH, R. SCHMALENSEE, Economics, New York, 1988[2].
6. HARDES, H.-D., F. RAHMEYER, A. SCHMID, Volkswirtschaftslehre, Eine problemorientierte Einführung, Tübingen, 1988[16].
7. HÜBL, L., W. MEYER, W. STRÖBELE, Grundkurs in Volkswirtschaftslehre, Berlin, 1989[4].
8. KLUMP, R., Einführung in die Wirtschaftspolitik, Theoretische Grundlagen und Anwendungsbeispiele, München, 1989.
9. OTT, A.E., Wirtschaftstheorie, Eine erste Einführung, Göttingen, 1989.
10. SAMUELSON, P.A., W.D. NORDHAUS, Volkswirtschaftslehre, Grundlagen der Makro- und Mikroökonomie, Band I, II, Köln, 1987[8].
11. SIEBERT, H., Einführung in die Volkswirtschaftslehre, Stuttgart, 1989[9].
12. STOBBE, A., Volkswirtschaftslehre I, Volkswirtschaftliches Rechnungswesen, Berlin, Heidelberg, New York, 1980[5].

Aggregiertes A+N - endogene Größen

TEIL II
MAKROÖKONOMISCHE THEORIE UND POLITIK

7. Grundzusammenhänge der Makroökonomik: Aggregiertes Angebot und aggregierte Nachfrage

In den nachfolgenden Kapiteln werden wir uns mit zentralen Fragen und Problemen der Makroökonomik beschäftigen. Diese hat, wie wir wissen, das Geschehen und das Verhalten der gesamten Volkswirtschaft zum Inhalt. Es geht also in erster Linie um die Bestimmungsgründe für die Höhe des Bruttosozialprodukts und der Beschäftigung der Produktionsfaktoren in einer Ökonomie. Desweiteren werden wir nach den Entstehungsgründen von konjunkturellen Abläufen fragen und, nicht zuletzt, uns eingehend mit der Frage von Ursache und Wirkung einer Inflation auseinandersetzen. Von besonderem Interesse sind diese Fragestellungen nicht nur aus theoretischer Sicht, sondern insbesondere auch für den Bereich der Wirtschafts- und Finanzpolitik, also für konkrete Maßnahmen des Staates oder anderer wirtschaftspolitischer Träger, um, auf der Grundlage makroökonomischer Erkenntnisse, Einfluß zu nehmen auf das gesamtwirtschaftliche Geschehen. Beginnen wir also unsere Betrachtungen damit, daß wir uns zunächst einen Überblick verschaffen über die makroökonomischen Grundzusammenhänge in einer Volkswirtschaft.

7.1 Die Grundzusammenhänge im Überblick

7.1.1 System der Volkswirtschaft aus theoretischer Sicht

Die Abbildung 7.1 bringt, aus makroökonomischer Sicht, einen Überblick über das System der Volkswirtschaft. Es baut auf der Vorstellung von Angebot und Nachfrage auf, wie wir sie in anderem Zusammenhang schon kennengelernt haben. Hier nun steht die **aggregierte** oder **gesamtwirtschaftliche Nachfrage** und das **aggregierte** oder **gesamtwirtschaftliche** Angebot im Mittelpunkt unseres Interesses. Beide werden, als endogene oder **abhängige** Größen, in vielfältiger Weise beeinflußt.

Abb. 7.1: Das System der Volkswirtschaft

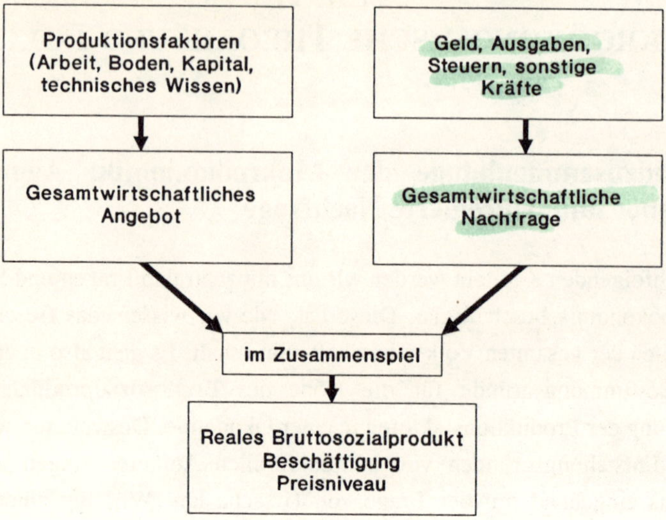

Auf die **gesamtwirtschaftliche Nachfrage** beispielsweise wirken Ausgaben der Wirtschaftssubjekte ein, nämlich die von Konsumenten, Produzenten und auch von staatlichen Entscheidungsträgern. Das Geldwesen eines Landes, die steuerlichen Rahmenbedingungen sowie andere, sonstige Kräfte spielen ebenfalls eine Rolle. Diese Einflußfaktoren bezeichnet man als **unabhängige** oder exogene makroökonomische Variablen.

Auch das **gesamtwirtschaftliche Angebot** hängt von solchen unabhängigen Einflußgrößen ab. Hierzu zählen der Arbeits- und der Kapitaleinsatz, die vorhandenen Bodenschätze in einer Volkswirtschaft und, natürlich, als besonders einflußreiche Variable die jeweilige Technologie, die im Produktionsbereich angewandt wird.

Ebenso wie auf einem einzelnen Markt kommt es auch in der gesamten Volkswirtschaft auf das Zusammenspiel von Angebot und Nachfrage an. Über die Interaktion von gesamtwirtschaftlichem Angebot und gesamtwirtschaftlicher Nachfrage werden drei Grundvariablen der Makroökonomik bestimmt:

- das volkswirtschaftliche **Produktionsvolumen**, auch Output einer Volkswirtschaft genannt,
- die **Beschäftigung**

und

- das **Preisniveau.**

Anders formuliert geht es also darum,

- in welcher Weise das Zusammenwirken von Nachfrage und Angebot das (reale) **Bruttosozialprodukt** bestimmt und
- inwieweit davon **Arbeitslosigkeit** und **Inflation** betroffen sind.

Diese drei abhängigen Variablen sind die **elementaren Größen** der gesamtwirtschaftlichen Betrachtungsweise. Mit ihnen werden wir es zukünftig immer wieder zu tun haben. Ihre Erklärung haben alle gängigen makroökonomischen Theorien zum Inhalt.

7.1.2 System der Volkswirtschaft in politischer Betrachtung

Das hier dargestellte System einer Volkswirtschaft zeigt den Wirkungsablauf, dem auf gesamtwirtschaftlicher Ebene Angebot und Nachfrage unterliegen. Es hat dabei eine primär theoretisch-analytische Orientierung. Der Grundzusammenhang läßt sich allerdings auch in den Bereich der **Wirtschaftspolitik** übertragen. Variablen, die in der Theorie als abhängig gelten, werden dann zu sogenannten **Zielvariablen** der Politik. Die unabhängigen Variablen wiederum bezeichnet man als **Instrumente** oder **Maßnahmen**, die der Politik zur Verfügung stehen.

Als Träger der Wirtschaftspolitik kommen in der Hauptsache der Staat und die Zentral- beziehungsweise Notenbank eines Landes in Frage.

Die **Ziele** der Politik richten sich auf die Größen Output, Beschäftigung und Preisniveau, die es bestmöglich zu beeinflussen gilt. In einer offenen Volkswirtschaft kommt auch noch der Außenhandel hinzu.

Die Instrumente der Wirtschaftspolitik bilden im wesentlichen die:

- **Fiskalpolitik** (Staatsausgaben und Steuerpolitik des Staates),
- **Geldpolitik** (Geldmengen- und Zinspolitik der Zentralbank),
- **Außenwirtschaftspolitik** (Währungspolitik von Staat und Zentralbank).

Als Größen, die auf das Geschehen in einer Volkswirtschaft einwirken, können auch **externe Variablen** eine Rolle spielen, wie unvorhergesehene Angebots- oder Nachfrageschocks (zum Beispiel der Ölpreisschock von 1973/74, kriegerische Auseinandersetzungen oder sonstige politische Umwälzungen), die Wirtschaftskraft des Auslandes oder sogar das Wetter.

Den Zusammenhang, durch den auf diese Weise die Wirtschaftspolitik eines Landes gekennzeichnet ist, gibt die nachfolgende Abbildung 7.2 wieder.

Abb. 7.2: System der Volkswirtschaft in politischer Betrachtung

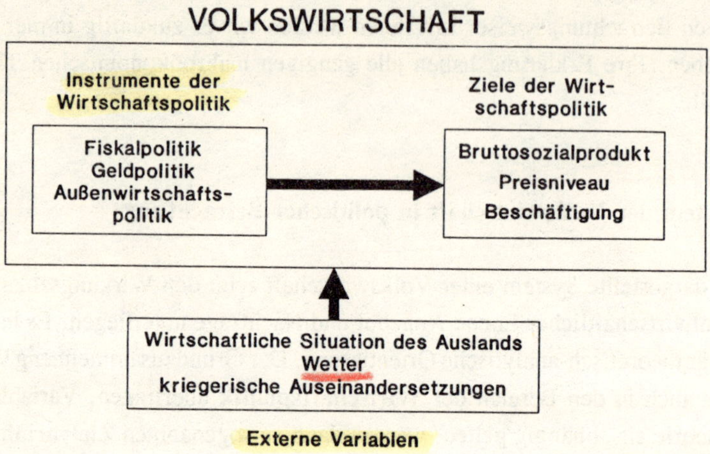

Man sieht, daß zwei Komponenten auf die Ziele der Wirtschaftspolitik einwirken können. Zum einen die Instrumente der Wirtschaftspolitik, die zielgerichtet einsetzbar sind, zum anderen externe Variablen, die außerhalb des eigentlichen volkswirtschaftlichen Geschehens angesiedelt sind, und daher von den wirtschaftspolitischen Akteuren nicht unmittelbar gesteuert werden können. Der Wirkungszusammenhang zwischen unabhängigen und abhängigen Variablen, wie ihn die makroökonomische Theorie aufzeigt, findet also sein Analogon in der **Mittel-Ziel-Betrachtung** der Wirtschaftspolitik. Politische Aktivitäten geben demnach ohne ein theoretisches Gerüst, in dem die zahlreichen und verschiedenen Vorgänge in einer Volkswirtschaft eine systematische Erklärung finden, wenig Sinn. Umgekehrt lassen sich natürlich aus jeder vernünftig konzipierten makroökonomischen Theorie auch wirtschaftspolitische Folgerungen ziehen.

Man kann sich nun leicht vorstellen, daß es in der Volkswirtschaftslehre unterschiedliche Meinungen dazu gibt, wie das gesamtwirtschaftliche Angebot aussieht,

5 verschiedene Theorien, Aggregierte N

welche Bedeutung die gesamtwirtschaftliche Nachfrage hat und wie es zum Zusammenspiel von Angebot und Nachfrage kommt. Gerade in diesen Punkten unterscheiden sich die wichtigsten Makrotheorien, die die Volkswirtschaftslehre kennt. Es handelt sich dabei im wesentlichen um die

- **Theorie der Klassik,**
- die **Keynes'sche Theorie** sowie
- die sogenannte **neoklassische Synthese**, die diese beiden Theorien zu einem einheitlichen Konzept verbinden möchte.

Sehen wir uns also zunächst an, welche Vorstellungen diese Theorien von der aggregierten Nachfrage und vom aggregierten Angebot haben, wie sich darin das Zusammenspiel von Angebot und Nachfrage gestaltet, und welchen Stellenwert Phänomene wie Inflation und Arbeitslosigkeit besitzen. Später werden wir dann noch andere, neuere Entwicklungen näher kennenlernen, insbesondere den **Monetarismus**, der das Geldwesen eines Landes in den Mittelpunkt seiner Überlegungen stellt, und die **angebotsorientierte Makroökonomik**, bei der Produktivität und Wachstum einer Volkswirtschaft die Hauptrolle spielen.

7.2 Die aggregierte Nachfrage

Allgemeine Anmerkungen

Die aggregierte Nachfrage bereitet der Volkswirtschafslehre keine allzu großen Probleme. Klassik, Keynes'sche Theorie und neoklassische Synthese stimmen in deren Konzeption weitgehend überein.

Die aggregierte Nachfrage gibt an, wieviel die Wirtschaftssubjekte einer Volkswirtschaft in ihrer Gesamtheit in einem bestimmten Zeitraum und in einer bestimmten gesamtwirtschaftlichen Situation für Güter und Dienste auszugeben bereit sind. Als Wirtschaftssubjekte firmieren dabei

- die privaten **Haushalte** (Konsumenten),
- die **Unternehmen** (Produzenten),
- der **Staat**

  und
- in einer offenen Volkswirtschaft auch das **Ausland**.

Die volkswirtschaftliche Situation ist vor allem gekennzeichnet durch vorgegebene Preise und Einkommen. Daneben spielen noch andere Variablen eine gewisse Rolle, etwa die Zukunftserwartungen der Konsumenten, die politische Lage in einem Land oder das Geldangebot, das von der Notenbank gesteuert wird. Auch sie wirken auf die aggregierte Nachfrage ein.

Wie bei unserer allgemeinen Darstellung der Nachfrage in Abschnitt 4.4, läßt sich auch hier die aggregierte Nachfrage in einem Preis-Mengen-Diagramm wiedergeben. Allerdings ist auf der Ordinate dieses Diagramms nunmehr das **Preisniveau** abgetragen und auf der Abszisse erscheint der **makroökonomische Output**. Wir sollten uns also gut merken, daß bei der makroökonomischen Nachfrage- wie auch bei der Angebotskurve nicht mehr auf einzelne Preise, sondern auf das Preisniveau abgestellt wird. Ebenso dient als Maß für die Produktion nicht mehr eine einzelne Mengengröße, sondern der gesamtwirtschaftliche Output, den man mit Hilfe des realen Bruttosozialprodukts erfassen kann. Das methodische Vorgehen zur Bestimmung von Preisniveau und realem BSP haben wir im einzelnen bereits an anderer Stelle kennengelernt, (vergleiche die Kapitel 5, 6), so daß wir hier darauf nicht nochmals näher eingehen müssen. Merken sollten wir uns jedoch, daß immer auf das **reale** Bruttosozialprodukt abgestellt wird, also die inflationäre oder deflationäre Komponente aus dem Sozialprodukt herausgerechnet ist.

In einem solchen makroökonomischen Angebots-Nachfrage-Diagramm bedeuten also Bewegungen auf der Ordinate nach oben Inflation (steigendes Preisniveau) und Bewegungen nach unten Deflation (sinkendes Preisniveau). Auf der Abszisse wiederum zeigen Bewegungen nach links, daß das reale Bruttosozialprodukt gesunken ist und damit nicht alle vorhandenen Produktionsfaktoren voll zum Einsatz kommen können, daß also Unterbeschäftigung herrscht. Bewegungen nach rechts hingegen weisen auf einen Zuwachs des realen Bruttosozialprodukts hin, was wiederum mit einer Zunahme der Beschäftigung von Produktionsfaktoren einhergeht.

Verlauf der aggregierten Nachfragekurve

Wie aber sieht nun der **Verlauf**, insbesondere die **Steigung** der aggregierten Nachfragekurve aus? Gilt auch hier die allgemeine Vorstellung, daß mit sinkenden Preisen die nachgefragte Menge zunimmt? Existiert also der uns bekannte Verlauf der Kurve von links oben nach rechts unten?

Sehen wir uns hierzu die Abbildung 7.3 an.

Abb. 7.3: Verlauf der aggregierten Nachfragekurve

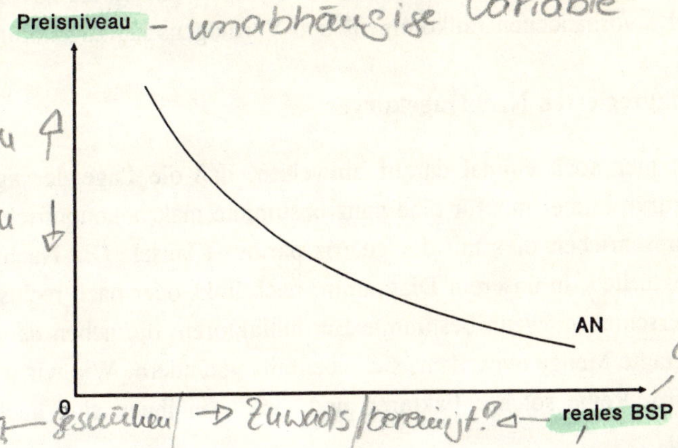

Wir können erkennen, daß tatsächlich auch in makroökonomischer Betrachtung die altbekannte Form der Nachfragekurve gegeben ist. Ein Anstieg des Preisniveaus (der unabhängigen Variablen) führt zu Reduktionen des nachgefragten Bruttosozialprodukts (der abhängigen Variablen), und ein Absinken des Preisniveaus hat einen Ansticg des nachgefragten Bruttosozialprodukts zur Folge. Dieser Zusammenhang gilt freilich nur für eine ganz bestimmte Situation, nämlich dann, wenn wir außer dem Preisniveau und der nachgefragten Menge alle anderen Größen, die auf die gesamtwirtschaftliche Nachfrage Einfluß haben können, konstant setzen, also unter der ceteris paribus-Klausel betrachten.

Welche Erklärung gibt es nun für diesen Verlauf der aggregierten Nachfragekurve *AN*?

Hier gilt es vor allem auf den Ansatz des sogenannten **"real balance Effekts"** oder **Realkasseneffekts** hinzuweisen.

Ein Anstieg des Preisniveaus bedeutet in diesem Erklärungsansatz, daß die Wirtschaftssubjekte nunmehr, in realen Größen gemessen, ärmer geworden sind. Ihr persönlicher Reichtum hat sich vermindert, vor allem dann, wenn sie diesen in Geld oder in geldwerten Anlagen halten, also etwa in langfristigen Anleihen. Das Äquivalent dieser Anlagen, gemessen in Gütern und Diensten, die man damit kaufen kann, hat sich verringert. Der Realkasseneffekt postuliert somit einen Zusammenhang zwischen der Realkasse auf der einen und realen Variablen, wie zum Beispiel Konsum oder Investitionen, auf der anderen Seite.

Angebot hängt ab von Preisen, Prod. kap., Kostensituati

Bei einer Reduktion des Preisniveaus, also bei niedrigeren Preisen, kann man umgekehrt für dasselbe Geld mehr Güter und Dienste kaufen als zuvor: die reale Kaufkraft des vorhandenen Einkommens und Vermögens hat zugenommen.

Lage der aggregierten Nachfragekurve

Wir sollten hier noch einmal darauf hinweisen, daß die Lage der aggregierten Nachfragekurve immer nur für eine ganz bestimmte makroökonomische Situation gilt. Wir umschrieben dies mit der ceteris paribus-Klausel. Die Nachfragekurve kann sich natürlich, in unserem Diagramm, nach links oder nach rechts bewegen, sich also verschieben, wenn bestimmte Einflußfaktoren, die neben dem Preis auf die nachgefragte Menge einwirken, sich ebenfalls verändern. Wie wir wissen, gibt es eine ganze Reihe solcher Faktoren und viele von ihnen sind auch politisch beeinflußbar.

Wenn zum Beispiel das verfügbare Einkommen der Konsumenten steigt, weil der Staat die Einkommensteuer herabgesetzt hat, wird sich die Nachfragekurve nach rechts verschieben. Dies bedeutet, daß nunmehr bei einem gegebenen Preisniveau Güter und Dienste in größerem Umfang gekauft und konsumiert werden können. Auf der anderen Seite verschiebt sich die aggregierte Nachfragekurve nach links, wenn der Staat beispielsweise seine Ausgaben senkt. In diesem Fall wird zu einem jeweils gegebenen Preisniveau weniger nachgefragt, da der Staat als Nachfrager nach Güter und Dienstleistungen nun in geringerem Umfang als zuvor am Markte auftritt.

Kommen wir als nächstes zum aggregierten Angebot.

7.3 Aggregiertes Angebot

Das aggregierte Angebot stellt die Menge von Gütern und Dienstleistungen dar, die Unternehmen in einem bestimmten Zeitraum und in einer bestimmten gesamtwirtschaftlichen Situation produzieren wollen. Die gesamtwirtschaftliche Situation ist dabei im wesentlichen gekennzeichnet durch:

- die herrschenden **Preise**,
- die vorhandenen **Produktionskapazitäten**
  und
- die gesamtwirtschaftliche **Kostensituation**.

Im allgemeinen wird der Unternehmenssektor den Output, den er herstellen kann, also den potentiellen Output, auch tatsächlich produzieren wollen. Es mag aber immer wieder auch zu Situationen kommen, in denen Unternehmen **weniger** herstellen möchten, als es ihre Produktionskapazität erlaubt. Dies wird, bei gegebener Nachfrage, vor allem dann der Fall sein, wenn in ihren Augen entweder die Güterpreise, die sie für ihre Produkte verlangen können, als zu niedrig ansehen oder aber die Kosten der Produktion als zu hoch empfinden. Die Produktionskapazitäten werden dann nicht voll ausgelastet, es kommt zu einer Unterbeschäftigung der Produktionsfaktoren.

Ebenso ist natürlich auch eine Situation denkbar, in der die Unternehmen **mehr** herstellen wollen, als sie dies im Rahmen der vorhandenen Produktionsanlagen überhaupt können. Diese Situation wird vor allem dann eintreten, wenn die Unternehmen die hergestellten Waren und Dienste zu besonders günstigen Preisen absetzen können, oder wenn sie die Produktionskosten als außerordentlich niedrig erachten. Lassen sich ihre Wunschvorstellungen aufgrund der beschränkten Produktionskapazitäten nicht sogleich verwirklichen, so muß es in der betrachteten Volkswirtschaft zu einer Anhebung des Preisniveaus kommen.

Doch beschränken wir unsere Betrachtung des aggregierten Angebots auf den Zusammenhang von Preisniveau und angebotenem makroökonomischen Output. Das heißt, wir wollen neben der Auslastung der vorhandenen Produktionskapazitäten auch die Kostensituation für das aggregierte Angebot als gegeben voraussetzen. Welchen Verlauf hat dann die aggregierte Angebotskurve in unserem bekannten Preis-Mengen-Diagramm?

Die Beantwortung dieser Frage zählt zu den kniffligsten Aufgabenstellungen der Wirtschaftswissenschaft. Denn in der Beurteilung des Verlaufs und auch der Lage der gesamtwirtschaftlichen Angebotskurve unterscheiden sich gerade Klassik und Keynes'sche Theorie ganz wesentlich. Die aggregierte Angebotskurve ist somit von zentraler Bedeutung für das Verständnis der Volkswirtschaftslehre. Sehen wir uns also genauer an, wo die Unterschiede in der Interpretation dieser Kurve liegen und welche Folgen sich daraus für die Diskussion unserer drei makroökonomischen Problemkreise Bruttosozialprodukt, Preisniveau und Beschäftigung ergeben.

7.3.1 Klassik

Das Konzept der Klassik bestimmte seit **Adam Smith** ("The Wealth of Nations", 1776) bis in die erste Hälfte unseres Jahrhunderts hinein weitgehend die Vorstellungen über makroökonomische Zusammenhänge. Erst mit dem Aufkommen der Keynes'schen Theorie verlor die klassische Lehre an Bedeutung. In neuerer Zeit allerdings, in den 70er und 80er Jahren, erfährt sie eine unvorhergesehene Renaissance in Form der "Neuen Klassischen Makroökonomik". Wir werden darauf später noch kurz zu sprechen kommen (siehe Abschnitt 11.6).

Welche Vorstellung vom Verlauf der aggregierten Angebotskurve haben also die Klassiker?

Betrachten wir dazu die nachfolgende Abbildung 7.4.

Abb. 7.4: Verlauf der aggregierten Angebotskurve in der Theorie der Klassik

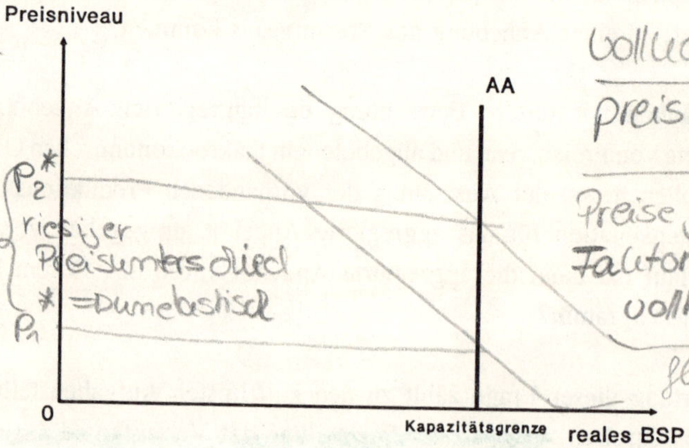

Wir sehen, daß die aggregierte Angebotskurve *AA* in der klassischen Theorie vertikal verläuft, und zwar genau an der Kapazitätsgrenze einer Volkswirtschaft. Die tatsächliche Produktion entspricht also dem Vollbeschäftigungsoutput, das heißt der Menge an Gütern und Dienstleistungen, die eine Volkswirtschaft hervorzubringen vermag, wenn alle vorhandenen Faktoren voll eingesetzt sind. Dies impliziert sogleich, daß es bei den Klassikern **keine** Arbeitslosigkeit geben kann. Wie aber wird diese Vorstellung begründet?

Das Hauptargument der Klassik besteht darin, daß sich alle Märkte für Güter und

Dienstleistungen ebenso wie alle Märkte für Faktoren (hierzu zählt natürlich auch der Arbeitsmarkt) in einem **notionalen Gleichgewicht** befinden. In diesem Gleichgewicht entspricht, wie wir wissen, stets das **gewünschte Angebot** der **gewünschten Nachfrage**. Es handelt sich also um ein idealtypisches Gleichgewicht, das die Klassiker vor allem mit einem Axiom begründen:

Sie sind der festen Überzeugung, daß die Preise für Güter und Dienste wie auch für Faktoren (Zinsen, Löhne) **vollkommen flexibel** sind und sich unendlich schnell an veränderte Situationen anpassen. Die Preise bringen auf diese Weise Angebot und Nachfrage immer zu einem Ausgleich, der die Wünsche aller Marktteilnehmer erfüllt und damit auch stets mit Markträumung und einer vollbeschäftigten Volkswirtschaft verbunden ist.

Wir haben bereits in Kapitel 4 den Begriff der **Preiselastizität** kennengelernt. Charakterisieren wir mit Hilfe dieses Begriffes die *AA*-Kurve der Klassiker, so stellen wir fest, daß sie eine Preiselastizität von Null aufweist, also vollkommen preisunelastisch ist. Dies wiederum bedeutet, daß eine Veränderung des Preisniveaus keine Auswirkungen auf den angebotenen Output hat. Die Volkswirtschaft produziert stets den maximalen Output und kann diesen - zumindest kurzfristig - auch durch wirtschaftspolitische Maßnahmen nicht verändern.

7.3.2 Keynes'sche Theorie

Die Keynes'sche Theorie hat ihren eigentlichen Ursprung im Jahre 1936, dem Erscheinungsjahr der von **John Maynard Keynes** verfaßten "General Theory of Employment, Interest and Money". Zu jener Zeit herrschte immer noch die große weltwirtschaftliche Depression und die makroökonomische Situation war in vielen Ländern durch hohe Arbeitslosigkeit und Unterauslastung der Produktionskapazitäten gekennzeichnet. Diese Ausgangslage hat die Vorstellungen von Keynes nachhaltig geprägt.

Keynes brachte mit seiner "General Theory" eine völlig neue Sicht der makroökonomischen Zusammenhänge in die Volkswirtschaftslehre ein, die sich in einem zur Klassik gänzlich unterschiedlichen Verlauf der aggregierten Angebotskurve ausdrücken läßt. Das Kernstück seines Ansatzes liegt dabei in der Aufhebung des Postulats der Flexibilität von Preisen und Löhnen, das ja im Zentrum der klassischen Lehre steht. Makroökonomische Anpassungen erfolgen bei ihm nicht mehr durch flexible Löhne und Preise. An ihre Stelle treten vielmehr andere

Anpassungsmechanismen, so jener, der die Ausgaben der Haushalte an veränderte Einkommen anbindet. Wie dieser Anpassungsmechanismus funktioniert, werden wir im nächsten Kapitel noch im einzelnen kennenlernen. Hier wollen wir nur die Schlüsselrolle aufzeigen, die die Einschränkung der Preisflexibilität in seinem System einnimmt.

Wie konnte Keynes eigentlich annehmen, daß Preise inflexibel oder rigide seien?

Für inflexible Preise und Löhne sprechen mehrere Gründe. Vor allem zwei Argumente werden in der Keynes'schen Theorie, so wie man sie heute in den Lehrbüchern dargestellt findet, als Ursache starrer Löhne und Preise angeführt:

Das erste Hauptargument behauptet, daß Löhne und Preise in **Kontrakten**, die für einen längeren Zeitraum gelten, festgesetzt sind. So werden Mindestlöhne in Tarifvereinbarungen zwischen Gewerkschaften und Unternehmensverbänden festgeschrieben, die dann für die Dauer des Tarifvertrags fix bleiben. Das Kontraktargument hat auch dann Bedeutung, wenn eine Volkswirtschaft sich in der Situation der Vollbeschäftigung befindet.

Darüber hinaus sind sowohl Arbeitgeber als auch Arbeitnehmer daran interessiert, daß Arbeitsverhältnisse über einen **längeren Zeitraum** hinweg bestehen bleiben. Dadurch sparen sich die Unternehmen Kosten für das Finden, Auswählen und Einarbeiten neuer Arbeitskräfte. Die Arbeitnehmer wiederum ersparen sich den Ärger und den Aufwand, der in der Regel mit der Kündigung sowie der Suche nach einer neuen Arbeitsstelle verbunden ist. Vor diesem Hintergrund werden Unternehmen, im Falle einer schlechten Konjunkturlage, nicht aggressiv die Löhne kürzen, und auch nicht sofort zum Mittel der Entlassung greifen, wenn ihr Personal notwendige Kürzungen des Gehalts nicht einfach hinzunehmen bereit ist. Die Arbeitnehmer, auf der anderen Seite, werden nicht sofort zum Streik übergehen, wenn sie in Zeiten der Hochkonjunktur, also in einer guten Wirtschaftslage, nicht die geforderten Lohnerhöhungen erhalten.

Ein zweiter Hauptgrund, der für inflexible Löhne und Preise spricht, hängt mit der **besonderen Verhandlungsposition** zusammen, in der Unternehmen sich befinden, wenn eine Volkswirtschaft durch Unterbeschäftigung gekennzeichnet ist - und diese Situation wird bei Keynes als die "normale" Wirtschaftslage angesehen. Bei Arbeitslosigkeit können Unternehmen Personal einstellen, ohne höhere Löhne anbieten zu müssen, was bei Vollbeschäftigung nicht möglich wäre. Denn bei Vollbeschäftigung lassen sich Arbeitskräfte nur durch Verbesserungen ihres

Einkommens dazu bewegen, den Arbeitsplatz zu wechseln. Arbeitslosigkeit hingegen garantiert die Konstanz der Löhne. Gleichbleibende Löhne aber bedeuten, daß sich auch die Durchschnittskosten eines Unternehmens, also die Kosten einer Outputeinheit, nicht wesentlich verändern. Da diese wiederum den Preis eines Produktes maßgeblich bestimmen, kann man ableiten, daß auch das Preisniveau bei Unterbeschäftigung sich nicht erhöht. Bei gleichbleibenden Durchschnittskosten nämlich sehen die Unternehmen keinen besonderen Grund, die Preise anzuheben. Dieses Argument, das behauptet, bei konstanten Durchschnittskosten würden sich auch die Preise nicht (nach oben) verändern, bezeichnet man in der Literatur als das **Kostenargument** für rigide Preise.

Als weiteres Argument wird zumeist auch auf die **Trägheit großer Organisationen**, etwa von Großunternehmen hingewiesen, wenn es um Preisänderungen geht. Man möchte die Preise möglichst für einen längeren Zeitraum festgelegt haben, etwa als Katalogpreise oder als Listenpreise, um so die Produktions- und Absatzplanung auf einem vermeintlich sicheren Informationsniveau vornehmen zu können.

In einer Volkswirtschaft gibt es daneben auch eine Reihe von **regulierten Preisen**, die sich nicht nach dem Wettbewerbsprinzip bilden, sondern auf die der Staat einen gewissen Einfluß ausübt und die zumeist für einen längeren Zeitraum festgelegt werden. Hierzu zählen Telefongebühren, Gebühren für Elektrizität, Gas, Wasser, oder die Preise für Transportleistungen der öffentlichen Wirtschaft (Bundesbahn- und Flugtarife).

Wie nun wirkt sich Preisträgheit in unserem Angebots-Nachfrage-Diagramm auf den Verlauf der aggregierten Angebotskurve aus? Sehen wir uns hierzu Abbildung 7.5 an.

Im Gegensatz zur Klassik geht Keynes, wie wir schon andeuteten, davon aus, daß in einer Volkswirtschaft die **Unterbeschäftigung** der Produktionsfaktoren und somit Arbeitslosigkeit der Normalfall sei. Vollbeschäftigung hingegen stelle eher eine Ausnahme dar. Da Keynes kurzfristig sogar **starre** Preise und Löhne unterstellt, kann es in absehbarer Zeit auch nicht automatisch über den Preismechanismus zur Vollbeschäftigung kommen.

Wie wir schon ausführten, fällt es den Unternehmen bei Unterbeschäftigung relativ leicht, zu den gegenwärtigen Löhnen die gewünschten Arbeitskräfte zu bekommen. Sie können daher, falls sie es für erforderlich halten, ohne weiteres ihre Produktion im Rahmen der vorhandenen Kapazitäten ausdehnen und müssen nicht mit steigenden Durchschnittskosten rechnen. Sollte nun die Nachfrage nach ihren Produkten zunehmen, werden die Unternehmen sofort bereit sein, ihren Output zu erhöhen, ohne zugleich die Preise anzuheben. Die aggregierte Angebotskurve *AA* verläuft deshalb **horizontal**. Erst dann, wenn die Kapazitätsgrenze einer Volkswirtschaft erreicht ist, geht der horizontale in einen vertikalen Verlauf der *AA*-Kurve über. Dann nämlich läßt sich die Produktion nicht mehr ohne weiteres ausdehnen; zumindest kurzfristig treten Kostensteigerungen auf, die über Preiserhöhungen an die Nachfrager weitergegeben werden müssen.

Abb. 7.5: Verlauf der aggregierten Angebotskurve in der Keynes'schen Theorie

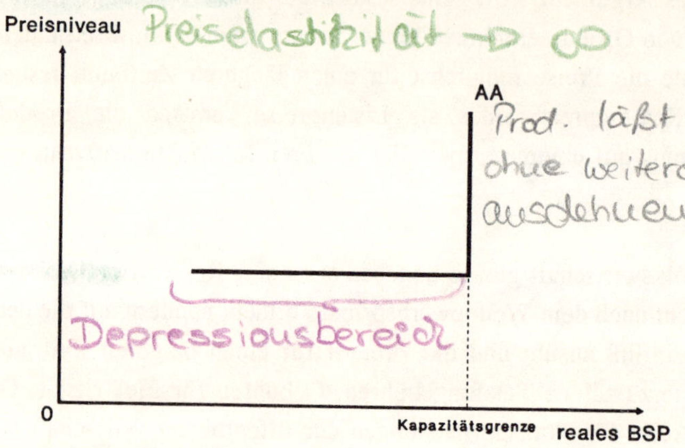

In der Literatur bezeichnet man den Bereich, innerhalb dem die *AA*-Kurve horizontal verläuft, als den **Keynes'schen-** oder den **Depressionsbereich**. Man beachte, daß hier die Preiselastizität des aggregierten Angebots gegen unendlich geht. Das heißt, bereits kleine Preisänderungen würden, falls sie eintreten könnten, zu einer überaus großen Zunahme des volkswirtschaftlichen Angebots führen. Dies ist auch leicht einzusehen, wenn man bedenkt, daß die Unternehmen mehr produzieren und absetzen können, ohne mit höheren Durchschnittskosten rechnen zu müssen. Denn damit nimmt natürlich auch ihr zu erwartender Gewinn zu.

Nur dann, wenn die Volkswirtschaft den Zustand der Vollbeschäftigung erreicht, verändert sich der Anpassungsmechanismus von Preisen und Mengen. Auch im Keynes'schen System müssen Preise und Löhne jetzt, verglichen mit dem Depressionsbereich, als weitaus flexibler unterstellt werden. Ob sie allerdings den Grad der vollkommenen Flexibilität erreichen können, so wie ihn die Klassik unterstellt, ist eine strittige Frage. Zumindest in der kurzen Frist werden, auch bei Vollbeschäftigung, weiterhin Elemente vorhanden sein (etwa bindende Kontrakte), die die Anpassungsfähigkeit des Preissystems behindern. Wir sind darauf eben schon eingegangen.

In unserer Abbildung 7.5 ist für das Keynes'sche System ein vertikaler Verlauf der aggregierten Angebotskurve an der Kapazitätsgrenze unterstellt, da diese Form der Darstellung sich auch in den meisten der neueren volkswirtschaftlichen Lehrbücher wiederfindet.

Als nächstes wollen wir uns nun der dritten zentralen Lehrmeinung zuwenden, die eine eigene Ansicht zum Verlauf der aggregierten Angebotskurve hat, der "neoklassischen Synthese". In der Literatur wird diese Richtung der makroökonomischen Theorie häufig abgekürzt auch als "Neoklassik" bezeichnet. Man findet zudem hin und wieder den Begriff "Keynesianische Theorie". In beiden Fällen darf man dann allerdings nicht mehr die ursprüngliche Konzeption der Klassik oder die Theorie von Keynes verstehen.

Die neoklassische Synthese bildet heute noch immer die Grundlage der sogenannten "mainstream economics". Sie stellt also die Hauptrichtung der Volkswirtschaftslehre dar, so wie sie weltweit an den meisten Universitäten unterrichtet und in den gängigen Lehrbüchern dargestellt wird.

7.3.3 Die Neoklassische Synthese

Die modernen Ökonomen der neoklassischen Synthese machen eine Unterscheidung, die in unseren bisherigen Ausführungen eine eher untergeordnete Rolle spielte. Sie differenzieren explizit zwischen einer **kurz-** und einer **langfristigen** Betrachtung, wenn sie sich mit der aggregierten Angebotskurve beschäftigen. Sehen wir uns zunächst, im bekannten Preis-Mengen-Diagramm, die kurzfristige aggregierte Angebotskurve an.

7.3.3.1 Kurzfristige Betrachtung

Die Abbildung 7.6 zeigt den Verlauf der aggregierten Angebotskurve in der kurzen Frist, so wie ihn die neoklassische Synthese gemeinhin annimmt.

Abb. 7.6: Kurzfristige Angebotskurve in der neoklassischen Synthese

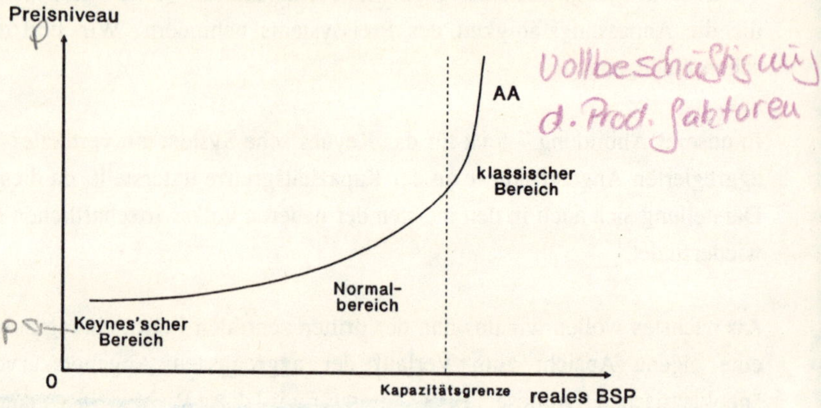

Wir erkennen, daß die kurzfristige aggregierte Angebotskurve in der Sicht der "Neoklassik" von links unten nach rechts oben ansteigt. Dies bedeutet, daß eine Zunahme des realen BSP mit einem steigenden Preisniveau einhergeht. Die Kurve läßt sich dabei in drei Bereiche unterteilen:

- den uns bereits bekannten "Keynes'schen Bereich"
- einen "normalen Bereich" und
- einen "klassischen Bereich", der uns ebenfalls bereits begegnet ist.

Der Verlauf der Kurve für diese Bereiche ist unterschiedlich:

Im ersten Segment besitzt die Kurve nur eine relativ geringe Steigung. Hier befindet sich die Volkswirtschaft in einer Situation der Unterbeschäftigung, wie sie für Keynes typisch ist. Allerdings, und dies ist wichtig: Es kann bereits hier zu einem, wenn auch nur geringfügigen Anstieg des Preisniveaus kommen, wenn sich die gesamtwirtschaftliche Nachfrage und mit ihr zusammen auch die gesamtwirtschaftliche Produktion ausdehnt.

Daran schließt sich ein zweites Segment an, das einen zunehmenden Anstieg der Angebotskurve aufweist und als typisch für normale Zeiten einer Volkswirtschaft gelten kann. Je weiter sich eine Volkswirtschaft in diesem Bereich der Kapazitätsgrenze nähert, umso stärker fällt der Preisanstieg aus, der mit zunehmender Produktion einhergeht.

Das dritte Segment verläuft nahezu vertikal und fällt mit der Kapazitätsgrenze einer Volkswirtschaft zusammen. Hier herrscht Vollbeschäftigung der Produktionsfaktoren, also jene Situation, die die Klassik als einzig relevante erachtet.

Sehen wir uns nun die verschiedenen Segmente im einzelnen noch etwas näher an.

Keynes'scher Bereich

Das erste Segment der gesamtwirtschaftlichen Angebotskurve beschreibt eine gesamtwirtschaftliche Situation, wie wir sie ähnlich bereits bei Keynes kennengelernt haben. In einer Volkswirtschaft sind hier im großen Umfang unterbeschäftigte Ressourcen vorhanden. Unausgelastete Kapazitäten, also Unterbeschäftigung von Maschinen und Faktoren in (nahezu) allen Industrien, lösen, wie wir wissen, schon bei geringen Veränderungen der Nachfrage große Reaktionen auf der Produktionsseite aus. Aber auch das Preisniveau kann sich, im Gegensatz zur Keynes'schen Betrachtung, nunmehr ebenfalls, wenn auch geringfügig nach oben bewegen.

Im Konzept der neoklassischen Synthese steigt also, insgesamt gesehen, die *AA*-Kurve (geringfügig) an. Wodurch freilich, so muß man sich fragen, kann es selbst im Keynes'schen Bereich zu einem Anstieg der kurzfristigen Angebotskurve kommen?

Die heutige Makroökonomik, wenn sie sich an der neoklassischen Synthese orientiert, greift bei der Erklärung des Verlaufs der *AA*-Kurve zum einen auf eine Vorstellung zurück, die uns bei Keynes bereits begegnet ist, nämlich die der **temporären Rigidität** der Kosten. Zum anderen aber vertreten Anhänger dieser Lehrmeinung die Ansicht, daß neben diesen zeitlich gebundenen Kostenelementen zusätzlich **variable** Kosten auftreten, die dazu führen, daß sich die Durchschnittskosten der Produktion mit zunehmendem Output (etwas) erhöhen. Als Folge davon werden auch die Preise, die die Unternehmen für ihre Produkte verlangen, bei steigender Produktion zunehmen. Diese Preissteigerungen freilich werden eher gering ausfallen. Denn in der Situation der massiven Unterbeschäftigung müssen die Unternehmen auch auf die Reaktion der Nachfrager ihrer Güter Rücksicht nehmen und eine vorsichtige Preispolitik betreiben. Auch der Wettbewerbsdruck, dem die einzelnen Unternehmen am Markte ausgesetzt sind, wird zusätzlich dafür sorgen, daß die Preise nur leicht ansteigen. Denn dieser ist umso stärker ausgeprägt, je mehr Produktionskapazitäten in einer Volkswirtschaft nicht ausgelastet sind.

Im Ergebnis zeichnet sich somit der Keynes'sche Bereich der aggregierten Angebotskurve in der neoklassischen Synthese dadurch aus, daß bei zunehmender Nachfrage die Produktion sehr stark, das Preisniveau hingegen lediglich geringfügig zunimmt.

Neoklassischer Normalbereich

Die Argumentation, die zur Begründung des Anstiegs der *AA*-Kurve im Keynes'schen Bereich herangezogen wurde, gilt im wesentlichen auch für den Neoklassischen Normalbereich. Allerdings wird diese noch durch eine weitere Überlegung in der Weise ergänzt, daß der Anstieg der Kurve im Normalbereich insgesamt steiler ausfällt.

Die neoklassische Synthese behauptet nämlich, in normalen Zeiten sei eine Volkswirtschaft dadurch gekennzeichnet, daß bestimmte Unternehmen und Industriezweige ihre Kapazitäten stärker auslasten könnten und andere weniger beschäftigt seien. Es kommt also auf einzelwirtschaftlicher und auf sektoraler Ebene zu Unterschieden in der Produktionsauslastung. Manchen Unternehmen geht es besser und anderen schlechter als sie dies erwartet hatten. Die einen arbeiten mit voller Kapazitätsauslastung und bei anderen sind noch genügend Produktionsspielräume vorhanden. Die Volkswirtschaft ist also nicht mehr durch eine einheitliche, für alle Unternehmen geltende Wirtschaftslage charakterisiert, sondern durch **strukturelle Differenzen**. In diesen spiegeln sich dann die konjunkturellen, technologischen, wettbewerbsmäßigen und sonstigen Bedingungen wieder, wie sie für verschiedene Sektoren innerhalb der Gesamtwirtschaft typisch sind.

Stärker ausgelastete Industrien werden natürlich bei einem Anstieg der Nachfrage ihren Output nicht ohne weiteres ausdehnen können. Sie müssen zuvor erst durch zusätzliche Investitionen ihre Produktionskapazitäten ausbauen. Dadurch entstehen zusätzliche Kosten, die es zu kompensieren gilt. Zum anderen fällt es auch schwer, für die hinzukommenden Kapazitäten die notwendigen Arbeitskräfte zu den alten Bedingungen einzustellen. Die Unternehmen müssen vielmehr Lohnerhöhungen akzeptieren und sehen sich daher steigenden Kosten gegenüber. Die Gesamt- sowie die Durchschnittskosten von Unternehmen mit stark ausgelasteten Kapazitäten steigen also kräftig an und veranlassen diese, auch die Preise kräftig anzuheben. Dies führt, für die gesamte Volkswirtschaft betrachtet, dazu, daß bei einer Anhebung der Nachfrage

(a) die Reaktion des realen Outputs viel geringer als im Keynes'schen Bereich ausfällt und

(b) das Preisniveau umso stärker ansteigt, je mehr sich die gesamte Volkswirtschaft, das heißt je mehr sich alle Produktionssektoren ihrer Kapazitätsgrenze annähern.

Der Anstieg der *AA*-Kurve in der kurzen Frist hängt also von der spezifischen Situation ab, in der sich eine Volkswirtschaft befindet. Von zentraler Bedeutung ist dabei das Kriterium der **Beschäftigung**. Je näher man sich an die gesamtwirtschaftliche Kapazitätsgrenze heranbegibt, umso steiler verläuft die aggregierte Angebotskurve.

Klassischer Bereich

Die *AA*-Kurve mündet schließlich in den sogenannten klassischen Bereich, wenn alle Kapazitäten voll ausgelastet sind. In dieser Situation läßt sich die Produktion kurzfristig nicht mehr weiter ausdehnen, selbst dann nicht, wenn sich die Nachfrage sehr stark nach oben bewegen sollte.

Dieser "klassische Fall" verkörpert aber in der kurzfristigen Betrachtung der neoklassischen Synthese eher eine Grenzsituation, ein spezielles Beispiel mehr theoretischer Natur. Wie sieht es dagegen in der langfristigen Analyse aus?

7.3.3.2 Langfristige Betrachtung

Dehnt man die Betrachtung des gesamtwirtschaflichen Angebots auf eine sehr lange Zeitdauer aus, so nimmt der Verlauf der Angebotskurve eine gänzlich andere Gestalt an als in der kurzen Frist. In der langen Frist verläuft die aggregierte Angebotskurve nämlich vertikal, so wie dies Abbildung 7.7 zeigt. Über diese Verlaufsform sind sich auch alle Ökonomen der neoklassischen Synthese einig.

Welche Begründung läßt sich nun für die vertikale langfristige Angebotskurve finden?

In der langen Frist sind, so meint man, die Preise auf allen Märkten flexibel. Es gibt keine temporär gebundenen Kostenbestandteile mehr. Zudem wird dann auch das potentielle Outputniveau einer Volkswirtschaft erreicht. Änderungen bei den Produktionskosten können sich nun nur noch als Veränderung bei den Güterpreisen auswirken. Das allgemeine Preisniveau wird ansteigen, ohne daß es zu entsprechenden Mengenänderungen kommen kann. Sobald nämlich die temporär gebundenen Kostenbestandteile nicht mehr existieren, haben die Unternehmen auch keine Veranlassung, ihre Produktion bei einer Zunahme der Nachfrage auszudehnen, denn sie können dadurch ja keine zusätzlichen Kostenvorteile mehr erzielen. Sie werden allein darauf achten, den Anstieg der Produktionskosten voll über die Produktpreise an die Nachfrager weiterzugeben. In der langen Frist entspricht also der Verlauf der aggregierten Angebotskurve demjenigen, den wir als typisch für die klassische Ökonomie unterstellt hatten.

Abb. 7.7: Langfristiger Verlauf der aggregierten Angebotskurve in der neoklassischen Synthese

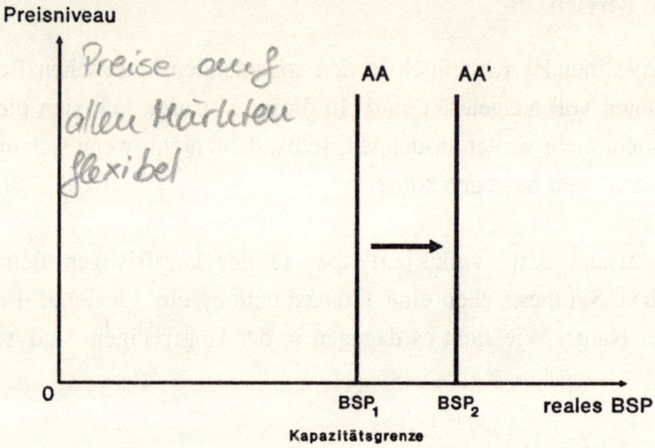

In der langfristigen Betrachtung wird sich natürlich nicht nur das Preisniveau verändern, sondern auch andere Größen, die auf das Produktionspotential einer Volkswirtschaft Einfluß haben. Hierzu zählen insbesondere die **Technologie**, die **Zahl der Arbeitskräfte** sowie die **Art ihrer Ausbildung**, der **Umfang** und die **Struktur des Kapitalstocks** und andere Faktoren mehr. Weil natürlich diese Faktoren nicht konstant bleiben, wird es zu einer Verlagerung der vertikalen langfristigen Angebotskurve kommen. In der Regel wird diese sich nach rechts verschieben und damit auch das Produktionspotential einer Volkswirtschaft erweitern.

Wir haben dies in Abbildung 7.7 durch die Verlagerung der aggregierten Angebotskurve von *AA* nach *AA'* ausgedrückt, mit einer entsprechenden Ausweitung der volkswirtschaftlichen Produktionskapazität von ***BSP_1*** auf ***BSP_2***.

Es kann aber auch zu Einschränkungen des Produktionspotentials kommen, vor allem dann, wenn sich beispielsweise die einsetzbaren Arbeitskräfte aufgrund zurückgehender Geburtenraten stark vermindern. Sorgt der technologische Fortschritt, über eine Erhöhung der Arbeitsproduktivität, dann nicht für einen entsprechenden Ausgleich, muß notwendigerweise auch das Produktionspotential schrumpfen. Mit diesem Phänomen könnten wir es unter Umständen in der Bundesrepublik Deutschland in den ersten Jahrzehnten des nächsten Jahrtausends zu tun bekommen. Dann nämlich dürfte, entsprechenden Statistiken zufolge, die arbeitsfähige Bevölkerung drastisch zurückgehen. Soll das Produktionspotential auch unter diesen Bedingungen weiter wachsen, so kann nur eine vermehrte Kapitalakkumulation und der damit einhergehende technische Fortschritt die notwendigen Voraussetzungen dafür schaffen.

Nachdem wir uns mit der aggregierten Nachfrage und dem aggregierten Angebot eingehend beschäftigt haben, wollen wir im nächsten Abschnitt auf das dritte Element näher eingehen, welches das makroökonomische Geschehen mitbestimmt, nämlich das Zusammenspiel von Angebot und Nachfrage.

7.4 Zusammenspiel von aggregierter Nachfrage und aggregiertem Angebot

Wie bereits in den vorhergehenden Abschnitten wollen wir unsere Betrachtung auch hier für die drei Lehrmeinungen Klassik, Keynes und neoklassische Synthese getrennt vornehmen und jeweils eine Situation herausstellen, die für die einzelnen Ansichten als typisch gelten kann. Beginnen wir wieder mit der Klassik.

7.4.1 Inflation und Deflation in der Klassik

Das Zusammenspiel von Angebot und Nachfrage im System der Klassik wollen wir anhand von Abbildung 7.8 kennenlernen.

Wir sehen, daß die *AA*-Kurve den für die Klassik typischen vertikalen Verlauf aufweist. Im Schnittpunkt der *AN*- und *AA*-Kurve (Punkt E_1) herrscht Gleichgewicht zwischen dem aggregierten Angebot und der aggregierten Nachfrage. Das Preisniveau im Gleichgewicht entspricht P_1^* und der gleichgewichtige Output BSP_1^* stellt zugleich die Vollbeschäftigung in der Volkswirtschaft sicher.

Nachfrageinduzierte Inflation

Verschiebt sich nun die aggregierte Nachfragekurve nach rechts von *AN* auf *AN'*, so wird zu jedem Preisniveau mehr nachgefragt. Die nachgefragte Menge, die dem Gleichgewichtspreis P_1^* entspricht, ist jetzt nicht mehr BSP_1^*, sondern BSP_2. Zu einer solchen Verschiebung der *AN*-Kurve kann es zum Beispiel kommen, wenn die Staatsausgaben ansteigen, oder wenn die Unternehmen mehr investieren.

Abb. 7.8: Zusammenspiel von Angebot und Nachfrage im System der Klassik

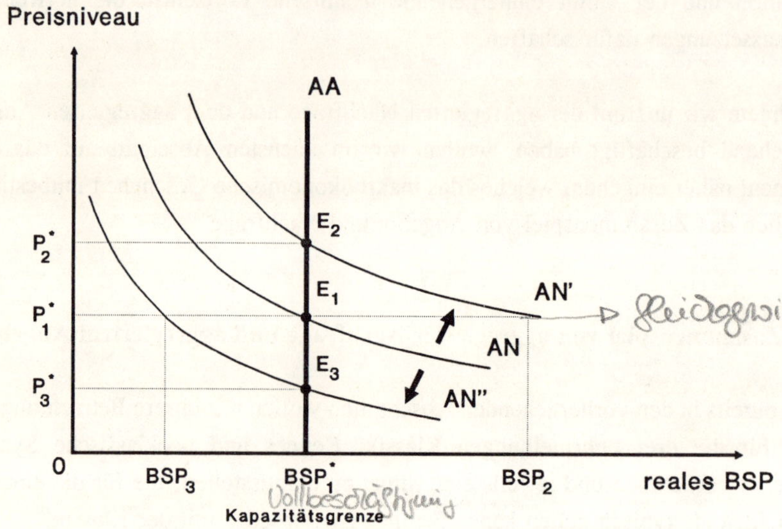

Die Unternehmen werden sich sofort auf die neue Situation einstellen und bemüht sein, die nachgefragte Menge BSP_2 zu produzieren. Sie werden als erstes darangehen, mehr Arbeitskräfte einzustellen und auch bereit sein, dafür höhere Löhne anzubieten. Da aber in der Volkswirtschaft Vollbeschäftigung herrscht und keine freien Arbeitskräfte mehr verfügbar sind, muß ihr Vorhaben sehr schnell scheitern. Mit ihrem Konkurrenzkampf um Arbeitskräfte treiben sie lediglich die Löhne steil nach oben. Als Folge müssen auch die Preise, die die Unternehmen für ihre Produkte verlangen, entsprechend steigen. Am Ende dieses Anpassungsprozesses stellt sich ein neues Gleichgewicht im Punkt E_2 ein, in dem der alte Vollbeschäftigungsoutput BSP_1^* angeboten wird, jedoch nun zu einem höheren Preisniveau P_2^*. Das Resultat einer solchen Nachfrageverschiebung ist also **Inflation**. Da hierfür allein die Nachfrage verantwortlich ist, bezeichnet man diese Art von Inflation als **nachfrageinduzierte** oder **demand-pull** Inflation.

Deflation

Eine Linksverschiebung der aggregierten Nachfragekurve von *AN* nach *AN''* bewirkt folgendes:

Zu dem ursprünglichen Gleichgewichtspreisniveau P_1^* wird jetzt nur noch die Menge BSP_3 nachgefragt. Die Unternehmen passen sich diesem Rückgang der Nachfrage an, indem sie Arbeitskräfte entlassen. Als Folge sinken die Löhne augenblicklich so stark ab, daß es für die Unternehmen wieder lohnt, neue Arbeitskräfte einzustellen. Dadurch wird ein entgegengesetzter Prozeß in Gang gebracht, der zum alten Gleichgewichtsoutput BSP_1^* hinführt. Aufgrund der gesunkenen Löhne und der damit einhergehenden Anpassungen bei den Produktpreisen wird dieser Output nun zu einem niedrigeren Preisniveau P_3^* angeboten. Das Ergebnis ist in diesem Falle also **Deflation.**

Erwähnen sollten wir noch, daß der Anpassungsprozeß der Unternehmen an die veränderte Nachfrage natürlich nicht nur den Arbeitsmarkt einschließt. Betroffen sind davon selbstverständlich auch die Märkte für alle anderen Inputfaktoren, beispielsweise der Markt für Investitionsgüter. Der Wirkungsablauf dort unterscheidet sich jedoch nicht grundsätzlich von dem von uns beschriebenen auf dem Arbeitsmarkt, weshalb wir darauf nicht weiter einzugehen brauchen.

Wirtschaftspolitische Implikationen

Nachdem uns die Wirkungsweise des klassischen Modells bekannt ist, können wir auch die **wirtschaftspolitischen** Implikationen ableiten, die sich daraus ergeben.

Versucht der Staat, das Beschäftigungs- oder Outputniveau einer Volkswirtschaft durch erhöhte Staatsausgaben oder durch niedrigere Steuern zu beeinflussen, so hat dies nur Auswirkungen auf das Preisniveau. Die vollständig flexiblen Löhne und Preise garantieren hingegen, daß stets der maximal mögliche Output, der Vollbeschäftigungsoutput produziert wird.

Diese Betrachtungsweise gilt unabhängig davon, ob sich die Lage der aggregierten Angebotskurve *AA* verändert. Diese könnte sich, wie wir wissen, nach rechts oder nach links verschieben, was mit einem wachsenden oder sinkendem Produktionspotential verbunden wäre. Auf solche Veränderungen werden wir in Kapitel 9 ausführlich eingehen, wenn wir die Konzeption der angebotsorientierten Makroökonomik kennenlernen.

7.4.2 Veränderung der Nachfrage im Keynes'schen Modell

Schon bei der Darstellung der aggregierten Angebotskurve haben wir darauf hingewiesen, daß im Keynes'schen System die Unterbeschäftigung in einer Volkswirtschaft als Normalfall gilt. Bei Keynes kommt es also zu einem Gleichgewicht von aggregierter Nachfrage und aggregiertem Angebot bei einem Output, der unterhalb des Vollbeschäftigungsniveaus liegt. Diese Situation ist in der Abbildung 7.9 dargestellt.

Abb. 7.9: Zusammenspiel von Angebot und Nachfrage im Keynes'schen System

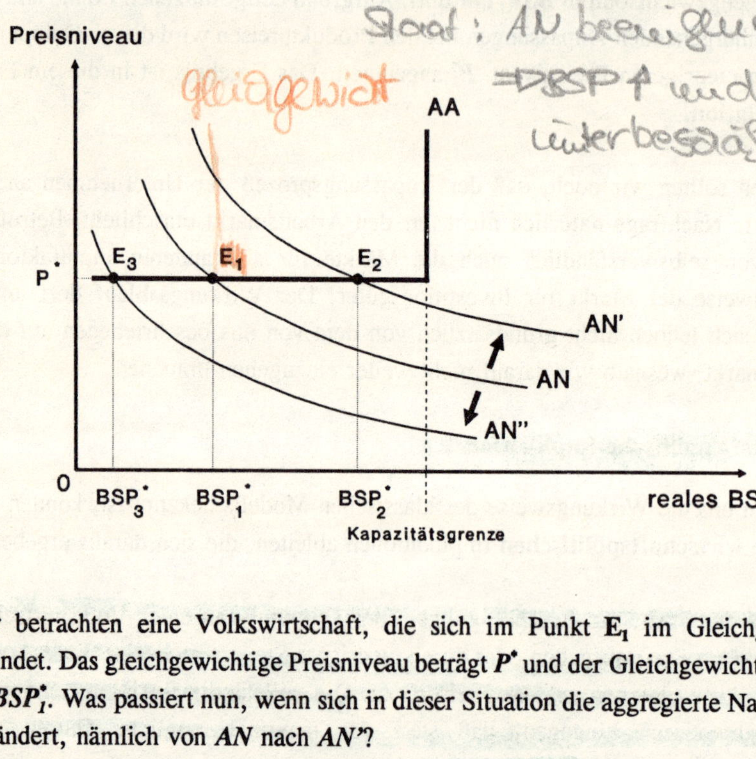

Wir betrachten eine Volkswirtschaft, die sich im Punkt E_1 im Gleichgewicht befindet. Das gleichgewichtige Preisniveau beträgt P^* und der Gleichgewichtsoutput ist BSP_1^*. Was passiert nun, wenn sich in dieser Situation die aggregierte Nachfrage verändert, nämlich von *AN* nach *AN"*?

Die Unternehmen werden auf diese Veränderung reagieren, indem sie Arbeitskräfte einstellen und ihren Output von BSP_1^* auf BSP_2^* ausdehnen. Da sie dies, unter den uns bekannten Keynes'schen Annahmen, zu konstanten Durchschnittskosten tun können, verändert sich das Preisniveau nicht. Das neue Gleichgewicht wird im Punkt E_2 zum alten Preisniveau P^* und dem höheren Output BSP_2^* erreicht.

Verschiebt sich hingegen die aggregierte Nachfragekurve von *AN* nach *AN''*, so stellt sich nun zum kurzfristig fixen Preisniveau P^* ein Gleichgewicht im Punkt $\mathbf{E_3}$ ein, wobei die Menge BSP_3^* produziert wird.

Wir sehen, daß im Keynes'schen Modell die aggregierte Nachfragekurve die dominierende Rolle spielt, wenn man das Preisniveau, den Output und die Beschäftigung in einer Volkswirtschaft bestimmen möchte. Die Theorie von Keynes steht daher auch im Zentrum der nachfrageorientierten Makroökonomik, die wir in Kapitel 8 detailliert darstellen werden.

Der **Wirtschaftspolitik** kommt in diesem System primär die Aufgabe zu, die aggregierte Nachfrage so zu beeinflussen, daß der volkswirtschaftliche Output steigt und die Unterbeschäftigung zurückgeht. Sie kann dies beispielsweise durch eine Erhöhung der Staatsausgaben oder eine Senkung der Steuern erreichen. Wie solche Maßnahmen im einzelnen wirken, werden wir ebenfalls in Kapitel 8 aufzeigen.

7.4.3 Nachfrage- und Angebotsschocks in der Konzeption der neoklassischen Synthese

Wir wissen bereits, daß die Theorie der neoklassischen Synthese bei der Betrachtung der aggregierten Angebotskurve zwischen einer kurzen und langen Frist unterscheidet. Langfristig stimmt der Verlauf der *AA*-Kurve mit dem der Klassiker überein und die Ergebnisse, die wir für eine Nachfrageveränderung im System der Klassik abgeleitet haben, gelten auch hier. Wir werden uns deshalb im folgenden auf eine kurzfristige Betrachtung des Marktgeschehens beschränken. Sehen wir uns hier zunächst Abbildung 7.10 an.

Nachfrageschocks

Die hier dargestellte Volkswirtschaft befindet sich im Punkt $\mathbf{E_1}$, dem Schnittpunkt der *AN*- und *AA*-Kurve im Gleichgewicht. Angenommen, es kommt nun durch übermäßig erhöhte Staatsausgaben oder durch einen starken Anstieg der Einkommen bei den privaten Haushalten zu einem Nachfrageboom, dann verschiebt sich die *AN*-Kurve kräftig nach rechts auf *AN'*. Man hat es in dem Fall mit einem **Nachfrageschock** zu tun, der die Volkswirtschaft trifft.

Das neue Gleichgewicht wird in Punkt $\mathbf{E_2}$ erreicht. Als Folge dieser Ausdehnung der Nachfrage tritt die uns bereits bekannte demand-pull Inflation auf, verbunden mit einer höheren Produktion. Dabei gilt, daß die Preissteigerung umso größer, und die Zunahme des Outputs umso geringer ausfällt, je näher sich die Volkswirtschaft im Ausgangszustand am Vollbeschäftigungsoutput befindet. Man spricht in diesem Fall von einer **Konjunkturüberhitzung**. Erst dann, wenn die Nachfrage wieder eingedämmt wird, kann das Preisniveau absinken.

Abb. 7.10: Nachfrageschocks

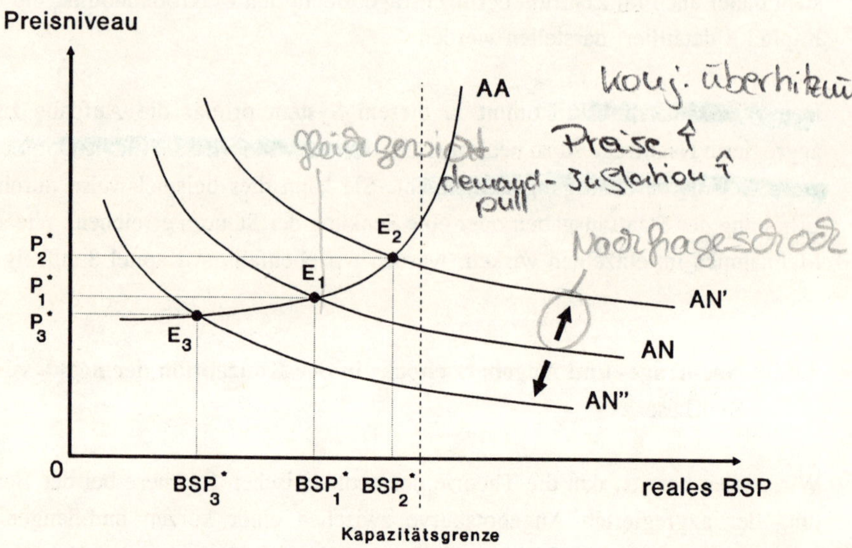

Im entgegengesetzten Fall, bei einer Linksverschiebung der *AN*-Kurve auf *AN''*, ergibt sich ein niedrigeres Preisniveau und gleichzeitig ein geringeres Sozialprodukt. In Abbildung 7.10 stellt sich das neue Gleichgewicht im Punkt E_3 ein. Das Preisniveau beträgt nun P_3^* und der Output fällt auf BSP_3^*.

Angebotsschocks

Kommen wir nun zu einem anderen interessanten Fall im System der neoklassischen Synthese, der Verschiebung der aggregierten Angebotskurve und betrachten wir hierzu Abbildung 7.11.

Wir sehen wieder eine Volkswirtschaft, die sich im Punkt E_1 im Gleichgewicht befindet. Was passiert nun in dieser Volkswirtschaft, wenn plötzlich die Preise für bestimmte Ressourcen stark ansteigen, so wie dies in den Jahren 1973/74 und 1979/80 beim Erdöl der Fall war?

Abb. 7.11: Angebotsschocks

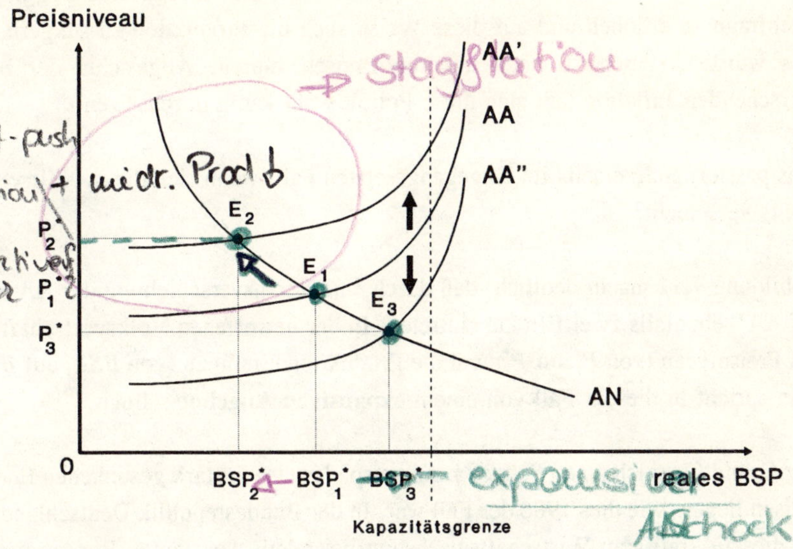

Zunächst einmal führt dies dazu, daß die Unternehmen mehr Geld für den Inputfaktor Energie aufwenden müssen; ihre Kosten erhöhen sich. Als Folge werden sie natürlich auch für ihre Produkte höhere Preise verlangen. Volkswirtschaftlich gesehen bedeutet dies, daß sich die *AA*-Kurve nach links auf *AA'* verlagert. Man spricht in diesem Fall auch von einem **kontraktiven Angebotsschock**, den die Volkswirtschaft erleidet.

Als Ergebnis eines solchen Angebotsschocks treten, wie man der Abbildung 7.11 entnehmen kann, zugleich Inflation und eine niedrigere Produktion ein: Das Preisniveau steigt von P_1^* auf P_2^* und das reale Bruttosozialprodukt sinkt von BSP_1^* auf BSP_2^*. Hier allerdings handelt es sich um keine demand-pull Inflation, sondern um einen Anstieg des Preisniveaus, dessen Grund in höheren Produktionskosten und einer damit verbundenen Linksverschiebung der *AA*-Kurve liegt. Man bezeichnet diese Art der Inflation daher auch als **kosteninduzierte** oder **cost-push Inflation.**

Durch den Ölpreisschock sind also in unserer Volkswirtschaft nicht nur die Preise gestiegen, auch die Produktion ging zurück. Eine Situation, in der Inflation und gleichzeitig Stagnation, das heißt ein Rückgang in der Produktion auftreten, bezeichnet man als **Stagflation**. Eine Volkswirtschaft, die davon betroffen ist, hat es mit zwei Übeln zugleich zu tun. Sie leidet unter dem Rückgang in der Produktion und unter einem starken Anstieg des Preisniveaus. Die wirtschaftspolitischen Mittel, die dem Staat in diesem Fall zur Verfügung stehen, sind stark beschränkt. Er könnte zwar versuchen, durch höhere Staatsausgaben die aggregierte Nachfrage zu erhöhen und auf diese Weise auch die Produktion zu steigern, aber dies würde sogleich zu noch höheren Preisen führen. Angesichts der bereits herrschenden Inflation läßt sich diese Politik wohl kaum durchsetzen.

Was passiert andererseits im entgegengesetzten Fall, wenn sich die *AA*-Kurve nach rechts verschiebt?

Abbildung 7.11 macht deutlich, daß durch eine Rechtsverschiebung der *AA*-Kurve auf *AA''* ebenfalls zwei Effekte eintreten: In der betroffenen Volkswirtschaft sinkt das Preisniveau (von P_1^* auf P_3^*) und die Produktion nimmt zu (von BSP_1^* auf BSP_3^*). Man spricht in diesem Fall von einem **expansiven Angebotsschock**.

Der Grund für solch einen Schock kann beispielsweise in stark gesunkenen Energiepreisen liegen, wie dies 1986 der Fall war. In der Bundesrepublik Deutschland etwa hat dies zu kräftigem Wirtschaftswachstum bei relativ konstanten Preisen geführt. Als weiteren Grund kann man auf die sogenannten Basisinnovationen hinweisen. Es handelt sich dabei um grundlegende Neuerungen im Produktbereich oder im Verfahrensbereich einer Volkswirtschaft, die zu einer starken Konjunkturbelebung führen (siehe dazu auch Abschnitt 9.3) . Zu nennen sind hier beispielsweise Entwicklungen im Bereich der Computertechnologie, der Biotechnologie, der Elektronik oder der Luft- und Raumfahrt mit der damit eng verbundenen Werkstofftechnik. Natürlich ist solch ein expansiver Angebotsschock in höchstem Maße wünschenswert und jede Regierung wird ihn als einen ökonomischen Glücksfall betrachten.

Kontrollfragen zu Kapitel 7:

1. Nennen Sie abhängige und unabhängige makroökonomische Variable einer Volkswirtschaft. Durch welche wirtschaftspolitischen Mittel lassen sich endogene Variablen beeinflußen?

2. Was besagt der Realkasseneffekt? Wieso wird er zur Begründung des Verlaufs der aggregierten Nachfragekurve verwendet?

3. Begründen Sie den Verlauf der *AA*-Kurve in der Klassik, im Keynesianismus und in der neoklassischen Synthese!

4. Nehmen wir an, die Lohnkosten in einer Volkswirtschaft steigen drastisch an. Welche Folgen lassen sich daraus aus der Sicht der Klassik und aus Sicht des Keynesianismus ableiten? Diskutieren Sie anhand eines *AA-AN*-Diagramms.

5. Ein Entwicklungsland sei hochgradig von Rohstoffexporten abhängig. Wie wirkt sich ein Preisverfall der Rohstoffe auf die kurzfristige Angebotskurve und auf die Nachfragekurve dieses Landes aus, gemäß der neoklassischen Synthese?

6. Die gesamtwirtschaftliche Angebotsfunktion sei

$$P(Y) = 20 + 15Y + Y^2 , \quad \text{für } 0 \leq Y \leq 100$$

mit

P: Preisniveau

Y: Bruttosozialprodukt.

Die Kapazitätsgrenze sei bei $\overline{Y} = 100$ erreicht.
Die gesamtwirtschaftliche Nachfragefunktion ist

$$P(Y) = 100 - Y \ .$$

Wie groß ist das Preisniveau und das Bruttosozialprodukt im Gleichgewicht?
(Lösung: $Y^* = 4$, $P^* = 96$)

$$20 + 16Y + Y^2 = 100$$

$$16y + y^2 = 80$$

$$y^2 + 16y + 20 = 100$$

$$ax^2 + bx + c$$

$$\frac{-b \pm \sqrt{b^2 - 4ac}}{2a} \qquad \frac{-16 \pm \sqrt{256 - 80}}{2}$$

8. Nachfrageorientierte Makroökonomik

Wir wollen uns im folgenden mit der Bedeutung der **aggregierten Nachfrage** für das Volkseinkommen auseinandersetzen und dabei sowohl auf theoretische wie auch auf politische Argumente und Konzepte eingehen. Da die Nachfrage, wie wir im letzten Kapitel schon andeuteten, im Zentrum der Keynes'schen Makroökonomik steht, wird es in der Hauptsache um Überlegungen gehen, die für das System von Keynes charakteristisch und bedeutsam sind. Zunächst werden wir in den Grundzügen die **Theorie des Multiplikators** darstellen und im Anschluß daran die wirtschaftspolitischen Schlußfolgerungen ziehen, die sich daraus ergeben. Dies wird im Rahmen der sogenannten **Fiskalpolitik** geschehen.

8.1 Einfache Theorie des Multiplikators

Wir sagten schon, daß in der Keynes'schen Theorie die aggregierte Nachfrage eine zentrale Rolle einnimmt, um das gleichgewichtige Volkseinkommen bei Vollbeschäftigung zu bestimmen. Um Vollbeschäftigung zu garantieren, muß die aggregierte Nachfrage nach Konsumgütern und Investitionsgütern eine Höhe aufweisen, die fähig ist, das gesamte produzierbare Sozialprodukt in einem Lande auszuschöpfen. Fragen wir uns also zunächst, was sich hinter der gesamtwirtschaftlichen Nachfrage ökonomisch eigentlich verbirgt, wie man sie theoretisch und statistisch erfassen kann.

8.1.1 Keynes'sche Kreislaufbetrachtung

Betrachten wir ein einfaches Modell der Volkswirtschaft, in dem der Staat und das Ausland nicht berücksichtigt sind.

Investition, Konsum und Sparen

Wie wir aus der Volkswirtschaftlichen Gesamtrechnung wissen, gibt es dann zwei Hauptverwendungszwecke für das Volkseinkommen:

- **Konsumieren**
  und
- **Investieren.**

Nimmt man den Staatssektor in die Betrachtung mit hinein, so werden die obigen Verwendungszwecke noch durch die Ausgabentätigkeit der öffentlichen Hand ergänzt. Auch das Ausland spielt über Exporte und Importe in einer offenen Volkswirtschaft eine Rolle. Doch abstrahieren wir zunächst, wie gesagt, für unsere Zwecke vom Staat und vom Ausland.

Die Verwendung des Volkseinkommens für Konsum und Investition bestimmt zugleich die gesamtwirtschaftliche Nachfrage, also jenen Teil unseres Makromodells, der für die Keynes'sche Theorie die Hauptbedeutung hat. Die Verwendung des Einkommens ist nämlich mit einem "Strom von Geldausgaben" verbunden, der sich auf den Märkten für Güter und Dienstleistungen als Nachfrage artikuliert. Allerdings - und dies ist ein ganz wichtiger Punkt, auf den es schon an dieser Stelle hinzuweisen gilt - in diesem Kapitel werden wir Konsum und Investitionen nicht im nachhinein, also ex-post betrachten, sondern wir haben es immer mit dem von den Haushalten geplanten Konsum beziehungsweise den von Unternehmen geplanten Investitionen zu tun.

Der Konsum hat, wie wir wissen, ein Pendant:

- das **Sparen**.

Sparen aber kann sich nicht als Nachfrage auf Märkten niederschlagen. Denn Sparen bedeutet einen zeitweiligen Entzug von Einkommensteilen aus dem Prozeß des sofortigen Konsumierens. Über das Sparen werden Einkommensteile dem laufenden Geldstrom, der von den Haushalten zu den Unternehmen fließt, für eine bestimmte Zeitdauer entzogen. Sie fließen aus diesem gleichsam ab. Die Abbildung 8.1 versucht diesen Zusammenhang graphisch aufzuzeigen.

Damit aber eine Volkswirtschaft die vorhandenen Produktivkräfte stets voll beschäftigen kann, darf natürlich über den "Sparkanal" nicht zuviel abfließen. Bei fixen Preisen, wie sie das Keynes'sche System voraussetzt, können dann nämlich die produzierbaren Mengen von Gütern und Diensten nicht mehr an die Haushalte abgesetzt werden. Es wird bei diesen zu einem Zuviel an Sparen und zu einem Zuwenig an Konsum kommen. Als Folge bilden sich bei den Unternehmen zunächst Läger, danach kommt es zu Anpassungsprozessen in der Produktion, zu einem reduzierten Volumen des Outputs, zu Entlassungen bei den Arbeitskräften und schließlich eben zu einer Unterbeschäftigung der vorhandenen Produktionsfaktoren.

Der Konsumstrom der Haushalte ist also ein Hauptbestandteil der aggregierten

Nachfrage und damit auch ein Hauptelement der Keynes'schen Theorie der Volkseinkommensbestimmung.

Abb. 8.1: Konsum und Sparen als Kreislaufgrößen

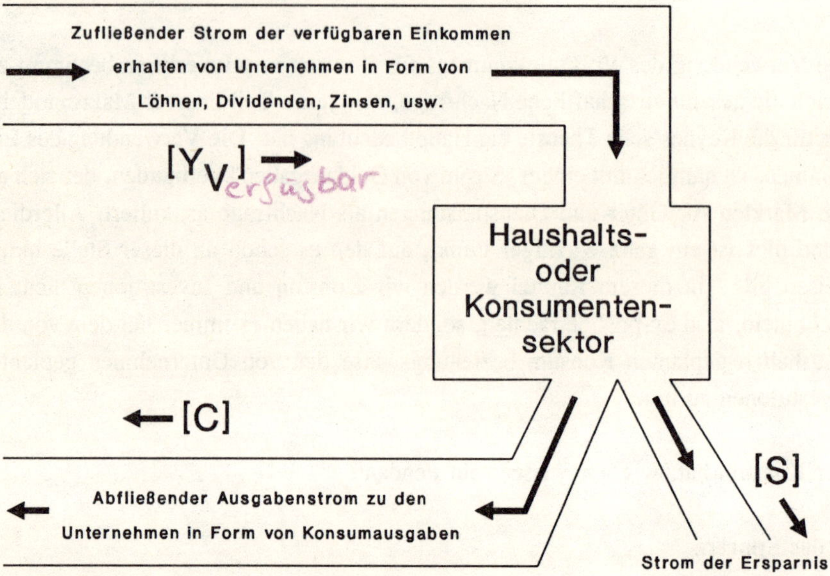

Wie aber setzt sich dieser Konsumstrom im einzelnen zusammen? Welche Faktoren bestimmen ihn?

Bestimmungsfaktoren von Konsum und Sparen

Nach Keynes ist es vor allem ein Faktor, der den Konsum in einer Volkswirtschaft bestimmt:

- Die **Höhe des verfügbaren Einkommens**, das Individuen, Haushalte oder Familien erhalten.

Die Verwendung der Einkommen für den Konsum und die Ersparnis wiederum drückt sich dabei aus in der

- **Konsumquote**
  und (als Pendant dazu) der
- **Sparquote**
  der privaten Haushalte.

Zins spielt keine Rolle, Aber: Klassik

Die Konsumquote gibt an, welchen Betrag, bei jeder Einkommenshöhe, die Haushalte in den Konsum fließen lassen. Als Restgröße ergibt sich dann das Sparen mit der zugehörigen Sparquote.

Psychologische Faktoren werden dagegen im Keynes'schen Konzept als vernachlässigbar gering angesehen. Auch der Zinssatz spielt, im Gegensatz zur Klassik, keine Rolle. Wenn man also bei Keynes die Einkommenshöhe der Haushalte kennt, so läßt sich daraus in etwa abschätzen, wieviel diese für Konsumausgaben verwenden und wieviel sie sparen werden. Von Familie zu Familie kann es hierbei sicherlich Unterschiede geben, aber insgesamt läßt sich für eine bestimmte Volkswirtschaft doch ein ziemlich robustes Raster erstellen, das auch über längere Zeiträume hinweg Bestand hat. Die Verwendung der Einkommen für Konsum und Sparen ist demnach für Keynes ein Prozeß, der strukturell und zeitlich nur relativ geringen Veränderungen unterliegt.

Um eine Weiterentwicklung dieser These von Keynes bemühten sich vor allem **M. Friedman** und **F. Modigliani**:

Friedman ist der Auffassung, daß die Höhe des Konsums nicht in erster Linie vom verfügbaren laufenden Einkommen abhängt, sondern vielmehr vom permanenten oder normalen Einkommen, das weitgehend durch den Grad der Fähigkeiten sowie durch das vorhandene Geld- und Sachvermögen eines Individuums bestimmt wird. Man spricht daher in diesem Fall von der **permanenten Einkommenshypothese**.

Modigliani behauptet in seiner **Lebenszyklushypothese**, daß Haushalte bestrebt sind, ihre Konsumausgaben möglichst optimal auf ihre gesamte Lebenszeit zu verteilen. Dies impliziert, daß sie in der Zeit ihres Arbeitslebens vor allem sparen, indem sie beispielsweise Finanzanlagen anhäufen. Diese können sie danach veräußern und bis zu ihrem Lebensende auch verkomsumieren.

Obwohl beide Ansichten in der modernen Theorie eine gewisse Bedeutung erlangt haben, wollen wir uns damit hier nicht weiter auseinandersetzen, sondern unsere weiteren Ausführungen auf die Überlegungen von Keynes beschränken.

Zu deren Illustration möchte auch die nachfolgende Abbildung 8.2 beitragen und beispielhaft für die Bundesrepublik Deutschland aufzeigen, wie hier in den verschiedenen Einkommensklassen die vorhandenen Einkommen für verschiedene Verwendungszwecke ausgegeben werden.

Abb. 8.2: Verwendungszwecke der privaten Ausgaben in der BRD, 1983

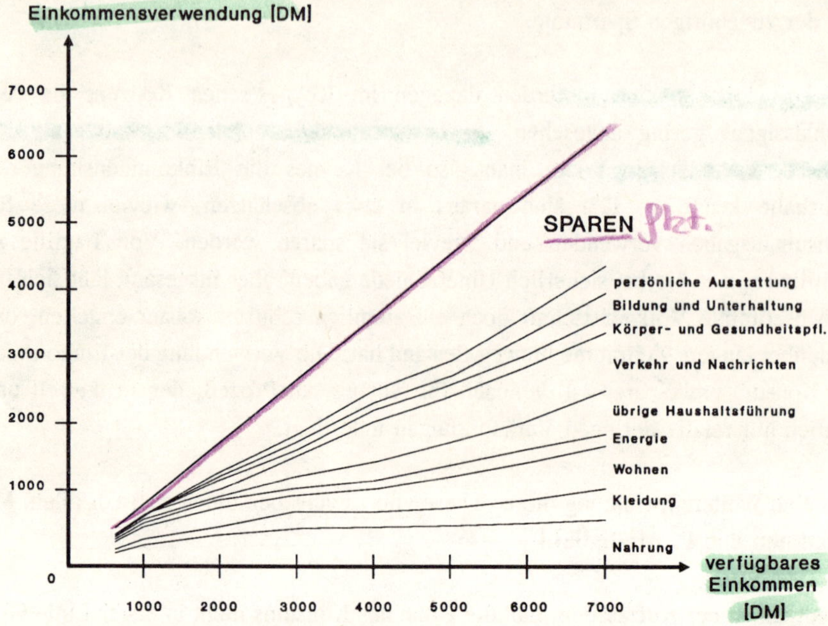

Quelle: Einkommens- und Verbrauchsstichprobe 1983, Statistisches Bundesamt, Statistisches Jahrbuch 1987 für die BRD.

In der obigen Abbildung sind zwei Punkte von besonderem Interesse. Zum einen kann man der Graphik entnehmen, daß Sparen und die Konsumausgaben sich immer zum verfügbaren Einkommen ergänzen. Die eingezeichnete 45°-Linie macht dies deutlich. Zum anderen wird die Abhängigkeit des Sparens und der Konsumausgaben von der Höhe des verfügbaren Einkommens klar ersichtlich. Wenn dieses wächst, nimmt relativ auch das Sparen zu und die Konsumausgaben in den verschiedenen Verwendungszwecken gehen relativ zurück. Das Sparen allerdings setzt erst bei einer bestimmten Einkommenshöhe ein, wie leicht einzusehen ist. Die unteren Einkommensschichten haben eben zunächst einmal die notwendige Lebenshaltung zu bestreiten.

Daraus kann man schließen, daß eine Änderung im verfügbaren Einkommen auch eine Änderung bei den Konsumausgaben bewirken wird. Mit dieser Betrachtung von Veränderungen lernen wir wieder einmal das in der Ökonomie wichtige und weit verbreitete methodische Konzept der **Marginalbetrachtung** kennen, das wir in Kapitel 2, im Zusammenhang mit der Modellbetrachtung in der Volkswirtschaftslehre, schon angesprochen haben. Sehen wir uns hierzu die nachfolgende Tabelle an:

Abb. 8.3: Marginale Konsum- und marginale Sparneigung

Verfügbares Einkommen	Konsum	marginale Konsumneigung	Ersparnis	marginale Sparneigung
1500	1400		100	
		$\frac{300}{400} = 0{,}75$		$\frac{100}{400} = 0{,}25$
1900	1700		200	
		$\frac{700}{900} = 0{,}78$		$\frac{200}{900} = 0{,}22$
2800	2400		400	
		$\frac{740}{1000} = 0{,}74$		$\frac{260}{1000} = 0{,}26$
3800	3140		660	

In der obigen Tabelle haben wir anhand eines Zahlenbeispiels die **marginale Konsumneigung** (Grenzneigung zum Konsum) in Spalte 3 und die **marginale Sparneigung** (Grenzneigung zum Sparen) in Spalte 5 abgeleitet. Bei beiden wird nicht mehr auf die Gesamthöhe des Konsums und des Sparens abgestellt, sondern wir wollen wissen, wieviel von einer **zusätzlichen** Einkommenseinheit **zusätzlich** gespart und konsumiert wird.

Die Grenzneigung zum Konsum ist dann definiert als das Verhältnis von zusätzlichem Konsum ΔC und zusätzlichem verfügbaren Einkommen ΔY_v, also:

$$\frac{\text{zusätzlicher Konsum}}{\text{zusätzliches verfügbares Einkommen}} = \frac{\Delta C}{\Delta Y_v} .$$

Werfen wir hierzu noch einmal einen kurzen Blick auf obige Tabelle. Wir erkennen, daß im gewählten Beispiel, das sich an den Daten für die Bundesrepublik

Deutschland anlehnt, die Konsumneigung nahezu konstant ist. Dieses Ergebnis hat im Keynes'schen System eine zentrale Bedeutung, wie wir gleich bei der Formulierung der Konsumfunktion noch sehen werden.

Doch nun sollten wir uns der zweiten Komponente der aggregierten Nachfrage, dem Strom der Investitionsausgaben zuwenden.

Bestimmungsfaktoren der Investitionsausgaben

Investitionen werden, wie wir wissen, von den Unternehmen getätigt, sie kaufen Kapitalgüter, errichten Gebäude, neue Anlagen. Diese Investitionen können von einer Vielzahl von Faktoren beeinflußt sein, sowohl von ökonomischen als auch von psychologischen. Zudem unterliegen sie, verständlicherweise, im Zeitablauf großen Unsicherheiten. In der Nationalökonomie herrscht daher bis heute große Uneinigkeit darüber, welche Faktoren in welcher Weise auf die privaten Investitionen tatsächlich einwirken. Die Investitionsausgaben der Unternehmen sind aus diesem Grunde viel schwerer zu bestimmen als die Konsumausgaben der privaten Haushalte. Gängigerweise unterstellt man, daß die folgenden Einflußgrößen von Bedeutung sind:

- Die **Kosten** einer Investition.

Hier vor allem scheint der **Zins**, den man für die Entlohnung des eingesetzten Kapitals berechnen muß, eine besondere Rolle zu spielen, gleichgültig ob er für eingesetztes Fremd- oder für das Eigenkapital einer Unternehmung kalkuliert wird.

- Der **Strom an erwarteten Einnahmen**, die ein Anleger mit seiner Investition verbindet.

Solche Erwartungen lassen sich natürlich nur sehr schwer bestimmen. Sie hängen von vielen zusätzlichen Einflußgrößen ab: der allgemeinen wirtschaftlichen Lage, dem Wettbewerbsdruck, dem ein Unternehmen unterliegt, der politischen Situation in einem Lande und vielen anderen Faktoren mehr.

In diesem Zusammenhang sind sich Keynes und Klassik weitgehend darin einig, daß die Investitionen von der **Rendite** des eingesetzten Kapitals determiniert sind. Ein Unternehmen wird eine Investition nur dann durchführen, wenn deren Rendite über dem Marktzins liegt. Gesamtwirtschaftlich gesehen, geht also in beiden Konzeptionen die Investitionsnachfrage zurück, wenn der Marktzins steigt, weil dann immer mehr Investitionen unrentabel werden. Sinkt hingegen der Marktzins, so kommen ehedem unrentable Investitionen wieder in die Gewinnzone und die Investitionsnachfrage wird steigen.

Über diesen grundlegenden Mechanismus herrscht also Übereinstimmung. Unterschiede gibt es "nur" in der funktionalen Ausgestaltung des Abhängigkeitsverhältnisses von Investition und Zins, das heißt der sogenannten **Investitionsfunktion**. Während nämlich die klassische Investitionsfunktion auf die rein **technische Grenzproduktivität** des Kapitals abstellt, und Kapital so lange eingesetzt wird, bis diese dem realen Marktzins entspricht, spielen bei Keynes Erwartungen über die gesamtwirtschaftliche Lage für die Investitionsentscheidungen eine wesentliche Rolle. Denn diese bestimmen nach seiner Ansicht die erwarteten Einnahmen eines Unternehmens entscheidend mit. Deshalb verwendet er auch anstelle des Begriffs der Grenzproduktivität des Kapitals das Konzept der **Grenzleistungsfähigkeit des Kapitals**. Was hat man darunter zu verstehen?

Die Grenzleistungsfähigkeit des Kapitals bezeichnet jenen Diskontfaktor, mit dem man die erwarteten Einnahmen einer Investition abzinsen muß, damit sie genau deren Anschaffungskosten entsprechen. Übersteigt nun dieser Faktor den Marktzins, dann gilt die Investition als rentabel und sie sollte somit auch durchgeführt werden. Liegt die Grenzleistungsfähigkeit hingegen unter dem Marktzins, sollte man besser auf die Investition verzichten.

Auf den ersten Blick wird der Unterschied zwischen der Klassischen und der Keynes'schen Investitionstheorie eigentlich nicht recht deutlich: Bei beiden hängen die Investitionen letztlich negativ vom Marktzins ab. Die entscheidende Abweichung kommt erst durch die Bedeutung hinein, die Keynes den **Erwartungen** beimißt. So kann bei Keynes eine Verschlechterung des wirtschaftlichen Klimas die Investitionsnachfrage, bei unveränderter Produktionsfunktion und unverändertem Marktzins, abrupt absenken, während dies im System der Klassik überhaupt keine Wirkung zeigt. Welche makroökonomischen Konsequenzen sich aus dieser Differenzierung ergeben, werden wir im Kapitel 10 noch im einzelnen darlegen, wenn wir uns mit der Wirksamkeit der Geld- und Fiskalpolitik im Vergleich beschäftigen.

In unserem Kreislaufschema stellen sich die abgehandelten Zusammenhänge nunmehr wie folgt dar:

Abb. 8.4: Unternehmenssektor in Keynes'scher Kreislaufbetrachtung

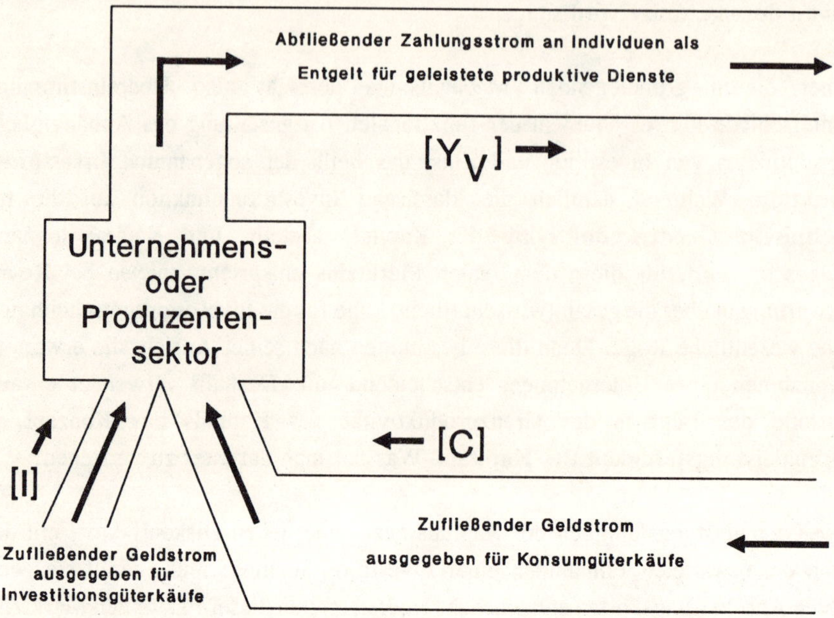

Wir erkennen, daß in den Unternehmenssektor zwei geplante Geldströme hineinfließen und dabei die aggregierte Nachfrage bilden: ein Geldstrom, der für Konsumgüterkäufe ausgegeben wird und ein weiterer, der sich aus den Investitionsgüterkäufen zusammensetzt. Der erste kommt aus dem Haushaltssektor, der zweite aus dem Sektor Vermögensbildung.

Wenn wir weiterhin die Kreislaufbetrachtung ergänzen und zum Produktionssektor zusätzlich den Konsumsektor hinzunehmen, erhalten wir die Abbildung 8.5.

Man sieht, daß in unserer einfachen Kreislaufbetrachtung, die nur einen Unternehmens- und einen Haushaltssektor kennt, ein Fluß von Ausgaben und Einnahmen stattfindet, der die beiden Sektoren miteinander verbindet. Wichtig dabei ist die Erkenntnis, daß laufend über das Sparen Gelder aus dem Haushaltssektor abfließen und laufend über die Investitionsausgaben ein Zufluß an Geldern in den Produktionssektor hinein stattfindet. Der Abfluß und der Zufluß sind über die Vermögens- und Kapitalbildung in einer Volkswirtschaft miteinander verbunden, wie wir auch im Kapitel über die Volkswirtschaftliche Gesamtrechnung schon dargelegt haben. Hierzu zählt auch die Lagerhaltung. Sie stellt, wie leicht einzusehen ist, **keine** Komponente der aggregierten Nachfrage dar, falls sie **unfreiwillig** erfolgt, das heißt bei den Unternehmen zwangsweise gebildet werden muß. Nur freiwillige, geplante Lagerinvestitionen wirken sich über die Investitionsausgaben auf die gesamtwirtschaftliche Nachfrage aus.

Abb. 8.5: Unternehmen und Haushalte in Keynes'scher Kreislaufbetrachtung

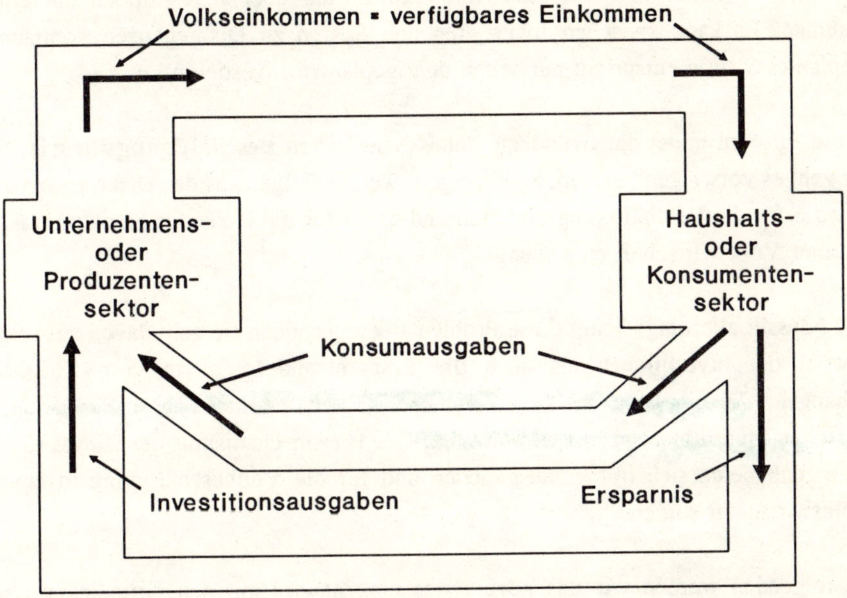

Gleichheit von Investition und Sparen

Interessant ist nun natürlich die Frage, ob der den unmittelbaren Kreislauf verlassende Geldstrom der Ersparnis genau dem zufließenden Geldstrom der Investitionsausgaben entspricht.

Auf den ersten Blick könnte man geneigt sein, diese Identität zu bestätigen, zumal im Rahmen der Volkswirtschaftlichen Gesamtrechnung, wie wir wissen, Ersparnis und Investition immer übereinstimmen. Allerdings gilt diese Gleichheit, und dies sollte man unbedingt erkannt haben, nur für eine Betrachtung im nachhinein, für die statistische Erfassung bereits stattgefundener Vorgänge. Ex-post wird über unfreiwillige Lagerhaltung, die in der Volkswirtschaftlichen Gesamtrechnung zu den Investitionen zählt, stets die Identität der zwei Größen I und S gegeben sein. Ex-ante aber, sobald man die **geplanten** Größen betrachtet, muß diese Gleichheit nicht mehr vorhanden sein.

Wie wir sahen, hängt bei Keynes der geplante Konsum von der Höhe des verfügbaren Einkommens der Haushalte ab, während der Marktzins die geplanten Investitionsausgaben mitbestimmt. Wir haben es hier also sowohl mit unterschiedlichen Faktoren, die auf die Geldströme einwirken, als auch mit unterschiedlichen Quellen, aus denen sie herstammen, zu tun. Der Abfluß über das Sparen muß demnach nicht mehr mit dem Zufluß über Investitionen übereinstimmen. Es kann zwischen Investieren und Sparen zu Diskrepanzen kommen. Geplantes Sparen entspricht nur selten dem geplanten Investieren.

Diese Einsicht bildet die Grundlage der **Keynes'schen Beschäftigungstheorie**. In ihr geht es vorwiegend darum, aufzuzeigen, welche Folgen aus der Diskrepanz von *I* und *S* für die Beschäftigungssituation und damit für die Höhe des Sozialprodukts in einer Volkswirtschaft entstehen.

Die **Klassik** allerdings kennt diese Problematik nicht, denn sie geht davon aus, daß sowohl die Investitionen als auch die Ersparnisbildung allein vom Zinssatz abhängen. Damit kann auf vollkommenen Kapitalmärkten kein Unterschied zwischen Investition und Sparen auftreten. Der Preismechanismus des Zinses führt dazu, daß beide sich immer ausgleichen und für die Vollbeschäftigung in einer Volkswirtschaft sorgen.

Im folgenden werden wir uns noch etwas eingehender mit den Grundlagen der Theorie von Keynes beschäftigen und in formalerer Form aufzeigen, wie es zu den angedeuteten Unterschieden zwischen *I* und *S* kommen kann und welche Folgen sich daraus für die Beschäftigung in einer Volkswirtschaft ergeben.

8.1.2 Ableitung des Investitionsmultiplikators

Gehen wir zunächst von einem einfachen Beispiel aus und nehmen an, *I* und *S* seien im Umfang gleich. Der *I*-Strom soll sich sodann verkleinern, weil einige Unternehmen bei dem geltenden Marktzins nicht investieren wollen. In dieser Situation freilich kann man von jenen Wirtschaftssubjekten, die die Sparentscheidungen treffen, den Haushalten also, nicht erwarten, daß sie ihre Pläne ebenfalls ändern und weniger sparen. Sie richten ihre Entscheidungen nicht am Zins, sondern an ihrem Einkommen aus. Eine Einschränkung der geplanten Investitionen bedeutet daher nicht unbedingt auch eine Einschränkung des geplanten Sparens. Zwischen beiden Plangrößen liegen getrennte Entscheidungsabläufe vor. Zwischen ihnen können daher auch Unterschiede auftreten.

Welche Folgen ergeben sich nun aus diesem Zusammenhang zwischen I und S für unsere Ausgangsproblemstellung, nämlich die Bestimmung des Vollbeschäftigungsgleichgewichts?

Ableitung der Konsum- und Sparfunktion

Die erste Einsicht, die wir im Rahmen der Keynes'schen Theorie gewinnen können, besteht darin, daß die aggregierte Nachfrage zum einen Teil von der Höhe des Konsums C bestimmt wird und diese wiederum von der Höhe des verfügbaren Einkommens Y_v determiniert ist. Man kann diese Abhängigkeit in funktionaler Form ausdrücken:

$$C = C(Y_v) \quad .$$

Diese **Konsumfunktion** läßt sich auch in graphischer Form darstellen (Abbildung 8.6, oberer Teil), wobei hier von folgender linearen Beziehung ausgegangen wird:

$$C(Y_v) = C_a + c \cdot Y_v \, , \quad 0 < c < 1 \, , \quad C_a > 0 \quad .$$

Abb. 8.6 Konsumfunktion und Sparfunktion

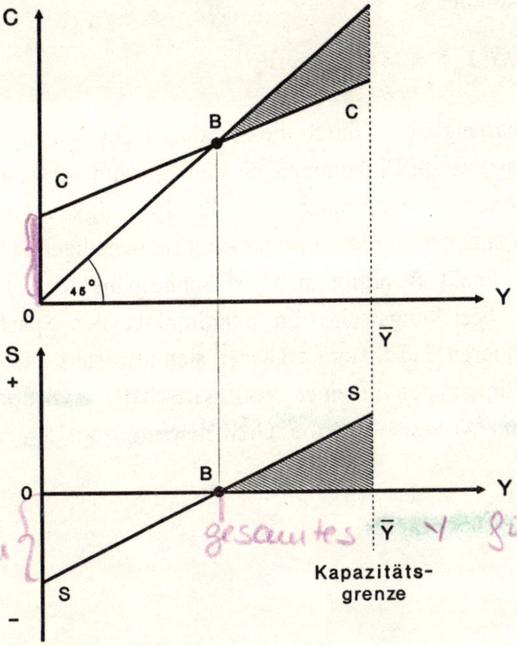

Man sieht im oberen Teil der Abbildung 8.6, daß selbst bei einem Volkseinkommen von 0 Konsumausgaben getätigt werden müssen, um die lebensnotwendigen Nahrungsmittel sowie Kleidung und Behausung zu erwerben. (Erinnern wir uns an Kapitel 6, wo wir darstellten, daß in unserer einfachen Ökonomie, in der es nur Haushalte und Unternehmen gibt, das verfügbare Einkommen dem Volkseinkommen entspricht: $Y=Y_v$).

Diesen lebensnotwendigen Konsum haben wir bereits in Kapitel 2 kennengelernt und ihn dort als **autonomen Konsum** bezeichnet; er drückt sich in dem Ordinatenabschnitt C_a der Konsumfunktion C aus. Die Steigung der Konsumfunktion wird durch c bestimmt. Sie gibt zugleich die marginale Konsumneigung an, die bei linearen Konsumfunktionen konstant ist.

Die zweite Einsicht, auf die wir zurückgreifen wollen, ist, daß Sparen eine Restgröße des Einkommens darstellt. Aus der Konsumfunktion läßt sich also unmittelbar die Sparfunktion S für eine Volkswirtschaft ableiten. Diese ist im unteren Teil des Schaubildes 8.6 dargestellt.

Man sieht, daß die Konsumfunktion und die Sparfunktion exakte Komplemente darstellen. Die geplante Ersparnis ist ebenso wie der Konsum eine Funktion des verfügbaren Einkommens:

$$S(Y_v) = -C_a + s \cdot Y_v \quad .$$

Die marginale Sparneigung ist durch die Steigung s der Sparfunktion gegeben. Im Punkt **B** wird das gesamte Einkommen für den Konsum verwendet, die Ersparnis beträgt 0. Bei höherem Einkommen setzt die Spartätigkeit ein, bei geringerem Einkommen muß entspart werden, um die lebensnotwendigen Ausgaben bestreiten zu können. Der Punkt **B** ergibt sich im Schnittpunkt der 45°-Linie mit der Konsumfunktion, beziehungsweise im Schnittpunkt der Sparfunktion mit der Abszisse. Konsumieren und Sparen ergänzen sich also stets und bilden zusammen das verfügbare Einkommen in einer Volkswirtschaft. Deshalb müssen sich die Grenzneigung zum Konsum und die Grenzneigung zum Sparen auch zu Eins addieren:

$$c + s = 1 \quad .$$

Gleichheit von geplantem Sparen und geplantem Investieren

Unsere dritte Erkenntnis besteht darin, daß zwischen Sparen und Investieren eine Gleichheit vorhanden sein muß, wenn die Gesamtwirtschaft sich in einem Gleichgewicht befinden soll. Nur dann, wenn der Umfang der **geplanten** Ersparnisbildung in einer Volkswirtschaft genau dem Umfang der **geplanten** Investitionstätigkeit entspricht, herrscht ein Gleichgewicht, bei dem Konsumenten wie Produzenten ihre Pläne realisieren können. Auf dieses Gleichgewichtsniveau des Volkseinkommens stellt auch die Abbildung 8.7 ab.

Abb. 8.7: Gleichheit von geplantem Sparen und geplantem Investieren

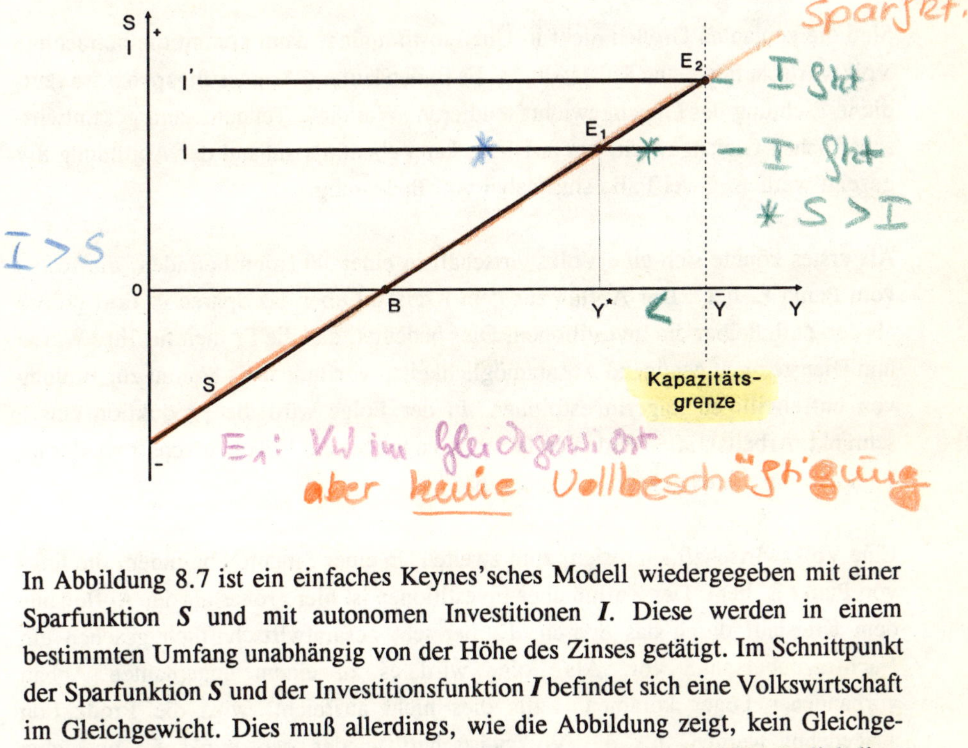

In Abbildung 8.7 ist ein einfaches Keynes'sches Modell wiedergegeben mit einer Sparfunktion ***S*** und mit autonomen Investitionen ***I***. Diese werden in einem bestimmten Umfang unabhängig von der Höhe des Zinses getätigt. Im Schnittpunkt der Sparfunktion ***S*** und der Investitionsfunktion ***I*** befindet sich eine Volkswirtschaft im Gleichgewicht. Dies muß allerdings, wie die Abbildung zeigt, kein Gleichgewicht sein, bei dem Vollbeschäftigung herrscht. Das Gleichgewicht nämlich liegt in unserem Falle im Punkt E_1, weil bei keinem anderen Volkseinkommen die geplanten Ersparnisse der Haushalte und die geplanten Investitionen der Unternehmen übereinstimmen. Das zugehörige Volkseinkommen Y^* aber ist kleiner als das Volkseinkommen $\overline{Y}$, bei dem Vollbeschäftigung herrschen würde.

Gleichgewicht bedeutet also hier, um es nochmals zu wiederholen:

Das geplante Sparen der Haushalte stimmt mit dem geplanten Investieren der Unternehmen überein.

Es bedeutet aber nicht, daß in einer Volkswirtschaft zugleich Vollbeschäftigung herrscht. Um Vollbeschäftigung zu erreichen, müßten in unserer Abbildung die autonomen Investitionen auf *I'* ansteigen, das heißt, die aggregierte Nachfrage müßte sich erhöhen. Dann ergäbe sich im Punkt E_2 ein neues Gleichgewicht, bei dem das geplante Sparen der Haushalte mit den geplanten Investitionen der Unternehmen übereinstimmte und gleichzeitig Vollbeschäftigung gegeben wäre.

Sind die geplanten Größen nicht in Übereinstimmung, dann kommt die betrachtete Volkswirtschaft in keine Ruhestellung. Es finden laufend **Anpassungsprozesse** statt, die in Richtung des Gleichgewichts tendieren. Wie diese Tendenz zum gesamtwirtschaftlichen Gleichgewicht hin aussieht, kann ebenfalls anhand der Abbildung 8.7 gezeigt werden. Zwei Fälle sind dabei von Bedeutung.

Als erstes könnte sich eine Volkswirtschaft in einer Situation befinden, die rechts vom Punkt E_1 liegt. Der Abfluß aus dem Kreislauf über das Sparen ist dort größer als der Zufluß über die Investitionen. Dies bedeutet, daß die Firmen für Ihre Waren und Dienste nicht genügend Absatzmöglichkeiten vorfinden. Es kommt zur Bildung von unfreiwilligen Lagerinvestitionen. In der Folge wird die Produktion eingeschränkt, Arbeitskräfte werden entlassen, solange bis die Volkswirtschaft wieder im Punkt E_1 ein Gleichgewicht gefunden hat.

Eine Volkswirtschaft kann sich, zum zweiten, in einer Situation befinden, die links von Punkt E_1 liegt. Der Zufluß über Investitionen ist hier größer als der Abfluß aus dem Kreislauf durch das Sparen. Es herrscht gesamtwirtschaftlich gesehen ein Nachfrageüberschuß vor. Als Folge wird es zu einem ungeplanten Abbau vorhandener Läger kommen. Falls dies nicht ausreicht, wird die Produktion ausgedehnt werden, bis die Volkswirtschaft wieder den Punkt E_1 und eine Gleichgewichtsstellung erreicht, in der das geplante Sparen genau dem geplanten Investieren entspricht.

Volkswirtschaftliches Gleichgewicht in der *C+I*-Darstellung

Im System von Keynes gibt es noch eine zweite Möglichkeit der Darstellung, um das Gleichgewicht in einer Volkswirtschaft zu bestimmen, und zwar direkt über die

Konsum- und die Investitionsausgaben. Diese Form der Darstellung veranschaulicht die nachfolgende Abbildung 8.8.

Abb. 8.8: Volkswirtschaftliches Gleichgewicht in der ***C+I*** *Darstellung*

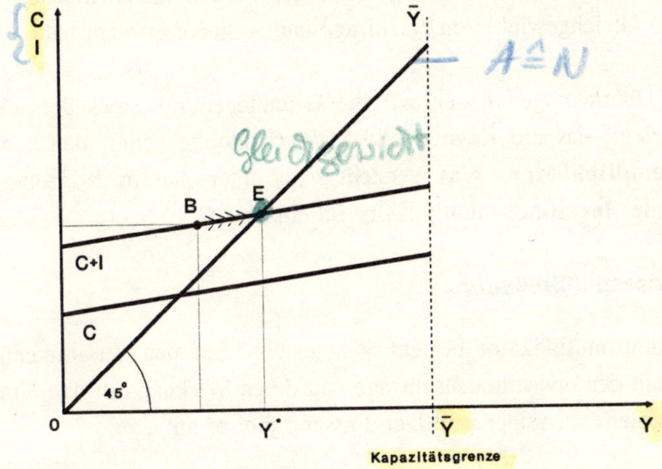

In der obigen Abbildung wird das Gleichgewichtseinkommen über die Gesamtnachfrage abgeleitet, die sich aus der Konsumnachfrage und der Nachfrage nach Investitionen, genauer gesagt, nach autonomen Investitionen zusammensetzt. Diese Art der Darstellung nennt man daher auch die ***C+I*-Methode**. Sie verlangt, daß die geplanten Ausgaben für Konsum- und Investitionsgüter genau der geplanten Produktion eben dieser Güter entsprechen. Formal gilt also:

$$Y = C(Y) + I \; .$$

In der graphischen Darstellung addiert man einfach die beiden Kurven und erhält auf diese Weise die Gesamtnachfragefunktion ***C+I***. Im Schnittpunkt **E** dieser aggregierten Funktion mit der 45°-Linie stellt sich dann das volkswirtschaftliche Gleichgewicht ein. Denn auf der 45°-Linie stimmen Gesamtnachfrage und Gesamtangebot immer überein.

Natürlich kann sich auch bei dieser Darstellungsweise eine Volkswirtschaft im Ungleichgewicht befinden und damit eine Tendenz zum Gleichgewicht hin auslösen. Wie aber sieht dann der **Anpassungsprozeß** an das Gleichgewicht aus?

Nehmen wir an, im Schaubild 8.8 würde sich unsere Volkswirtschaft im Bereich des Punktes **B** befinden. Hier wären die geplanten Ausgaben für $C+I$ größer als das angebotene Volkseinkommen. Die Konsumenten und Investoren möchten also in dieser Situation mehr Güter kaufen als tatsächlich produziert werden. Als Folge werden zunächst vorhandene Läger geräumt, danach zusätzlich Arbeitskräfte eingestellt und die Produktion solange erweitert, bis die Volkswirtschaft im Punkt E wieder ein Gleichgewicht von Nachfrage und Angebot erreicht hat.

Mit diesen Überlegungen haben wir die Grundlagen für eines der wichtigsten Konzepte gelegt, das die Keynes'sche Makroökonomie kennt, den sogenannten **Investitionsmultiplikator**. Was versteht man unter diesem Konzept und wie funktioniert der Investitionsmultiplikator im einzelnen?

Der Investitionsmultiplikator

Der Investitionsmultiplikator bezieht sich generell auf den Zusammenhang von Änderungen in der Investitionsnachfrage und deren Wirkung auf den Umfang des Volkseinkommens. In seiner positiven Fassung gibt er an:

Um wieviele Einheiten steigt das Volkseinkommen, wenn sich die Investitionsnachfrage um eine Einheit erhöht.

Die Tatsache, daß das Volkseinkommen zunimmt, wenn sich die Investitionen erhöhen, ist nicht überraschend, wenn wir bedenken, daß diese einen Teil des Volkseinkommens darstellen. Wichtig aber ist zu wissen, daß der numerische Wert des Investitionsmultiplikators stets größer als 1 ist. Das bedeutet, daß die Erhöhung der Investitionen um eine Einheit das Volkseinkommen um mehr als eine Einheit anwachsen läßt.

Das folgende Beispiel mag die Wirkungsweise des Investitionsmultiplikators verdeutlichen:

Angenommen, ein großes Unternehmen tätigt eine Nettoinvestition von 1 Million DM. Dies führt dazu, daß das Einkommen der Arbeitskräfte im Investitionssektor der betrachteten Volkswirtschaft zunächst einmal um 1 Million ansteigt. Beträgt die Grenzneigung zum Konsum 0,75, so werden 750.000 DM von diesem zusätzlichen Einkommen wieder ausgegeben und 250.000 DM davon gespart. Die Ausgaben in Höhe von 750.000 DM schaffen nun ihrerseits anderswo in der Volkswirtschaft neues Einkommen in gleicher Höhe. Beträgt dort die marginale Konsumneigung ebenfalls 0,75, so wird von den 750.000 DM ein Betrag von 562.500 DM ausgegeben und 187.500 DM werden gespart. Dieser Vorgang setzt sich nun unendlich oft fort, bis am Ende aus der 1 Million DM zusätzlicher Investitionsausgaben ein Volkseinkommenszuwachs ΔY entstanden ist, der sich wie folgt berechnet:

$$\Delta Y = 1.000.000\,(1 + 0{,}75 + 0{,}75^2 + 0{,}75^3 + ...) =$$

$$1.000.000 \cdot \frac{1}{1 - 0{,}75} = 4.000.000 \; DM \quad .$$

c

Man hat es hier mit einer unendlichen geometrischen Reihe zu tun, deren Summe sich nach der folgenden Formel berechnet:

$$1 + c + c^2 + c^3 + ... = \frac{1}{1-c} \quad \textit{für} \quad c<1 \; .$$

Der Ausdruck $\frac{1}{1-0{,}75}$ steht in diesem Beispiel für den Investitionsmultiplikator.

Und dieser wiederum gibt an, mit welchem Faktor man die Erhöhung der Investitionsausgaben ΔI multiplizieren muß, um den Volkseinkommenszuwachs ΔY zu erhalten.

Allgemein läßt sich der Investitionsmultiplikator formulieren als:

$$\frac{\Delta Y}{\Delta I} = \frac{1}{1-c} \; ,$$

wobei c bekanntlich die Grenzneigung zum Konsum angibt.

Bedenkt man weiterhin, daß sich die Grenzneigung zum Konsum und die Grenzneigung zum Sparen (s) zu 1 addieren, läßt sich der obige Multiplikator auch schreiben als:

$$\frac{\Delta Y}{\Delta I} = \frac{1}{s} \; .$$

Man kann den Investitionsmultiplikator auch graphisch herleiten, wie dies in Abbildung 8.9 geschieht.

Abb. 8.9: Graphische Herleitung des Investitionsmultiplikators

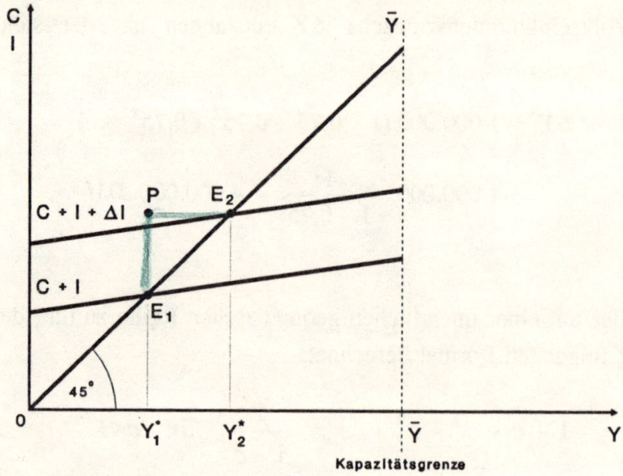

Wir sehen, daß sich die Nachfragekurve nach Konsum- und Investitionsgütern $C+I$ parallel nach oben auf $C+I+\Delta I$ verschiebt, wenn zusätzlich (autonome) Investitionen in Höhe von ΔI getätigt werden. Das neue Gleichgewicht wandert von E_1 nach E_2 und das Volkseinkommen erhöht sich um ΔY, vom Gleichgewichtseinkommen Y_1^* zum Gleichgewichtseinkommen Y_2^*. Dieser Zuwachs, der den Strecken $\overline{E_1P}$ und $\overline{E_2P}$ entspricht, übertrifft den Anstieg der Investitionsausgaben ΔI.

Aus der graphischen Darstellung kann man weiterhin entnehmen, daß der Multiplikatoreffekt auf die positive Steigung der Nachfragekurve $C+I$ zurückzuführen ist. Je steiler diese verläuft, das heißt je größer die marginale Konsumneigung ist, desto höher fällt der Multiplikator aus.

In Abbildung 8.10 wollen wir uns die Auswirkungen eines Investitionsanstiegs auf das Volkseinkommen noch einmal verdeutlichen, jetzt aber in unserem bekannten Angebots-Nachfrage-Modell.

Nehmen wir an, in einer Volkswirtschaft würden die autonomen Investitionen um ΔI ansteigen. Dies führt dazu, daß sich die aggregierte Nachfragekurve von AN nach rechts auf AN' verschiebt. Das neue Gleichgewicht kommt im Punkt E_2 zustande. Aufgrund des Multiplikatorprozesses wächst das gleichgewichtige Volkseinkommen von Y_1^* auf Y_2^*. Dieses neue Volkseinkommen liegt aber noch unter dem Vollbeschäftigungsniveau unserer Volkswirtschaft, welches erst bei der Kapazitätsgrenze $\overline{Y}$ erreicht wäre.

Abb. 8.10: Investitionsmultiplikator im Angebots-Nachfrage-Modell

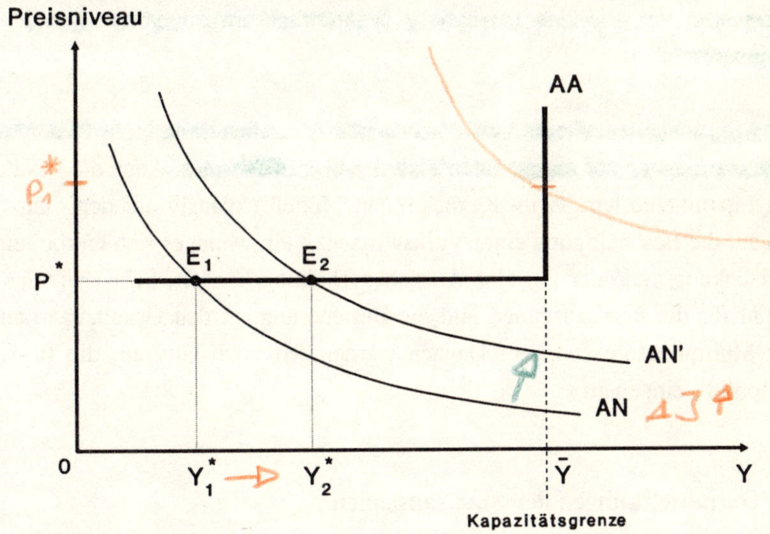

In dieser Abbildung kann man auch erkennen, warum das Multiplikatormodell jenseits der Kapazitätsgrenze nicht mehr funktioniert. Dies liegt einfach daran, daß die Unternehmen in diesem Bereich nicht länger bereit sind, zusätzlichen Output zu gleichen Preisen anzubieten. Auch im Modell von Keynes werden sie jetzt versuchen, zumindest kurzfristig die gestiegene Nachfrage über Preiserhöhungen abzuschöpfen.

8.2 Grundzüge der staatlichen Fiskalpolitik

Im letzten Abschnitt hatten wir uns eingehend mit dem Keynes'schen Investitionsmultiplikator beschäftigt. Wir sahen, wie eine Ausdehnung der Investitionstätigkeit der Unternehmen auf den Output einer Volkswirtschaft und damit auf das Volkseinkommen wirkt.

Hier nun werden wir dieses einfache Multiplikator-Modell erweitern, indem wir zusätzlich den **Staat** in unsere Betrachtungen aufnehmen. Dieser kann sich, wie wir wissen, ökonomisch betätigen, indem er

- Steuern erhebt und/oder
- Ausgaben tätigt.

Wenn wir den Staat in unser Modell aufnehmen, müssen wir bedenken, daß nun das Volkseinkommen und das verfügbare Einkommen im allgemeinen nicht mehr übereinstimmen.

Beide Möglichkeiten, Steuern zu erheben und Ausgaben zu tätigen, zählen zu den Hauptinstrumenten der sogenannten **Fiskalpolitik** des Staates. Auch die fiskalpolitischen Instrumente wirken im Keynes'schen Modell expansiv auf den Output und damit auf die Beschäftigung einer Volkswirtschaft ein, wenn es sich hierbei um eine Steuersenkung und/oder um eine Ausgabenerhöhung handelt. Sehen wir uns also, getrennt für die Staatsausgaben und die Besteuerung, in den Grundzügen an, wie deren Multiplikatoren wirken. Danach werden wir noch kurz auf die Praxis der Fiskalpolitik eingehen.

8.2.1 Outputwirkungen der Staatsausgaben

Verändern sich die Staatsausgaben A_{St} und bleiben die Steuern T (Staatseinnahmen) konstant, so erhält man einen Multiplikatoreffekt, wie ihn Abbildung 8.11 wiedergibt.

Abb. 8.11: Multiplikatoreffekt der Staatsausgaben

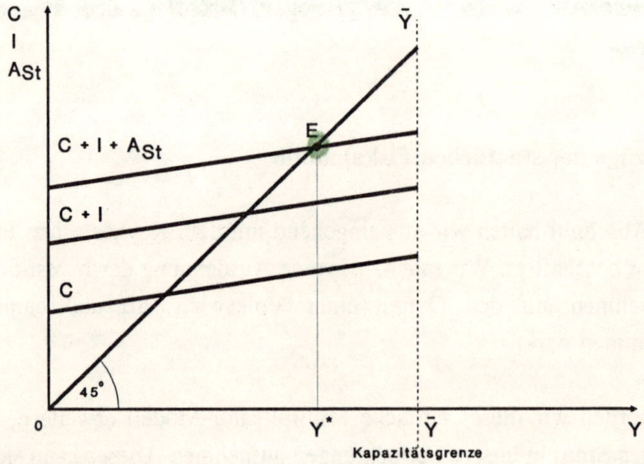

Um die Ausgabenwirkungen des Staates auf das Bruttosozialprodukt abzuleiten, haben wir, wie man sieht, das gleiche Diagram verwendet, das uns auch schon für die Darstellung des Investitionsmultiplikators diente, wobei nun das verfügbare Einkommen ***Y-T*** beträgt. Wir müssen hier einfach die Staatsausgaben A_{St} zusätzlich zur Konsumnachfrage ***C(Y-T)*** und zur Investitionsnachfrage ***I*** addieren, um die Gesamtnachfrage zu erhalten. Im makroökonomischen Gleichgewicht gilt dann:

$$Y = C(Y-T) + I + A_{St} .$$

Die Staatsausgaben haben demnach im Keynes' Modell dieselben makroökonomischen Wirkungen wie private Ausgaben für Konsum oder Investitionen.

Im Schnittpunkt von $C+I+A_{St}$ mit der 45°-Linie (Punkt E) erhalten wir wieder das Gleichgewichtseinkommen Y^* unserer Volkswirtschaft. Die geplanten Ausgaben der Wirtschaftssubjekte entsprechen hier genau dem geplanten gesamtwirtschaftlichen Output.

Daß Staatsausgaben den gleichen Effekt auf die gesamtwirtschaftliche Produktion haben wie die privaten Konsum- und Investitionsausgaben kann noch einmal die nachfolgende Abbildung 8.12 aufzeigen.

*Abb. 8.12: Multiplikatorwirkungen der Staatsausgaben im **C+I**-Diagramm*

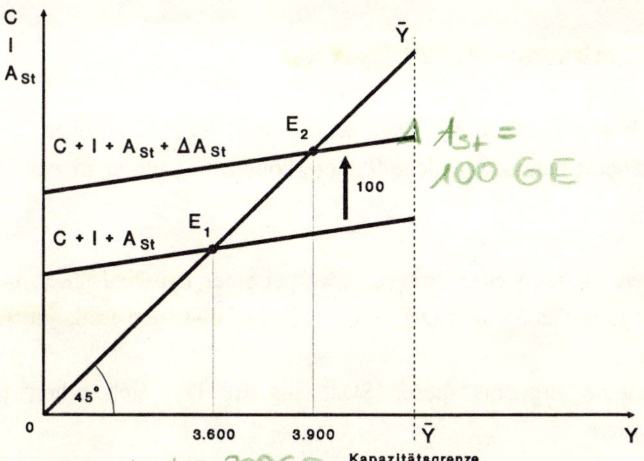

Man sieht, daß im obigen Beispiel eine Erhöhung der Staatsausgaben um 100 GE das verfügbare Einkommen um 300 GE ansteigen läßt. Die marginale Konsumneigung der Haushalte wird also mit einem Wert von zwei Drittel angenommen und der Staatsausgabenmultiplikator beträgt 3.

Allgemein läßt sich der Multiplikator der Staatsausgaben schreiben als:

$$\Delta Y = \frac{1}{1-c}\Delta A_{St} \quad \text{oder} \quad \Delta Y = \frac{1}{s}\Delta A_{St} \;.$$

Fassen wir unsere bisherigen Erkenntnisse hinsichtlich der Einkommenswirkungen von Staatsausgaben noch einmal kurz zusammen:

Staatsausgaben für Güter und Dienste beeinflussen in hohem Maße die Produktion und die Beschäftigung einer Volkswirtschaft im Keynes'schen Depressionsmodell. Wenn A_{St} wächst, dann erhöht sich auch Y, und zwar in Höhe des Staatsausgabenmultiplikators. Wenn A_{St} sinkt, geht Y dem Multiplikator entsprechend zurück. Von den Staatsausgaben gehen somit expansive oder kontraktive Wirkungen auf das Volkseinkommen in einer Volkswirtschaft aus. Sie wirken damit, neben den privaten Konsum- und Investitionsausgaben, entscheidend auf den Konjunkturverlauf ein.

Wie aber sehen die Outputwirkungen aus, wenn der Staat anstelle der Ausgaben für Güter und Dienste bei den Steuern Veränderungen vornimmt?

8.2.2 Outputwirkungen der Besteuerung

Nehmen wir also jetzt an, der Staat würde seine Steuern erhöhen, die Ausgaben aber unverändert belassen. Solche Steuererhöhungen kann er in zweifacher Weise vornehmen:

- als Anhebung des Steuerbetrages, etwa bei einer Pauschalsteuer, und/oder
- als Anhebung des Steuersatzes, etwa bei der Lohn- und Einkommensteuer.

Das allgemeine Ergebnis dieser Staatseingriffe läßt sich schon rein intuitiv nachvollziehen:

Zusätzliche Steuern bedeuten einen zwangsweisen Einkommensentzug bei den privaten Haushalten, damit eine Verringerung des verfügbaren Einkommens mit der Wirkung, daß sich auch die Konsumausgaben bei den Haushalten reduzieren. Dieser

Rückgang wiederum führt zu einer Reduktion des Sozialprodukts und damit einhergehend auch zu einer Verringerung der Beschäftigung.

Sehen wir uns aber den Zusammenhang noch etwas genauer an, und zwar am einfacheren Fall der Erhebung einer Pauschalsteuer.

Erhebung einer Pauschalsteuer

Wird eine Pauschalsteuer erhöht, so reduziert sich das verfügbare Einkommen und die Haushalte werden zu jedem Einkommensniveau weniger konsumieren. Auf die Abbildung 8.12 übertragen bedeutet dies, daß sich die $C+I+A_{St}$-Kurve parallel nach unten verschiebt. Umgekehrt verfügen die Haushalte bei einer Reduktion der Pauschalsteuer über mehr Einkommen, was dazu führt, daß nun zu jedem Einkommensniveau auch mehr konsumiert wird. in diesem Fall verschiebt sich die $C+I+A_{St}$-Kurve nach oben. Eine Änderung der Pauschalsteuer hat also tendenziell die gleiche Wirkung wie eine Verminderung oder Erhöhung der Staatsausgaben.

Wie aber sieht nun der Steuermultiplikator analytisch aus?

Wird in einer Volkswirtschaft die Steuer um 1 DM gesenkt, so erhöht sich das Einkommen der Haushalte um 1 DM. Beträgt die Grenzneigung zum Konsum 0,75, so werden 0,75 DM ausgegeben und der Rest gespart. Die Ausgaben in Höhe von 0,75 DM schaffen nun ihrerseits anderswo in der Ökonomie neues Einkommen in gleicher Höhe. Von diesem Einkommen werden wiederum 0,75 DM ausgegeben. Setzt sich dieser Prozeß unendlich fort, so ergibt sich bei einer Grenzneigung zum Konsum von c von jeder DM Steuersenkung ($\Delta T<0$) eine Erhöhung des Einkommens um

$$\Delta Y = -\Delta T(c+c^2+c^3+\ldots) = -\frac{c}{1-c}\Delta T \quad .$$

(Als Berechnungsgrundlage dient hier die folgende Summenformel für die unendliche geometrische Reihe:

$$c+c^2+c^3+\ldots = \frac{1}{1-c}-1 = \frac{c}{1-c} \quad .)$$

Bei einer Steuererhöhung ($\Delta T>0$) würde das Volkseinkommen entsprechend sinken, wobei natürlich der gleiche Multiplikator zur Anwendung kommt.

Vergleich mit dem Staatsausgabenmultiplikator

Wir haben also gesehen, daß auch durch Steuersenkungen das Gleichgewichtseinkommen einer Volkswirtschaft erhöht werden kann. Geschieht dies freilich in derselben Weise wie bei der Staatsausgabentätigkeit oder treten, verglichen mit dieser, Unterschiede in der Multiplikatorwirkung auf?

Generell kann man sagen, daß der Steuermultiplikator in seinem Wert geringer ausfällt als der Staatsausgabenmultiplikator. Warum ist dies so?

Gibt die Regierung eine DM mehr für Staatsausgaben aus, dann schlägt sich dies unmittelbar als zusätzliche Nachfrage nieder. Wenn sie aber die Steuern um den gleichen Betrag reduziert, dann kommt nur ein Teil des hierdurch zusätzlich verfügbaren Einkommens in den Konsum und wird nachfragewirksam. Ein anderer Teil aber wird für das Sparen verwendet. Der Steuermultiplikator einer Pauschalsteuer T hängt also, wie wir vorhin sahen, zusätzlich von der marginalen Konsumneigung (beziehungsweise der marginalen Sparneigung) der Haushalte ab. Der Unterschied zwischen Steuer- und Staatsausgabenmultiplikator läßt sich demnach wie folgt aufzeigen:

$$\frac{\Delta Y}{\Delta T} = -c \cdot \frac{\Delta Y}{\Delta A_{St}} \;.$$

Daraus kann man sofort ablesen, daß der Steuermultiplikator betragsmäßig kleiner als der Staatsausgabenmultiplikator sein muß, da die Grenzneigung zum Konsum kleiner als 1 ist.

Diese Ableitung des Steuermultiplikators gilt, um es nochmals zu wiederholen, nur für Pauschalsteuern, bei denen der Steuerbetrag unabhängig vom Niveau des Volkseinkommens anfällt. Die Herleitung des Multiplikators für den Fall, in dem das Steueraufkommen einen festen Prozentsatz des Volkseinkommens beträgt, stellt sich etwas komplizierter dar. Dann nämlich hängt die Reaktion des Volkseinkommens auf eine Änderung des Steuersatzes auch vom jeweiligen Niveau des Einkommens in der Ökonomie ab. Wir verzichten hier auf die Herleitung des Steuermultiplikators für diesen Fall.

8.2.3 Fiskalpolitik in der Praxis

Aus unseren vorangegangenen Ausführungen könnte man nun die enthusiastische Vorstellung gewinnen, daß der Staat mit seiner Ausgaben- und Einnahmentätigkeit den "Stein der Weisen" in der Hand hat, um das Auf und Ab in der Entwicklung des Sozialprodukts nach Belieben zu beeinflussen. Bei Unterbeschäftigung hätte er nur die Staatsausgaben auszudehnen und/oder die Steuern zu reduzieren. Bei einer Überbeschäftigung (Inflation) müßte er die Staatsausgaben reduzieren und/oder die Steuern entsprechend anheben.

In der Welt der Keynesianischen Multiplikator-Theorie gewinnt also der Fiskalpolitiker eine entscheidende Rolle für den Konjunkturverlauf in einer Volkswirtschaft. Er wird gleichsam zu einem **makroökonomischen Manager**, dessen Aufgabe es ist, für jede Konjunkturlage die richtige Dosierung bei den Staatsausgaben und Steuern zu finden. Für einen solchen Manager ist alles machbar, die Ökonomie kann nach seinen Vorstellungen global gesteuert werden (Keynesianische Kybernetik).

Dieser Vorstellung von einer globalen Steuerbarkeit des Konjunkturverlaufs hingen viele Ökonomen, über Jahrzehnte hinweg, sogar noch vor kurzem an. Heute allerdings muß diese Sicht als naiv gelten. Denn gerade die Erfahrungen, die man in den beiden letzten Konjunkturzyklen machte, haben gezeigt, daß die Möglichkeiten der staatlichen Fiskalpolitik zur Steuerung des kurzfristigen Konjunkturverlaufs in der Praxis sehr beschränkt sind. Denn zum einen unterscheidet sich die Realität doch in bedeutsamen Aspekten von der Theorie, zum anderen kennt man die Multiplikatoren in ihren quantitativen Werten nicht so genau, als daß man immer die richtige fiskalpolitische Dosis fände.

Welche Möglichkeiten hat nun der Staat zur Durchführung fiskalpolitischer Maßnahmen?

Grundsätzlich unterscheidet man zwei Bereiche der staatlichen Fiskalpolitik:

(a) die **diskretionäre Fiskalpolitik**:

Der Staat betrachtet den Konjunkturverlauf, antizipiert zukünftige Entwicklungen und entscheidet explizit, von Fall zu Fall, welche fiskalpolitischen Maßnahmen er zur Konjunkturstabilisierung treffen sollte.

(b) die **Fiskalpolitik mit Hilfe automatischer Stabilisatoren:**

Hier wirkt das gegebene Einnahmen- und Ausgabensystem des öffentlichen Sektors von alleine in einer bestimmten Weise auf die Volkswirtschaft ein, ohne daß sich staatliche Regierungsstellen eigens um stabilisierende Maßnahmen bemühen müßten. Es wird ein automatischer Zusammenhang zwischen Staatsausgaben und Steuern auf der einen sowie der konjunkturellen Entwicklung des Bruttosozialprodukts auf der anderen Seite hergestellt, der immer und fortwährend wirkt.

Sehen wir uns beide fiskalpolitischen Konzepte im folgenden noch etwas genauer an.

Automatische Stabilisatoren

Zu den automatischen Stabilisatoren zählen vor allem zwei Ausprägungen des öffentlichen Fiskalsystems:

(a) das **progressive Steuersystem**

Ein progressives Steuersystem in einer Volkswirtschaft bedeutet, daß die Steuern stärker ansteigen als die Einkommenszuwächse. Welche Wirkungen treten hieraus für die Entwicklung des Bruttosozialprodukts auf?

- Wenn das Bruttosozialprodukt fällt, reduzieren sich die Steuern überproportional, die verfügbaren Einkommen wachsen relativ an und damit auch die privaten Konsumausgaben. Bei gleichbleibenden Staatsausgaben tritt ein stabilisierender Ankurbelungseffekt auf. Die Tendenz zur Unterbeschäftigung wird aufgefangen.
- Der umgekehrte Wirkungszusammenhang stellt sich bei einer Überbeschäftigung ein. Hier kommt es, ceteris paribus, zu einer Kaufkraftabschöpfung und damit zu einer entsprechenden Reduktion des Sozialprodukts im Gleichgewicht.

(b) das **Sozialversicherungssystem**, insbesondere die **Arbeitslosenversicherung**

- Wenn jemand arbeitslos wird, erhält er im System der sozialen Sicherung Arbeitslosenunterstützung und fällt damit als Konsument nur zu einem geringen Teil aus. Die Zahlungen der Arbeitslosenversicherung bringen also Kaufkraft in die Volkswirtschaft und stabilisieren diese bei Unterbeschäftigung.
- Bei Vollbeschäftigung tritt ein Entzug an Kaufkraft durch die Zahlungen an die sozialen Versicherungsträger auf und verhindert auf diese Weise ein zu schnelles

Übergleiten in die Überbeschäftigung. Voraussetzung dafür allerdings ist, daß die Zahlungen an die Versicherungen dort thesauriert werden.

Automatische Stabilisatoren stellen im Keynesianischen System freilich nur eine Art von konjunkturpolitischer Auffangstellung dar. Sie allein reichen nicht aus, um die Stabilität einer Volkswirtschaft wieder herzustellen. Um diese zu erreichen, müssen automatische Stabilisierungsvorgänge ergänzt werden durch Maßnahmen der diskretionären Fiskalpolitik.

Diskretionäre Fiskalpolitik

Zur diskretionären Fiskalpolitik zählen folgende Instrumente:

(a) **Öffentliche Investitionsprogramme**
Solche Programme, zum Beispiel im Bereich des Straßenbaus oder bei anderen Infrastruktureinrichtungen, erfordern einen langen Planungsvorlauf (fünf Jahre), wenn nicht fertige oder genehmigte Projekte bereits in den Schubladen der öffentlichen Verwaltung liegen. Investitionsprogramme können daher häufig nicht rechtzeitig zur Konjunkturstabilisierung eingesetzt werden. Die Effizienz solcher Maßnahmen läßt dann in der Regel zu wünschen übrig. Auch die Gefahr einer **Parallelpolitik** ist vorhanden. Dies bedeutet, daß in Zeiten einer schwachen Konjunktur auch die öffentlichen Investitionen zurückgehen und in Zeiten der Vollbeschäftigung, bei angefüllten staatlichen Kassen, die Investitionen der öffentlichen Hände ebenfalls ein hohes Niveau erreichen.

(b) **Staatliche Beschäftigungsmaßnahmen**
Hierzu zählen in der Bundesrepublik zum Beispiel die Arbeitsbeschaffungsmaßnahmen der Bundesanstalt für Arbeit in Nürnberg. Der Staat stellt im Rahmen eines solchen Programms für einen bestimmten Zeitraum in seinen eigenen Institutionen Arbeitsplätze zur Verfügung oder er fördert finanziell die Beschäftigung von Arbeitslosen in der Privatwirtschaft. Auch Umschulungsmaßnahmen und Programme der beruflichen Weiterbildung fallen in diesen Rahmen einer aktiven Arbeitsmarktpolitik zur Stabilisierung der Konjunktur.

(c) **Staatliche Sozial- und Subventionsprogramme**
Hier lassen sich beispielsweise Maßnahmen der Arbeitslosenunterstützung nennen oder die Möglichkeit, in Frührente zu gehen, um auf diese Weise Arbeitsplätze für jüngere Arbeitnehmer freizumachen. Als Subventionen mit konjunktureller Wirkung kommen Investitionshilfen an Unternehmen, garantierte Mindestpreise und ähnliches

in Frage. Über die Effizienz solcher Programme muß man freilich geteilter Meinung sein. Sie sind selbst bei den Anhängern der Keynes'schen Konjunkturpolitik heftig umstritten.

(d) **Veränderungen im Bereich der Besteuerung**
Der Staat verzichtet auf Steuern, um die private Wirtschaftstätigkeit anzukurbeln. Als steuerliche Maßnahmen kommen im einzelnen in Frage:
- Veränderungen der Steuersätze bei der Einkommen- und Lohnsteuer;
- Zusätzliche Abschreibungsmöglichkeiten für Unternehmen;
- Veränderungen der Körperschaftssteuer, der Kapitalertragsteuer oder sonstiger Steuern (Gewerbesteuer) im Unternehmenssektor.

Auch die steuerlichen Maßnahmen benötigen Zeit und stehen zudem häufig im Spannungsfeld politischer Auseinandersetzungen. Dies zeigt unter anderem deutlich die in der jüngsten Vergangenheit geführte Diskussion um die steuerlichen Reformmaßnahmen in der Bundesrepublik Deutschland.

Mit der obigen Aufzählung haben wir im wesentlichen die fiskalpolitischen Maßnahmen einer Regierung erfaßt. Der große Nachteil all dieser Instrumente liegt vor allem darin begründet, daß ihr Einsatz nicht mit der erforderlichen Flexibilität und Schnelligkeit erfolgen kann. Fiskalpolitische Eingriffe verlangen Zeit, auch dann, wenn, wie in der Bundesrepublik Deutschland, mit dem Stabilitäts- und Wachstumsgesetz die erforderlichen rechtlichen Grundlagen bereits vorhanden sind (siehe dazu auch Abschnitt 9.3).

Kontrollfragen zu Kapitel 8:

1. Erläutern Sie, wieso ein Anstieg der Staatsausgaben A_{St} den gleichen Multiplikatoreffekt hat wie eine autonome Erhöhung des Konsums C oder der Investitionen I, während der Multiplikatoreffekt, der aus einer Pauschalsteuersenkung resultiert, einen anderen Wert annimmt.

2. Diskutieren Sie den Unterschied zwischen staatlichen Transferzahlungen und den Ausgaben des Staates für Güter und Dienstleistungen.

3. Betrachten Sie eine Volkswirtschaft, in der die autonomen Investitionen 140 GE und die Staatsausgaben 200 GE betragen. Das Preisniveau sei konstant. Die

Aufgabe noch zu rechnen!!!

Steuereinnahmen hängen nicht vom Volkseinkommen ab, so daß sich folgende Tabelle ergibt:

Volkseinkommen	Steuern	Verfügbares Einkommen	Konsum
480	200	280	230
540	200	340	260
600	200	400	290
660	200	460	320
720	200	520	350

(a) Für welches Einkommen ergibt sich ein Gleichgewicht? Zeichnen Sie eine Graphik mit dem Volkseinkommen auf der Abszisse und $C+I+A_{St}$ auf der Ordinate.
(Lösung: $Y^*=660$)

(b) Wie groß ist die marginale Konsumneigung, wie groß die marginale Sparneigung?
(Lösung: $c=s=0{,}5$)

(c) Zeigen Sie in Ihrer Graphik wie sich ein autonomer Anstieg der Staatsausgaben um 50 GE auswirkt. Berechnen Sie den Multiplikator.
(Lösung: $\Delta Y/\Delta A_{St}=2$)

(d) Nehmen Sie an, die Pauschalsteuern steigen um 20%. Welche Auswirkungen hat dies für die geschilderte Volkswirtschaft? Wie verändert sich die Lage der $C+I+A_{St}$ Kurve in dem in (a) gezeichneten Diagramm?

4. Was versteht man unter automatischen Stabilisatoren? Nennen Sie Beispiele und erläutern Sie diese.

5. Was versteht man unter diskretionärer Fiskalpolitik?

9. Angebotsorientierte Makroökonomik

Wir haben uns im vergangenen Kapitel vorwiegend mit der aggregierten Nachfrage beschäftigt und die volkswirtschaftliche Angebotskurve mit einem bestimmten Verlauf als gegeben vorausgesetzt. Unter dieser Annahme steht primär die Keynes'sche Politik der Nachfragesteuerung im Blickpunkt des wirtschafts- und finanzpolitischen Interesses. Vor allem die als Grundübel einer entwickelten Volkswirtschaft angesehene Arbeitslosigkeit rückt dann in das Zentrum der kurz- und mittelfristigen Betrachtung. Sie wird allein durch nachfrageorientierte Maßnahmen bekämpft.

Lange Zeit hindurch hatte man mit dieser Sichtweise auch beachtlichen politischen Erfolg. Vor allem in den 60er Jahren gab es wohl kaum einen bedeutenden Wirtschaftspolitiker und nur wenige theoretisch orientierte Ökonomen, die sich nicht zum Keynesianismus bekennen konnten. Aber, ab der zweiten Hälfte der 70er Jahre änderte sich die teilweise sogar überschwängliche Einstellung der nachfrageorientierten Theorie gegenüber grundlegend. Das uns bereits bekannte Phänomen der Stagflation beherrschte damals die makroökonomische Diskussion. Denn in der Realität schienen die probaten Instrumente der Fiskalpolitik (Erhöhung der Staatsausgaben, Senkung der Steuern) zu einer hohen Inflation zu führen, ohne zugleich die Arbeitslosigkeit zu verringern. Die globale Steuerung einer Volkswirtschaft im Sinne von Keynes versagte also, wenn es um die gleichzeitige Bekämpfung von Inflation und Arbeitslosigkeit ging.

Es kann daher nicht verwundern, daß viele Ökonomen in jener Zeit nach neuen Konzepten Ausschau hielten und dabei ihre Aufmerksamkeit verstärkt dem **aggregierten Angebot** zuwandten. Beim Angebot erhalten gänzlich andere Faktoren ein determinierendes Gewicht, um das gesamtwirtschaftliche Geschehen zu charakterisieren und zu bestimmen. Welche Faktoren dies im einzelnen sind und welche Relevanz sie im Konzept einer angebotsorientierten Makroökonomik haben, soll uns nun in diesem Kapitel beschäftigen.

Wir werden uns dabei zunächst fragen, welche Bedeutung das aggregierte Angebot in einer Volkswirtschaft hat, wie es sich als realer oder potentieller volkswirtschaftlicher Output in den letzten Jahrzehnten entwickelte, welche Determinanten es bestimmen, ob die Auslastung des Produktionspotentials eng mit der Beschäftigungslage in einer Volkswirtschaft zusammenhängt und, schließlich, ob es ein zyklisches Auf und Ab der tatsächlichen Produktion gibt und welche angebotsorientierten Erklärungsansätze die Volkswirtschaftslehre dafür kennt.

In weiteren Abschnitten werden wir sodann versuchen, uns zwei wirtschaftspolitische Konzepte zu erarbeiten, die sowohl von ihrem Inhalt wie auch von ihrer Intention her dem aggregierten Angebot verpflichtet sind. Es handelt sich zum einen um das Konzept der **Supply-Side Economics**, das im angelsächsischen Sprachraum, also in den USA und in Großbritannien, im letzten Jahrzehnt große Bedeutung gewonnen hat. Zum anderen werden wir auch die deutsche Variante einer angebotsorientierten Wirtschaftspolitik kennenlernen, die seit längerem bereits vom **Sachverständigenrat** zur Begutachtung der gesamtwirtschaftlichen Entwicklung (SVR) vertreten wird.

9.1 Bedeutung des aggregierten Angebots

Wer sich von der Angebotsseite her den Problemen von Produktion und Beschäftigung nähert, der kommt nicht umhin, zunächst einmal die kurzfristige durch eine **längerfristige** Betrachtungsweise zu ergänzen. Dann stellt sich dem Ökonomen als erstes nämlich die Frage, welche Bedeutung die **Produktion** für eine Volkswirtschaft hat, wie sie sich im Zeitablauf entwickelt hat, und von welchen Determinanten sie bestimmt wird.

Solche längerfristigen Betrachtungen des aggregierten Angebots nimmt die Volkswirtschaftslehre gewöhnlich im Rahmen der ökonomischen **Wachstums- und Entwicklungstheorie** vor. Wir können hier verständlicherweise auf dieses weite und komplexe Feld nicht in extenso eingehen. Wir müssen uns beschränken und wollen daher nur einige, wenige Grundzusammenhänge darstellen und, soweit dies nötig ist, auch erklären. Sehen wir uns also zunächst einmal an, wie sich für verschiedene Länder das aggregierte Angebot, ausgedrückt als Output einer Volkswirtschaft und gemessen in Form des Sozialprodukts, historisch entwickelt hat. Wenn wir im folgenden von Produktion und Wachstum sprechen, so müssen wir uns verdeutlichen, daß ein Unterschied besteht zwischen der tatsächlichen Produktion, die eine Volkswirtschaft hervorbringt und der potentiellen Produktion, die bei Vollbeschäftigung aller Produktionsfaktoren möglich ist.

9.1.1 Tatsächlicher volkswirtschaftlicher Output

Entwicklung des Sozialprodukts

Werfen wir zunächst einen Blick auf die Entwicklung der **tatsächlichen Produktion** im Zeitablauf. In der nachfolgenden Abbildung 9.1 haben wir versucht, für Deutschland eine sehr lange Zeitreihe zur Entwicklung des Sozialprodukts, in Form des Netto- und des Bruttosozialprodukts, zusammenzustellen.

Abb. 9.1: Entwicklung des Sozialproduktes von 1872 - 1984, Deutsches Reich - Bundesrepublik Deutschland[1] (in Mill. DM)

Jahr	Nettosozialprodukt zu Marktpreisen (in jeweiligen Preisen)	Nettosozialprodukt zu Marktpreisen (in Preisen von 1976)	Bruttosozialprodukt (in Preisen von 1975) je Einwohner
1872	12748		
1881	14650		
1891	20470		
1900	28 855		
1906	36 170		
1910	41 885		
1913	48 806		
1925	57 400		
1926	60 100		
1927	67 300		
1928	72 400		
1929	72 300		
1930	66 200		
1931	53 800		
1932	42 600		
1933	44 100		
1934	50 500		
1935	56 900		
1936	63 600		
1937	71 500		
1938	87 000		
1950[2]	90 720	248 520	5 754
1951	111 220	272 860	6 266
1952	127 130	298 360	6 742
1953	136 780	324 260	7 245
1954	146 390	347 320	7 672

Jahr	Nettosozialprodukt zu Marktpreisen (in jeweiligen Preisen)	Nettosozialprodukt zu Marktpreisen (in Preisen von 1976)	Bruttosozialprodukt (in Preisen von 1975) je Einwohner
1955	167 530	389 230	8 489
1956	184 930	418 240	9 021
1957	201 120	442 440	9 436
1958	215 200	459 590	9 707
1959	235 180	494 000	10 319
1960	279 370	568 480	11 066
1961	304 280	593 880	11 446
1962	329 270	617 860	11 818
1963	347 110	634 010	11 067
1964	380 640	675 240	12 739
1965	414 890	710 410	12 284
1966	439 630	726 050	13 514
1967	443 180	721 310	13 475
1968	480 050	766 320	13 250
1969	539 600	825 460	14 176
1970	607 670	865 750	15 787
1971	674 270	890 060	15 123
1972	739 740	924 610	16 685
1973	824 310	965 390	16 360
1974	879 140	965 100	17 417
1975	912 960	944 000	17 201
1976	999 020	999 020	17 251
1977	1 063 850	1 025 810	18 796
1978	1 147 200	1 061 010	18 469
1979	1 238 980	1 103 260	19 235
1980	1 312 380	1 121 360	20 555
1981	1 256 880	1 113 320	20 476
1982	1 399 390	1 095 560	20 280
1983	1 463 060	1 107 660	20 621
1984	1 529 480	1 136 180	20 246

1) Gebietsstand für alle angegebenen Zahlengrößen einheitlich des jeweils unter deutscher Finanzhoheit stehende Reichsgebiet. Siehe im einzelnen Weitzel (1967).

2) 1950 bis 1959 ohne Saarland und Berlin; ab 1982 vorläufiges Ergebnis.

Quelle: Statistisches Bundesamt, Fachserie 18, Lange Reihen 1950 - 1984, 1984, S.41-42.

O. Weitzel, Die Entwicklung der Staatsausgaben in Deutschland. Eine Analyse der öffentlichen Aktivität in ihrer Abhängigkeit vom wirtschaftlichen Wachstum, Inaugural-Dissertation, Nürnberg, 1967.

Der Betrachtungszeitraum beträgt immerhin hundert Jahre. Obwohl die Werte in den ersten beiden Zahlenreihen, die das Nettosozialprodukt zu verschiedenen Preisen wiedergeben, nur bedingt aussagefähig sind (da hier Preissteigerungen und die sich ändernde Bevölkerungszahl nicht herausgerechnet sind), kann man doch erkennen, mit welch großer Entwicklungsgeschwindigkeit die Produktion in dieser Zeit gesteigert werden konnte.

Vor allem nach dem zweiten Weltkrieg hatten wir eine Phase des immensen Wirtschaftswachstums zu verzeichnen. Nicht umsonst sprach man in aller Welt in den 50er und auch noch in den 60er Jahren vom sogenannten deutschen Wirtschaftswunder. Dieses drückt sich auch in der durchschnittlichen Wachstumsrate des realen Bruttosozialprodukts je Einwohner aus, die für den Zeitraum von 1950 bis 1984 immerhin 7,9 Prozent beträgt.

Weiterhin fällt auf, daß die Wachstumsraten einer Volkswirtschaft im Zeitablauf nicht konstant bleiben. Es gibt Phasen, in denen die jährlichen Zuwächse an produzierten Gütern und Diensten hoch sind und es gibt andere Zeitabschnitte, in denen die wirtschaftliche Entwicklung stagniert oder sogar rückläufig ist. Einen solchen Zeitabschnitt der Stagnation erlebten wir nach dem zweiten Weltkrieg in der Bundesrepublik vor allem in den 70er Jahren.

9.1.2 Potentielle volkswirtschaftliche Produktion

Gehen wir als nächstes von der langfristigen Entwicklung des Sozialprodukts in unserem Lande zu einer kürzerfristigen Betrachtung über und sehen wir uns an, wie sich die wirtschaftliche Situation für Deutschland in den Jahren 1976 und 1986 darstellt und welche Veränderung wir in diesem Zeitraum bei der aggregierten Angebotskurve feststellen können (Abbildung 9.2).

In dieser Abbildung haben wir in unserem bekannten makroökonomischen Preis-Mengen-Diagramm beispielhaft zwei **AA**-Kurven eingezeichnet, so wie sie für die Volkswirtschaft in der Bundesrepublik Deutschland ausgesehen haben könnten. Die eine Kurve stellt auf das Jahr 1976 ab, die andere soll die Verhältnisse im Jahre 1986 widerspiegeln. Wenn wir nun beide Kurven miteinander vergleichen, so fällt auf, daß sich im betrachteten Zeitraum von 10 Jahren die **AA**-Kurve verschoben hat. Sie wanderte sowohl nach rechts außen als auch nach oben.

Die Rechtsverschiebung hat die reale **potentielle Produktionskapazität** unserer

Volkswirtschaft erhöht. Sie veränderte sich von 1380 Milliarden DM im Jahr 1976 auf 1680 Milliarden DM im Jahr 1986 (zu Preisen von 1980). Die Produktionskapazität der Volkswirtschaft ist also beträchtlich angestiegen.

Abb. 9.2: Aggregierte Angebotskurve für die Bundesrepublik Deutschland in den Jahren 1976 und 1986, hypothetisch

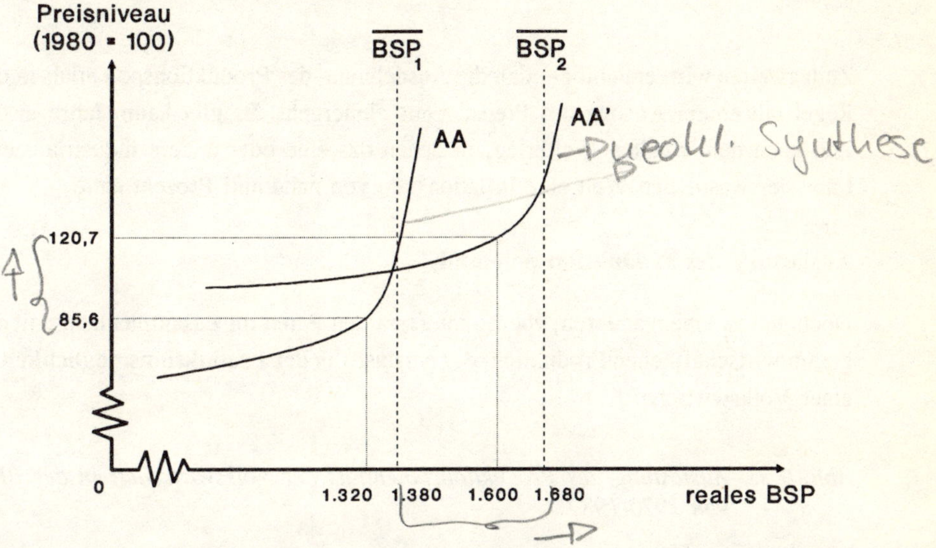

Die Änderung der **AA**-Kurve nach oben ist dagegen auf **Preis-** und **Kostenanhebungen** (vor allem gestiegene Löhne) zurückzuführen. So stieg der Preisindex für die Lebenshaltung aller privaten Haushalte (1980 = 100) in der BRD von 85,6 Punkte im Jahr 1976 auf 120,7 Punkte im Jahr 1986 an.

Bei beiden **AA**-Kurven haben wir den üblichen Verlauf der neoklassischen Synthese unterstellt, das heißt, vor der Kapazitätsgrenze verlaufen die Kurven relativ flach und steigen erst nach der Auslastung des Produktionspotentials steil an.

Was können wir nun aus der obigen Darstellung lernen?

Zum einen wird daraus erkenntlich, daß im Zeitablauf das Produktionspotential einer Volkswirtschaft sich sowohl dauerhaft wie auch stetig ausdehnt. Es bestimmt auf diese Weise die jeweils vorhandenen Möglichkeiten der Produktion. Diese wiederum geben den notwendigen Rahmen ab für das effektive Wachstum des Sozialprodukts. Wachstum ohne Ausdehnung des Produktionspotentials ist also in einer Volkswirtschaft auf Dauer nicht möglich.

In der Bundesrepublik Deutschland wuchs das Produktionspotential im Zeitraum von 1963 bis 1980 mit einer durchschnittlichen jährlichen Wachstumsrate von 3,7 Prozent. Dieser Zeitraum teilt sich auf in einen relativ dynamischen Abschnitt von 1963 bis 1971, bei dem der Anstieg zwischen 5,3 Prozent und 3,8 Prozent lag, und einen Abschnitt mit eher bescheidenem Wachstum in den Jahren von 1972 bis 1980, wo wir nur Wachstumsraten zwischen 2,6 Prozent und 4,2 Prozent feststellen können.

Zum zweiten wird ersichtlich, daß die Ausdehnung des Produktionspotentials in der Regel mit einem Anstieg des Preisniveaus einhergeht. Es gibt kaum Jahre in der Zeit nach dem zweiten Weltkrieg, in denen das eine oder andere industrialisierte Land der westlichen Welt eine Inflationsrate von nahe null Prozent hatte.

Auslastung des Produktionspotentials

Doch nun zu einem anderen, ebenso interessanten Punkt im Zusammenhang mit der gesamtwirtschaftlichen Produktion, der **Auslastung der Produktionsmöglichkeiten** einer Volkswirtschaft.

Abb. 9.3: Auslastung des Produktionspotentials der Volkswirtschaft in der BRD von 1970-1987

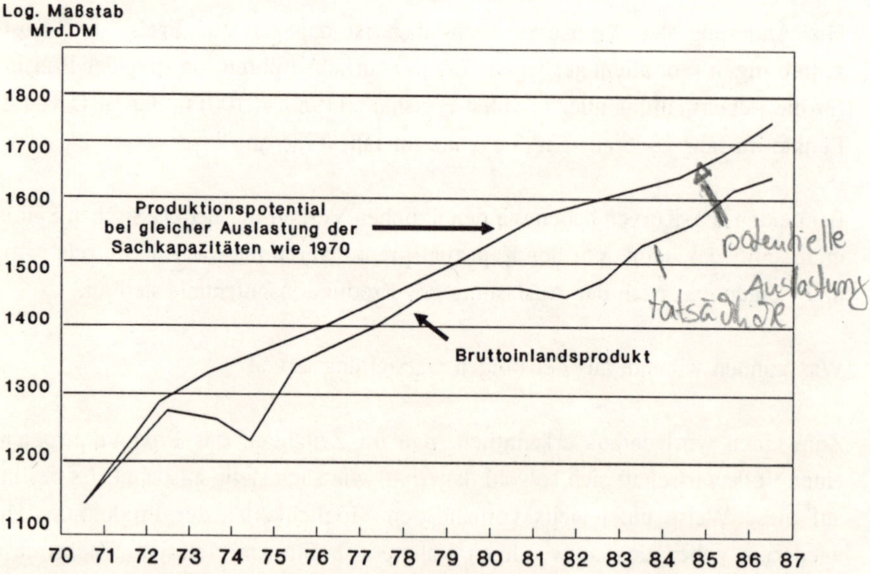

Quelle: Sachverständigenrat zur Begutachtung der gesamtwirtschaftlichen Entwicklung, Jahresgutachten 1987/88, S. 60.

Auch hierzu gibt es empirische Untersuchungen für die Bundesrepublik Deutschland wie auch für andere Länder. Die Werte für die Bundesrepublik haben wir in der Graphik 9.3 zusammengestellt.

Man kann erkennen, daß das tatsächlich produzierte Bruttoinlandsprodukt in der Bundesrepublik Deutschland für den Zeitraum von 1971 bis 1988 nie ganz das vorhandene Produktionspotential ausschöpfen konnte. Es gibt Zeiten (frühe 70er Jahre), in denen die reale Produktion der potentiellen sehr nahe kommt und es gibt andere Zeiten, in denen zwischen beiden Größen erhebliche Unterschiede existieren, so in den Jahren 1974-1977 und im Zeitraum nach 1981.

Wenn man sich nun vergegenwärtigt, welche großen Unterschiede im Zeitablauf sowohl bei der Entwicklung der potentiellen Produktionskapazität wie auch bei deren tatsächlicher Auslastung für eine Volkswirtschaft bestehen, interessiert natürlich die Frage, auf welche Faktoren die beobachtbaren Differenzen zurückzuführen sind. Fragen wir uns also zunächst, welche Bestimmungsgrößen hinter dem Wachstumsprozeß der potentiellen Produktion in einer Volkswirtschaft stecken könnten?

9.2 Wirtschaftliches Wachstum

9.2.1 Technischer Fortschritt als Wachstumsfaktor

Im wesentlichen gibt es zwei Ursachenkomplexe, auf die man die Ausdehnung der potentiellen Produktionskapazität als auch der tatsächlichen Produktion einer Volkswirtschaft zurückführen kann. Dafür ist verantwortlich

- zum einen die **mengenmäßige** Zunahme auf der Inputseite des gesamtwirtschaftlichen Produktionsprozesses; also der Umfang an eingesetzten Produktionsfaktoren wie Arbeit, Kapital und Boden.

- zum zweiten Verbesserungen bei der **Technologie**, die im Produktionsprozeß zum Einsatz kommt und die die innerbetriebliche Produktionseffizienz bestimmt.

Welcher dieser beiden Ursachenkomplexe die Hauptrolle im Wachstumsprozeß einer Volkswirtschaft spielt, ist bis heute in der Wirtschaftswissenschaft eine strittige Frage geblieben. Lange Zeit glaubte man, daß allein eine Vermehrung der Produktionsfaktoren das erwünschte Wachstum hervorbringen könne. Die

Entwicklung einer Volkswirtschaft würde dann synchron verlaufen mit der Vermehrung an Arbeitskräften (also in erster Linie mit der Geburtenrate), der Anhäufung an Kapitalgütern (Maschinen, Fabrikanlagen und ähnlichem) und dem Reichtum an Bodenschätzen.

Dies war die Auffassung der gängigen Wirtschaftstheorie, bis empirische Untersuchungen für die USA und für andere westliche Industrienationen, vor allem von **M. Abramovitz** (1956), **J.W. Kendrick** (1956), **R.M. Solow** (1957) und **E.F. Denison** (1962) auf einen weiteren Wachstumsfaktor stießen. Sie stellten fest, daß ein relativ hoher Prozentsatz des Outputwachstums nicht auf den vermehrten Einsatz von Produktionsfaktoren zurückzuführen sei, sondern auf eine bis dahin nicht beachtete Restgröße. Diesen residual erfaßten Faktor bezeichnete man als **technischen Fortschritt**. Die Ergebnisse bezüglich seines Einflusses schwanken von Untersuchung zu Untersuchung und liegen zwischen 20 und 60 Prozent. Diese doch recht große Spannweite ist auf besondere Eigenheiten der jeweiligen Untersuchung zurückzuführen, etwa auf die unterstellte Produktionsfunktion, die Abgrenzung und Definition der Wachstumsfaktoren, Schwankungen im Auslastungsgrad der Produktionsfaktoren, und ähnlichem mehr.

Die Aufzählung dieser Faktoren zeigt schon, mit welchen Schwierigkeiten man es zu tun hat, wenn man die Bedeutung des technischen Fortschritts als Wachstumsgröße numerisch exakt erfassen möchte. Im Gefolge der ersten Studien etablierte sich daher eine empirische Forschungsrichtung, die man als "**growth-accounting**" bezeichnet. Ziel dieses Forschungsansatzes ist es, anhand von statistischen Berechnungen genau festzuschreiben, wieviel Prozent des Wachstums der tatsächlichen Produktion in einem Lande auf Veränderungen der Inputseite des Produktionsprozesses zurückgehen und wieviel Prozent auf einer unerklärten Restgröße beruhen, die man zusammengefaßt als Verbesserungen technologischer Art umschreiben kann. Der technische Fortschritt wird dabei in der Regel als exogener Faktor angesehen, der unabhängig vom Kapital- und Arbeitseinsatz in einer Ökonomie den aggregierten Output erhöht. Nimmt man eine gesamtwirtschaftliche Produktionsfunktion mit konstanten Skalenerträgen an, bei der also der Output mit dem gleichen Faktor wie die Inputfaktoren zunehmen (zu den Skalenerträgen siehe Kapitel 14), dann hängt die Wachstumsrate des Outputs pro Arbeitsinput von der exogen gegebenen Rate des technischen Fortschritts ab.

In jüngster Zeit werden nun auch Modelle und empirische Untersuchungen präsentiert (**Romer** (1987)), in denen von endogenem technischem Fortschritt ausgegangen wird, und zwar in der Form, daß dieser mit vermehrtem Kapitaleinsatz zunimmt. Wird also mehr investiert und erhöht sich daraufhin der Kapitalstock, dann hat dies nicht nur einen direkten Effekt auf den aggregierten Output, der auf dem höheren Faktorinput beruht, sondern auch einen indirekten Effekt, der sich in einer höheren Rate des technischen Fortschritts ausdrückt. Im Endeffekt führt dies dazu, daß der Einfluß des Kapitalstocks und damit der Investitionen auf den gesamtwirtschaftlichen Output weit höher einzuschätzen ist, als dies aus früheren "growth accounting"-Studien hervorging, so daß man hier sogar von **steigenden Skalenerträgen** sprechen kann. Steigende Skalenerträge würden in diesem Fall bedeuten, daß ein vermehrter Kapitaleinsatz einen überproportionalen Outputzuwachs hervorrief, der dann auf den technischen Fortschritt zurückzuführen wäre.

9.2.2 Produktivität als Maßzahl des technischen Fortschritts

Eng mit der Frage des technischen Fortschritts und der Wachstumsfaktoren im allgemeinen hängt auch eine Problematik zusammen, die man unter dem Stichwort "Produktivität und technischer Fortschritt" zusammenfassen kann. Die Produktivität einer Volkswirtschaft ist dabei definiert als das Verhältnis von gesamtwirtschaftlichem Output zur Menge der eingesetzten Produktionsfaktoren. In der Theorie, aber auch in empirischen Produktivitätsstudien unterscheidet man zwei Ansätze zur Messung der Produktivität:

- Zum einen kann sich das Output/Inputverhältnis auf alle eingesetzten Faktoren und Faktormengen beziehen. Man spricht in diesem Fall von **totaler Faktorproduktivität**.

- Zum anderen kommt nur der Faktor Arbeit oder Kapital als Inputgröße zum Ansatz. Man erhält auf diese Weise die **Arbeitsproduktivität** oder die **Kapitalproduktivität** und versteht darunter das Verhältnis von realem Output pro Arbeitsstunde beziehungsweise von realem Output pro Kapitaleinheit.

Der Begriff der Produktivität steht natürlich auch in einem engen Verhältnis zu dem des technischen Fortschritts. Wie aber sieht diese Relation genau aus?

Weiter oben haben wir ausgeführt, der technische Fortschritt sei ein Restfaktor, der den Anteil des Outputwachstums angäbe, der durch die Zunahme der Inputfaktoren nicht erklärt werden könne. Nun kann man diesen Sachverhalt auch anders formulieren und mit technischem Fortschritt alle Neuerungen bezeichnen, die im Produktionsprozeß zum Einsatz kommen und dazu führen, daß mit einem gegebenen

Input an Arbeit und Kapital eine größere Menge von Gütern und Diensten, also ein höheres Sozialprodukt hergestellt werden kann. Als Maßziffer für den technischen Fortschritt dient dann die **Wachstumsrate der totalen Faktorproduktivität**.

Dieser Definition folgt auch eine neuere Studie der OECD, deren Ergebnisse wir für die Bundesrepublik Deutschland, Japan und die USA in Abbildung 9.4 wiedergeben.

Abb. 9.4: Produktivität, Wachstum der Produktion[1] *und Zunahme der Inputfaktoren im gewerblichen Sektor; Durchschnittliche jährliche Änderungsraten in Prozent*

Zeitraum	OECD Durch.[2]	USA	Japan	BRD
1960 - 1973[3]				
Produktion	5,2	3,8	9,7	4,6
Inputfaktoren	2,4	2,3	3,5	1,8
TFP	2,8	1,5	6,1	2,8
Arbeitsproduktivität	4,1	2,2	8,6	4,9
Kapitalproduktivität	-0,4	0,3	-2,4	-1,1
1973 -1979				
Produktion	2,9	2,8	3,8	2,4
Inputfaktoren	2,2	2,9	2,0	0,6
TFP	0,7	-0,1	1,8	1,8
Arbeitsproduktivität	1,6	0,3	3,2	3,4
Kapitalproduktivität	-1,4	-0,9	-3,0	-1,1
1979 - 1986				
Produktion	2,3	2,2	3,8	1,6
Inputfaktoren	1,7	2,2	2,1	0,8
TFP	0,6	0,0	1,7	0,8
Arbeitsproduktivität	1,4	0,6	2,8	2,0
Kapitalproduktivität	-1,3	-1,0	-2,0	-1,3

1) Produktion = reales BIP zu Faktorkosten. Mögliche Differenzen resultieren aus Rundungen.
2) Gewichteter Durchschnitt von 21 OECD Ländern, basierend auf der Produktion von 1985 zu Preisen und Wechselkursen von 1985.
3) Beginn der Erfassung: Japan 1967, Bundesrepublik Deutschland 1961.

Quelle: Englander, A.S., und A. Mittelstädt, "Total Factor Productivity: Macroeconomic and Structural Aspects of the Slowdown", OECD Economic Studies, No.10, Spring 1988.

Die Untersuchung der OECD bezieht sich auf drei Zeiträume, auf die Jahre 1960 bis 1973 sowie 1973 bis 1979 und 1979 bis 1986. In allen drei Zeitabschnitten liegt, wie uns die Tabelle zeigt, die Wachstumsrate der totalen Faktorproduktivität (=technischer Fortschritt) für die USA unter dem durchschnittlichen OECD-Wert. In diesen gehen die Ergebnisse aller der OECD zugehörigen Länder ein. Die Werte für die Bundesrepublik Deutschland und Japan hingegen liegen über dem OECD-Durchschnitt. Wir können weiterhin erkennen, daß der Anteil des Wachstums der Produktionsfaktoren Arbeit und Kapital am Outputwachstum in den USA größer ist als in der Bundesrepublik Deutschland und in Japan. Anders ausgedrückt, in der Bundesrepublik und in Japan trägt der technische Fortschritt mehr zum Wachstum der Produktion bei als dies in den USA der Fall zu sein scheint.

9.3 Konjunkturelle Schwankungen des Sozialprodukts

9.3.1 Auslastung des Produktionspotentials und Beschäftigung

Das Produktionspotential in einer Volkswirtschaft wird verständlicherweise nie völlig ausgelastet sein. Denn, wie wir mehrmals schon betonten, wirken sich konjunkturelle Einflüsse unterschiedlich in verschiedenen Wirtschaftssektoren aus. So wird es selbst bei einer anhaltenden Hochkonjunktur durchaus Branchen geben, denen es nicht so gut geht und die Schwierigkeiten haben, die vorhandenen Produktionskapazitäten voll zu beschäftigen. Solche Lücken in der Auslastung der Kapazität führen natürlich auf gesamtwirtschaftlicher Ebene dazu, daß die tatsächliche Produktion, ausgedrückt im Bruttoinlandsprodukt (BIP), mehr oder minder stark unter dem Produktionspotential einer Volkswirtschaft liegt. Zur nochmaligen Veranschaulichung dieses "gaps" kann uns Abbildung 9.5 dienen.

Wir können anhand des obigen Schaubilds noch einmal eine Einsicht vertiefen, die wir vorhin schon gewonnen haben. Im normalen Fall wird der Auslastungsgrad des Produktionspotentials einer Volkswirtschaft nie ganze hundert Prozent betragen. Er wird immer etwas darunter liegen. Für die deutsche Volkswirtschaft hat ihn der Sachverständigenrat für die Zeit von 1963 bis 1985 mit 96,5 Prozent berechnet. (Der normale Auslastungsgrad bestimmt sich als Durchschnitt des Auslastungsgrades für die Jahre 1963 bis 1985). Dieses Auslastungsdefizit wird bestimmt von der konjunkturellen Situation in einer Volkswirtschaft.

Abb. 9.5 Auslastungsgrad des Produktionspotentials in der BRD, 1970-1987

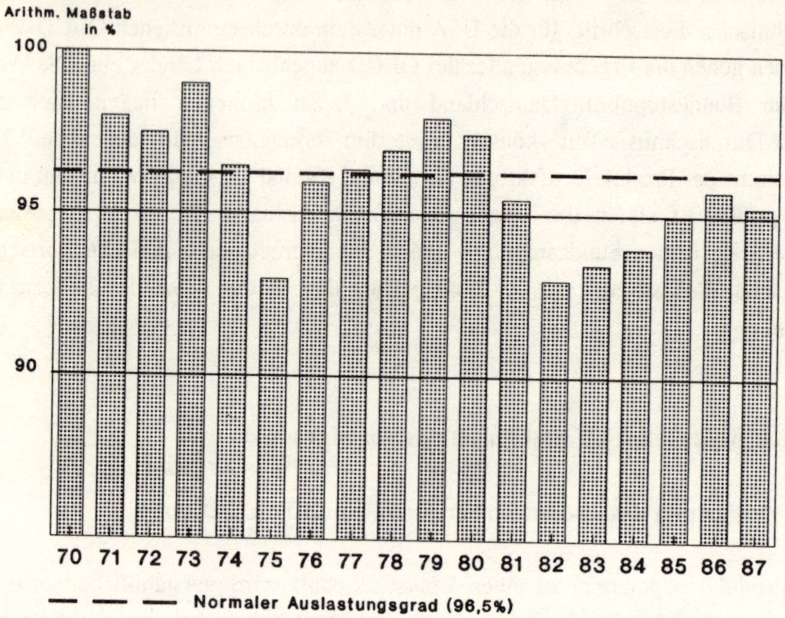

Quelle: Sachverständigenrat zur Begutachtung der gesamtwirtschaftlichen Entwicklung, Jahresgutachten 1987/88, S. 66.

Das Okun'sche Gesetz

Im Zusammenhang mit der Auslastung der volkswirtschaftlichen Produktionskapazität gilt es vor allem auf einen Zusammenhang aufmerksam zu machen, den man nach dem amerikanischen Ökonomen **A. Okun** als das "Okun'sche Gesetz" bezeichnet. Was versteht man unter diesem Gesetz?

Okun hat empirisch eine Relation zwischem dem **BSP-Gap** (Auslastung der potentiellen Produktionskapazität) und der **Beschäftigung** in einer Volkswirtschaft nachgewiesen, die wie folgt aussieht:

$$u - \bar{u} = \alpha(\overline{BSP} - BSP)$$

u := tatsächliche Arbeitslosenquote

$\bar{u}$:= natürliche Arbeitslosenquote

$\bar{\alpha}$:= Okun-Parameter

$\overline{BSP}$:= potentielles BSP

BSP := tatsächliches BSP .

Normale AL, Suchal, Strukturelle A

Dabei versteht man, wie wir im Zusammenhang mit der monetaristischen Theorie und der Philipps-Kurve auch noch sehen werden, unter der **normalen** oder **natürlichen Arbeitslosigkeit** jene Arbeitslosenquote, die sich aus den "natürlichen" Kräften von Angebot und Nachfrage auf dem Arbeitsmarkt ergibt, und die nicht durch geld- und fiskalpolitische Maßnahmen beeinflußt werden kann, also durch "reale" Faktoren verursacht ist. So scheiden in einer Volkswirtschaft stets eine große Anzahl von Beschäftigten vorübergehend aus dem Arbeitsverhältnis aus, weil diese sich nach besseren Beschäftigungsmöglichkeiten umtun möchte (sogenannte **Sucharbeitslosigkeit**).

Darüber hinaus spielt auch die Struktur einer Volkswirtschaft eine maßgebliche Rolle für den Stand der natürlichen Arbeitslosigkeit. Diese ändert sich ständig und führt so zu dauernden Anpassungsvorgängen auf der Angebots-, Nachfrage- und Faktorseite. Manche Branchen profitieren von solchen strukturellen Änderungen, indem Produktion und Beschäftigung bei ihnen zunehmen. Andere aber zählen zu den Verlierern; sie können ihre alten wirtschaftlichen Möglichkeiten überhaupt nicht mehr oder nur noch zum Teil ausschöpfen. In der Bundesrepublik Deutschland beispielsweise gehen in den 60er Jahren Produktion und Beschäftigung vor allem in Branchen wie der Landwirtschaft und dem Bergbau zurück. Dieser Rückgang wird zwar durch einen starken Anstieg beider Größen im produzierenden Gewerbe und im Dienstleistungssektor kompensiert. Am Ende aber ist dieser Vorgang doch von Schwierigkeiten in der Anpassung begleitet, die zumindest zu zeitweiliger Arbeitslosigkeit bei verschiedenen Berufsgruppen führen (**strukturelle Arbeitslosigkeit**).

Ein weiterer "natürlicher" Grund für Arbeitslosigkeit besteht darin, daß nicht alle arbeitsfähigen Arbeitnehmer auch willens sind, eine angebotene Beschäftigung tatsächlich anzunehmen.

Was nun alles zur "natürlichen Arbeitslosigkeit" gehört, hängt auch davon ab, wie weit man diesen Begriff faßt. Nach **M. Friedman**, beispielsweise, einen Hauptvertreter des Monetarismus (siehe Kapitel 10), entspricht die natürliche Arbeitslosigkeit primär der Such- und der strukturellen Arbeitslosigkeit.

Hier nun besagt das sogenannte "Okun'sche-Gesetz", daß die Abweichung der tatsächlichen von der natürlichen Arbeitslosenquote umso größer ausfällt, je größer die Lücke ist, die sich zwischen potentiellem und tatsächlichem Bruttosozialprodukt auftut. Wie stark dieser Gap die Arbeitslosenquote beeinflußt, hängt vom Okun-Parameter α ab. Dieser steht als Ausdruck für das sozioökonomische und politische Umfeld sowie für sonstige institutionelle Rahmenbedingungen einer

Volkswirtschaft und wird von Land zu Land unterschiedlich hoch sein.

Für die **Bundesrepublik Deutschland**, beispielsweise, erhält man für den Zeitraum von 1961 - 1982 folgende Okun-Beziehung:

$$u - \bar{u} = 0{,}03(\overline{BSP} - BSP) \quad .$$

Für die **USA** hingegen errechnete Okun für den Zeitraum von 1947 - 1960 einen davon stark abweichenden Zusammenhang:

$$u - \bar{u} = 0{,}3(\overline{BSP} - BSP) \quad .$$

Spätere empirische Untersuchungen mit fortgeschrittenen ökonometrischen Methoden ergaben für die USA sogar einen Okun-Parameter von 0,5.

Bilden wir diese Beziehungen in einem Diagramm ab, mit dem ***BSP*** auf der Ordinate und ***u*** auf der Abszisse, so erhalten wir für die Bundesrepublik und die USA die Abbildungen 9.6a und 9.6b.

Abb. 9.6a: Okun-Beziehung für die BRD

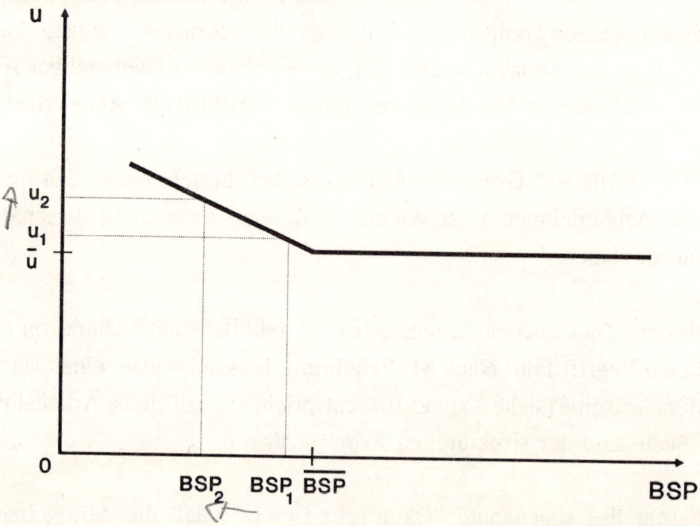

Wie man sieht, verläuft die Okun-Kurve für die USA viel steiler als jene für die Bundesrepublik. Sinkt beispielsweise in der Bundesrepublik das Bruttosozialprodukt von BSP_1 auf BSP_2, so steigt die Arbeitslosenquote lediglich geringfügig an, nämlich von u_1 auf u_2 (Abbildung 9.6a). Bei gleichem Rückgang des Sozialprodukts in den USA (Abbildung 9.6b) nimmt sie hingegen weit mehr zu, nämlich von u_3 auf u_4.

Der Grund hierfür liegt, wie gesagt, in der unterschiedlichen Größe des Okun-Parameters für beide Länder. In Deutschland steigt die Arbeitslosenquote bei einer Verminderung des tatsächlichen Bruttosozialprodukts um 1 Prozent, bezogen auf das potentielle Bruttosozialprodukt, nur um 0,03 Prozent an, während die Zunahme in den USA immerhin 0,3 Prozent beziehungsweise 0,5 Prozent beträgt. Die institutionellen Bedingungen in beiden Ländern sind eben völlig verschieden.

Abb. 9.6b: Okun-Beziehung für die USA

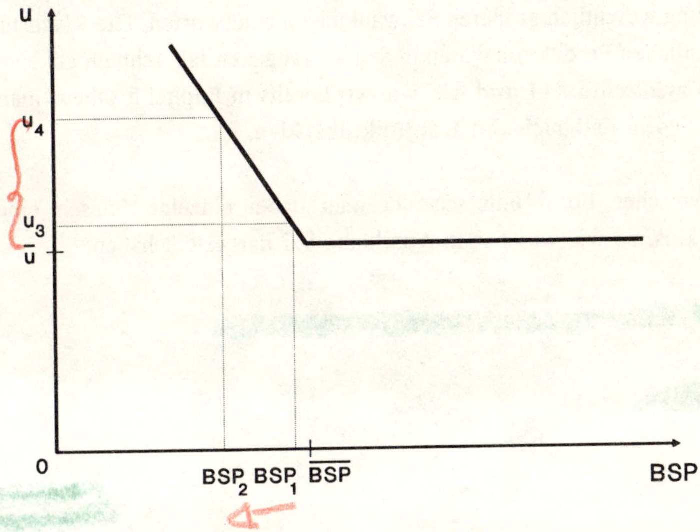

Während in den USA das "hire and fire", das Einstellen und Entlassen von Arbeitskräften für die Unternehmen keine allzu großen Probleme bereitet, können in der Bundesrepublik, aufgrund vorbildlicher Schutzregelungen für Arbeitnehmer, diese nicht so einfach auf die Straße gesetzt werden. Auf der anderen Seite fällt es bei uns aber auch schwerer, einmal entlassene Arbeitnehmer wieder in ein geregeltes Arbeitsverhältnis aufzunehmen. Wir werden diesem Problem an anderer Stelle nochmals begegnen, wenn wir uns intensiver über die Ursachen und Folgen der anhaltenden Arbeitslosigkeit in Deutschland und in Europa beschäftigen (siehe Kapitel 11).

9.3.2 Konjunkturzyklus

Die Zeitreihen der volkswirtschaftlichen Produktion zeichnen sich durch zwei Charakteristika aus:

Blickt man auf die **potentielle Produktion**, so läßt sich sagen, daß diese in fast allen Ländern der industriellen Welt im Zeitablauf monoton zunimmt. Die Wachstumsraten sind dabei unterschiedlich in den einzelnen Ländern und auch im Zeitablauf wechseln sich Phasen mit einem größeren Wachstum mit solchen ab, in denen die Produktionskapazität nur langsam vorankommt.

Blickt man demgegenüber auf die **tatsächliche Produktion**, so ist deren zeitliche Entwicklung wesentlich größeren Schwankungen unterworfen. Die Wachstumsraten der tatsächlichen Produktion waren in den vergangenen Jahrzehnten gekennzeichnet durch ein **zyklisches Auf und Ab**, wie wir bereits in Kapitel 5 sahen; man spricht daher in diesem Fall auch von **Konjunkturzyklen**.

In idealtypischer Form unterscheidet man dabei einzelne Phasen eines Konjunkturzyklus, so wie wir dies in Abbildung 9.7 dargestellt haben.

Abb. 9.7: Phasen eines Konjunkturzyklus und Trend

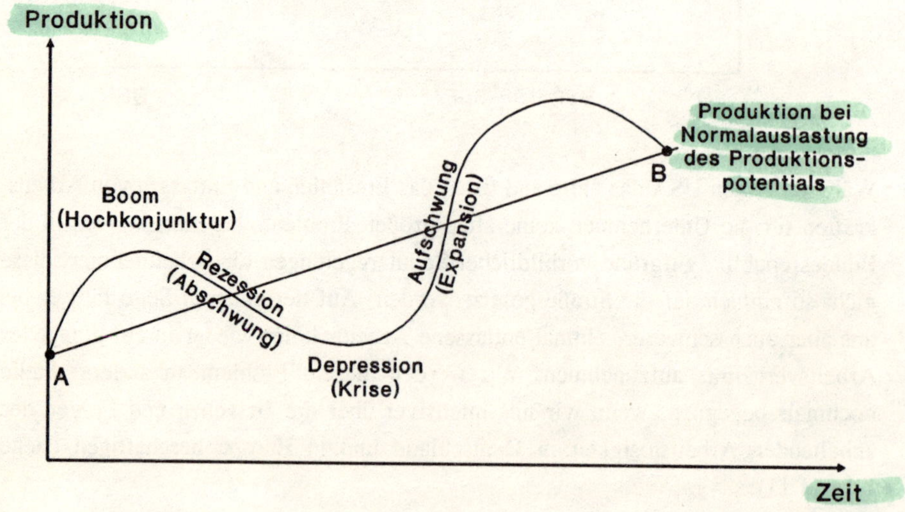

Dort sieht man, wie sich die (hypothetische) Produktion in einer Volkswirtschaft bei Normalauslastung des Produktionspotentials entwickelt hätte. Da das Produktionspotential, wie wir wissen, über die Zeit hinweg ansteigt, würde auch die Produktion bei normaler Auslastung entsprechend zunehmen. Wir haben dies durch die ansteigende Gerade **AB** ausgedrückt, wobei vereinfachend konstante Zuwächse unterstellt sind. Abweichend davon erkennen wir, wie die tatsächliche Produktion in zyklischen Schwankungen einmal über, ein ander Mal unter der Produktion bei Normalauslastung liegt.

In einer Phase des **Booms** ist die Volkswirtschaft durch eine nahezu vollständige Auslastung des Produktionspotentials gekennzeichnet. Dementsprechend liegt die tatsächliche Produktion weit über der Normalproduktion. In der Phase der **Rezession** sinkt die realisierte Produktion im Zeitverlauf ab, bis sie schließlich unter die Produktion bei Normalauslastung fällt. In der **Depression** schließlich kann in der Volkswirtschaft nur noch ein Output realisiert werden, der weit unter dem in normalen Zeiten liegt. Dies dauert an, bis in der Phase der **Expansion** die Produktion mit wachsenden Zuwachsraten ansteigt und schließlich wieder über der Normalproduktion liegt.

Diese Darstellung eines Konjunkturzyklus ist stark vereinfacht und in der Realität so nicht zu beobachten. Vielmehr sind empirische Konjunkturschwankungen durch unterschiedliche Amplituden und Perioden des Phasenablaufs gekennzeichnet.

9.3.3. Angebotsorientierte Konjunkturtheorien

Wir haben gesehen, daß in einer Volkswirtschaft Konjunkturschwankungen auftreten und haben gezeigt, wie ein typischer Konjunkturverlauf aussieht. Hier nun wollen wir uns noch fragen, welche Ursachen hinter den Schwankungen des tatsächlichen Outputs stehen könnten.

Eine Antwort auf diese Frage fällt schwer. Nach der großen Depression, Ende der 20er Jahre, und bis in die 70er Jahre hinein, waren fast alle Ökonomen der Ansicht, Konjunkturschwankungen würden durch Veränderungen der aggregierten Nachfrage hervorgerufen. Heute freilich hat sich die Einstellung dazu geändert. Als Erklärungsansätze für Konjunkturschwankungen gewinnen mehr und mehr auch theoretische Konzepte an Gewicht, die das aggregierte Angebot als verursachenden Wirkungskomplex betonen. Wir wollen hier kurz auf zwei solche Konjunkturtheorien eingehen. Zum einen auf einen etwas älteren Ansatz, nämlich die Theorie des Konjunkturzyklus von **Joesph A. Schumpeter**. Zum anderen möchten wir ein Konzept vorstellen, das erst vor wenigen Jahren formuliert wurde und in der

Volkswirtschaftslehre ebenfalls zunehmend Beachtung findet, nämlich die **Real Business Cycle Theory** (RBC-Theorie).

Schumpeter's Konjunkturtheorie

Schumpeter sieht in seiner Theorie für den Konjunkturverlauf insbesondere die **Innovationen** als verantwortlich an, die von Unternehmen in einer Volkswirtschaft getätigt werden. Unter Innovationen versteht er dabei die erfolgreiche Durchsetzung neuer Kombinationen; das heißt die Einführung neuer Produkte (Produktinnovationen), die Verwendung neuer Produktionsmethoden (Prozeßinnovationen), oder den Zugang zu neuen Märkten. Desweiteren zählen hierzu auch die Ausbeutung neuer Rohstoffquellen sowie die Durchsetzung neuer Organisationsstrukturen.

Als Ausgangspunkt der Analyse nimmt Schumpeter ein statisches Gleichgewicht, in dem Unternehmen und Haushalte auf einem Markt eine optimale Position eingenommen haben. In dieser Situation wird die gesamte Volkswirtschaft durch Innovationen auf dem betrachteten Markt aus ihrer bisherigen Bahn herausgerissen und mündet in einen konjunkturellen Aufschwung ein. Eine zentrale Rolle kommt dabei auch dem **dynamischen Unternehmer** zu, der die Innovationen tätigt und mit diesen einen Prozeß der "schöpferischen Zerstörung" in Gang setzt:

- neue Produkte drängen dabei in die Märkte für die bekannten alten Produkte ein und machen diese überflüssig;

- neue Produktionsverfahren lösen die schon bekannten alten Verfahren ab und entwerten damit die vorhandenen Produktionsanlagen.

Ist eine Innovation schließlich allgemein übernommen, so verlangsamt sich der Aufschwung, um letztendlich wieder in ein neues statisches Gleichgewicht einzumünden. Der Pioniergewinn, den der Initiator einer Neuerung erhält, verschwindet, bis ein neuer Anstoß durch einen dynamischen Unternehmer erfolgt.

Aus der Sicht Schumpeters können nun andauernd auf verschiedenen Märkten und in unterschiedlichen Unternehmen Innovationsprozesse ablaufen. Diese unterscheiden sich natürlich in ihrer Bedeutung und in ihrem ökonomischen Wirkungsgehalt. Sogenannte "Basisinnovationen", die zur Entwicklung von Schlüsseltechnologien und zur Durchsetzung von Schlüsselprodukten führen, treten in der Realität, verständlicherweise, unregelmäßiger und nur in größeren Zeitabständen auf, während eher ungeniale Verbesserungen am bestehenden Produkt- und

Verfahrenspotential eigentlich laufend vorkommen können.

Diese Differenzierung im Bereich der Innovationen muß selbstverständlich auch Auswirkungen auf den Konjunkturverlauf haben. Sie führt dazu, daß in einer Volkswirtschaft stets mehrere Konjunkturzyklen unterschiedlicher Länge und unterschiedlichen Gewichtes gleichzeitig auftreten, sich also gleichsam überlappen. Schumpeter weist besonders auf vier solcher Konjunkturzyklen hin, die nach wissenschaftlichen Pionieren im Bereich der Konjunkturforschung benannt sind.

Der kürzeste Zyklus, **Kitchin-Zyklus** genannt, wird verursacht durch Veränderungen bei der Lagerhaltung und dauert etwa drei Jahre. Der mittlere Zyklus, der gemeinhin als **der** Konjunkturzyklus gilt und eine Länge zwischen fünf und acht Jahren aufweist, ist nach **Juglar** benannt. Seine Determinanten bilden Innovationen im Herstellungs- wie im Produktbereich einer Unternehmung, etwa die Verwendung neuer Maschinen, von Dynamos, elektrischen Motoren oder die Entwicklung von Autos, Radios, Kühlschränken und ähnlichem mehr. Der dritte Zyklus mit einer Länge von 30 und mehr Jahren geht auf **Kondratieff** zurück. Er wird durch herausragende und besonders bedeutsame Innovationen, eben durch Basisinnovationen hervorgebracht. Zu solchen zählen der Ausbau des Verkehrsnetzes, die Elektrifizierung, und heute wohl auch der Übergang zur Elektronik mit all den neuen Möglichkeiten in der Informations- und Kommunikationstechnik. Insbesondere der lange Zyklus, die langen Wellen, wie man auch sagt, ist heute wieder verstärkt in das Blickfeld der Ökonomie gerückt. Es gibt hierzu bereits eine Reihe aufschlußreicher empirischer Untersuchungen.

Zieht man die unterschiedliche Länge dieser Konjunkturzyklen in Betracht sowie auch den Umstand ihrer zeitlichen Überlappung, so handelt es sich bei der Theorie Schumpeters eigentlich um keine reine Konjunkturtheorie mehr. Sie weist vielmehr die Charakteristika einer "Entwicklungstheorie" für kapitalistische Marktwirtschaften auf, bei der neben den konjunkturellen Schwankungen auch das Wachstum eine bedeutsame Rolle spielt. Deshalb sollte man hier auch besser von einer **evolutorischen Theorie** sprechen.

Lange Zeit hat man in der gängigen Wirtschaftswissenschaft diesen Ansatz von Schumpeter kaum beachtet. Vor allem in den 60er und 70er Jahren herrschte, wie schon mehrfach betont, die Keynesianische Theorie vor. Erst in jüngster Zeit wird zur Erklärung realer ökonomischer Vorgänge in den Industrienationen der westlichen Welt vermehrt auf Schumpeterianisches Gedankengut zurückgegriffen und es ist auch zu erwarten, daß sich diese Tendenz in Zukunft noch verstärken wird.

Real Business Cycle Theory

Im Gegensatz zu Schumpeter wählt die "Real Business Cycle Theory" als theoretischen Rahmen für ihre Überlegungen das klassische Makromodell. Sie weicht davon allerdings in einer Beziehung ab. Vertreter dieser Theorie lassen nämlich die Auffassung zu, daß sich eine Volkswirtschaft vorübergehend auch in Situationen befinden kann, in denen das potentielle aggregierte Angebot erheblich von der effektiven Nachfrage abweicht. Das Gleichgewicht einer Volkswirtschaft kann also immer wieder einmal durch makroökonomische Störungen, sogenannte "Schocks", beeinträchtigt sein. Diese Störungen lösen dann die beobachtbaren Konjunkturzyklen aus, die nichts anderes darstellen, als den Prozeß der Anpassung an ein neues Gleichgewicht der Volkswirtschaft.

Nun gibt es auf der Angebotsseite einer Volkswirtschaft eine ganze Reihe von störenden Einflüssen, aus denen man konjunkturelle Wirkungen ableiten kann. Wir haben in dieser Einführung immer wieder auf die enormen Ölpreiserhöhungen in den Jahren 1973/74 und 1979/80 hingewiesen und diese als sogenannte Angebotsschocks bezeichnet. Auf diese Art der makroökonomischen Störung konzentriert sich freilich die RBC-Theorie nicht. Sie macht für wirtschaftliche Fluktuationen vor allem eine Form der Störung verantwortlich, nämlich die **technologische Entwicklung** in einer Volkswirtschaft und damit verbunden eine außerordentlich starke **Erhöhung der Produktivität**.

In der Betonung der Ursachen weicht die RBC-Theorie also nicht grundsätzlich von Schumpeterianischen Vorstellungen ab, obwohl sie sich nicht explizit auf dessen Konjunkturtheorie bezieht. Allerdings ist bei Schumpeter die technologische Entwicklung als endogene Störungsgröße formuliert, während die RBC-Theorie in ihr eine exogene Variable sieht. Große Unterschiede zu Schumpeter freilich gibt es in der Konzeption des Anpassungsmechanismus, der in einer Volkswirtschaft abläuft, wenn diese von einem "Produktivitätsschock" betroffen ist. Als essentiell für die Anpassung stellt man vor allem die **Substitution von Konsum und Freizeit** bei den Wirtschaftssubjekten heraus. Diese versuchen stets, so wird unterstellt, ihr Konsum- und Freizeitverhalten und damit auch ihren Arbeitseinsatz an veränderte wirtschaftliche Situationen anzupassen. Konsumenten richten nämlich ihren Arbeitseinsatz, mit dem sie Einkommen erwerben und damit Konsumgüter kaufen können, nach dem Reallohn aus. Ein steigender Reallohn bedeutet für die Konsumenten einen Anreiz, mehr zu arbeiten und dafür auf Freizeit zu verzichten, weil sie dann für eine Arbeitsstunde mehr Konsumgüter kaufen können. Im umgekehrten Fall sinkt der Anreiz zu arbeiten, denn sie sind bei einem geringen

Reallohn nicht bereit, auf Freizeit zu verzichten, weil diese für sie einen größeren Nutzen hat als die Konsumgüter, die sie mit einer Mehrarbeit zusätzlich kaufen könnten.

Eine offensichtliche, aber wichtige Tatsache im Zusammenhang mit diesem Anpassungsmechanismus besteht nun aus der Sicht der RBC-Theorie darin, daß sich Konsum und Freizeit während eines Konjunkturzyklus in entgegengesetzter Richtung bewegen: In einer Rezession geht der Konsum zurück und die Freizeit steigt, während in einer Phase der Hochkonjunktur das Gegenteil zutrifft. Die RBC-Theorie erklärt dieses Phänomen, indem sie behauptet, daß in der Rezession der Reallohn in einer Volkswirtschaft sinkt und während eines Booms steigt. Nun wird sofort eine erste wichtige Implikation der RBC-Theorie deutlich: Die Reallöhne verhalten sich darin prozyklisch; sie steigen in der Hochkonjunktur an und sie fallen in der Rezession.

Daraus läßt sich auch erkennen, wieso Anhänger der RBC-Theorie technologische Störungen in den Mittelpunkt ihrer Konjunkturerklärung stellen. Würde sich nämlich im Produktionsbereich nichts ändern, und wären Nachfrageschocks die Quelle der wirtschaftlichen Fluktuation, dann hätte die Theorie erhebliche Schwierigkeiten darzulegen, warum die Reallöhne sich prozyklisch verhalten. In einer Rezession nämlich kommt es gewöhnlich zu Arbeitslosigkeit und der Arbeitsinput ist vergleichsweise geringer. Damit aber müßte die marginale Arbeitsproduktivität und somit auch der Reallohn höher als zuvor sein, denn im klassischen Modell wird unterstellt, daß die Entlohnung der Arbeit genau dem Wert entspricht, den eine zusätzliche Einheit dieses Faktors erzeugt. Dies ist dann der Fall, wenn die Grenzproduktivität der Arbeit mit dem Reallohn übereinstimmt. Bei gleichbleibenden Produktionsbedingungen verhielte sich dann der Reallohn antizyklisch und nicht prozyklisch, wie es die Theorie behauptet.

Die RBC-Theorie muß also davon ausgehen, daß es im Konjunkturverlauf starke Schwankungen bei der Rate des technischen Fortschritts gibt, und zwar in der folgenden Weise:

In der Phase der Rezession verschlechtert sich die zur Verfügung stehende Technologie, zum Beispiel durch zunehmende Veralterung, die Grenzproduktivität der Arbeit und der Reallohn, der sich danach bemißt, müssen als Folge sinken. Dies wiederum führt dazu, daß die Wirtschaftssubjekte weniger arbeiten, weniger konsumieren und mehr Freizeit wünschen. Die Phase der Hochkonjunktur hingegen ist mit einem Technologie-Push zum Besseren verbunden, die Grenzproduktivität der Arbeit steigt an, die Reallöhne nehmen zu, die Wirtschaftssubjekte arbeiten und konsumieren mehr.

Um diesen Gedankengang empirisch abzusichern, hat **E. Prescott** (1986), ein Anhänger der RBC-Theorie, für die USA Veränderungen der totalen Faktorproduktivität untersucht, und diese als Maß für den technischen Fortschritt verwendet. Er kam zu dem Ergebnis, daß der technische Fortschritt tatsächlich starke zyklische Schwankungen aufweist, was seiner Meinung nach darauf hinweist, daß Veränderungen in der Produktivität als Auslöser für Konjunkturzyklen fungieren.

Die RBC-Theorie hat natürlich viele Gegner. Ein Hauptpunkt der Kritik, der immer wieder betont wird, ist die darin getroffene Annahme, die Wirtschaftssubjekte reagierten in ihrem Freizeit- und Konsumverhalten stark auf Änderungen des Reallohnsatzes. In der Tat zeigen aber zahlreiche empirische Studien über die Determinanten des individuellen Arbeitsangebots, daß Änderungen im erwarteten Reallohn nur geringfügige Schwankungen bei der angebotenen Arbeitsmenge hervorrufen.

Unabhängig von den konjunkturtheoretischen Vorstellungen der "Real Business Cycle Theory" entwickelte sich in jüngster Zeit im angelsächsischen Sprachraum eine weitere Forschungsrichtung, die gleichfalls das Auf und Ab im Outputniveau einer Volkswirtschaft im Blick hat. Sie aber stellt schwergewichtig weniger auf die reine Theorie und mehr auf die **politischen** Maßnahmen ab, die sich auf der Angebotsseite einer Volkswirtschaft ergeben, um solche Schwankungen zu beheben und einen Prozeß des prosperierenden Wirtschaftswachstums zu gewährleisten. Wir meinen die sogenannte "Supply Side Economics", auf die wir nachfolgend etwas gründlicher eingehen wollen.

schr wichtig!
Betonung d. AA, keine staatl. Eingriffe, T dir T indir ↓

9.4 Supply-Side Economics als wirtschaftspolitisches Konzept

Mit dem Begriff "Supply-Side Economics" wird in der Regel jene Konzeption bezeichnet, die seit dem Amtsantritt von **M. Thatcher** (1979) in Großbritannien und von **R. Reagan** (1981) in den USA das wirtschaftspolitische Handeln bestimmt. Sie löste eine mehr am Keynesianismus orientierte Politik der Nachfragesteuerung ab, die in diesen beiden Ländern wie auch in anderen westlichen Industriestaaten nach dem zweiten Weltkrieg dominierte. Wissenschaftlicher Hauptvertreter dieser Richtung ist neben anderen **A. Laffer**.

"Supply-Side Economics" als wirtschaftspolitisches Konzept knüpft in seinen wesentlichen Aussagen und Empfehlungen an die Determinanten des aggregierten Angebots an. Es versucht, vor allem die Bedingungen für ein störungsfreies **Wachstum** und für die **Effizienz** in einer Volkswirtschaft zu verbessern. Erreichen will man diese Ziele, indem man unter anderem empfiehlt, die Wirtschaft sich selbst zu überlassen. Das heißt, man ist der Ansicht, der Staat solle sich möglichst aus dem Wirtschaftsgeschehen heraushalten und vor allem nicht versuchen, die Volkswirtschaft durch Globalsteuerung zu lenken. Im Gegenteil, durch kräftige Senkungen bei der Besteuerung der Einkommen und der Gewinne soll er den einzelnen Wirtschaftssubjekten Anreize geben, sich verstärkt wirtschaftlich zu betätigen.

Bevor wir näher auf die eben angeklungenen drei Hauptcharakteristika der "Supply Side Economics" - Betonung des aggregierten Angebots, keine staatlichen Eingriffe, Politik der Steuerreduktion - eingehen, sollten wir nochmals erwähnen, daß diese Richtung kein geschlossenes theoretisches Gebäude besitzt. Sie umfaßt vor allem die extreme Variante, wie sie in England und den USA praktiziert wird. Ob hingegen auch die gemäßigtere und ausgewogenere Form einer angebotsorientierten Wirtschaftspolitik, wie sie der Sachverständigenrat zur Begutachtung der gesamtwirtschaftlichen Entwicklung in der Bundesrepublik Deutschland vertritt, dazu gezählt werden sollte, ist eine strittige Frage. Diese Konzeption werden wir daher in einem eigenen Abschnitt vorstellen.

Doch sehen wir uns nun die drei Hauptcharakteristika der angelsächsisch geprägten "Supply-Side Economics" näher an.

Betonung der aggregierten Angebotskurve

Supply-Side-Ökonomen gehen davon aus, daß in einer stagnierenden Volkswirtschaft das aggregierte Angebot zu beleben und auszudehnen sei. Die aggregierte Nachfrage hingegen ist für sie ohne Interesse. Ob nun allerdings ein Programm, das auf die Ausdehnung des aggregierten Angebots ausgerichtet ist, auch tatsächlich Erfolg hat, hängt, wie wir wissen, maßgeblich vom Verlauf der **AA**-Kurve ab.

- Verläuft diese flach, so ist das Programm zum Scheitern verurteilt.
- Verläuft sie hingegen steil, so kann eine angebotsorientierte Maßnahme effektiv werden.

Die Abbildung 9.8 kann dies veranschaulichen.

Abb. 9.8: Angebotsorientierte Wirtschaftspolitik

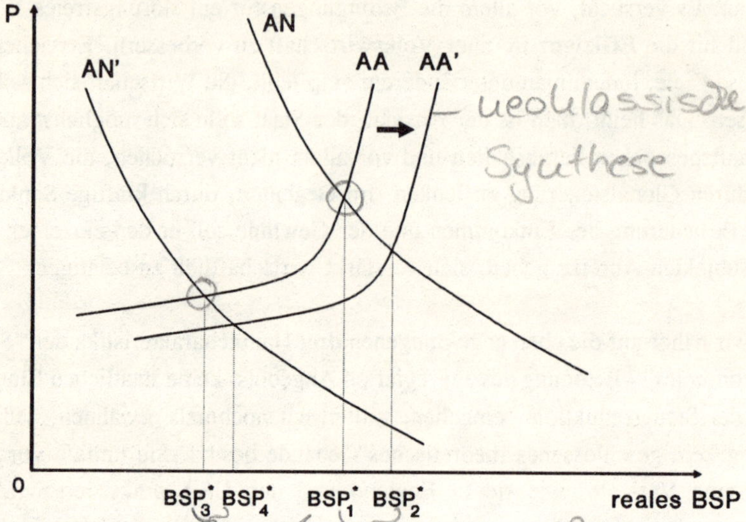

Die Angebotsbedingungen, die eine Volkswirtschaft zu Beginn einer angebotsorientierten Politik kennzeichnen, sollen durch die Kurve **AA** gegeben sein. Nach erfolgreicher Durchführung der Politik soll die aggregierte Angebotskurve nach **AA'** wandern. Falls sich nun die Ökonomie im steilen Bereich der **AA**-Kurve befindet, gekennzeichnet durch den Schnittpunkt der **AA**-Kurve mit der aggregierten Nachfragekurve **AN**, ist die Wirkung einer Angebotsverschiebung auf das BSP groß. In dem dargestellten Beispiel würde das reale BSP von BSP_1^* auf BSP_2^* ansteigen. Befindet sich die Volkswirtschaft demgegenüber im flachen Bereich der **AA**-Kurve, gekennzeichnet durch den Schnittpunkt der **AA**-Kurve mit der **AN'**-Kurve, fällt die Wirkung auf das BSP weitaus geringer aus. In diesem Fall dehnt sich das BSP nur von BSP_3^* auf BSP_4^* aus.

Allerdings, und darauf sollte man besonders hinweisen, in unserem Beispiel ist eine Angebotskurve der neoklassischen Synthese unterstellt. Die Supply-Side-Ökonomen aber gehen davon aus, daß eine Volkswirtschaft so funktioniert, wie die Klassik dies annimmt. Die **AA**-Kurve weist also in ihrer Konzeption einen relativ steilen Verlauf auf. Diese Annahme ist unbedingt notwendig, damit angebotsorientierte Politik über eine Verschiebung der **AA**-Kurve überhaupt einen merklichen konjunkturpolitischen Effekt hervorbringen kann.

Keine Einmischung des Staates

Ein weiteres Hauptanliegen der angebotsorientierten Wirtschaftspolitik angelsächsischer Prägung liegt in einer Stärkung des privatwirtschaftlichen Sektors, in einem "Mehr-Markt" und "Weniger-Staat".

Supply-Side-Ökonomen, halten nichts von einer Globalsteuerung der Volkswirtschaft im Sinne von Keynes. Die kurzfristige Konjunkturpolitik wird bewußt vernachlässigt, da man annimmt, daß deren Wirkungen einfach verpuffen. Die Ökonomie soll **langfristig** wachsen und dafür die erforderlichen Bedingungen auf der Angebotsseite vorfinden. Keynesianische Stabilisierungspolitik hingegen wirke, auf mittlere Frist, wie eine Droge. Sie macht die Volkswirtschaft immer abhängiger von staatlichen Eingriffen und staatlichen Stimulanzien zur Konjunkturbelebung. Haushalte und Unternehmer verlassen sich immer mehr darauf, daß der Staat mit entsprechenden Hilfen zur Stelle sei, wenn die wirtschaftliche Entwicklung ins Schlingern gerät. Wichtiger als die kurzfristige Reduktion der Arbeitslosenzahlen sind die Bekämpfung der Inflation und vor allem die Steigerung der Produktivität einer Volkswirtschaft.

Steuerpolitik

Das Hauptinstrument zur konjunkturpolitischen Beeinflussung einer Volkswirtschaft sind für Supply-Side-Ökonomen **große Steuernachlässe.** In Ländern mit hohen marginalen Steuersätzen, wie dies in den USA bei der Einkommen- und Körperschaftssteuer der Fall war, und in Europa teilweise noch der Fall ist, würden die Anreizwirkungen zum Sparen, Investieren und Arbeiten durch die Zwangsabgaben an den Staat zerstört. Nur eine Reduktion der Steuern kann die erforderlichen Anreize wieder freilegen und auf der Unternehmensseite vorhandene Ressentiments gegenüber einem vermehrten Einsatz der Faktoren Arbeit und Kapital abbauen.

Niedrigere Steuern führen nach dieser Ansicht schnell zu einem Anwachsen des potentiellen und, als Folge, auch des tatsächlichen gesamtwirtschaftlichen Outputs. Dies setzt aber voraus, daß der Grundzusammenhang zwischen Steuersatz und volkswirtschaftlichem Output so aussieht, wie die Supply-Side-Ökonomen ihn unterstellen und wie ihn die sogenannte **Laffer-Kurve** am besten zum Ausdruck bringt.

Laffer unterstellt, daß sich bei wachsenden Steuersätzen das Steueraufkommen in einer Volkswirtschaft in einer Kurve entwickelt, wie sie in Abbildung 9.9

dargestellt ist. Das Steueraufkommen steigt zunächst bei niedrigen Steuersätzen an, erreicht bei einem bestimmten Steuersatz, der von Land zu Land verschieden sein kann, einen Kulminationspunkt und fällt bei sehr hohen Sätzen auch absolut, bis es bei einem Steuersatz von 100 Prozent gänzlich verschwindet. Denn dann würde das gesamte Volkseinkommen an den Staat abzuführen sein.

Abb. 9.9: Laffer-Kurve

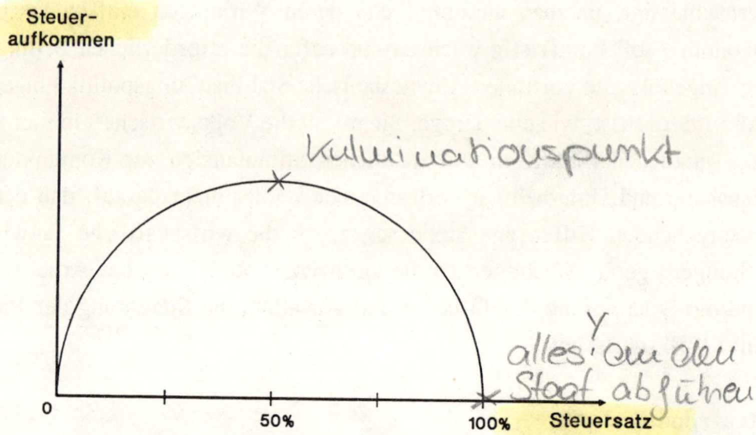

Hauptursache für die beschriebene Entwicklung des Steueraufkommens sind, wie gesagt, die negativen Anreizeffekte von hohen Steuern. Sie führen dazu, daß ab einem bestimmten Punkt die Wirtschaftssubjekte keine Veranlassung mehr sehen, in der offiziellen Wirtschaft zusätzliche Leistungen zu erbringen. Sie wandern ab in die sogenannte **Schattenwirtschaft**, zum Beispiel in die Schwarzarbeit. Als Folge kann das statistisch erfaßte Sozialprodukt absolut zurückgehen und zwar umso beschleunigter, je höher die Steuersätze sind. Um eine Volkswirtschaft wieder in den Wachstumsbereich hineinzubringen, ist daher, im Konzept der Supply-Side-Ökonomen, eine Reduktion vor allem der Steuern auf Einkommen, Vermögen, Kapitalerträge und Gewinne erforderlich.

Programme dieser Art werden heute in fast allen Ländern der westlichen Welt aufgelegt. In den USA wurde schon vor Jahren eine umfassende Steuerreform abgeschlossen, auch in Japan, in Frankreich und Großbritannien diskutiert man Steuerreformmaßnahmen. Die Bundesregierung hat ebenfalls in den Jahren 1989 und 1990 die Spitzensteuersätze bei der Lohn- und Einkommensteuer reduziert. Es ist also gegenwärtig so etwas wie ein internationaler Wettbewerb um das wachstumsgünstigste Steuersystem in den hochindustrialisierten Ländern zu beobachten.

Abb. 9.10: Outputwirkungen eines schuldenfinanzierten Programms der Steuerreduktion

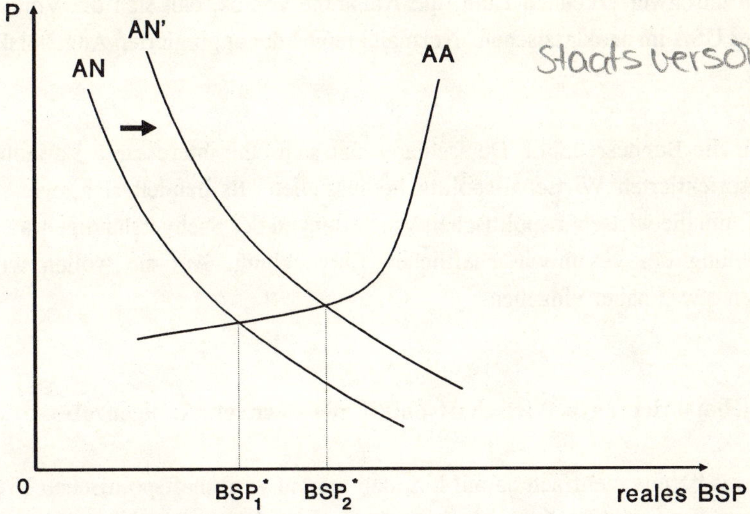

Ausgelöst wurde diese Entwicklung vor allem auch durch die enormen Wachstumserfolge, die Reagan in den USA mit seiner Politik der Steuerreduktion angeblich erzielt hat. Ob diese Erfolge tatsächlich nur auf sein Steuerprogramm zurückzuführen sind, muß indessen fraglich bleiben, da zu gleicher Zeit, mehr im keynesianischen Sinne, auch riesige Budgetdefizite im Bundeshaushalt in Kauf genommen wurden. Zudem kann nie vollkommen sicher geklärt werden, ob ein Programm der Steuerreduzierung tatsächlich über eine Veränderung der Angebotskurve oder über eine Verschiebung der Nachfragekurve abgelaufen ist. In der Realität könnte sich ein Steuerreduktionsprogramm nämlich auch so auswirken, wie es die Abbildung 9.10 aufzeigt.

Dort wird davon ausgegangen, daß Steuerreduktionen primär auf das verfügbare Einkommen der Haushalte wirken und hierdurch eine Verschiebung der aggregierten Nachfragekurve verursachen. Die Staatsausgaben werden als konstant unterstellt und die entstehenden Haushaltsdefizite, bedingt durch das verminderte Steueraufkommen, über Staatsverschuldung finanziert. Die Situation trifft also in etwa auf die Politik der Defizitfinanzierung von Reagan zu.

Über einen längeren Zeitraum hinweg gesehen, wäre demnach die Reagan'sche angebotsorientierte Konjunkturpolitik letzten Endes nichts anderes gewesen als eine verkappte Nachfragepolitik Keynesianischer Provenienz. Der Rückgang der

Arbeitslosigkeit wäre nicht auf Angebotsfaktoren, sondern auf eine Ausdehnung der aggregierten Nachfrage zurückzuführen. Allerdings setzt diese Betrachtungsweise, wie man unschwer erkennen kann, die Annahme voraus, daß sich die Volkswirtschaft der USA im neoklassischen "Normalbereich" der aggregierten Angebotskurve befindet.

Auch für die Bundesrepublik Deutschland läßt sich eine interessante Variante der angebotsorientierten Wirtschaftspolitik herausstellen. Es handelt sich, wie schon erwähnt, um die wirtschaftspolitischen Vorstellungen des Sachverständigenrates zur Begutachtung der gesamtwirtschaftlichen Entwicklung. Auf sie wollen wir im folgenden etwas näher eingehen.

9.5 Angebotsorientierte Wirtschaftspolitik des Sachverständigenrates

Wir wiesen bereits mehrfach darauf hin, daß man in wirtschaftspolitischen Kreisen bis Anfang der siebziger Jahre glaubte, die wirtschaftliche Entwicklung mit Hilfe der Globalsteuerung, die auf die Theorie von Keynes zurückgeht, beliebig lenken zu können. Diese Aussage trifft für alle entwickelten Industrieländer der westlichen Welt zu, auch für die Bundesrepublik Deutschland. Hier erwies sich dieses Konzept vor allem in der Rezession von 1966/67 zunächst als durchaus erfolgreich. Allerdings, schon bei der Bekämpfung der anschließenden Inflation traten erste ernsthafte Schwierigkeiten auf, die sich in den 70er Jahren noch vertieften. Am Ende schließlich konnte man mit der Keynes'schen Globalsteuerung weder die Vollbeschäftigung noch die Preisniveaustabilität als Ziele erreichen. Diese Zeit war in der Bundesrepublik, wie in anderen Ländern auch, im Gegenteil durch das Phänomen der Stagflation gekennzeichnet, was für die rein nachfrageorientierte Konjunkturpolitik das endgültige Aus bedeutete. In den Mittelpunkt konjunkturpolitischer Überlegungen rückte nunmehr verstärkt die Angebotsseite. Auch der Sachverständigenrat griff zunehmend bei seinen Empfehlungen auf Elemente einer angebotsorientierten Wirtschaftspolitik zurück.

Die gesetzliche Grundlage des Sachverständigenrates zur Begutachtung der gesamtwirtschaftlichen Entwicklung der Bundesrepublik Deutschland (SVR) besteht im Gesetz über die Bildung eines Sachverständigenrates vom 14.8.1963. Der SVR setzt sich aus fünf unabhängigen Sachverständigen zusammen, deren Aufgabe darin besteht, der Bundesregierung jedes Jahr zum 15.11. ein Gutachten zuzuleiten, in welchem die Lage der deutschen Volkswirtschaft und deren absehbare Entwicklung dargestellt sind.

Nach Meinung des SVR liegt die eigentliche Ursache für krisenhafte Entwicklungen, die in der deutschen Volkswirtschaft seit 1974 auftraten, nicht in einer zu geringen gesamtwirtschaftlichen Nachfrage, sondern daran, daß bestimmte Bedingungen auf der **Angebotsseite** gestört sind. So hätte die deutsche Volkswirtschaft, nach Meinung des SVR, unter Rahmenbedingungen zu operieren, die verhindern, daß Produktion, Beschäftigung und Wirtschaftswachstum jenes Niveau erreichen, das möglich und erwünscht wäre. Wir kommen darauf gleich zurück, wollen uns aber vorher zum besseren Verständnis der Vorschläge des SVR noch einige Daten zur wirtschaftlichen Situation der Bundesrepublik in den letzten Jahren ansehen.

9.5.1 Diagnose der deutschen Volkswirtschaft: Wachstumsschwäche und Strukturwandel

Beurteilt man die Situation der deutschen Volkswirtschaft mit Blick auf die in §1 des Gesetzes zur Förderung der Stabilität und des Wachstums (StWG) geforderten Ziele - Preisniveaustabilität, hoher Beschäftigungsstand und außenwirtschafliches Gleichgewicht bei stetigem und angemessenem Wirtschaftswachstum - so läßt sich für das zurückliegende Jahrzehnt folgendes Bild zeichnen.

Das Ziel der Preisniveaustabilität ist in der Zeit weitgehend gewahrt, während das Ziel des außenwirtschaftlichen Gleichgewichts in dem Zeitraum eigentlich nie erreicht wurde.

Das größte Problem aber besteht weiterhin in der anhaltend hohen Arbeitslosigkeit. Obwohl zwar immer mehr Personen eine Beschäftigung finden, ist die Zahl der Arbeitslosen mit ungefähr 2 Millionen und einer Arbeitslosenrate von derzeit etwa 8 Prozent zu hoch. Auch in absehbarer Zeit ist ein spürbarer Rückgang der Arbeitslosigkeit nicht zu erwarten. Im Gegenteil, durch die Vereinigung der marktwirtschaftlich geprägten Volkswirtschaft Westdeutschlands mit der ehemals planwirtschaftlich orientierten Volkswirtschaft Ostdeutschlands kommen für die nächsten Jahre neue und große Herausforderungen auf die Bundesrepublik zu, die nicht ohne weiteres sofort und durchgreifend bewältigt werden können. Der mit der Wiedervereinigung verbundene Prozeß der ökonomischen Umstrukturierung in den neuen Bundesländern wird, zumindest für eine gewisse Zeit, mit einer Zunahme der Arbeitslosenrate verbunden sein.

Trotz einer nun schon mehrere Jahre hinweg anhaltenden Aufwärtsentwicklung der

Volkswirtschaft in den alten Bundesländern konnte auch das Wachstumsziel bis heute nicht voll erreicht werden. Erst in allerjüngster Zeit deutet sich hier eine merkliche Verbesserung an. Das Wachstum des realen BSP betrug hier für das Jahr 1989 immerhin 4 Prozent. Insgesamt aber waren nach Auffassung des SVR die Zuwachsraten des Bruttosozialprodukts zu gering, als daß man in der Vergangenheit von einem angemessenen Wachstum hätte sprechen können. Dies hatte freilich auch seine Vorteile, wie der Sachverständigenrat anmerkt:

"Das Verlaufsmuster der nun in ihr sechstes Jahr eintretenden wirtschaftlichen Aufwärtsentwicklung ist das eines im ganzen mäßigen Aufschwungs, der zeitweilig verharrt und dann wieder anzieht. Es fehlt die Selbstverstärkung, die frühere Aufschwünge kennzeichnet. Das hat indes nicht nur Nachteile. Es fehlt damit auch die konjunkturelle Überhitzung, die früher oft den Grund für den nachfolgenden Niedergang legte. Eine stetigere Entwicklung, die das Entstehen von Verspannungen in der Aufschwungsphase vermeidet, läuft weniger Gefahr, aus sich heraus in einen Abschwung umzuschlagen." (Jahresgutachten 1987/88, S. 9, Tz 33)

Gerade das **Wirtschaftswachstum** aber spielt in den Vorstellungen des SVR eine zentrale Rolle, da es den Abbau der Arbeitslosigkeit erleichtert, internationale Ungleichgewichte reduzieren hilft und schließlich auch die eigentliche Grundlage der sozialen Sicherung bildet. Darüber hinaus ist Wachstum, nach diesem Verständnis, so paradox dies auf den ersten Blick erscheinen mag, auch eine wichtige Voraussetzung für den **Umweltschutz**. Denn nur eine wachsende Wirtschaft vermag die finanziellen Aufwendungen aufzubringen und für die Flexibilität in der (technischen) Durchsetzung von Maßnahmen zu sorgen, die nachhaltige Verbesserungen im Bereich des Umweltschutzes ermöglichen.

Doch zurück zur angebotsorientierten Argumentation des SVR. Worin sieht dieser die Hauptursachen dafür, daß sich seit den frühen siebziger Jahren das Wachstum in der BRD abschwächte, und sich eine anhaltend hohe Arbeitslosigkeit ergab? Der SVR nennt hierfür mehrere Gründe, von denen wir nur einige erwähnen wollen.

9.5.2 Gründe für die Wachstumsschwäche der deutschen Volkswirtschaft

Ein Grund ist in der **Veränderung der außenwirtschaftlichen Rahmenbedingungen** zu sehen. Bis 1973 war die D-Mark im Rahmen eines Systems der festen Wechselkurse (Bretton Woods System) deutlich unterbewertet (siehe hierzu auch Kapitel 12); deutsche Waren konnten im Ausland relativ billig gekauft werden. Dies führte dazu, daß die Exporte schneller anstiegen als die Importe. Als jedoch nach

Export verteuert, Staatsverschl. zu hoch Reallöhne " " -

1973 die Wechselkurse freigegeben wurden, war dies mit einer Aufwertung der D-Mark verbunden und zugleich auch mit einer Verteuerung deutscher Produkte auf dem Weltmarkt, was wiederum eine Reduktion der deutschen Exporte bewirkte. Dazu kamen noch die beiden Ölpreisschocks in den Jahren 1973/74 sowie 1979/80, was exorbitante Kostensteigerungen bei den Produzenten und einen entsprechenden Rückgang der Konsumnachfrage zur Folge hatte.

Einen weiteren Grund sieht der SVR in den Problemen, die die deutsche Volkswirtschaft bei der Anpassung an eine sich wandelnde Umwelt durchzustehen hat. Nicht nur die außenwirtschaftlichen Rahmenbedingungen haben sich verändert, auch in der demographischen, gesellschaftlichen und technologischen Entwicklung vollzieht sich in der Bundesrepublik seit den frühen siebziger Jahren ein ausgeprägter **Strukturwandel**. Als Folge davon treten Marktveränderungen auf, die den Unternehmen Anpassungsaufgaben auferlegen, die diese nur zum Teil bewältigen können. So gelingt es immer noch zu wenigen Unternehmen, mit neuen Verfahren oder neuen Produkten neue Märkte zu erschließen. Viele haben erhebliche Schwierigkeiten, sich dem verschärften internationalen Wettbewerb anzupassen. Die deutsche Wirtschaft vermochte vor allem nicht, Wachstumseinbußen, die sie in bestimmten Wirtschaftssektoren erlitt, durch Zugewinne in anderen Branchen voll auszugleichen. So trugen in der Vergangenheit vor allem die strukturellen Anpassungsprobleme maßgeblich zu der fortgesetzten Wachstumsschwäche bei.

Eine andere Ursache für die Wachstumsschwäche vergangener Jahre sieht der SVR im **öffentlichen Sektor** und die damit verbundenen Hemmnisse für die Angebotsseite. Hier wird vor allem auf die hohen marginalen Zwangsabgaben hingewiesen, die sowohl Arbeitnehmern wie Unternehmern nur einen Bruchteil dessen übriglassen, was sie erwirtschaftet haben. Dieses Argument geht weitgehend konform mit der Betrachtungsweise der Supply-Side Ökonomen angelsächsischer Prägung. Ein weiterer negativer Einfluß wird auf die stark angestiegene Staatsverschuldung zurückgeführt. Sie kann, wie wir an anderer Stelle ausführlich darlegen werden (vgl. Kapitel 10), höhere Zinsen induzieren und in deren Folge auch zu einem "crowding-out", der Verdrängung privater Investoren auf dem Kapitalmarkt führen. Darüber hinaus werden die privaten Wirtschaftssubjekte bei stark steigender Staatsverschuldung in ihrem Urteil über die künftige Wirtschaftsentwicklung stark verunsichert, was vor allem negative Folgen für ihre Investitionsentscheidungen hat.

Der letzte Punkt, den wir hier herausstellen wollen, bezieht sich auf das **Reallohnniveau** und die **Lohnstruktur**. Nach Auffassung des SVR ist das Reallohnniveau in der Bundesrepublik zu hoch und die Lohnstruktur zu starr. Überhöhte Reallöhne führen dazu, daß es für Unternehmen unrentabel wird, Arbeitskräfte einzustellen. Dieses Argument tritt jedoch in letzter Zeit mehr und mehr in den Hintergrund, da die Reallöhne seit 1980 eher leicht gesunken sind. Was die Lohnstruktur angeht, vertritt der SVR die Meinung, daß eine zu geringe Flexibilität auf dem Arbeitsmarkt herrscht.

Dies sind aus der Sicht des SVR die wichtigsten Gründe für die unbefriedigende wirtschaftliche Entwicklung seit 1974. Welche Wirtschaftspolitik schlägt nun der SVR vor, um die von ihm diagnostizierte Wachstumsschwäche zu beheben?

9.5.3 Wirtschaftspolitische Empfehlungen des SVR

Die wesentlichen Bestimmungsgründe des Wirtschaftswachstums sind nach Meinung des SVR die privaten **Investitionen** und **Innovationen**. Folglich hat der Staat mit seiner Wirtschaftspolitik dafür zu sorgen, daß neue Anreize für private Unternehmen entstehen, Innovationen und Investitionen vorzunehmen.

Er kann dies zum einen erreichen, indem er ganz allgemein die **steuerliche Belastung** von Erträgen senkt, die aus risikobehafteten Investitionen entstehen. Darüber hinaus wird vorgeschlagen, die Benachteiligung kleinerer und mittlerer Unternehmen bei der Besteuerung zu beseitigen sowie die Gewerbesteuer durch eine Gemeindesteuer abzulösen. Diese Maßnahme soll die Autonomie der Kommunen vergrößern und Anreize für eine unternehmensbezogene Gemeindepolitik schaffen, die mit mehr Flexibilität und gezielter Förderung der wirtschaftlichen Aktivität einhergeht.

Steuerpolitik als Mittel zur Förderung des Wirtschaftswachstums darf sich aber nicht allein auf den Unternehmensbereich beschränken, auch die Haushalte müssen darin eingeschlossen sein. Insbesondere die Besteuerung des Einkommens erschien dem SVR lange Zeit reformbedürftig. Die von der gegenwärtigen Regierung in den Jahren 1989 und 1990 durchgeführte Steuerreform geht daher zu großen Teilen auf die Anregung und die konzeptionelle Gestaltung des SVR zurück.

Auch in den **Staatsausgaben** sieht der SVR eine Möglichkeit, um auf indirektem Wege die Investitionstätigkeit voranzubringen. Bestens dafür geeignet erscheint das Konzept der **fortgesetzten Konsolidierung der Staatsfinanzen** über verminderte Kreditaufnahmen der öffentlichen Hände. Hieraus ergäben sich zunächst Zinssenkungen und nachfolgend auch Zunahmen bei den Investitionen. Auch die

Erwartungen der Wirtschaftssubjekte bezüglich der Zinsentwicklung würden sich dadurch verstetigen, was sich ebenfalls positiv auf Investitionen und Innovationen auswirkt. Einer solchen Politik sind heute allerdings, bedingt durch den riesigen Bedarf an Kapital für die Wiederherstellung der öffentlichen Infrastruktur in den neuen Bundesländern, gewisse Grenzen gesetzt.

Aber auch ein Abbau von Subventionen an die Unternehmen trägt zur Konsolidierung der Staatsfinanzen bei und beseitigt zudem Verzerrungen im Wettbewerb, die mit jeder Staatshilfe verbunden sind.

Weitere Möglichkeiten des Staates, das wirtschaftliche Wachstum anzukurbeln, liegen nach Auffassung des SVR im **Abbau von Reglementierungen, Auflagen, Genehmigungsverfahren** und ähnlichem mehr. Je mehr Freiheit man dem einzelnen läßt, seine Ideen und Vorhaben zu verwirklichen, umso aktiver wird er sich am wirtschaftlichen Geschehen beteiligen und umso erfolgreicher wird die Gesamtwirtschaft sich entwickeln. In diesem Sinne plädiert der SVR eindringlich für "mehr Markt" und "weniger Staat".

In diesem Zusammenhang ist auch hier noch einmal das Konzept des **"Dynamischen Wettbewerbs"** zu erwähnen, das nach Auffassung des SVR geradezu das "Lebenselexier" einer Volkswirtschaft darstellt:

"Dynamischer Wettbewerb ist ein Such- und Entdeckungsverfahren. Er basiert auf der Erfahrung, daß die Gesellschaft insgesamt Vorteil davon hat, wenn sich einzelne vorwagen, weil sie findiger oder risikofreudiger als andere sind. Es leuchtet auch unmittelbar ein, daß die Suche nach Neuem besser gelingt, wenn nicht alle dasselbe tun, und daß ein vielfältiges Vorgehen, bei dem jeder seine individuellen Fähigkeiten ausspielt, einen reichen Sucherfolg erwarten läßt." (Jahresgutachten 1985/1986, S. 152, Tz 309).

Einen wesentlichen Beitrag zum Wachstum einer Volkswirtschaft liefern also **Innovationen**, die der dynamische Wettbewerb hervorbringt. Deshalb sei es auch Aufgabe des Staates, diese Form des Wettbewerbs zu fördern. Er kann dies tun, indem er Innovatoren finanzielle und andere Anreize gibt, Wettbewerbsvorsprünge zu gewinnen, und indem er durch Deregulierungen den Freiraum schafft für neue Energien und neue Felder der kreativen Betätigung.

Eine wichtige Rolle in der wirtschaftspolitischen Konzeption des SVR spielt auch die **Tarifpolitik**. Hier plädiert man für Lohnsteigerungen, die sich am erwarteten

Anstieg der Arbeitsproduktivität ausrichten. Auf diese Weise soll die Konstanz der Lohnstückkosten gewährleistet bleiben und verhindert werden, daß der Faktor Arbeit, als bedeutsamster Kostenfaktor in einer Volkswirtschaft, sich nicht noch mehr verteuert. Eine gemäßigte Tarifpolitik zu betreiben, heißt auch, das Ziel der Preisniveaustabilität zu verfolgen. Beide Effekte zusammengenommen leisten auf direktem oder indirektem Wege einen zentralen Beitrag, um die Beschäftigung zu verbessern.

Vorhandene Unterschiede bei der Entlohnung in verschiedenen Wirtschaftszweigen und Regionen sowie unterschiedliche Qualifikationen der Arbeitskräfte verlangen zudem größere Flexibilitäten in der Lohnstruktur. Weniger qualifizierte Arbeitnehmer sollten geringere Entgelte erhalten, damit sie leichter einen geeigneten Arbeitsplatz finden. Damit könnten auch Anreize zur Weiterbildung und besseren Qualifikation gegeben werden. Weiterhin wäre es sinnvoll, die Differenzierung der Löhne auch auf Regionen und Sektoren zu beziehen, da nicht überall der gleiche Maßstab für Lohnsteigerungen angelegt werden kann. Ebenso sieht der SVR eine Verlängerung der Tariflaufzeiten im großen und ganzen als positiv an, da die Unternehmen unter solchen Bedingungen über mehrere Jahre hinweg kalkulieren könnten.

Bezüglich des Arbeitsmarktes wird darüber hinaus der Abbau staatlicher und tarifvertraglicher Hemmnisse gefordert (Deregulierung der Arbeitsmärkte), die unter anderem dem Einsatz modernerer Techniken im Wege stehen. In erster Linie jedoch soll diese Maßnahme den Unternehmen ermöglichen, ihre Beschäftigtenzahl flexibler dem jeweiligen Bedarf anzupassen. Dadurch erhofft sich der SVR gesamtwirtschaftlich einen Rückgang der Arbeitslosigkeit.

Hinsichtlich der Beurteilung der **monetären Sphäre** einer Volkswirtschaft sowie der daraus zu ziehenden Konsequenzen für die **Geldpolitik**, folgt der Sachverständigenrat weitgehend der Auffassung des Monetarismus. Was diese Konzeption im einzelnen kennzeichnet, werden wir im nächsten Kapitel kennenlernen, wenn wir uns mit der Rolle des Geldes in der Makroökonomik beschäftigen.

Doch zuvor sollten wir noch in einigen Sätzen schildern, ob und wie die Vorschläge des SVR die Wirtschaftspolitik der Bundesregierung in den letzten Jahren geprägt haben.

Ganz allgemein kann man sagen, daß die gegenwärtige Bundesregierung den wirtschaftspolitischen Vorschlägen des SVR positiv gegenübersteht, und die meisten

Argumente auch für die Darstellung ihrer Politik in Anspruch nimmt. Konkret allerdings sind nach der sogenannten politischen "Wende", dem Übergang von der SPD-FDP Koalition zu einer CDU-CSU-FDP Koalition im Jahre 1982, nur wenige grundlegende Maßnahmen in die Wege geleitet worden. Hinzuweisen gilt es vor allem auf die "Steuerreform", die insbesondere Entlastungen bei der Lohn- und Einkommensteuer für mittlere und höhere Einkommensbereiche bereits gebracht hat.

Bei den anderen Maßnahmen blieb es dagegen eher bei Lippenbekenntnissen. Dies gilt vor allem für die Problematik der Deregulierung, der Streichung von Subventionen und der Flexibilisierung des Arbeitsmarktes. Dem Konzept des "dynamischen Wettbewerbs" steht die gegenwärtige Bundesregierung eher skeptisch gegenüber.

Kontrollfragen zu Kapitel 9:

1. Worin unterscheiden sich tatsächliche und potentielle volkswirtschaftliche Produktion? Was sind die Bestimmungsgründe für deren Wachstum?

2. Was besagt das Gesetz von Okun?

3. Nehmen Sie an, die natürliche Arbeitslosenquote beträgt 2 Prozent, die tatsächliche Arbeitslosenquote sei 8 Prozent und das Produktionspotential sei 6 GE. Wie groß ist nach dem Gesetz von Okun die tatsächliche Produktion in der Volkswirtschaft, wenn der Okun-Parameter einen Wert von 0,5 aufweist? (Lösung: BSP=5,88)

4. Stellen Sie die Konjunkturtheorie von Schumpeter und die Real Business Cycle Theory einander gegenüber! Welche Gemeinsamkeiten weisen sie auf, worin unterscheiden sie sich?

5. Was versteht man unter angebotsorientierter Wirtschaftspolitik? Nennen Sie die Hauptcharakteristika dieser Politik.

6. Welche Ziele soll die Wirtschaftspolitik in der BRD laut §1 des StWG verfolgen? Sind diese Ziele gegenwärtig in der BRD erfüllt? Welche Maßnahmen empfiehlt der SVR zu deren Realisierung?

10. Die Rolle des Geldes in der Makroökonomik

Wir haben uns bislang weitgehend mit güterwirtschaftlichen Problemstellungen der Volkswirtschaftslehre beschäftigt und dabei einen Bereich der makroökonomischen Theorie und Politik außer Acht gelassen, der für die Erklärung von Inflation und Unterbeschäftigung heute eine zentrale Rolle spielt: **das Geld**.

In diesem Kapitel wollen wir uns damit nun eingehender auseinandersetzen. Wir werden uns zunächst mit den Funktionen des Geldes sowie ganz allgemein damit beschäftigen, was man unter Geld zu verstehen hat. Sodann wollen wir auf das Geldangebot und die Geldnachfrage eingehen und uns danach das Zusammenspiel dieser beiden Größen ansehen. Schließlich werden wir versuchen, die Geld- und Güterwirtschaft in eine gemeinsame Betrachtung einzubeziehen.

Damit legen wir gleichzeitig die Grundlagen für die makroökonomische Konzeption des **Monetarismus**. Seine Gegenüberstellung mit den bisher kennengelernten anderen Makrotheorien wird uns neue Aufschlüsse geben über die Möglichkeiten und die Grenzen der heutigen Volkswirtschaftslehre, das Wesen und den Charakter der makroökonomischen Hauptvariablen (Output, Preisniveau, Beschäftigung) zu erklären und diese politisch zu beeinflussen. Ein Abschnitt, der auf die **Staatsverschuldung** und deren Wirkungen auf Theorie und Politik abstellt, soll dieses Kapitel abschließen.

10.1 Geldfunktionen und Gelddefinitionen

In der Vergangenheit hat man viel Mühe darauf verwandt, nach dem "Wesen" des Geldes zu suchen. Nicht selten standen dabei am Beginn der Überlegungen ausführliche Definitionen des Mediums Geld. Heute beginnt man in der Regel die Analyse des Geldes mit der Frage nach dessen **Funktionen**.

10.1.1 Geldfunktionen

In der modernen Geldtheorie stimmt man weitgehend darin überein, dem Geld drei Funktionen zuzubilligen. Es ist

- Recheneinheit
- Tauschmedium
- Wertaufbewahrungsmittel.

Die Recheneinheit Geld

Durch Geld als Recheneinheit wird es möglich, ungleiche Güter - etwa Apfelsinen, Autos, Maschinen, Straßen - wertmäßig auf **einen Nenner** zu bringen, sie zu addieren. Der Wert aller Waren und Dienstleistungen läßt sich in Geld ausdrücken. Diese Möglichkeit ist Grundvoraussetzung dafür, daß man für ein Land eine Volkswirtschaftliche Gesamtrechnung erstellen kann.

Der größte Vorteil einer generellen Recheneinheit Geld liegt dabei in dem Umstand begründet, daß die Zahl der möglichen Preise, wie sie in einer **Natural-Tauschwirtschaft** notwendig wären, erheblich reduziert und damit die Effizienz des gesamtwirtschaftlichen Systems gesteigert wird. Ohne Geld wäre keine fortgeschrittene Arbeitsteilung und kein hochdifferenziertes Produktionsprogramm in einer Volkswirtschaft denkbar. In ihrer Entwicklung fortschreitende Volkswirtschaften setzen also das Vorhandensein von Geld als Grundbedingung voraus.

Das Tauschmedium Geld

Die Tauschfunktion gilt für viele Ökonomen als das zentrale Merkmal des Geldes. Geld ist ein allgemein anerkanntes Zahlungs- und Tauschmittel. Es verfügt über eine **generelle Kaufkraft**, indem es einen genau spezifizierten Anspruch auf das Sozialprodukt darstellt. Mit Hilfe des Geldes kann man beliebige Güter kaufen und verkaufen, wobei beide Transaktionen nicht unmittelbar zusammenfallen müssen. Geld vermeidet somit die höheren Transaktions- und Informationskosten, die in einer Natural-Tauschwirtschaft notwendigerweise anfallen.

Geld als Wertaufbewahrungsmittel

Mit Hilfe des Geldes läßt sich auch **Vermögen** bilden. Vermögensbildung bedeutet dabei nichts anderes als ein zeitliches Hinausschieben der Verausgabung von Geld. Geld ist damit ein Wertspeicher. Es stellt einen Anspruch an das Sozialprodukt nicht nur für heute, sondern auch für zukünftige Zeiten dar. Dabei muß der Wert des Geldes im Zeitablauf nicht stabil bleiben (Inflation!). Die Funktion der Wertaufbewahrung können neben dem Geld auch Wertpapiere verschiedenster Art erfüllen, etwa festverzinsliche Anleihen, Sparbriefe, Aktien und anderes mehr.

Nach diesem Überblick über die Funktionen, die Geld auszuüben vermag, wollen wir uns als nächstes fragen, was denn Geld eigentlich darstellt, was alles man zum Begriff des Geldes hinzurechnen darf.

10.1.2 Gelddefinition und Geldmenge

Historisch betrachtet gibt es eine lange Liste von Gegenständen, die als Geld fungiert haben. Sie umfaßt für verschiedene Kulturkreise und Länder so unterschiedliche Dinge wie Walfischzähne, Kaurimuscheln, Schafe, Pferde, Zigaretten, aber natürlich auch Metalle wie Kupfer, Nickel, Silber und Gold sowie heute, in erster Linie, das Papier und die weitgehend "stofflosen" Bankguthaben. Bei all diesen Dingen beruht der Geldcharakter auf einer gesellschaftlichen Konvention. Man sieht also, daß sich die Funktionen des Geldes grundsätzlich mit vielen Stoffen erfüllen lassen.

Wenn es nun so viele Möglichkeiten gibt, "verschiedene Stoffe" in die Rolle des Geldes zu erheben, dann interessiert natürlich sofort die Frage, was man denn in einer modernen Volkswirtschaft zur **Menge** des Geldes zu zählen hat.

Es gibt heute keine einheitliche, allgemein akzeptierte Abgrenzung der Geldmenge, vor allem nicht im Hinblick auf die drei Geldfunktionen. Was beispielsweise als Wertaufbewahrungsmittel gelten kann, ist nicht unbedingt auch für den Tauschverkehr geeignet. Die Tauschfunktion ist also enger angelegt als die Wertaufbewahrungsfunktion und damit auch die darin abgegrenzte Geldmenge.

Tauschfunktion haben heute, in modernen Volkswirtschaften, folgende Geldbestandteile:

- Münzen und Banknoten (Zentralbankgeld),
- Sichteinlagen bei Geschäftsbanken (Giralgeld), über die mit Schecks, Überweisungen und Kreditkarten verfügt wird.

Ob auch Geldbeträge dazu zählen, die für eine bestimmte Zeit fest angelegt sind, also Termin- und Spareinlagen, ist heute umstritten und im gewissen Sinne eine Ermessensfrage.

Die Geldmenge, die als **Wertspeicher** fungiert, besteht auf jeden Fall aus der

- Tauschgeldmenge
  plus den
- Termin- und Spareinlagen.

Unterschiedliche Abgrenzungen der Geldmenge werden in der Literatur häufig verkürzt mit $\mathbf{M_1}$, $\mathbf{M_2}$, $\mathbf{M_3}$ bezeichnet. Dabei zählen zur

Geldmenge $\mathbf{M_1}$:	Bargeldumlauf + Sichteinlagen inländischer Nichtbanken bei Kreditinstituten (Tauschgeldmenge);
Geldmenge $\mathbf{M_2}$:	$\mathbf{M_1}$ + Termineinlagen inländischer Nichtbanken bis unter vier Jahre;
Geldmenge $\mathbf{M_3}$:	$\mathbf{M_2}$ + Spareinlagen.

Abbildung 10.1 zeigt die in der Bundesrepublik Deutschland vorhandene Geldmenge $\mathbf{M_1}$, $\mathbf{M_2}$, $\mathbf{M_3}$ in ihrer Entwicklung für den Zeitraum von 1980 - 1986.

Einige Ökonomen halten diese Geldmengendefinitionen für zu eng. Sie möchten auch alle geldnahen Titel, die sogenannten **Geldsubstitute** oder **Geldsurrogate**, in der Geldmenge erfaßt haben. Dazu zählen marktgängige Wertpapiere, beleihbare Policen oder Gutschriften bei Instituten außerhalb des Bankensystems, etwa bei Bausparkassen, Versicherungen, speziellen Hypothekenbanken und privaten Maklern.

Den wichtigsten Maßstab der Geldmenge stellt heute jedoch die Definition M_1 dar, also die Tausch- oder Transaktionsgeldmenge. Sie ist vor allem deshalb so bedeutsam, weil mit ihrer Hilfe, wie wir noch sehen werden, moderne Geldpolitik betrieben wird.

10.2. Das Geldangebot

Mit der Abgrenzung der Geldmenge sind bereits jene Komponenten angesprochen, die das Geldangebot aus institutionaler Sicht ausmachen. Die Begrenzung des Angebots ist dabei eine notwendige Bedingung dafür, daß Geld seinen Wert behält. Würde Geld in unbegrenzter Menge zur Verfügung stehen, hätte dies katastrophale Folgen für die Gesamtwirtschaft. Alle Güterpreise, Löhne, Einkommen stiegen ins Unermeßliche. Daher muß das Geldangebot einer strengen Kontrolle und einer Regulierung durch die Regierung eines Landes und durch dafür geschaffene Institutionen unterliegen.

Bundesregierung → Münzen, Geschäftsbanken → Giralgeld

Abb. 10.1: Die Geldmenge **M_1, M_2, M_3** *in der BRD von 1980-1986 (in Mill. DM)*

Jahr	Geldvolumen M_3	Geldvolumen M_2	Geldvolumen M_1
1980	739.431	440.616	257.353
1981	776.033	478.132	255.277
1982	830.957	502.200	273.047
1983	874.843	515.364	295.795
1984	916.166	542.322	314.235
1985	961.556	566.143	329.737
1986	1050.687	610.925	358.747

Quelle: Monatsberichte der Deutschen Bundesbank, Januar 1989.

10.2.1 Institutionale Organisation des Geldangebots

In der Bundesrepublik Deutschland unterliegt die Geldproduktion drei Institutionen: der Deutschen **Bundesbank** (für Banknoten), der **Bundesregierung** (für Münzen) und den **Geschäftsbanken** (für Giralgeld).

Wenden wir uns zunächst der Deutschen Bundesbank zu.

Deutsche Bundesbank

Die Bundesbank ist eine staatliche Währungsbehörde mit dem Produktionsmonopol für Banknoten. Sie ist auch die Bank der Banken (Zentralbank) und die "Hausbank" des Staates. Ihr oberstes Organ ist der Zentralbankrat, der sich aus den

- Mitgliedern der Geschäftsleitung der Bundesbank
  und den
- Präsidenten der Landeszentralbanken

zusammensetzt.

Die Bundesbank ist unabhängig von der jeweiligen Bundesregierung. Sie trifft ihre Entscheidungen **autonom**. Die autonome Stellung der Bundesbank hat auch ihre guten Gründe: Der Staat soll vor allem nicht in Versuchung geraten, Defizite in seinen Haushalten über die Notenpresse zu finanzieren. Allein die Bundesbank ist befugt, "originäres" (primäres) Geld herzustellen, das - wie noch gezeigt wird - den Geschäftsbanken zur "derivativen" (sekundären) Geldproduktion dient.

Die Bundesbank ist aber auch ein autonom handelnder, **wirtschaftspolitischer Akteur**, der verpflichtet ist,

- alle Gefahren abzuwehren, die für die Währung eines Landes entstehen können und
- die Regierung bei der Verfolgung ihrer wirtschaftspolitischen Ziele zu unterstützen (Wachstum, Vollbeschäftigung, Preisniveaustabilität und außenwirtschaftliches Gleichgewicht).

Mit Hilfe welchen Instrumentariums und mit welchem Erfolg die Bundesbank ihrer wirtschaftspolitischen Rolle gerecht zu werden vermag, werden wir später in einem eigenen Abschnitt untersuchen.

Darüber hinaus gilt für die Bundesbank seit 1958 das **Bundesbankgesetz**. Es schreibt dieser keine explizite Begrenzung ihrer Geldproduktion vor, aber die Bundesbank ist darin doch gebunden durch

- die Verpflichtung, die Währung zu sichern und
- das Verbot, beliebige Aktiva zu monetisieren.

Im wesentlichen darf die Bundesbank nur Aktiva (Vermögen) monetisieren, die sie von drei Stellen erwirbt und mit ihrem eigenen Geld, den Banknoten bezahlt. Die drei Stellen, von denen sie Aktiva kaufen darf, sind:

- das Ausland (Gold und Devisen),
- die öffentlichen Haushalte (Forderungen aus Krediten),
- die privaten Kreditinstitute (Forderungen aus Refinanzierungskrediten im Wechsel- und Lombardgeschäft).

Geld, in Form von Banknoten, entsteht also eigentlich erst dadurch, daß es von der Bundesbank dem Bankensystem, dem Staat oder dem Ausland, die als Geldnachfrager auftreten, zur Verfügung gestellt wird. Blieben die Banknoten der Bundesbank in deren eigenen Tresoren, so wären diese nicht mehr als nur bedrucktes Papier. Erst wenn die Nachfrager darüber verfügen können, erhält Geld seine volkswirtschaftliche Bedeutung. Umgekehrt wird solches Geld immer dann vernichtet, wenn es an die Notenbank zurückfließt und dort verbleibt.

Banken erhalten Einlagen u. vergeben Kredite

Bundesregierung

Produzent des Münzgeldes ist der Bund, vertreten durch die Bundesregierung. Die Münzgeldausgabe stellt noch ein Überbleibsel des fürstlichen Münzregals dar. Wenn die Produktionskosten geringer sind als der Nennwert der Münzen, entsteht ein Münzgewinn, der dem Bund zufließt. Die wirtschaftspolitische Bedeutung der Münzgeldproduktion ist jedoch gering. In der Bundesrepublik Deutschland wird die Geldmenge in erster Linie durch die Vorgabe der Bundesbank bestimmt.

Geschäftsbanken

Ein weiterer Geldproduzent sind die Geschäftsbanken (Kreditinstitute). Sie befinden sich in der Bundesrepublik Deutschland im Besitz von

- Gebietskörperschaften (circa 600 Sparkassen),
- Genossenschaften (Spar- und Darlehenskassen, Raiffeisenkassen, Volksbanken, in einer Zahl von etwa 3500),
- Privaten Trägern (etwa 300 Kreditbanken).

Die Banken nehmen insbesondere Gelder von den Haushalten und Unternehmen in ihren Geschäftsbereich herein (Einlagen) und leihen diese wieder an ihre Kunden aus (Kredite). Von der dabei erzielten Zinsmarge bestreiten sie ihre Aufwendungen und erzielen Gewinne. Daneben sind sie heute natürlich auch im Börsengeschäft und auf den Kapital- und Devisenmärkten aktiv.

Die Geldproduktion der Geschäftsbanken, die ja von den Vorgaben der Bundesbank ganz wesentlich abhängt, weist nun einige Besonderheiten auf, mit denen wir uns nachfolgend, in einem eigenen Abschnitt, etwas ausführlicher beschäftigen wollen.

10.2.2 Die Geldproduktion des Geschäftsbankensystems

Die Geldproduktion der Zentralbank und der Geschäftsbanken hat der Gesetzgeber in unterschiedlicher Weise begrenzt. Für die Zentralbank gilt das oben bereits erwähnte Bundesbankgesetz, für die Geschäftsbanken ist das Kreditwesen-Gesetz (KWG) von 1961 (Neufassung 1985) bindend.

Charakter und Bedingungen der Geldproduktion

Die Geldproduktion der Geschäftsbanken geschieht ebenfalls durch **Monetisierung** von Aktiva. Banken erwerben Aktiva (Vermögen) von Nichtbanken (Staat, privates Publikum) und bezahlen diese Käufe mit Forderungen gegen sich selbst (Sichteinlagen, Sichtverbindlichkeiten). Wenn Banken an Nichtbanken solche Aktiva gegen eigene Zahlungsmittel verkaufen, wird Giralgeld vernichtet; dies führt zu einer **Demonetisierung** von Aktiva.

Bei beiden Vorgängen spielt es keine Rolle, ob die Aktiva Sachgüter oder finanzielle Vermögensgüter (Forderungen in verbriefter oder unverbriefter Form) darstellen.

Grenzen und Besonderheiten dieser Buchgeldproduktion folgen aus zwei Bedingungen des Bankengeschäfts:

(a) Banken müssen sich in Zentralbankgeld, das sie nicht selbst herstellen können, zahlungsfähig halten, für den Fall, daß Kunden Barabhebungen vornehmen wollen. Man spricht hier vom sogenannten **Liquiditätserfordernis**, das die Banken zu erfüllen haben.

(b) Banken müssen bestrebt sein, Einlagen ihrer Kunden ertragbringend anzulegen, weil dies ihre Existenzgrundlage bedeutet. Sie sind also auch einem **Rentabilitätserfordernis** verpflichtet.

Um dem Liquiditätserfordernis zu genügen, bilden die Banken von den Kundeneinlagen eine Reserve in Zentralbankgeld. Diese setzt sich aus zwei Komponenten zusammen:

- der gesetzlich vorgeschriebenen unverzinslichen **Mindestreserve** bei der Bundesbank (***MR***)
  und
- einer freiwilligen **Barreserve** im eigenen Haus. Den Betrag, der von einer Kundeneinlage nach Abzug der Mindestreserve und der freiwilligen Barreserve übrigbleibt, bezeichnet man als **Überschußreserve**.

Die Mindestreserve differiert in der Bundesrepublik je nach Einlagearten (Sicht-, Termin-, Spareinlagen). Für Sichteinlagen beträgt der maximale Mindestreservesatz, den die Bundesbank verlangen kann, zur Zeit 30 Prozent, für Termineinlagen 20 Prozent und für Spareinlagen 10 Prozent. Gegenüber Gebietsfremden ist jedoch ein Mindestreservesatz bis zu 100 Prozent zulässig.

Funktionsweise der Buchgeldproduktion

Wie funktioniert nun unter diesen Bedingungen die Buchgeldproduktion des Geschäftsbankensystems?

Nehmen wir an, ein Kunde zahlt bei einer Bank *A* bar einen Betrag von DM 1.250 ein. Er erhält darüber eine Gutschrift, die für die Bank eine Verbindlichkeit darstellt. Die Bank bildet von dieser Einlage eine Reserve von DM 250, um den Auflagen der Bundesbank zu genügen (***MR*** = 20 Prozent). Wir gehen weiterhin davon aus, daß sie keine Barreserve zurücklegt, sondern die verbleibenden DM 1.000 als Überschußreserve auszuleihen versucht. Gelingt ihr dies, erhält der neue Schuldner der Bank eine Gutschrift auf einem Girokonto, die er für seine Zwecke verwenden kann. Zum bereits vorhandenen Buchgeld von DM 1.250 ist somit zusätzliches Geld in Form eines Sichtguthabens in Höhe von DM 1.000 hinzugekommen. Die Bank *A* hat (Buch-)Geld produziert.

Ob nun noch weiteres Buchgeld entsteht, hängt davon ab, was der Schuldner mit seinen DM 1.000 macht. Kommt der Betrag nicht zu einer Bank zurück, ist die Produktion von Giralgeld abgeschlossen.

Fließt aber der Betrag ganz oder teilweise an eine andere Bank ***B***, so geht die Giralgeldbildung in der beschriebenen Form weiter. Auch diese Bank kann, nachdem sie die Mindestreserve hinterlegt hat, von der Einzahlung wieder einen Betrag in Höhe von DM 800 als Kredit an einen Kunden vergeben. Um diesen Betrag nimmt dann die Giralgeldmenge zu.

Wird der eben beschriebene Vorgang unendlich oft zwischen weiteren Kreditnehmern und Banken wiederholt, so kommt es zu einem multiplikativen Expansionsprozeß des Geldes, der graphisch wie in Abbildung 10.2 veranschaulicht werden kann.

Wir sehen, daß in unserem Beispiel, in welchem das Bankensystem keine freiwilligen Barreserven hält, eine Giralgeldmenge in Höhe von DM 6.250 gebildet wird. Würden die Banken freiwillig, aus Liquiditätsüberlegungen, einen Teil der getätigten Einzahlung zurückbehalten, so wäre die Giralgeldschöpfung entsprechend geringer.

Abb. 10.2: Giralgeldproduktion der Banken

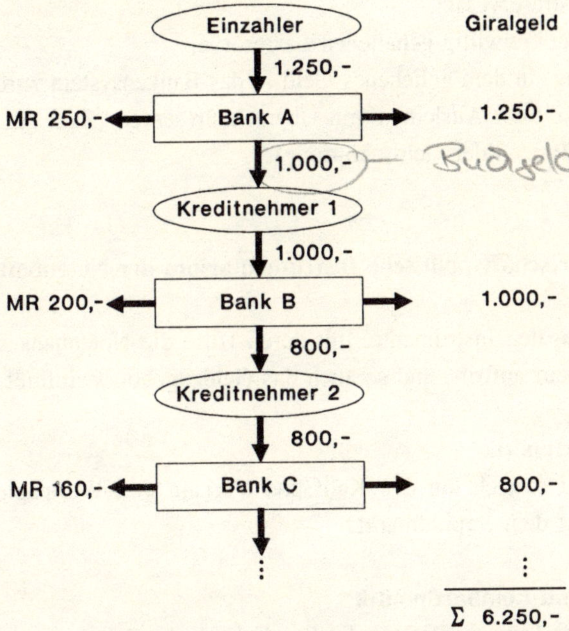

Formal läßt sich der Prozeß der Geldschöpfung wie folgt darstellen: Bei einem Mindesreservesatz von *r* ergibt sich aus jeder DM, die bei einer Bank einbezahlt wird, eine Giralgeldmenge in Höhe von:

$$1 + (1-r) + (1-r)^2 + (1-r)^3 + \ldots = \frac{1}{1-(1-r)} = \frac{1}{r}$$

Den obigen Ausdruck bezeichnet man als den sogenannten **Geldschöpfungsmultiplikator**. In unserem Beispiel ergibt sich für r=20 Prozent ein Wert von 1/0,2=5. Aus jeder erstmals einbezahlten DM Bargeld entstehen also am Ende DM 5 Giralgeld.

Allgemein gilt:

$$\textbf{Änderung der Giralgeldmenge} = \frac{1}{r} \cdot \textbf{Bareinzahlung}$$

Das Ausmaß der Buchgeldproduktion im Bankensystem ist dabei abhängig von

- dem Umfang an vorhandenem Zentralbankgeld (Basisgeldmenge), der in Form von Sichteinlagen gutgeschrieben wird,
- dem Mindestreservesatz,
- der Höhe der freiwillig gehaltenen Barreserve,
- dem Umfang, in dem geliehenes Geld in das Bankensystem zurückströmt, und
- der Häufigkeit der Ausleihen von Überschußreserven (Zahl der nachfolgenden Banken im Prozeß der Geldschöpfung).

10.2.3 Das wirtschaftspolitische Instrumentarium der Notenbank

Die drei wichtigsten Instrumente, mit deren Hilfe die Notenbank als wirtschaftspolitischer Akteur auftritt, und so auch das Geldangebot beeinflußt, sind:

(a) **Offenmarktpolitik**
Hierbei handelt es sich um den Kauf und Verkauf von Wertpapieren durch die Zentralbank auf dem Kapitalmarkt.

(b) **Diskont- und Lombardpolitik**
Mit Hilfe dieses Instruments legt die Bundesbank den Diskont- und Lombardsatz fest. Dies sind Zinssätze, zu denen sich die Geschäftsbanken durch Hinterlegung von Wechsel und Wertpapieren bei ihr verschulden können.

(c) **Mindestreservepolitik**
Hier geht es um die Festlegung der Mindestreserve, die die Geschäftsbanken zur Absicherung ihrer Einlagen als Reserve bei der Zentralbank halten müssen.

Die Notenbank kann diese Instrumente zum Einsatz bringen, wenn vor allem die Preisstabilität aber auch andere wirtschaftspolitische Ziele, wie Wachstum und Beschäftigung, auf die die Geldpolitik einwirken kann, dies erfordern. Der Ziel-Mittel-Zusammenhang, der sich dabei für sie ergibt, läßt sich graphisch wie folgt veranschaulichen (Abbildung 10.3).

Die drei Instrumente der Bundesbank - Offenmarktpolitik, Diskontpolitik, Mindestreservepolitik - wirken zunächst auf Zwischenziele ihrer Politik ein. Solche Ziele streben in erster Linie ein bestimmtes Wachstum des gesamtwirtschaftlichen Geldangebots im Zeitablauf an, oder sie peilen eine bestimmte Höhe des volkswirtschaftlichen Zinsniveaus an. Über diese Zwischenziele wird dann auf die bekannten Finalziele der Wirtschaftspolitik Einfluß gewonnen.

Abb. 10.3: Wirkungsweise der Notenbankpolitik

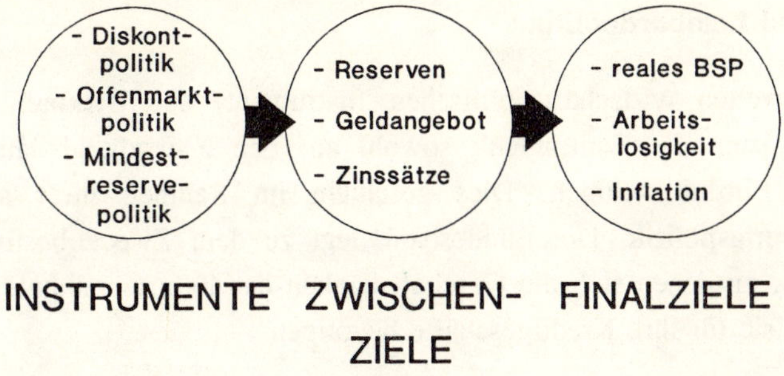

Betrachten wir nun die drei wirtschaftspolitischen Mittel der Bundesbank noch etwas genauer und wenden wir uns zunächst der Offenmarktpolitik zu.

Offenmarktpolitik

Mit der Offenmarktpolitik will die Bundesbank die in einer Volkswirtschaft umlaufende Menge an Zentralbankgeld kontrollieren. Im Rahmen dieser Politik kauft oder verkauft sie auf dem offenen Markt (Geld- und Kapitalmarkt) Wertpapiere von Geschäftsbanken oder von Privaten. Ein Beispiel kann aufzeigen, welche Wirkungen davon auf die Geldmenge ausgehen.

Nehmen wir an, die Bundesbank kauft Schuldverschreibungen der Bundesregierung im Wert von DM 1 Million von einer Geschäftsbank. Die Bundesbank bezahlt diese Schuldverschreibungen, indem sie der Bank den Betrag von DM 1 Million als neue Reserve gutschreibt. Die Geschäftsbank hält dann zusätzlich zur gesetzlich vorgeschriebenen Mindestreserve ein Guthaben an Zentralbankgeld bei der Bundesbank in Höhe von DM 1 Million.

Die Geschäftsbank kann nun den privaten Geldnachfragern mehr Geld zur Verfügung stellen, was sie im allgemeinen auch tut, da sie daran verdient. Das zusätzliche Zentralbankgeld von DM 1 Million erhöht den Bargeldumlauf, sofern es an Private ausgeliehen wird. Dann kann auch zusätzlich der von uns bereits beschriebene Prozeß der Giralgeldschöpfung in Gang kommen.

Will die Bundesbank die angebotene Geldmenge verringern, so muß sie Wertpapiere verkaufen und dadurch die Reserveeinlagen der Geschäftsbanken vermindern. Sie induziert auf diese Weise einen Ablauf, der gerade entgegengesetzt zu dem oben beschriebenen verläuft.

Diskont- und Lombardpolitik

Mit dem zweiten wirtschaftspolitischen Instrument, der Diskont- und Lombardpolitik, kann die Zentralbank sowohl auf den Zinssatz als auch auf die Geldmenge Einfluß nehmen. Dies geschieht im Rahmen ihrer sogenannten **Refinanzierungspolitik.** Die Bundesbank legt zu dem Zweck bestimmte Konditionen fest, zu denen sich die Geschäftsbanken das Zentralbankgeld beschaffen können, das sie für ihre Kreditgeschäfte benötigen.

Bei der **Diskontpolitik** kauft (rediskontiert) die Bundesbank Wechsel von Geschäftsbanken und erhöht damit deren Bestand an Zentralbankgeld. Sie übernimmt allerdings nur solche Wechsel, die ganz bestimmten Vorschriften genügen.

Im Rahmen der **Lombardpolitik** leiht die Bundesbank gegen Verpfändung von Wertpapieren Zentralbankgeld an die Geschäftsbanken aus.

Auf die Geldmenge nimmt die Zentralbank Einfluß, indem sie die **Kontingente** festsetzt, das heißt den maximal möglichen Umfang an Wechseln bestimmt, den eine Geschäftsbank bei der Bundesbank zum Rediskont einreichen darf.

Auf das allgemeine Zinsniveau in einer Volkswirtschaft vermag die Bundesbank über den **Diskont-** und **Lombardsatz** unmittelbar einzuwirken. Das sind Zinssätze, die die Bundesbank bei ihren Diskont- und Lombardgeschäften verlangt.

Da die gesamte Zinsstruktur in einer Volkswirtschaft an den Diskontsatz gekoppelt ist, hat dieser zugleich die Funktion eines **Leitzinses.** Wird der Diskontsatz gesenkt, verringert sich das Zinsniveau, wird er angehoben, kommt es gewöhnlich zu einem Anstieg der Zinsen.

Mindestreservepolitik

Während die Diskont- und Lombardpolitik in erster Linie Instrumente darstellen, deren Wirkung sich hauptsächlich auf das Zinsniveau richtet, ist die Mindestreservepflicht ein sehr wirkungsvolles Instrument zur Steuerung des **Geldvolumens.**

Wie wir wissen, sind alle Geschäftsbanken verpflichtet, einen bestimmten Prozentsatz der Einlagen von Nichtbanken als Geldbestände zinslos bei der

Zentralbank zu halten. Diese Verpflichtung ergibt sich aus der Mindestreservevorschrift der Bundesbank. Der Reservebetrag, der auf diese Weise stillgelegt wird, errechnet sich als Prozentsatz der reservepflichtigen Verbindlichkeiten der Geschäftsbanken im Monatsdurchschnitt. Den Prozentsatz legt die Zentralbank fest.

Die Gründe, weshalb Geschäftsbanken solche Mindestreserven halten müssen, haben wir an anderer Stelle bereits erwähnt. Es geschieht dies, wenn wir uns erinnern, zum einen zur Risikoabsicherung ihrer Kunden. Diese sollen davor geschützt werden, im Falle des Bankrotts einer Geschäftsbank, ihre gesamten Einlagen zu verlieren. Aus der Mindestreserve erhalten sie wenigstens einen Teil davon zurückerstattet. Zum anderen möchte die Bundesbank über die Mindestreserve die Geldmenge kontrollieren.

Die Zentralbank kann nun mit Hilfe der Mindestreserve Wirtschaftspolitik betreiben, indem sie die Prozentsätze der Einlagen variiert, die als reservepflichtig gelten und bei ihr zu hinterlegen sind. Werden die Mindestreservesätze gesenkt, so haben die Geschäftsbanken mehr Zentralbankgeld zu ihrer freien Verfügung, also wachsende Überschußreserven, was zu einer Ausdehnung der Geldmenge führt. Steigt der Mindestreservesatz, so müssen sich die Geschäftsbanken zusätzlich Zentralbankgeld beschaffen (etwa durch Verkauf von Wechseln an die Bundesbank), um die gestiegenen Reserveanforderungen zu erfüllen. Im Ergebnis führt dies zu einem Rückgang der frei zirkulierenden Geldmenge in einer Volkswirtschaft.

10.2.4 Die Geldangebotskurve

Die moderne Theorie des Geldes drückt mit der Geldangebotskurve den Zusammenhang aus, der zwischen der in einer Volkswirtschaft angebotenen Geldmenge und deren Determinanten besteht. Das Geldangebot wird, wie wir sahen, in der Hauptsache von zwei Akteuren bestimmt, der Zentralbank und dem privaten Geschäftsbankensystem. Die Bundesbank wirkt auf das Geldangebot ein, indem sie die Zentralbankgeldmenge kontrolliert und die Giralgeldmenge durch verschiedene Instrumentarien, die wir bereits kennenlernten, steuern kann. Die Geschäftsbanken versuchen die Giralgeldproduktion in ihrem Sinne zu beeinflussen.

Zusammengefaßt kann man sagen, daß das makroökonomische Geldangebot in erster Linie von zwei Faktoren abhängt:

- der **Höhe des Zinssatzes**

und

- den **Politiken der Bundesbank.**

Zwischen Zinssatz und Geldmenge wird in der Regel ein Zusammenhang unterstellt, wie ihn Abbildung 10.4 veranschaulicht.

Mit steigendem Zins erhöht sich die angebotene Geldmenge in einer Volkswirtschaft. Die Erklärung dieses Zusammenhangs erfolgt auf **einzelwirtschaftlicher** Ebene, indem man auf das Geschäftsgebaren der privaten Banken rekurriert. Ist eine Volkswirtschaft, beispielsweise, durch ein hohes Zinsniveau gekennzeichnet, so werden die Geschäftsbanken versuchen, im Rahmen ihrer Möglichkeiten mehr Geld anzubieten als dies bei niedrigen Zinsen der Fall wäre. Dies setzt voraus, daß die Geschäftsbanken bei hohen Zinsen ihre freiwillig gehaltenen Barreserven abbauen. Mit steigenden Zinsen nimmt dann, als Folge, die angebotene Geldmenge zu.

Abb. 10.4: Volkswirtschaftliche Geldangebotskurve

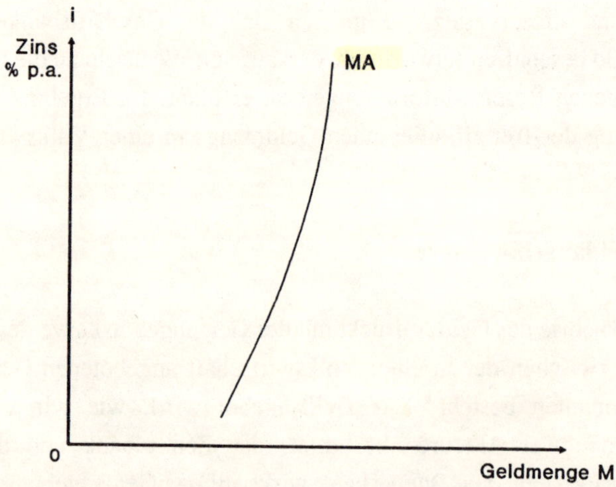

Dabei ist die Geldmenge, die von den Geschäftsbanken angeboten wird, von diesen nach betriebswirtschaftlichen Kriterien kalkuliert und optimiert. Sie genügt daher allein einzelwirtschaftlichen Ansprüchen und braucht nicht auch volkswirtschaftlich optimal zu sein.

Für die Festlegung des **volkswirtschaftlich optimalen** Geldangebots ist die Zentralbank zuständig. Sie verfügt über eine Reihe von uns bereits bekannten

Instrumenten, mit deren Hilfe sie die Geldmenge zu beeinflussen vermag. Davon hängt die Lage der Geldangebotsfunktion in Abbildung 10.4 ab. Sie wird sich nach rechts oder links verschieben, je nachdem, ob die Bundesbank das Geldangebot verknappen oder ausdehnen möchte.

Sehen wir uns diesen Wirkungsmechanismus kurz am Beispiel der Auswirkung einer Erhöhung beziehungsweise Senkung des Mindesreservesatzes auf die volkswirtschaftliche Geldangebotsfunktion anhand der Abbildung 10.5 an.

Senkt die Bundesbank den Mindestreservesatz, um die frei verfügbare Geldmenge im privaten Bankensystem zu erhöhen, so verschiebt sich die Geldangebotskurve von ***MA*** nach rechts auf ***MA'***. Ein Anstieg des Mindestreservesatzes verringert die frei verfügbare Geldmenge und führt in unserer Abbildung zu einer Linksverschiebung der Angebotskurve etwa von ***MA*** auf ***MA''***.

Abb. 10.5: Wirkungen eines veränderten Mindestreservesatzes auf das volkswirtschaftliche Geldangebot

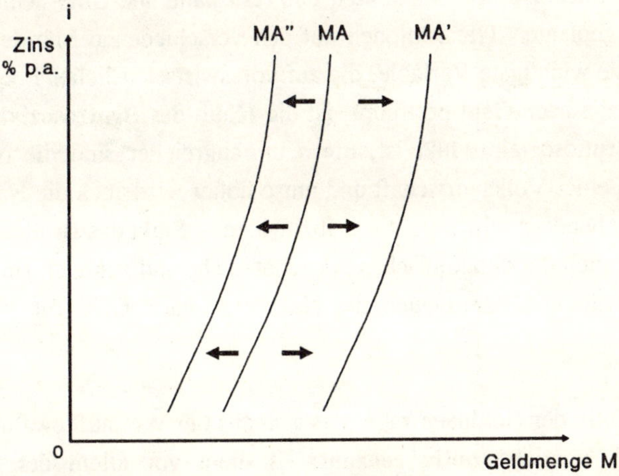

In diesem Zusammenhang sollten wir darauf hinweisen, daß die Geldangebotskurve in Abbildung 10.4 verhältnismäßig steil eingezeichnet ist. Damit soll zum Ausdruck gebracht werden, daß die Geschäftsbanken relativ beschränkt sind in ihren Möglichkeiten, auf die Geldmenge Einfluß zu nehmen. Das heißt, Variationen im Zinssatz vermögen über das private Bankensystem die angebotene Geldmenge nur in geringem Umfang zu verändern. Dies liegt einfach daran, daß in erster Linie die Bundesbank mit ihrem wirtschaftspolitischen Instrumentarium die Geldmenge festlegt. In manchen Lehrbüchern wird daher die volkswirtschaftliche Geldangebotskurve sogar als Vertikale angenommen.

10.3 Die Geldnachfrage

Unter Geldnachfrage versteht man die am Markt auftretenden **Kassenhaltungswünsche** von Wirtschaftssubjekten, bezogen auf monetäre Titel. Der Wunsch, Kasse zu halten, läßt sich dabei vor allem auf zwei Funktionen des Geldes zurückführen, die wir an anderer Stelle bereits kennengelernt haben, nämlich auf die Tauschfunktion und die Wertaufbewahrungsfunktion. Sie stellen die eigentlichen Gründe dar, weshalb sich Wirtschaftssubjekte veranlaßt sehen, Geld zu halten und damit auch Geld nachzufragen.

10.3.1 Motive der Geldhaltung

Das erste Motiv für Geldhaltung, das aus der Tauschfunktion entspringt, bezeichnet man als **Transaktionsmotiv**. Es besagt, daß Haushalte und Unternehmen Geld halten, um ihre geplanten Transaktionen auf den verschiedenen Märkten vornehmen zu können. Die wichtigste Variable, die auf volkswirtschaftlicher Ebene die Transaktionsnachfrage nach Geld bestimmt, ist die **Höhe des Bruttosozialprodukts**. Je größer das Bruttosozialprodukt ist, umso umfangreicher sind die ökonomischen Aktivitäten in einer Volkswirtschaft und umso höher wird auch die Nachfrage nach Geld sein, das benötigt wird, um diese abzuwickeln. Sinkt das Bruttosozialprodukt, dann nehmen auch die ökonomischen Aktivitäten ab, und zugleich sinkt der Bedarf an Finanzmitteln und damit auch die Nachfrage nach Geld für wirtschaftliche Transaktionen.

Das zweite Motiv der Geldnachfrage, das sich aus der Wertaufbewahrungsfunktion ableitet, wird **Vorsichtsmotiv** genannt. Es dient vor allem der individuellen Vorsorge für den Fall, daß unvorhergesehene Zahlungsverpflichtungen auftreten. Die Geldmenge, die aufgrund des Vorsichtsmotivs nachgefragt wird, hängt in erster Linie von der **Höhe des geltenden Zinses** ab. Ceteris paribus darf man dabei von folgendem Zusammenhang ausgehen: Je höher der Zinssatz ist, der sich auf den Kapitalmärkten einer Volkswirtschaft bildet, desto geringer wird die nachgefragte Menge nach Geld sein. Denn mit der Höhe des Zinses steigen auch die Opportunitätskosten, die man für nicht angelegtes Geld in der "Kasse" zu berechnen hat.

Neben dem Zins beeinflußt natürlich auch die **Höhe des Einkommens**, über das ein

Wirtschaftssubjekt verfügt, dessen Geldnachfrage aus dem Vorsichtsmotiv heraus. Ist sein Einkommen hoch, so kann es sich das Individuum leisten, mehr Geld in seiner Kasse zu halten.

Ein drittes Motiv schließlich, das Wirtschaftssubjekte veranlassen kann, Geld zu halten, stellt das **Spekulationsmotiv** dar. Es ergibt sich aus der Ungewißheit darüber, wie sich der Geldwert verschiedener Alternativen entwickeln wird, die dem einzelnen bei der Anlage seines Vermögens zur Verfügung stehen.

Angenommen, ein Wirtschaftssubjekt ist wohlhabend und möchte sein Vermögen noch weiter mehren, indem es dieses in der "richtigen" Weise anlegt. Zu diesem Zwecke kann es sein ganzes Vermögen in Form von Geld halten, bekommt dann aber dafür keine oder nur geringe Zinszahlungen. Legt es hingegen sein Vermögen in weniger liquiden Anlageformen an, etwa in Aktien, Anleihen oder in einem Immobilienfonds, so erhält es dafür zum einen die marktübliche Verzinsung. Zum anderen eröffnet es sich aber auch die Möglichkeit von zusätzlichen Gewinnen, wenn der Marktwert einer der alternativen Anlageformen steigt. Selbstverständlich unterliegt es ebenso der Gefahr zusätzlicher Verluste, wenn der Marktwert sinkt.

Das Spekulationsmotiv will nun dem Risiko von Gewinnen und Verlusten, die sich aus sich ändernden Marktbedingungen bei Wertpapieren oder anderen Anlageformen ergeben, durch ein bestimmtes Verhalten in der Geldhaltung Rechnung tragen. Wird ein Anleger beispielsweise erwarten, daß der Wert von Aktien steigt, so wird er Geld in Aktien investieren. Seine Geldhaltung und damit auch seine Nachfrage nach Geld wird folglich nur gering sein. Erwartet er jedoch, daß der Wert von Aktien fällt, so wird er diese verkaufen und seine Geldhaltung und damit auch seine Nachfrage nach Geld erhöhen, denn dieses kann keinen Verlust am Markte erleiden, jedenfalls solange keine Inflation herrscht.

10.3.2 Spekulationsnachfrage nach Geld

Die Nachfrage nach Geld, die sich aus der Veränderung erwarteter Marktwerte für alternative Anlageformen ergibt, bezeichnet man als die **Spekulationsnachfrage** nach Geld. Welche ökonomischen Variablen beeinflussen nun diese Spekulationsnachfrage?

Auch hier spielt wieder der **Zinssatz** eine entscheidende Rolle. Die nachgefragte Geldmenge, die sich aus dem Spekulationsmotiv ergibt, wird mit dem am

Kapitalmarkt herrschenden Zinssatz variieren. Ist der Zinssatz hoch, wird die Spekulationsnachfrage nach Geld gering sein, ist der Zins hingegen niedrig, so steigt die Geldnachfrage entsprechend an. Hinter diesem zunächst recht kompliziert erscheinenden Mechanismus steht ein relativ einfacher Zusammenhang, den wir anhand eines Beispiels für eine Anleihe kurz erläutern wollen.

Eine Anleihe ist ein festverzinsliches Wertpapier, das sowohl von öffentlichen wie auch von privaten Wirtschaftsakteuren zu Finanzierungszwecken aufgelegt wird. Die Anleihe wird zu einem bestimmten **Nennwert** ausgegeben und mit einer konstanten Verzinsung (auf den Nennwert) ausgestattet, für sie gilt zudem eine feste Laufzeit. Laufzeit und Verzinsung richten sich dabei nach den Marktgegebenheiten. Beide müssen so günstig ausgestattet sein, daß der Kapitalmarkt bereit ist, das Wertpapier aufzunehmen.

Nehmen wir also an, es würde eine Anleihe mit einem Nennwert von 1000 DM aufgelegt und einer festen jährlichen Verzinsung von 8 Prozent. Um unser Beispiel nicht unnötig zu komplizieren, unterstellen wir eine unendliche Laufzeit. Der Käufer dieses Wertpapiers erhält somit feste jährliche Zinszahlungen in Höhe von 80 DM. Die Anleihe wird nun am Kapitalmarkt gehandelt und erreicht dort einen bestimmten Preis, den man als **Kurswert** bezeichnet. Unser Käufer kann also die erworbene Anleihe zu jedem Zeitpunkt zum Kurswert veräußern. Dieser weicht üblicherweise vom Nennwert ab, denn er wird durch die jeweiligen Bedingungen am Kapitalmarkt, also durch Angebot und Nachfrage bestimmt.

Steigt jetzt beispielsweise der Kurswert unseres Wertpapiers auf 1600 DM, so wird dessen Verzinsung auf 5 Prozent zurückgehen, denn es gilt:

1600 DM x 5 Prozent = 80 DM (feste Zinszahlung).

Umgekehrt verhält sich die Sachlage, wenn auf dem Kapitalmarkt ein Überangebot an Wertpapieren herrscht. Dann muß der Kurs für unsere Anleihe sinken, sagen wir auf 800 DM und ihr Zinssatz wird auf 10 Prozent ansteigen, denn nunmehr gilt:

800 DM x 10 Prozent = 80 DM (feste Zinszahlung).

Der Kurswert und die Verzinsung von Anleihen sind also invers miteinander verknüpft:

- Steigt der Kurswert der Anleihe, so sinkt deren Verzinsung.

- Sinkt hingegen der Kurs, so steigt deren Verzinsung.

Das Kursniveau hat zudem auf Anleger, die sich spekulativ am Markt für Wertpapiere betätigen, einen ganz besonderen Einfluß. Ein hoher Kurs zeigt ihnen nämlich an, daß Wertpapiere relativ teuer sind. Überteuerte Wertpapiere aber, so sollte man erwarten, dürften in Bälde wieder billiger werden und das Zinsniveau ansteigen lassen. Spekulative Anleger werden also bei niedrigen Zinsen und hohem Kursniveau auf zukünftige Preissenkungen der Wertpapiere setzen. Sie werden Wertpapiere günstig verkaufen und ihr Vermögen verstärkt in Form von (spekulativer) Kasse halten, um bei einem Rückgang der Kurse wieder billig einkaufen zu können. Ihr **Vermögensportfolio** verändert sich also zugunsten der Kassenhaltung, was mit einer steigenden Spekulationsnachfrage nach Geld einhergeht.

Die umgekehrte Wirkungskette kann man feststellen, wenn man von einer Situation hoher Zinsen und, dazu korrespondierend, einem niedrigen Kursniveau ausgeht:

Niedrige Kurse für Wertpapiere lassen Kurssteigerungen und entsprechende Kursgewinne in der Zukunft erwarten, wenn der Zins fällt. Spekulativ handelnde Individuen werden daher ihr Vermögensportfolio umschichten, weniger Geld in der Kasse halten und dieses in die noch billigen Wertpapiere investieren. Als Folge sinkt ihre Nachfrage nach Geld.

Wir wissen jetzt, welch entscheidende Rolle der Zins bei der Bestimmung der spekulativen Geldnachfrage spielt. Darüber hinaus kann man den Zins auch als den "Preis" des Geldes selbst betrachten. Hält nämlich ein Individuum Geld in seiner Kasse, so entstehen ihm dadurch Opportunitätskosten in Form entgangener Zinsen, die es verdient hätte, wenn es das Geld anderswo zinsbringend angelegt hätte. Bei hohem Zinsniveau sind die Opportunitätskosten ebenfalls hoch und die Bereitschaft, Geld in der Kasse zu halten, wird gering sein. Umgekehrt bedeuten niedrige Zinsen geringe Opportunitätskosten der Geldhaltung und damit auch eine höhere Bereitschaft, Geld nachzufragen.

10.3.3 Geldnachfragefunktion

Überträgt man die Quintessenz dessen, was wir hier zur spekulativen Geldnachfrage abgeleitet und zum Opportunitätskostenargument gesagt haben, in ein Diagramm, mit den Zinsen auf der Ordinate und der nachgefragten Geldmenge auf der Abszisse, so erhält man den in Abbildung 10.6 aufgezeigten Verlauf der Geldnachfragekurve.

Abb. 10.6: Volkswirtschaftliche Geldnachfragekurve

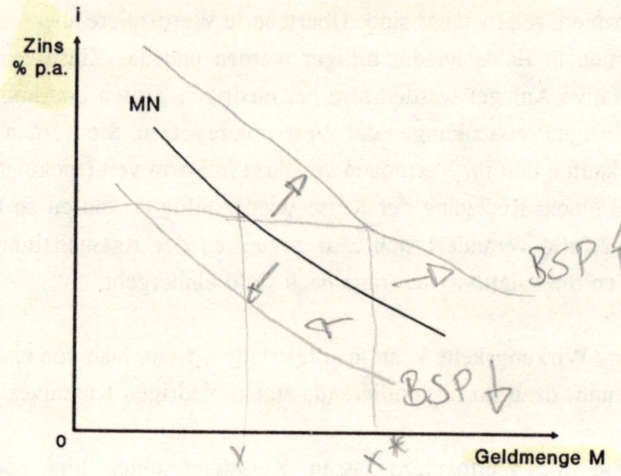

Wir sehen, daß die nachgefragte Geldmenge umso größer wird, je kleiner der Zinssatz ist. Wie steil nun die Geldnachfragekurve verläuft, hängt primär davon ab, wie stark die Geldnachfrage auf Variationen des Zinssatzes reagiert, oder, anders ausgedrückt, wie groß die **Zinselastizität** der Geldnachfrage ist. Wir werden gleich noch erfahren, daß es dazu in der Volkswirtschaftslehre unterschiedliche Meinungen gibt, insbesondere bei Keynesianern und Monetaristen.

Der Einfluß der zweiten Variablen, von der die Geldnachfrage ebenfalls abhängt, nämlich dem Bruttosozialprodukt, zeigt sich in einer Verschiebung der *MN*-Kurve in unserer Graphik 10.6. Steigt das Bruttosozialprodukt, so erhöht sich bei gleichbleibenden Zinsen auch die Geldnachfrage und die *MN*-Kurve rückt nach rechts. Sinkt das Bruttosozialprodukt, so verringert sich auch die Nachfrage nach Geld, was zu einer Linksverschiebung der *MN*-Kurve führt.

10.4 Das Zusammenspiel von Geldangebot und Geldnachfrage

In Abbildung 10.7 haben wir die Geldangebots- und die Geldnachfragekurve in einem Diagramm zusammengebracht. Wie auf dem Gütermarkt spielen auch auf dem Geldmarkt Angebot und Nachfrage zusammen und bestimmen auf bekannte Weise den Zinssatz i^* und die Geldmenge M^*, bei denen sich eine Volkswirtschaft im monetären Gleichgewicht befindet.

Abb. 10.7: Zusammenspiel von Geldangebot und Geldnachfrage

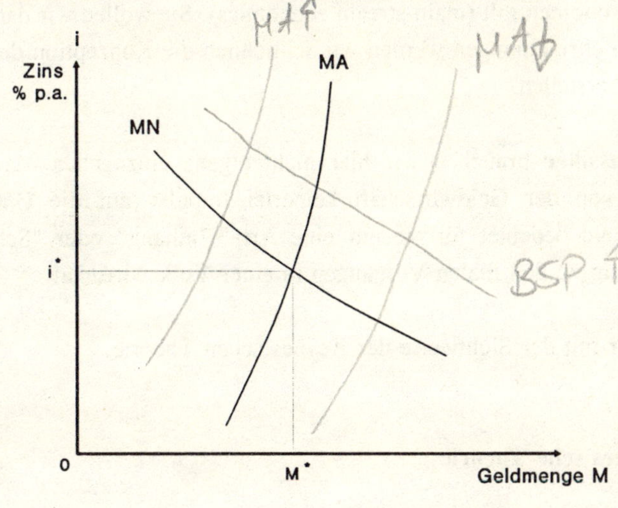

Aus der Graphik lassen sich zwei weitere Erkenntnisse gewinnen:

(a) Wenn die Notenbank das Geldangebot verringert (erweitert), wandert die *MA*-Kurve nach links (rechts) und es kommt, bei gleichbleibender Nachfragefunktion zu einer Erhöhung (Senkung) des Gleichgewichtszinses.

(b) Wenn in einer Volkswirtschaft das nominale Sozialprodukt wächst, weil entweder die Menge der produzierten Güter und Dienste (Bruttosozialprodukt) zunimmt oder das Preisniveau (*P*) steigt, wird auch mehr Geld benötigt. Die Geldnachfragekurve verschiebt sich nach rechts, mit dem entsprechenden Zinseffekt: der Gleichgewichtszins steigt an.

10.5 Geld- und Güterwirtschaft im Zusammenwirken

Im Abschnitt 7.3 haben wir gesehen, daß die Klassiker, die (orthodoxen) Keynesianer und die Anhänger der neoklassischen Synthese unterschiedliche Meinungen über den Verlauf der aggregierten Angebotskurve vertreten. Auch bezüglich des Zusammenwirkens von Geld- und Güterwirtschaft in einer Volkswirtschaft gibt es zwischen diesen Lehrmeinungen verschiedene Auffassungen. Wir wollen darauf in den nächsten Abschnitten etwas näher eingehen.

Von besonderem Interesse ist auch hier wiederum die **Keynes'sche Theorie**, die wir als erstes abhandeln werden. Dieser Ansatz deckt sich in weiten Teilen mit der Vorstellung der **neoklassischen Synthese**, die heute als die gängige Auffassung unter den Ökonomen gilt (main-stream economics). Sie wollen wir danach vorstellen. Beiden Lehrmeinungen werden wir schließlich die Konzeption der **Monetaristen** gegenüberstellen.

Auf die **Klassiker** brauchen wir hier nicht eigens einzugehen, da nach deren Auffassung von der Geldwirtschaft keinerlei Impulse auf die Güterwirtschaft ausgehen. Geld bedeutet für sie nur eine Art "Umhang" oder "Schleier" ohne direkten Bezug zu den realen Vorgängen in einer Volkswirtschaft.

Beginnen wir mit der Sichtweise der Keynes'schen Theorie.

10.5.1 Keynes'sche Theorie

Die im Abschnitt 10.3 dargestellten drei Motive, durch die Individuen veranlaßt werden, Geld zu halten, - also das Transaktions-, das Vorsichts- und das Spekulationsmotiv - entsprechen genau den Gründen für eine Kassenhaltung, die bei **Keynes** die dominierende Rolle spielen. Auch die neoklassische Synthese, also die Auffassung der Main-Stream-Ökonomen, übernimmt diese Motive.

Einfacher Transmissionsmechanismus

Keynesianer und Main-Stream-Ökonomen sehen dabei im **Zinssatz** die wichtigste Bestimmungsgröße der Geldnachfrage. Bereits kleine Veränderungen des Zinssatzes können, nach ihrer Vorstellung, große Auswirkungen auf die Geldnachfrage haben. Um diesen Sachverhalt klar zu verdeutlichen, wollen wir hier einmal mehr auf das Konzept der Elastizität zurückgreifen. Mathematisch formuliert, erhält man als **Zinselastizität** der Geldnachfrage ($\varepsilon_{M,i}$) den Ausdruck

$$\varepsilon_{M,i} = \frac{\partial M_N}{\partial i} \cdot \frac{i}{M_N} \quad .$$

Die Zinselastizität der Geldnachfrage gibt somit an, um wieviel Prozent sich die nachgefragte Geldmenge ändert, wenn sich das Zinsniveau um 1 Prozent verschiebt.

Keynes und die gängige Theorie von heute unterstellen nun, daß die Zinselastizität der Geldnachfrage betragsmäßig groß ist. Dies kann, wie man obigem Ausdruck entnehmen kann, nur dann der Fall sein, wenn die Geldnachfragekurve relativ flach verläuft. Typisch für die Keynes'sche Theorie ist also ein **flacher** Verlauf der Geldnachfragekurve. - Welche Konsequenzen sich daraus bei Keynes für die Wirksamkeit der Geldpolitik im Vergleich zur Fiskalpolitik ergeben, werden wir in einem späteren Abschnitt abhandeln.

Aufbauend auf dieser Grundannahme geht Keynes weiterhin davon aus, daß die Geld- und die Güterwirtschaft in einer Weise miteinander verknüpft sind, wie sie Abbildung 10.8 darstellt.

Abb. 10.8: Zusammenwirken von Geld- und Gütermarkt im Keynes'schen Modell

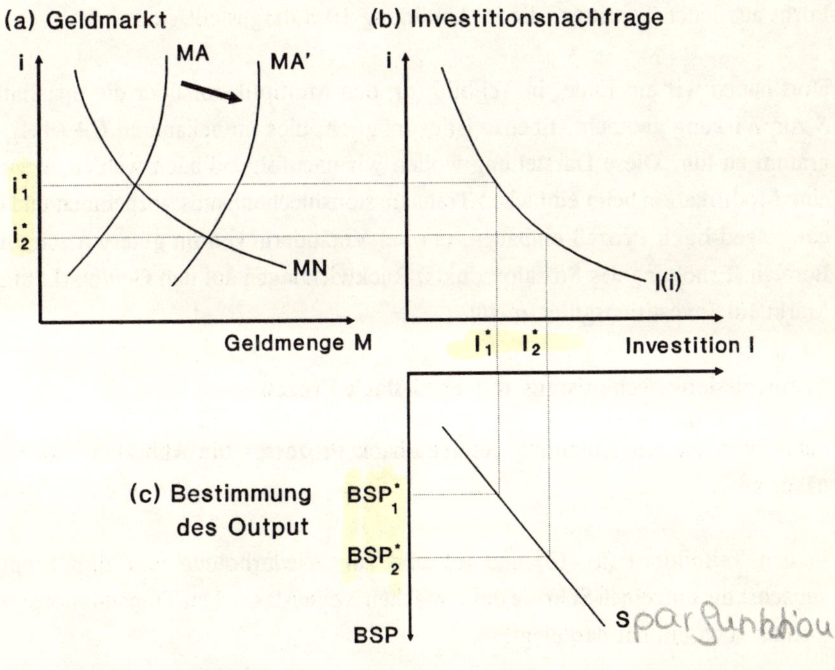

Im Teilbild (a) sind die Verhältnisse auf dem **Geldmarkt** einer Volkswirtschaft wiedergegeben. Auf diesem Markt soll nun die Zentralbank eingreifen und das Geldangebot erhöhen. Als Folge sinkt der Zins, die Kredite werden billiger. In unserem Beispiel verschiebt sich durch den Eingriff der Notenbank die Geldangebotskurve von *MA* nach *MA'*, mit einer Reduktion des Gleichgewichtszinses von i_1^* auf i_2^*.

Bei einem solchen Zinsrückgang wird es sich für viele Unternehmen rentieren, zusätzliche Investitionen zu tätigen. Denn sie können diese nunmehr weit billiger als zuvor über Kredite finanzieren. Die **geplante Investitionsnachfrage** nimmt also zu. Dieser Zusammenhang ist im Teilbild (b) dargestellt. Der Zinsrückgang von i_1^* auf i_2^* induziert hier eine Zunahme der Investitionen von I_1^* auf I_2^*.

Wenn nun die Investitionen ansteigen, so kommt der uns wohlbekannte **Investitionsmultiplikator** zum Zuge und das Bruttosozialprodukt kann sich in Abhängigkeit davon erhöhen. Es wächst in unserem Beispiel von BSP_1^* auf BSP_2^*, wie das Teilbild (c) aufzeigt.

Der gesamte Wirkungsablauf, der bei Keynes die geldwirtschaftliche Sphäre einer Volkswirtschaft mit dem güterwirtschaftlichen Bereich verbindet, wird der **Keynes'sche Transmissionsmechanismus** genannt. Er besteht in seiner einfachen Form aus jenen Schritten, die in Abbildung 10.8 dargestellt sind.

Dort haben wir am Ende, in Teilbild (c), den Multiplikator über die Sparfunktion S zur Wirkung gebracht. Ebenso ist es möglich, dies im bekannten $C+I+A_{St}$-Diagramm zu tun. Diese Darstellung wollen wir nachfolgend auch wählen, wenn wir eine Modifikation beim einfachen Transmissionsmechanismus vornehmen und darin einen **feed-back Prozeß** einbauen, der bei Veränderungen im güterwirtschaflichen Bereich (Erhöhung des Sozialprodukts) Rückwirkungen auf den Geldmarkt und den Markt für Investitionsgüter zuläßt.

Transmissionsmechanismus mit Feed-Back Prozeß

Sehen wir uns zur Ableitung des feed-back Prozesses die Abbildung 10.9 etwas näher an.

In den Teilbildern (a), (b) und (c) sind zur Wiederholung und zum Einprägen zunächst die einzelnen Schritte des einfachen Keynesianischen Transmissionsmechanismus noch einmal dargelegt.

Schritt 1: Die Notenbank erhöht die Geldmenge, wodurch in Teilbild (a) die ursprüngliche Geldangebotskurve *MA* nach rechts verschoben wird, auf *MA'*.

Schritt 2: Als Folge sinkt der Zins auf dem Geldmarkt, und zwar in Teilbild (a) von i_1^* auf i_2^*.

Abb. 10.9: Keynesianischer Transmissionsmechanismus mit Feedback-Prozeß

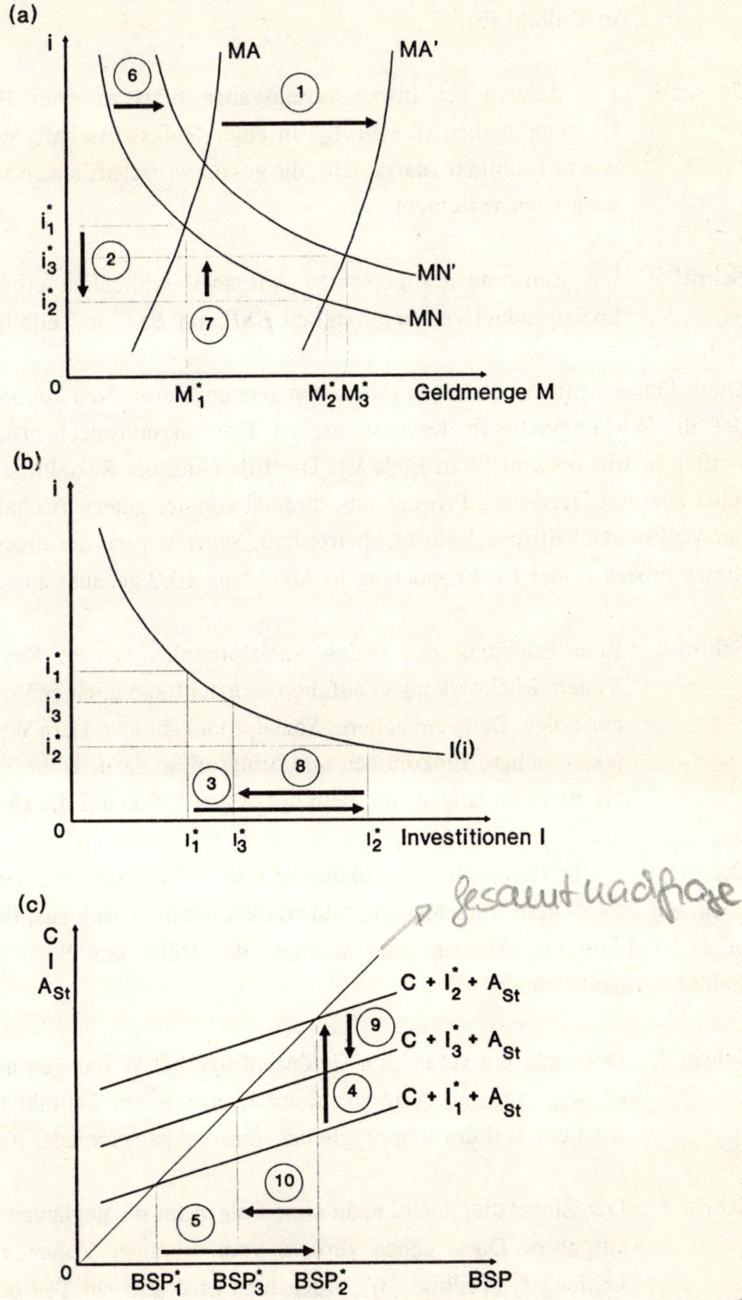

Ab Schnit 6 Rückkopplungsprozeß!

Schritt 3: Die Zinssenkung wiederum läßt das Volumen der geplanten Investitionen in einer Volkswirtschaft ansteigen. Sie erhöhen sich von I_1^* auf I_2^* in Teilbild (b).

Schritt 4: Der Anstieg der Investitionsausgaben führt zu einer Erhöhung der Gesamtausgaben ($C+I+A_{St}$) in einer Volkswirtschaft, wodurch sich, wie in Teilbild (c) dargestellt, die gesamtwirtschaftliche Nachfragekurve nach oben verschiebt.

Schritt 5: Die Zunahme der geplanten Ausgaben schließlich erhöht das reale Sozialprodukt von ursprünglich BSP_1^* auf BSP_2^* in Teilbild (c).

Diese fünf Schritte haben wir vorhin schon kennengelernt. Neu kommt jetzt hinzu, daß die Wirkungskette im Keynesianischen Transmissionsmechanismus mit dem fünften Schritt noch nicht zu Ende ist. Die Erhöhung des Sozialprodukts nämlich leitet eine Art "feed-back Prozeß" ein, diesmal von der güterwirtschaftlichen Seite der Volkswirtschaft zurück zur Geldwirtschaft. Sehen wir uns die einzelnen Schritte dieses Prozesses der Rückkoppelung in Abbildung 10.9 genauer an.

Schritt 6: Eine Erhöhung des realen Sozialprodukts hat im Keynesianischen System Rückwirkungen auf die Geldnachfrage in einer Volkswirtschaft zur Folge. Denn ein höheres Sozialprodukt beschert den Wirtschaftssubjekten höhere Einkommen und bringt diese dazu, mehr Transaktionen als zuvor zu tätigen, mit dem bekannten Effekt auf die Geldnachfrage.

Die ursprüngliche Geldnachfragefunktion *MN* in Teilbild (a) verschiebt sich nach oben, auf *MN'*. Diese Verschiebung fällt freilich relativ gering aus, da bei Keynes in erster Linie der Zinssatz und weniger die Höhe des Sozialprodukts die Geldnachfrage bestimmt.

Schritt 7: Dennoch, die veränderte Geldnachfrage hat Wirkungen auf den Zins; er steigt an, und zwar von i_2^* auf i_3^* in unserem Teilbild (a). Dadurch wird ein Teil des ursprünglichen Zinsrückgangs wieder aufgehoben.

Schritt 8: Der Zinsanstieg bleibt nicht ohne Folgen für die geplanten Investitionsausgaben. Diese gehen zurück, vom erhöhten Volumen I_2^* auf den Umfang I_3^* (Teilbild (b)). Auch hier wird also ein Teil des ursprünglichen expansiven Effekts wieder zurückgenommen.

Schritt 9: Die rückläufigen Investitionsausgaben führen natürlich auch zu einem Rückgang bei der Gesamtnachfrage in einer Volkswirtschaft. Die $C+I+A_{St}$-Kurve verschiebt sich nach unten (Teilbild (c)).

Schritt 10: Im letzten Schritt schließlich verringert sich in der Folge auch das Sozialprodukt, von BSP_2^* auf BSP_3^* in Teilbild (c).

Welches Fazit können wir aus dieser Betrachtung ziehen?

Bringt man in das Keynes'sche System neben dem Gütermarkt auch explizit den Geldmarkt ein, so hat dies eine weitreichende Folge für die Multiplikator-Analyse. Der gängige Keynesianische Multiplikator fällt bei einer expansiven Politik des Staates oder der Notenbank **geringer** aus als dies in der reinen güterwirtschaftlichen Betrachtung der Fall ist. Ursache für diesen Rückgang ist ein feed-back Prozeß, der vom Gütermarkt zum Geldmarkt geht und über diesen wieder auf den Gütermarkt zurückwirkt.

Der Rückgang in der Wirkung des Multiplikators hängt dabei entscheidend von der Zinselastizität der Investitionsnachfrage ab, also davon, wie stark Änderungen des Zinssatzes die Investitionsnachfrage beeinflussen. Anhänger der Keynes'schen Theorie gehen, wie wir wissen, davon aus, daß die geplanten Investitionen in einer Volkswirtschaft nicht allein von der Höhe des Zinssatzes abhängen. Für sie spielen auch andere Faktoren eine bedeutsame Rolle, so etwa die Auftragslage oder die Zukunftserwartungen in den Unternehmen. Im Ergebnis kommt dann natürlich eine entsprechend geringe Zinselastizität der Investitionsnachfrage heraus.

Daraus wiederum folgt, daß die Einführung des Geldmarktes in das Keynes'sche System zwar die expansive Wirkung des Multiplikators reduziert, dieser Rückgang mengenmäßig aber eher bescheiden ausfällt.

10.5.2 Main-Stream-Ökonomen

Die Vorstellungen der Main-Stream-Ökonomen wollen wir anhand des allgemeinen *AA-AN*-Diagramms erläutern.

In Abbildung 10.10 haben wir eine aggregierte Angebotskurve eingezeichnet, in der Form, wie sie für die neoklassische Synthese bei **kurzfristiger Betrachtung** typisch ist. Verändert sich nun in unserer Volkswirtschaft die Geldmenge und damit auch das Zinsniveau, so führt dies zu einer Veränderung der Investitionsnachfrage und über diese auch zu einer Veränderung der aggregierten Nachfrage. Eine Erhöhung der Geldmenge und damit ein Rückgang des Zinses bedingt dabei eine Rechtsverschiebung der *AN*-Kurve. Die Wirkungen, die davon wiederum auf das Sozialprodukt ausgehen, hängen maßgeblich von der **Beschäftigungssituation** ab, die eine Volkswirtschaft kennzeichnet.

Abb. 10.10: Zusammenwirken von Geld- und Gütermarkt im Konzept der Mainstream-Ökonomen

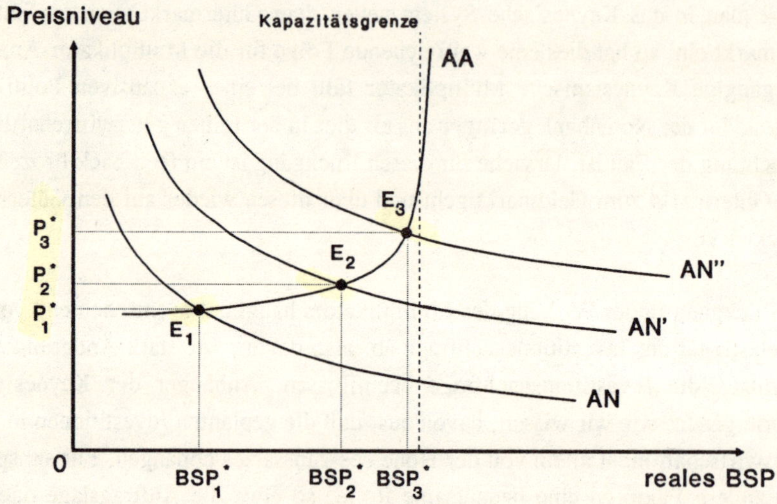

In unserer Abbildung führt beispielsweise im Fall der **Unterbeschäftigung** (Punkt E_1) eine Verschiebung der *AN*-Kurve von *AN* nach *AN'* zu einem Ergebnis (Punkt E_2), das sich nahezu vollständig in einer gütermäßigen Erhöhung des Sozialprodukts niederschlägt. Die Preissteigerungen hingegen sind gering (von P_1^* auf P_2^*),da die *AA*-Kurve hier relativ flach verläuft.

Im Falle der **Vollbeschäftigung** oder gar der **Überbeschäftigung** dominieren dagegen die Preiseffekte in einer Volkswirtschaft, während der mengenmäßige Anstieg des Sozialprodukts eher bescheiden ausfällt. Der Anstieg der aggregierten Nachfrage von *AN'* auf *AN''* erhöht in unserem Beispiel weitgehend allein das Preisniveau von P_2^* auf P_3^*, das reale Bruttosozialprodukt hingegen bewegt sich nur geringfügig von BSP_2^* auf BSP_3^*. Das Sozialprodukt erfährt also überwiegend eine inflationäre Aufblähung, während die gütermäßige (reale) Versorgung der Volkswirtschaft sich kaum verändert.

Fassen wir das bisher Gesagte noch einmal kurz zusammen:

(a) Wenn die Geldmenge ansteigt, fällt der Gleichgewichtszins auf dem Geldmarkt. Dies induziert eine zunehmende Investitionsnachfrage und diese wiederum ruft, je nachdem, wo sich eine Volkswirtschaft auf der aggregierten Angebotskurve befindet, eine Zunahme bei den Preisen und den produzierten Mengen hervor. Das Sozialprodukt steigt dabei im Sinne der Multiplikatortheorie an.

(b) Wenn die Geldmenge sinkt, steigt der Gleichgewichtszinssatz. Als Folge geht die Investitionsnachfrage zurück. Dies bedeutet auch einen Rückgang der aggregierten Nachfrage und, damit verbunden, auch des Sozialprodukts.

Diese Wirkungsabläufe gelten allerdings nur in der kurzfristigen Betrachtung. In der langen Frist verläuft, wie wir wissen, die aggregierte Angebotskurve aus der Sicht der neoklassischen Synthese vertikal. Welche Auswirkungen hier eine Veränderung der Geldmenge hat, werden wir im nächsten Abschnitt sehen, wenn wir uns mit dem Monetarismus auseinandersetzen.

10.5.3 Monetarismus

Der Monetarismus hat seine Wurzeln vor allem in den Arbeiten von **I. Fisher** (1867-1947). Fisher sah einen engen Zusammenhang zwischen dem monetären und dem realen Bereich einer Volkswirtschaft und drückte ihn in der berühmten, nach ihm benannten Fisher'schen Verkehrsgleichung aus. Der bekannteste Vertreter des Monetarismus ist heute **M. Friedman**.

Fisher'sche Verkehrsgleichung

Im Zentrum der Überlegungen der Monetaristen steht die **Geldumlaufgeschwindigkeit**. Vereinfacht ausgedrückt gibt sie an, wie oft eine D-Mark im Durchschnitt pro Jahr für Güter und Dienstleistungen ausgegeben wird. Exakter definiert setzt sie das mit dem Preisniveau multiplizierte Transaktionsvolumen einer Volkswirtschaft ins Verhältnis zur umlaufenden Geldmenge.

Bezeichnet ***P*** das Preisniveau, ***M*** die umlaufende Geldmenge in einer Volkswirtschaft und verwendet man das reale Bruttosozialprodukt (***BSP***) als Maß für das gesamtwirtschaftliche Transaktionsvolumen, so ergibt sich für die Umlaufgeschwindigkeit des Geldes (*V*) die folgende Formel:

$$V = \frac{BSP \times P}{M} \quad .$$

Formen wir obige Gleichung um, so erhalten wir die bereits erwähnte **Fisher'sche Verkehrsgleichung**:

$$V \times M = BSP \times P \quad .$$

Diese Gleichung zeigt klar die von Fisher postulierte Identität zwischen umlaufender Geldmenge (linke Seite der Gleichung) und nominalem Sozialprodukt (rechte Seite der Gleichung).

Quantitätstheorie

Die Verkehrsgleichung bildet auch die Grundlage der **Quantitätstheorie** des Geldes. Diese Theorie behauptet, daß Veränderungen in der Umlaufgeschwindigkeit des Geldes ***V*** so gering seien, daß man sie vernachlässigen könne. ***V*** stelle mehr oder weniger eine konstante Größe dar.

Man erkennt sofort, daß unter dieser Annahme in der Fisher'schen Verkehrsgleichung allein die **Veränderungen der Geldmenge** zu Änderungen des nominalen Sozialprodukts führen. Steigt in einer Volkswirtschaft die Geldmenge ***M*** an, dann nimmt zwangsläufig auch das nominale Sozialprodukt (***BSP×P***) zu. Wie sich dieser Anstieg allerdings auf ***BSP*** und ***P*** verteilt, kann aus der Verkehrsgleichung nicht ohne weiteres abgelesen werden. Hier bedarf es zusätzlicher Annahmen hinsichtlich der Gestalt und des Verlaufs der aggregierten Angebotskurve.

Die **Quantitätstheorie** in ihrer **älteren** und **strengen Form** übernimmt dabei die Auffassung der Klassiker bezüglich des Verlaufs der aggregierten Angebotskurve. Sie nimmt also an, die *AA*-Kurve verlaufe vertikal und eine Volkswirtschaft produziere stets und allein den maximal möglichen Output.

Diese Annahme hat weitreichende Folgen: Sie impliziert, daß eine Änderung der Geldmenge ***M*** nur Auswirkungen auf das **Preisniveau *P*** hat, da ja ***V*** und ***BSP*** als konstante Größen angesehen werden. Aus der Sicht der älteren Quantitätstheorie ist also die Geldmenge der einzige wichtige Faktor, der auf die Preise in einer Volkswirtschaft einwirkt und Inflation verursacht.

Die **modernen Monetaristen** sind nicht ganz so rigoros in ihren Annahmen. Auch sie gehen zwar davon aus, daß die Geldumlaufgeschwindigkeit weitgehend konstant sei (im Extremfall sogar völlig konstant). Bezüglich der *AA*-Kurve übernehmen sie aber eher die Vorstellungen der neoklassischen Synthese. Wie jene differenzieren auch sie in eine lang- und in eine kurzfristige Betrachtung.

In der **langen Frist** habe man von flexiblen Löhnen und Preisen und einem relativ steilen Verlauf der *AA*-Kurve auszugehen. Eine Volkswirtschaft befindet sich dann in der Nähe der Kapazitätsgrenze. Verändert sich in dieser Situation die Geldmenge, so wirkt sich dies nur auf das Preisniveau aus. Für die lange Frist kommen also die modernen Monetaristen zum gleichen Ergebnis wie die orthodoxe Variante der Quantitätstheorie.

In der **kurzen Frist** indessen, so räumt man ein, kann eine Änderung der Geldmenge gleichzeitig durchaus sowohl zu Änderungen des Produktionsvolumens ***BSP*** wie auch des Preisniveaus ***P*** führen. Denn für diesen Fall wird angenommen, daß die *AA*-Kurve zwar ziemlich steil, jedoch nicht völlig vertikal verlaufe und daß die Volkswirtschaft einen Output produzieren könne, der unterhalb des maximal möglichen Volumens liege.

Die Vertreter des modernen Monetarismus halten es also für möglich, daß von Änderungen der Geldmenge in der kurzen Frist Wirkungen auch auf das reale Bruttosozialprodukt ausgehen können. In der langen Frist hingegen kommt es nur zu Änderungen beim Preisniveau.

Stellen wir am Ende dieses Abschnitts noch einmal eine wesentliche Erkenntnis heraus:

Die Anhänger des Monetarismus vertreten andere Vorstellungen vom Zusammenwirken der Geld- und Güterwirtschaft als wir sie bei den Keynesianern und den Main-Stream-Ökonomen kennenlernten.

Diese Unterschiede müssen natürlich auch Folgen haben, wenn es um die Anwendung der jeweiligen Konzeption in der **Wirtschaftspolitik** geht. Es kann daher nicht verwundern, daß es (insbesondere zwischen orthodoxen Keynesianern und orthodoxen Monetaristen) in den letzten Jahrzehnten zu einer heftigen Diskussion darüber gekommen ist, welche Auffassung die Funktionsweise einer entwickelten Volkswirtschaft besser erklären könne und daher als Grundlage von wirtschaftspolitischen Eingriffen dienen sollte. Diese Auseinandersetzung ist als die **Keynesianismus-Monetarismus Debatte** in die Volkswirtschaftslehre eingegangen.

Wir werden uns damit im nächsten Abschnitt ausführlich beschäftigen.

Zum besseren Verständnis dieser Debatte müssen wir hier jedoch noch einen kleinen Hinweis geben, der sich auf ein wichtiges Element der Monetarismus-Theorie bezieht, nämlich die **Geldnachfragefunktion**. Wir haben weiter oben ausgeführt, daß die Keynesianer den Zinssatz als die wichtigste Größe betrachten, die die Geldnachfrage determiniert. Im Gegensatz dazu vertreten die Monetaristen die Ansicht, daß die Geldnachfrage in erster Linie vom **Einkommen** der Individuen bestimmt wird, und der Zinssatz nur eine untergeordnete Rolle spielt. Folglich haben bei ihnen auch große Variationen im Zinssatz nur geringe Auswirkungen auf die nachgefragte Geldmenge. Die Zinselastizität der Geldnachfrage ist also gering, was bedeutet, daß die Geldnachfragekurve bei den Monetaristen einen **steilen** Verlauf aufweist. Welche Implikationen sich daraus für die Geld- und Fiskalpolitik ergeben, werden wir gleich sehen.

steiler Verlauf
Monetaristen: Zinselastizität MN gering
Keynes'sche: ggt. " " groß

10.5.4 Die Keynesianismus-Monetarismus Debatte

Worum geht es eigentlich bei der Keynesianismus-Monetarismus Debatte, die in der heutigen Volkswirtschaftslehre eine so große Bedeutung hat?

Es geht, auf einen Nenner gebracht, dabei vor allem um den Stellenwert der Fiskalpolitik gegenüber der Geldpolitik im Rahmen der gesamten Wirtschaftspolitik moderner Industrienationen:

Ist die Fiskalpolitik als wirtschaftspolitisches Instrument grundsätzlich der Geldpolitik überlegen oder trifft eher das Gegenteil zu?

Keynesianer und Monetaristen vertreten zu dieser Frage gänzlich unterschiedliche Auffassungen, wie wir gleich sehen werden, was natürlich die Wahl der "richtigen" wirtschaftspolitischen Konzeption für eine Regierung sehr schwer macht. Regierungen, die eher dem Keynesianismus zuneigen, werden zur Bewältigung einer wirtschaftspolitischen Aufgabe zu gänzlich anderen Mitteln greifen als Regierungen, die sich dem Gedankengut des Monetarismus verschrieben haben. Die Debatte zwischen Keynesianern und Monetaristen hat also nicht allein akademische Bedeutung, sie war und ist auch von hoher praktisch-politischer Relevanz.

Sehen wir uns also nachfolgend an, aufgrund welcher Überlegungen Keynesianer und Monetaristen ihre Präferenz für das eine oder das andere wirtschaftspolitische

Instrument herleiten.

Keynesianer präferieren die Fiskalpolitik

Wir haben die Wirkungsweise der staatlichen **Fiskalpolitik** (Erhöhung der Staatsausgaben oder Senkung der Steuern) im Rahmen des Keynes'schen Systems bereits mehrfach ausführlich besprochen (Kapitel 7.4.2, 8.2 und 10).

Fiskalpolitik wirkt über den Multiplikatorprozeß auf die aggregierte Nachfrage ein und verändert über diese das Bruttosozialprodukt. Dabei fällt der Keynesianische Multiplikator, wie wir im letzten Abschnitt darstellten, bei einer expansiven Fiskalpolitik geringer aus, wenn man in die Analyse neben den Gütermarkt auch den Geldmarkt einschließt. Am Hauptergebnis der Keynesianischen Multiplikatortheorie jedenfalls ändert sich dadurch wenig: Eine Zunahme der effektiven Nachfrage in einer Volkswirtschaft führt zu einer muliplikativen Erhöhung des Sozialprodukts. Fiskalpolitik ist daher ein besonders geeignetes Mittel zur konjunkturellen Steuerung, insbesondere zur Ankurbelung einer Volkswirtschaft.

Wenden wir uns als nächstes der **Geldpolitik** zu. Welche Effekte auf das Sozialprodukt hat eine Ausdehnung der Geldmenge im Keynesianischen System?

Dieser Frage sind wir ebenfalls bereits im Abschnitt 10.5.1 grundsätzlich nachgegangen. Wir haben gesehen, daß eine Ausdehnung der Geldmenge zu niedrigeren Zinsen führt, und dieser Effekt wiederum die Investitionen erhöht, was einen Anstieg des gesamtwirtschaftlichen Outputs zur Folge hat. Was wir in jener Ableitung freilich noch nicht gebührend beachtet hatten, war die große Zinselastizität der Geldnachfrage, die die Keynes'sche Theorie kennzeichnet.

Ist die Zinselastizität der Geldnachfrage nämlich hoch, das heißt verläuft die Geldnachfragekurve flach, so führt eine Ausdehnung der Geldmenge nur zu geringen Zinssenkungen, wie die Abbildung 10.11 verdeutlicht. Ein relativ großer Anstieg der Geldmenge von M_1^* auf M_2^* führt hier lediglich zu einer bescheidenen Reduktion des Zinses von i_1^* auf i_2^*.

Wenn sich aber der Zinssatz kaum verändert, können davon auch die Investitionen und der volkswirtschaftliche Output nur wenig betroffen sein. Die Wirkungen einer expansiven Geldpolitik auf das Sozialprodukt werden demzufolge von den Anhängern der Keynes'schen Theorie als **gering** eingestuft.

bei Unterbeschäftigung: Keynesianer: expansive Fiskalpolitik

Abb. 10.11: Bedeutung der Zinselastizität im Keynes'schen System

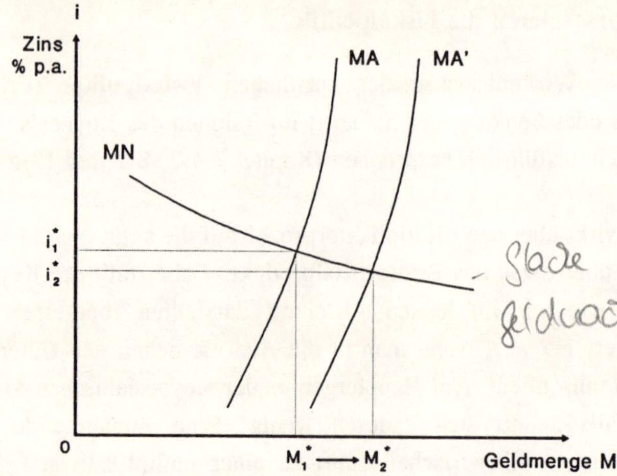

Keynesianer ziehen also aufgrund der großen Zinselastizität der Geld- und der geringen Zinselastizität der Investitionsnachfrage eine expansive Fiskalpolitik einer Ausdehnung der Geldmenge zur Bekämpfung von anhaltender Unterbeschäftigung in einer Volkswirtschaft vor.

Betrachten wir nun, welche Meinung die Monetaristen in diesem wirtschaftspolitischen Streit vertreten.

Monetaristen präferieren langfristig angelegte geldpolitische Maßnahmen

Die Vorstellung der Monetaristen kennzeichnet allgemein, wie wir wissen, die Annahme einer geringen Zinselastizität der Geldnachfrage (steile Geldnachfragekurve). Dies hat zur Folge, daß schon dann, wenn sich das Geldangebot auch nur in bescheidenem Umfang erhöht, das Zinsniveau stark sinkt. In unserer Abbildung 10.12 führt bereits die geringe Veränderung der Geldmenge von M_1^* auf M_2^* zu einer ausgeprägten Änderung beim Zinssatz. Dieser fällt von i_1^* auf i_2^*.

Welche Wirkungen unter diesen Bedingungen von einer expansiven Geldpolitik auf das Bruttosozialprodukt ausgehen, können wir am besten anhand der allgemeinen *AA-AN*-Darstellung ableiten und wollen dabei wieder zwischen einer lang- und einer kurzfristigen Betrachtung unterscheiden.

Abb. 10.12: Bedeutung der Zinselastizität im System der Monetaristen

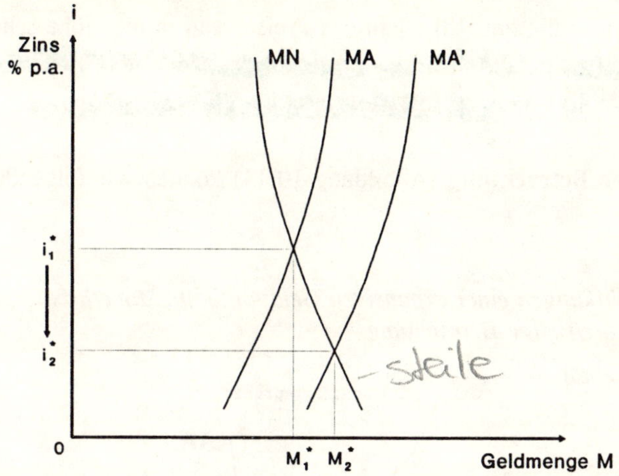

In der **langfristigen Betrachtung** (Abbildung 10.13) produziert die Volkswirtschaft aus der Sicht der Monetaristen wie wir wissen, an der Kapazitätsgrenze $\overline{BSP}^*$. Die volkswirtschaftliche Angebotskurve ***AA*** verläuft dort als Vertikale.

Abb. 10.13: Wirkungen einer expansiven Geldpolitik im Monetaristischen System - Langfristige Betrachtung

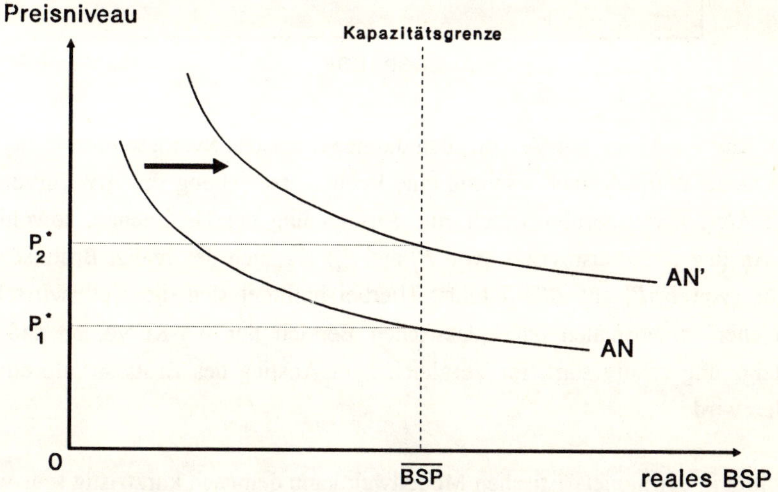

Sollte in dieser Situation Arbeitslosigkeit auftreten, so kann es sich hierbei nach Auffassung der Monetaristen nur um die "natürliche" Arbeitslosigkeit handeln, die auch durch staatliche Intervention nicht zu beheben ist. Ein starker Anstieg der aggregierten Nachfragekurve von *AN* auf *AN'*, bedingt durch eine Zunahme der Geldmenge, läßt in diesem Fall allein das Preisniveau in die Höhe schnellen, von P_1^* auf P_2^*. Langfristig führt also, aus der Sicht des modernen Monetarismus, eine expansive Geldpolitik stets zu **Inflation** in einer Volkswirtschaft.

In **kurzfristiger Betrachtung** (Abbildung 10.14) können wir folgendes Ergebnis ableiten:

Abb. 10.14: Wirkungen einer expansiven Geldpolitik im Monetaristischen System - Kurzfristige Betrachtung

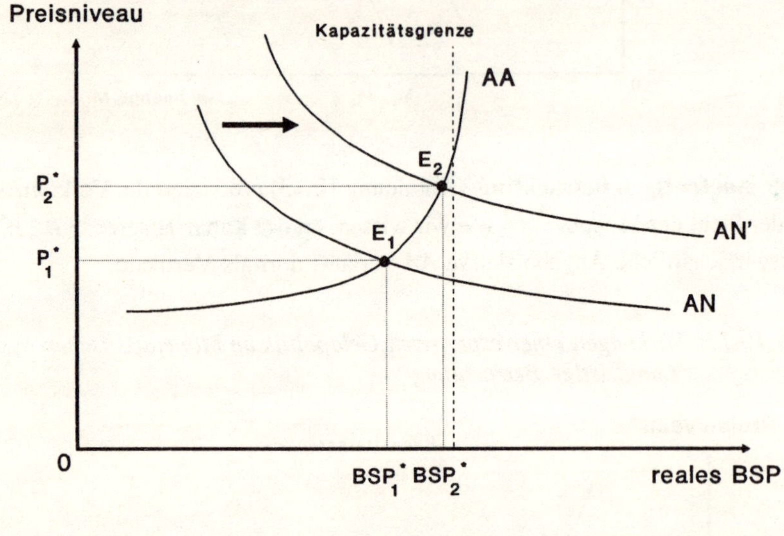

Die *AA*-Kurve hat hier den Verlauf, den die neoklassische Synthese unterstellt. Sie ist also keine Vertikale mehr, so daß eine Rechtsverschiebung der *AN*-Kurve von *AN* auf *AN'*, hervorgerufen durch eine Ausdehnung der Geldmenge, sowohl zu einem Anstieg des Preisniveaus (von P_1^* auf P_2^*) als auch des realen Bruttosozialprodukts (von BSP_1^* auf BSP_2^*) führt. Hierbei befindet sich die Volkswirtschaft jedoch eher im normalen oder klassischen Bereich der *AA*-Kurve, so daß die Preissteigerung relativ stark im Vergleich zum Anstieg des Bruttosozialprodukts ausfallen wird.

Geldpolitik in der monetaristischen Modellwelt kann demnach kurzfristig sehr wohl zu einer Ausdehnung des Sozialprodukts führen. Dies geschieht jedoch auf Kosten der Preisniveaustabilität. Deshalb vertritt **M. Friedman**, als Hauptvertreter des Monetarismus, auch die Überzeugung, daß sich eine kurzfristig angelegte, auf jede

Veränderung der volkswirtschaftlichen Situation hektisch reagierende Geldmengenpolitik als konjunkturpolitisches Instrument nicht eigne. Er fordert vielmehr das Geldmengenwachstum **längerfristig zu verstetigen**, wobei die Wachstumsrate der Geldmenge jener des Bruttosozialprodukts anzupassen sei. Unter diesen Gegebenheiten werde das Preisniveau konstant bleiben und die Inflation verliere ihren Schrecken als konjunkturelles Hauptübel. Sie werde beherrschbar für die Wirtschaftspolitik.

Wie sieht es aber nun mit der **Fiskalpolitik** aus? Kann sie nach Auffassung der Monetaristen helfen, Ungleichgewichte in einer Volkswirtschaft abzubauen?

Studieren wir den Anpassungsmechanismus, der im monetaristischen System von gestiegenen Staatsausgaben ausgeht anhand von Abbildung 10.15.

Steigen in einer Volkswirtschaft die Staatsausgaben, so führt dies zu einer Zunahme des Bruttosozialprodukts und damit auch zu einer verstärkten Nachfrage nach Geld. In unserer Abbildung ist dieser Vorgang durch eine Rechtsverschiebung der Geldnachfragekurve von *MN* nach *MN'* ausgedrückt.

Abb. 10.15: Fiskalpolitik im Monetaristischen System

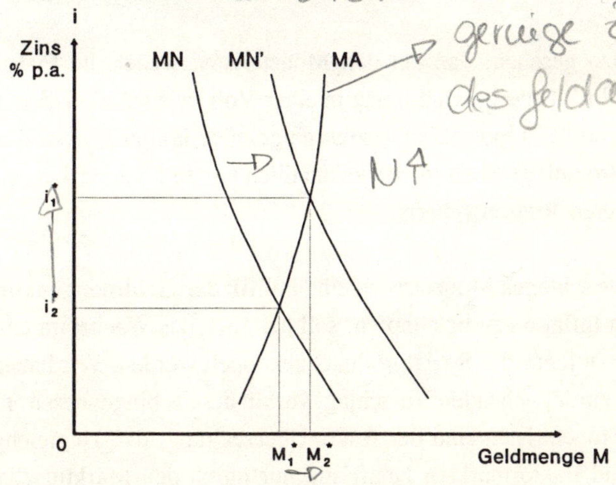

Aufgrund des bekanntlich steilen Verlaufs der Geldangebotskurve (geringe Zinselastizität des Geldangebots) führen bereits kleine Zunahmen der Geldnachfrage zu großen Erhöhungen der Zinsen. Dieser Anstieg im Zinsniveau wiederum hat zur Folge, daß private Unternehmen, die sich auf dem Kapitalmarkt verschulden möchten, aus diesem **herausgedrängt** werden. Sie können es sich nicht mehr leisten, Geld zu entleihen, um damit Investitionen zu tätigen. Der Zinsanstieg muß also zu rückläufigen (privatwirtschaftlichen) Investitionen führen.

Wie stark dieser Rückgang ausfällt, wird von der Zinselastizität der Investitionsnachfrage bestimmt. Da nun Monetaristen, im Gegensatz zu Keynesianern, die Auffassung vertreten, Investitionsentscheidungen seien in erster Linie von der Höhe des Zinses bestimmt - das heißt sie unterstellen eine große Zinselastizität der Investitionsnachfrage - wirkt sich ein Zinsanstieg besonders negativ auf die geplanten Investitionen in einer Volkswirtschaft aus. Der Investitionsrückgang wird also in der monetaristischen Modellwelt sehr groß ausfallen.

Der Prozeß, der private Unternehmen aus dem Kapitalmarkt drängt, wird in der Literatur als der **"Crowding-out"-Effekt** steigender Staatsausgaben bezeichnet. Nach Auffassung der Monetaristen ist dieser Verdrängungseffekt sogar so stark, daß er die positive Wirkung höherer Staatsausgaben auf das Bruttosozialprodukt vollkommen aufzehrt. Wir werden diesem Effekt gleich später, bei der Behandlung der Staatsverschuldung, nochmals begegnen und uns dort mit ihm ausgiebiger beschäftigen. Hier können wir vorerst festhalten, daß der "Crowding-out"-Effekt für die Sichtweise der Monetaristen eine große Bedeutung hat. Er führt dazu, daß im monetaristischen Modell fiskalpolitische Maßnahmen **wirkungslos** verpuffen.

Wir haben also gesehen, daß bei den Monetaristen weder die Fiskal- noch eine aktive Geldpolitik Unterbeschäftigung in einer Volkswirtschaft wirksam bekämpfen kann. Fiskal- und Geldpolitik als gezielt eingesetzte konjunkturpolitische Maßnahmen sollten also unterbleiben, da sie letztendlich nur zu höheren Zinsen beziehungsweise zu höheren Preisen führen.

Als Alternative schlagen Monetaristen eine **Politik der Geldmengenanpassung** vor. Vor allem um Inflation zu bekämpfen, soll lediglich das Wachstum der Geldmenge gesteuert und an jenes des Sozialprodukts gekoppelt werden. Wir haben auf diesen, auf Friedman zurückgehenden Vorschlag, vorhin bereits hingewiesen. Friedman und mit ihm die Monetaristen sind der festen Überzeugung, daß Ungleichgewichte auf den Güter- und Faktormärkten langfristig nur durch den Marktmechanismus, das Zusammenwirken von Angebot und Nachfrage, von selbst behoben werden. Man sollte deshalb nicht versuchen, sie durch konjunkturpolitische Maßnahmen gleichsam auf künstlichem Wege abzubauen.

Fazit

Die Unterschiede, die zwischen den Vorstellungen der mehr am Keynesianismus orientierten Main-Stream-Ökonomen und den Monetaristen bestehen, dominierten in den 60er und 70er Jahren auch die Debatte darüber, was die bessere wirtschaftspolitische Konzeption sei - eine aktive Fiskalpolitik im Keynesianischen Sinne oder eine eher passive Politik der Geldmengenanpassung aus der Sicht des Monetarismus. Wir werden auf diese Debatte nochmals stoßen, wenn wir uns mit der makroökonomischen Bedeutung der Phillips-Kurve beschäftigen (Kapitel 11). Hier wollen wir zum Abschluß nur noch festhalten, daß trotz aller vorhandenen konzeptionellen Unterschiede beiden Richtungen, der an Keynes orientierten traditionellen Nationalökonomie wie auch dem Monetarismus, eine große Gemeinsamkeit anhaftet. Letzten Endes stellen beide auf die aggregierte Nachfrage der Volkswirtschaft ab, um makroökonomische Politik zu betreiben. Die aggregierte Angebotskurve hingegen sowie die Instrumente zur Beeinflussung der Angebotsbedingungen einer Volkswirtschaft bleiben weitgehend unberücksichtigt. Auch die Veränderungen beim Zinssatz werden nachfragebezogen untersucht. Welche Wirkungen davon über die Investitionstätigkeit auch auf den technischen Fortschritt und die Ausdehnung der Produktionskapaztität in einer Volkswirtschaft ausgehen, interessiert nur am Rande. Monetarismus und traditionelle Keynesianische Ökonomie stehen damit in einem erkennbaren Gegensatz zur einer angebotsorientierten Konzeption, die, längerfristig orientiert, primär auf die Gegebenheiten der Produktion in einer Volkswirtschaft abstellt.

10.6 Geld- und Fiskalpolitik bei wachsender Staatsverschuldung

Wenn man für heutige Volkswirtschaften das Zusammenwirken von Geld- und Güterwirtschaft erklären und verstehen will, kommt man nicht umhin, sich mit einem Phänomen kritisch auseinanderzusetzen, das in allen wichtigen Industrienationen zunehmend an Bedeutung gewinnt: **die wachsende Staatsverschuldung**.

Eine wachsende Staatsschuld wirft nicht nur für den öffentlichen Sektor selbst und die Staatsbürger, die für die Schulden der öffentlichen Hand aufzukommen haben, erhebliche Probleme auf, sie modifiziert auch, wie wir gleich sehen werden, das eine oder andere Argument, das man zugunsten der Fiskalpolitik, auf der Basis des Keynesianismus, oder zugunsten der Geldpolitik, auf der Grundlage des Monetarismus, vorbringen kann. Doch bevor wir uns aufs Neue mit der alten Frage "Geld- versus Fiskalpolitik" beschäftigen, sollten wir uns zum besseren Verständnis kurz ansehen, was man unter dem Begriff der Staatsverschuldung zu verstehen hat, wie sich diese in der BRD und in anderen Ländern historisch entwickelt hat und welche Argumente, vor allem aus finanzwissenschaftlicher Sicht, dafür und welche dagegen sprechen. Auf die konjunkturpolitischen Aspekte einer wachsenden Staatsschuld gehen wir dann am Ende dieses Abschnitts ausführlich ein.

10.6.1 Begriff und Entwicklung der Staatsschuld

In der wirtschaftswissenschaftlichen Diskussion wird im Zusammenhang mit den Schulden des Staates häufig zwischen zwei Begriffen nicht klar genug getrennt, dem Begriff des Budgetdefizits und dem der eigentlichen Staatsschuld:

Unter dem **Budgetdefizit**, oder dem Defizit des Staatshaushalts, versteht man den Betrag, um den die geplanten Staatsausgaben in einem Lande die geplanten Staatseinnahmen während eines bestimmten Zeitraums übersteigen. Dieser Zeitraum beträgt zumeist ein Jahr.

Unter der **Staatsschuld** versteht man demgegenüber den Gesamtbetrag in einer bestimmten Währung, den der Staat anderen Wirtschaftssubjekten im Inland oder Ausland zu einem bestimmten Zeitpunkt schuldet. Dieser Betrag addiert sich auf aus den jährlichen Haushaltsdefiziten abzüglich der Tilgungszahlungen, und er wird berechnet für die gesamte Zeit, in der ein Staat existiert.

In den folgenden Abbildungen 10.16 und 10.17 haben wir für die Bundesrepublik Deutschland und die USA für die Zeit seit 1960 die Entwicklung der Haushaltsdefizite der jeweiligen Bundesregierungen zusammengestellt und diese mit der prozentualen Entwicklung der gesamten Staatsschuld in den beiden Ländern konfrontiert.

Man kann erkennen, wie in beiden Ländern die Staatsschuld anwächst, in den USA vor allem seit 1980, nachdem Präsident Reagan die Regierung des Bundes übernommen und in seiner Politik bewußt große Haushaltsdefizite zugelassen hat. In der Bundesrepublik gab es den stärksten Anstieg der Staatsschuld und die höchsten Defizite des Bundes im Jahrzehnt von 1970 bis 1980, als die damalige Regierung glaubte, mit herkömmlichen Mitteln einer Keynesianischen Konjunkturpolitik der Wirtschaft neue Impulse geben zu können.

Abb. 10.16: Nettoneuverschuldung und Schuldenstand des Bundes sowie Gesamtverschuldung in Prozent des BSP 1960 - 1987, Bundesrepublik Deutschland

Jahr	Nettoneuverschuldung des Bundes (in Mrd. DM)	Schuldenstand des Bundes (in Mrd. DM)	Gesamtverschuldung in Prozent des BSP
1960	1,7	26,8	8,8
1970	2,3	56,5	8,3
1975	36,2	113,7	11,0
1980	26,8	232,3	15,7
1982	36,0	309,1	19,4
1983	32,2	341,4	20,3
1984	25,9	367,3	20,8
1985	25,1	392,4	21,3
1986	23,0	415,4	21,4
1987	25,1	440,5	21,8

Quelle: DIW, Zahlen zur wirtschaftlichen Entwicklung der Bundesrepublik 1989.

Abb. 10.17: Budgetdefizit und Schuldenstand des Bundes sowie Staatsschuld in Prozent des BSP 1960-1985, USA

Jahr	Budgetdefizit (-) oder Budgetüberschuß (+) des Bundes (in Mrd. Dollar)	Schuldenstand des Bundes (interest bearing public debt)(in Mrd. Dollar)	Gesamtverschuldung in Prozent des BSP
1960	+3,0	290,2	56,3
1970	-12,4	369,0	36,3
1975	-69,4	532,1	33,3
1980	-61,3	906,4	33,2
1982	-145,9	1140,9	36,0
1983	-176,0	1375,8	40,4
1984	-169,6	1559,6	41,3
1985	-196,0	1821,0	45,6

Quelle: Economic Report of the President, 1986, Tables B-1 and B-81.

10.6.2 Grundlegende Gefahren einer wachsenden Staatsschuld

Bei zunehmender Staatsschuld und hohen Budgetdefiziten wird es verständlich, daß diese nicht mehr allein aus konjunktur- oder beschäftigungspolitischer Sicht im Sinne von Keynes beurteilt werden können, sondern daß die Zahl jener Kritiker wächst, die auf grundlegende Gefahren der Staatsverschuldung hinweisen. Ein immer wieder vorgebrachtes Argument gegen die Staatsverschuldung bezieht sich auf deren **intertemporale Belastungswirkung**.

Erst unsere Kinder und Enkelkinder, so warnt man, werden die Last der gegenwärtigen Verschuldung in Form von höheren Zins- und Tilgungszahlungen zu tragen haben. Sie können sich diesen Lasten aus der Vergangenheit nicht entziehen und werden dafür, notwendigerweise, höhere Steuern aufzubringen haben.

Auf den ersten Blick leuchtet diese Überlegung durchaus ein. Aber, so muß man sich auch fragen, wem kommen die Zins- und Tilungszahlungen eigentlich zugute, die von der gegenwärtigen Generation geleistet werden? Sind es nicht ebenfalls unsere Kinder und Enkelkinder, die davon profitieren, jedenfalls solange, wie der Staat die Schulden nicht im Ausland aufnimmt? Verschuldung im Inland, bei den eigenen Bürgern, bedeutet, so gesehen, nur eine Umverteilung von Finanzströmen, zwischen der heutigen und der zukünftigen Generation. Die heutige Generation kommt für die Schulden der vergangenen auf, und die zukünftige Generation muß sich um die Schulden der gegenwärtigen kümmern. Ob diese Form der Verteilung zwischen den Generationen nun erwünscht ist oder nicht, sie stellt jedenfalls keine Belastung für das Land als Ganzes dar. Dies vor allem dann nicht, wenn der Staat die Schuldenfinanzierung zum Zwecke langfristiger Investitionen, etwa in den Infrastrukturbereich einer Volkswirtschaft vorgenommen hat und die Vorteile aus der Nutzung solcher Investitionen großenteils den kommenden Generationen zufallen werden.

Diese Argumentation trifft insbesondere für die westeuropäischen Industrienationen zu, die sich in erster Linie im Inland verschulden und die auch eher darauf achten, daß ein Großteil der so vereinnahmten Mittel für langfristige Investitionszwecke verwendet wird. In den USA hingegen wächst die Auslandsschuld schon seit Jahren beträchtlich an und auch die Verantwortung der Regierung für die Gestaltung von Infrastruktur und Umwelt ist nicht in dem Maße ausgeprägt wie in Europa.

Die größten Gefahren indessen, auch für die Finanzsysteme der ganzen Welt, scheinen sich hinter der **Verschuldung der Entwicklungsländer** zu verbergen.

Abb. 10.18: Schuldenkennzahlen der Entwicklungsländer

Schuldenstand[1] in Mrd. US$

Ländergruppe	1980	1981	1982	1983	1984	1985	1986	1987	1988[2]
Entwicklungsländer insg.	633	744	841	894	942	1017	1103	1218	1244
Afrika	99	110	123	132	135	149	169	189	197
Asien	136	155	180	200	214	245	271	307	315
Europa	94	101	105	107	112	126	143	164	165
Lateinamerika	231	288	330	342	358	368	383	411	414
Nahost[3]	74	90	103	113	122	129	137	146	153
15 Hauptschuldnerländer[4]	271	332	380	396	410	425	448	480	484

Schulden in % des BIP

Ländergruppe	1980	1981	1982	1983	1984	1985	1986	1987	1988[2]
Entwicklungsländer insg.	24,3	27,7	31,1	33,1	34,1	36,6	38,2	39,2	36,6
Afrika	28,1	31,6	36,9	38,1	39,4	46,0	51,2	57,0	54,8
Asien	16,9	18,9	21,6	22,8	23,5	26,9	28,6	29,4	26,7
Europa	29,1	33,3	33,7	36,7	40,1	43,7	42,1	44,2	40,4
Lateinamerika	34,5	39,3	43,6	46,4	46,4	45,5	45,5	46,8	44,8
Nahost[3]	16,2	18,9	22,1	24,7	24,7	28,8	32,3	30,3	29,0
15 Hauptschuldnerländer[4]	32,8	37,8	42,3	46,5	46,0	46,0	47,4	49,7	47,2

Schuldendienstquote[5] in %

Ländergruppe	1980	1981	1982	1983	1984	1985	1986	1987	1988[2]
Entwicklungsländer insg.	13,2	15,7	19,1	17,8	19,2	20,6	22,2	19,5	19,3
Afrika	14,2	17,2	21,2	23,0	26,5	29,2	29,3	24,8	26,2
Asien	8,6	9,7	11,5	11,0	11,4	13,1	13,5	13,7	10,6
Europa	25,4	22,2	22,7	20,7	22,0	25,1	26,4	25,0	25,2
Lateinamerika	33,3	41,8	51,6	40,8	40,9	40,3	45,0	35,5	42,8
Nahost[3]	3,7	4,8	6,4	7,8	9,5	9,9	13,5	12,3	12,8
15 Hauptschuldnerländer[4]	29,4	38,9	49,8	39,5	39,9	38,8	43,3	34,6	41,0

[1] Ohne Verbindlichkeiten gegenüber dem Internationalen Währungsfonds.
[2] Schätzung (Stand Oktober 1988).
[3] Ohne die ölexportierenden Länder.
[4] Argentinien, Bolivien, Brasilien, Chile, Ecuador, Elfenbeinküste, Jugoslawien, Kolumbien, Marokko, Mexiko, Nigeria, Peru, Philippinen, Uruguay, Venezuela.
[5] Gesamter Schuldendienst (Zinsen plus Tilgung) in Prozent der Exporte von Gütern und Diensten.

Quelle: DIW, Zahlen zur wirtschaftlichen Entwicklung der Bundesrepublik Deutschland, 1989.

Diese ist, wie Abbildung 10.18 zeigt, nicht nur in ungeheuerem Maße angestiegen, sie konzentriert sich auch fast ausschließlich auf die Finanzmärkte des Auslandes. Die Frage, warum dies so ist, zählt zu den dringendsten Problemstellungen der gegenwärtigen weltwirtschaftlichen Ordnung. Im Falle der Entwicklungsländer jedenfalls stellt eine hohe Staatsverschuldung eine enorme Belastung, nicht nur für die Entwicklung der eigenen Volkswirtschaften dar, sondern sie birgt auch Gefahren für die internationalen Finanzmärkte.

Eine weitere Besonderheit der Staatsverschuldung besteht darin, daß der Staat die Schulden, die er macht, eigentlich niemals zurückzuzahlen braucht. Im Gegensatz zu Privatpersonen kann er seine Schulden weiterwälzen, indem er bei Fälligkeit der alten Schuld sich jedesmal neu verschuldet und daraus seine Tilgungen bestreitet. Privaten Kreditnehmern steht diese Möglichkeit allein schon deshalb nicht in gleicher Weise offen, weil bei ihnen mit jeder Übernahme einer neuen finanziellen Verpflichtung das Risiko der Rückzahlung für die Kreditgeber entsprechend steigt. Beim Staat hingegen ist die Gefahr weitaus geringer, daß er bei normaler wirtschaftlicher Entwicklung für seine Schulden nicht mehr aufzukommen vermag, also einen Staatsbankrott erleidet.

Doch wenden wir uns nun der konjunkturpolitischen Beurteilung einer wachsenden Staatsverschuldung zu.

10.6.3 Wirkungen einer wachsenden Staatsschuld auf die aggregierte Nachfrage

Ein konjunkturpolitischer Einwand, den man in der Literatur häufig findet und der sehr ernst zu nehmen ist, behauptet, daß eine wachsende Staatsverschuldung fast immer zu einer höheren **Inflation** führe. Betrachten wir dazu die Abbildung 10.19.

Einfache Interpretation der Main-Stream-Ökonomen

Wir haben hier wieder das bekannte Angebots-Nachfrageschema vor uns, wie wir es von der neoklassischen Synthese her kennen. Das ursprüngliche Gleichgewicht einer Volkswirtschaft befindet sich in Punkt E_1, wo die aggregierte Nachfragekurve *AN* die aggregierte Angebotskurve *AA* schneidet. Das reale Bruttosozialprodukt beträgt für diesen Punkt BSP_1^* und der zugehörige Preisindex ist 100. Wir können auch erkennen, daß sich dieser Output unterhalb des Vollbeschäftigungsniveaus befindet, da die aggregierte Angebotskurve dort einen flachen Verlauf aufweist.

Verschuldet sich nun der Staat zusätzlich, so steigen, ceteris paribus, die Staatsausgaben in gleicher Höhe an. Die Nachfrage des Staates nach Gütern und Diensten nimmt zu und als Folge verschiebt sich auch die Nachfragekurve der gesamten Volkswirtschaft nach rechts auf ***AN'***. Wir erhalten einen neuen Gleichgewichtspunkt E_2 mit einem erhöhten Bruttosozialprodukt (BSP_2^*), aber auch mit einem angestiegenen Preisindex (110 Punkte). Wie stark der Preisanstieg jeweils ausfällt, hängt von der Steigung der aggregierten Angebotskurve ab.

Abb. 10.19: Konjunkturpolitische Wirkung der Staatsverschuldung

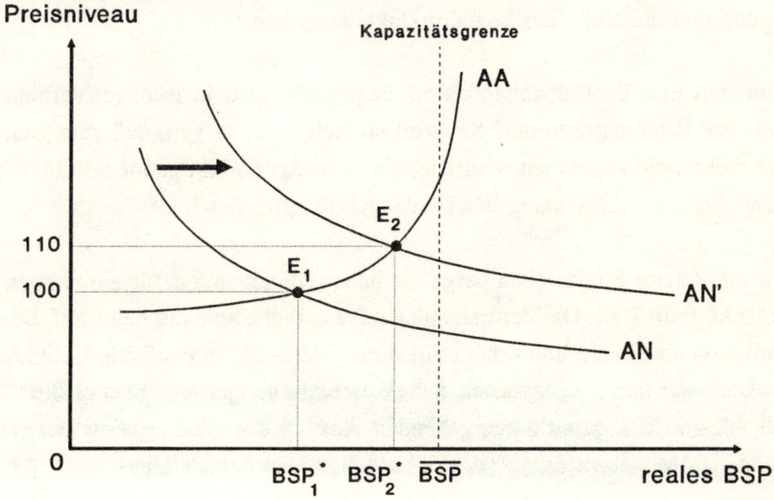

Wir sehen also, wieso und unter welchen Bedingungen im einfachen Modell der neoklassischen Synthese Staatsverschuldung zu Inflation führen kann. Neben diesem Erklärungsansatz gibt es jedoch noch einen weiteren, etwas komplizierteren, der zu begründen versucht, warum Staatsverschuldung Inflation hervorruft. Dieser Erklärungsansatz greift auf Argumente zurück, die mit der **monetären** Sphäre einer Volkswirtschaft zusammenhängen.

Monetarisierung der Staatsschuld

In einer Volkswirtschaft, in der die Geldseite durch eine Zentralbank geordnet und gestaltet wird, kann es und wird es häufig vorkommen, daß diese Bank einen Teil des Defizits im Staatshaushalt "monetarisiert". Was versteht man nun darunter und welche konjunkturellen Wirkungen gehen davon aus?

Um diese Frage zu beantworten, müssen wir auf Zusammenhänge zurückgreifen, die wir bei der Behandlung des Geldwesens im Zusammenwirken mit den Gütermärkten bereits kennengelernt haben. Wir haben dort gesehen, daß auf dem Geldmarkt die Nachfrage nach Geld vor allem von zwei Faktoren abhängt, dem Zinssatz und dem Aktivitätsniveau in einer Volkswirtschaft, das sich in der Höhe des Bruttosozialprodukts ausdrückt. Wenn nun, wie oben im einfachen Modell der neoklassischen Synthese dargelegt, eine wachsende Staatsschuld zugleich steigende Preise und ein höheres reales Bruttosozialprodukt bedingt, wird als Folge auch die Nachfrage nach Geld steigen. Eine höhere Geldnachfrage aber muß, ceteris paribus, auch zu einem höheren Zins und den negativen Folgen führen, die davon auf die Beschäftigung und die Höhe des Sozialprodukts ausgehen.

Angenommen, eine Zentralbank möchte diese negativen Rückwirkungen verhindern. Was kann sie dann dagegen tun? Sie wird einfach dafür sorgen, daß zum gleichen Zinssatz mehr Geld angeboten wird; sie wird also das **Geldangebot erhöhen**. Wie aber kann sie eine Ausdehnung des Geldangebots erreichen?

Wie wir an anderer Stelle schon dargelegt haben, bietet sich dafür am ehesten die **Offenmarkt-Politik** an. Die Zentralbank kauft staatliche Schuldscheine auf, bezahlt diese mit Notenbankgeld und erhöht auf diese Weise die umlaufende Geldmenge. Den Ankauf von neu ausgegebenen Schuldverschreibungen des Staates durch die Zentralbank und den damit einhergehenden Anstieg des Geldangebots bezeichnet man dann als "Monetarisierung" des öffentlichen Haushaltsdefizits.

Wie Abbildung 10.20 zeigt, hat die Monetarisierung des Budgetdefizits eine Verschiebung der Geldangebotskurve nach rechts bewirkt. Sie verändert sich von *MA* nach *MA'* und verhindert damit, daß der ursprüngliche Gleichgewichtszins i_1^*, entsprechend der Verschiebung der aggregierten Nachfragekurve von *MN* auf *MN'*, ansteigen und den Wert i_2^* erreichen kann.

Eine solche "Monetarisierung" des Defizits bleibt ihrerseits aber auch nicht ohne Folgen für das Preisniveau und den volkswirtschaftlichen Output. Denn jede Ausdehnung der Geldmenge kann, wie wir wissen, ebenfalls sowohl zu höheren Preisen wie auch zum Anwachsen des realen Bruttosozialprodukts beitragen. Eine zunehmende Geldmenge nämlich bedeutet im Modell der neoklassischen Synthese eine Zunahme der aggregierten Nachfrage, was sich je nach Gestalt der aggregierten Angebotskurve auf das Preisniveau und/oder auf das reale Bruttosozialprodukt auswirkt.

Abb. 10.20: Monetarisierung eines Budgetdefizits der öffentlichen Hand

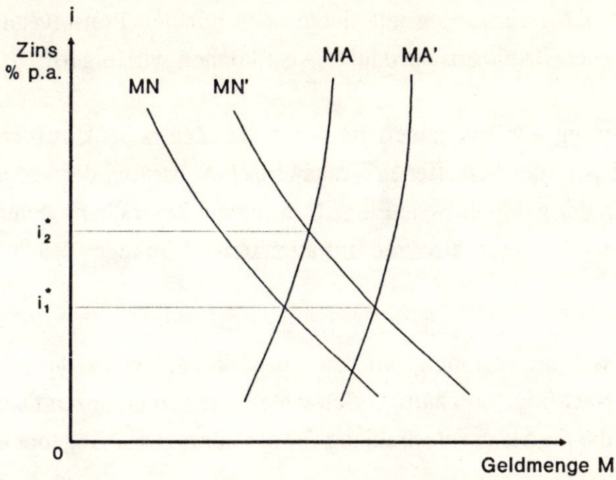

Vergegenwärtigen wir uns den bisherigen Wirkungsablauf noch einmal anhand von Abbildung 10.21.

Abb. 10.21: Monetarisierung eines öffentlichen Budgetdefizits in der AN-AA-Darstellung

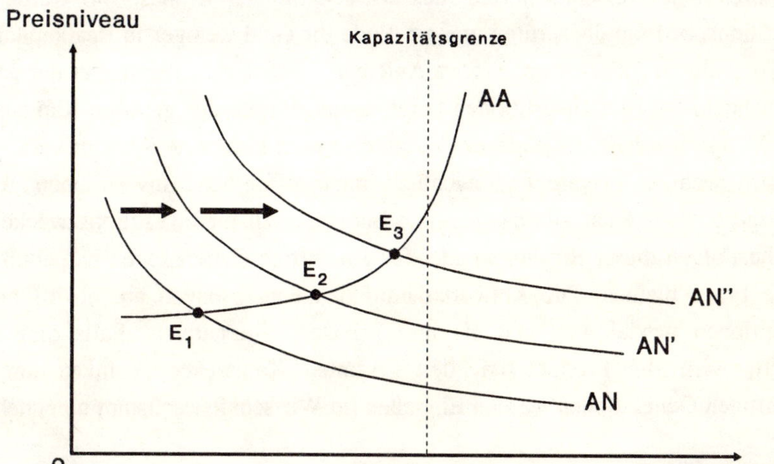

Wir erkennen in Abbildung 10.21 zunächst eine erste Rechtsverschiebung der aggregierten Nachfragekurve von *AN* nach ***AN'***, die durch das Budgetdefizit und den damit einhergehenden Anstieg der Staatsausgaben bewirkt wird. Wird nun das

Defizit durch die Zentralbank monetarisiert, verschiebt sich die Nachfragekurve noch einmal von ***AN'*** nach ***AN''***. Man erhält das neue volkswirtschaftliche Gleichgewicht bei E_3, verbunden mit einem noch höheren Preisniveau und einem noch höheren realen Bruttosozialprodukt. Also können wir folgern:

Die Monetarisierung des Budgetdefizits durch die Zentralbank ruft in der Regel einen Preisanstieg in der betroffenen Volkswirtschaft hervor, der größer ist als in dem Fall, in dem der geldpolitische Eingriff durch die Zentralbank unterbliebe. Die Geldpolitik verschärft hier also die inflationären Wirkungen einer defizitären Fiskalpolitik.

Bis jetzt haben wir uns vorrangig mit den Auswirkungen eines Budgetdefizits auf die aggregierte Nachfrage beschäftigt. Betrachten wir nun ergänzend dazu auch die Konsequenzen, die die Staatsverschuldung für das aggregierte Angebot haben kann.

10.6.4 Wirkungen einer wachsenden Staatsschuld auf das aggregierte Angebot

Im herrschenden makroökonomischen Modell der neoklassischen Synthese führt ein Budgetdefizit dazu, daß der Zinssatz steigt (falls das Defizit nicht von der Zentralbank monetarisiert wird). Höhere Zinsen aber bedeuten für private Investoren eine Verschlechterung des wirtschaftlichen Klimas. Sie werden ihr Investitionsportfolio überprüfen und am Ende ihr Geld weniger in Realkapital und mehr in anderen Anlageformen (etwa Anleihen) investieren. Wenn aber der private Sektor heute weniger Investitionen tätigt, kann morgen der gesamte Kapitalstock einer Volkswirtschaft zurückgehen. Zumindest wird sich seine Struktur verändern. Es wird weniger private und eventuell mehr öffentliche Investitionen geben, vorausgesetzt der Staat gibt das gesamte Budgetdefizit für Investitionszwecke aus. Welche Folgen dieser Strukturwandel für zukünftige Generationen hat, muß eine offene Frage bleiben. Die Antwort darauf hängt auch davon ab, ob öffentliche Investitionen produktiver sind als ihre privaten Alternativen. Falls dies nicht zutrifft, wird die Produktivität des gesamten Kapitalstocks sinken und die zukünftigen Generationen werden Einbußen im Wirtschaftswachstum hinzunehmen haben.

Crowding-out und Crowding-in Effekte

Die Gefahren, die von einer zunehmenden Staatsverschuldung auf das Wachstum einer Volkswirtschaft ausgehen können, werden auch deutlich sichtbar, wenn man sich die Vorgänge auf den **Finanzmärkten** ansieht, die damit eng verbunden sind.

Übersteigen die Ausgaben des Staates seine Einnahmen, so muß er die Differenz ausgleichen, indem er bei Privatpersonen Geld leiht. Dies geschieht durch Ausgabe von Schuldscheinen, die dann auf den Finanzmärkten mit den Schuldscheinen privater Geldleiher konkurrieren. Gelingt es dem Staat, private Anleger zu veranlassen, seine Schuldscheine zu kaufen, so werden die privaten Geldleiher aus dem Markt gedrängt ("crowded-out"), wenn die Geldmenge weitgehend konstant bleibt. Der Staat beansprucht einen Teil der gesamtwirtschaftlichen Ersparnisse nunmehr für sich. Man spricht daher in diesem Fall auch vom **Crowding-out Effekt** der Staatsverschuldung, der uns bereits im vorigen Abschnitt begegnet ist.

Einige Kritiker von Budgetdefiziten behaupten sogar, daß jede Mark, die der Staat ausgibt, dazu führe, daß private Investitionen um den gleichen Betrag sinken. Der expansive Effekt der defizitären Fiskalpolitik würde so überhaupt nicht mehr zur Wirkung kommen. Ihrer Meinung nach gehen die Investitionen I in der gleichen Höhe zurück, um die die Staatsausgaben A_{St} ansteigen, so daß das nachfragewirksame Aggregat $C+I+A_{St}$ sich nicht verändert.

Normalerweise wird sich der Crowding-out Effekt freilich nicht so extrem auswirken. Denn, erstens, müßte dann ein Anstieg der Staatsverschuldung schon besonders groß sein, um auch einen merklichen Zinsanstieg hervorzurufen, der die Unternehmen veranlaßt, ihre Investitionen zu reduzieren. Und zweitens dürfte auch die Zinselastizität der Investitionen nicht allzu groß sein. Selbst wenn die Staatsverschuldung (kurzfristig) zu höheren Zinsen führt, werden die meisten Unternehmen ihre geplanten Investitionen durchführen wollen.

Dem Phänomen des Crowding-out wirkt ein Effekt entgegen, den man in der Literatur als den **Crowding-in** Effekt bezeichnet. Darunter versteht man folgendes:

Höhere Staatsausgaben führen zu verstärkter Nachfrage. Dadurch verbessern sich die Gewinnaussichten der Unternehmen, was diese wiederum veranlaßt, zukünftig mehr zu investieren und mehr zu produzieren. Es kommt am Ende zu zusätzlichen Privatinvestitionen, die durch den Anstieg der Staatsausgaben induziert wurden.

Wie aber ist dieser Crowding-in Effekt mit dem Crowding-out Effekt vereinbar? Unter welchen Umständen wird der eine den anderen übersteigen?

Sicherlich stimmt es, daß private Unternehmen weniger Geld leihen können, wenn sie mit dem Staat um Fremdkapital konkurrieren müssen. Höhere Staatsausgaben aber führen zu einem höherem realen Bruttosozialprodukt und mit steigendem Volkseinkommen wächst auch die Ersparnis. Mit wachsender Ersparnis wiederum kann der Staat auf den Kapitalmarkt gehen, ohne Privatpersonen von diesem zu verdrängen.

Welcher der beiden Effekte in der Realität überwiegt und wie groß der eine oder andere ist, hängt demnach von zwei Faktoren ab:

Zum einen davon, wie groß der Multiplikator der gestiegenen Staatsausgaben ist, das heißt wie stark das reale Bruttosozialprodukt und mit ihm die Ersparnis ansteigt. Zum zweiten hängt das Ergebnis davon ab, wie stark die Investitionsausgaben der Unternehmen von den Gewinnerwartungen bestimmt sind.

Sehen wir uns zur Erläuterung Abbildung 10.22 an. Sie zeigt noch einmal den Verlauf der aggregierten Angebotskurve, wie wir ihn aus der neoklassischen Synthese kennen. Wir haben diese Kurve in drei Abschnitte unterteilt:

Abb. 10.22: Crowding-Out und Crowding-In Effekt

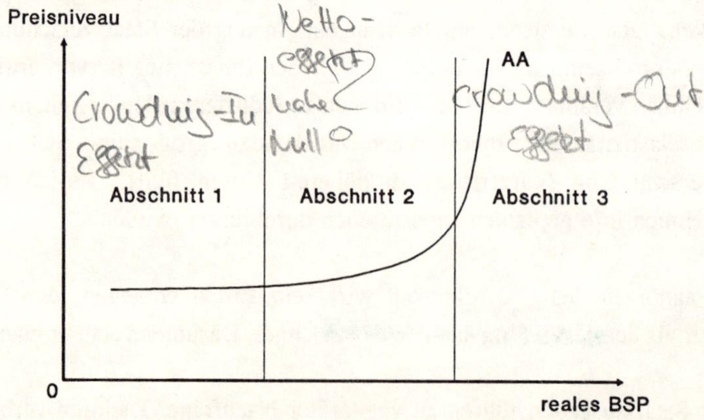

In Abschnitt 1, in dem die aggregierte Angebotskurve fast horizontal verläuft, ist der Multiplikator groß. Bei einer Erhöhung der Staatsausgaben kommt es demnach zu einer starken Ausdehnung des realen BSP. Folglich steigt das Volkseinkommen ebenfalls stark an und somit auch die Ersparnisse, so daß private Geldentleiher kaum aus dem Finanzmarkt gedrängt werden und der Zinsanstieg gering bleibt. Darüber hinaus steigen auch die Gewinnerwartungen der Unternehmen, da durch das höhere Volkseinkommen mehr konsumiert wird. In diesem Bereich wird also der **Crowding-in-Effekt** überwiegen.

Das Gegenteil trifft für den Abschnitt 3 zu. In diesem Bereich befindet sich die Volkswirtschaft nahe am Vollbeschäftigungsoutput und ein Anstieg der Staatsausgaben führt hier zu keiner wesentlichen Veränderung des realen ***BSP***. In diesem Bereich führt Staatsverschuldung kaum zu einem erhöhten Volkseinkommen und verändert somit auch kaum das Sparvolumen. Sie bewirkt dafür aber einen umso größeren Zinsanstieg. Hier wird also der **Crowding-out** Effekt eindeutig den Crowding-in Effekt überwiegen.

Welcher Effekt in Abschnitt 2 der stärkere ist, läßt sich nicht eindeutig festlegen. Es kann dazu kommen, daß entweder der Crowding-in Effekt oder der Crowding-out Effekt überwiegt. Auf alle Fälle sind hier beide Effekte vorstellbar und der **Nettoeffekt** wird in seiner Wirkung nicht allzu stark ausfallen, verglichen mit den Ergebnissen in den Abschnitten 1 und 3 auf unserer aggregierten Angebotskurve.

Kontrollfragen zu Kapitel 10:

1. Nehmen Sie an, die Bundesbank kauft Wertpapiere von Geschäftsbanken und bezahlt diese, indem sie den Banken den Betrag als zusätzliche Reserve gutschreibt. Um welchen maximalen Betrag steigt die Giralgeldmenge und die Geldmenge M_1? Wie würde sich das Ergebnis ändern, wenn der Betrag von Privaten bei Geschäftsbanken einbezahlt würde?

2. Wie heißt die unter 1. von der Bundesbank durchgeführte Politik? Nennen Sie weitere geldpolitische Instrumente der Bundesbank und beschreiben Sie diese.

3. Gegeben sei eine Ökonomie, in der es weder Staatsausgaben, noch Steuern gebe. Die Konsumfunktion sei

$$C(Y) = 100 + 0{,}8\,Y \quad .$$

Die Investitionsfunktion ***I*** hänge vom Zinssatz ***i*** ab und sei gegeben durch

$$I(i) = 500 - 800\,i \quad .$$

Für welchen Wert von Y ergibt sich ein Gleichgewicht, falls a) $i=0{,}05$, b) $i=0{,}1$ und c) $i=0$. Interpretieren Sie die Ergebnisse.
(Lösung: a) $Y^*=2800$, b) $Y^*=2600$, c) $Y^*=3000$)

4. Was versteht man unter dem Keynesianischen Transmissionsmechanismus und wie funktioniert er? Wie verändert sich dieser, wenn man den Feedback-Prozeß in die Betrachtung einbezieht?

5. Was versteht man unter dem Begriff der Zinselastizität? Welche unterschiedlichen Annahmen haben Anhänger des Keynesianismus und Monetaristen bezüglich der Zinselastizität der Geldnachfrage und welche Auswirkungen hat dies auf den Verlauf der Geldnachfragekurve?

6. Erklären Sie, wieso Keynesianer eine aktive Stabilisierungspolitik zur Bekämpfung von Unterbeschäftigung vorziehen, während Monetaristen in erster Linie eine Stabilisierungspolitik zur Bekämpfung von Inflation befürworten. Beachten Sie bei Ihrer Antwort den unterschiedlichen Verlauf der aggregierten Angebotskurve bei Keynesianern und Monetaristen.

7. Welche Bedeutung hat heute die Staatsverschuldung in den Industrie- und den Entwicklungsländern?

8. Wie begründen Ökonomen ihre negative Einstellung zur wachsenden Staatsverschuldung?

9. Was versteht man unter Crowding-out und Crowding-in?

11. Die Makroökonomische Bedeutung der Phillips-Kurve

11.1 Originäre Phillips-Kurve

In diesem Kapitel wollen wir noch einmal, allerdings in anderer Weise als vorhin, auf die Auseinandersetzung eingehen, die zwischen Keynesianern und Monetaristen in den 60er und 70er Jahren die wirtschaftstheoretische und die wirtschaftspolitische Diskussion bestimmte. Wir hatten im letzten Kapitel bereits dargestellt, daß im Zentrum dieser Debatte die Suche nach aussagefähigen Erklärungsansätzen und nach wirkungsvollen politischen Instrumenten stand, um die beiden Grundübel moderner Volkswirtschaften, nämlich Inflation und Arbeitslosigkeit zu kurieren. Die Monetaristen legen in diesem Streit, wie wir sahen, ihr Hauptaugenmerk auf die Inflation, die Keynesianer bemühen sich vorrangig um die Beseitigung der Arbeitslosigkeit. Lange Zeit war der Konflikt zwischen den beiden Schulen durch den Standpunkt des "Entweder-Oder" gekennzeichnet:

Wirtschaftspolitische Maßnahmen, die auf eine Ausweitung der effektiven Nachfrage ausgerichtet seien,

- würden entweder nur die Inflation anheizen (Meinung der orthodoxen Monetaristen)
- oder nur sie allein könnten die Arbeitslosigkeit beseitigen helfen (Meinung der orthodoxen Keynesianer).

Diese scheinbar festgefahrene Position geriet beträchtlich ins Schwanken als der englische Wirtschaftswissenschaftler **A.W. Phillips** im Jahre 1958 die Ergebnisse einer umfangreichen empirischen Studie veröffentlichte. Phillips hatte sich ebenfalls für den Zusammenhang von Inflation und Arbeitslosigkeit interessiert und statistische Daten für England im Zeitraum von 1861 bis 1957 ausgewertet. In diesem Material wurden Änderungen des nominalen Lohnsatzes mit Änderungen der Arbeitslosenrate verglichen. Den nominalen Lohnsatz verwendete er als Näherungsvariable für die Inflation in England, da zu vermuten ist, daß zwischen dem Anstieg des Lohnniveaus und dem des allgemeinen Preisniveaus ein enger Zusammenhang besteht. Höhere Löhne treten in einer arbeitsintensiven Volkswirtschaft unmittelbar als höhere Produktionskosten auf und diese wiederum können über die Preise von den Unternehmen an die Konsumenten weitergegeben werden, so lautet, in vereinfachter Form, die Begründung für den vermuteten Zusammenhang.

In seiner Studie stieß Phillips nun auf eine erstaunliche statistische Beziehung zwischen dem nominalen Lohnsatz und der Arbeitslosenquote:

Starke Lohnsteigerungen gehen, seiner Untersuchung zufolge, stets mit einer niedrigen Arbeitslosenquote einher.

Dieses Ergebnis drückte er in einer Kurve aus, die, nach ihm benannt, als **Phillips-Kurve** Eingang in die Wirtschaftswissenschaft fand und dort für etwa zwei Jahrzehnte zu den bedeutsamsten Erkenntnissen zählte. Wir haben die originäre Phillips-Kurve in Abbildung 11.1 wiedergegeben.

Abb. 11.1: Originäre Phillips-Kurve

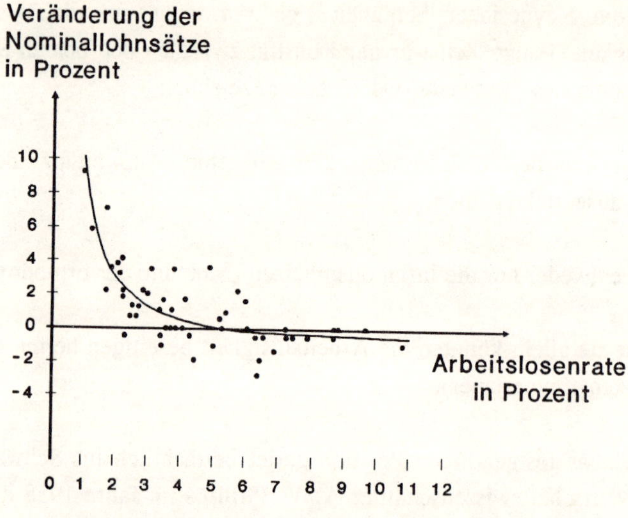

Quelle: Phillips (1958), S.285.

Das obige Punkte- oder Streudiagramm zeigt auf der Abszisse die Arbeitslosenrate (in Prozent) und auf der Ordinate die Veränderungen der Nominallohnsätze (in Prozent). Jeder Punkt in diesem Diagramm bedeutet einen Jahreswert für Großbritannien im Zeitraum von 1861 bis 1913. Mit Hilfe statistischer Methoden hat Phillips aus dieser "Punktwolke" eine Kurve herausgefiltert, um die die Jahreswerte möglichst wenig streuen, eben die berühmte Phillips-Kurve. Wir sehen, wie bei dieser Kurve niedrige Änderungsraten des Lohnes mit einer höheren Arbeitslosenrate einhergehen.

11.2 Modifizierte Form der Phillips-Kurve

Die Studie von Phillips erregte nach ihrem Erscheinen natürlich die geballte Aufmerksamkeit der Wirtschaftswissenschaft, vor allem aber die der Vertreter der neoklassischen Synthese. Denn auch diese waren immer wieder, schon aufgrund ihrer Annahmen bezüglich der Gestalt der aggregierten Angebotskurve, auf das Phänomen der Inflation bei wachsender Kapazitätsauslastung einer Volkswirtschaft gestoßen, hatten allerdings eine so enge Beziehung zwischen Preisauftrieb und Unterbeschäftigung, wie sie die Phillips-Kurve ausdrückt, nicht für möglich gehalten. Zwei ihrer herausragenden Persönlichkeiten, **P. Samuelson** und **R.M. Solow**, führten daher sofort eingehende Untersuchungen für die USA (mit Daten aus den 50er und 60er Jahren) durch. Sie konzentrierten sich dabei ohne Umweg gleich auf den Zusammenhang zwischen Inflations- und Arbeitslosenrate. Auch ihre Untersuchungen kamen zu dem Ergebnis, daß zwischen diesen beiden Größen eine negative Korrelation besteht, die sich ebenfalls in Kurvenform ausdrücken läßt. Ihre Kurve, die man auch als **modifizierte Phillips-Kurve** bezeichnet, ist in Abbildung 11.2 wiedergegeben.

Abb. 11.2: Modifizierte Phillips-Kurve

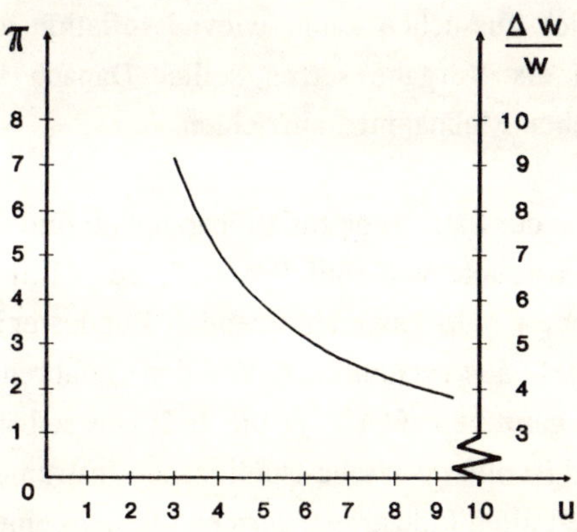

Wir können darin erkennen, daß eine niedrige Inflationsrate π mit einer hohen Arbeitslosenquote u einhergeht. Die entsprechende Veränderung des Nominallohnsatzes $\Delta w/w$ ist auf der rechten vertikalen Achse abgetragen.

Welche Folgerungen lassen sich nun aus der modifizierten Phillips-Kurve ziehen? Zwei Konsequenzen springen sofort ins Auge:

(a) Der theoretische Standpunkt des "Entweder-Oder", wie er bis dato die Diskussion von Keynesianern und Monetaristen geprägt hatte, läßt sich nicht länger aufrecht erhalten, wenn die Relation so stimmt, wie sie die Phillips-Kurve zwischen Inflation und Arbeitslosigkeit ausdrückt. Dann nämlich kommen Inflation und Arbeitslosigkeit stets gemeinsam in einer Volkswirtschaft vor, und zwar in einer Austauschbeziehung (trade-off), die man in dieser Stringenz auch von Seiten der Anhänger der neoklassischen Synthese nie vermutet hätte:

Eine hohe Inflation bedeutet stets geringe Arbeitslosigkeit und umgekehrt ist hohe Arbeitslosigkeit in der Regel mit geringer Inflation verbunden.

(b) Für die Wirtschaftspolitik wiederum hat die Phillips-Kurve zur Folge, daß sie, zum einen, eine gewisse Hilflosigkeit in der Anwendung ihrer bisherigen Maßnahmen eingestehen muß. Sie hat sich damit abzufinden, daß sie entweder nur ein stabiles Preisniveau oder eine geringe Arbeitslosenquote erreichen kann. Beide Ziele gleichzeitig lassen sich nicht verwirklichen.

Zum anderen eröffnet die Phillips-Kurve aber auch neue Möglichkeiten für die Wirtschaftspolitik. Sie stellt ihr eine Art von "Zielmenü" zur Verfügung, aus dem heraus sie sich aussuchen kann, wieviel Inflation und wieviel Arbeitslosigkeit sie sich als Vorgabe setzen sollte. Danach kann sie dann ihre konjunkturpolitischen Maßnahmen ausrichten.

Ein Ausspruch, wie der Satz "Eine Inflationsrate von fünf Prozent ist uns lieber als eine Arbeitslosenquote von fünf Prozent", der Mitte der 70er Jahre das wirtschaftspolitische Credo einer amtierenden Bundesregierung bildete, wird erst von dieser Warte aus verständlich. Von den Gefahren eines Preisauftriebs wendet man sich ganz bewußt ab, ja die Inflation selbst erreicht sogar den Rang eines wirkungsvollen wirtschaftspolitischen Instruments. So hat auch die OECD in jener Zeit allen Industrieländern empfohlen, einen gewissen Grad an Inflation zu tolerieren, weil diese das Wachstum einer Volkswirtschaft fördern und eine mögliche Arbeitslosigkeit verhindern würde.

Welche theoretische Begründung könnte nun hinter dem erstaunlichen Zusammenhang der modifizierten Phillips-Kurve stehen?

11.3 Erklärungsansätze für die modifizierte Phillips-Kurve

Um diese Frage beantworten zu können, muß man etwas weiter ausholen und auf die **Entstehungsgründe** einer Inflation zurückkommen. Wenn wir uns erinnern, so hatten wir in vergangenen Abschnitten darauf hingewiesen, daß ein wichtiger Auslöser für inflationäre Entwicklungen die **aggregierte Nachfrage** sein könne. Auch hinter dem Konzept der Phillips-Kurve scheint als Auslöser und als notwendige Bedingung eine nachfrageinduzierte Inflation (demand-pull inflation) zu stecken. Sehen wir uns dazu das nachfolgende Beispiel an.

Makroökonomische Begründung der Phillips-Kurve

Moderne Volkswirtschaften befinden sich, wie wir wissen, in einer stetigen Aufwärtsentwicklung, dies gilt zum einen für die Werte des Sozialprodukts, die jährlich erreicht werden, wie zum anderen auch für den Index des Preisniveaus. Nehmen wir die Bundesrepublik Deutschland: Sie hatte im Jahre 1987 ein reales Bruttosozialprodukt von 1.643,2 Mrd. DM erwirtschaftet. Der Preisindex für dieses Jahr betrug 121,0, bezogen auf das Jahr 1980. Von 1987 bis Ende 1988, also in einem Jahr wuchs das reale Sozialprodukt um 3,4 Prozent auf 1.699,4 Mrd. DM an, während das Preisniveau sich um 1,16 Prozent auf 122,4 erhöhte.

Abb. 11.3: Makroökonomischer Erklärungsansatz der Phillips-Relation

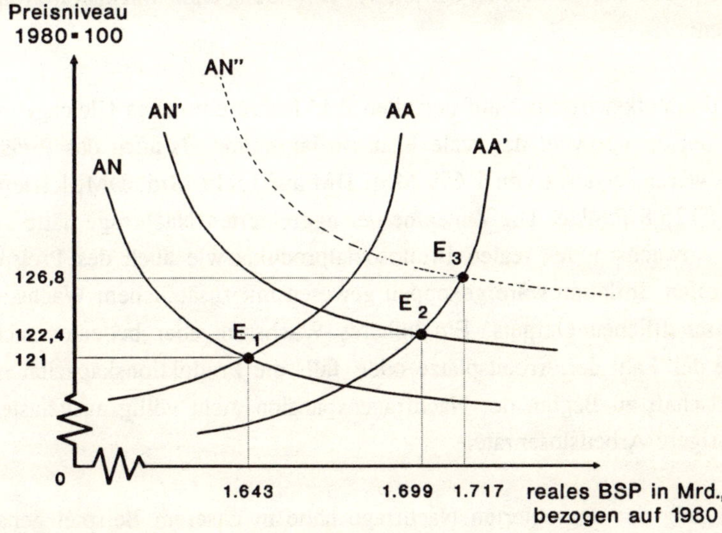

Versuchen wir nun diese Konstellation in unser bekanntes *AN-AA*-Diagramm zu übertragen. Denkbar wäre ein Bild wie es Abbildung 11.3 darstellt. Die eingezeichnete Kurven beruhen jedoch nicht auf ökonometrischen Schätzungen, sondern dienen nur der Illustration. Wir haben dort die Zunahme des realen Bruttosozialprodukts und die des Preisniveaus zerlegt und auf zwei Einflußfaktoren zurückgeführt:

(a) auf eine Erweiterung der volkswirtschaftlichen Produktionskapazität - ausgedrückt durch eine Rechtsverschiebung der aggregierten Angebotskurve von *AA* auf *AA'*; und

(b) auf eine Ausdehnung der volkswirtschaftlichen Nachfrage - ausgedrückt durch eine Rechtsverschiebung der *AN*-Kurve von *AN* auf *AN'*.

Als Ergebnis erhalten wir eine Veränderung des volkswirtschaftlichen Gleichgewichts von E_1 nach E_2 mit dem oben erwähnten Wachstumseffekt.

Was aber wäre nun in dieser Volkswirtschaft passiert, wenn die aggregierte Nachfrage noch stärker als aufgezeigt zugenommen hätte?

Nehmen wir an, die *AN*-Kurve hätte sich von *AN* auf *AN''* nach rechts verschoben, weil der private Bedarf an Konsumgütern und auch die Staatsausgaben zusätzlich gestiegen sind. Dann, so können wir unserer Abbildung entnehmen, wäre folgendes eingetreten:

Es hätte die Volkswirtschaft auf der alten *AA'*-Kurve ein neues Gleichgewicht E_3 erreicht, bei dem sowohl das reale Bruttosozialprodukt als auch das Preisniveau gestiegen wären, ersteres von 1.699 Mrd. DM auf 1.717 Mrd. DM, letzteres von 122,4 auf 126,8 Punkte. Die Zunahme der aggregierten Nachfrage hätte also ein weiteres Anwachsen des realen Bruttosozialprodukts wie auch des Preisniveaus hervorgerufen. Inflation wäre gekoppelt gewesen mit zusätzlichem Wachstum des volkswirtschaftlichen Outputs. Ein höheres Wachstum aber bedeutet auch eine Zunahme der Zahl der Arbeitsplätze oder, falls die Produktionskapazität unserer Volkswirtschaft zu Beginn der Nachfrageexpansion nicht völlig ausgelastet war, eine niedrigere Arbeitslosenrate.

Ein Rückgang der aggregierten Nachfrage hätte in unserem Beispiel genau den gegensätzlichen Effekt auf Inflation, Wachstum und Arbeitslosigkeit gehabt. Das Preisniveau wäre gesunken, ebenso das reale Bruttosozialprodukt. Und die vorhandene Produktionskapazität unserer Volkswirtschaft würde nicht mehr in dem Maße wie zuvor genutzt werden. Am Ende gäbe es dort weniger Arbeitsplätze und mehr Arbeitslosigkeit.

Welche Schlußfolgerungen können wir nun aus unserem Beispiel ziehen?

Konjunkturschwankungen, die durch Veränderungen der aggregierten Nachfrage hervorgerufen werden, zeigen genau den Zusammenhang auf, den die Phillips--Kurve unterstellt: Die Arbeitslosenquote wird niedrig sein, wenn die Inflationsrate hoch ist und, umgekehrt, dürfte die Inflation gering sein, wenn die Arbeitslosigkeit hoch ist.

Mikroökonomische Erklärung der Phillips-Kurve

Neben dieser makroökonomischen Begründung der Phillips-Kurve findet man in der Literatur auch Erklärungen, die nicht die gesamte Ökonomie im Auge haben, sondern allein die Verhältnisse auf dem **Arbeitsmarkt**. Wie stellen sich dort die Bedingungen für Anbieter und Nachfrager bei geringer und bei hoher Arbeitslosigkeit dar und welche Folgen gehen davon auf das allgemeine Preisniveau aus?

Nun, wie wir auch an anderer Stelle schon ausführten, dürften bei geringer Arbeitslosigkeit die Löhne stark ansteigen, was bei gegebener Arbeitsproduktivität zu höheren durchschnittlichen Arbeitskosten führt, die über höhere Preise an die Konsumenten weitergegeben werden können. Dieser Wirkungszusammenhang läßt sich relativ einfach erklären, wenn wir uns erinnern:

Herrscht in einer Volkswirtschaft nahezu Vollbeschäftigung, so wird es für die Unternehmen schwer sein, die Arbeitskräfte, die sie gerne einstellen möchten, auch tatsächlich zu finden. Sie werden daher ohne weiteres bereit sein, höhere Löhne anzubieten, um auf diese Weise die benötigten Arbeitskräfte anzulocken. Aber auch die Arbeitnehmer können ihre Lohnforderungen bei einem hohen Beschäftigungsstand eher durchsetzen als in Zeiten hoher Arbeitslosigkeit, wo es in der Regel den Unternehmen möglich ist, ohne größere Schwierigkeiten ihre freien Stellen zu besetzen. Sie brauchen auch nicht die Löhne zu erhöhen, weil die Arbeitsanbieter in dieser Situation miteinander in Konkurrenz stehen. Bei niedriger Arbeitslosigkeit steigt also das Lohnniveau und über dieses auch das allgemeine Preisniveau schneller an als dies bei hoher Arbeitslosigkeit der Fall ist. Und genau diesen Zusammenhang bringt ja die Phillips-Kurve zum Ausdruck.

Obwohl es uns gelungen ist, die Phillips-Kurve recht einleuchtend zu begründen, sollten wir uns dennoch fragen, ob der Beziehungszusammenhang, der sich dahinter verbirgt, wirklich für verschiedene Zeiten und für verschiedene Umstände als gültig angesehen werden kann.

Sehen wir uns hierzu noch einmal den empirischen Befund der Phillips-Kurve an, diesmal sowohl für die Bundesrepublik Deutschland wie auch für die USA und nicht nur für den Zeitraum der 50er und 60er Jahre, der der bekannten modifizierten Form der Phillips-Kurve zugrunde liegt, sondern auch für die 70er und 80er Jahre, die, wie wir wissen, unter Konjunktur- und Wachstumsaspekten als besonders problematisch gelten.

11.4 Neuere Befunde zur Phillips-Kurve

In den Schaubildern 11.4 und 11.5 haben wir die empirischen Werte für die Inflationsrate und die Arbeitslosenrate in einem Streudiagramm zusammengestellt, und zwar für die Bundesrepublik Deutschland und die USA. Der Betrachtungszeitraum geht von 1959-1987 beziehungsweise von 1955-1986.

Abb. 11.4: Neuere Daten zur Phillips-Kurve, BRD 1959-1987

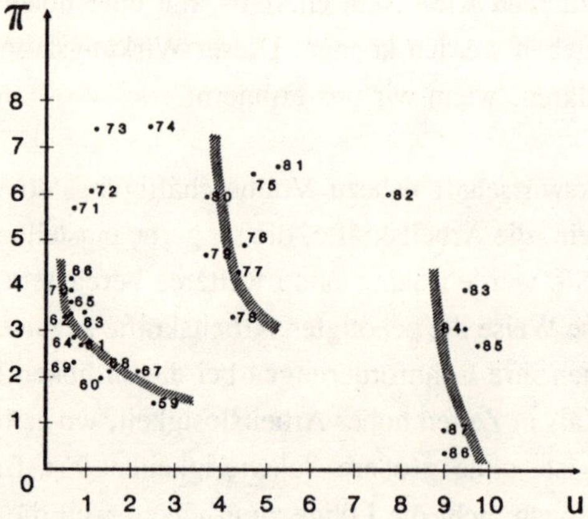

Man sieht, daß der Zusammenhang zwischen einer niedrigen Inflationsrate und einer hohen Arbeitslosigkeit bis Ende der 60er Jahre in beiden Ländern statistisch recht gut nachgewiesen werden kann. Es gelingt, für diese Jahre die Daten einigermaßen in die bekannte Form der Phillips-Kurve einzuordnen.

24.02.

Abb. 11.5: Neuere Daten zur Phillips-Kurve, USA 1955-1986

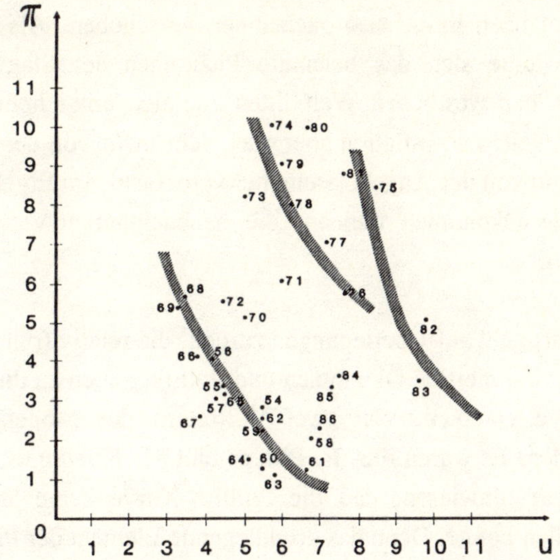

Danach aber, in den 70er und 80er Jahren, müssen neue Kräfte zur Wirkung gelangt sein, die in beiden Ländern die alte Phillips-Relation weitgehend zerstören. Denn sowohl in der Bundesrepublik Deutschland wie auch in den USA wandern jetzt in den obigen Diagrammen die Wertepaare von Inflation und Arbeitslosigkeit nach rechts. Es lassen sich zwar weiterhin, mit etwas mehr Aufwand und mit weit geringerer statistischer Signifikanz als zuvor, Phillips-Relationen bilden, aber diese verlaufen mit fortschreitender Zeit, wie unsere Schaubilder zeigen, immer steiler und gehen bei gleicher Inflationsrate mit einer immer höheren Rate der Arbeitslosigkeit einher. Was könnte nun zu diesen bemerkenswerten Veränderungen beigetragen haben?

Auf obige Frage gibt es zwei Antworten, die beide einen Kern der Wahrheit in sich tragen: Die erste Antwort orientiert sich vorrangig am wirtschaftlichen Geschehen, wie es in den 70er Jahren weltweit als typisch für die modernen Industriestaaten zu beobachten war. Die zweite Antwort ist fundamentaler angelegt und mit einer grundsätzlichen Kritik am Konzept der Phillips-Kurve verbunden. Wie also sieht die erste Antwort aus?

Wir haben an anderer Stelle bereits dargelegt, daß die inflationäre Tendenz der 70er Jahre nicht allein auf die Nachfrageseite zurückgeführt werden kann. Sie war vielmehr auch das Ergebnis von sogenannten **Angebotsschocks**, hervorgerufen vor allem durch die beiden Erhöhungen der Ölpreise von 1973/1974 und von 1979/1980. Dadurch wurde, wie man meint, die aggregierte Angebotskurve im *AN-AA*-Diagramm nach links, also nach innen verschoben. Als Ergebnis dieser "supply-shocks" stellte sich das bekannte Phänomen der Stagflation ein. Die Volkswirtschaften der westlichen Welt litten zugleich unter hoher Inflation und hoher Arbeitslosigkeit. Die Inflation aber war nicht mehr von der Nachfrageseite, sondern weitgehend von der Angebotsseite her verursacht. Im Ergebnis stellten sich sodann, wie viele Ökonomen meinen, die beobachtbaren Verschiebungen der Phillips-Kurve ein.

Die zweite Antwort geht auf Überlegungen zurück, die relativ früh bereits, nämlich 1967 und 1968 als die meisten Ökonomen und Politiker noch an die Unversehrtheit der Phillips-Kurve glaubten, von zwei Vertretern des Monetarismus kritisch vorgetragen wurden. Es waren dies **E. Phelps** und **M. Friedman**, die unabhängig voneinander darauf hinwiesen, daß die Phillips-Kurve keine langfristig stabile Beziehung darstellen könne. Denn das grundlegende Element der Phillips-Kurve sei die Annahme, daß nominale Löhne schneller stiegen, wenn die Arbeitslosenquote niedrig sei und sich langsamer nach oben bewegten, wenn die Arbeitslosenquote hoch sei. Und diese Annahme lasse sich, so meinen Phelps und Friedman, vor allem aus einem Grund nicht halten:

Weder die Nachfrager von Arbeitsplätzen - die Beschäftigten - noch deren Anbieter - die Unternehmer - würden in ihren Lohnverhandlungen einer **Geldillusion** unterliegen. Sie kalkulierten nicht mit nominalen Löhnen, sondern mit realen. Bei den Verhandlungen über die nominalen Löhne würden daher beide Seiten für einen bestimmten Zeitraum nicht die tatsächlich vorgegebene, sondern die **erwartete Inflationsrate** berücksichtigen.

Damit stoßen wir auf ein methodisches Konzept, das nicht nur im Zusammenhang mit der Kritik der Monetaristen an der Phillips-Kurve, sondern in der gesamten Wirtschaftswissenschaft der Gegenwart eine herausragende Bedeutung hat, nämlich das Konzept der **Erwartungen**. Bevor wir uns daher mit heutigen Auffassungen zur Phillips-Kurve weiter beschäftigen, sollten wir hier einen Abschnitt einschieben, der uns dieses Konzept ausführlicher darstellt und erklärt. Danach werden wir wieder zur monetaristischen Kritik zurückkommen.

11.5 Adaptive und rationale Erwartungen

Sämtliche Probleme, sowohl in der Wirtschaftstheorie als auch in der Wirtschaftspolitik, könnte man ohne weiteres lösen, wenn sich alle Fakten und Geschehnisse im mikro- und makroökonomischen Bereich mit absoluter Sicherheit beschreiben, erklären und prognostizieren ließen. Was in den Formalwissenschaften (der Mathematik etwa) zu einem großen Teil möglich ist, muß für die Realwissenschaften, zu denen die Volkswirtschaftslehre ja gehört, als gänzlich unmöglich gelten. Dies liegt, wenn wir uns erinnern, vor allem darin begründet, daß ökonomische Ergebnisse hauptsächlich durch menschliches Handeln geprägt und determiniert werden.

Menschliches Handeln aber und das dahinter stehende Verhalten wird zu einem beträchtlichen Teil von **Erwartungen** bestimmt. Dies liegt einfach daran, daß jede Entscheidung nicht nur gegenwartsbezogen ist, sondern auch in die Zukunft hineinwirkt. Zukünftige Entwicklungen aber sind unsicher. Daher bilden davon betroffene Wirtschaftssubjekte eben Erwartungen, in die nicht selten rein psychologische Momente Eingang finden. Erinnern wir uns beispielsweise an die Keynesianische Investitionsfunktion, die nicht allein vom Zinssatz, sondern auch von Absatz- und Gewinnerwartungen, das heißt von pessimistischen oder von optimistischen Zukunftserwartungen der Unternehmen abhängt.

In früheren ökonomischen Analysen wurden Erwartungen zumeist **exogen** berücksichtigt, als von außen vorgegebene Änderung der Rahmenbedingungen. So läßt sich wiederum am Beispiel der Investitionsfunktion von Keynes eine pessimistische Zukunftserwartung durch Verschiebung nach oben ausdrücken. Seit Mitte der fünfziger Jahre aber werden Erwartungen in der ökonomischen Theorie als **endogene** Größen behandelt. Man betrachtet explizit ein Modell der Erwartungsbildung, in das die Erwartungen als Ergebnis von Verhaltenshypothesen, hervorgehen. Vorherrschend zu dieser Zeit ist das Konzept der **adaptiven Erwartungen**, das auf eine Idee von **I. Fisher** zurückgeht. Den Grundgedanken dieses Konzepts können wir kurz anhand eines Beispiels erörtern.

Adaptive Erwartungen

Ein Unternehmen plane seine Investitionsausgaben zum Anfangszeitpunkt für die nächste Periode $\mathbf{t_1}$. Die Höhe des zu investierenden Betrages soll dabei allein von der Gewinnerwartung G_1^e abhängen. In der Periode $\mathbf{t_1}$ stellt sich nun tatsächlich ein Gewinn in Höhe von G ein. Dieser dient dem Unternehmen als Grundlage seiner

Planungen der Investitionsausgaben für die darauffolgende Periode t_2. Die Gewinnerwartung, die es dafür zugrunde legt, soll jetzt G_2^e betragen.

Es ist naheliegend, nunmehr davon auszugehen, daß unser Unternehmen in seiner neuerlichen Investitionsplanung auch den Fehler berücksichtigen wird, den es in der Einschätzung des erwarteten Gewinns gemacht hat. Es wird also die Abweichung der Gewinnerwartung vom tatsächlichen Gewinn, nämlich $G-G_1^e$, in seine Berechnungen aufnehmen. Denn ein Unternehmen vermag aus seinen Fehlern durchaus zu "lernen". Unterstellen wir einmal, das Unternehmen würde die Anpassung an seine Schätzfehler nach der folgenden Gleichung vornehmen:

$$G_2^e = G_1^e + h(G-G_1^e) \quad .$$

In der obigen Anpassungsgleichung korrigiert das Unternehmen seine frühere Gewinnerwartung um das h-fache des Schätzfehlers. Hierbei stellt h einen Gewichtungsfaktor dar, der von Unternehmen zu Unternehmen variieren kann. Sein Wert liegt zwischen 0 und 1.

Wir sehen, daß für $h=0$ die Gewinnerwartung des Unternehmens in beiden Perioden gleich ist, während bei $h=1$ die Gewinnerwartung G_1^e in der Periode t_1 dem bereits realisierten Gewinn G entspricht. Hat das Unternehmen richtig geschätzt, gilt also $G-G_1^e=0$, so wird die Gewinnerwartung der vergangenen Periode in die neue Planungsperiode übernommen.

Allgemein können wir also festhalten:

Handeln Wirtschaftssubjekte gemäß dem Konzept der adaptiven Erwartungen, so werden sie aus den Fehlern der Vergangenheit bestimmte Lehren ziehen. Sie werden diese Fehler mit einer individuell unterschiedlichen Gewichtung in ihre zukünftigen Erwartungen miteinbeziehen.

Rationale Erwartungen

Als einer der ersten Nationalökonomen hat sich **J.F. Muth** gegen das Konzept der adaptiven Erwartungen gewandt. Ihm erschien einfach der dahinter stehende "Lernprozeß" der Wirtschaftssubjekte als zu "mechanistisch" angelegt und würde zu systematischen Fehlschätzungen führen. Daher führte er im Jahre 1961 die Hypothese der **rationalen Erwartungen** in die Volkswirtschaftslehre ein. Seine Argumentation hob vor allem auf folgenden Gedanken ab:

In den entwickelten Volkswirtschaften der westlichen Welt sei ein breites Wissen über die ökonomischen Zusammenhänge und über die darauf einwirkenden Rahmenbedingungen vorhanden. Da zudem aussagefähige ökonomische Theorien existierten und auch eine Vielzahl von Daten zur Verfügung stünden, gäbe es keinen vernünftigen Grund dafür, warum Wirtschaftsakteure dieses Wissen nicht für sich auswerten und in ihre Erwartungsbildung einbringen sollten. Sie können diese auf einer rationalen Grundlage vornehmen.

Damit war der rationale Erwartungsansatz geboren. Er unterstellt im wesentlichen, daß den Wirtschaftssubjekten bei der Bildung ihrer Erwartungen keine "systematischen" Fehler unterlaufen. Dies wäre beispielsweise der Fall, wenn man Gewinnerwartungen oder Inflationserwartungen ständig überschätzen oder laufend unterschätzen würde. Treten solche "systematischen" Fehler auf, so werden die Wirtschaftssubjekte diese korrigieren und gegebenenfalls die Art und Weise ihrer Erwartungsbildung verändern. Im Durchschnitt sollten die Erwartungen der Individuen daher richtig sein.

Dies muß natürlich nicht implizieren, daß den Akteuren von Zeit zu Zeit nicht auch Fehler unterlaufen können. Diese sind dann aber von "zufälliger" und nicht von "systematischer" Art, denn die Wirtschaftssubjekte verstehen ja die Umgebung, in der sie leben und entscheiden. Deshalb sei auch, so folgern die Anhänger der rationalen Erwartungshypothese, jede Wirtschaftspolitik, die davon ausgehe, daß die Betroffenen die Zusammenhänge in einer Volkswirtschaft nicht verstünden, mit hoher Wahrscheinlichkeit zum Scheitern verurteilt.

Diese überaus gewichtige Schlußfolgerung mag uns wieder zu unserer Diskussion der Phillips-Kurve und zur Kritik der Monetaristen daran zurückführen.

11.6 Um Erwartungen erweiterte Phillips-Kurve

Wir hatten vorhin schon darauf hingewiesen, daß ein wichtiger Kritikpunkt, den Phelps und Friedman gegen die Phillips-Kurve vorbringen, das Argument der Geldillusion darstellt.

Ein weiterer Kritikpunkt, bei dem die Monetaristen ansetzen, ist die Vorstellung im Konzept der Phillips-Kurve, daß in einer Volkswirtschaft ein Stand der Vollbeschäftigung erreichbar sei, der überhaupt keine Arbeitslosigkeit kenne. Sie geben dabei selbstverständlich nicht die Vorstellung des makroökonomischen Gleichgewichts bei Vollbeschäftigung auf, sind aber der Ansicht, daß dieses Gleichgewicht in jeder Ökonomie durch eine "**natürliche**" Arbeitslosigkeit gekennzeichnet sei. Wir sind auf dieses Konzept auch an anderer Stelle schon gestoßen (Kapitel 9). Dort führten wir aus, daß es zu jeder Zeit freiwillige Arbeitslose geben könne, die sich auf der Suche nach besser bezahlten Arbeitsplätzen befänden oder die beim herrschenden Lohnsatz nicht bereit seien, Arbeit anzunehmen. Den Stand der Arbeitslosigkeit unter diese "natürlich" vorgegebene Arbeitslosenquote zu senken, sei daher weder durch fiskal- noch durch geldpolitische Maßnahmen zu bewerkstelligen.

Wenn man diese beiden Argumente beachtet und sich zusätzlich klar macht, daß Preissteigerungen im Konzept der Phillips-Kurve primär vom Anstieg des Nominallohns abhängen, und dieser wiederum vom jeweiligen Stand der Arbeitslosigkeit bestimmt wird, erhält man die um **Erwartungen** erweiterte Phillips-Kurve. Um nun dieses Konzept näher zu erläutern, greifen wir auf unsere Ausführungen zu den adaptiven und rationalen Erwartungen von vorhin zurück.

11.6.1 Phillips-Kurve bei adaptiven Erwartungen

Die abwärts geneigte Phillips-Kurve setzt aus der Sicht der Monetaristen voraus, daß die Arbeitnehmer einer **Geldillusion** unterliegen. Darauf haben wir vorhin schon hingewiesen. Geldillusion aber bedeutet in dem Zusammenhang, daß die Arbeitnehmer die Entscheidungen über ihr Arbeitsangebot vom herrschenden Nominallohn abhängig machen. Erwartungsgrößen hingegen, bezogen auf die Inflationsrate, spielen dann verständlicherweise keine Rolle. Diese Annahme aber, so argumentieren Phelps und Friedman, sei vielleicht noch in sehr kurzer Frist vertretbar, in mittel- und langfristiger Betrachtung aber sei eine solche Betrachtungsweise nicht zu halten, denn sie widerspreche den beobachtbaren Realitäten. Man müsse vielmehr davon ausgehen, daß die Arbeitnehmer, so wie andere Wirtschaftssubjekte auch, durchaus fähig seien, Preissteigerungen auf Dauer wahrzunehmen und daß sie daraus ihre Lehren ziehen würden.

Mit anderen Worten, Phelps und Friedman unterstellen bei den Arbeitnehmern **adaptive Erwartungen**. Welche Folgen diese Annahme für die Überlegungen zur Phillips-Kurve hat, können wir anhand eines kleinen Beispiels veranschaulichen.

In einer Volkswirtschaft soll die Inflationsrate π in jeder Periode $(t=1,2,\ldots,T)$ 3% betragen. Die Arbeitnehmer bilden adaptive Erwartungen und verlangen, daß sich die jeweiligen Lohnzuschläge von Periode zu Periode an die erwartete Inflationsrate anpassen. Auf diese Weise hoffen sie, auftretende Kaufkraftverluste ausgleichen zu können. Die Anpassung soll, in Anlehnung an vorhin, nach der folgenden Gleichung erfolgen:

$$\pi_t^e = \pi_{t-1}^e + h \cdot (\pi_{t-1} - \pi_{t-1}^e)$$

$$\text{mit} \quad 0 \leq h \leq 1 \quad \text{und} \quad t = 1,2,\dots,T \quad .$$

Obige Anpassungsgleichung besagt, daß die erwartete Inflationsrate in der Periode t von der erwarteten Inflationsrate in der Vorperiode sowie von der mit h gewichteten Abweichung der tatsächlichen Inflationsrate von der erwarteten Inflationsrate in der Vorperiode abhängt.

Wir nehmen weiter an, daß die tatsächliche sowie die erwartete Inflationsrate vor der Periode 1 gleich 0 waren. Für h=0,5 erhalten wir dann die folgenden Werte:

t	π_{t-1}	π_t	π_{t-1}^e	π_t^e
1	0	3	0	0
2	3	3	0	1,5
3	3	3	1,5	2,25
4	3	3	2,25	2,625
5	3	3	2,625	2,8125

Unser Rechenexempel zeigt recht gut, daß sich mittelfristig, innerhalb von 5 Perioden, die erwartete Inflationsrate π_t^e auf die tatsächliche Inflationsrate π_t zubewegt.

Es tritt eine allmähliche Anpassung der erwarteten an die tatsächliche Inflationsrate ein, die natürlich Auswirkungen auf die Phillips-Kurve hat. Wie diese im einzelnen aussehen, kann uns Abbildung 11.6 aufzeigen.

Dort haben wir auf der Ordinate die Inflationsrate π und auf der Abszisse die Arbeitslosenrate u abgetragen. In der Periode 1 soll sich unsere Volkswirtschaft auf der Phillips-Kurve PK_1 bewegen. Diese ist gültig für eine Inflationserwartung von π_1^e=0% und hat als Abszissenabschnitt die "natürliche" Arbeitslosenquote $\overline{u}$.

Beträgt nun in dieser Periode die tatsächliche Inflationsrate $\pi_1=3\%$, so läßt sich kurzfristig die Arbeitslosenquote auf u_1 reduzieren. In der Periode 2 allerdings steigt die Inflationserwartung auf $\pi_2^e=1{,}5\%$ an und bewirkt eine Verschiebung der Phillips-Kurve auf PK_2. Die Arbeitslosenquote erhöht sich entsprechend auf u_2. Dieser Prozeß wiederholt sich solange, bis die "natürliche" Arbeitslosenquote $\bar{u}$ wieder erreicht ist. Diese Arbeitslosenquote ist diesmal jedoch nicht mehr mit einer erwarteten Inflationsrate von 0%, sondern mit einer von 3% verbunden, wobei letztere auch der tatsächichen Inflationsrate entspricht.

Abb. 11.6: Anpassung der erwarteten an die tatsächliche Inflationsrate

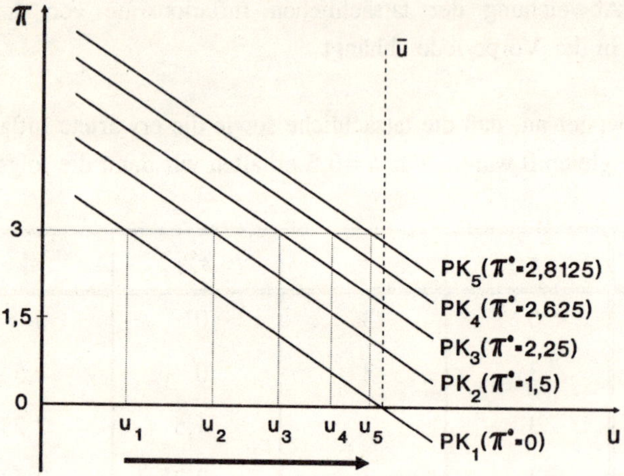

Unser Beispiel macht auch deutlich, daß sich eine Volkswirtschaft bei adaptiven Erwartungen der Arbeitnehmer dem aufgezeigten Anpassungsprozeß an die natürliche Arbeitslosenquote in der mittleren und langen Frist nicht zu entziehen vermag. Selbst dann, wenn kurzfristig, bei einer Inflationsrate von mehr als 3%, die Arbeitslosenrate sogar unter u_1 fiele, würden die Arbeitnehmer diese höhere Inflationsrate in ihre Erwartungen aufnehmen und den Anpassungsprozeß an $\bar{u}$ in Gang setzen.

Die gewonnenen Ergebnisse wollen wir noch einmal in Abbildung 11.7 verdeutlichen.

In Abbildung 11.7 sind vier kurzfristige Phillips-Kurven mit erwarteten Inflationsraten von 0%, 3%, 8% und 12% eingezeichnet. Sie geben die Ansicht der Monetaristen wieder, daß zu jeder erwarteten Inflationsrate eine **kurzfristige**

Phillips-Kurve existiere. Diese gibt für den betrachteten kurzen Zeitabschnitt, bei einer konstanten erwarteten Inflationsrate, die Beziehung zwischen Inflation und Arbeitslosigkeit wieder. Wie man unschwer erkennen kann, weicht die Arbeitslosenquote kurzfristig von ihrer "natürlichen" Höhe nur dann ab, wenn die erwartete Inflationsrate nicht mit der tatsächlichen übereinstimmt.

Abb. 11.7: Kurzfristige Phillips-Kurven bei adaptiven Erwartungen

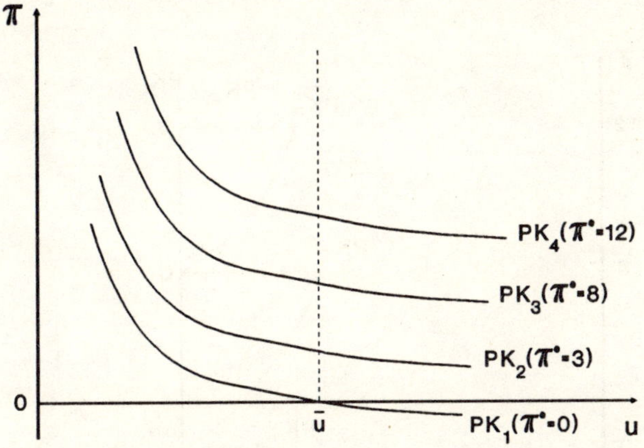

Adaptive Erwartungen, wie sie die Monetaristen unterstellen, bringen also, um es nochmals zu wiederholen, Inflation und Arbeitslosigkeit in einen kurzfristigen Zusammenhang, der von der Inflationserwartung und der "natürlichen" Arbeitslosenquote bestimmt ist.

Wie aber verhält sich die Phillips-Kurvenbeziehung in der langen Frist?

Langfristig muß die erwartete Inflationsrate mit der tatsächlichen Inflationsrate übereinstimmen. Und dies wiederum impliziert, daß langfristig auch die tatsächliche Arbeitslosenquote, bei jeder beliebigen Inflationsrate, der natürlichen Arbeitslosenquote entspricht. Oder, mit anderen Worten, in der langen Frist verläuft die Phillips-Kurve bei adaptiven Erwartungen **vertikal**.

Die Abbildung 11.8 versucht diese Überlegung graphisch zu veranschaulichen.

In Abbildung 11.8 sind vier kurzfristige Phillips-Kurven PK_1 bis PK_4 eingezeichnet. Daneben gibt es noch mittelfristige Anpassungspfade, die wir mit den Pfeilspitzen gekennzeichnet haben. Fangen wir mit dem Punkt **A** an. Dort gelingt es kurzfristig, die Arbeitslosigkeit von $\overline{u}$ auf u_1 zu senken, wenn man dafür eine Inflationsrate von drei Prozent in Kauf nimmt. Mittelfristig aber wird sich in Folge der adaptiven Erwartungen wieder ein Anpassungsprozeß hin zum Punkt **B** vollziehen. Will man nun hier schnelle Erfolge bei der Arbeitslosenquote erzielen, so muß man bereits eine Inflationsrate von 8% akzeptieren. Aber selbst diese Situation hätte mittelfristig keinen Bestand, wie der Anpassungspfad hin zu Punkt **C** deutlich macht.

Abb. 11.8: Phillips-Kurve bei adaptiven Erwartungen in der langen Frist

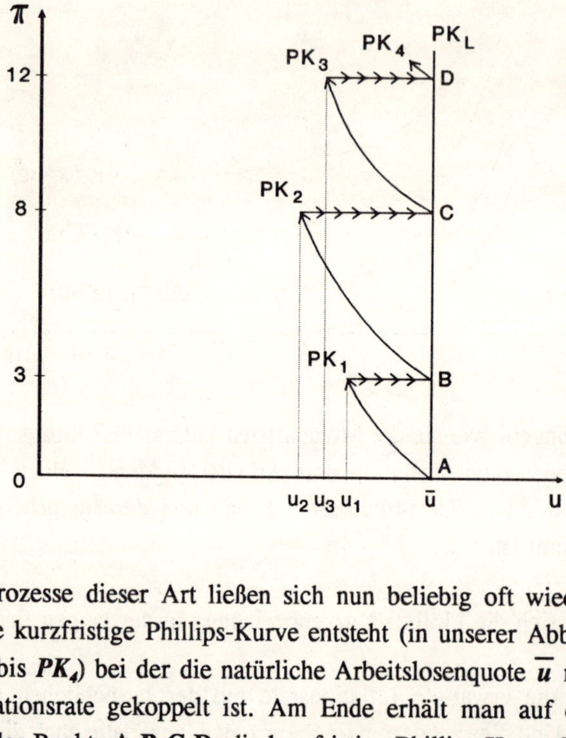

Anpassungsprozesse dieser Art ließen sich nun beliebig oft wiederholen, wobei jedesmal eine kurzfristige Phillips-Kurve entsteht (in unserer Abbildung 11.1 die Kurven PK_1 bis PK_4) bei der die natürliche Arbeitslosenquote $\overline{u}$ mit einer immer höheren Inflationsrate gekoppelt ist. Am Ende erhält man auf diese Weise als Verbindung der Punkte **A,B,C,D**, die langfristige Phillips-Kurve PK_L, die vertikal verläuft.

Da langfristig die erwarteten und die tatsächlichen Inflationsraten übereinstimmen, wird jeder kurzfristige Versuch, die natürliche Arbeitslosenquote zu reduzieren, wieder rückgängig gemacht. Es gelingt also nicht, wie unser abgebildetes Beispiel zeigt, die Arbeitslosenquote auf einen niedrigeren Stand zu verringern, indem man einfach höhere Inflationsraten zuläßt. Am Ende stellt sich immer wieder das alte Ausgangsniveau der natürlichen Arbeitslosenquote ein, nur jedesmal verbunden mit einer höheren Inflationserwartung als zuvor.

25.02.92

11.6.2 Phillips-Kurve bei rationalen Erwartungen

Sehen wir uns als nächstes an, wie die Phillips-Kurve aussieht, wenn man anstelle von adaptiven rationale Erwartungen unterstellt.

Die Theorie der rationalen Erwartungen behauptet, wenn wir uns erinnern, daß die Wirtschaftsakteure das ökonomische Modell, welches für ihre jeweiligen Entscheidungen relevant ist, genau kennen. Sie nutzen alle verfügbaren Informationen und bilden daher subjektive Erwartungen, die mit den tatsächlichen wirtschaftlichen Entwicklungen zusammenfallen. Sie begehen also keine "systematischen" Fehler.

Diese radikale Betrachtung der ökonomischen Wirklichkeit macht sich heute eine Richtung in der Volkswirtschaftslehre zu eigen, die man **Neue Klassische Makroökonomie** nennt. Wir haben auf diese auch an anderer Stelle kurz hingewiesen. Hier seien, um die Bedeutung dieser theoretischen Schule für die heutige Diskussion in der Makroökonomie noch einmal herauszustellen, stellvertretend die Namen **R.E. Lucas** und **T.J. Sargent** genannt.

Vergleicht man nun das Konzept der Monetaristen zur Phillips-Kurve, das auf adaptiven Erwartungen aufbaut, mit dem der Neuen Klassischen Makroökonomie, das auf rationale Erwartungen gründet, so läßt sich der Hauptunterschied auf den folgenden Nenner bringen:

Monetarismus und Neue Klassische Makroökonomie sehen in der vertikalen Phillips-Kurve den bestimmenden Beziehungszusammenhang zwischen Inflations- und Arbeitslosenrate. Während ersterer aber zur Begründung dieses Kurvenverlaufs auf die Fristigkeit zurückgreift, mit der sich Inflationserwartungen durchsetzen, ergibt sich bei letzteren die Kurvenform notwendig, unabhängig vom Zeitraum der Betrachtung, aus der verwendeten Hypothese der Erwartungsbildung.

Für die Wirtschaftspolitik haben beide Ansichten fatale Folgen: Jede Maßnahme, die tatsächliche Arbeitslosenquote unter die natürliche zu bringen, muß von vornherein zum **Scheitern** verurteilt sein. Denn die Wirtschaftssubjekte werden die inflationssteigernden Wirkungen staatlicher Fiskal- oder Geldpolitik antizipieren und ihre Entscheidungen daran ausrichten. Dies wird im Endeffekt dazu führen, daß die staatlichen Maßnahmen wirkungslos verpuffen.

Jedoch, auch die These einer vertikalen Phillips-Kurve blieb nicht unbestritten. Gerade in jüngster Zeit findet man in der Literatur eine Vielzahl von Beiträgen, die sich mit der Beziehung zwischen Inflation und Arbeitslosigkeit beschäftigen. Dabei geht es zum einen mehr um die reine Kritik an der vertikalen Phillips-Kurve, zum anderen aber auch um Ansätze, die darüber hinaus eine eigene analytische Konzeption vortragen. Wir werden uns mit diesen interessanten Entwicklungen in den nächsten Abschnitten beschäftigen.

11.7 Kritikpunkte an der langfristig vertikalen Phillips-Kurve

Viele Ökonomen übernehmen heute uneingeschränkt die Vorstellung von einer langfristig vertikalen Phillips-Kurve. Einige jedoch können sich damit nicht vollständig identifizieren. Sie sind der Meinung, daß es zwar eine langfristige Phillips-Kurve gäbe, die steiler als die kurzfristige verlaufe, diese müsse aber nicht notwendigerweise eine Vertikale sein. In Abbildung 11.9 haben wir versucht, diese Vorstellung einzubringen.

Abb. 11.9: Alternative Formen der Phillips-Kurve

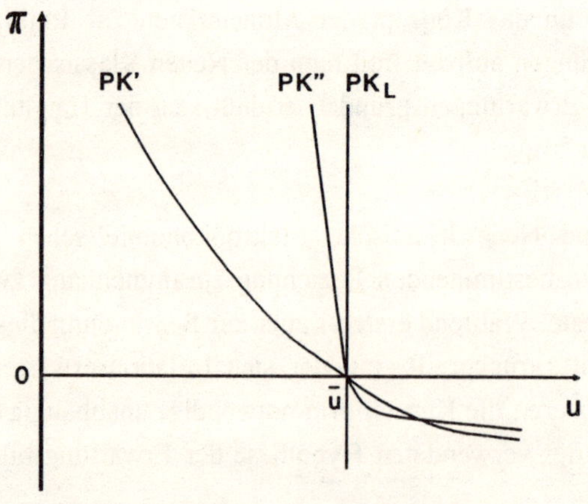

PK_L stellt die eben abgeleitete langfristig vertikale Phillips-Kurve dar, während ***PK'*** den Kurvenverlauf zeigt, der in den 60er Jahren als typisch angenommen wurde. ***PK''*** aber stellt eine alternative Form der Phillips-Kurve zur Diskussion. Diese Kurve verläuft bei positiven Inflationsraten nahezu vertikal, bei negativen Inflationsraten hingegen nahezu horizontal. Worin mag nun der Grund für diesen etwas sonderbaren Verlauf der Kurve liegen?

Die Kritiker der langfristig vertikalen Phillips-Kurve sehen als Hauptursache dafür vor allem die **mangelnde Lohnflexibilität**, die viele Volkswirtschaften heute zu kennzeichnen scheint. Wenn die Nachfrage nach Arbeitskräften stark ansteigt oder wenn die erwartete Inflationsrate sich nach oben bewegt, steigen auch die Löhne sehr schnell an. Sie fallen aber nicht mit derselben Rate, wenn die Arbeitslosigkeit wieder zunimmt oder wenn eine deflationäre Entwicklung erwartet wird.

Hinsichtlich der Wirksamkeit von **wirtschaftspolitischen Maßnahmen** läßt der Verlauf von ***PK''*** zwei Vermutungen zu:

Zum einen darf man folgern, daß die Arbeitslosenquote in einer Volkswirtschaft, die sich im deflationären Bereich befindet (negative Inflationsraten), durch staatliche Nachfragestimulation zumindest auf das natürliche Niveau gesenkt werden kann.

Im inflationären Bereich der Kurve jedoch muß man, zum anderen, weiterhin davon ausgehen, daß staatliche Nachfragepolitik die Arbeitslosigkeit kaum positiv zu beeinflussen vermag. Es mag zwar gelingen, die Arbeitslosenquote minimal zu reduzieren, aber der Preis, den man dafür bezahlen muß, sind enorm hohe Inflationsraten.

Zudem sollte man bedenken, daß die westlichen Industrieländer nach dem Zweiten Weltkrieg zumeist nur positive Inflationsraten aufzuweisen haben. Es ist daher äußerst schwierig, den gesamten Verlauf von ***PK''*** durch Vergangenheitswerte zu untermauern.

Andere Ökonomen möchten trotzdem die Flinte nicht allzu schnell ins Korn werfen und von vornherein auf jede politische Maßnahme zur Reduktion der Arbeitslosenrate verzichten. Sie richten ihr Augenmerk auf den Arbeitsmarkt und argumentieren wie folgt:

Wenn es schon nicht generell gelingt, die Arbeitslosenquote unter ihr natürliches Niveau zu schieben, so müßte es doch zumindest möglich sein, auf sie durch geeignete arbeitspolitische Maßnahmen **spezifisch** einzuwirken. Die langfristige Phillips-Kurve, und somit der allgemeine Zusammenhang zwischen Inflation und Arbeitslosigkeit, ist dann nämlich eher von untergeordneter Bedeutung. Worauf es ankomme, sei die **Effizienz des Arbeitsmarktes** zu steigern und hierfür das geeignete Instrumentarium bereitzustellen. Ein solches Programm könnte beispielsweise eine verbesserte Arbeitsvermittlung oder ein breiteres Angebot an Umschulungsmaßnahmen der Arbeitsverwaltung umfassen. Bei einem erfolgreichen Einsatz dieser Instrumente würden sich die Kurven ***PK''*** und PK_L nach links drehen. Sie könnten dann möglicherweise sogar einen Verlauf erreichen, wie ihn die Kurve ***PK'*** in unserer Abbildung 11.9 aufweist.

Ungeachtet der umfangreichen, vor allem theoretischen Diskussion zur Phillips--Kurve, lassen sich aus den praktischen Erfahrungen der vergangenen 20 Jahre in Europa und in den USA zwei Lehren ziehen:

(a) Kurzfristig scheinen politische Maßnahmen, die gezielt auf den Arbeitsmarkt abstellen, die Arbeitslosenquote in gewisser Weise beeinflussen zu können.

(b) Auf Dauer aber vermag die Wirtschaftspolitik keine Verminderung der natürlichen Arbeitslosenquote zu erzielen.

In der Praxis spricht somit vieles für einen langfristig vertikalen Verlauf der Phillips-Kurve.

11.8 Der Ansatz der NAIRU

Wir kommen nun zu einem Konzept, das dem der natürlichen Arbeitslosenquote ähnelt, jedoch auf gänzlich anderen Annahmen beruht. Wir meinen das Konzept der **Arbeitslosenquote mit nichtakzelerierender Inflation**, im Englischen abgekürzt als **NAIRU** (Non-Accelerating Inflation Rate of Unemployment) bezeichnet. Bisweilen spricht man auch etwas salopp von der **inflationsstabilen Arbeitslosenquote**.

Die Grundüberlegungen dieses Konzepts sehen wie folgt aus:

In einer Volkswirtschaft existiert zu jedem beliebigen Zeitpunkt eine NAIRU, das heißt eine eindeutige Arbeitslosenquote, die mit einer stabilen Inflationsrate einhergeht. Versucht nun in dieser Ausgangslage eine Regierung durch geld- und/oder fiskalpolitische Maßnahmen auf die Nachfrage einzuwirken, so wird folgendes passieren:

(a) Nachfragestimulierende Maßnahmen der Regierung vermögen durchaus die Arbeitslosenquote auf ein Niveau zu drücken, das unterhalb der NAIRU liegt. Damit aber bewegt sich die Volkswirtschaft zugleich in einen Bereich hinein, bei dem sich die Inflationsrate beschleunigt (akzeleriert).

(b) Nachfragereduzierende Maßnahmen hingegen wirken gerade umgekehrt: Sie schieben die tatsächliche Arbeitslosenquote über die NAIRU hinaus und bringen im Gegenzug die Volkswirtschaft in einen Bereich hinein, in dem sich die Inflationsrate verringert.

Zwischen Inflation und Arbeitslosigkeit existiert also keine Relation von der Art, wie sie die Phillips-Kurve unterstellt. Bei Abweichungen von der NAIRU kann vielmehr überhaupt kein eindeutiger funktionaler Zusammenhang festgestellt werden. Es kommt zu Beschleunigungs- oder zu Reduktionsprozessen bei der Inflationsrate, über deren Ausmaß man keine exakten Aussagen treffen kann. Dieses bleibt letztlich unbestimmt.

In Abbildung 11.10 haben wir versucht, diese Argumentation noch einmal graphisch zu veranschaulichen.

In der Abbildung wird eine Volkswirtschaft unterstellt. in der die Situation der NAIRU mit einer Inflationsrate von 4,5% gekoppelt ist. Rechts und links davon liegen dann die Bereiche, die mit einer abnehmenden beziehungsweise mit einer akzelerierenden Inflationsrate verbunden sind, je nachdem ob die gesamtwirtschaftliche Nachfrage ab- oder zunimmt.

Abb. 11.10: Das Konzept der NAIRU in graphischer Darstellung

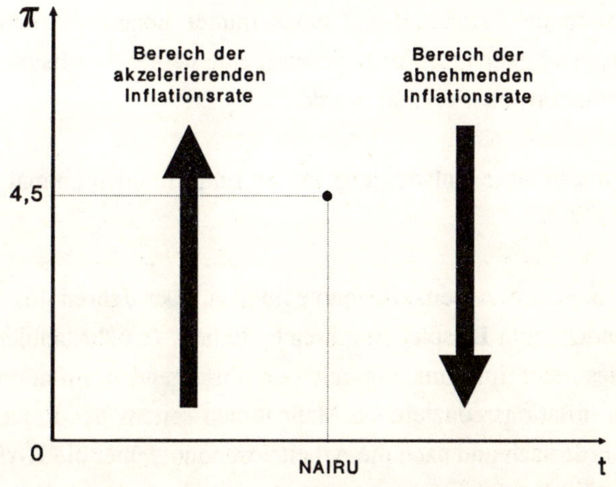

Das Konzept der NAIRU geht also von der Vorstellung aus, daß die **aggregierte Nachfrage** für Schwankungen bei Beschäftigung und Inflation verantwortlich sei:

Kümmert sich beispielsweise die Zentralbank zu irgendeinem Zeitpunkt besonders um die **Inflation** (wie dies von den Monetaristen gefordert wird), und bekämpft sie diese mit nachfragereduzierenden Maßnahmen (durch Geldmengenbeschränkung etwa), so hat dieser Nachfrageausfall zur Folge, daß zwar die Inflationsrate zurückgeht, dafür aber die Arbeitslosenquote auf einen Stand oberhalb der NAIRU ansteigt. Man hat also für die geringere Inflationsrate einen ungewünschten Rückgang der Beschäftigung in Kauf zu nehmen.

Versucht umgekehrt die Regierung durch eine Politik der Nachfrageexpansion (wie dies von den Keynesianern gefordert wird) die Arbeitslosenquote zu reduzieren, so wird die zusätzliche Nachfrage (etwa in Form von vermehrten Staatsausgaben) die Arbeitslosigkeit verringern. Anstelle dessen aber hat man es nunmehr mit einer akzelerierenden Rate der Inflation zu tun.

Die NAIRU stellt demnach für die Regierung wie für die Zentralbank eine **Restriktion** dar, die das Wirkungspotential des jeweils eingesetzten wirtschaftspolitischen Instruments erheblich einschränkt.

Empirische Untersuchungen für die Bundesrepublik und für andere Länder in Europa (zum Beispiel Frankreich, Italien) zeigen nun, daß sich dort die NAIRU im Zeitablauf erhöht hat. Ursache dafür können exogene Faktoren sein, etwa die bekannten Angebotsschocks (Energiepreiserhöhungen), auf die wir schon mehrfach hingewiesen haben. Ein solcher Anstieg in der NAIRU aber bedeutet, daß eine stabile Inflationsrate im Zeitablauf mit einer immer höheren Arbeitslosenquote einhergeht. Oder, in umgekehrter Formulierung, eine stabile Arbeitslosenquote muß mit steigenden Inflationsraten erkauft werden.

Verdeutlichen wir uns diese Entwicklung in der Empirie noch einmal anhand von Abbildung 11.11.

Wie wir sehen, liegt die Arbeitslosenquote in den 70er Jahren für die meisten europäischen Länder (zum Beispiel Frankreich, Italien, Großbritannien) unterhalb der NAIRU. Dies steht im Einklang mit der ansteigenden Inflation in diesem Zeitraum. Durch inflationsreduzierende Maßnahmen seitens der Regierungen und Zentralbanken wurde nach und nach die Arbeitslosenquote über die NAIRU-Grenze hinaus gedrückt. In den 80er Jahren machen sich dann die deflationären Auswirkungen dieser Politik besonders bemerkbar: die Arbeitslosigkeit steigt stark an.

Abb. 11.11: Zeitliche Entwicklung der NAIRU

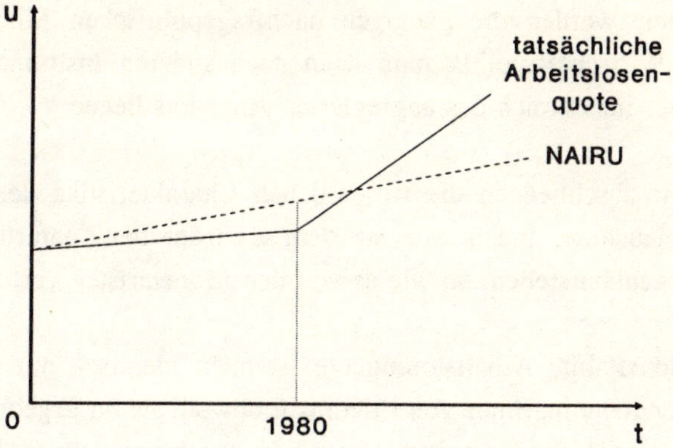

Für das Jahr 1986 etwa sehen die Verhältnisse in der BRD sowie in Frankreich und Italien wie folgt aus (Abbildung 11.12)

Abb. 11.12: NAIRU und tatsächliche Arbeitslosenquote in ausgewählten Ländern, 1986

	BRD	Frankreich	Italien
NAIRU	6,5	9,2	9,9
tatsächliche Arbeitslosenquote	8,3	10,3	10,5

Quelle: Krugman (1987), S. 26.

Man sieht, daß in den drei Ländern die tatsächliche Arbeitslosenquote über der NAIRU liegt. Ein Grund dafür mag in der dort angewandten Geld- und Fiskalpolitik zu suchen sein, die stark restriktiv und damit nachfragedämpfend auf die Bekämpfung der Inflation abzielt. Den Erfolg an der Preisfront indessen muß man mit hohen Arbeitslosenraten bezahlen.

Hat nun unter den geschilderten Bedingungen in den betroffenen Ländern eine nachfrageorientierte Geld- und Fiskalpolitik überhaupt noch einen Handlungsspielraum?

Die Anhänger des NAIRU-Konzepts sind hier durchaus optimistisch. Durch geeignete Maßnahmen kann eine Regierung zumindest versuchen, die Arbeitslosenquote auf das Niveau der NAIRU zurückzuführen. Ist dieser Stand jedoch einmal erreicht, werden die gängigen nachfragepolitischen Mittel kaum mehr greifen. Die Wirtschaftspolitik muß dann nach anderen Instrumenten Ausschau halten, die eher im Bereich des aggregierten Angebots liegen.

Versuchen wir abschließend die wesentlichen Charakteristika der NAIRU noch einmal zu beleuchten, indem wir sie dem Konzept der "natürlichen" Arbeitslosenquote gegenüberstellen, so wie es von den Monetaristen vertreten wird.

- Die inflationsstabile Arbeitslosenquote ist nicht identisch mit der natürlichen Arbeitslosenquote im Sinne von Friedman, obwohl sie im Ergebnis zu ähnlichen Aussagen gelangt. Sie stellt einen Grenzwert dar, bis zu dem die Arbeitslosigkeit beseitigt werden kann, ohne daß damit eine akzelerierende Inflationsrate verbunden wäre.

- Das Konzept ist operationaler als das der natürlichen Arbeitslosenquote angelegt. Denn letztere läßt sich nur schwer messen, da sie in erster Linie eine strukturelle beziehungsweise friktionelle (Such-) Arbeitslosigkeit beschreibt.

- Ein weiterer Unterschied ist definitorischer Art: Die natürliche Arbeitslosigkeit wird erreicht, sobald erwartete und tatsächliche Inflationsrate übereinstimmen, die inflationsstabile Arbeitslosenquote dagegen stellt sich bei einer konstanten, tatsächlichen Inflationsrate ein.

11.9 Hysteresis-Effekte

Im vorherigen Abschnitt haben wir festgestellt, daß die NAIRU in Europa in den beiden letzten Jahrzehnten stetig gestiegen ist. Als Ursache dafür kommen, neben den erwähnten anderen Faktoren, zu einem großen Teil negative Angebotsschocks in Betracht. Solche Schocks aber haben die Eigenschaft, daß sie nicht permanent wirken, sie sind von temporärer, vorübergehender Natur. Eine Ökonomie, die davon betroffen ist, wird zunächst auf vehemente Art in eine unerwünschte Lage versetzt. Nach einer gewissen Zeit aber sollte der negative Einfluß wieder verschwinden und die Volkswirtschaft in ihre Ausgangslage zurückkehren. Was aber mag geschehen sein, wenn sie, ganz im Gegenteil, in dem unerwünschten Zustand verharrt?

Mit dieser Frage befaßt sich ein neuerer makrotheoretischer Ansatz, der sich vor allem die Erklärung der anhaltenden Arbeitslosigkeit in Europa zum Ziel gesetzt hat. Es handelt sich um den sogenannten **Hysteresis Ansatz**, den wir im folgenden kurz darstellen wollen. Zunächst aber sollten wir den Begriff der Hysterese näher erläutern.

Der Begriff stammt ursprünglich aus der Physik und bezeichnet das Zurückbleiben einer Wirkung hinter dem jeweiligen Stand der sie bedingenden veränderlichen Kraft. Hierbei tritt dieses Phänomen häufig als magnetische Hysterese, besser bekannt als Trägheit oder Reibung auf.

Auf das Problem der **Arbeitslosigkeit** übertragen, drückt dann der Hysteresis-Effekt den folgenden Zusammenhang aus: Negative Auswirkungen auf die Beschäftigung einer Volkswirtschaft bleiben auch dann bestehen, wenn der ursprüngliche Impuls, der die Arbeitslosigkeit hervorgerufen hat, bereits längst verflogen ist.

Liegt also ein solcher Hysteresis-Effekt vor, verharrt die Arbeitslosigkeit auch nach dem Verschwinden des auslösenden Momentes weitgehend auf dem Niveau, das sie während dessen Einwirkung erreicht hat. Wie aber läßt sich ein solches Phänomen aus makroökonomischer Sicht interpretieren?

Greifen wir hierzu auf Erkenntnisse zurück, die wir zur natürlichen und zur inflationsstabilen Arbeitslosenrate kennengelernt haben. Eine Interpretation, die sich anbietet, könnte dann wie folgt lauten:

Schocks, die auf die tatsächliche Arbeitslosenquote einwirken, beschränken ihr Wirkungspotential nicht allein auf diese. Sie pflanzen sich zusätzlich fort, nämlich auf die natürliche beziehungsweise auf die inflationsstabile Arbeitslosenquote, und zwar in der Form, daß sich diese gleichförmig zur tatsächlichen Arbeitslosenquote entwickeln. Damit aber verändern sich in einer Volkswirtschaft auch die grundlegenden Rahmenbedingungen, die langfristig deren Gleichgewicht bei Unterbeschäftigung kennzeichnen. Dadurch wiederum wird es erheblich schwerer oder gar unmöglich gemacht, die Arbeitslosigkeit unter die natürliche Arbeitslosenquote - aus der Sicht der Monetaristen - oder unter die inflationsstabile Arbeitslosenquote - aus der Sicht der NAIRU-Anhänger - herabzudrücken. Vorübergehende Schocks auf die tatsächliche Beschäftigung erlangen so eine bleibende Wirkung, die man nur verstehen kann, wenn man die Historie dieser Schocks kennt und zu interpretieren versteht.

Welche Kräfte sind es also, die hinter solchen Hysteresis-Effekten stehen und die helfen können, diese zu erklären?

1. Erklärungsansatz: das physische Kapital

Ein negativer Angebotsschock verschiebt, wie wir wissen, in unserem *AA-AN*-Diagramm die aggregierte Angebotskurve nach links: Dies bedeutet, daß die Nachfrage nach dem Faktor Arbeit zurückgeht und daß der Kapitalstock in einer Volkswirtschaft sinkt. Der verringerte Kapitalstock aber ist nicht mehr fähig, sich zu erholen und auf Dauer wieder alle vorhandenen Arbeitskräfte in einer Volkswirtschaft zu beschäftigen. Es kommt zu einer länger anhaltenden Arbeitslosigkeit.

Dieser Argumentation mag man aber auch skeptisch gegenüberstehen. Denn, solange Substitutionsmöglichkeiten zwischen den Faktoren Kapital und Arbeit existieren, sollte innerhalb gewisser Grenzen das Absinken des Kapitalstocks durch einen Mehreinsatz von Arbeit wieder ausgeglichen werden.

Die Argumentation läßt sich zudem nur schwer mit historischen Beispielen belegen. So haben in den USA selbst die hohen Desinvestitionen in den 30er Jahren keinesfalls eine schnelle Erhöhung der Beschäftigung und den Abbau der vorhandenen Arbeitslosigkeit behindert.

2. Erklärungsansatz: das menschliche Kapital

Wenn Arbeitskräfte, nach einem kräftigen Konjunkturschock, nicht gleich wieder in den Produktionsprozeß eingegliedert werden können, verlieren sie, nach einer gewissen Zeit zumindest teilweise ihre Fähigkeiten und Fertigkeiten, die sie sich einst angeeignet hatten. Zudem bleibt auch der technische Fortschritt nicht stehen, der laufend nach neuen Qualifikationen verlangt. Für den einmal aus dem Arbeitsprozeß Ausgeschiedenen wird es dann mit zunehmender Zeitdauer immer schwerer, eine Beschäftigung zu finden, die seinen ausgebildeteten Fähigkeiten entspricht. Bei Langzeitarbeitslosen kommt zu diesem Defizit noch besonders erschwerend hinzu, daß sie sich häufig mit einem negativen gesellschaftlichen Ansehen abzufinden haben. Unter solchen Umständen ist es für die Betroffenen fast aussichtslos, eine neue Arbeitsstelle zu bekommen.

In der Bundesrepublik versucht die Bundesregierung in jüngster Zeit, mit Hilfe spezieller Programme gerade die Langzeitarbeitslosen wieder in ein normales

Beschäftigungsverhältnis zu integrieren. Dabei wird auch versucht, den Verlust an Fähigkeiten und Fertigkeiten, und damit die geringere Produktivität dieser Arbeitslosen, durch Zuschüsse zu den Lohnkosten für die Arbeitgeber auszugleichen.

3. Erklärungsansatz: Insider und Outsider Verhalten

Nehmen wir einmal den folgenden Extremfall an: In einer Volkswirtschaft werden alle Löhne und Gehälter durch Verhandlungen zwischen den Beschäftigten (Insider) und den Unternehmen kollektiv festgelegt. Die vorhandenen Arbeitslosen (Outsider) aber spielen in diesem Verhandlungsprozeß keine Rolle.

In dieser Ausgangslage sollten die Insider allein daran interessiert sein, ihre Arbeitsplätze zu gleichen oder verbesserten Bedingungen zu behalten. Um die Wiederbeschäftigung der Outsider indessen werden sie sich wenig oder überhaupt nicht kümmern. Denn diese wären unter Umständen bereit, zu einer geringeren Entlohnung zu arbeiten, um wieder eine Beschäftigung zu erhalten. Da jedoch die Löhne kollektiv ausgehandelt werden, und in erster Linie die Interessen der Insider berücksichtigen, kann das Lohnniveau nicht soweit absinken, wie es für den Abbau der Arbeitslosigkeit notwendig wäre. Für die Outsider tut sich somit eine Art Eingangsbarriere zum Kreis der Beschäftigten auf.

Ein solcher Mechanismus kann natürlich weitreichende Folgen haben, falls ein starker Konjunktureinbruch auftritt:

Es kommt zunächst zu einem Anstieg der Arbeitslosigkeit. Dadurch verliert eine Zahl von Beschäftigten ihren Insider-Status. Die neue, nun kleiner gewordene Gruppe von Insidern aber versucht, mit Hilfe ihrer Lohnansprüche, allein das verringerte Beschäftigungsniveau aufrecht zu erhalten. Beschäftigung und Arbeitslosigkeit zeigen in dem Fall keinerlei Bestrebungen auf ihr Ausgangsniveau, vor Einwirkung des Schocks, zurückzukehren.

Diese Argumentation mag zwar etwas überspitzt klingen, sie ist aber, alles in allem, durchaus einsichtig. Denn, solange kollektive Lohnverhandlungen zwischen Arbeitgebern und Arbeitnehmern die Situation am Arbeitsmarkt kennzeichnen, wird die Größe der Insider-Gruppe auch die dynamischen Gruppenbeziehungen prägen, die auf das Beschäftigungsniveau einwirken und damit die tatsächliche Beschäftigung und mit ihr auch den Grad an dauernder Arbeitslosigkeit bestimmen.

Mit unserer Darstellung der neueren Ansätze zur Diskussion der Beziehungen zwischen Inflation und Arbeitslosigkeit konnten wir lediglich einen kleinen Einblick in diese ebenso faszinierende wie brennend aktuelle Problematik geben. Sie erheben bei weitem nicht den Anspruch auf Vollständigkeit; dies würde auch den Rahmen eines Einführungsbuches sprengen.

Da Arbeitslosigkeit und Inflation zu den zentralen Problemen der Wirtschaftstheorie zählen und - neben der Umweltzerstörung - heute wie ehedem auch die wirtschaftspolitische Diskussion bestimmen, sind alle Erklärungsansätze dazu, wie wir gesehen haben, in der Wirtschaftswissenschaft mehr oder weniger umstritten. Im Laufe der Zeit, beginnend bei der frühen Theorie der Phillips-Kurve über die Theorie der natürlichen Arbeitslosenquote bis hin zum Konzept des Hysteresis-Effektes, kamen neue Probleme hinzu und es sind neue strittige Fragen aufgetaucht. Eine solche Entwicklung zeigt letztlich aber nichts anderes, als daß es sich bei der Wirtschaftswissenschaft um eine lebendige Disziplin handelt, die fähig ist, mit den Veränderungen der wirtschaftlichen und sozialen Umwelt Schritt zu halten, dafür theoretische Erklärungsansätze zu finden und praktisch-politische Handlungsanweisungen zu formulieren. Trotz der Vielfalt der Lehrmeinungen, die insbesondere die Makroökonomie von heute kennzeichnen, sollte man diesen Gedanken nie aus dem Auge verlieren.

Kontrollfragen zu Kapitel 11:

1. Warum sind Inflation und Arbeitslosigkeit zu den Grundübeln einer Volkswirtschaft zu zählen und worauf beruht die Vorstellung eines "trade-off" zwischen diesen beiden Zielen?

2. Welche makroökonomischen und mikroökonomischen Erklärungsansätze kann man für die modifizierte Phillipskurve anführen?

3. Weshalb wird von Vertretern des Monetarismus an der Phillips-Kurve Kritik geübt und wie wird diese begründet?

4. Wie unterscheidet sich das Konzept der adaptiven von dem der rationalen Erwartungen?

5. Warum verläuft die langfristige Phillipskurve vertikal und welche Implikationen ergeben sich daraus für die Wirtschaftspolitik?

6. Was versteht man unter dem Konzept der NAIRU?

7. Zeigen Sie die Unterschiede zwischen dem Konzept der natürlichen Arbeitslosenquote und dem der NAIRU auf.

8. Erläutern Sie den Hysteresis-Effekt und geben Sie die Gründe dafür an.

26.02.92

12. Internationale Makroökonomik

In den vorhergehenden Kapiteln sind wir bislang von einer geschlossenen Volkswirtschaft ausgegangen. Nur in unseren Ausführungen zur Volkswirtschaftlichen Gesamtrechnung hatten wir dargelegt, daß die Zusammensetzung des Bruttosozialprodukts um die Differenz von Exporten (*X*) minus Importen (*M*) erweitert werden muß, wenn man das Ausland als wirtschaftlichen Akteur in die makroökonomische Betrachtung miteinbezieht. Dann erhält man als neue Gleichung für den gesamtwirtschaftlichen Output:

$$BSP = C + I + A_{St} + (X - M) \quad .$$

Die Differenz zwischen Export und Import an Waren und Dienstleistungen bezeichnet man auch als **Außenbeitrag** eines Landes. Eine Zunahme der Exporte bedeutet somit, daß das Inland reicher wird, daß also das Sozialprodukt steigt. Ein Anstieg der Importe wiederum hat ein geringeres Sozialprodukt zur Folge.

In diesem Kapitel werden wir den obigen Zusammenhang noch einmal aufgreifen und uns mit den grundlegenden Erklärungsansätzen des internationalen Handels befassen.

12.1 Die Zahlungsbilanz

Alle wirtschaftlichen Vorgänge einer Volkswirtschaft, die in einer bestimmten Zeitperiode im Zusammenhang mit dem Ausland stattfinden, werden in der **Zahlungsbilanz** erfaßt.

Im Gegensatz zu einer Unternehmensbilanz, die sich auf Bestandsgrößen bezieht, stellt die Zahlungsbilanz auf Strömungsgrößen ab. Die Transaktionen, die dabei in sie eingehen, umfassen sowohl Güterströme wie auch Veränderungen im Bereich der Dienstleistungen und des Kapitals. Je nach Art der zugrundeliegenden Transaktion läßt sich die Zahlungsbilanz in einzelne Teilbilanzen zerlegen. Die gängigste Aufgliederung sieht wie folgt aus:

- Leistungsbilanz,
- Kapitalverkehrsbilanz,
- Gold- und Devisenbilanz (Veränderung der Nettoauslandsaktiva).

Diese drei Teilbilanzen können selbst wieder in weitere Unterbilanzen aufgeteilt werden. So setzt sich die **Leistungsbilanz** aus der Handelsbilanz, der Dienstleistungsbilanz und der Übertragungsbilanz zusammen.

Die **Handelsbilanz** erfaßt in inländischer Währungseinheit den Austausch von Gütern mit dem Ausland.

Die **Dienstleistungsbilanz** weist die Einnahmen und Ausgaben des Inlandes für Dienstleistungen aus. Hierzu zählen beispielsweise Erträge, die sich aus dem Reiseverkehr ergeben sowie aus Versicherungsleistungen oder aus Kapitalanlagen im Ausland.

Zur **Übertragungsbilanz** schließlich rechnet man all jene Leistungen, die ohne Gegenleistung erfolgen, zum Beispiel Aufwendungen für die Entwicklungshilfe an Länder der Dritten Welt oder Beiträge für internationale Organisationen (WHO, Unesco, IMF, Weltbank).

Die **Kapitalverkehrsbilanz** faßt die lang- und kurzfristigen Kapitaltransaktionen mit dem Ausland zusammen. Zu ersteren zählen Kapitalinvestitionen mit einer Laufzeit von mehr als einem Jahr, wie beispielsweise Wertpapierkäufe, Direktinvestitionen von Unternehmen und langfristige Kredite. Zum kurzfristigen Kapitalverkehr gehören Transaktionen mit einer Laufzeit bis zu einem Jahr. Ein Beispiel hierfür stellen die Handelskredite dar.

Die **Gold-** und **Devisenbilanz**, schließlich, enthält die Veränderungen des Goldbestandes und der Auslandsforderungen oder Auslandsverbindlichkeiten der Zentralbank. Sie zeigt somit, von der monetären Seite her gesehen, das Nettoergebnis aller außenwirtschaftlichen Transaktionen in einem Lande an.

Da die Zahlungsbilanz aufgrund der doppelten Buchführung, die auch dort zum Zuge kommt, ausgeglichen ist, können nur die Teilbilanzen Defizite oder Überschüsse aufweisen. Mögliche Differenzen zwischen der Einnahmen- und der Ausgabenseite, die auf statistische Erfassungslücken zurückgehen, werden durch einen Posten "Saldo der statistisch nicht aufgliederbaren Transaktionen" ausgeglichen.

Das Kontenschema der Zahlungsbilanz sieht folgendermaßen aus:

Abb. 12.1: Schema der Zahlungsbilanz

Einnahmen	Ausgaben
Waren- und Dienstleistungsexporte	Waren- und Dienstleistungsimporte
Übertragungen aus dem Ausland	Übertragungen an das Ausland
Kapitalimporte	Kapitalexporte
Saldo der Nettoauslandsaktiva	Saldo der Nettoauslandsaktiva

Abbildung 12.2 zeigt die Zahlungsbilanz der Bundesrepublik Deutschland für 1988:

Abb. 12.2: Zahlungsbilanz der BRD (in Mrd. DM) für 1988

Posten	Jahr 1988
I. Leistungsbilanz	
1. Warenhandel, Saldo	128,0
1.1 Ausfuhr	567,6
1.2 Einfuhr	439,6
2. Ergänzungen zum Warenverkehr	-0,2
3. Dienstleistungen, Saldo	-10,5
4. Übertragungen, Saldo	-32,0
5. Leistungsbilanz, Saldo	85,3
II. Kapitalbilanz	
1. Langfristiger Kapitalverkehr, Saldo	-84,9
2. Kurzfristiger Kapitalverkehr, Saldo	-35,9
3. Kapitalbilanz, Saldo ('-': Netto-Kapitalausfuhr)	-129,8
Restposten	0,9
Ausgleichsposten	2,1
III. Veränderungen der Netto-Auslandsaktiva der Bundesbank	-32,5

Quelle: Sachverständigenrat zur Begutachtung der gesamtwirtschaftlichen Entwicklung, Jahresgutachten 1989/90.

12.2 Wechselkurs und Zahlungsbilanz

Im vorherigen Abschnitt haben wir gesehen, wie internationale Transaktionen in der Zahlungsbilanz berücksichtigt werden. Hier nun wollen wir den Zusammenhang zwischen den Wechselkursen auf der einen Seite und dem Güterhandel und Kapitalverkehr auf der anderen Seite untersuchen.

Zunächst müssen wir uns verdeutlichen, daß Außenhandel grundsätzlich mit zwei unterschiedlichen Wechselkurssystemen einhergehen kann:

Zum einen kann man auf das System der **festen Wechselkurse** zurückgreifen. Bei ihm sind die Zentralbanken bereit, Währungen zu einem festen Preis zu kaufen und zu verkaufen. So hat, zum Beispiel, die Deutsche Bundesbank im Jahr 1960 jeden Dollarbetrag zu einem festgeschriebenen Kurs von 4 DM pro Dollar gekauft und verkauft.

Zum anderen gibt es das System der **flexiblen Wechselkurse**. Bei ihm ergibt sich der Wechselkurs für eine Währung durch Angebot und Nachfrage.

Bevor wir uns als erstes mit dem System flexibler Wechselkurse befassen, sollten wir uns fragen, was man eigentlich unter dem Begriff des Wechselkurses zu verstehen hat?

12.2.1 Was ist ein Wechselkurs?

Der **Wechselkurs** gibt den Preis in ausländischer Währung an (zum Beispiel in US-Dollar), zu dem man eine Einheit der inländischen Währung (zum Beispiel DM) kaufen oder verkaufen kann. Der **Devisenkurs** dagegen bezeichnet den Preis für eine Einheit der ausländischen Währung (Dollar), ausgedrückt in inländischen Währungseinheiten (DM).

Abbildung 12.3 zeigt die Devisenkurse für verschiedene Währungen in DM (Stand: 16.8.1991).

Diese Unterscheidung in Wechsel- und Devisenkurs freilich ist rein formeller Art und hat für die theoretische Analyse internationaler Wirtschaftsbeziehungen keine Bedeutung. Wir werden deshalb im weiteren, dem Beispiel der englischsprachigen Literatur folgend, allein den Begriff des Wechselkurses (exchange rate) verwenden und damit sowohl den Wechselkurs im eigentlichen Sinne als auch den Devisenkurs benennen.

Abb. 12.3: Devisenkurse verschiedener Währungen, Stand 16.8.1991

Land	Währungseinheit		Preis in DM
USA	1 Dollar	(1 $)	1,7455
Großbritannien	1 Pfund	(1 £)	2,918
Italien	1 Lira	(1 L)	0,00133
Frankreich	1 Franc	(1 FF)	0,293
Österreich	1 Schilling	(1 öS)	0,1419
Schweiz	1 Franken	(1 S.Fr)	1,1416
Schweden	1 Krone	(1 Kr)	0,2744
Japan	1 Yen	(1 ¥)	0,0127

Doch kommen wir nun zum System flexibler Wechselkurse.

12.2.2 Flexible Wechselkurse

Im System flexibler Wechselkurse entspricht der Wechselkurs einer Währung seinem Preis. Dieser wird tagtäglich neu auf den internationalen **Devisenmärkten** beispielsweise in New York, Tokio, London, Frankfurt oder anderen Märkten bestimmt. Er richtet sich ebenso wie der Preis für Güter und Dienste nach dem Angebot und der Nachfrage, die die Währung auf jenen Märkten vorfindet.

Steigt der Preis einer ausländischen Währung (zum Beispiel des Dollar) gegenüber der Inlandswährung (zum Beispiel der DM), das heißt, muß man für einen Dollar mehr DM bezahlen, so spricht man von einer **Aufwertung** dieser Währung gegenüber der anderen, oder, dazu äquivalent, von einer **Abwertung** der DM gegenüber dem Dollar.

Wie aber spielt sich der Prozeß der Aufwertung und der Abwertung einer Währung genau ab? Wie kann es zu solchen Preisänderungen einer Devise kommen?

Abwertung und Aufwertung im Falle gleicher Handelspartner

Sehen wir uns zunächst den Prozeß der **Aufwertung** an.

Im System flexibler Wechselkurse hängt der Preis einer Währung, wie wir schon sagten, von deren Angebot und deren Nachfrage ab.

Die **Nachfrage** wird dabei bestimmt, zum einen, von der Nachfrage des Auslandes nach inländischen Gütern und Dienstleistungen, zum anderen aber auch vom Umfang der Finanzanlagen des Auslands im Inland. Für diese Transaktionen benötigt das Ausland Devisen und bietet seine Währung zum Tausch an. Das **Angebot** hingegen wird durch Importe eines Landes und durch dessen Investitionen im Ausland festgelegt. Für letztere benötigt das Inland Devisen, also Währungen des Auslands und bietet dafür die eigene Währung zum Tausch an.

Sehen wir uns den Zusammenhang am besten anhand eines Beispiels an.

Nehmen wir also der Einfachheit halber an, die Welt bestünde nur aus zwei Ländern, den USA und der Bundesrepublik Deutschland, die beide das gleiche wirtschaftliche Gewicht haben sollen. Wie würde sich dann in einem System mit flexiblen Wechselkursen die wirtschaftliche Situation in einem Lande auf die Wechselkursparität zwischen den Währungen der beiden Länder auswirken? Welche Wirkungen hätte also, beispielsweise, ein ökonomischer Aufschwung in den Vereinigten Staaten auf den Wechselkurs von Dollar und DM?

Ein wichtiger Effekt eines jeden konjunkturellen Aufschwungs ist seine nachfragestimulierende Wirkung. Die Erhöhung der Nachfrage erfaßt dabei nicht nur inländische Güter, sondern auch Produkte, die im Ausland hergestellt werden. In unserem Fall bedeutet dies, daß der Konjunkturaufschwung in den USA auch die Importe aus der Bundesrepublik Deutschland anwachsen läßt. Ein Anstieg der Importe in den USA hat aber, wie wir vorhin sagten, im Gegenzug auch ein höheres Angebot an Dollar zur Folge. Dies wiederum führt zu einem niedrigeren Wechselkurs dieser Währung. Der Dollar wird **abgewertet**.

Veranschaulichen wir uns den geschilderten Ablauf noch einmal in einem einfachen Preis-Mengen Diagramm (Abbildung 12.4).

Das folgende Diagramm soll die Verhältnisse auf dem Markt für Dollar widerspiegeln. Die Kurve ***AD*** verkörpert hierbei die Angebotskurve für Dollar; mit ***ND*** wird die Nachfragekurve bezeichnet. Wir sehen, daß im Punkt E_1 die nachgefragte Menge an Dollar genau der angebotenen Menge ist und der Wechselkurs, als Gleichgewichtspreis dieser Währung, DM 1,50 entspricht.

Höhere Importe der USA bedingen nun ein höheres Angebot an Dollar und münden in einer Rechtsverschiebung der Angebotskurve für Dollar. Diese bewegt sich in unserer Abbildung von ***AD*** nach ***AD'***. Es kommt zu einem neuen Gleichgewichtspunkt zwischen Angebot und Nachfrage (Punkt E_2) und der Wechselkurs des Dollar sinkt von DM 1,50 auf DM 1,30.

Abb. 12.4: Abwertung einer Währung

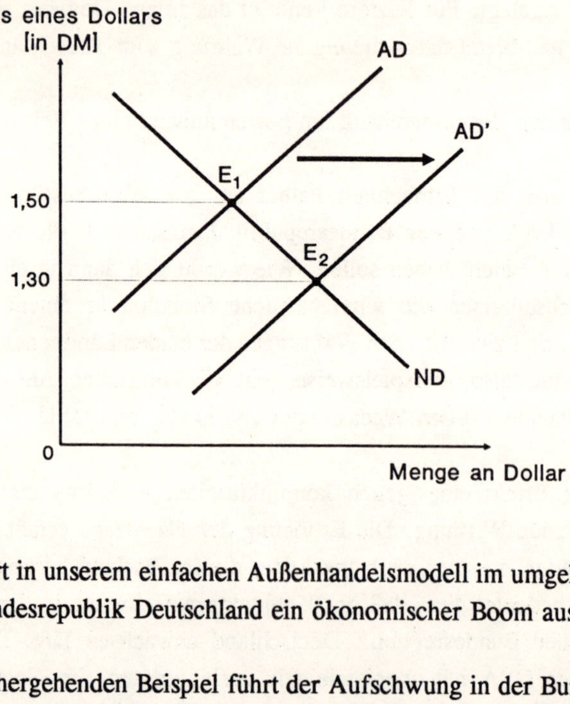

Was aber passiert in unserem einfachen Außenhandelsmodell im umgekehrten Fall, wenn in der Bundesrepublik Deutschland ein ökonomischer Boom ausbricht?

Analog zum vorhergehenden Beispiel führt der Aufschwung in der Bundesrepublik dazu, daß die Nachfrage sowohl nach inländischen wie auch nach ausländischen Gütern steigt. Als Folge nimmt der amerikanische Export von Gütern nach Deutschland zu, was im Gegenzug bewirkt, daß die Nachfrage nach Dollar steigt. Denn die Bundesrepublik muß in dieser Währung ihre vermehrten Käufe in den USA bezahlen. Nunmehr verschiebt sich, wie in Abbildung 12.5 dargestellt, die Nachfragekurve nach Dollar nach rechts, von ***ND*** nach ***ND'***. Das ursprüngliche Gleichgewicht wandert von Punkt E_1 zu Punkt E_2 und wir erhalten einen neuen Gleichgewichtspreis für Dollar. Dieser steigt von DM 1,50 auf DM 2,00. Es ist also zu einer **Aufwertung** des Dollar gekommen.

Abb. 12.5: Aufwertung einer Währung

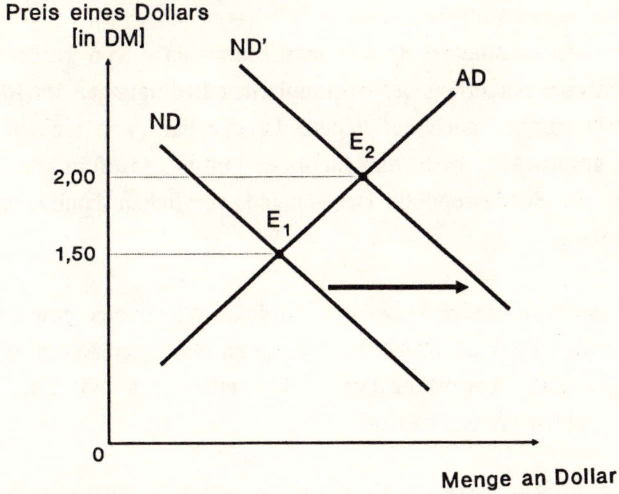

Abwertung und Aufwertung einer Währung im Falle ungleicher Handelspartner

Wie aber sehen die internationalen Zusammenhänge aus, wenn wir uns etwas mehr der Realität annähern und in unserem Beispiel den Größenunterschied beachten, der zwischen den Volkswirtschaften der USA und der Bundesrepublik Deutschland existiert?

Dann wirkt sich ein Aufschwung in den USA auf die Konjunktur in Deutschland natürlich in weit größerem Umfang aus als dies umgekehrt der Fall sein kann. Der Grund hierfür liegt auf der Hand:

Ein Anstieg der Nachfrage in einer "großen" Volkswirtschaft wie der USA, mit ihren 235 Millionen Einwohnern, bringt auch für das Ausland eine spürbare Konjunkturbelebung, während ein Boom in der Bundesrepublik Deutschland, mit ihren, nach der Vereinigung, etwa 78 Millionen Einwohnern, sich nur beschränkt auch auf das Ausland auszudehnen vermag. Die Volkswirtschaft der USA kann deshalb auch als die Lokomotive der Weltwirtschaft bezeichnet werden. Sie trägt in hohem Maße zur Belebung der Weltkonjunktur bei, wie vor allem das Jahr 1982 eindrucksvoll beweist. Der konjunkturelle Aufschwung, der in jenem Jahr in den USA einsetzte, führte danach auch in der Bundesrepublik, und in vielen anderen Industrienationen, zu einer spürbaren und lang anhaltenden wirtschaftlichen Erholung.

In der Außenwirtschaftstheorie spricht man immer dann von großen Volkswirtschaften, wenn eine Änderung der ökonomischen Bedingungen im Inland durchgreifende Auswirkungen auch auf andere Länder hat. Von kleinen Volkswirtschaften wird gesprochen, wenn dies nicht der Fall ist. Insofern gilt die USA als eine große und die Bundesrepublik Deutschland, verglichen damit, als eine kleine Volkswirtschaft.

Doch kehren wir zu unserem Beispiel zurück. Wir haben gesehen, daß der Aufschwung in den USA zu vermehrten Importen und einer Aufwertung der DM beziehungsweise einer Abwertung des Dollar geführt hat. Wie aber geht es im Verhältnis der beiden Länder weiter?

Zunächst wird in den USA, falls die Leistungsbilanz ausgeglichen war, ein **Leistungsbilanzdefizit** entstehen. Dieses Defizit wird auch bestehen bleiben, wenn es nicht durch einen Überschuß in der Kapitalverkehrsbilanz ausgeglichen werden kann. Ein solcher Ausgleich setzt aber zweierlei voraus:

Zum einen muß es überhaupt zu internationalen Kapitaltransaktionen kommen. Ein Land muß also bereit sein, Kapital zu importieren und ein anderes muß Kapital exportieren wollen. Dies wird, zum zweiten, nur der Fall sein, wenn das Zinsniveau im importierenden Land über dem des Landes liegt, das Kapital exportiert. Und, übertragen auf die gesamte Weltwirtschaft, es muß das Importland sogar ein Zinsniveau aufweisen, das beträchtlich über dem Weltzinsniveau liegt.

Genau dies war beispielsweise im Jahre 1983 in den USA gegeben. Die USA hatten in diesem Jahr ein Defizit in der Leistungsbilanz in Höhe von 46 Mrd. Dollar. Dieses Defizit wurde teilweise ausgeglichen durch einen Überschuß von 29,3 Mrd. Dollar in der Kapitalverkehrsbilanz (siehe dazu Abbildung 12.6).

Ursache für diesen Überschuß wiederum war das Zinsgefälle zwischen den USA und dem "Rest der Welt". Um uns davon ein Bild zu machen, haben wir in Abbildung 12.7 zusätzlich die Verzinsung öffentlicher Anleihen in den USA und der BRD von 1978 bis 1982 aufgezeichnet. Man kann hieraus recht gut den Unterschied in den Renditen, das sogenannte Renditegefälle erkennen, das damals auf den Kapitalmärkten beider Länder herrschte.

Abb. 12.6 Zahlungsbilanz der USA 1983 (in Mrd. Dollar)

I. Leistungs- und Zahlungsbilanz	
1. Leistungsbilanz	
1.1 Handelsbilanz	
1.1.1 Exporte	201,7
1.1.2 Importe	268,9
1.1.3 Saldo	-67,2
1.2 Saldo der Dienstleistungsbilanz	+25,4
1.3 Saldo der Übertragungsbilanz	-4,2
1.4 Saldo der Leistungsbilanz	-46,0
2. Kapitalverkehrsbilanz	
2.1 Saldo des Kapitalverkehrs	+29,3
3. Saldo der Gold- und Devisenbilanz	-16,7

Quelle: Economic Report of the President (1986), Tabelle B-99.

Abb. 12.7: Renditegefälle zwischen der BRD und den USA

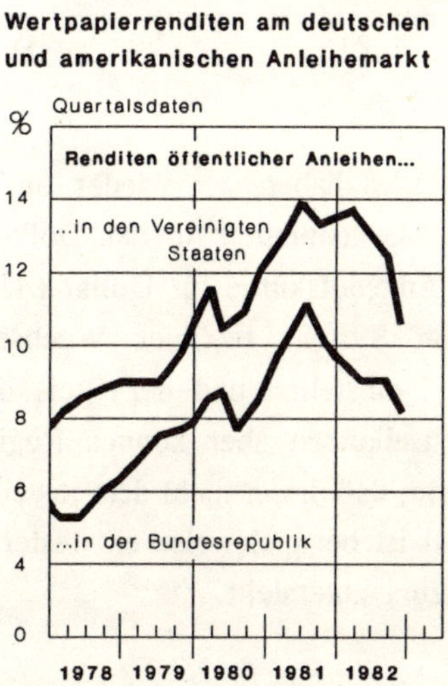

Quelle: Deutsche Bundesbank, Monatsberichte, Januar 1983.

12.2.3 Feste Wechselkurse

Feste Wechselkurse sind Wechselkurse, die von den Regierungen festgesetzt und durch staatliche Interventionen aufrechterhalten werden. Wir haben bereits zu Beginn dieses Abschnitts erwähnt, daß in einem solchen System die Zentralbanken bereit sind, jeden Betrag einer ausländischen Währung zu einem bestimmten Wechselkurs zu kaufen. Sehen wir uns die Funktionsweise eines Währungssystems mit festen Wechselkursen anhand des nachfolgenden Beispiels an (Abbildung 12.8).

Abb. 12.8: Funktionsweise eines Währungssystems mit festen Wechselkursen

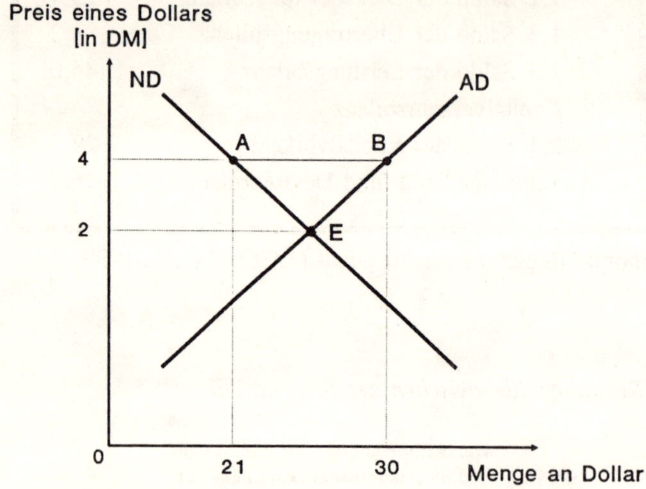

In der obigen Abbildung 12.8 haben wir wieder im bekannten Preis-Mengen Diagramm eine bestimmte Marktsituation für den Dollar angenommen. Diese ist gekennzeichnet durch die Angebotskurve für Dollar (*AD*) und die entsprechende Nachfragekurve (*ND*). Im System flexibler Wechselkurse würde sich ein Gleichgewicht im Punkt **E** einstellen und der Preis des Dollar würde DM 2 betragen. Bei festen Wechselkursen aber können Regierungen den Preis ihrer Währungen auch so festlegen, daß dieser nicht dem jeweiligen Gleichgewichtspreis entspricht. In unserem Fall ist beispielsweise ein fester Wechselkurs des Dollar gegenüber der DM von 4 zu 1 unterstellt.

Wir sehen, daß zu diesem Wechselkurs das Angebot an Dollar die Nachfrage übersteigt, und zwar um einen Betrag, den die Strecke **AB** angibt und der 9 Mrd. Dollar beträgt. Es kommt also zu einem Angebotsüberschuß an Dollar.

Worin liegt nun der Grund für den Angebotsüberschuß an Dollar und welche Wirkungen wird er auf die Leistungs- und Kapitalbilanz der USA haben?

Wenn zwei Regierungen die Wechselkurse ihrer Währungen festsetzen, sind sie natürlich bemüht, dies nicht willkürlich zu tun, sondern in einer Weise, die zu ausgeglichenen Leistungs- und Kapitalbilanzen führt. Diese Gleichgewichtssituation mag mehr oder weniger lange bestehen bleiben. Irgendwann aber wird die **Inflationsrate** in einem Land (etwa den USA) doch stärker ansteigen als in einem anderen (etwa Deutschland) mit der Folge, daß die Güter und Dienstleistungen in den USA relativ teurer werden als in der Bundesrepublik. Da aber die Wechselkurse zwischen beiden Ländern fixiert sind, können sie sich nicht so anpassen, daß die Preisunterschiede wieder ausgeglichen würden. Es bleibt das einmal entstandene Preisgefälle weiterhin bestehen.

Folglich werden US-Bürger verstärkt deutsche Waren importieren und somit auch DM nachfragen und Dollar anbieten. Da aber die deutschen Bürger nicht genügend Waren und Dienstleistungen aus den USA beziehen, weil diese aufgrund des ungünstigen Wechselkurses zu teuer sind, bleibt auch ihr Bedarf an Dollar hinter dem vorhandenen Angebot zurück. Es herrscht ein Überschußangebot an Dollar auf dem Devisenmarkt.

Im System fixer Wechselkurse können nun keine direkten Devisentransaktionen auf dem freien Markt stattfinden. Vielmehr haben sich die Notenbanken beider Länder und mit diesen auch das gesamte Bankensystem verpflichtet, die eigene Währung gegen die ausländische zu einem bestimmten Kurs zu tauschen. Die US-Bürger werden sich daher an die Banken in ihrem Lande wenden mit dem Wunsch, die 9 Mrd. Dollar Überschuß gegen DM einzutauschen. Die Banken werden dies auch tun, denn sie müssen für solche Fälle Devisenreserven halten. Es kommt also letztlich in den USA zu einem **Leistungs- und Kapitalbilanzdefizit**, welches wiederum zu Devisenabflüssen führt.

Feste Wechselkurse lassen also Situationen zu, in denen die Bewertung von Währungen im **Ungleichgewicht** erfolgt. Eine Währung, die über dem Gleichgewichtswechselkurs liegt, bezeichnet man dann als **überbewertet**, eine Währung die darunter liegt, gilt dementsprechend als **unterbewertet**. Natürlich kann dieses Ungleichgewicht kein dauerhafter Zustand sein, da ein fortgesetzter Abfluß an Devisen letztendlich zur Zahlungsunfähigkeit eines Landes führen würde. Wie also geht es in unserem Beispiel weiter?

Wir haben gesehen, daß die USA ein Defizit von 9 Mrd. Dollar aufweisen. Die Bundesrepublik hat folglich einen Überschuß in der gleichen Höhe. Dieses Geld, das in die Bundesrepublik fließt, führt nun dort zu einem allgemeinen Anstieg des Preisniveaus (man spricht in diesem Fall von importierter Inflation), zu niedrigeren Zinsen sowie zu einem höheren Output und Volkseinkommen (vergleiche zur Ableitung Abschnitt 10.5). Die steigenden Preise in Deutschland bewirken zugleich, daß deutsche Güter und Dienstleistungen in den USA ebenfalls teurer werden, was zu verminderten Importen in den USA führt. Durch die nunmehr niedrigeren Zinsen in Deutschland fließt weiterhin Kapital von dort in die USA ab, was zu einer Verschlechterung der deutschen Kapitalbilanz führt. Gleichzeitig wird aufgrund des gestiegenen Volkseinkommens in Deutschland mehr konsumiert und somit auch mehr aus den USA importiert, zumal die amerikanischen Güter wegen der importierten Inflation in der Bundesrepublik relativ billiger geworden sind. Kurzum, nach einiger Zeit erzielen die USA einen Überschuß in der Handels- und in der Kapitalbilanz, während die Bundesrepublik mit einem Defizit leben muß.

Auch bei festen Wechselkursen kommt es also zu einem **automatischen Ausgleich** der Zahlungsbilanzen. Allerdings braucht dieser Ausgleichsmechanismus Zeit und er ist, wie wir sahen, mit einer Entwicklung verbunden, die durch ausgeprägte Ungleichgewichte gekennzeichnet ist. Was aber würde geschehen, wenn die theoretisch vorhandene Tendenz zum Ausgleich sich in der Praxis nicht bestätigte und für längere Zeit die Existenz eines Ungleichgewichts zu befürchten wäre?

Dann müßten in unserem Beispiel beide Länder bereit sein, den beschriebenen Ausgleichsmechanismus zusätzlich zu unterstützen, indem sie eine **Abwertung** oder eine **Aufwertung** ihrer Währungen zulassen. Würde nämlich bereits nach der ersten Runde des Anpassungsprozesses der Dollar in gegenseitiger Übereinstimmung abgewertet, so könnten amerikanische Güter und Dienstleistungen sich entsprechend verbilligen, während deutsche Angebote teurer würden. Es sänken die Importe der USA und gleichzeitig stiegen deren Exporte in die Bundesrepublik, was ziemlich schnell eine deutliche Verbesserung der amerikanischen Leistungs- und Kapitalbilanz zur Folge hätte.

12.3 Theoretische Ansätze zur Erklärung des Wechselkurses

Wir haben in den vergangenen Abschnitten das System der flexiblen und das der festen Wechselkurse kennengelernt und gesehen, wie es in beiden Systemen zu Änderungen beim Wechselkurs und in den internationalen Handelsbeziehungen kommen kann. Was wir in jener Betrachtung allerdings etwas zurückgestellt haben, war die Frage, welche Faktoren eigentlich hinter der Nachfrage nach einer Währung stehen. Warum werden manche Währungen sehr hoch bewertet und andere entsprechend niedriger? Wenn wir die Gründe verstehen wollen, die dazu führen, daß bestimmte Währungen aufgewertet, während andere abgewertet werden, müssen wir jene Faktoren herausarbeiten, die zu einer Verschiebung der Angebots- und Nachfragekurve einer Währung führen. Versuchen wir auf diese Frage eine Antwort zu geben.

Die meisten Ökonomen sind sich nicht völlig sicher, was die eigentlichen Determinanten des Wechselkurses sind. Sie unterscheiden daher zwischen **lang-**, **mittel-** und **kurzfristigen** Betrachtungsweisen, in denen jeweils andere Bestimmungsgründe relevant sind. Der institutionelle Hintergrund, vor dem die theoretische Analyse der Bestimmungsgründe von Wechselkursen vorgenommen wird, ist das System flexibler Wechselkurse. Dies gilt vor allem für die mittel- und kurzfristige Betrachtung.

12.3.1 Langfristige Betrachtungsweise

Die langfristige Betrachtungsweise läßt sich mit der folgenden Überlegung charakterisieren:

Solange der Handel zwischen Ländern keinen Hemmnissen unterliegt, also nicht durch Quoten oder Zölle beeinträchtigt ist, wird sich für ein bestimmtes Gut in allen am Außenhandel beteiligten Ländern langfristig ein einheitlicher Preis einstellen, wenn man unterschiedliche Transportkosten oder ähnliches nicht berücksichtigt. Diese Tatsache bezeichnet man als das **"Gesetz des einen Preises"** (law of one price).

Dieser "gesetzmäßige" Zusammenhang bildet auch die Grundlage für die **Theorie der Kaufkraftparität** (purchasing-power-parity), die den Wechselkurs in der langen Frist zu erklären versucht. Sie besagt, daß die Wechselkurse zwischen den Währungen zweier Länder langfristig die Unterschiede im Preisniveau dieser Länder widerspiegeln. Ein Beispiel kann diese Theorie veranschaulichen.

Nehmen wir an, schwedischer Stahl koste 1000 Kronen pro Tonne und deutscher Stahl 300 DM pro Tonne. Gemäß der Kaufkraftparitätentheorie ergibt sich langfristig ein Wechselkurs zwischen DM und Krone, der den Stahlpreis in

Schweden dem in Deutschland anpaßt. In unserem Beispiel müßte sich also ein Wechselkurs von 0,3 DM für 1 Krone einstellen.

Nehmen wir weiterhin an, in Deutschland sei die Inflationsrate höher als in Schweden. Dort soll nach einem Jahr die Tonne Stahl 1100 Kronen kosten, während sie in Deutschland auf 500 DM ansteigt. Als Folge muß sich langfristig auch der Wechselkurs (hier der Preis in DM für 1 Krone) von 0,3 DM pro Krone auf 0,45 DM pro Krone ändern: die DM wird abgewertet.

Wir können also festhalten: Währungen von Ländern mit relativ hohen Inflationsraten werden nach der Kaufkraftparitätentheorie im Laufe der Zeit abgewertet.

Welche Implikationen ergeben sich nun aus dieser Theorie für die Leistungsbilanz eines Landes?

Gehen wir, um diese Frage zu beantworten, zu unserem Beispiel im vorhergehenden Abschnitt zurück. Wir haben dort dargelegt, daß ein konjunktureller Boom in den USA zu einem Defizit in der Leistungsbilanz dieses Landes führt. Muß es aber notwendigerweise bei diesem Defizit bleiben oder gibt es einen Ausgleichsmechanismus, der es abzubauen vermag?

Nun, wenn wir die Theorie der Kaufkraftparität anwenden, dann wird es zu einem Ausgleichsprozeß kommen. Dann nämlich muß der Wechselkurs für die Währung eines Landes sich so an die vorhandenen Gegebenheiten anpassen, daß es zwischen diesem Land und anderen Ländern keine Preisunterschiede gibt.

Unterstellen wir also, der wirtschaftliche Boom in den USA hätte dort zu höheren Preisen geführt. Dann muß es gemäß der Kaufkraftparitätentheorie (im nächsten Schritt) zu einer Abwertung des Dollar kommen. Die Abwertung wiederum hat zur Folge, daß amerikanische Güter in der Bundesrepublik billiger und deutsche Güter in den USA teurer werden. Als Resultat dieser Entwicklung wird die USA mehr Güter exportieren und weniger importieren.

In der Leistungsbilanz der USA wird somit ein Überschuß entstehen, die Leistungsbilanz der Bundesrepublik hingegen wird ein Defizit aufweisen. Doch dieser Zustand ist nur von vorübergehender Natur. Es kommt wieder der Wechselkursmechanismus der Theorie der Kaufkraftparitäten zum Zuge mit dem Ergebnis, daß sich langfristig keine Ungleichgewichte im internationalen Handel einstellen.

Wir können also folgern: In einem System mit flexiblen Wechselkursen wird es, aufgrund der Theorie der Kaufkraftparitäten, langfristig immer zu einem Gleichgewicht zwischen verschiedenen Ländern im internationalen Handel kommen.

Lange Jahre hindurch schien diese Theorie die Wechselkursentwicklung zwischen verschiedenen Ländern tatsächlich erklären zu können. Die Prognose für die Veränderung von Wechselkursen, die man daraus in der Praxis ableitete, war zwar nie besonders genau, sie traf jedoch den eigentlichen Kern von Wechselkursanpassungen: Sie konnte vorhersagen, daß Währungen von Ländern mit hohen Inflationsraten sich nach einiger Zeit einem Prozeß der Abwertung unterziehen müssen.

Bereits in den frühen 80er Jahren traf diese Vorhersage aber nicht mehr zu. So stieg in den Jahren von 1980 bis 1985 der Dollar im Verhältnis zur DM und zum Yen, obwohl die Inflationsrate in den USA etwas höher als in der Bundesrepublik und weit höher als in Japan war. Und heute muß die Kaufkraftparitätentheorie, insbesondere bei der Bestimmung des Wechselkurses für den Dollar, als nicht hinreichend angesehen werden. Ein Hauptgrund mag sicherlich darin liegen, daß diese Theorie viele der Faktoren, die einen Wechselkurs mitbestimmen können, einfach nicht zur Kenntnis nimmt:

(a) Dazu zählen vor allem die Hemmnisse, die den internationalen Handel heute immer noch belasten, wie zum Beispiel Zölle oder Quotenregelungen für bestimmte Güter. Wenn in der Bundesrepublik ein Zoll auf schwedischen Stahl erhoben wird, der den Preisunterschied, hervorgerufen durch unterschiedliche Inflationsraten in den beiden Ländern, kompensiert, kann und wird sich auch der Wechselkurs zwischen DM und Krone nicht ändern.

(b) Manche Güter können zwischen Ländern einfach nicht gehandelt werden, etwa Gebäude oder Einrichtungen der Infrastruktur. Inflationsraten, die auf die konsumptive Nutzung oder die Herstellung solcher Güter zurückgehen, werden dann natürlich auch keinen Einfluß auf die Entwicklung des Wechselkurses haben.

(c) Nur wenige Güter, die in verschiedenen Ländern hergestellt werden, sind in ihrer Beschaffenheit so homogen, wie dies in unserem Beispiel des Stahls der Fall ist. Ein französisches und ein deutsches Auto, beispielsweise, sind keine identischen Produkte. Sie unterscheiden sich aus der Sicht der Käufer in vielerlei Hinsicht, etwa bezüglich ihres technischen Standards, ihres Stylings, ihrer Ausstattung oder ihres Energieverbrauchs. So mag der Preis für einen Peugeot stärker steigen als der eines VW, ohne daß dies große Auswirkungen auf die Anzahl der verkauften Peugeots in der Bundesrepublik und damit auf die Zahlungsbilanz Frankreichs und den Wert von dessen Währung hätte.

Doch sehen wir uns nun die Faktoren an, die die Wechselkurse in der mittleren Frist bestimmen.

12.3.2 Mittelfristige Betrachtungsweise

Wir haben eingangs am Beispiel der USA und für ein System flexibler Wechselkurse dargelegt, welche Wirkungen ein wirtschaftlicher Aufschwung auf den internationalen Handel hat. Erinnern wir uns: Eine Volkswirtschaft im konjunkturellen Boom weist ein höheres Wachstum des Konsums auf als eine Ökonomie in der Rezession. Die gestiegenen Konsumausgaben werden dabei nicht nur für Güter verwendet, die man im Inland herstellt, auch das Ausland wird im Wege höherer Importe daran partizipieren. Ein Land in der konjunkturellen Hochphase importiert also relativ mehr als ein Land, das sich in einer Phase des Abschwungs befindet. Es gibt damit auch weit mehr eigene Währung aus für Güter, die es aus dem Ausland bezieht. In unserem Beispiel für die USA führte dies zu einer Rechtsverschiebung der Angebotskurve für den Dollar und somit zu einer Abwertung dieser Währung.

Daraus läßt sich nun allgemein folgern, daß die Währung eines Landes, das eine **höhere Wachstumsrate des Bruttosozialprodukts** aufweist als der Außenhandelspartner, abgewertet wird, wenn die Importe dieses Landes schneller als seine Exporte steigen. Die Angebotskurve für die Währung des wachstumsstarken Landes verschiebt sich somit im Preis-Mengen Diagramm stärker nach rechts als dies bei der Nachfragekurve dieser Währung der Fall ist. Denn die Nachfrage nach ausländischer Währung ist unmittelbarer Ausdruck des Importvolumens eines Landes.

Der Wechselkurs, der sich zwischen dem Dollar und der DM in den 70er Jahren einstellte, kann als ein gutes Beispiel für diesen Zusammenhang stehen. Während des weltweiten Aufschwungs von 1974-1976 expandierte die Wirtschaft der USA schneller als die der Bundesrepublik. Dies war auch ein Grund dafür, weshalb der Dollar daraufhin gegenüber der DM an Wert verlor.

12.3.3 Kurzfristige Betrachtungsweise

Während also das Volumen der internationalen Handelsströme ein wichtiges Kriterium bei der mittelfristigen Bestimmung der Wechselkurse darstellt, spielt es in einer kurzfristigen Betrachtung keine Rolle. Andere Gründe sind dann bedeutsamer, vor allem

- die Existenz **flexibler Wechselkurse**, damit Veränderungen überhaupt eintreten können, und
- Unterschiede in den **Zinssätzen** unter den Handelsnationen.

Auf der Welt gibt es einen Fonds von sogenanntem "heißem Geld", über den Banken, multinationale Unternehmen oder sonstige Institutionen oder Personen unterschiedlicher Nationalität verfügen. Dieser Fonds wird heute auf ungefähr 500 bis 700 Milliarden US-Dollar geschätzt. Dieses Geld versucht man natürlich jeweils dort anzulegen, wo die höchsten Zinsen bei kalkulierbarem Risiko gezahlt werden. Daß dieses "Vagabundieren" des "heißen Geldes" von Land zu Land die Wechselkursentwicklung in der kurzen Frist in hohem Maße mit beeinflußt, steht bei Experten der internationalen Wirtschaft heute außer Frage.

In Ländern mit hohen Zinssätzen wird mehr Geld aus dem Ausland angelegt als in Ländern mit niedrigen Zinssätzen, etwa gleiches Anlagerisiko vorausgesetzt. Ein Zinsanstieg in einem Lande wird daher kurzfristig relativ schnell zu einer Aufwertung der betreffenden Währung führen, während ein Zinsrückgang in der Regel mit einer Abwertung verbunden ist.

Damit wollen wir die analytische Betrachtung abschließen und uns als nächstes fragen, wie denn die geschichtliche Entwicklung der Wechselkurssysteme aussieht. Welches System hat in der Vergangenheit die größere Bedeutung gehabt, das System mit flexiblen oder jenes mit fixen Wechselkursen?

12.4 Geschichtliche Entwicklung der Wechselkurssysteme

12.4.1 System der Goldwährung

Zu Beginn des 19. Jahrhunderts kennt man nur die sogenannte **Goldwährung**, die in der Folgezeit mehr und mehr an Bedeutung gewinnt. Unter dem Regime der Goldwährung hat man feste Wechselkurse durch einen speziellen Ausgleichsmechanismus aufrechtzuerhalten, der im Prinzip ähnlich dem funktioniert, den wir vorhin beschrieben haben:

Alle Währungen stehen in einer festen wertmäßigen Relation zu Gold und jedes Land ist verpflichtet, seine eigene Währung ganz oder teilweise in Gold abzudecken. Zudem wird das Gold als internationales Zahlungsmittel akzeptiert. Wenn nun ein Land ein Defizit in der Leistungs- und Kapitalbilanz aufweist, fließt mehr Gold aus diesem Land hinaus als von anderswo hereinkommt. Um die Verpflichtung zur Golddeckung zu wahren, kommt das Land nicht umhin, entsprechend dem Goldabfluß seine Geldmenge zu reduzieren. Diese Zurücknahme im Geldangebot führt zu höheren Zinsen, wodurch wiederum ausländisches Kapital angezogen wird. Gleichzeitig sinken Output und Preise, was zu niedrigeren Importen und höheren Exporten führt. Auf diese Weise kommt ein Mechanismus in Gang, der letztlich einen Ausgleich in der Leistungs- und Kapitalbilanz hervorbringt. Voraussetzung und Folge dieses Mechanismus allerdings ist, daß die einzelnen Länder im System der Goldwährung praktisch keine eigene Kontrolle über ihre inländische Geldmenge haben. Diese ist strikt an die "neutrale" Vorschrift der Golddeckung gebunden.

12.4.2 Bretton Woods System

Während der großen Depression, in den 30er Jahren, brach das System der Goldwährung zusammen. Ende des Zweiten Weltkriegs machte man dann einen neuen Versuch zur Wiederbelebung der alten Goldwährung in einer modifizierten Form. Im Ort **Bretton Woods** trafen sich Vertreter der Industrienationen, um ein stabiles Welt-Währungssystem zu schaffen, das den Welthandel erleichtern sollte. Da der US-Dollar zu jener Zeit die einzige "harte" Währung war, machte man ihn zur Grundlage des neuen Systems. Das Bretton Woods System funktionierte folgendermaßen:

Als international anerkanntes Zahlungsmittel fungierten der US-Dollar und das britische Pfund. Darüber hinaus verpflichteten sich die Vereinigten Staaten, Gold zu 35 Dollar pro Unze zu verkaufen oder zu kaufen. Diese Verpflichtung konnten die USA ohne weiteres eingehen, da sie bei Abschluß des Währungsabkommens über ungefähr drei Viertel aller Goldvorräte verfügten und sich zudem niemand ernsthaft ein Defizit in der US-Zahlungsbilanz vorstellen konnte.

Das Bretton Woods System stellt also ein kombiniertes Zahlungs- und Reservesystem dar, das man im Gegensatz zur reinen Goldwährung als **Gold-Devisen-Standard** bezeichnet.

Ein weiteres Merkmal des Bretton Woods Abkommens bestand in der freien Austauschbarkeit (Konvertibilität) der Währungen untereinander. Dies brachte deren Wert in eine bestimmte Relation zum amerikanischen Dollar und damit auch zum Gold. Eine Neufestsetzung der Wechselkurse erlaubte dieses System nur dann, wenn fundamentale Ungleichgewichte in den Zahlungsbilanzen der beteiligten Länder vorlagen. Es war jedoch im Abkommen nicht exakt definiert, was man unter einem solchen Ungleichgewicht zu verstehen hatte.

Wie sah dann unter diesen Bedingungen der Anpassungsmechanismus im Bretton Woods System aus, der einen Ausgleich in der Zahlungsbilanz herstellen sollte?

Auch das Bretton Woods System funktionierte in der Weise, die wir bereits als typisch für ein System der festen Wechselkurse kennengelernt haben. Sollte ein Land trotz der damit verbundenen automatischen Anpassung an Ungleichgewichte einmal in Zahlungsbilanzschwierigkeiten geraten, gewährte der Internationale Währungsfonds (IWF) Beistandskredite, um so kurzfristige Zahlungsschwierigkeiten abzuwehren.

Daß der Gold-Devisen-Standard eines Tages dennoch zusammenbrach, lag nicht an dessen innerer Konstruktion, sondern allein an dem andauernden Defizit der US-amerikanischen Leistungs- und Kapitalbilanz. Dieses Defizit führte am Ende dazu, daß die Welt mit Dollar überschwemmt wurde und gleichzeitig immer mehr Gold aus den USA abfloß. Im Jahr 1971 entschloß sich, als Antwort darauf, die deutsche Bundesregierung schließlich, den DM/Dollar-Wechselkurs zeitlich begrenzt freizugeben und zu flexiblen Wechselkursen überzugehen (sogenanntes Floating). Im August des gleichen Jahres erklärte dann Präsident Nixon, daß die USA nicht länger bereit seien, Dollar gegen Gold zu tauschen.

Angesichts der Tatsache, daß es im Bretton Woods System hinsichtlich der Stabilität einzelner Währungen doch zu beachtlichen Problemen kam, stellt sich natürlich die Frage, wieso man so lange an den festen Wechselkursen festgehalten hat, die dieses System im wesentlichen kennzeichnen. Das wichtigste Argument, das für feste Wechselkurse spricht, besteht in der **Stabilisierung** des Welthandels. Flexible Wechselkurse verändern laufend die Wertrelation, in der verschiedene Währungen zueinander stehen. Sie verändern damit zugleich andauernd die Preisverhältnisse von Waren, die zwischen verschiedenen Ländern getauscht werden. Ein deutsches

Kaufhaus zum Beispiel, das ein Jahr im voraus seine Bestellung für die Konfektion in der aktuellen Mode in New York oder in London aufgeben muß, ist natürlich nicht daran interessiert, daß zum Zeitpunkt der Lieferung veränderte Wechselkurse die Importpreise der georderten Ware erheblich verteuern. Es will seine einmal vorgenommene Kalkulation und Preisgestaltung nicht laufend dem Devisenkurs der DM anpassen müssen. Feste Wechselkurse aber ermöglichen mittel- und langfristig angelegte Wirtschaftspläne der Exporteure und Importeure, die nicht durch das Element der Unsicherheit von der Währungsfront her beeinträchtigt werden. Sie verstetigen auf die Weise den Warenfluß zwischen verschiedenen Ländern und stabilisieren somit den internationalen Handel.

12.4.3 Das Weltwährungssystem heute

Heute besitzen wir eine Weltwährungsordnung, die eine Mischung darstellt zwischen einem System mit fixierten und mit flexiblen Wechselkursen. Innerhalb Europas haben sich die EG-Länder (mit Ausnahme von Griechenland und Portugal) zum Europäischen Währungssystem (EWS) zusammengeschlossen. Dieses ist unter anderem gekennzeichnet durch ein in gewissen Spannbreiten fixiertes Wechselkurssystem. Wir werden darauf gleich noch eingehen.

Zwischen Ländern des EWS und Nichtmitgliedsländern, wie den USA und Japan, um nur die wichtigsten zu nennen, besteht andererseits ein sich frei bewegendes Wechselkurssystem. In diesem passen sich laufend die einzelnen Währungen den jeweiligen Gegebenheiten von Angebot und Nachfrage auf den internationalen Devisenmärkten in New York, London, Frankfurt oder Tokio an.

Welche Erkenntnisse und Schlußfolgerungen können wir nun an den Abschluß unseres geschichtlichen Exkurses stellen?

Erstens: Die Forderung, daß Wechselkurse für eine längere Periode fixiert sein sollten, wird heute nicht mehr erhoben. Sogar bei jenen Währungen, die noch immer eng an den Dollar gekoppelt sind, kommen Auf- und Abwertungen häufiger vor als in der Periode von 1944-1971. Die meisten Wechselkurse der westlichen Welt ändern sich von Tag zu Tag, und der Markt bestimmt den allgemeinen Trend, die Auf- oder Abwertung einer Währung.

Zweitens: Manche Zentralbanken zögern nicht, auf den internationalen Devisenmärkten zu intervenieren, um den Wechselkurs zu beeinflussen. Diese Interventionen sind jedoch zumeist nur als Hilfsmittel gedacht, um vorübergehende Schwankungen der Wechselkurse zu glätten. Von Zeit zu Zeit greifen die Zentralbanken allerdings auch ein, um den allgemeinen Trend in der Entwicklung des Wechselkurses einer bestimmten Währung zu beeinflußen. So kaufen häufig Länder, die ein Defizit in der Handelsbilanz aufweisen, ihre eigene Währung, um zu verhindern, daß diese abgewertet wird. Andere Länder wiederum, mit einem Überschuß, verkaufen ihre Währung, um einer Aufwertung zu entgehen. Obwohl es nur noch wenige feste Wechselkurse gibt, schwanken die meisten Währungen nicht völlig frei. Interventionen der Zentralbanken mit dem Ziel, den Wechselkurs zu beeinflussen, bezeichnet man als **schmutziges** oder **gemanagtes Floaten**.

Der dritte Punkt, den wir erwähnen wollen, betrifft das Gold. Gold spielt heute als internationales Zahlungsmittel so gut wie keine Rolle mehr.

Bevor wir diesen Abschnitt abschließen und uns der reinen Außenwirtschaftstheorie zuwenden, wollen wir noch kurz das Währungssystem der Europäischen Gemeinschaft genauer kennenlernen.

12.5 Das Währungssystem der Europäischen Gemeinschaft

Die Ziele der EG bestehen in einem einheitlichen Markt, so wie er in den USA verwirklicht ist, sowie, in längerfristiger Perspektive, in einer einzigen Währung für alle Mitgliedsstaaten. Flexible Wechselkurse würden diese Ziele unmöglich machen. So entschlossen sich die EG-Länder 1973 (mit Ausnahme von Italien, Großbritannien und Irland) in einem ersten Schritt zur Schaffung eines **Europäischen Wechselkursverbundes**. Die Länder fixierten darin die Wechselkurse ihrer Währungen auf ein bestimmtes Niveau und ließen sie frei schwanken. Sie legten weiterhin fest, daß die Notenbanken erst dann durch An- und Verkauf einer der Gemeinschaftswährungen eingreifen sollten, wenn der Wechselkurs um ± 2,25 Prozent von dem festgesetzten abweicht. Gegenüber dem Dollar, und allen anderen Währungen, konnte sich der Wechselkurs frei entwickeln.

Verschiedene Spekulationswellen und mißlungene Stabilisierungsversuche verschiedener Regierungen und Notenbanken brachten dieses Abkommen im Jahre 1978 zum Scheitern. Als Fortentwicklung wurde im Jahre 1979 das **Europäische Währungssystem** (EWS) geschaffen mit dem Ziel, das währungspolitische Ungleichgewicht innerhalb der EG als Ursache steigender Arbeitslosigkeit, sinkender Investitionsneigung und schrumpfender Außenhandelsumsätze zu beseitigen. Das EWS gründet sich auf fünf Elemente:

- den ECU (European Currency Unit) als neugeschaffene europäische Währungseinheit;
- eine festgelegte Bandbreite der Wechselkurse mit Interventionsregeln;
- feste Leitkurse mit der Möglichkeit zur Änderung;
- einer verbindlichen Gestaltung der Beziehungen zwischen EWS und Drittländern;
- dem gemeinsamen Europäischen Währungsfonds (EWF).

Sehen wir uns diese Elemente im einzelnen etwas näher an.

Die **neugeschaffene Währungseinheit ECU** ist als Währungskorb definiert, der sich aus festen Beträgen der neun Währungen der Gemeinschaft zusammensetzt. Die statistischen Gewichte der einzelnen Währungen im gemeinsamen Korb basieren auf den Anteilen eines jeden Landes am innergemeinschaftlichen Handel sowie am Bruttosozialprodukt der EG. Wegen der täglichen Kursverschiebungen ändert sich auch täglich der Wert dieses Währungskorbs. Daher wird der Wert des ECU gemäß den Kursbewegungen der Korbwährungen an den Devisenbörsen täglich neu berechnet, wobei einer Änderung der Korbgewichte alle Mitglieder zustimmen müssen. Da der ECU eine künstliche Währungseinheit darstellt, wird er weder als Münze geprägt, noch wird er auf Geldscheinen gedruckt, er ist also ausschließlich ein Instrument europäischer Notenbanken. Jedoch werden in neuerer Zeit bereits Anleihen in ECU aufgelegt.

Der ECU dient daneben innerhalb des EWS als

- Bezugsgröße für die Festlegung der Leitkurse;
- Indikator für Wechselkursabweichungen vom Leitkurs;
- Rechengröße für Forderungen und Verbindlichkeiten im EWS;
- Zahlungsmittel und Reserveinstrument der EG-Zentralbanken.

Um innerhalb der Gemeinschaft eine Stabilität der Wechselkurse zu erreichen, wurden die Währungen der meisten EG-Länder derart aneinander gebunden, daß jede nationale Währung einen auf den ECU bezogenen Leitkurs benutzt. Diese Leitkurse dienen zur Festlegung eines Gitters zweiseitiger relativ fester Wechselkurse (Paritätengitter). Als **Bandbreite** der zulässigen Wechselkursschwankungen wurden 4,5 Prozent (± 2,25 Prozent) im EWS vereinbart. Im Oktober 1990 trat auch Großbritannien dem EWS bei, dem jedoch eine Bandbreite von 12 Prozent eingeräumt wurde. Großbritannien und Spanien sind die einzigen Länder, deren

Währungen innerhalb des EWS um mehr als die sonst gültigen 4,5 Prozent schwanken dürfen. Mit dem Beitritt Großbritanniens gehören nun zehn europäische Länder dem Wechselkursverbund an, wobei jedoch bereits geplant ist, Griechenland und Portugal ebenfalls aufzunehmen, die bisher als einzige Staaten innerhalb der EG noch keine Mitglieder des EWS sind.

Für die Zentralbanken der am EWS beteiligten Länder besteht nun die Verpflichtung, den Wechselkurs ihrer Währung durch **Interventionen** innerhalb der Bandbreite zu halten.

Ebenfalls ist im EWS eine **Änderung des Leitkurses** einer Währung gegenüber dem ECU, aus der zwangsläufig eine Änderung aller anderen Leitkurse resultiert, ausdrücklich vorgesehen. Ursache dafür können große Unterschiede in den Inflationsraten zwischen den Mitgliedsländern und demzufolge in den Kaufkraftparitäten sein.

Gegenüber den Währungen der Nicht-EG-Länder besteht ein System des Floating (flexible Wechselkurse). Um zudem geregelte Marktverhältnisse zwischen den Währungen des EWS und denen dritter Länder herzustellen, koordinieren die EWS-Zentralbanken ihre Interventionen an den Devisenmärkten und versuchen auf diese Weise, die Wechselkursschwankungen zu glätten. Dadurch sollen unterschiedliche Entwicklungen einzelner EWS-Währungen gegenüber den Währungen dritter Länder vermieden werden.

Zur Sicherung des Währungsbeistandes, der für obengenannte Interventionen Voraussetzung ist, wurde der **gemeinsame Europäische Währungsfonds** (EWF) geschaffen. An diesen hatten die Zentralbanken der EWS-Länder 20 Prozent ihrer Goldreserven und 20 Prozent ihrer Währungsreserven in Dollar zu übertragen. Es sollte aber damit auch eine Grundlage für eine spätere gemeinsame Zentralbank nach dem Vorbild des amerikanischen Federal Reserve System geschaffen werden.

Und diese gemeinsame Notenbank wäre wiederum der erste Schritt zur angestrebten **Europäischen Währungsunion**.

12.6 Internationaler Handel und Theorie des komparativen Vorteils

Bisher standen bei unserer Erklärung internationaler Wirtschaftsbeziehungen monetäre Größen im Vordergrund; wir beschäftigten uns in erster Linie mit der **monetären Außenwirtschaftstheorie**. Im folgenden werden wir nun den Rahmen unserer Betrachtungen erweitern und bei der Darstellung und Analyse des internationalen Handels auch auf **realwirtschaftliche** Größen zurückgreifen. Unsere Untersuchung wird sich dabei vor allem auf folgende Fragen konzentrieren:

Wieso kommt es überhaupt zwischen verschiedenen Ländern zu einem Handel? Wer profitiert letztlich vom internationalen Warenaustausch, die Bevölkerung des exportierenden oder die des importierenden Landes, oder aber beide?

Schließlich wollen wir noch das **Gesetz des komparativen Vorteils** kennenlernen, das bestimmt, welche Güter exportiert und welche Güter importiert werden. In dem Zusammenhang werden wir auch sehen, wie die Preise der gehandelten Güter durch Angebot und Nachfrage bestimmt sind.

Die Außenhandelstheorie, die realwirtschaftliche Größen in den Vordergrund stellt, bezeichnet man im Gegensatz zum monetären Pendant als **reine** oder **reale Außenwirtschaftstheorie.**

12.6.1 Gründe für Außenhandel

Der Hauptgrund, wieso Länder miteinander Handel treiben, besteht darin, daß die **Ressourcen** auf der Erde **ungleich verteilt** sind. Nehmen wir als Beispiel die Bundesrepublik Deutschland. Sie ist ein rohstoffarmes Land, das fast alle Rohstoffe, die sie zur Güterproduktion benötigt, importieren muß. Aber selbst wenn alle Länder auf ihrem eigenen Territorium die notwendigen Produktionsmittel zur Verfügung hätten, gäbe es zwischen ihnen Unterschiede in den natürlichen Gegebenheiten, etwa in den klimatischen Bedingungen oder im Wissen und in den Fertigkeiten ihrer Arbeitskräfte. Auch solche Unterschiede würden internationalen Handel erfordern und ermöglichen. Wenn in Argentinien, beispielsweise, erfolgreiche Viehzüchter leben, es dagegen weniger Beschäftigte gibt, die Arbeitserfahrung in der Industrie haben, und wenn genau das Gegenteil für die Bundesrepublik zutrifft, so ist es sinnvoll, daß Argentinien sich auf die Viehzucht spezialisiert und Deutschland auf die industrielle Produktion.

Der zuletzt genannte Punkt zeigt einen wichtigen Grund, wieso Länder miteinander handeln, nämlich den **Vorteil der Spezialisierung**. Wenn ein Land versuchen würde, alles selbst zu produzieren, wofür Nachfrage besteht, müßte seine Industriestruktur sich in viele kleine Zweige aufteilen. Deren Produktionsvolumen wäre dann teilweise zu gering, um die Vorteile der Massenfertigung nutzen zu können. Auch andere Kostenvorteile, wie die der Fachausbildung in größerem Rahmen, des technischen Know-How, und ähnlichem mehr, ließen sich dann nur beschränkt auswerten. Spezialisierung ist also eng und notwendigerweise mit **Effizienz in der Produktion** verbunden. Wenn es heute dennoch, trotz eines beachtlichen Umfangs im Welthandel, Länder gibt, die bewußt mit Hilfe von Subventionen solche Industriezweige am Leben zu erhalten versuchen, die im internationalen Vergleich nicht konkurrenzfähig sind, so liegt dies primär an politischen und nicht an ökonomischen Erwägungen.

Die ersten Ökonomen, die sich mit internationalem Handel beschäftigten, waren der Meinung, daß ein Land nur auf Kosten eines anderen vom Außenhandel profitieren könne. Man glaubte, der Handel zwischen Ländern würde keine neuen Güter hervorbringen, sondern nur die vorhandenen umverteilen. Deshalb, so folgerte man, müsse immer dann, wenn ein Land vom Handel profitiere, ein anderes dadurch verlieren.

Diese Betrachtungsweise ist durchaus verständlich, auch wenn man sich fragen muß, warum denn ein Land, das am Außenhandel verliert, sich überhaupt daran beteiligen sollte. Vermag also ein reiner Tausch, der die Anzahl der konsumierbaren Güter nicht erhöht, dazu beizutragen, daß sich beide Länder besser stellen?

Die Antwort liegt auf der Hand:

- Durch den internationalen Handel ändert sich die **Zusammensetzung des Güterangebots**, das den am Handel beteiligten Ländern nunmehr zur Verfügung steht.
- Und die neue Güterkombination entspricht den **Bedürfnissen** der einzelnen Länder weit besser als dies ohne Außenhandel der Fall wäre.

Dies sind die eigentlichen Gründe, warum zwischen zwei Ländern Handel getrieben wird. Der Austausch von Gütern bringt beiden Ländern Vorteile. Gibt es daneben aber auch noch andere Gründe, die auf den ersten Blick nicht so einleuchtend erscheinen? Beginnen wir wieder mit einem Beispiel:

Jedermann weiß, daß Tunesien Weintrauben mit weniger Arbeitsaufwand und geringeren sonstigen Inputfaktoren produzieren kann als dies in Deutschland möglich wäre. Auf der anderen Seite erfolgt die Herstellung von Autos in der Bundesrepublik mit geringerem Ressourceneinsatz als in Tunesien. Man sagt daher, Tunesien hat einen absoluten Vorteil in der Produktion von Weintrauben gegenüber Deutschland. Und Deutschland hat einen absoluten Vorteil gegenüber Tunesien bei der Herstellung von Autos.

Formulieren wir nun diesen Zusammenhang etwas allgemeiner:

Land 1 hat gegenüber Land 2 einen **absoluten Vorteil** bei der Produktion eines Gutes, wenn es dieses Gut mit geringerem Ressourceneinsatz produzieren kann als das andere. Folglich ist es effizient, wenn sich jedes Land auf die Produktion des Gutes spezialisiert, bei dem es einen absoluten Vorteil in der Produktion hat, und wenn es dieses Gut dann exportiert. Jenes Gut, indessen, bei dem das andere Land einen absoluten Vorteil hat, sollte es importieren. In diesem Fall profitieren beide Länder vom internationalen Handel.

Wie aber verhält sich die Sachlage, wenn ein Land jedes Gut effizienter produzieren kann als ein anderes Land? Ist auch dann der Handel für beide Länder noch vorteilhaft?

12.6.2 Gesetz des komparativen Vorteils

Die überraschende Antwort lautet ja. Die Begründung hierfür liefert das **Gesetz des komparativen Vorteils**. Es besagt folgendes:

Selbst wenn Land 2 einen absoluten Vorteil im Vergleich zu Land 1 in der Produktion aller Güter hat, besitzt Land 1 immer noch einen komparativen Vorteil bei dem Gut, welches es mit der geringsten Ineffizienz im Vergleich zu Land 2 herzustellen vermag. Spezialisiert sich nun Land 1 auf dieses Gut und Land 2 auf andere Güter, obwohl es dasselbe Gut effizienter produzieren könnte, so stellen sich beide Länder wohlfahrtsmäßig besser, verglichen mit der Situation, in der Land 2 alle Güter produzieren würde.

Bei der Bestimmung der effizientesten Güterproduktion zwischen Ländern spielen also komparative und nicht absolute Vorteile die entscheidende Rolle. So kann ein Land sich allein dadurch besser stellen, daß es ein bestimmtes Gut importiert, obwohl es dieses selbst effizienter als das Ausland herstellen könnte. Dies ist genau dann der Fall, wenn es in der Produktion jener Güter, die es exportiert, noch effizienter ist als bei dem Gut, das es importiert.

Diesen gesetzmäßigen Zusammenhang hat als erster **D. Ricardo** (1772-1823) erkannt. Er wählte zur Veranschaulichung des Gesetzes ein Beispiel, in dem England und Portugal als Handelspartner vorkommen und die Güter Wein und Tuch austauschen. Sehen wir uns das Beispiel noch etwas genauer an.

Ricardianisches Tauschmodell

Nehmen wir an, Arbeit sei der einzige Inputfaktor, der bei der Herstellung von Wein und von Tuch in den Ländern England und Portugal benötigt wird. Gehen wir weiter davon aus, daß Portugal einen absoluten Vorteil in der Produktion beider Güter habe, so wie dies Abbildung 12.9 darstellt.

Abb. 12.9: Alternative Produktionsmöglichkeiten bei einem Arbeitseinsatz von einem Monat

	England	Portugal
Tuch (yards)	200	240
Wein (barrels)	20	120

Abbildung 12.9 zeigt, daß in England bei einem Input von einem Monat Arbeitszeit entweder 200 yards Tuch oder 20 barrel Wein produziert werden können. In Portugal erhält man für die gleiche Zeit 240 yards Tuch oder 120 barrel Wein. Portugal kann also beide Güter effizienter herstellen. Trotzdem lohnt es sich für Portugal, gemäß dem Gesetz des komparativen Vorteils, sich auf die Produktion von Wein zu spezialisieren und Tuch aus England zu importieren. Die Zahlen des Ricardianischen Beispiels beweisen dies.

Wir sehen, daß man in Portugal Tuch um 20 Prozent effizienter produzieren kann als in England (240 yards gegenüber 200 yards). Bei der Herstellung von Wein ist Portugal sechsmal so effizient wie England (120 barrel gegenüber 20 barrel). Portugal hat also einen komparativen Vorteil bei der Produktion von Wein, England hat einen komparativen Vorteil bei der Produktion von Tuch. Gemäß dem Gesetz des komparativen Vorteils von Ricardo gewinnen beide Länder, wenn sich England auf die Herstellung von Tuch und Portugal auf die Herstellung von Wein spezialisiert.

Eine Begründung des Gesetzes des komparativen Vorteils liefert das Konzept der **Opportunitätskosten**. Wenn die beiden Länder nicht miteinander Handel treiben, kann England 20 barrel Wein nur produzieren, wenn es auf 200 yards Tuch verzichtet. Die Opportunitätskosten eines barrel Weins sind dort 10 yards Tuch. In Portugal hingegen betragen die Opportunitätskosten für ein barrel Wein nur zwei yards Tuch. Folglich ist es für jedes Land günstiger, wenn Wein nur in Portugal produziert wird. Die gleiche Begründung trifft auch für die Tuchproduktion zu. Die Opportunitätskosten für einen yard Tuch betragen in England 1/10 barrel Wein und in Portugal 1/2 barrel Wein. Es ist also für beide Länder günstiger, wenn Tuch in England hergestellt und dort erworben wird.

Verdeutlichen wir uns das Ricardianische Gesetz des komparativen Vorteils noch anhand der nachfolgenden Graphik.

Graphische Darstellung des Ricardo Gesetzes

In Abbildung 12.10 haben wir die Produktionsmöglichkeitenkurve für England und für Portugal dargestellt, unter der Annahme, daß beide Länder zwölf Monate Arbeitszeit zur Verfügung haben.

Abb. 12.10: Graphische Darstellung des Ricardo Gesetzes

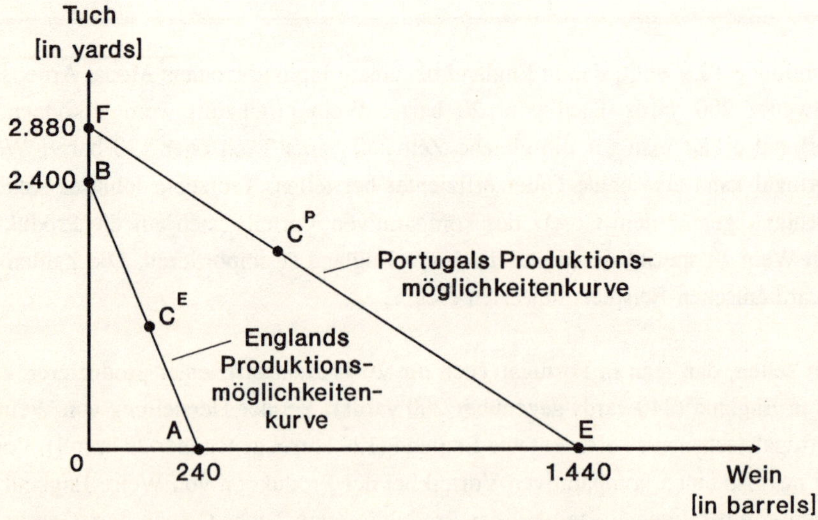

Wir können erkennen, daß Portugal in zwölf Monaten entweder 2880 yards Tuch (Punkt **F**) oder 1440 barrel Wein (Punkt **E**), oder jede andere Kombination auf der Strecke **EF** herstellen kann (beispielsweise **C**[P]). England hingegen vermag in der gleichen Zeit nur 2400 yards Tuch und 240 barrel Wein zu produzieren. Es ist also durch die Produktionsmöglichkeitenkurve **AB** charakterisiert. Portugal besitzt also, so wie wir dies angenommen haben, bei beiden Gütern einen absoluten Produktionsvorteil. Seine Produktionsmöglichkeitenkurve liegt daher überall oberhalb derjenigen von England.

Den komparativen Vorteil von Portugal bei der Weinproduktion und denjenigen von England bei der Stoffproduktion kann man aus der **Steigung** der beiden Produktionsmöglichkeitenkurven ablesen. So liegt die Kurve für Portugal nicht nur oberhalb derjenigen für England, sie verläuft auch flacher. Was bedeutet dies aus ökonomischer Sicht?

Eine Möglichkeit, den unterschiedlichen Verlauf beider Kurven zu interpretieren, besteht darin, sich klarzumachen, daß Portugal sechsmal soviel Wein wie England herstellen kann (Punkt **A** verglichen mit **E**), aber nur 20 Prozent mehr Tuch (Punkt **B** verglichen mit **F**). Dies bedeutet, daß Portugal bei Wein einen komparativen Vorteil hat.

Als andere Möglichkeit kann man sich den Absolutwert der Steigung der beiden Kurven ansehen. Dieser absolute Wert beträgt für Portugal **OF/OE**=2880/1440=2. Das heißt, wenn Portugal auf die Produktion eines barrel Weins verzichtet, kann es zwei yards Tuch mehr produzieren. Die Opportunitätskosten eines barrel Weins betragen also zwei yards Tuch, wie wir oben schon festgestellt haben.

Für England weist die Kurve einen Anstieg von **OB/OA**=2400/240=10 auf. Das bedeutet, die Opportunitätskosten eines barrel Weins betragen in England zehn yards Tuch.

Zusammenfassend können wir also festhalten:

Der absolute Vorteil, den Land 1 gegenüber Land 2 bei der Güterproduktion hat, zeigt sich darin, daß die Produktionsmöglichkeitskurve von Land 1 oberhalb derjenigen von Land 2 liegt. Der Unterschied in den komparativen Vorteilen der beiden Länder wird in den Absolutwerten der Steigung der Produktionsmöglichkeitenkurven sichtbar.

Aufteilung des Handelsgewinns

In unserem Beispiel können also beide Länder aufgrund ihrer unterschiedlichen Opportunitätskosten vom internationalen Handel profitieren. Wie aber wird der **Gewinn** zwischen beiden aufgeteilt, der aus dem Handelsaustausch entsteht?

Die Gewinnaufteilung hängt, bündig formuliert, vom Preis für Wein und dem für Tuch ab. Dabei können wir aus dem bisher Gesagten schon erkennen, daß der Preis für ein barrel Wein nicht mehr als zehn yards Tuch und nicht weniger als zwei yards Tuch betragen darf. Warum ist dies so? Würde nämlich ein barrel Wein mehr als zehn yards Tuch kosten (also höher sein als die Opportunitätskosten in England), so wäre es für England günstiger, Wein selbst herzustellen und nicht mit Portugal zu handeln. Auf der anderen Seite wäre es für Portugal vorteilhafter, Tuch selbst zu produzieren, anstatt mit England Handel zu treiben, wenn der Preis für ein barrel Wein weniger als zwei yards Tuch betragen würde.

Wir können somit folgern, daß die internationale Preisrelation zwischen Wein und Tuch irgendwo zwischen zehn zu eins und zwei zu eins liegen muß. Nehmen wir einmal an, das Austauschverhältnis betrage vier zu eins, das heißt, ein barrel Wein koste vier yards Tuch. Wie verteilen sich dann die Handelsvorteile auf England und auf Portugal?

Sehen wir uns hierzu Abbildung 12.11 an:

Abb. 12.11: Verteilung des Gewinns aus internationalem Handel

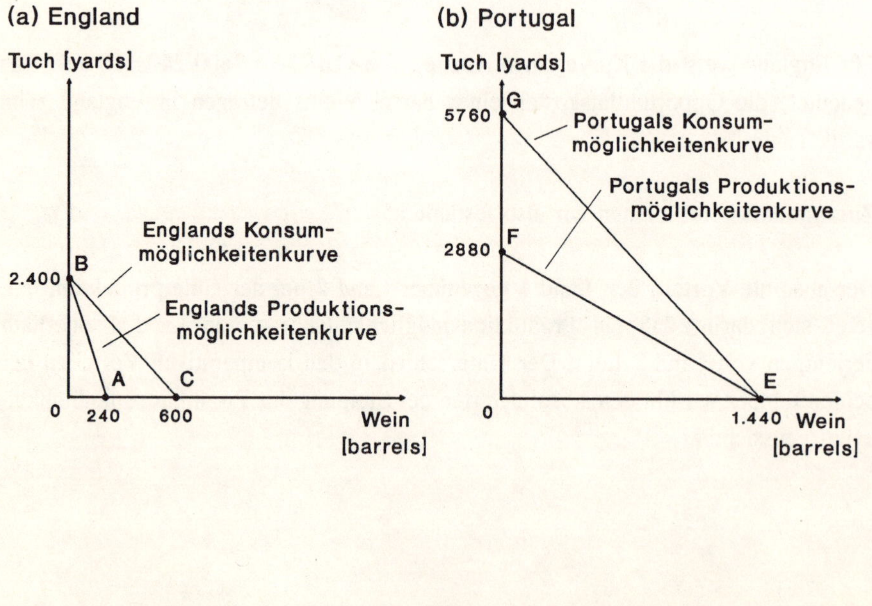

Die Produktionsmöglichkeitenkurve **AB** in Abbildung 12.11 (a) und **EF** in Abbildung 12.11 (b) stimmen mit denjenigen überein, die wir in Abbildung 12.10 verwendet haben.

Bei einem Preisverhältnis zwischen Wein und Tuch von vier zu eins kann England ein barrel Wein nur kaufen, wenn es auf vier yards Tuch verzichtet. Wenn England sich nun auf die Produktion von Tuch spezialisiert und Wein aus Portugal kauft, beginnt seine Konsummöglichkeitenkurve im Punkt **B** (Abbildung 12.11 (a)) und weist eine absolute Steigung von 4 auf. - Die Steigung wird vorgegeben durch den Preis für ein barrel Wein aus dem Handel mit Portugal. - Dieser Handel erlaubt es England, eine Güterkombination von Tuch und Wein für seinen Verbrauch auszuwählen, die nunmehr auf der Strecke **BC** liegt und die so vorher nicht möglich war.

Für Portugal ergibt sich ein ähnlicher Sachverhalt. Wenn Portugal nur Wein produziert (Punkt **E** in Abbildung 12.11 (b)), kann es vier yards Tuch für jedes barrel Wein, auf das es verzichtet, aus England importieren. Portugal gewinnt also durch den Handel, da es vorher nur zwei yards Tuch für jedes entgangene barrel Wein zur Verfügung hatte. Die Konsummöglichkeitenkurve für Portugal stellt sich jetzt als Strecke **EG** dar, die ebenfalls eine absolute Steigung von 4 aufweist.

Abb. 12.12: Gewinn aus dem Außenhandel

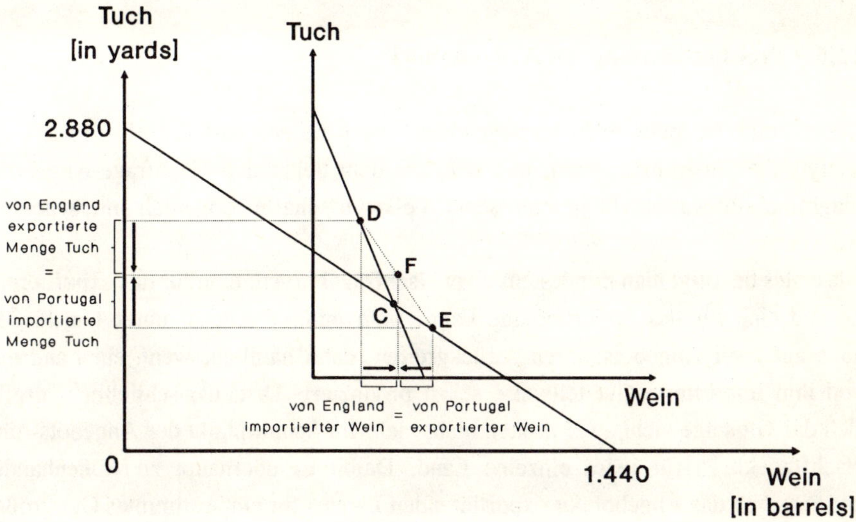

Abbildung 12.12 zeigt noch einmal, in einem Diagramm zusammengefaßt, wie vorteilhaft der Außenhandel für beide Länder ist.

Wir haben darin die Produktionsmöglichkeitenkurve aus Abbildung 12.10 so verschoben, daß die dortigen Produktionspunkte C^E für England und C^P für Portugal zusammenfallen und zu einem Punkt **C** verschmelzen.

Ohne Außenhandel ist der Punkt **C** für jedes Land der Produktions- und Konsumpunkt. Spezialisiert sich nun England auf die Herstellung von Tuch (relativ billigeres Gut), so kann es beispielsweise im Punkt **D** produzieren und einen Teil des hergestellten Tuches nach Portugal exportieren. Spezialisiert sich hingegen Portugal auf die Produktion von Wein, so kann es zum Beispiel Punkt **E** erreichen und den nicht benötigten Wein exportieren. Mit Außenhandel ergibt sich somit eine neue Situation, die dem Punkt **F** entspricht. Beide Länder können jetzt über mehr Tuch und Wein als zuvor verfügen.

Doch gehen wir noch einmal kurz zur Abbildung 12.11 zurück. Aus ihr können wir eine weitere wichtige Erkenntnis der Außenhandelstheorie entnehmen. Die Graphik macht deutlich, daß Gewinne aus dem Außenhandel sich in dem Maße einstellen, in dem der Weltpreis der Güter von den Opportunitätskosten in den einzelnen Ländern abweicht. Wie aber wird der Preis für ein Gut bei Außenhandel bestimmt?

12.6.3 Preisbestimmung bei Außenhandel

Diese Frage ist nicht leicht zu behandeln. Denn die Antwort darauf erfordert ein analytisches Instrumentarium, das sich von dem bekannten Nachfrage-Angebotsdiagramm für Märkte von geschlossenen Volkswirtschaften erheblich unterscheidet.

Als erstes benötigt man mindestens zwei Nachfragekurven: eine für das exportierende und eine für das importierende Land. Man muß, zweitens, unter Umständen auch auf zwei Angebotskurven zurückgreifen, dann nämlich, wenn ein Land das von ihm importierte Gut teilweise selbst produziert. Drittens, schließlich, ergibt sich das Gleichgewicht auf Märkten nicht mehr im Schnittpunkt der Angebots- und Nachfragekurve für jedes einzelne Land. Damit es überhaupt zu Außenhandel kommt, muß das Angebot des exportierenden Landes für ein bestimmtes Gut größer als die Nachfrage danach sein, während das Angebot des importierenden Landes kleiner als die Nachfrage zu sein hat.

Abbildung 12.13 zeigt eine solche Situation.

Abb. 12.13: Preisbestimmung bei Außenhandel

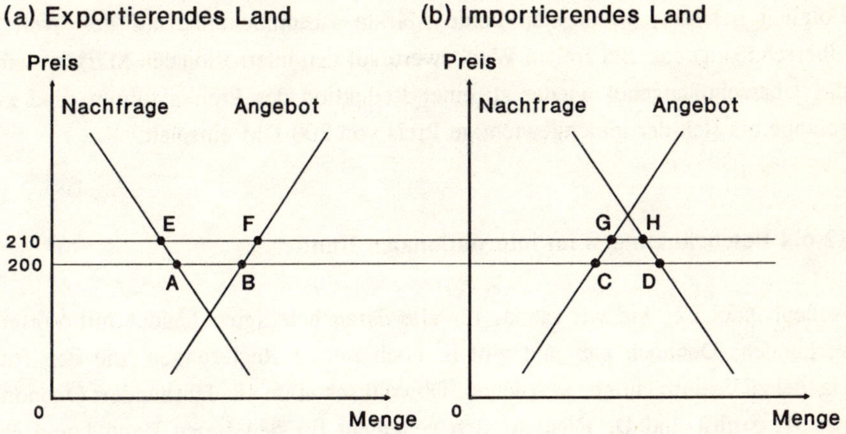

In Abbildung 12.13 (a) ist für ein bestimmtes Gut die Angebots- und Nachfragekurve des exportierenden Landes dargestellt. In Abbildung 12.13 (b) werden die Kurven des importierenden Landes wiedergegeben. Der Einfachheit halber nehmen wir an, daß das betrachtete Gut nur zwischen diesen beiden Ländern gehandelt wird.

Wo stellt sich nun in beiden Ländern ein Gleichgewicht zwischen Angebot und Nachfrage ein, wenn Außenhandel stattfindet?

Das Gleichgewicht muß folgende Bedingungen erfüllen:

(a) Es muß für beide Länder den gleichen Preis geben.
(b) Der Angebotsüberschuß des exportierenden Landes zu diesem Gleichgewichtspreis muß genau dem Nachfrageüberschuß des importierenden Landes entsprechen.

Wenn wir auf unser Beispiel von Abbildung 12.13 zurückkommen, so ergibt sich dort ein Preis von 200 DM pro Faß Wein. Nur bei diesem Preis ist die Länge der Strecke **AB** (sie entspricht dem Angebotsüberschuß des exportierenden Landes) gleich der Länge der Strecke **CD** (sie entspricht dem Nachfrageüberschuß des importierenden Landes). Bei einem Preis von 200 DM pro Faß Wein stimmt die in beiden Ländern angebotene Menge mit der dort nachgefragten Menge überein. Dieser Preis ist folglich der gesuchte Gleichgewichtspreis.

Wäre der Preis höher als 200 DM, etwa 210 DM pro Faß Wein, so stiege das Angebot in beiden Ländern, während die Nachfrage zurückginge. Im exportierenden Land käme es nun zu einem höheren Überschußangebot (Strecke **EF**), während das importierende Land eine niedrigere Überschußnachfrage aufwiese (Strecke **GH**). Folglich herrscht, wenn man beide Märkte zusammenfaßt, auf der Welt ein Überschußangebot. Bei freiem Wettbewerb auf den internationalen Märkten würde das Überschußangebot wieder zu einer Reduktion des Preises führen, und zwar solange bis sich der gleichgewichtige Preis von 200 DM einspielt.

12.6.4 Beschränkungen im internationalen Handel

Außenhandel ist, wie wir sahen, für alle daran beteiligten Länder mit Vorteilen verbunden. Dennoch gab und gibt es noch immer Regierungen, die den freien Handel zu beeinträchtigen versuchen. Obwohl schon im 18. Jahrhundert Ökonomen wie **A. Smith** und **D. Ricardo** sich vehement für den freien Handel und seine Möglichkeiten einsetzten, betrachteten es Regierungen gerade zu jener Zeit als eine ihrer Hauptaufgaben, dem internationalen Handel Beschränkungen aufzuerlegen. Sie meinten, damit dem nationalen Interesse zu dienen. Denn, der Wohlstand einer Nation war, ihrer Meinung nach, nicht vom Export und zugleich auch vom Import bestimmter Waren abhängig, sondern davon, wieviel Gold und Devisen ein Land besaß. Folglich mußte es das Ziel staatlicher Politik sein, alles zu tun, was Exporte fördert und Importe zurückdrängt.

Einer solchen Politik sind aber offensichtlich Grenzen gesetzt. Ein Land muß beispielsweise lebensnotwendige Nahrungsmittel oder wichtige Rohstoffe, die es nicht selbst besitzt, importieren. Darüber hinaus ist es auf Dauer unmöglich, daß jedes Land mehr exportiert als importiert. Denn jeder Export eines Landes setzt voraus, daß ein anderes Land zu importieren bereit ist. Wenn nun jedes Land versucht, seine Importe soweit wie möglich zu reduzieren, dann müssen insgesamt auch alle Exporte zurückgehen. Im Endeffekt verzichten dann alle Länder auf die Gewinne, die sich aus dem Außenhandel ergeben.

GATT-Abkommen

Heute bekennen sich alle Industrieländer der westlichen Welt zu einem Außenhandel ohne Beschränkungen. Dieses Bekenntnis ist auch im sogenannten GATT-Abkommen niedergelegt. Darunter versteht man ein allgemeines Zoll- und Handelsabkommen (GATT = General Agreement on Tariffs and Trade), das im Jahre 1947 von

23 Staaten unterzeichnet wurde. Die Bundesrepublik Deutschland trat diesem Abkommen im Jahre 1951 bei. Mittlerweile wenden 123 Länder die Regeln des GATT an. Davon sind 91 Länder Vollmitglieder, darunter auch die ehemaligen Comecon-Länder CSFR, Polen, Rumänien und Ungarn. Die restlichen Länder - alles Entwicklungsländer - wenden die Bestimmungen des GATT de facto an. Von den Vollmitgliedern sind über zwei Drittel Entwicklungsländer. Durch den Abbau von bestehenden Handelshemmnissen will das GATT für alle Mitglieder folgende Ziele erreichen:

- eine Erhöhung des Lebensstandards;
- die Verwirklichung der Vollbeschäftigung;
- ein hohes und ständig steigendes Niveau des Realeinkommens und der wirksamen Nachfrage;
- die volle Erschließung der Ressourcen der Welt sowie
- die Steigerung der Produktion und des Austausches von Waren.

Wie die Vergangenheit gezeigt hat, ist der GATT-Vertrag weit hinter seinen Ansprüchen zurückgeblieben. Er ist einerseits auf eine Liberalisierung des Welthandels und damit den Abbau von bestehenden Handelsschranken ausgerichtet; er untersagt ferner das Einführen neuer handelsverzerrender Maßnahmen und steht allen Ländern offen. Andererseits enthält der GATT-Vertrag gleichzeitig aber auch alle Möglichkeiten einer Umgehung seiner eigenen Grundsätze. So werden, trotz der darin enthaltenen Verpflichtungen, häufig von dem einen oder anderen Handelspartner Maßnahmen ergriffen, die den freien Welthandel behindern. Vor allem die Auseinandersetzung zwischen Japan und den USA droht zeitweise sogar zu einer Art "Handelskrieg" auszuarten. Die drei am häufigsten angewandten Mittel sind dabei Zölle, Quoten und Exportsubventionen. Auf sie wollen wir noch kurz eingehen.

Zölle, Quoten, Exportsubventionen

Unter einem **Zoll** versteht man eine Art Steuer auf Importe. Er führt dazu, daß die Preise für importierte Güter steigen und es somit zu einem Rückgang der Nachfrage nach importierten Gütern kommt. Ein Beispiel erläutere die Wirkung eines Zolles. Muß ein deutscher Importeur japanischer Videogeräte 200 DM pro Gerät Zoll bezahlen, so führt dies dazu, daß deutsche Videogeräte im Vergleich zu japanischen erheblich billiger am heimischen Markt angeboten werden können. Folglich dürften auch mehr deutsche als japanische Geräte verkauft werden. Darüber hinaus erhält der Staat aus dem auferlegten Zoll zusätzliche Einnahmen.

Quoten legen die Anzahl der Güter fest, die innerhalb eines bestimmten Zeitraumes importiert werden dürfen. Die ökonomische Wirkung von Quoten ist ähnlich derjenigen von Zöllen. Nehmen wir an, in der Bundesrepublik würden monatlich 10000 japanische Fernseher verkauft. Setzt die Bundesregierung nun eine Quote fest und beschränkt den Import auf 8000 Apparate pro Monat, so führt dies, ceteris paribus, zu einer Überschußnachfrage nach Fernsehern in Deutschland. Der Preis für diese Geräte wird folglich steigen. Im Gegensatz zum Fall des Zolles profitieren von dieser Preissteigerung aber nicht nur die inländischen Produzenten, auch ausländische Konsumenten haben davon Vorteile. Denn im Ursprungsland des Exports, in unserem Fall Japan, würde die Einführung einer Quote ein Überschußangebot hervorrufen, das genau der Überschußnachfrage in der Bundesrepublik entspricht; und der Preis für Fernseher in Japan müßte sinken.

Eine **Exportsubvention**, die alle Exporte eines Landes subventioniert, führt schließlich dazu, daß die inländischen Exporteure ihre Waren zu niedrigeren Kosten ausführen können. Wenn sie nun diese Kostensenkung in Form von günstigeren Preisen an das Ausland weitergeben, wird dies zwangsläufig die Exporte des subventionierenden Landes ansteigen lassen.

Schon aus diesen Darlegungen läßt sich entnehmen, warum ein Land sich dazu veranlaßt sehen kann, den freien Warenverkehr zu hemmen. Es kommen aber noch andere, wichtige Gründe hinzu.

Handelshemmnisse werden auch immer dann errichtet, wenn heimische Industriezweige vor ausländischer Konkurrenz geschützt werden sollen. Treten zum Beispiel auf dem Weltmarkt Produzenten auf, die bestimmte Güter effizienter herstellen und somit auch billiger anbieten können, verlangen die heimischen Vertreter dieses Industriezweigs, aber auch häufig die Gewerkschaften, Handelshemmnisse zu erlassen. Damit sollen inländische Arbeitsplätze geschützt und erhalten werden. Dabei ist das Argument der Arbeitsplatzsicherung in der Regel heute so bedeutsam, daß sich kaum eine Regierung dem ohne weiteres verschließen kann. Entsprechende Handelsbeschränkungen mögen dann zwar kurzfristig Arbeitsplätze erhalten helfen, aber sie belasten eine Volkswirtschaft auch mit erheblichen Kosten in Form von höheren Konsumentenpreisen oder in Form der ineffizienten Ausnutzung vorhandener Ressourcen.

12.6.5 Strategische Handelspolitik

Wie zu Zeiten des "Merkantilismus" gibt es auch heute in einflußreichen Kreisen von hochindustrialisierten Ländern Überlegungen, ob man den einmal erworbenen Vorteil im internationalen Wettbewerb nicht durch politische Maßnahmen auf Dauer schützen sollte und wie man der heimischen Industrie gegenüber ausländischen Konkurrenten neue Vorteile verschaffen könnte. Die Argumente für diese Denkrichtung liefert die **strategische Handelstheorie** und die praktische Umsetzung erfolgt im Rahmen der **strategischen Handelspolitik**. Versuchen wir anhand eines Beispiels die Ratio dieses Konzeptes zu veranschaulichen.

Nehmen wir an, in zwei Ländern gebe es je ein Unternehmen, das ein identisches Gut produzieren kann. Stellen beide Unternehmen dieses Gut her, so machen sie einen Verlust von 10 Geldeinheiten. Überläßt man die Herstellung nur einem Unternehmen, so macht dieses einen Gewinn von 100 GE, während das andere weder gewinnt, noch verliert. Gelingt es nun dem Unternehmen von Land 1 vor dem Konkurrenten aus Land 2 auf dem Markt zu sein, so wird dieses Unternehmen den Gewinn von 100 GE für sich beanspruchen können. Denn das Unternehmen aus Land 2 wird gar nicht erst versuchen, auf dem Markt als Anbieter aufzutreten, da dies einen Verlust von 10 GE zur Folge hätte.

Anders vehält es sich nun, wenn die Regierung des Landes 2 dem heimischen Unternehmen eine Subvention in Höhe von 40 GE zukommen läßt. Dann wird dieses Unternehmen sein Produkt auf dem betreffenden Markt anbieten, selbst wenn dort das Unternehmen von Land 1 bereits vor ihm agiert. In diesem Fall nämlich wird der Verlust des Unternehmens von Land 2 in Höhe von 10 GE, den es bei Markteintritt erfährt, durch die Subvention in Höhe von 40 GE mehr als wettgemacht. Darüber hinaus wird das Unternehmen von Land 1 aus dem Markt gedrängt, da es durch den Markteintritt des Konkurrenten statt eines Gewinns von 100 GE plötzlich einen Verlust von 10 GE macht und deshalb lieber auf die Produktion verzichtet. Den Gewinn von 100 GE streicht nun das Unternehmen aus Land 2 ein. Dieses befindet sich damit in einer finanziellen Position, die die Höhe der Subvention weit übersteigt. Die Unterstützung durch das Land 2 hat sich, insgesamt gesehen, für dieses also ausbezahlt.

Unser Beispiel ist natürlich stark konstruiert und es lassen sich dagegen eine Reihe von Einwänden vorbringen.

Zum einen wird darin vollkommene Information bei den Unternehmen und den

Politikern unterstellt. In der Realität aber dürfte es schwierig sein, den Gewinn, den ein Unternehmen in alternativen Situationen erwirtschaftet, genau im voraus zu berechnen. Würde man in obigem Beispiel etwa zu dem Ergebnis kommen, daß beide Unternehmen statt des Verlustes einen Gewinn von 10 GE machen, sobald sie gemeinsam am Weltmarkt anbieten, dann müßte die Schlußfolgerung gänzlich anders aussehen. Eine Subvention von 40 GE für das Unternehmen aus Land 2 würde nun das Unternehmen aus Land 1 nicht mehr aus dem Markt drängen können, da diesem beim Markteintritt des Konkurrenten immer noch ein Gewinn von 10 GE zuflößen. Einer Subvention von 40 GE stünde nunmehr im Land 2 nur ein Gewinn des heimischen Unternehmens von 10 GE gegenüber.

Zum anderen sollte man bedenken, daß man ein Unternehmen (oder einen Wirtschaftssektor) nicht losgelöst von der Umwelt, vor allem nicht losgelöst von anderen Industriezweigen, betrachten darf. Einzelwirtschaften sind eingebunden in das Beziehungsgeflecht der gesamten Volkswirtschaft. Wird daher ein Unternehmen durch staatliche Subventionen unterstützt, so muß dies an anderer Stelle zu einem Entzug von Ressourcen und, als Folge davon, auch zu Kostensteigerungen in der Produktion führen. Der vermutlich durch Subventionen erreichte strategische Vorteil in einem Wirtschaftsbereich geht dann einher mit strategischen Nachteilen in anderen Sektoren der Volkswirtschaft.

Ein letzter Einwand schließlich bezieht sich auf die Reaktion des Auslandes. Kein Land wird es auf Dauer hinnehmen, daß ein anderes Land seiner Industrie durch Subventionen strategische Vorteile im Welthandel verschafft. Es wird reagieren und seinerseits versuchen, der heimischen Industrie durch finanziellen Beistand ebensolche strategische Vorteile zukommen zu lassen.

Eine Wirtschaftspolitik, die darauf aus ist, der eigenen Volkswirtschaft Vorteile auf Kosten anderer Volkswirtschaften zu verschaffen, bezeichnet man auch als **beggar-thy-neighbour Politik**.

Mit diesen Ausführungen wollen wir den Bereich der Makroökonomik verlassen und uns im letzten Teil des Buches noch etwas intensiver mit dem Stoffgebiet der Mikroökonomik beschäftigen, die wir ja in den Grundlagenkapiteln 1-6 schon mehrfach angesprochen haben.

Kontrollfragen zu Kapitel 12:

1. Was versteht man unter einer Zahlungsbilanz?

2. Worin liegen die Unterschiede im Wirkungsmechanismus in einem System der fixen und einem der flexiblen Wechselkurse?

3. Was versteht man unter der Theorie der Kaufkraftparitäten? Welche Mechanismen bestimmen die Wechselkurse mittel- und kurzfristig?

4. Erläutern Sie das System der Goldwährung, das Bretton Woods System und das Europäische Währungssystem.

5. Welche Gründe für Außenhandel gibt es?

6. Erklären Sie das Gesetz des komparativen Vorteils.

7. Nehmen Sie an, der Konsum und die Investitionen in einer Volkswirtschaft seien durch folgende Beziehungen gegeben:

$$C = 120 + 0{,}8(Y-T) \ ,$$

$$I = 1100 + 0{,}1\,Y - 100\,i \ .$$

(Y=reales Bruttosozialprodukt, i bezeichne den Zinssatz in Prozent).
Die Exporte und Importe sind

$$X = 250 \ ,$$

$$M = 110 + 0{,}2\,Y \ .$$

Die Staatsausgaben sind $A_{St}=500$ und die Steuern T hängen folgendermaßen vom BSP ab:

$$T = -50 + 0{,}25\,Y \ .$$

a) Der Zinssatz in der Volkswirtschaft betrage $i=9$. Berechnen Sie das gleichgewichtige Bruttosozialprodukt, das Budgetdefizit (oder den Budgetüberschuß) und den Handelsüberschuß (X-M).
(Lösung: $Y^*=2000$, $T(Y^*)-A_{St}=-50$, $X-M(Y^*)=-260$)

b) Nehmen Sie an, die Währung werde abgewertet, so daß die Exporte und Importe nun durch folgende Beziehung gegeben sind:

$$X = 400 \ ,$$

$$M = 40 + 0{,}2Y \ .$$

Berechnen Sie für diesen Fall das gleichgewichtige Bruttosozialprodukt und den Handelsüberschuß (es gelte wieder $i=9$).
(Lösung: $Y^*=2600$, $X\text{-}M(Y^*)=-80$)

8. Welche Beschränkungen des internationalen Handels kennen Sie? Wie läßt sich darunter die strategische Handelspolitik einordnen?

Verwendete Literatur zum Teil II Makrökonomische Theorie und Politik:

1. BARTLING, H., F. LUZIUS, Grundzüge der Volkswirtschaftslehre, München, 1989[7].
2. BAUMOL, W.J., A.S. BLINDER, Economics - Principles and Policy, San Diego, 1988[4].
3. BRONFENBRENNER, M., W. SICHEL, W. GARDNER, Economics, Boston, 1987[2].
4. CEZANNE, W., J. FRANKE, Volkswirtschaftslehre - Einführung, München, 1987[3].
5. CROSS, R. (ed.), Unemployment, Hysteresis and the Natural Rate Hypothesis, Oxford und New York, 1988.
6. DORNBUSCH, R., S. FISCHER, Makroökonomik, München, 1986[3].
7. FELDERER, B., S. HOMBURG, Makroökonomik und neue Makroökonomik, Berlin, 1987[3].
8. FRANZ, W., Die inflationsstabile Arbeitslosenquote, WIST, Heft 9, 1986, S.437-442.
9. FRANZ, W., Wohin treibt die Phillipskurve, Zeitschrift für Wirtschafts- und Sozialwissenschaft, 1984, S.603-623.
10. HARDES, H.D., F. RAHMEYER, A. SCHMID, Volkswirtschaftslehre - Eine problemorientierte Einführung, Tübingen, 1988[8].
11 ISSING, O., Einführung in die Geldtheorie, München, 1990[7].
12. KROMPHARDT, J., Arbeitslosigkeit und Inflation, Stuttgart, 1987.
13. KRUGMAN, P.R., Slow Growth in Europe: Conceptual Issues, in: R.Z. LAWRENCE and C.L. SCHULTZE (eds.): Barriers to European Growth - A Transatlantic View, Washington D.C., 1987, S.48-104.

14. KRUGMAN, P.R., M. OBSTFELD, International Economics, Theory and Policy, Glenview, 1988.

15. MANKIW, N.G., Real Business Cycles: A New Keynesian Perspective, Discussion Paper Nr. 1431, Harvard University, Cambridge, Mass., March 1989.

16. MAYER, H., Makroökonomik, München, 1988[3].

17. PHILLIPS, A.W., The Relation between Unemployment and the Rate of Change of Money Wage Rates in the United Kingdom 1861-1957, Economica, 25, 1958, S.283-299.

18. ROMER, P.M., Crazy Explanations for the Productivity Slowdown, in: S. FISCHER (ed.), NBER Macroeconomics Annual, Cambridge, Mass., 1987.

19. SACHVERSTÄNDIGENRAT ZUR BEGUTACHTUNG DER GESAMTWIRTSCHAFTLICHEN ENTWICKLUNG, Jahresgutachten 1985/86, 1987/88, 1988/89, 1989/90.

20. SAMUELSON, P.A., W.D. NORDHAUS, Economics, New York, 1985[12].

21. SCHUMPETER, J.A., Theorie der wirtschaftlichen Entwicklung, München und Leipzig, 1935[4].

22. SIEBERT, H., Außenhandelstheorie, Stuttgart, 1973.

23. SIEBERT, H., Außenwirtschaft, Stuttgart, 1984[3].

24. SMITH, A., Einführung in die Volkswirtschaftslehre, München, 1987.

Teil III
Mikroökonomische Theorie

Während es die Makroökonomie im wesentlichen mit Kausalabhängigkeiten zwischen volkswirtschaftlichen Aggregaten zu tun hat, analysiert die Mikroökonomie die ökonomischen Aktivitäten der kleinsten Wirtschaftseinheiten, von Konsumenten und Produzenten, und ihr Zusammenspiel auf den Märkten. Man kann deshalb die Mikroökonomie grob einteilen in die

- Konsum- oder Haushaltstheorie,
- Produktions- oder Unternehmenstheorie,
- Preis- oder Gleichgewichtstheorie.

Die **Konsumtheorie** behandelt die Pläne der Haushalte und versucht vor allem, die Nachfrage nach Gütern und das Angebot an Produktionsfaktoren zu erklären. Das Pendant dazu stellt die **Produktionstheorie** dar, die sich mit den Plänen der Unternehmen befaßt und daraus insbesondere das Güterangebot und die Faktornachfrage ableiten will. Die **Preistheorie** untersucht dann, wie die einzelwirtschaftlichen Pläne mit Hilfe des Preismechanismus auf den Märkten koordiniert werden, wobei vor allem die Ableitung von Gleichgewichtspreisen von Interesse ist.

Diesem groben Schema wird auch hier gefolgt. Viele Erkenntnisse, die sich in den nächsten Kapiteln ergeben, werden dem aufmerksamen Leser schon vom ersten Teil des Buches her bekannt sein. Das liegt einfach daran, daß vieles von dem, was wir dort vorgetragen haben, letztendlich auf der mikroökonomischen Theorie basiert. Für ein tieferes Verständnis auch von bereits kennengelernten Zusammenhängen empfiehlt es sich jedoch, sie im folgenden noch etwas präziser zu formulieren und in formaler Form zu entwickeln, so wie es gewöhnlich in der mikroökonomischen Theorie geschieht. Diese hat sich in den letzten Jahrzehnten zu einem streng formalisierten und in der Sprache der Mathematik argumentierenden Gedankengebäude entwickelt. In den folgenden Kapiteln soll nun der traditionelle Lehrstoff der Mikroökonomie in den Grundzügen dargelegt werden. Dabei wollen wir mit der Konsumtheorie beginnen, die im allgemeinen einen guten Zugang zur mikroökonomischen Denkweise ermöglicht.

13. Konsum und Nachfrage

Wie wir eben schon ausführten, wird manches von dem, was wir nachfolgend darlegen werden, dem Leser bereits bekannt vorkommen. Dies trifft insbesondere für den nächsten Abschnitt zu, in dem wir nach den Determinanten der mikroökonomischen Nachfrage fragen. Der Leser möge daher auftretende Wiederholungen als willkommene Gelegenheit ansehen, sein Wissen auf dem entsprechenden Gebiet noch einmal aufzufrischen.

13.1 Determinanten der Nachfrage

Der Konsum von Gütern stellt, wie wir wissen, eine der wichtigsten ökonomischen Aktivitäten dar. Er wird vielfach sogar als die wichtigste wirtschaftliche Betätigung angesehen, der letztlich alle anderen Aktivitäten, wie Investieren oder Produzieren, dienen.

Konsumgüter haben wir bereits an anderer Stelle definiert als Güter, die nicht wieder zur Produktion weiterer Güter verwendet werden, also keine Vorleistungen oder Faktorleistungen darstellen. In den Wirtschaftswissenschaften beschäftigt sich auf mikroökonomischer Grundlage mit dem Konsum von Gütern vor allem die **Konsumtheorie**. Sie untersucht insbesondere das Problem, welche Güter in welchen Mengen konsumiert und nachgefragt werden. Sie will also wissen und erklären, wie die Nachfrage nach Konsumgütern zustande kommt und von welchen Einflußfaktoren sie abhängt. Als Determinanten der Nachfrage werden zum einen

- die **Preise** der Güter und
- das **Einkommen** eines Konsumenten angesehen.

Von diesen beiden Faktoren hängt es letztlich ab, ob ein Konsument ein gewünschtes Güterbündel überhaupt kaufen kann und wieviel er davon tatsächlich erwerben wird.

Neben diesen mehr durch äußere wirtschaftliche Vorgänge bestimmten Einflußgrößen spielen zum anderen auch die inneren Wertvorstellungen eines Konsumenten eine bedeutsame Rolle für die Bestimmung seiner Nachfrage. Diese subjektiven Vorstellungen spiegeln sich, ökonomisch gesehen, in den **Präferenzen** eines Konsumenten wieder. Und die Präferenzen wiederum sind zugleich ein Ausdruck des **Nutzens**, den die Güter einem Konsumenten stiften.

Die mikroökonomische Konsumtheorie nimmt weiterhin an, daß sich ein Konsument beim Kauf von Konsumgütern rational verhält. Der Begriff "rational" bedeutet in dem Zusammenhang, daß er jene Güter zum Kauf auswählt, die ihm den größten Nutzen einbringen. Man spricht deshalb auch von einer **Rationaltheorie des Haushalts** oder des Konsumenten. Beachtet man schließlich noch, daß die Nachfrage nach Gütern beim einzelnen oder beim Haushalt auf Beschränkungen des Einkommens stößt, so läßt sich mit Hilfe dieser Nebenbedingung das Kaufkalkül eines Konsumenten ableiten. Dieser wird versuchen, im Rahmen seines begrenzten Einkommens jenes Güterbündel zu erwerben, das ihm den höchstmöglichen Nutzen zur Verfügung stellt. Man spricht deshalb in der Konsumtheorie auch vom **nutzenmaximierenden** Verhalten des Konsumenten.

So gesehen kann der Kauf von Konsumgütern als ein **Entscheidungsproblem** des Haushalts aufgefaßt werden: Ein Konsument wählt unter der Rationalitätsannahme immer dasjenige Güterbündel, das ihm von allen Bündeln, die er mit seinem Einkommen kaufen kann, den größten Nutzen einbringt.

Im folgenden wollen wir dieses Entscheidungsproblem in Form eines **Optimierungsmodells** fassen, dem die folgenden Annahmen zugrunde liegen:

A1) Auf dem Markt für Konsumgüter herrsche ein **Preissystem**, auf das der Konsument keinen Einfluß hat. Die Preise betrachtet er als Datum.

A2) Der Konsument verfüge über ein bestimmtes **Budget** für Konsumgüterkäufe, über das er schon entschieden hat. Er hat also insbesondere schon eine Entscheidung über sein Faktorangebot und die Verwendung des daraus resultierenden Einkommens für Konsumzwecke und Ersparnis getroffen.

A3) Ein Konsument besitze **Präferenzen** für Güter, die ganz bestimmte, noch näher zu untersuchende Eigenschaften aufweisen sollen.

A4) Ein Konsument verhalte sich rational und sei bestrebt, seinen Nutzen zu maximieren **(Verhaltensannahme)**.

Wir gehen nun auf die einzelnen Elemente dieses Annahmengebäudes näher ein. Beginnen wir mit den Präferenzen als einer Determinante der Nachfrage.

13.2 Präferenzen und Präferenzordnungen

Sehen wir uns zunächst an, wie es zur Bildung von Präferenzen kommt.

Bildung von Präferenzen

Die Entscheidung eines Konsumenten beim Kauf von Konsumgütern hängt, wie wir eben schon erwähnten, zu einem großen Teil von seinen **inneren Wertvorstellungen** ab. Dahinter verbergen sich subjektive Ziele, individuelle Bedürfnisse und Wünsche sowie sonstige Phänomene psychischer Natur. Solche Einflußfaktoren können natürlich überaus komplex gestaltet sein, und es ist daher vor allem für den Ökonomen äußerst schwer, sie in richtiger Weise zu erfassen und zu erklären. Um diesem Dilemma zu entgehen, greift die traditionelle Konsumtheorie gerne auf einen einfachen Ausweg zurück. Sie kümmert sich nicht weiter um das Zustandekommen von Wertvorstellungen, sondern befaßt sich ausschließlich mit deren (beobachtbaren) **Ergebnissen**. Sie geht also von einer vorgegebenen Wertvorstellung eines Konsumenten gegenüber Gütern aus und begnügt sich mit der Feststellung, daß der Konsument bestimmte Güterbündel, oder besser bestimmte Sortimente von Gütern, anderen beim Kauf vorzieht.

Hat also ein Konsument seine Wertvorstellung gegenüber verschiedenen Güterbündeln gebildet, so bedeutet dies, daß er fähig ist, diese seinem Maßstab gemäß in eine **Rangfolge** zu bringen. Man sagt auch, der Konsument würde auf einer Menge von alternativen Konsumgüterbündeln eine **Ordnung** herstellen können. In dieser Ordnung rangieren dann gewisse Güterbündel vor anderen. Das heißt, die Güterbündel stehen in einer gewissen Relation zueinander, nämlich in der, daß bestimmte Alternativen anderen vorgezogen werden.

Um diesen Zusammenhang noch genauer auszudrücken, greift die Konsumtheorie gerne auf die formale, mathematische Darstellungsweise zurück. Wertvorstellungen werden dann gleichgesetzt mit gewissen **binären Relationen** auf der Menge der Konsumgüterbündel, die einem Konsumenten zugänglich sind. Daraus läßt sich dann exakt angeben, was man unter der Präferenz eines Konsumenten zu verstehen hat. Fassen wir dazu die Menge aller Konsumgüterbündel in der Alternativenmenge Ω zusammen und formulieren:

Definition der Präferenz

Eine (schwache) **Präferenz** ist definiert als eine binäre Relation $\boldsymbol{R} \subseteq \Omega \times \Omega$ auf der

Menge der Konsumgüterbündel Ω.

Dabei steht ein Güterbündel x in der Relation zu einem Güterbündel y , wenn x vom Konsumenten mindestens so hoch geschätzt wird wie y. Formal schreibt man dafür:

$$(x,y) \in R \quad \Leftrightarrow \quad x \text{ wird mindestens so hoch geschätzt wie } y \quad .$$

An Stelle von $(x,y) \in R$ setzen wir im folgenden kurz xRy und für den Fall, daß x und y nicht in der Beziehung R zueinander stehen, schreiben wir $(x,y) \notin R$ oder kurz $\neg(xRy)$.

Aus der Mathematik wissen wir, daß Relationen ganz allgemein Beziehungen zwischen den Elementen zweier Mengen angeben. In unserem Fall wird durch die Relation R eine Beziehung zwischen je zwei Güterbündeln hergestellt, weshalb man sie eben als binäre Relation bezeichnet. Ob eine Kombination zweier Güterbündel in der Relation R enthalten ist und somit eine Beziehung zwischen ihnen besteht, hängt ganz allein von der Wertschätzung des Konsumenten ab, oder, anders ausgedrückt, von seiner Präferenz. Wird ein Güterbündel x mindestens genauso hoch geschätzt wie ein Güterbündel y, dann kann (x,y) als ein Element der Relation R identifiziert werden und dies ist auch der Grund, weshalb man Präferenzen so gut mit binären Relationen beschreiben kann.

Allerdings sind mit dieser eher harmlos erscheinenden Identifikation von Wertvorstellungen mit binären Relationen auch bedenkenswerte **Implikationen** verbunden, auf die wir kurz hinweisen sollten:

Es ist leicht einzusehen, daß ein Konsument zumeist mehrere Kriterien heranziehen wird, wenn er sich Klarheit darüber verschaffen will, was ihm das eine oder das andere Konsumgut eigentlich bedeutet. Bei dieser Einschätzung können natürlich viele, ganz verschiedene Gesichtspunkte eine Rolle spielen. Für ein Kleidungsstück etwa ist dessen Haltbarkeit, sein Schnitt, seine modische Gestaltung und vieles andere mehr zu berücksichtigen. Natürlich sollte es auch zu anderen Kleidungsstücken passen. Berücksichtigt man eine solche Vielzahl von Kriterien, wird verständlicherweise ein Vergleich zweier Alternativen außerordentlich erschwert. So könnte in unserem Beispiel etwa ein Kleidungsstück x nach einem Kriterium K_1 dem Kleidungsstück y vorgezogen werden, nach einem Kriterium K_2 aber könnte genau das Gegenteil passieren. Die Folge wäre dann, daß man keine eindeutigen Aussagen mehr über die Präferenz zwischen zwei Gütern machen könnte. Um dieser Schwierigkeit zu entgehen, muß sich die Konsumtheorie notgedrungen auf einen einfacheren Weg besinnen. Sie verzichtet auf alle Differenzierungen in der Wahl der Beurteilungskriterien eines Gutes oder Güterbündels und läßt allein eine **summarische Bewertung** zu, die sich in einem "mehr oder weniger Dafür" ausdrückt.

Der Ausdruck für die (schwache) Präferenz, wie wir ihn oben definiert haben, bedeutet also, daß darin nur ein **eindimensionaler** Maßstab zur Beurteilung von Alternativen herangezogen wird. Dies ist natürlich eine fragwürdige Simplifizierung. Denn einem Konsumenten dürfte es in der Realität kaum je gelingen, die verschiedenen Aspekte, die in seine Präferenzfindung eingehen, so zusammenzufassen, daß eine pauschale Einschätzung möglich wird.

Nachdem wir ganz allgemein festgestellt haben, was die Konsumtheorie unter einer Präferenz versteht, müssen wir uns im folgenden noch etwas eingehender mit der Frage beschäftigen, welche sonstigen Eigenschaften die Präferenz eines Konsumenten aufweisen muß, damit dieser zu einer rationalen Kaufentscheidung gelangen kann. Diese Frage wird gewöhnlich unter der Überschrift "Präferenzordnung" abgehandelt.

Präferenzordnung

Damit ein Konsument alle in der Alternativenmenge enthaltenen Güterbündel in eine Rangfolge bringen kann, muß seine Präferenz noch zusätzliche Eigenschaften besitzen, nämlich die der

- Reflexivität,
- Transitivität,
- Vollständigkeit.

Wie sind diese Eigenschaften formal definiert und welche ökonomischen Charakteristika verbergen sich dahinter?

(a) **Reflexivität**

Eine Präferenz $R \subseteq \Omega \times \Omega$ heißt reflexiv, wenn

$$xRx \text{ für alle } x \in \Omega \quad .$$

Ökonomisch betrachtet besagt dies, daß jede Alternative mindestens so hoch geschätzt wird wie sie selbst. Diese Interpretation mutet jedoch immer noch als nicht besonders erhellend an. Plausibler ist aber die folgende Deutung:

Eine Alternative, die mit sich selbst verglichen wird, etwa derart, daß man sie zu zwei verschiedenen, nicht sehr weit auseinanderliegenden Zeitpunkten betrachtet, sollte vorher und nachher nicht unterschiedlich beurteilt werden.

(b) **Transitivität**

Die Transitivität wird häufig als ein Indiz für das rationale Verhalten eines Konsumenten angesehen. Sie verlangt nämlich, daß ein Güterbündel $\boldsymbol{y}$ mindestens so hoch geschätzt wird wie ein Güterbündel $\boldsymbol{z}$, wenn ein drittes Güterbündel $\boldsymbol{y}$ existiert, das mindestens so hoch wie $\boldsymbol{z}$ geschätzt wird und gleichzeitig höchstens so hoch wie $\boldsymbol{x}$. Formal bedeutet dies

$$\boldsymbol{x} R \boldsymbol{y} \wedge \boldsymbol{y} R \boldsymbol{z} \Rightarrow \boldsymbol{x} R \boldsymbol{z} \quad \text{für alle } \boldsymbol{x},\boldsymbol{y},\boldsymbol{z} \in \Omega \quad .$$

Das Güterbündel $\boldsymbol{y}$ dient hier dazu, einen Vergleich zwischen den Güterbündeln $\boldsymbol{x}$ und $\boldsymbol{z}$ anzustellen, den der Konsument ursprünglich nicht vorgenommen hat, weil $(\boldsymbol{x},\boldsymbol{z})$ nicht in seiner Präferenz $\boldsymbol{R}$ enthalten sein muß. Erst wenn $\boldsymbol{R}$ der Transitivität genügt, weiß man, daß auch $(\boldsymbol{x},\boldsymbol{z})$ zu $\boldsymbol{R}$ gehört, falls darin sowohl $(\boldsymbol{x},\boldsymbol{y})$ als auch $(\boldsymbol{y},\boldsymbol{z})$ enthalten sind.

Eine nichttransitive Präferenz, die man bezeichnenderweise auch als inkonsistente Präferenz bezeichnet, erzeugt ein oder mehrere Zyklen derart, daß zum Beispiel $(\boldsymbol{x},\boldsymbol{y})$, $(\boldsymbol{y},\boldsymbol{z})$, $(\boldsymbol{z},\boldsymbol{x})$ in $\boldsymbol{R}$ enthalten sein können und daher die Bildung einer Rangordnung verhindern. Denn ein Zyklus liegt, in unserem Beispiel deshalb vor, weil $\boldsymbol{x}$ nicht hinter $\boldsymbol{y}$, $\boldsymbol{y}$ nicht hinter $\boldsymbol{z}$ und $\boldsymbol{z}$ nicht hinter $\boldsymbol{x}$ rangiert, was als inkonsistente Entscheidung des Konsumenten angesehen wird.

(c) **Vollständigkeit**

Die Vollständigkeit einer Präferenz postuliert, daß ein Konsument beim Vergleich zweier beliebiger Alternativen $\boldsymbol{x},\boldsymbol{y} \in \Omega$ immer ein Urteil darüber abgeben kann, ob die Alternative $\boldsymbol{x}$ mindestens so hoch wie $\boldsymbol{y}$ einzuschätzen ist, oder ob umgekehrt $\boldsymbol{y}$ mindestens so hoch wie $\boldsymbol{x}$ bewertet werden muß, oder ob beides zutrifft. Es darf demnach in einer vollständigen Präferenz keine unvergleichbaren Alternativen geben.

Die Vollständigkeit läßt sich somit formal definieren als:

$$xRy \vee yRx \quad \text{für alle } x,y \in \Omega \quad .$$

Die Vollständigkeit stellt zusammen mit der Transitivität und Reflexivität sicher, daß alle Güterbündel der Alternativenmenge in eine lineare Rangordnung gebracht werden können, in der jedes Güterbündel einen bestimmten Platz einnimmt. Eine solche Ordnung heißt schwache Präferenzordnung. Darin rangiert ein Güterbündel y nicht vor einem Güterbündel x, falls xRy gilt.

Allerdings läßt dieser Vergleich noch keine Aussage darüber zu, ob das Güterbündel x dem Bündel y nun strikt vorgezogen wird oder ob der Konsument beide als gleichwertig einschätzt. Um dies zu beurteilen, müssen wir das Konzept der Präferenz noch weiter präzisieren. Dies geschieht durch die Definition der strikten Präferenz und der Indifferenz, die beide aus der schwachen Präferenz hervorgehen.

Strikte Präferenz und Indifferenz

Eine strikte Präferenz bedeutet, wie der Name schon sagt, daß ein Güterbündel x einem Güterbündel y strikt vorgezogen wird. Das ist genau dann der Fall, wenn x mindestens so hoch bewertet wird wie y, gleichzeitig y aber nicht mindestens so hoch wie x. Falls also R eine schwache Präferenz auf Ω ist, dann heißt die für alle $x,y \in \Omega$ durch

$$xPy \leftrightarrow xRy \wedge \neg(yRx)$$

definierte binäre Relation $P \subseteq \Omega \times \Omega$ **strikte Präferenz**.

Indifferenz liegt dann vor, wenn zwei alternative Güterbündel als gleichwertig eingeschätzt werden. Offensichtlich ist dies der Fall, wenn man x mindestens so hoch bewertet wie y und gleichzeitig y mindestens so hoch wie x eingestuft wird. Ist R wieder eine schwache Präferenz auf Ω, dann heißt die für alle $x,y \in \Omega$ durch

$$xIy \leftrightarrow xRy \wedge yRx$$

definierte binäre Relation $I \subseteq \Omega \times \Omega$ **Indifferenz**.

Wie leicht einzusehen ist, besteht zwischen der schwachen Präferenz, der Indifferenz und der strikten Präferenz ein einfacher Zusammenhang. Es gilt nämlich

$$xRy \leftrightarrow xPy \vee xIy \quad \text{für alle } x,y \in \Omega \quad .$$

Demnach wird eine Alternative x vom Konsumenten mindestens genauso hoch wie y bewertet, wenn dieser entweder x dem y strikt vorzieht oder x und y als gleichwertig betrachtet. Damit ist es nun möglich geworden, jeder Alternative einen ganz bestimmten Platz in der Wertschätzung des Konsumenten zuzuweisen, wie das die Abbildung 13.1 beispielhaft zeigt. Hier nehmen die Alternativen x und y gemeinsam den ersten Rang ein, der Konsument ist zwischen beiden indifferent, schätzt aber beide höher als die Alternative z ein.

Abb. 13.1: Präferenzordnung

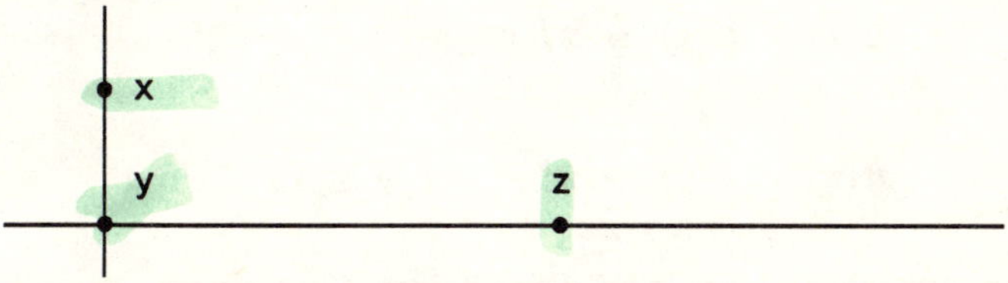

Präferenzordnungen begegnen uns in der Realität recht häufig. Beispiele sind etwa Hitlisten, Sporttabellen oder Schönheitswettbewerbe. Das bedeutet jedoch nicht, daß es immer möglich ist, zu einer Alternativenmenge auch eine Präferenzordnung anzugeben. Präferenzen können auch höchst unvollständig sein; bestimmte Konsumgüterbündel, vor allem wenn sie inhomogen sind, lassen sich für Konsumenten oft nicht miteinander vergleichen. Trotzdem geht man in der Mikroökonomie quasi selbstverständlich davon aus, daß für alle Konsumenten in einer Volkswirtschaft Präferenzordnungen existieren. Der Grund für diese Unterstellung ist mehr methodischer Natur: Präferenzordnungen lassen sich, wie wir gleich sehen werden, auf relativ einfache Weise durch Nutzenfunktionen repräsentieren. Und diese wiederum sind Voraussetzung für die endgültige Bestimmung der Nachfrage eines Konsumenten.

13.3 Nutzenfunktionen

Wir haben bislang gelernt, daß die mikroökonomische Konsumtheorie die Wertvorstellungen eines Konsumenten mit dem Konzept der Präferenz identifiziert. Wertvorstellungen können jedoch noch mit einem anderen formalen Instrumentarium, den **Nutzenfunktionen**, beschrieben werden, das prinzipiell das gleiche leistet.

Es liegt nämlich nahe, den Alternativen gemäß ihrer Stellung in der Präferenzordnung des Konsumenten reelle Zahlen zuzuordnen, derart, daß

- von zwei Güterbündeln dasjenige eine höhere Zahl bekommt, das dem anderen strikt vorgezogen wird und

- zwei Güterbündel die gleiche Zahl erhalten, wenn sich der Konsument zwischen ihnen indifferent verhält.

Damit wird eine Abbildung $u: \Omega \to R$ von der Menge der Konsumgüterbündel Ω in die reellen Zahlen R geschaffen, die der Vorschrift

$$u(x) > u(y) \Leftrightarrow xPy \ ,$$

$$u(x) = u(y) \Leftrightarrow xIy \ , \quad x,y \in \Omega$$

genügt. Zusammengenommen sind diese beiden Forderungen äquivalent mit der Eigenschaft:

$$u(x) \geq u(y) \Leftrightarrow xRy \ , \quad x,y \in \Omega \quad ,$$

was eigentlich nur heißt, daß der Wert für x mindestens so hoch sein muß wie der für y, wenn x mindestens so hoch wie y bewertet wird. Die Funktion u ist die schon erwähnte **Nutzenfunktion** und der Funktionswert $u(x)$ heißt Nutzen von x.

In der Umgangssprache wird der Begriff "Nutzen" gewöhnlich als ein Ausdruck verwendet, mit dem man Phänomene zu erfassen versucht, die im psychischen Bereich eines Individuums angesiedelt sind. Hier jedoch versteht man darunter ein **abstraktes Konzept**, in welchem die Wertschätzung von Konsumenten gegenüber Bündeln von Konsumgütern zum Ausdruck kommt. In diesem Konzept schmilzt die Wertvorstellung eines Konsumenten zusammen und hat nur noch eine lineare Ausdrucksform: "besser", "schlechter" oder "indifferent". Dies geht, synonym dazu, mit einem höheren, niedrigeren oder gleichen Nutzen einher.

Aus der Definition geht hervor, was eine Nutzenfunktion eigentlich bewirkt: Sie überträgt einfach die auf Ω definierte Präferenzordnung des Konsumenten in die "$\geq$" Relation auf den reellen Zahlen. Deshalb spricht man auch von einer R repräsentierenden Nutzenfunktion. Dabei kommt es auf die absolute Höhe der

Nutzenwerte nicht an, allein entscheidend ist, daß die Ordnung der Alternativen durch die Abbildung u erhalten bleibt.

Deshalb existiert auch nicht nur eine Nutzenfunktion, sondern es gibt genau betrachtet unendlich viele, die die gleiche Präferenzordnung repräsentieren. Man bezeichnet diesen Typ von Nutzenfunktion daher genauer auch als **ordinale Nutzenfunktion**, weil sie die Alternativen nur ordnet. Ihre Skala kann beliebig gewählt werden, mit der einzigen Einschränkung, daß die Präferenzordnung bei allen Skalen erhalten bleiben muß. Dies wollen wir wieder am Beispiel der Präferenzordnung aus Abbildung 13.1 deutlich machen. Die Präferenzordnung kann mit der Alternativenmenge $\Omega=\{x,y,z\}$ als $xIyPz$ geschrieben werden. Die Funktion

$$u\colon \Omega \rightarrow \mathbb{R} \quad \text{mit}$$

$$u(x) = 5 \;, \quad u(y) = 5 \;, \quad u(z) = 4$$

ist eine mögliche Nutzenfunktion, um die Präferenzordnung zu repräsentieren. Eine andere Möglichkeit stellt die durch

$$\bar{u}(x) = 10 \;, \quad \bar{u}(y) = 10 \;, \quad \bar{u}(z) = 8$$

definierte Nutzenfunktion $\bar{u}$ dar.

13.4 Eigenschaften von Nutzenfunktionen

Wir wollen nun Alternativenmengen betrachten, bei denen jedes Güterbündel genau zwei Güter enthält. Dann können Nutzenfunktionen im Anschauungsraum graphisch als ein Nutzengebirge dargestellt werden, wie es die Abbildung 13.2 beispielhaft zeigt.

Darin entspricht jeder Punkt in der Grundebene einem Güterbündel; die Menge des Gutes 1 werde auf der x_1-Achse, die Menge des Gutes 2 auf der x_2-Achse gemessen. Jedem Punkt in der Grundebene wird nun durch die Nutzenfunktion u ein Nutzenwert zugeordnet, wodurch sich über der Grundebene eine Fläche aufspannt, die die Nutzenfunktion veranschaulicht.

Diese Darstellung impliziert natürlich zwei wesentliche Annahmen. Einmal bedeutet sie, daß die Nutzenfunktion u auf dem ganzen $\mathbb{R}^2_+$ definiert ist, also jedem Güterbündel ein Nutzenwert zugeordnet wird, was die **unendliche Teilbarkeit** der

Güter voraussetzt. Benachbarte Güterbündel unterscheiden sich damit immer nur durch eine marginal größere oder kleinere Gütermenge voneinander. Zum anderen wird in der Darstellung auch die **Stetigkeit** der Funktion u angenommen, was bedeutet, daß sich der Nutzen von Güterbündeln, die sich nur marginal voneinander unterscheiden, nicht abrupt ändert.

Abb. 13.2: Nutzengebirge

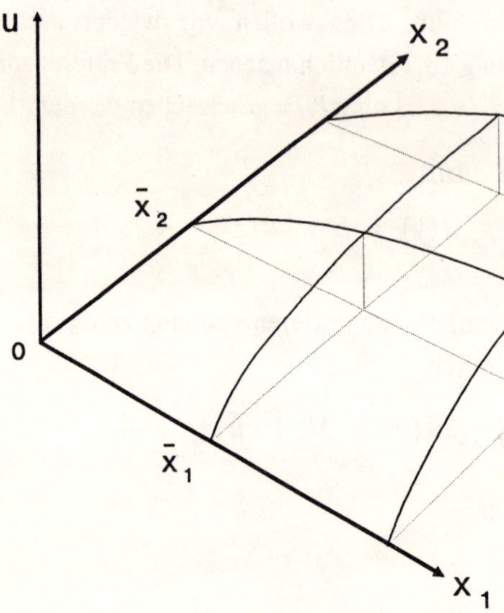

Während diese Implikationen ökonomisch nicht leicht zu interpretieren und teilweise nur technisch motiviert sind, werden die beiden nachfolgenden Eigenschaften in der Ökonomie als charakteristisch für die Wertvorstellungen und Präferenzen eines Konsumenten betrachtet. Die erste ist die Annahme eines **positiven Grenznutzens.**

Sie macht eine Aussage über die Veränderung des Nutzens bei einer Veränderung der Menge nur eines Gutes im Konsumgüterbündel. Hier geht man davon aus, daß der Konsument bereits dann eine Nutzensteigerung erfährt, wenn er von mindestens einem Gut, etwa Gut 1, etwas mehr erhält, ohne von dem anderen weniger zu bekommen.

Graphisch ergibt sich dieser Zusammenhang aus dem Nutzengebirge durch einen Schnitt mit einer Ebene parallel zur u,x_1-Ebene in Höhe von $\overline{x}_2$. Die Abbildung 13.3 stellt die entsprechende Schnittmenge $\tilde{u}(x_1)=u(x_1,\overline{x}_2)$ dar. Die gleichen Überlegungen gelten auch, falls x_2 variabel ist und x_1 konstant bleibt.

Abb. 13.3: Grenznutzen

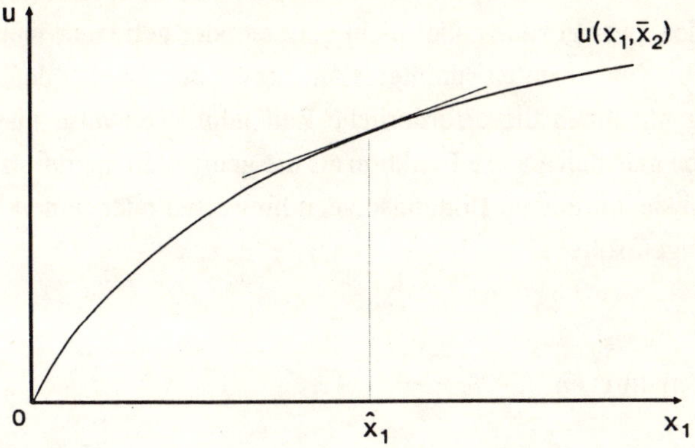

Mathematisch ausgedrückt heißt dies, daß Nutzenfunktionen streng monoton wachsend sind. Ihre partielle Ableitung ist wie in Punkt $\hat{x}_1$ überall positiv. Sie wird auch als **Grenznutzen eines Gutes** bezeichnet und gibt an, wie sich der Nutzen ändert, wenn von einem Gut eine marginale Einheit mehr zur Verfügung steht.

Falls also u partiell nach beiden Argumenten differenzierbar ist, dann muß stets

$$\frac{\partial u}{\partial x_i} > 0 \quad \text{für } x_i \geq 0\,, \quad i = 1,2$$

gelten. Bei ordinalen Nutzenfunktionen darf man hier jedoch nur mit dem positiven Vorzeichen argumentieren. Der Wert der Steigung sagt in dem Fall nämlich nichts über die Höhe der Zunahme des Nutzens aus, da diese Information in einer ordinalen Nutzenfunktion nicht enthalten ist.

Versucht man die Annahme streng monoton wachsender Nutzenfunktionen ökonomisch zu interpretieren, so spiegelt sich darin ein Bild des Konsumenten wieder, der als ein habgieriges, unbescheidenes Wesen mit prinzipiell grenzenlosen Bedürfnissen charakterisiert wird. Ob diese Beschreibung in der Realität tatsächlich und häufig zutrifft, muß eher offen bleiben. So gibt es jedenfalls eine Reihe von Gütern (zum Beispiel Bier), die, obwohl sie zunächst durchaus erwünscht sind, zu Nutzeneinbußen führen, wenn der Konsum eine bestimmte Menge überschreitet. Allerdings kann ein Konsument nicht nur aus dem Verzehr beziehungsweise aus dem Gebrauch bestimmter Güter einen Nutzen ziehen, sondern allein schon aus deren Besitz. Dann aber muß man auch davon ausgehen, daß die Kosten der Lagerung und der Beseitigung verdorbener Ware, etwa von Lebensmittel, für ihn Nutzeneinbußen mit sich bringen. Andere Güter, wie beispielsweise Bücher oder Kleider, werden zwar gekauft, aber nicht gelesen oder getragen, weil sie nach dem Kauf für den Konsumenten uninteressant geworden sind oder weil für die Beschäftigung mit ihnen die erforderliche Zeit fehlt. Teilweise mag der Besitzer ihnen auch eine gänzlich andere Funktion als die gemeinhin intendierte zuschreiben, so etwa, wenn sie auf dessen Bildungsniveau hinweisen oder seinen Reichtum zum Ausdruck bringen sollen.

13.5 Indifferenzkurven

Die zweite Eigenschaft, die wir von Nutzenfunktionen fordern wollen, betrifft Veränderungen von Gütern im Konsumgüterbündel, die über die **relative Wertschätzung** der einzelnen Güter Aufschluß geben sollen. Im Zwei-Güter-Fall kann man sich nämlich fragen, wieviele Einheiten dem Konsumenten von einem Gut 2 zusätzlich gegeben werden müssen, um den Rückgang einer Einheit des Gutes 1 so zu kompensieren, daß sich der Nutzen des Konsumenten nicht verändert. Dazu führen wir das Konzept der Indifferenzkurve ein.

Abb. 13.4: Indifferenzkurven

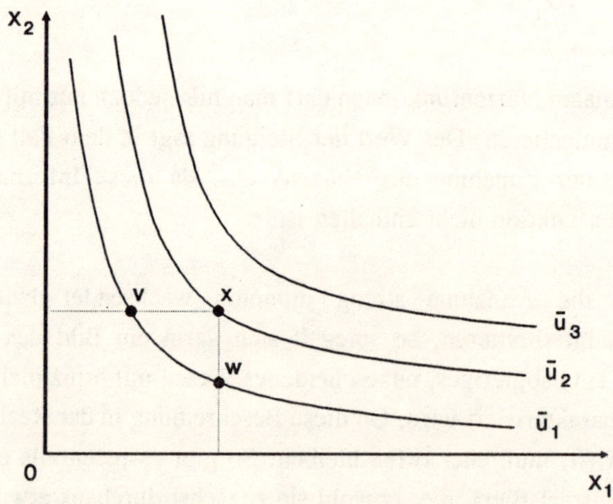

Auf einer **Indifferenzkurve** liegen alle Konsumgüterbündel, die dem Konsumenten den gleichen Nutzen, etwa $\overline{u}$, stiften.

Graphische Ableitung

Geometrisch erhält man die Indifferenzkurve aus dem Nutzengebirge durch einen Schnitt mit einer Ebene parallel zur Grundebene in Höhe $\overline{u}$. Variiert man das Nutzenniveau $\overline{u}$ und projeziert die Schnittmenge jeweils auf die Grundebene, ergibt sich eine Indifferenzkurvenschar, wie wir sie in Abbildung 13.4 dargestellt haben.

Dort repräsentiert eine Indifferenzkurve, die weiter vom Ursprung entfernt liegt, ein höheres Nutzenniveau als die darunter liegende Indifferenzkurve. In unserer Darstellung gilt also $\overline{u}_1 < \overline{u}_2 < \overline{u}_3$.

Diese Reihung folgt sofort aus der Monotonieeigenschaft der Nutzenfunktion. Denn in dem Güterbündel x auf der Indifferenzkurve mit dem Nutzenniveau $\overline{u}_2$ ist im Vergleich zu w genauso viel vom Gut 1 enthalten, aber mehr vom Gut 2, und vergleicht man x mit v, dann enthält x mehr vom Gut 1 und gleich viel vom Gut 2. Wegen des monotonen Verlaufs der Nutzenfunktion muß dann die Indifferenzkurve $\overline{u}_1$, auf der v und w liegen, ein geringeres Nutzenniveau aufweisen als die Indifferenzkurve von x. Diese Überlegung kann man für alle Güterbündel auf einer Indifferenzkurve anstellen.

Abb. 13.5: Indifferenzkurven schneiden sich nicht

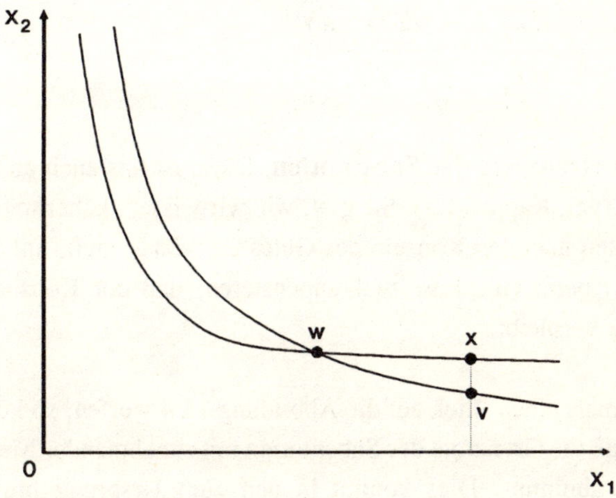

Indifferenzkurven können sich auch **nicht schneiden**. Betrachten wir dazu das

Beispiel der Abbildung 13.5.

Im Güterbündel $\boldsymbol{x}$ ist im Vergleich zu $\boldsymbol{v}$ mehr von Gut 2 und gleich viel von Gut 1 vorhanden, also ist der Nutzen von $\boldsymbol{x}$ höher als der von $\boldsymbol{v}$. Der Nutzen von $\boldsymbol{w}$ ist genauso groß wie der von $\boldsymbol{x}$ und der von $\boldsymbol{v}$, da $\boldsymbol{w}$ sowohl auf der Indifferenzkurve von $\boldsymbol{v}$ als auch auf der Indifferenzkurve von $\boldsymbol{x}$ liegt. Folglich müßten $\boldsymbol{x}$ und $\boldsymbol{v}$ den gleichen Nutzen haben, was jedoch der Monotonieannahme widerspricht.

Analytische Ableitung

Analytisch wird die Indifferenzkurve mit dem Nutzenniveau $\bar{u}$ implizit durch $u(x_1,x_2)=\bar{u}$ bestimmt. Löst man diese Gleichung nach einer Variablen, etwa x_2 auf, erhält man die Indifferenzkurve in Form einer Funktion $\hat{u}$, bei der x_2 von x_1 und dem Niveau $\bar{u}$ abhängt:

$$x_2 = \hat{u}(x_1, \bar{u}) \quad .$$

Aufgrund der Monotonie der Nutzenfunktion weist die Indifferenzkurve einen fallenden Verlauf auf, so wie ihn auch die Abbildung 13.4 zeigt. Aus ökonomischer Sicht bedeutet dies, daß der Minderkonsum eines Gutes nur durch den Mehrkonsum eines anderen Gutes kompensiert werden kann.

Ein Maß für diese Substituierbarkeit der Güter stellt die Steigung der Indifferenzkurve dar. Den Betrag dieser Steigung

$$-\frac{dx_2}{dx_1} = -\frac{d\hat{u}(x_1, \bar{u})}{dx_1}$$

nennt man auch **Grenzrate der Substitution**. Diese ist uns auch an anderer Stelle schon begegnet (vgl. Kapitel 4.5). Sie gibt, wie wir wissen, näherungsweise an, um wieviele Einheiten man den Konsum des Gutes 2 erhöhen muß, um den Rückgang um eine Einheit beim Gut 1 so zu kompensieren, daß der Konsument auf dem Nutzenniveau $\bar{u}$ verbleibt.

Wenn wir nochmals einen Blick auf die Abbildung 13.4 werfen, so können wir dort gut erkennen, daß die Grenzrate der Substitution mit zunehmender Menge des Gutes 1 immer mehr abnimmt. Dies kommt in den zum Ursprung hin **konvex** verlaufenden Indifferenzkurven zum Ausdruck. Dahinter steht die Vorstellung, daß man ein Gut umso schwerer ersetzen kann, je knapper es für den Konsum verfügbar ist. In unserem Beispiel werden also, wenn die Menge von Gut 1 im Güterbündel zurückgeht, umso größere Mengen von Gut 2 benötigt, um eine Einheit des Gutes 1 im Güterbündel ohne Nutzeneinbuße zu ersetzen.

Wir begegnen demnach hier wieder einmal dem Phänomen der Knappheit. Aus ihr leitet der Konsument seine Wertschätzung ab, die er für ein bestimmtes Gut im Vergleich zu anderen Gütern empfindet. Dieser Sachverhalt firmiert in der Mikroökonomie unter dem "**Gesetz der abnehmenden Grenzrate der Substitution**".

Abschließend sei noch erwähnt, daß sich die Grenzrate der Substitution auch durch die partiellen Ableitungen der Nutzenfunktion ausdrücken lassen. Bei einer Bewegung auf der Indifferenzkurve gilt für das totale Differential der Nutzenfunktion nämlich

$$du = dx_1 \frac{\partial u}{\partial x_1} + dx_2 \frac{\partial u}{\partial x_2} = 0 \quad .$$

Daraus folgt

$$-\frac{dx_2}{dx_1} = \frac{\frac{\partial u}{\partial x_1}}{\frac{\partial u}{\partial x_2}} \quad .$$

Demnach stimmt die Grenzrate der Substitution mit dem Verhältnis der Grenznutzen von Gut 1 und Gut 2 überein. Diese Beziehung werden wir gleich bei der Ableitung des optimalen Konsumplans eines Haushaltes wieder benötigen.

13.6 Nutzenmaximierung

Wie wir nicht müde werden, immer wieder zu betonen, unterstellt die traditionelle Volkswirtschaftslehre dem Konsumenten das Ziel, seinen Nutzen zu maximieren. Beschränkt wird der Konsument dabei durch sein für den Konsum bestimmtes Einkommen und die Preise der Güter. Von diesen Größen hängt es ab, welche Güterbündel er überhaupt kaufen kann. Dabei wird die Menge der für ihn erwerbbaren Güterbündel durch die sogenannte **Budgetrestriktion** festgelegt:

$$p_1x_1 + p_2x_2 \leq E \quad .$$

Hierbei bezeichnen p_1 und p_2 die Preise der zwei zur Verfügung stehenden Güter und E setzt das Budget des Konsumenten fest. Dieser nimmt die Preise als gegeben hin und hat, annahmegemäß, auch schon über sein Budget entschieden. Die Budgetrestriktion verlangt dann, daß die Ausgaben für Konsumgüterkäufe nie größer als das Budget sein dürfen. Dies schließt Verschuldung und Kreditaufnahme aus.

Abb. 13.6: Budgetrestriktion

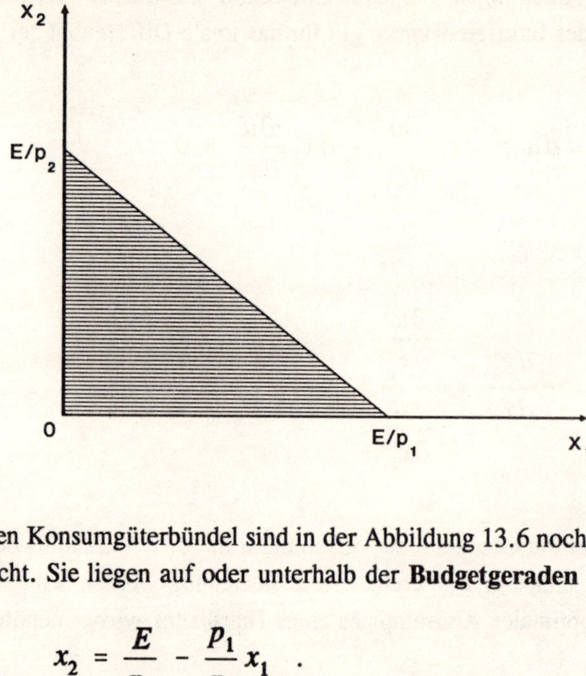

Die wählbaren Konsumgüterbündel sind in der Abbildung 13.6 nochmals graphisch veranschaulicht. Sie liegen auf oder unterhalb der **Budgetgeraden**

$$x_2 = \frac{E}{p_2} - \frac{p_1}{p_2}x_1 \quad .$$

Diese bezeichnet die äußerste Grenze der für Käufe verfügbaren Finanzmittel, bei der das ganze Einkommen für Konsumgüter ausgegeben wird. Die Steigung der Budgetgeraden entspricht betragsmäßig dem Preisverhältnis p_1/p_2 und wird auch als **Transformationsrate** bezeichnet. Sie gibt an, wieviele Einheiten von Gut 2 ein Konsument für eine Einheit von Gut 1 eintauschen kann, wenn er sein gesamtes Budget für Konsumgüter verausgabt.

Das Entscheidungsproblem des Konsumenten

Wir sind nun in der Lage, das Entscheidungsproblem des Haushalts als **beschränktes Maximierungsproblem** zu formulieren:

$$\begin{aligned} &\max\ u(x) \\ &N.B. \quad p_1 x_1 + p_2 x_2 \leq E\ . \end{aligned} \qquad \text{(P)}$$

Gesucht wird das optimale Konsumgüterbündel x^*, also die Lösung des Problems (P).

Graphische Lösung

Betrachten wir dazu die Abbildung 13.7.

Abb. 13.7: Haushaltsoptimum

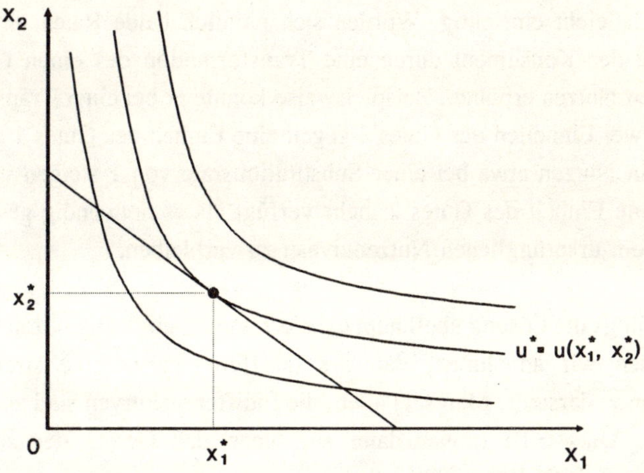

Eine einfache Überlegung zeigt, daß wegen der Monotonieannahme alle optimalen Konsumgüterbündel auf der Budgetgeraden liegen müssen. Ein Güterbündel unterhalb der Budgetgeraden kann nicht optimal sein. Denn, wenn der Nutzen streng monoton wächst, wird der Konsument ein Nutzenmaximum nur erreichen können, falls er sein ganzes Einkommen für Konsumgüterkäufe ausgibt. Würde er das nicht tun, dann könnte er den gesparten Teil des Einkommens für den Kauf einer größeren Menge des Gutes 1 oder des Gutes 2 verwenden und damit seinen Nutzen noch weiter steigern.

Welcher der Punkte auf der Budgetgeraden ist dann optimal?

Sehen wir uns hierzu die Indifferenzkurvenschar in der x_1,x_2-Ebene an. Ziel des Konsumenten ist es, eine Indifferenzkurve mit maximalem Nutzenniveau zu erreichen. Das ist die am weitesten vom Ursprung entfernt liegende Indifferenzkurve, die mit der Budgetgeraden wenigstens noch einen Punkt gemeinsam hat. Optimal ist also derjenige Punkt (x_1^*,x_2^*) auf der Budgetgeraden, wo die am weitesten vom Ursprung entfernt liegende Indifferenzkurve die Budgetgerade gerade noch berührt.

Dort entspricht die **Transformationsrate genau der Grenzrate der Substitution,**

$$-\frac{dx_2}{dx_1} = \frac{p_1}{p_2} ,$$

weil die Steigungen von Budgetgeraden und Indifferenzkurve übereinstimmen.

Dies ist auch leicht einsichtig. Würden sich nämlich beide Raten unterscheiden, dann könnte der Konsument durch eine Transformation des einen Gutes in das andere seinen Nutzen erhöhen. Beispielsweise könnte er bei einer Transformationsrate von 2 zwei Einheiten des Gutes 2 gegen eine Einheit des Gutes 1 eintauschen, wodurch sein Nutzen etwa bei einer Substitutionsrate von 1 steigen würde, da er jetzt über eine Einheit des Gutes 2 mehr verfügt als es notwendig gewesen wäre, um auf seinem ursprünglichen Nutzenniveau zu verbleiben.

Damit allerdings die Lösung überhaupt existiert und als eindeutig bezeichnet werden kann, müssen wir annehmen, daß die Indifferenzkurve eine streng konvexe Funktion von x_1 darstellt. Man sagt auch, die Indifferenzkurven sind zum Ursprung hin konvex. Dies trifft immer dann zu, wenn das Gesetz der abnehmenden Grenzrate der Substitution erfüllt ist.

Analytische Ableitung

Wie wir eben gezeigt haben, können wir das Maximierungsproblem **(P)** ersetzen durch das Problem

$$\begin{aligned} &\max\ u(x) \\ &p_1x_1 + p_2x_2 = E\ , \end{aligned} \qquad \textbf{(P')}$$

bei dem die Nebenbedingung nun in Form einer Gleichung vorliegt. Die Lösung

(x_1^*, x_2^*) von **(P')** kann nämlich auch **(P)** lösen. Als analytischen Ansatz hierfür verwendet man das aus der Mathematik bekannte Lagrange-Verfahren.

Dazu bilden wir die **Lagrange-Funktion**

$$\mathcal{L}(x_1, x_2, \lambda) = u(x_1, x_2) + \lambda\,(E - p_1 x_2 - p_2 x_2)$$

mit dem Lagrangemultiplikator λ. Er kann als Grenznutzen des Einkommens interpretiert werden und gibt an, um wieviel der Nutzen eines Konsumenten ansteigt, wenn sich sein Einkommen um eine Einheit erhöht. Da der Grenznutzen der Güter auf dem ganzen Bereich der Nutzenfunktion als positiv angenommen wurde, ist auch λ positiv.

Für ein Maximum müssen die Bedingungen erster und zweiter Ordnung erfüllt sein:

Die **Bedingungen erster Ordnung** erhält man durch partielle Differentation der Lagrange-Funktion nach den unabhängigen Variablen, wobei die Ableitungen gleich Null zu setzen sind:

$$\frac{\partial \mathcal{L}}{\partial x_1} = \frac{\partial u}{\partial x_1} - \lambda\, p_1 = 0 \quad , \tag{1}$$

$$\frac{\partial \mathcal{L}}{\partial x_2} = \frac{\partial u}{\partial x_2} - \lambda\, p_2 = 0 \quad , \tag{2}$$

$$\frac{\partial \mathcal{L}}{\partial \lambda} = E - p_1 x_1 - p_2 x_2 = 0 \quad . \tag{3}$$

Aus den ersten beiden Gleichungen folgt:

$$\frac{\dfrac{\partial u}{\partial x_1}}{\dfrac{\partial u}{\partial x_2}} = \frac{p_1}{p_2} \quad .$$

Wir sehen also, daß im Nutzenmaximum eines Konsumenten das Verhältnis der Grenznutzen dem Preisverhältnis entsprechen muß. Da das Verhältnis der

Grenznutzen aber auch gleich der Substitutionsrate ist, wird das optimale Konsumgüterbündel zudem durch die Gleichheit von Substitutionsrate und Transformationsrate bestimmt. Als dritte Bedingung schließlich wird verlangt, daß die optimale Lösung auf der Budgetgeraden liegen muß.

Die **Bedingungen zweiter Ordnung** verlangen die strenge Quasi-Konkavität der Nutzenfunktion. Darauf wollen wir hier nicht näher eingehen, sondern nur festhalten, daß die Indifferenzkurven einer streng-quasi konkaven Funktion zum Ursprung hin konvex sind, also genau die Form aufweisen, die wir bei der graphischen Ableitung des optimalen Konsumgüterbündels vorausgesetzt haben.

13.7 Nachfragefunktionen

Im letzten Abschnitt wurde das optimale Konsumgüterbündel für eine gegebene Konstellation von Preisen und Einkommen bestimmt. Nun wollen wir uns ergänzend dazu überlegen, wie sich die Nachfrage nach Gütern ändert, wenn sich die Preise der angebotenen Güter und das Einkommen eines Konsumenten ändern. Es geht also um die **allgemeine** Ableitung von Nachfragefunktionen für Güter.

Nachfragefunktionen basieren auf dem Kalkül der Nutzenmaximierung von Konsumenten. Ändern sich die Preise und das Einkommen eines Konsumenten, so führt dies bei jedem zu einer neuen Budgetgeraden und damit, in der Regel, auch zu einem neuen optimalen Güterbündel. In der analytischen Betrachtung hängt dann die Lösung $\boldsymbol{x}^*$, die sich aus den notwendigen Bedingungen für ein Nutzenmaximum ergibt, von den Parametern $\boldsymbol{p_1}$, $\boldsymbol{p_2}$, $\boldsymbol{E}$ ab. Wir können also die optimalen Gütermengen als Funktionen der Preise und des Einkommens schreiben. Sie werden allgemein als **Nachfragefunktionen** bezeichnet.

$$x_1^* = x_1^*(p_1, p_2, E)$$
$$x_2^* = x_2^*(p_1, p_2, E)$$

Da die nachgefragten Mengen immer die optimalen Mengen darstellen, kann man der Einfachheit halber das Symbol (*) auch weglassen. Um die Reaktion der Nachfrage auf Preis- und Einkommensänderungen zu studieren, empfiehlt es sich weiterhin, in den Nachfragefunktionen nicht alle Parameter gleichzeitig zu variieren, sondern immer nur einen und die anderen konstant zu halten. Beginnen wir mit dem Einkommen und sehen uns dazu die Abbildung 13.8 an.

13.7.1 Einkommensänderung

In der Abbildung 13.8 verschiebt eine **Erhöhung des Einkommens** die Budgetgerade parallel nach rechts außen. Die Steigung der Budgetgeraden ändert sich hierbei nicht, da das Preisverhältnis bei Konstanz beider Preise gleichbleibt. Durch die Parallelverschiebung ergibt sich ein neuer Tangentialpunkt x^{**} mit einer höher gelegenen Indifferenzkurve, der Konsument erreicht also ein höheres Nutzenniveau.

Normalerweise ist zu erwarten, daß mit steigendem Einkommen die Nachfrage nach jedem Gut steigt. Dieser Fall ist auch in der Abbildung 13.8 berücksichtigt.

Abb. 13.8: Einkommensvariation

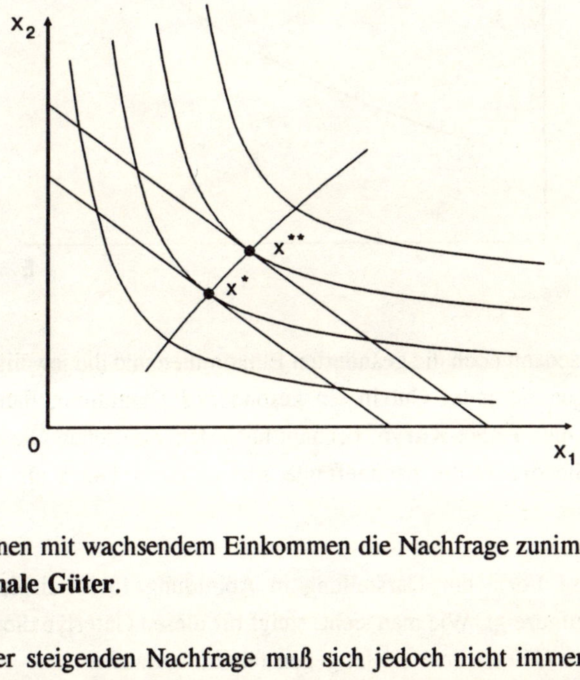

Güter, bei denen mit wachsendem Einkommen die Nachfrage zunimmt, bezeichnet man als **normale Güter**.

Der Effekt der steigenden Nachfrage muß sich jedoch nicht immer als zwingend ergeben. Ein höheres Einkommen kann auch das Gegenteil bewirken und bei einem bestimmten Gut (jedoch nicht bei allen) zu einer Verringerung des Konsums führen. Dieses Gut bezeichnet man dann als **inferiores Gut**. Als Beispiele dafür nennt man gewöhnlich Kartoffeln oder Malzkaffee, die bei steigendem Einkommen weniger nachgefragt werden, weil der Konsument sie durch Fleisch beziehungsweise Bohnenkaffee ersetzt, die er sich vorher vielleicht nicht leisten konnte.

Ob Güter inferior oder normal sind, hängt von den Präferenzen und damit von den

Indifferenzkurven eines Konsumenten ab. Die jeweiligen Eigenschaften zeigen sich besonders deutlich, wenn man in der graphischen Darstellung die Budgetgerade immer weiter nach außen verschiebt und die Punkte für alle sich nun ergebenden optimalen Konsumgüterbündel miteinander verbindet. Man erhält auf diese Weise die sogenannte **Einkommens-Konsumkurve.**

Abb. 13.9: Engel-Kurve

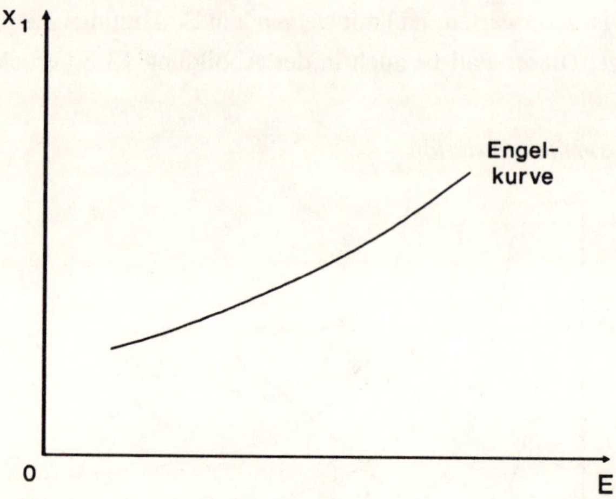

Überträgt man sodann noch die geänderten Einkommen und die jeweils zugehörigen Nachfragemengen für jedes Gut in ein gesondertes Diagramm, dann ergibt sich daraus die bekannte **Engel-Kurve**, benannt nach dem deutschen Ökonomen **Engel** (1826-1896). Sie drückt die nachgefragte Menge eines Gutes als Funktion des Einkommens aus.

Wir haben diese Form der Darstellung in Abbildung 13.9 beispielhaft für ein normales Gut aufgezeigt. Wie man sieht, steigt für diesen Gütertyp die Engel-Kurve an. Für inferiore Güter würde sie hingegen fallend verlaufen.

13.7.2 Preisänderungen

Wenden wir uns nun den Preisänderungen zu und nehmen wir an, der Preis des Gutes 1 würde sinken, während der Preis des Gutes 2 und das Einkommen konstant bleiben. Dieser Fall ist in Abbildung 13.10 dargestellt.

Abb. 13.10: Preisänderung

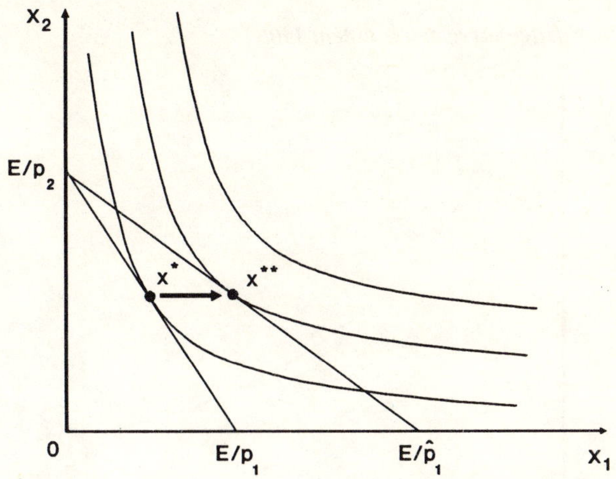

Wir können erkennen, daß, die Budgetgerade flacher wird, Wenn der Preis des Gutes 1 sinkt. Sie dreht sich (wegen der Konstanz von p_2) um den Ordinatenabschnitt, und der Abszissenabschnitt wandert nach rechts. Zu jeder dieser Budgetgeraden gibt es einen neuen Tangentialpunkt mit einer Indifferenzkurve. Im Normalfall erhöht sich, wie in unserem graphischen Beispiel, dadurch die nachgefragte Menge von Gut 1.

Die Verbindung aller optimalen Konsumgüterbündel, die sich ergeben, wenn man den Preis eines Gutes variiert, heißt **Preis-Konsumkurve**. Sie stellt die Güterbündel dar, die bei verschiedenen Preisen des Gutes 1 nachgefragt werden.

Daraus läßt sich sofort die **Nachfragekurve** nach Gut 1 gewinnen: Man muß dazu nur die Preise und die zugehörigen optimalen Mengen von Gut 1 in ein Preis-Mengendiagramm übertragen, so wie wir dies in Abbildung 13.11 getan haben.

Wenn in der Mikroökonomie einfach von **der** Nachfragefunktion gesprochen wird, so ist immer die Funktion zwischen der Menge eines Gutes und seinem Preis gemeint. Analytisch erhält man sie, im Zwei-Güter-Fall, aus den notwendigen Bedingungen für ein Nutzenmaximum, wenn p_2 und E als gegeben betrachtet werden. Die nachgefragte Menge ist dann nur noch eine Funktion des Preises

$$x_1^* = x_1^*(p_1) \quad ,$$

wobei üblicherweise wieder das Symbol (*) weggelassen wird.

Abb. 13.11: Nachfragekurve nach einem Gut

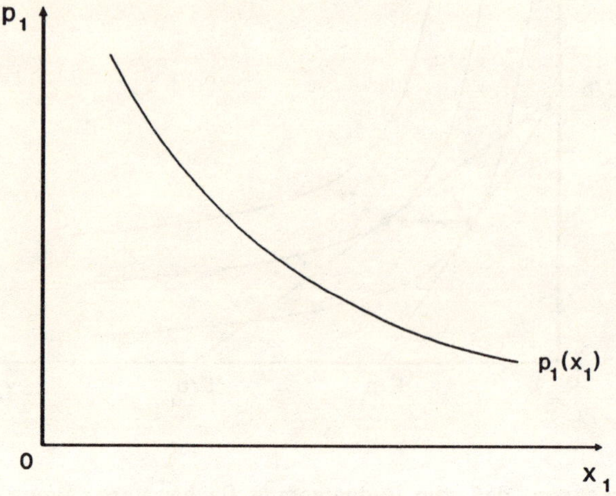

Im Normalfall hat die Nachfragefunktion eine **negative** Steigung:

- Steigt der Preis, dann sinkt die nachgefragte Menge.
- Oder, was dasselbe ist:
- Sinkt der Preis, dann steigt die nachgefragte Menge.

Dieser Fall liegt auch dem graphischen Beispiel der Abbildung 13.11 zugrunde. Man beachte jedoch, daß darin, einer Konvention in der Ökonomie folgend, die nachgefragte Menge auf der Abszisse und der Preis auf der Ordinate abgetragen sind. Die Beziehung zwischen Preis und Menge eines Gutes kann nämlich genauso gut durch die **inverse Nachfragefunktion**

$$p_1 = p_1(x_1)$$

ausgedrückt werden, mit dem einzigen Unterschied, daß dann der Preis von der nachgefragten Menge abhängt.

Wie läßt sich nun der fallende Verlauf der Nachfragefunktion erklären?

Einkommens- und Substitutionseffekt

Eine Preisänderung hat, wie wir auch von anderer Stelle bereits wissen, im wesentlichen zwei Effekte:

- einen Einkommenseffekt
  und
- einen Substitutionseffekt.

Eine Preiserhöhung, beispielsweise, bewirkt zum einen eine Änderung der relativen Preise, die der Konsument dadurch auszugleichen versucht, daß er weniger von dem relativ verteuerten Gut und mehr von dem relativ billiger gewordenen Gut nachfragt. Dies ist der **Substitutionseffekt.**

Zum anderen führt die Preiserhöhung aber auch zu einer sinkenden Kaufkraft des Einkommens. Obwohl das Einkommen nominal gleich bleibt, wirkt der Kaufkraftverlust doch wie eine (Quasi-)Reduktion des Einkommens. Aufgrund seines geschmälerten (realen) Einkommens wird ein Konsument von dem teurer gewordenen Gut (und wahrscheinlich auch von den anderen Gütern) weniger kaufen, wenn es sich nicht gerade um ein inferiores Gut handelt. Dies ist der **Einkommenseffekt.**

Der Einkommenseffekt wird den Substitutionseffekt noch verstärken, woraus sich insgesamt der fallende Verlauf der Nachfragefunktion erklärt.

Giffen-Güter

In Ausnahmefällen ist es jedoch auch möglich, daß bei steigendem Preis eines Gutes die Nachfrage nach diesem Gut ebenfalls steigt. Solche Güter werden **Giffen-Güter** genannt, nach dem englischen Ökonomen **R. Giffen** (1810-1910), der dieses Phänomen als erster entdeckt hat. Güter dieses Typs dürften zwar in der Realität nur selten vorkommen, sie sind aber durchaus mit der traditionellen Nutzentheorie vereinbar.

Stellen wir uns dazu die Situation einer armen Familie vor, die nur wenig Fleisch und viel Kartoffeln verbraucht. Steigen durch eine Mißernte die Kartoffelpreise stark an, dann sinkt die Kaufkraft des Einkommens unserer Familie unter Umständen so weit ab, daß sie sich vielleicht überhaupt kein Fleisch mehr leisten kann und noch mehr Kartoffeln als zuvor nachfragen wird, um ihren Bedarf an

Nahrungsmitteln zu decken. Hier hat sich der Einkommenseffekt ins Gegenteil von dem verkehrt, was wir normalerweise bei einem inferioren Gut wie der Kartoffel beobachten können. Der Substitutionseffekt hat zwar nach wie vor einen negativen Wert, er wird jedoch vom Einkommenseffekt überkompensiert.

Entsprechende Überlegungen lassen sich auch für den Fall einer Preissenkung anstellen. Dann erhöht sich die Kaufkraft des Einkommens, sie wird aber im Endeffekt nicht für den Kauf des billiger gewordenen Gutes, sondern für den Erwerb anderer Güter verwendet, die man sich vorher nicht leisten konnte.

Substitutions- und Komplementärgüter

Betrachten wir als letztes, wie sich die Nachfrage nach dem zweiten Gut ändert, wenn sich der Preis des ersten Gutes erhöht. Hier gibt es zwei Möglichkeiten:

Bei **Substitutionsgütern**, wie etwa Tee und Kaffee, führt ein Anstieg des Teepreises zu einer höheren Nachfrage nach Kaffee, weil die Konsumenten normalerweise das teurere Gut durch das billigere substitutieren. Wenn andererseits bei steigendem Preis des ersten Gutes die Nachfrage nach dem zweiten Gut sinkt, dann spricht man von **Komplementärgütern**. Solche Güter gehören, wie wir auch an anderer Stelle schon darlegten, als Konsumgüter sehr eng zusammen, so wie dies bei Benzin und Automobilen der Fall ist. Steigt der Benzinpreis merklich an, dann geht auch die Automobilnachfrage zurück.

Kontrollfragen zu Kapitel 13:

1. Warum geht man in der Konsumtheorie von transitiven und vollständigen Präferenzen aus?

2. Was versteht man unter einer Nutzenfunktion und wie ist diese definiert?

3. Erläutern Sie die Eigenschaften, die man von einer Nutzenfunktion gewöhnlich fordert und nehmen Sie kritisch Stellung dazu.

4. Beschreiben Sie verbal, graphisch und mathematisch den Begriff Grenznutzen. Welche Bedeutung hat er für die optimale Entscheidung des Haushalts?

5. Was zeichnet eine Indifferenzkurve aus? Erläutern Sie in dem Zusammenhang insbesondere das Konzept der Substitutionsrate.

6. Wodurch ist ein Haushalt bei der Planung seines Konsums beschränkt? Zeichnen Sie für den Zwei-Güter-Fall eine Bilanzgerade in ein Verbrauchsmengendiagramm.

7. Leiten Sie graphisch den optimalen Verbrauchsplan eines Haushalts ab. Welche Bedingung ist dabei erfüllt und was bedeutet sie ökonomisch?

8. Wie leitet sich aus dem optimalen Verbrauchsplan die Nachfrage eines Haushalts ab?

9. Was versteht man unter dem Substitutions- und Einkommenseffekt?

10. Wie kann man die Existenz von Giffen-Gütern erklären?

14. Produktion und Angebot

Wir haben im vergangenen Kapitel gesehen, daß die mikroökonomische Konsum- oder Nachfragetheorie einen Konsumenten im Auge hat, dessen Entscheidungen und Wahlhandlungen auf fest umrissenen Annahmen beruhen.

Diese bilden gleichsam die Fundamente eines theoretischen Gebäudes, in dem sich sodann, ohne inneren Widerspruch, Stein für Stein die einzelnen Elemente der Theorie zusammenfügen lassen. Als Ergebnis erhält man am Ende die individuelle Entscheidung eines Konsumenten, der unter den verschiedenen Alternativen, die ihm zur Verfügung stehen, jenes Güterbündel für sich auswählt, das ihm den höchsten Nutzen stiftet für das Einkommen, das er für den Konsum auszugeben bereit ist.

Ähnlich stringent ist auch das Pendant zur mikroökonomischen Nachfragetheorie, die mikroökonomische **Angebotstheorie** aufgebaut, mit der wir uns nachfolgend beschäftigen werden.

Auch hierbei wird uns das eine oder andere Argument wieder begegnen, das wir in vereinfachter Form an anderer Stelle schon kennengelernt haben.

14.1 Determinanten des Angebots

Im Mittelpunkt der Angebotstheorie steht nicht mehr der Konsument, als Individium oder als privater Haushalt, sondern das **Unternehmen**. Ein Unternehmen wird dabei verstanden als eine technisch-organisatorische Einheit, in der bestimmte Produktionsprozesse ablaufen.

Ein **Produktionsprozeß** wiederum ist definiert als ein technischer Vorgang, bei dem Produktionsfaktoren (Boden, Arbeit, Kapital) in Güter und Dienstleistungen transformiert werden. Die Produktionsfaktoren beschafft sich das Unternehmen auf den Faktormärkten. Daraus entstehen dem Unternehmen **Kosten**.

Die Vorgänge der Güterherstellung allein vermögen jedoch das Wesen eines Unternehmens und das Spektrum seiner Tätigkeiten nicht voll zu erfassen. Neben die Produktionstätigkeit tritt ergänzend und notwendig noch der **Absatz**. Das Unternehmen hat all das, was es herstellt, auf den sogenannten Gütermärkten zu verkaufen. Diese Verkäufe bringen ihm einen bestimmten **Erlös** ein.

Aus der Differenz zwischen dem erzielten Erlös und den aufgewendeten Kosten errechnet sich der **Gewinn** des Unternehmens. Dabei wird in der Mikroökonomie zumeist recht rigoros unterstellt, daß es das wichtigste Ziel eines Unternehmens sei, den Gewinn zu **maximieren**. Besteht auf dem Gütermarkt vollständige Konkurrenz, - was man darunter zu verstehen hat, haben wir in Kapitel 4.1 schon kurz erklärt und werden darauf später noch tiefer eingehen - dann kann sich ein Unternehmen, um den Gewinn zu maximieren, an veränderten Marktlagen nur mit der Menge der angebotenen Güter anpassen. Es wird also diejenige Gütermenge am Markt anbieten, die ihm den höchst möglichen Gewinn einbringt.

Als Hauptbestimmungsgröße der Menge, die ein Unternehmen von einem bestimmten Gut anbietet, wird dessen **Preis** angesehen. Vom herrschenden Marktpreis hängen wiederum der Erlös und damit auch der Gewinn eines Unternehmens ab. Auf der anderen Seite setzt ein Gewinnmaximum auch voraus, daß das Unternehmen mit **minimalen Kosten** produziert. Determinanten der Produktionskosten sind die Technologie, die im Unternehmen zum Einsatz kommt, und die Preise der Produktionsfaktoren, die dafür benötigt werden.

Die technischen Beziehungen zwischen den eingesetzten Mengen an Produktionsfaktoren und dem damit erzielten Ergebnis (Output) lassen sich formal mit Hilfe einer **Produktionsfunktion** beschreiben. Aus ihr kann man entnehmen, welche Faktoreinsatzmengen zur Herstellung einer bestimmten Gütermenge benötigt werden. Sind die Faktorpreise bekannt, dann kann daraus sofort auf die Produktionskosten geschlossen werden. Da die Produktionsfaktoren häufig in gewissen Grenzen untereinander austauschbar sind, muß aus allen möglichen Kombinationen der Produktionsfaktoren diejenige Kombination gefunden werden, die minimale Kosten verursacht. Sie hängt von der Produktionsfunktion und den Faktorpreisen ab.

Mit diesen Begriffen und den angesprochenen Zusammenhängen haben wir ganz grob bereits das theoretische Gebäude kennengelernt, in welchem die mikroökonomische Angebotstheorie angesiedelt ist. Im folgenden müssen wir nun im Detail auf die einzelnen Elemente eingehen. Beginnen wollen wir mit der Produktionsseite des Unternehmens.

14.2 Die Produktionsfunktion

14.2.1 Allgemeine Definitionen

Unter **Produktion** versteht man die Kombination von Produktionsfaktoren zur Erstellung von Gütern. Produktionsfaktoren wie Kapital, Boden, Arbeit werden im Produktionsprozeß in Güter transformiert. Betrachten wir einen einfachen Produktionsprozeß, in dem ein Gut der Menge x durch Kombination zweier Produktionsfaktoren mit den Einsatzmengen v_1 und v_2 hergestellt wird. Dieser Produktionsprozeß läßt sich mathematisch durch eine **Produktionsfunktion** beschreiben:

$$x = f(v_1, v_2) \quad .$$

Darin wird jeder Kombination (v_1, v_2) der beiden Produktionsfaktoren (Inputs) ein bestimmter Ertrag (Output) als Funktionswert zugeordnet. Die Funktion f repräsentiert die angewandte Technologie. Besonders merken sollten wir uns, daß mit der Angabe von f von vornherein vorausgesetzt wird, daß dieses f zu jeder möglichen Kombination der Produktionsfaktoren immer nur den jeweils maximal produzierbaren Output angibt. Man spricht hier auch von **technischer Effizienz**. Im Konzept der Produktionsfunktion ist also implizit die Vorstellung enthalten, daß ein Unternehmen stets technisch effizient produziert, das heißt, daß es die Produktionsmöglichkeiten, die ihm bei vorhandener Technologie offenstehen, auch immer voll ausschöpft.

Limitationale und substitutionale Produktionsfunktionen

Die Produktionstheorie unterscheidet gewöhnlich zwischen

- **limitationalen** Produktionsfunktionen
  und
- **substitutionalen** Produktionsfunktionen.

Bei ersteren können zwei Produktionsfaktoren immer nur in einem exakt vorherbestimmten Verhältnis miteinander kombiniert werden. Eine Variationsmöglichkeit in der Faktor-Kombination besteht also nicht, sie ist limitational.

Bei letzteren ist es möglich, ein bestimmtes Outputniveau mit alternativen Faktorkombinationen zu erzeugen. Die Faktoren lassen sich also austauschen, sie sind substituierbar.

Abb. 14.1: Ertragsgebirge

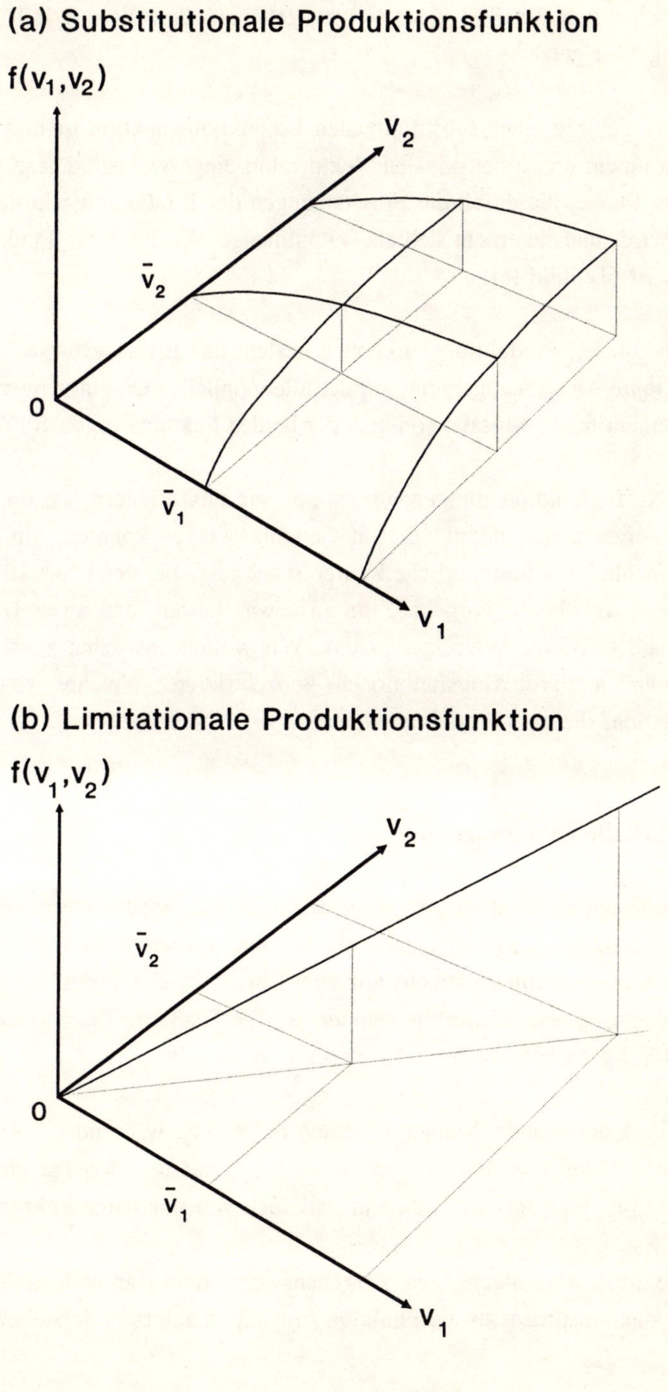

Ähnlich wie wir die Nutzenfunktion durch das Bild eines Nutzengebirges visuell vorstellbar zu machen versuchten, kann man auch die Produktionsfunktion geometrisch durch das Bild eines **Ertragsgebirges** darstellen. Wir haben dies in Abbildung 14.1 getan.

Das Ertragsgebirge einer substitutionalen Produktionsfunktion ist hier einfach als Fläche in einem dreidimensionalen Vektorraum eingezeichnet. Diese Fläche liegt über einer Ebene, die durch die Einsatzmengen der Produktionsfaktoren v_1 und v_2 gebildet wird, und sie erhebt sich als Outputmenge, die durch die Funktion $f(v_1, v_2)$ bestimmt ist (Teilbild (a)).

Bei limitationalen Produktionsfunktionen besteht das Ertragsgebirge lediglich aus einer Linie im Anschauungsraum, auf der alle möglichen Outputmengen liegen, die sich bei einem festen Einsatzverhältnis der beiden Faktoren ergeben (Teilbild (b)).

Bei der Nutzenfunktion mußten wir, wenn wir uns erinnern, bestimmte Eigenschaften voraussetzen, damit wir mit Gewißheit sagen konnten, ein Konsument treffe tatsächlich die bestmögliche Kaufentscheidung. Bei der Produktionsfunktion nun müssen wir ebenso vorgehen, um zu gewährleisten, daß unser Unternehmen wirklich auf effiziente Weise produziert. Wir wollen uns dabei zunächst auf die substitutionalen Produktionsfunktionen konzentrieren. Welches sind also die Eigenschaften, die eine Produktionsfunktion zu erfüllen hat?

14.2.2 Partielle Faktorvariation

Um diese Frage zu beantworten, gehen wir auch hier wieder schrittweise vor und betrachten zunächst einen einfachen Fall. Wir unterstellen, wie eben schon, daß die Produktion unseres Unternehmens nur vom Einsatz zweier Produktionsfaktoren v_1 und v_2 abhängig sei. Weiterhin nehmen wir an, daß die Einsatzmengen dieser Faktoren auf ganz bestimmte Weise variiert werden:

Es verändert sich nur die Menge des einen Faktors v_1, während die Einsatzmenge des anderen Faktors v_2 festgeschrieben wird und auf dem konstanten Niveau $\overline{v}_2$ verharren soll. Man spricht in diesem Fall auch von **partieller Faktorvariation**.

Mit Hilfe dieser vereinfachenden Vorgehensweise kann man sodann den Output x eines Produktionsprozesses als Funktion $\tilde{f}$ nur des Faktors v_1 darstellen:

$$x = \tilde{f}(v_1) = f(v_1,\overline{v}_2) \quad .$$

In geometrischer Betrachtung läßt sich die Funktion $\tilde{f}$ aus dem Ertragsgebirge unserer Abbildung 14.1 gewinnen. Wir müssen hierzu darin nur einen vertikalen Schnitt parallel zur v_1-Achse in Höhe von $\overline{v}_2$ legen. Für unser Beispiel ergibt sich dann in der v_1,x-Ebene das folgende Bild.

Abb. 14.2: Partielle Faktorvariation und Grenzproduktivität

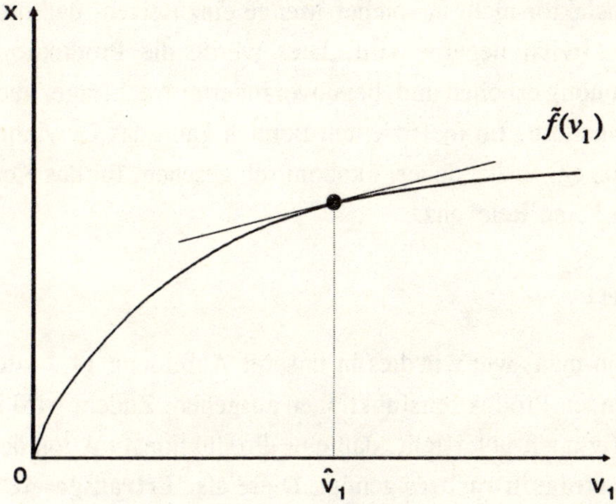

Die Steigung der Funktion $\tilde{f}$ in einem Punkt $\hat{v}_1$ nennt man auch die **Grenzproduktivität** des Faktors 1 im Punkt $\hat{v}_1$. Sie gibt an, um wieviel sich der Output ändert, wenn vom Faktor 1 eine Einheit mehr eingesetzt wird (und Faktor 2 auf dem Niveau $\overline{v}_2$ verbleibt). Formal wird die Grenzproduktivität eines Faktors i durch die partielle Ableitung der Funktion f nach v_i beschrieben:

$$\frac{\partial f(v_i,\overline{v}_j)}{\partial v_i} \qquad i,j = 1,2 \quad \text{mit} \quad i \neq j \quad .$$

Hierbei wird natürlich sowohl die Stetigkeit wie auch die Differenzierbarkeit der Funktion f auf dem ganzen Definitionsbereich $\mathbb{R}_+ \times \mathbb{R}_+$ vorausgesetzt.

Die in der Produktionstheorie betrachteten Produktionsfunktionen besitzen durchweg **positive Grenzproduktivitäten**. Das heißt, die mikroökonomische Produktionstheorie geht gewöhnlich davon aus, daß in einem Unternehmen Produktionsprozesse stattfinden, bei denen der Output mit der Einsatzmenge eines Faktors zunimmt, so wie dies auch in unserem graphischen Beispiel unterstellt ist.

Natürlich sind auch Produktionsprozesse vorstellbar, bei denen der Output sinkt, nämlich dann, wenn ein Produktionsfaktor in einem Umfang eingesetzt wird, der eine kritische Grenze übersteigt. Man denke etwa an den Arbeitsablauf an einem Fließband, an dem zu viele Arbeiter beschäftigt sind und sich daher gegenseitig stark behindern. Auf Effizienz bedachte Unternehmen werden freilich wissen, wie man diesen fallenden Bereich verhindern kann. Ihr Rationalkalkül legt es nahe, einen Produktionsfaktor nicht in solcher Menge einzusetzen, daß die damit erzielbare Grenzproduktivität negativ wird. Dies würde die Produktionskosten eines Unternehmens unnötig erhöhen und, bei unveränderter Nachfrage, auch den Gewinn entsprechend schmälern. Im ineffizienten Bereich kann das Gewinnmaximum also auf keinen Fall liegen. Er hat daher, ökonomisch gesehen, für das Konzept der Produktionsfunktion keine Relevanz.

Das Ertragsgesetz

In der Regel kann man, wie wir dies in unserer Abbildung 14.2 taten, von streng monoton wachsenden Produktionsfunktionen ausgehen. Zudem wird in der Produktionstheorie häufig noch unterstellt, daß eine Produktionsfunktion dem **Gesetz des abnehmenden Ertragszuwachses** genügt. Diese als **"Ertragsgesetz"** bekannte Beziehung wurde, wie wir bereits wissen, zuerst von **A.R.J. Turgot** (1767) entdeckt und formuliert. Turgot lebte in einer Zeit, in der man den Produktionsfaktor Boden als die wichtigste Quelle des Reichtums einer Nation ansah (Physiokraten). Daher lag es nahe, daß er das Ertragsgesetz aus dem Bereich der Landwirtschaft ableitete. So beobachtete er, daß der zusätzliche Ertrag, also der Ertragszuwachs, einer gegebenen (konstanten) landwirtschaftlich genutzten Fläche bei zunehmendem Arbeitseinsatz zunächst anstieg, dann aber immer geringer wurde.

Betrachten wir hierzu ein einfaches Beispiel. Auf einem Bauernhof wird mit Hilfe von zunächst einer Arbeitskraft ein Stück Land kultiviert, um darauf Weizen anzubauen. Danach sollen mehr und mehr Arbeitskräfte in den "Produktionsprozeß" eingesetzt werden. Was läßt sich dann über das Ergebnis dieser Anstrengungen aussagen?

Anfangs wird eine höhere Zahl von eingesetzten Arbeitern zu einer intensiveren Nutzung des Bodens und zu einer überproportionalen Erhöhung der Ernteerträge führen. Nachdem jedoch diese Mehrerträge realisiert sind, kann ein zusätzlicher Arbeitseinsatz, bei gleichbleibender Landfläche, die Ertrags**zuwächse** lediglich verringern. Die Grenzproduktivität der Arbeit bleibt zwar noch positiv, sie nimmt aber immer mehr ab.

Ganz allgemein genügt eine Produktionsfunktion also dem Ertragsgesetz, wenn die Grenzproduktivität eines variablen Faktors bei dessen vermehrtem Einsatz abnimmt. Dabei kommt es nicht darauf an, ob die Grenzproduktivitäten zunächst zunehmen oder, wie in unserem graphischen Beispiel, von Anfang an abnehmen. Das Ertragsgesetz schließt beide Möglichkeiten ein. Entscheidend ist allein die schließliche Abnahme der Grenzerträge bei vermehrtem Einsatz eines variablen Faktors.

14.2.3 Isoquanten

Alle möglichen Faktorkombinationen, die eine bestimmte Outputmenge hervorbringen, liegen auf einer **Isoquante**. Diese ist somit für einen festgeschriebenen Output $\bar{x}$ definiert und schließt alle Faktorkombinationen ein, mit deren Hilfe man die gleiche Gütermenge, eben $\bar{x}$, herstellen kann.

Isoquanten kann man auch geometrisch aus dem Ertragsgebirge herleiten. Sehen wir uns dazu die Abbildung 14.3 an.

Abb. 14.3: Isoquantenschar

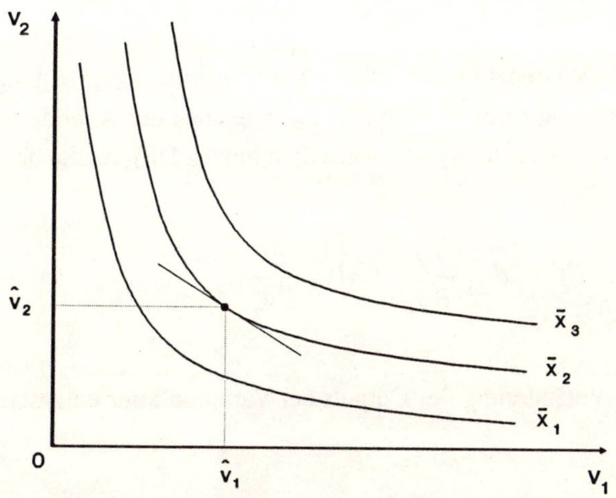

Man erhält eine Isoquante in der graphischen Darstellung, indem man in Höhe der Produktionsmenge $\bar{x}$ einen horizontalen Schnitt durch das Ertragsgebirge legt. Setzt man weiterhin den Output $\bar{x}$ in unterschiedlicher Höhe fest, variiert man also die "Schnitthöhe", und projeziert die resultierende Schnittmenge in die v_1, v_2-Ebene, so erhält man eine **Isoquantenschar**. Eine solche ist in Abbildung 14.3 für unser obiges Beispiel ebenfalls eingezeichnet.

Eine weiter vom Ursprung entfernt liegende Isoquante gibt jeweils ein höheres Outputniveau an, es gilt also $\bar{x}_1 < \bar{x}_2 < \bar{x}_3$. Diese Eigenschaft besitzen alle streng monoton wachsenden Produktionsfunktionen.

Analytisch wird eine Isoquante (implizit) durch

$$f(v_1, v_2) - \bar{x} = 0$$

gegeben, wobei $\bar{x}$ wieder das Outputniveau der Isoquante darstellt.

Grenzrate der technischen Substitution

Als Maß für die Substituierbarkeit zweier Produktionsfaktoren hat die Produktionstheorie die sogenannte **Grenzrate der technischen Substitution** entwickelt. Sie gibt in unserem Fall für einen bestimmten Punkt $(\hat{v}_1, \hat{v}_2)$ des Ertragsgebirges an, wie der Faktor 2 im Produktionsprozeß durch den Faktor 1 ersetzt werden kann. Noch exakter formuliert zeigt sie an, auf welche Mengen des Faktors 2 man, ohne an Output einzubüßen, verzichten kann, wenn man vom Faktor 1 eine Einheit mehr einsetzt.

Geometrisch ist die Grenzrate der technischen Substitution gegeben durch die negative Steigung der Isoquante im Punkt $(\hat{v}_1, \hat{v}_2)$, wie auch der Abbildung 14.3 zu entnehmen ist. Analytisch erhält man sie aus dem totalen Differential der Produktionsfunktion:

$$df = dv_1 \frac{\partial f}{\partial v_1} + dv_2 \frac{\partial f}{\partial v_2} \quad .$$

Damit wird die Veränderung des Outputs bei Variation **aller** eingesetzten Faktoren erfaßt.

Da für Bewegungen auf einer Isoquante definitionsgemäß keine Veränderungen beim Output auftreten dürfen, also $df=0$ gilt, folgt hieraus

$$-\frac{dv_2}{dv_1} = \frac{\dfrac{\partial f}{\partial v_1}}{\dfrac{\partial f}{\partial v_2}} \quad .$$

Die Grenzrate der technischen Substitution von Faktor 2 durch Faktor 1, $-dv_2/dv_1$, ist somit gleich dem Verhältnis der Grenzproduktivitäten von Faktor 1 zu Faktor 2. Bei streng monoton wachsenden Produktionsfunktionen ist die Steigung der Isoquante stets negativ, die Grenzrate der technischen Substitution mithin positiv.

Welchen Verlauf die Isoquanten nehmen, hängt natürlich von der zugrundeliegenden Produktionsfunktion ab. Die gängige Produktionstheorie konzentriert dabei ihr Interesse vor allem auf Produktionsfunktionen, die **konvexe** Isoquanten besitzen. Für solche Isoquanten nimmt die Grenzrate der Substitution ab und dies bedeutet im 2-Faktoren Fall:

Man benötigt umso größere Mengen von Faktor 1, um eine Einheit von Faktor 2 zu ersetzen, je weniger von Faktor 2 in der Produktion eingesetzt ist. Um diese Bedingung zu erfüllen, muß die Produktionsfunktion streng quasi konkav sein. Die Gültigkeit des Ertragsgesetzes hingegen ist zwar eine hinreichende, jedoch keine notwendige Voraussetzung für die Konvexität der Isoquanten.

14.2.4 Niveauvariation und Skalenerträge

Produktionsfunktionen sind neben ihren Grenzproduktivitäten und der Grenzrate der technischen Substitution noch durch eine dritte Eigenschaft, die **Skalenerträge** charakterisiert. Diese machen eine Aussage darüber, wie sich der Ertrag verändert, wenn das Einsatzverhältnis aller Produktionsfaktoren zwar konstant bleibt, dieses aber um einen bestimmten Faktor λ erhöht oder verringert wird. Man sagt dann auch, ein und derselbe Produktionsprozeß finde auf dem λ-fachen Niveau statt und spricht von einer **Niveauvariation** im Produktionsverfahren.

Wenn wir uns erinnern, wird im Unterschied zur Niveauvariation bei der Grenzproduktivität nur ein Faktor beliebig variiert, bei Konstanz aller anderen Faktoren. Und bei der Grenzrate der technischen Substitution haben wir die Produktionsfaktoren in der Art miteinander kombiniert, daß man immer zum gleichen Produktionsergebnis gelangte, also auf derselben Isoquante blieb.

Niveauvariation und Skalenerträge stehen in einem bestimmten Zusammenhang. Grundsätzlich können Niveauvariationen die folgenden drei Arten von Skalenerträgen hervorbringen:

- konstante Skalenerträge,
- steigende Skalenerträge,
- sinkende Skalenerträge.

Von **konstanten Skalenerträgen** spricht man, wenn bei einer proportionalen Veränderung aller Produktionsfaktoren um den Faktor λ auch der Ertrag um den Faktor λ ansteigt:

$$\lambda f(v_1, v_2) = f(\lambda v_1, \lambda v_2) \quad .$$

Steigende Skalenerträge liegen vor, wenn der Ertrag um mehr als λ zunimmt:

$$f(\lambda v_1, \lambda v_2) > \lambda f(v_1, v_2) \quad .$$

Mit **sinkenden Skalenerträgen** hat man es zu tun, wenn der Ertrag nur unterproportional wächst:

$$f(\lambda v_1, \lambda v_2) < \lambda f(v_1, v_2) \quad .$$

Auch die Niveauvariation wollen wir abschließend noch geometrisch ableiten. Sehen wir uns dazu Abbildung 14.4 an.

Niveauvariation bedeutet in dieser Darstellung, daß wir uns in der v_1,v_2-Ebene entlang einer Geraden aus dem Ursprung bewegen. Diese Gerade bezeichnet man als **Prozeßstrahl**. Auf ihm bleibt das Einsatzverhältnis der Produktionsfaktoren konstant, während die Isoquanten in bestimmten Abständen geschnitten werden. Aus den verschiedenen Abständen wiederum wird die Art der Skalenerträge ersichtlich.

Hier können wir erkennen, daß der Abstand zwischen den Isoquanten x_0, x_0+1, x_0+2, x_0+3, die sich um eine Outputeinheit unterscheiden, entlang eines Prozeßstrahls konstant bleibt. Wir haben es in dem Fall also mit konstanten Skalenerträgen zu tun (Teilbild (a)).

Abb. 14.4: Niveauvariation und Skalenerträge

(a) Konstante Skalenerträge

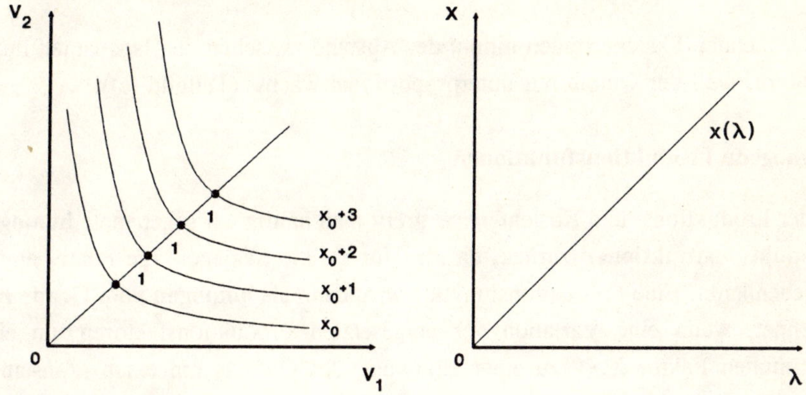

(b) Steigende Skalenerträge

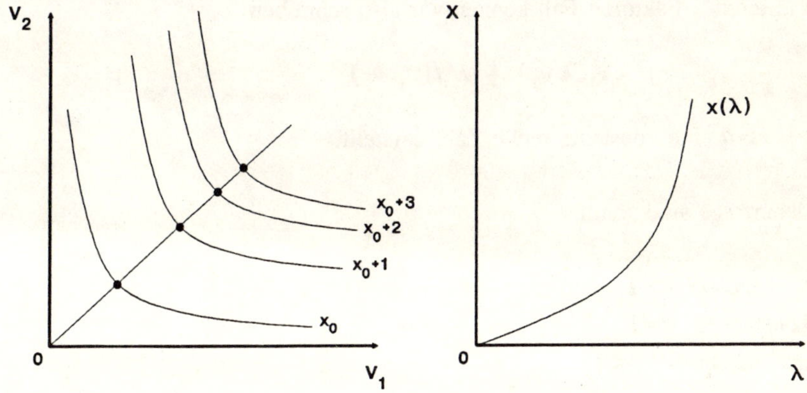

(c) Sinkende Skalenerträge

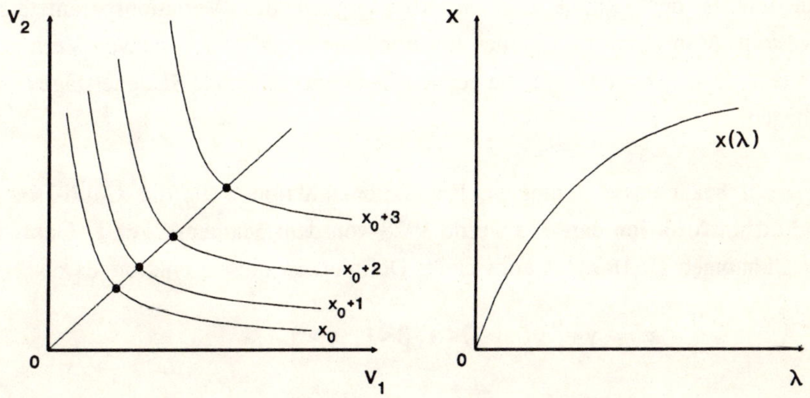

Liegen steigende Skalenerträge vor, dann nimmt der Abstand zwischen den Isoquanten ständig ab, da der Output mit einem proportional höheren Faktoreinsatz überproportional wächst (Teilbild (b)).

Bei sinkenden Skalenerträgen nimmt der Abstand zwischen den Isoquanten immer mehr zu, weil der Output nur unterproportional wächst (Teilbild (c)).

Homogene Produktionsfunktionen

In der Produktions- und Kostentheorie greift man häufig auf sogenannte **homogene Produktionsfunktionen** zurück, da man für sie die Skalenerträge relativ einfach angeben kann. Eine Produktionsfunktion wird dann als **homogen vom Grade** r bezeichnet, wenn eine Variation der eingesetzten Produktionsfaktoren um einen bestimmten Faktor $\lambda > 0$ zu einer Erhöhung des Outputs um einen (konstanten) Faktor λ^r führt.

Für unseren 2-Faktoren-Fall können wir also schreiben

$$f(\lambda v_1, \lambda v_2) = \lambda^r f(v_1, v_2) \quad ,$$

wobei $r > 0$ eine konstante reelle Zahl darstellt.

Skalenerträge sind somit

- steigend für $r > 1$,
- konstant für $r = 1$
- und fallend für $r < 1$.

Sehen wir uns dazu noch einmal die Abbildung 14.4 an. Dort ist auf der rechten Seite jeweils der Output $x(\lambda)$ in Abhängigkeit des Variationsparameters λ dargestellt. Man erhält dafür einen linearen, konvexen oder konkaven Verlauf, je nachdem, ob konstante ($r=1$), steigende ($r>1$) oder sinkende Skalenerträge ($r<1$) vorliegen.

Die wohl bekannteste homogene Produktionsfunktion stellt die **Cobb-Douglas Produktionsfunktion** dar. Sie wurde 1928 von dem Mathematiker **J. Cobb** und dem Ökonomen **D. Douglas** entwickelt. Definiert ist diese Funktion als

$$x = \gamma v_1^{\alpha} v_2^{\beta} \quad 0<\alpha, \beta<1, \ \gamma>0 \quad .$$

Für die Cobb-Douglas Funktion gilt das Ertragsgesetz, ihre Grenzproduktivitäten nehmen von Anfang an ab und ihre Isoquanten verlaufen konvex zum Ursprung. Die Skalenerträge sind im Falle von $\alpha+\beta=1$ konstant. Deshalb bezeichnet man die Cobb-Douglas Funktion gewöhnlich auch als **linear-homogene** Produktionsfunktion.

14.2.5 Linear-limitationale Produktionsfunktionen

Wir haben uns bisher eingehend nur mit substitutionalen Produktionsfunktionen beschäftigt. Diese sind, um es nochmals zu wiederholen, dadurch charakterisiert, daß bei ihnen die Produktionsfaktoren gegeneinander austauschbar sind, mit der Einschränkung, daß kein Faktor durch einen anderen vollständig ersetzt werden kann. Im Unterschied dazu stehen die sogenannten **linear-limitationalen** Produktionsfunktionen. Bei ihnen ist keiner der verwendeten Produktionsfaktoren substituierbar. Alle Faktoren müssen in einem bestimmten Mengenverhältnis eingesetzt werden. Wir haben darauf eingangs schon kurz hingewiesen.

Abb. 14.5: Isoquanten der linear-limitationalen Produktionsfunktion

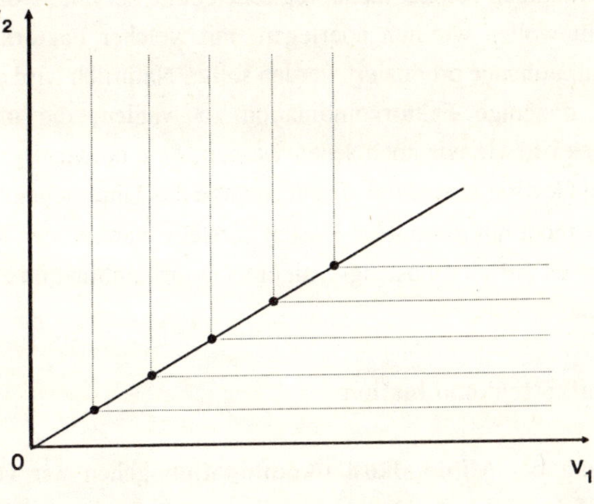

Linear-limitationale Produktionsprozesse sind häufig in der chemischen Industrie anzutreffen. Dort können aufgrund naturgesetzlicher Gegebenheiten chemische Elemente nur in einem ganz bestimmten Einsatzverhältnis miteinander verbunden werden, um ein gewünschtes Produkt hervorzubringen.

Analytisch läßt sich die Beschränkung in der Faktorkombination ausdrücken durch:

$$x = \frac{1}{a_i} v_i \quad i = 1,2 \quad a_i > 0 \ .$$

Dabei ist a_i ein konstanter Produktionskoeffizient. Es gilt weiterhin:

$$\frac{v_1}{v_2} = \frac{a_2}{a_1} \ .$$

In der geometrischen Darstellung (siehe Abbildung 14.5) bestehen die Isoquanten einer linear-limitationalen Produktionsfunktion lediglich aus einzelnen Punkten. Diese liegen auf einem Prozeßstrahl mit dem konstanten Faktoreinsatzverhältnis a_2/a_1. Die Skalenerträge sind hier konstant.

14.3 Kostenminimierung

Mit Hilfe von Produktionsfunktionen konnten wir die Bedingungen deutlich machen, denen ein Unternehmen von der technologischen Seite her unterworfen ist. In einem nächsten Schritt wollen wir nun überlegen, mit welcher Faktorkombination eine gewünschte Outputmenge produziert werden sollte. Natürlich wird ein Unternehmen bestrebt sein, diejenige Faktorkombination zu wählen, die **minimale** Kosten verursacht. Dies ist, wie wir noch sehen werden, eine notwendige Voraussetzung, damit es seinen Gewinn maximiert. Denn solange das Unternehmen eine bestimmte Outputmenge x nicht mit minimalen Kosten herstellt, kann es den Gewinn jederzeit erhöhen, indem es auf eine kostengünstigere Faktorkombination zurückgreift.

14.3.1 Minimalkostenkombination

Zur Bestimmung der **Minimalkostenkombination** gehen wir von vollständiger Konkurrenz auf den Faktormärkten aus. Was man unter diesem Konkurrenztyp zu verstehen hat, haben wir grundlegend schon in Kapitel 4.1 kennengelernt. Wir werden darauf aber später, im Zusammenhang mit Gütermärkten, noch einmal detailliert eingehen.

Wir betrachten wiederum zwei Produktionsfaktoren 1 und 2, deren Faktorpreise wir mit q_1 und q_2 bezeichnen wollen. Wenn wir, im konkreten Fall, von Arbeit und

Kapital als eingesetzten Produktionsfaktoren ausgehen, heißen die Preise Lohnsatz und Zins. Diese Faktorpreise sind aus der Sicht des Unternehmens Parameter, auf die es keinen Einfluß hat.

Kennt man zudem die Mengen der im Produktionsprozeß benötigten Faktoren (v_1, v_2), so lassen sich bereits die **Produktionskosten** des betrachteten Unternehmens angeben. Sie sind durch die folgende **Kostengleichung** gegeben:

$$K(v_1, v_2) = v_1 q_1 + v_2 q_2 \quad .$$

Geometrische Darstellung

In geometrischer Betrachtung im v_1, v_2-Diagramm bestimmt diese Kostengleichung für ein bestimmtes Kostenniveau eine Gerade, die man als **Isokostenlinie** bezeichnet (siehe Abbildung 14.6). Auf ihr sind alle Faktorkombinationen versammelt, die die gleichen Kosten verursachen. Die Steigung der Isokostenlinie entspricht, dem Betrag nach, dem Verhältnis der Faktorpreise.

Abb. 14.6: Minimalkostenkombination

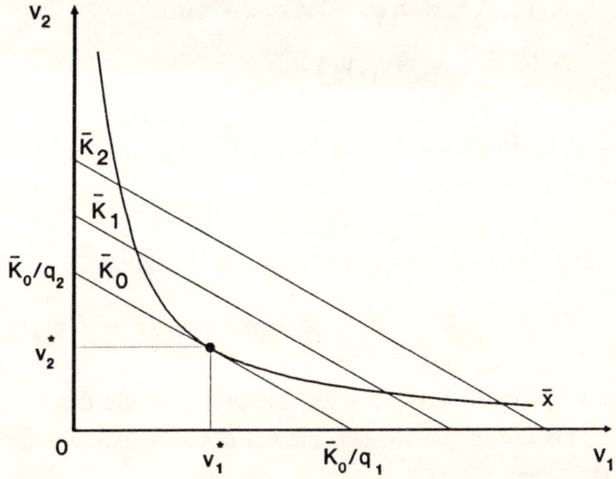

Verändert man das Kostenniveau eines Unternehmens, so erhält man eine Vielzahl von Isokostenlinien in der v_1, v_2-Ebene. Dabei liegen Isokostenlinien mit höherem Kostenniveau weiter vom Ursprung entfernt als Linien mit niedrigerem Kostenniveau. In Abbildung 14.6 wird dies durch die Geraden $\overline{K}_0$, $\overline{K}_1$ und $\overline{K}_2$ ausgedrückt.

Gehen wir nun weiterhin davon aus, daß unser Unternehmen einen festgeschriebenen Output $\bar{x}$ herstellt. Wo liegt dann dessen kostenminimale Faktorkombination zur Produktion dieses Outputs? Ein Blick auf die Abbildung 14.6 kann uns darauf die Antwort geben.

Die kostenminimale Faktorkombination ist offensichtlich im Tangentialpunkt (v_1^*, v_2^*) gegeben. Denn nur dort erfolgt die Herstellung von $\bar{x}$ auf der am tiefsten liegenden Isokostenlinie $\bar{K}_0$. In die Produktion wird hier von Faktor 1 die Menge v_1^* und von Faktor 2 die Menge v_2^* eingesetzt.

Alle anderen Faktorkombinationen auf der Isoquante $\bar{x}$ verursachen hingegen höhere Produktionskosten, da die zugehörigen Isokostenlinien weiter vom Ursprung entfernt liegen. Im Tangentialpunkt (v_1^*, v_2^*) stimmt die Steigung der Isokostenlinie mit jener der Isoquante überein. Dies bedeutet, daß die Grenzrate der technischen Substitution exakt dem Verhältnis der Faktorpreise entspricht.

Formal-analytische Ableitung

Das Problem der Kostenminimierung läßt sich auch formal-analytisch darstellen. Man greift hierzu wieder auf den **Lagrange-Ansatz** zurück und schreibt:

$$K(v_1, v_2) = v_1 q_1 + v_2 q_2 \Rightarrow \text{min}$$

$$N.B. \quad \bar{x} = f(v_1, v_2) \quad .$$

Zu minimieren sind also die Produktionskosten $K(v_1, v_2)$ unter der Nebenbedingung eines gegebenen Produktionsniveaus $\bar{x}$.

Wir bilden in einem nächsten Schritt die Lagrange-Funktion

$$\mathcal{L}(v_1, v_2, \lambda) = v_1 q_1 + v_2 q_2 + \lambda(\bar{x} - f(v_1, v_2)) \quad .$$

Der Lagrangemultiplikator λ ist hier zu interpretieren als die Grenzkosten der Produktion, also als diejenigen Kosten, die bei der Produktion einer zusätzlichen Outputeinheit entstehen.

Die **Bedingungen 1.Ordnung** für ein Optimum lauten:

$$\frac{\partial L}{\partial v_1} = q_1 - \lambda \frac{\partial f}{\partial v_1} = 0 \quad , \tag{1}$$

$$\frac{\partial L}{\partial v_2} = q_2 - \lambda \frac{\partial f}{\partial v_2} = 0 \quad , \tag{2}$$

$$\frac{\partial L}{\partial \lambda} = \bar{x} - f(v_1, v_2) = 0 \quad . \tag{3}$$

Die Bedingung (3) ist die Nebenbedingung und besagt einfach, daß die optimale Faktorkombination auf der Isoquante $\bar{x}$ liegen muß. Aus (1) und (2) folgt als weitere Bedingung

$$\frac{\dfrac{\partial f}{\partial v_1}}{\dfrac{\partial f}{\partial v_2}} = \frac{q_1}{q_2} \quad ,$$

beziehungsweise

$$- \frac{dv_2}{dv_1} = \frac{q_1}{q_2} \quad .$$

Die geometrische Interpretation der letzten Bedingung ist uns wohlbekannt. Sie verlangt, daß die Minimalkosten durch jene Isokostenlinie gegeben sind, die die Isoquante $\bar{x}$ berührt. Dort ist das Verhältnis der Grenzproduktivitäten der Faktoren 1 und 2 beziehungsweise die Grenzrate der technischen Substitution von Faktor 2 durch Faktor 1 gleich dem Verhältnis der Faktorpreise.

Die **Bedingungen der 2. Ordnung** setzen die strenge Quasikonkavität der Produktionsfunktion voraus. Das bedeutet, daß ihre Isoquanten konvex sein müssen, was wir in der Abbildung 14.6 auch implizit vorausgesetzt haben. Damit ist die Existenz und die Eindeutigkeit des Optimums gesichert.

Das oben dargelegte Konzept der Kostenminimierung kann man auch in anderer, in dualer Weise als Problem der **Outputmaximierung** formulieren und kommt dabei zum gleichen Ergebnis. Dann ist für ein gegebenes Kostenniveau $\bar{K}(v_1,v_2)$ der maximal mögliche Output $f(v_1,v_2)$ zu bestimmen. Wir schreiben also jetzt den

Lagrange-Ansatz:

$$f(v_1, v_2) \rightarrow \max$$

$$v_1 q_1 + v_2 q_2 = \bar{K}(v_1, v_2) \quad .$$

Auf die duale Vorgehensweise von Kostenminimierung und Outputmaximierung stellt auch Abbildung 14.7 ab. Sie zeigt, daß sich jeder Tangentialpunkt zwischen einer Isoquante und einer Isokostenlinie sowohl als ein (beschränktes) Kostenminimum als auch als ein (beschränktes) Outputmaximum interpretieren läßt. Wenn beispielsweise x_1 den maximalen Output beim Kostenniveau K_1 angibt, so stellt andererseits K_1 die minimalen Kosten dar, die nötig sind, um das Outputniveau x_1 herzustellen.

14.3.2 Expansionspfad einer Unternehmung

Die Verbindungslinie aller Tangentialpunkte zwischen Isoquanten und Isokostenlinien (in Abbildung 14.7 die Kurve *g*) nennt man den **Expansionspfad** einer Unternehmung. Auf ihm liegen bei einer Variation des Outputniveaus deren kostenminimalen Faktorkombinationen.

Abb. 14.7: Expansionspfad einer Unternehmung

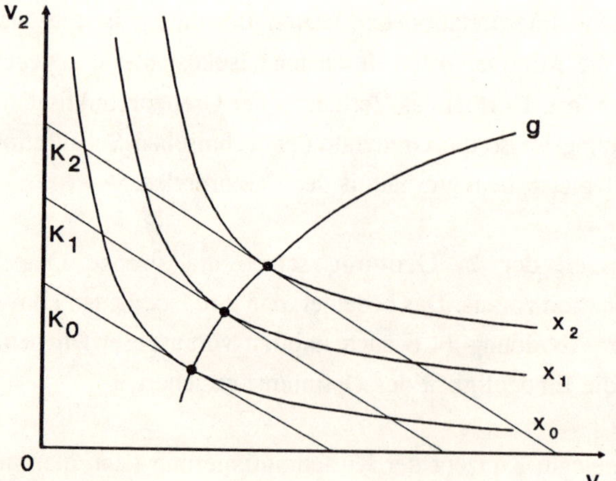

Für homogene Produktionsfunktionen stellt der Expansionspfad allgemein eine Gerade dar, weil jeder Ursprungsstrahl die Isoquanten in Punkten gleicher Steigung schneidet. Für die uns bereits bekannte Cobb-Douglas-Produktionsfunktion ist das kostenminimale Faktoreinsatzverhältnis zudem dem reziproken Verhältnis der Faktorpreise proportional.

Liegen limitationale Produktionsfunktionen vor, dann stellt sich das Problem der Kostenminimierung überhaupt nicht. Jeder Output kann dann nur mit einer einzigen technisch effizienten Faktorkombination produziert werden, die durch die Produktionsfunktion festliegt. Die minimalen Kosten der Produktion einer Outputmenge x erhält man in diesem Fall relativ einfach, indem man die Faktoreinsätze mit den Faktorpreisen multipliziert und anschließend aufsummiert.

14.4 Kostenfunktionen

Der Expansionspfad beschreibt, wie wir sahen, einen eindeutigen Zusammenhang zwischen Minimalkosten und produziertem Output. Diese Abhängigkeit kann man auch als Kostenfunktion formulieren, die auf die Gesamtkosten einer Unternehmung abstellt.

Gesamtkosten

Eine Gesamtkostenfunktion ordnet jeder Outputmenge x die minimalen Kosten $K(x)$ zu und läßt sich folgendermaßen gewinnen:

Man wähle einen Punkt auf dem Expansionspfad aus, setze die optimale Faktorkombination in die Produktionsfunktion ein, um den zugehörigen Output zu erhalten, und multipliziere die Faktoreinsätze mit den Faktorpreisen. Dies ergibt am Ende dann die zugehörigen Minimalkosten. Genaugenommen müßte man die Minimalkosten noch durch einen (*) kennzeichnen, etwa $K^*(x)$. Da jedoch immer Kostenminimierung unterstellt wird, wenn die Kosten als Funktion des Outputs geschrieben werden, und Verwechslungen nicht zu befürchten sind, können wir das Symbol (*), wie im folgenden allgemein üblich, auch weglassen.

Dieser Zusammenhang zwischen Minimalkosten und Output läßt sich natürlich auch geometrisch darstellen. Wir haben dies in Abbildung 14.8 getan.

Abbildung 14.8 stellt ein Kosten-Output-Diagramm dar, in das wir die Minimalkosten (K_0, K_1, K_2) und den Output (x_0, x_1, x_2) einer Unternehmung übertragen haben, der jeweils zu einer optimalen Faktorkombination gehört. Aus der Verbindung der sich so ergebenden Punkte erhält man die Kostenfunktion der Unternehmung, ***K(x)***.

Abb. 14.8: Gesamtkostenfunktion

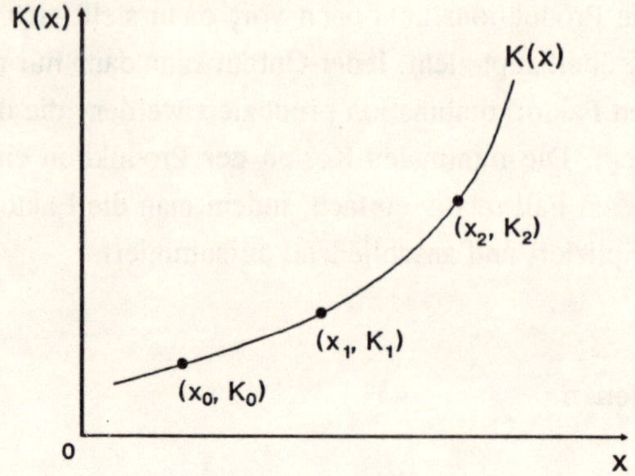

In unserer Abbildung haben wir einen ganz bestimmten Verlauf der Kostenfunktion unterstellt. Allgemein sind natürlich auch gänzlich andere Kostenverläufe denkbar. Bei gegebenem Faktorpreisverhältnis hängen diese allein vom Isoquantensystem und damit von der Produktionsfunktion ab. Für homogene Produktionsfunktionen läßt sich zeigen, daß die zugehörigen Kostenfunktionen wie folgt gestaltet sind:

- konkav bei steigenden Skalenerträgen ($r>1$),
- konvex bei sinkenden Skalenerträgen ($r<1$) und
- linear bei konstanten Skalenerträgen ($r=1$).

Abb. 14.9: Mögliche Verläufe der Gesamtkostenfunktion

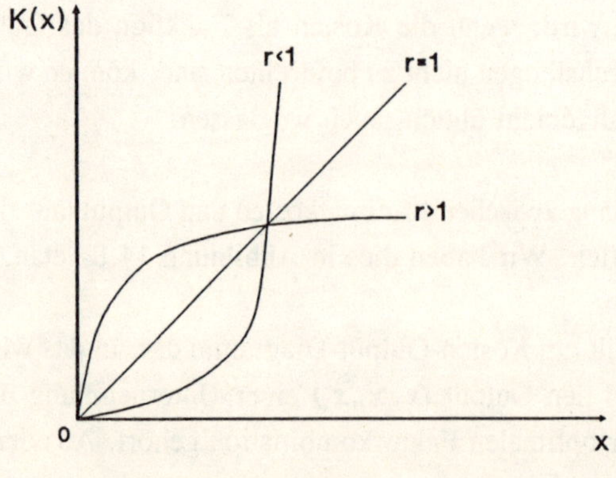

In der Abbildung 14.9 haben wir diese möglichen Verläufe graphisch veranschaulicht.

Der eben beschriebene Zusammenhang läßt sich nochmals einleuchtend darlegen, wenn man nicht länger auf die Gesamtkosten einer Unternehmung, sondern auf deren Durchschnitts- und Grenzkosten blickt.

Durchschnitts- und Grenzkosten

Die **Durchschnitts- oder Stückkosten *DK(x)*** sind allgemein definiert als Kosten pro Mengeneinheit ***x***:

$$DK(x) = \frac{K(x)}{x} \ , \quad x > 0 \quad .$$

Der Begriff der **Grenzkosten** ist uns schon mehrfach begegnet. Die Grenzkosten ***GK(x)*** der Menge ***x*** sind definiert als Kosten einer zusätzlich produzierten Outputeinheit:

$$GK(x) = \frac{\partial K(x)}{\partial x} \ , \quad x > 0 \quad .$$

Nehmen wir nun weiterhin an, wir hätten das Problem der Kostenminimierung für eine Outputeinheit gelöst und kennen die **minimalen Kosten *K(1)*** für eine Einheit. Die Minimalkosten, die man aufwenden muß, um ***x*** Einheiten herzustellen, betragen dann

- bei **konstanten Skalenerträgen**

  $$K(x) = K(1) \cdot x \quad .$$

  Von allen Produktionsfaktoren muß jetzt ***x***-mal soviel eingesetzt werden wie zur Produktion einer Einheit nötig ist. Daraus ergeben sich zwangsläufig die Durchschnittskosten als Kosten für eine Einheit. Diese betragen:

  $$DK(x) = \frac{K(x)}{x} = \frac{K(1) \cdot x}{x} = K(1) \quad .$$

  Die Durchschnittskosten sind demnach eine konstante Größe; sie berechnen sich unabhängig vom Outputniveau.

- Bei **steigenden Skalenerträgen** wird sich der Output mehr als λ-fach vergrößern, wenn alle Faktoren in λ-facher Menge eingesetzt werden. Der λ-fache Output läßt sich demnach mit weniger als den λ-fachen Kosten produzieren. Folglich werden die Durchschnittskosten sinken. Aber auch die Grenzkosten müssen sinken, da man jede zusätzliche Outputeinheit mit geringeren Kosten herstellen kann.

- Bei **sinkenden Skalenerträgen** steigen die Durchschnittskosten, weil man nunmehr zur Produktion des λ-fachen Outputs mehr als die λ-fache Menge von allen Inputfaktoren benötigt. Dementsprechend nehmen auch die Grenzkosten zu.

Abb. 14.10: Mögliche Verläufe der Durchschnitts- und Grenzkostenkurve

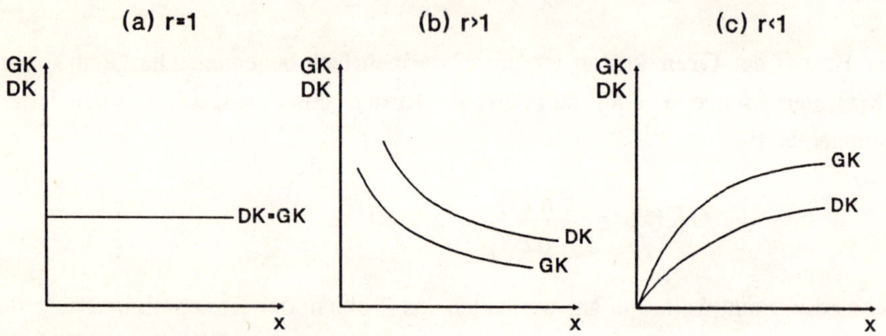

Diese möglichen Verläufe der Durchschnitts- und der Grenzkostenkurve für homogene Produktionsfunktionen will die Abbildung 14.10 graphisch aufzeigen.

Wir erkennen in Teilbild (a) die Kurvenverläufe für den Fall konstanter Skalenerträge ($r=1$), im Teilbild (b) den Fall steigender Skalenerträge ($r>1$) und in Teilbild (c) ist die Situation für abnehmende Skalenerträge ($r<1$) dargestellt.

Wie wir an anderer Stelle auch schon erwähnten, kann eine Technologie, die in einem Unternehmen zum Einsatz kommt, Bereiche mit unterschiedlichen Skalenerträgen aufweisen. So sind etwa Produktionsfunktionen denkbar, bei denen die Herstellung bestimmter Güter zunächst mit steigenden und danach mit sinkenden Skalenerträgen erfolgt. Die dazugehörigen Kostenfunktionen steigen in dem Fall zunächst langsamer an, um sich dann mit zunehmendem Output beschleunigt nach oben hin zu entwickeln. Insgesamt erhält man somit für diesen Fall einen S-förmigen Verlauf der Gesamtkostenkurve $K(x)$, wie ihn etwa Abbildung 14.11 aufzeigt.

Abb. 14.11: S-förmiger Kostenverlauf

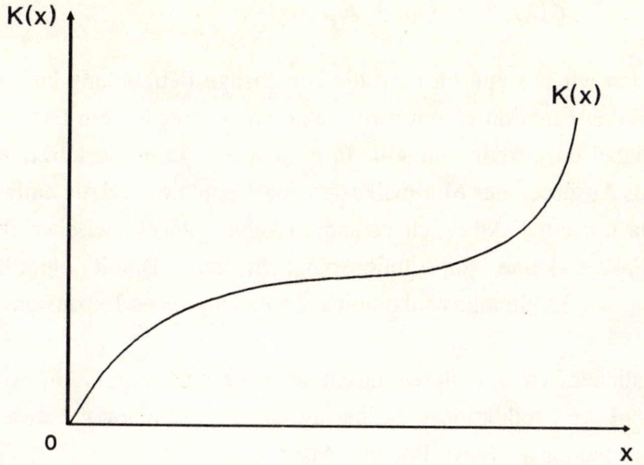

Kurzfristige und langfristige Kostenfunktionen

Bisher sind wir davon ausgegangen, daß es einem Unternehmen immer möglich sei, sein Kostenminimum zu erreichen, da es die eingesetzten Produktionsfaktoren entsprechend anpassen könne. Solche anpaßbaren Faktoren bezeichnet man in der Produktionstheorie als variable Faktoren und ihre Kosten als **variable Kosten.**

In der langfristigen Betrachtung darf man alle Produktionsfaktoren als variabel unterstellen. Will ein Unternehmen jedoch kurzfristig Veränderungen in seiner Produktion vornehmen, so wird es durchaus auf Einsatzgrößen stoßen, die sich nicht variieren lassen, die also **fix** sind. Dies ist beispielsweise bei Gebäuden und Grundstücken der Fall. Die Nutzungskosten dafür, sei es in Form von Mieten und Pachten oder in Form von Abschreibungen, fallen unabhängig davon an, wieviel ein Unternehmen produziert und ob es überhaupt etwas herstellt. Man nennt diese Kosten deshalb auch **Fixkosten.**

Die Produktionstheorie unterscheidet daher aus gutem Grunde zwischen kurzfristigen und langfristigen Kostenfunktionen:

- In **langfristigen Kostenfunktionen** sind alle Faktoren variabel; sie hängen also vollständig vom produzierten Output ab.

- In **kurzfristigen Kostenfunktionen** müssen zu den variablen Kosten $K_v(x)$ noch die Fixkosten K_F addiert werden:

$$K(x) = K_v(x) + K_F \quad .$$

Konzentrieren wir uns zunächst auf die kurzfristige Betrachtung und nehmen dazu eine Produktionsfunktion an mit zwei Faktoren, von denen ein Faktor fix und ein Faktor variabel einsetzbar sein soll. In diesem Fall kann die kurzfristige Kostenfunktion, als Ausdruck der Minimalkosten der Produktion, relativ einfach abgeleitet werden. Da nur ein Faktor sich verändern kann, gibt es zwischen ihm und dem anderen Faktor keine Substitutionsmöglichkeiten. Damit entfällt auch die Bestimmung der Minimalkostenkombination entlang eines Expansionspfades.

Veranschaulichen wir uns diesen Zusammenhang auch graphisch. Hierzu wählen wir eine konkave Produktionsfunktion mit variablem Faktor v_1 (etwa Arbeit) und einem fixem Faktor $\bar{v}_2$ (etwa Boden). Also:

$$x = f(v_1, \bar{v}_2) \quad .$$

Diese Funktion gibt an, wie sich der Output ändert, wenn der Arbeitseinsatz variiert wird. Ihren Verlauf können wir der Abbildung 14.12 entnehmen.

Abb. 14.12: Produktions- und Verbrauchsfunktion

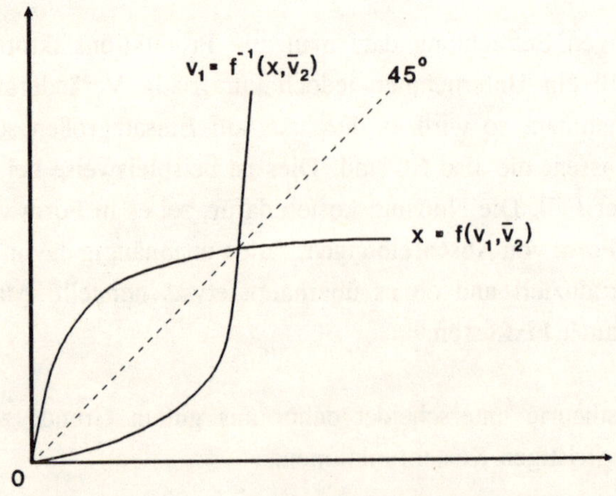

Interpretiert man den eben dargelegten Zusammenhang in umgekehrter Richtung, so erhält man die sogenannte **Verbrauchsfunktion** für den Faktor v_1. In unserem Falle gibt sie die Abhängigkeit des Arbeitseinsatzes vom gewünschten Output an. Sie bestimmt also, wie hoch der Arbeitseinsatz mindestens sein muß, damit man einen bestimmten Output produzieren kann.

Mathematisch stellt die Verbrauchsfunktion die Umkehrfunktion zur Produktionsfunktion dar,

$$v_1 = f^{-1}(x, \bar{v}_2) \quad .$$

Und in der geometrischen Darstellung erhält man sie, indem man die Produktionsfunktion an der 45°-Linie spiegelt und in der Darstellung Abszisse und Ordinate vertauscht (siehe Abbildung 14.12).

Aus der Verbrauchsfunktion lassen sich in einem nächsten Schritt die variablen Kosten gewinnen, durch einfache Multiplikation des Faktorverbrauchs v_1 mit dem Faktorpreis q_1. Man beachte, daß diese Kosten auch vom Niveau des fixen Faktors abhängen:

$$K_v(x, \bar{v}_2) = v_1(x, \bar{v}_2) \cdot q_1 \quad .$$

Für die von uns gewählte konkave Technologie haben die variablen Kosten einen konvexen Verlauf. Das ist auch leicht einsichtig. Wenn nämlich der Output bei zusätzlichem Arbeitseinsatz immer weniger steigt, dann müssen die variablen Kosten immer mehr zunehmen. Denn jeder zusätzliche Arbeiter erzeugt einen geringeren Outputzuwachs als die bereits beschäftigten Arbeitskräfte und verursacht dabei die gleichen Kosten (siehe dazu nochmals die Abbildung 14.12).

Addiert man die Fixkosten zu den variablen Kosten, so erhält man wieder die Gesamtkosten der Produktion. Die Fixkosten ergeben sich dabei als Produkt aus dem Einsatzniveau des fixen Faktors v_2 und dessen Preis q_2. Also:

$$K(x, \bar{v}_2) = v_1(x, \bar{v}_2) \cdot q_1 + \bar{v}_2 \cdot q_2 \quad .$$

Aus den Gesamtkosten wiederum lassen sich die Durchschnittskosten ableiten. Deren Funktion ***DK(x)*** weist jetzt einen u-förmigen Verlauf auf, wie wir auch der Abbildung 14.13 entnehmen können. Dabei ist der anfängliche Rückgang der Durchschnittskosten auf einen sinkenden Anteil der Fixkosten zurückzuführen. Die durchschnittlichen Fixkosten K_F/x nämlich nehmen mit steigendem Output immer mehr ab, da sie sich auf immer größere Outputmengen aufteilen. Dem aber wirkt der Anstieg der durchschnittlichen variablen Kosten $K_v(x)/x$ entgegen, so daß ab einer bestimmten Menge die gesamten Durchschnittskosten wieder zunehmen.

Abb. 14.13: Langfristiger Durchschnitts- und Grenzkostenverlauf

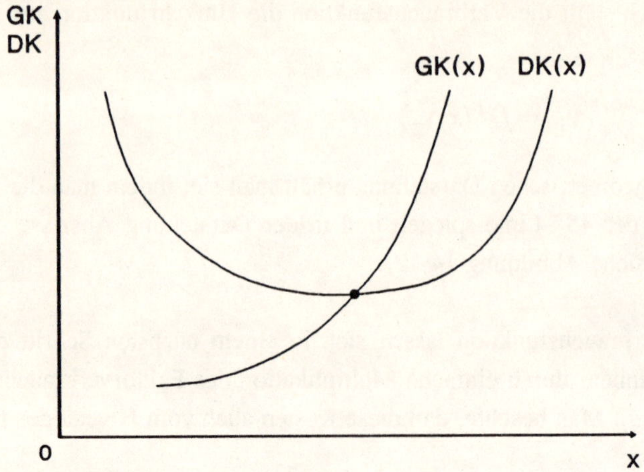

Dort, wo die Grenzkostenkurve ***GK(x)*** die Durchschnittskostenkurve ***DK(x)*** schneidet, liegt das **Minimum der Durchschnittskosten** (siehe nochmals Abbildung 14.13). Mathematisch ausgedrückt gilt hierfür:

$$\frac{d\frac{K(x)}{x}}{dx} = \frac{xK'(x) - K(x)}{x^2} = 0$$

$$\Leftrightarrow \quad K'(x) = \frac{K(x)}{x}.$$

Der Ausdruck ***K'(x)*** steht für die erste Ableitung der Gesamtkostenkurve und entspricht somit den Grenzkosten.

14.5 Gewinnmaximierung

Die Kenntnis der Minimalkostenfunktion stellt eine notwendige Voraussetzung dar, damit ein Unternehmen seinen Gewinn maximieren und damit dem eigentlichen Ziel seines Wirtschaftens entsprechen kann. Der Gewinn ***G(x)*** ist, wie wir wissen, ganz allgemein definiert als Differenz zwischen Erlös ***E(x)*** und Kosten ***K(x)***. Alle drei Größen hängen vom Output ab. Gesucht ist nun derjenige Output, der den Gewinn maximiert. Wir können also schreiben:

$$G(x) = E(x) - K(x) \rightarrow \max \quad .$$

Die Bedingung erster Ordnung für ein **Gewinnmaximum** lautet:

$$G'(x) = E'(x) - K'(x) = 0$$

$$\leftrightarrow \quad E'(x) = K'(x) \quad .$$

Diese Bedingung besagt:

Im Gewinnmaximum muß der **Grenzerlös *E'(x)*** eines Unternehmens **gleich den Grenzkosten *K'(x)*** seiner Produktion sein.

Dies wiederum heißt, daß der Gewinn dort maximal ist, wo die Kosten der Herstellung einer weiteren Outputeinheit genauso groß sind wie der Erlös, der sich damit am Markte erzielen läßt. Denn dann ist der Grenzgewinn einer zusätzlichen Einheit Null und der Gesamtgewinn kann folglich nicht mehr gesteigert werden.

Die obige Bedingung gilt für alle Marktformen, für die vollständige Konkurrenz ebenso wie für das Monopol. Auf den Prozeß der Preisbildung bei diesen Marktformen werden wir gleich noch genauer eingehen. Hier genügt es, wenn wir auf die uns bereits bekannte Tatsache zurückgreifen, daß sich Unternehmen auf einem Markt mit vollständiger Konkurrenz als Mengenanpasser verhalten.

Auf einem solchen Markt ist also der Marktpreis p dem Unternehmen bekannt und für dieses ein unveränderbares Datum. Dann ergibt sich der **Erlös** des Unternehmens einfach aus der Formel **Menge mal Preis**:

$$E(x) = p \cdot x \quad .$$

Und der **Grenzerlös entspricht dem Marktpreis**:

$$E'(x) = p \quad .$$

Die Bedingung für ein Gewinnmaximum konkretisiert sich in diesem Fall zu:

$$p = K'(x) \quad .$$

Sie besagt: Wenn ein Unternehmen seinen Gewinn maximieren möchte, muß es seine Produktion soweit ausdehnen, bis die **Grenzkosten dem Preis entsprechen.**

Die Bedingung 2. Ordnung für ein Gewinnmaximum verlangt,

$$\frac{d^2G(x)}{dx^2} < 0 \quad \Leftrightarrow \quad \frac{d^2K(x)}{dx^2} > 0 \quad .$$

Die gewinnmaximale Ausbringungsmenge muß also im Bereich **steigender Grenzkosten** liegen.

Bei einer konvexen Kostenfunktion, was wiederum eine streng konkave Produktionsfunktion impliziert, ist die obige Bedingung immer erfüllt: Links vom optimalen Output sind dann nämlich die Grenzkosten geringer als der Preis und der Gewinn kann hier durch eine Ausdehnung der Produktion noch erhöht werden. Rechts vom Optimum liegen die Grenzkosten über dem Preis und jede zusätzlich produzierte Einheit wird den Gewinn wieder verringern.

Die **Fixkosten** haben auf den optimalen Output keinen Einfluß, da sie, mathematisch gesehen, bei der Differentiation verschwinden und, ökonomisch betrachtet, die Grenzkosten unberührt lassen. Es gibt jedoch eine Ausnahme, die die Differentialrechnung nicht aufzudecken vermag:

Ein Unternehmen könnte seine Produktion einstellen und einen Verlust in Höhe der fixen Kosten hinnehmen. Eine solche Strategie wäre dann angebracht, wenn das Unternehmen bei jeder Ausbringungsmenge eines Gutes Verlust macht und der geringste Verlust immer noch über den Fixkosten liegt. Dann liegen die durchschnittlichen variablen Kosten eines Gutes noch über seinem Marktpreis. In einem solchen Fall ist es daher günstiger, die Herstellung ganz einzustellen. Denn das Unternehmen verliert hierbei lediglich die Fixkosten, während es bei fortgesetzter Produktion weit mehr einbüßt, nämlich zusätzlich noch die Differenz zwischen variablen Kosten und Preis.

In der Abbildung 14.14 haben wir die Bedingungen der Gewinnmaximierung noch einmal graphisch veranschaulicht.

Wir erkennen, daß die optimale Ausstoßmenge x^* eines Unternehmens genau im Schnittpunkt von Preisgerade und aufsteigendem Ast der Grenzkostenfunktion liegt. Die Preisgerade haben wir hier als eine Horizontale eingezeichnet, was typisch ist für den Fall der vollkommenen Konkurrenz. Das einzelne Unternehmen kann also von sich aus auf den am Markt erzielten Preis durch seine Ausbringung keinen Einfluß nehmen.

Abb. 14.14: Gewinnmaximierung bei vollständiger Konkurrenz

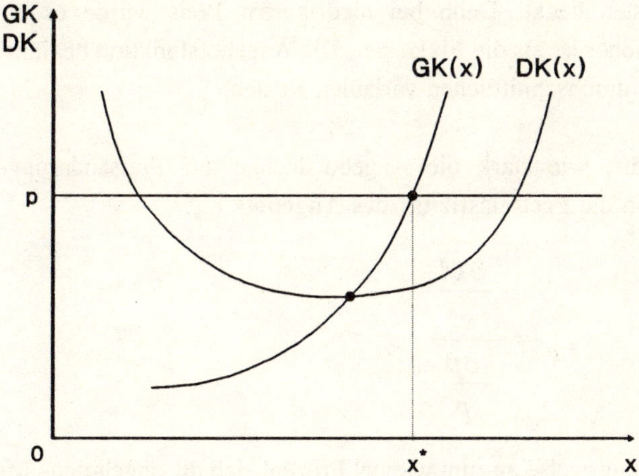

14.6 Die Angebotsfunktion

Die Angebotsfunktion eines Unternehmens bei vollkommener Konkurrenz gibt die gewinnmaximale Outputmenge x^A als Funktion des Marktpreises an:

$$x^A = x^A(p) \quad .$$

Diese gewinnmaximale Menge wird, wie wir wissen, durch die Bedingung "Grenzkosten gleich Preis" bestimmt.

Im Unterschied zu vorhin, wo wir von einem einzigen, gegebenen Marktpreis ausgingen und dafür das Gewinnmaximum ableiteten, wollen wir hier nun Veränderungen beim Preis zulassen. Fällt der Preis, dann wird ein Unternehmen die angebotene Menge reduzieren, steigt der Preis, so wird es die Menge ausdehnen. Dieses "Gesetz" der Marktanpassung ist uns bereits zu Beginn dieses Lehrbuchs in Kapitel 4.4.2 begegnet. Hier nun können wir genau bestimmen, wie der Anpassungsprozeß an Preisänderungen abläuft: Er findet statt entlang der Grenzkostenkurve eines Unternehmens. Es ist die Grenzkostenkurve, die angibt, wieviel zu einem bestimmten Preis ein Unternehmen von einem Gut herstellt und es ist somit diese Kurve, die für die **Angebotsfunktion** des Unternehmens steht.

Dabei müssen wir freilich eine Einschränkung beachten: In der kurzfristigen Betrachtung wird ein Unternehmen erst dann mit einem Angebot auf den Markt kommen, wenn der dort vorgefundene Preis mindestens die durchschnittlichen variablen Kosten deckt. Denn bei niedrigerem Preis würde es einen Verlust machen, der höher ist als die Fixkosten. Die Angebotsfunktion beginnt also erst im Minimum der durchschnittlichen variablen Kosten.

Als Maß dafür, wie stark die Angebotsmenge auf Preisänderungen reagiert, verwendet man die **Preiselastizität des Angebots** $\epsilon_{x,p}$:

$$\varepsilon_{x,p} = \frac{\dfrac{\partial x^s}{x^s}}{\dfrac{\partial p}{p}} \quad .$$

Sie gibt näherungsweise an, um wieviel Prozent sich die angebotene Menge ändert, wenn sich der Preis eines Gutes um ein Prozent bewegt. Je flacher dabei die Angebotsfunktion verläuft, desto stärker reagiert die angebotene Menge auf Preisänderungen.

Untersucht man die Wirkungen von Preisänderungen auf die angebotene Menge, so bewegt man sich auf einer Angebotskurve, deren Lage man genau kennt. Diese wird bestimmt durch die Faktorpreise und die Produktionsfunktion, die wir jeweils als gegeben angenommen haben. Änderungen dieser Parameter werden die Angebotsfunktion wie folgt verschieben:

- Erhöhen sich die Faktorpreise, so steigen als Folge die Grenzkosten, was zu einer Verschiebung der Angebotsfunktion nach oben führt. Jede Ausbringungsmenge wird dann zu einem höheren Preis angeboten.

- Ändert sich die Produktionsfunktion, etwa indem ein effizienteres Produktionsverfahren zum Zuge kommt, so senkt dies die Grenzkosten und verschiebt die Angebotsfunktion nach unten. Ein Unternehmen kann nun zu billigeren Preisen anbieten, denn es vermag jetzt mit gleichem Faktoreinsatz mehr Output, oder umgekehrt, mit weniger Faktoreinsatz den gleichen Output zu erzeugen.

Kontrollfragen zu Kapitel 14:

1. Welche Arten von Produktionsfunktionen werden in der Produktionstheorie unterschieden?

2. Erläutern Sie die Eigenschaften einer Cobb-Douglas-Produktionsfunktion bei partieller und totaler Faktorvariation.

3. Wie läßt sich das "Gesetz" vom abnehmenden Ertragszuwachs erklären?

4. Welche Arten von Skalenerträgen kann man unterscheiden?

5. Wie unterscheiden sich die variablen von den fixen Kosten? Warum fallen fixe Kosten überhaupt an?

6. Definieren Sie die Begriffe Erlös, Kosten und Gewinn. Bestimmen Sie geometrisch und analytisch das Gewinnmaximum. Welche Rolle spielen dabei der Grenzerlös und die Grenzkosten?

7. Warum unterscheidet man kurzfristige und langfristige Kostenfunktionen?

8. Wie sieht die Güterangebotsfunktion eines Polypolisten auf einem vollkommenen Markt aus und wie leitet sie sich ab?

9. Welche Auswirkungen hat eine Senkung des Lohnsatzes auf die Güterangebotsfunktion?

15. Preisbildung auf den Gütermärkten

Bisher haben wir Ziele und Verhaltensweisen von einzelnen Wirtschaftssubjekten untersucht. Aus deren Sicht war der Preis eines Gutes ein Datum, auf das sie keinen Einfluß nehmen konnten - ein einzelner Konsument kauft, bei gegebenen Güterpreisen, diejenige Mengenkombination, die seinen Nutzen maximiert. Daraus leitet sich die individuelle Nachfrage nach Konsumgütern ab. Ein einzelnes Unternehmen produziert, bei gegebenem Güterpreis, diejenige Gütermenge, die seinen Gewinn maximiert. Daraus leitet sich die Angebotsfunktion des Unternehmens ab.

Es stellt sich nun die Frage, ob die Vorstellungen der einzelnen Haushalte und Unternehmen, die ja völlig unabhängig und unter ganz verschiedenen Zielsetzungen zustande kommen, miteinander vereinbar sind.

Wie wir schon wissen, werden die einzelwirtschaftlichen Pläne auf dem Markt koordiniert. Ein Markt bezeichnet dabei einfach die Beziehungen, die zwischen Anbietern und Nachfragern existieren. Auf dem Markt für Konsumgüter treten die Unternehmen als Anbieter und die Konsumenten als Nachfrager auf, wobei man sich für jedes homogene (vergleichbare) Gut einen eigenen Markt vorzustellen hat.

Die Nachfrage **aller** Konsumenten und das Angebot **aller** Produzenten auf dem Markt für ein spezifisches Gut bestimmen dann dessen Preis, der, wie gesagt, für jeden einzelnen Marktteilnehmer ein Datum ist. Der zustande gekommene Preis ist ein Gleichgewichtspreis in dem Sinne, daß zu diesem Preis die Konsumenten die von ihnen gewünschte Menge auch kaufen und alle Unternehmen die gewünschte Menge auch verkaufen können. Es besteht also ein notionales Gleichgewicht zwischen Angebot und Nachfrage.

Diese allgemeine Umschreibung des Marktprinzips ist uns wohlbekannt. Wie aber sehen die genauen Bedingungen aus, die erfüllt sein müssen, damit der Preismechanismus auf den Märkten auch tatsächlich funktioniert? Betrachten wir dazu im folgenden zunächst einen Markt, auf dem vollständige Konkurrenz herrscht, anschließend einen Monopolmarkt.

15.1 Vollständige Konkurrenz

Bei der Marktform der vollständigen Konkurrenz handelt es sich um die Idealvorstellung eines perfekten Marktes. Sie ist im wesentlichen durch Vorhandensein eines Polypols und Vollkommenheit gekennzeichnet. Darauf sind wir ja an anderer Stelle schon ausführlich eingegangen (siehe Kapitel 4.1). Rufen wir uns die wichtigsten Charakteristika nochmals ins Gedächtnis.

Das **Polypol** stellt einen Markt dar, auf dem sehr viele Anbieter und sehr viele Nachfrager auftreten. Konsumenten und Produzenten passen auf einem solchen Markt daher ihre Nachfrage beziehungsweise ihr Angebot dem herrschenden Marktpreis an, ohne zu berücksichtigen, daß ihre Käufe und Verkäufe wiederum den Preis beeinflussen können. Man sagt auch, sie seien **Preisnehmer**.

Die zweite Bedingung verlangt, daß der betrachtete Polypolmarkt ein **vollkommener Markt** ist. Dazu muß das dort gehandelte Gut **homogen** sein. Es dürfen weder persönliche noch räumliche, zeitliche oder sachliche Präferenzen vorhanden sein, die dazu führen könnten, daß etwa persönliche Beziehungen zwischen Käufer und Verkäufer, räumliche Faktoren (Standorte), die zeitliche Verfügbarkeit eines Gutes (Liefertermine) oder sachliche Unterschiede etwa in der Verpackung und Werbung (Markenware) für die Kaufentscheidung eine Rolle spielen.

Markttransparenz als zweite Bedingung der Vollkommenheit verlangt, daß Anbieter und Nachfrager über die zustandegekommenen Preise vollständig informiert sind. Es besteht also vollkommene Preisinformation. Dies wiederum impliziert, daß es für ein homogenes Gut nur einen Preis geben kann. Denn gäbe es dafür verschiedene Preise und wären die Nachfrager und Anbieter darüber informiert, so würde am Ende das Gut doch nur zum niedrigst möglichen Preis gekauft beziehungsweise zum höchst möglichen Preis verkauft werden.

15.2 Gesamtnachfrage

Die Nachfragekurve für den gesamten Markt eines bestimmten Gutes setzt sich aus den Nachfragefunktionen aller Konsumenten zusammen. Die hierfür notwendige Aggregation erfolgt in der Weise, daß man für jeden Preis die jeweils individuell nachgefragten Mengen aufaddiert. Da dies im gewöhnlichen Preis-Mengen Diagramm horizontal über die Mengenachse geschieht, spricht man auch von einer **horizontalen Aggregation**. Wir haben diese in Abbildung 15.1 beispielhaft für zwei

Haushalte aufgezeigt.

Abb. 15.1: Horizontale Aggregation individueller Nachfragefunktionen

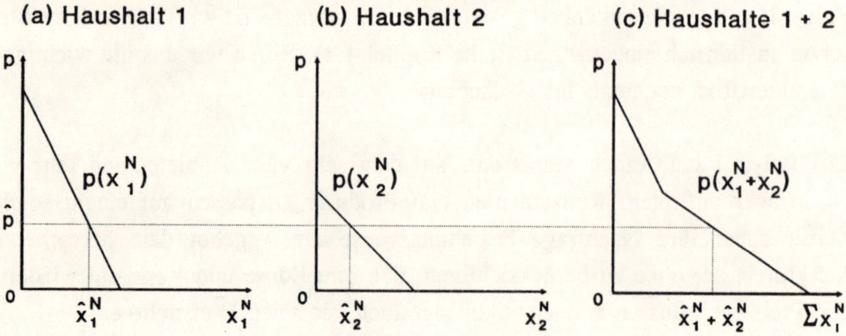

In Teilbild (a) ist die Konsumentenentscheidung für Haushalt 1, in Teilbild (b) diejenige für Haushalt 2 aufgezeichnet. Ersterer fragt beim Preis $\hat{p}$ die Menge $\hat{x}_1^N$ nach, letzterer die Menge $\hat{x}_2^N$. Die Gesamtnachfrage x^N auf dem betrachteten Markt wird dann beim Preis $\hat{p}$ durch die (horizontale) Summe $\hat{x}_1^N+\hat{x}_2^N$ der individuellen Nachfragen der beiden Haushalte gebildet. Verfährt man bei allen anderen Preisen in der Aggregation ebenso, so erhält man am Ende die gesamte Marktnachfragekurve. Sie weist, wie wir in Teilbild (c) sehen können, einen Knick auf.

Betrachten wir nun allgemein einen Markt mit n Konsumenten. Dabei sei die Nachfragefunktion eines Konsumenten i gegeben durch

$$x_i^N = x_i^N(p)\ , \quad i=1,\ldots,n \quad ,$$

wobei wir hier den Preis als unabhängige und die nachgefragte Menge als abhängige Variable gewählt haben. Für die **Gesamtnachfrage** erhalten wir durch Aufsummierung

$$x^N(p) = \sum_{i=1}^{n} x_i^N(p) \quad .$$

Man kann jetzt zeigen, daß bei normalen individuellen Nachfragefunktionen auch die Gesamtnachfragekurve normal verläuft. Das heißt, mit zunehmendem Preis fällt die Marktnachfrage. Ihre Lage im Preis-Mengen-Diagramm wiederum hängt, ebenso wie die der individuellen Nachfragefunktionen, von den Preisen anderer

Güter und den Einkommen der Konsumenten ab. Diese Parameter haben wir hier als gegeben angenommen. Falls sie sich ändern, verschiebt sich natürlich auch die Gesamtnachfragekurve. Sogar eine Umverteilung der Einkommen von reicheren zu ärmeren Einkommensbeziehern hat erhebliche Auswirkungen auf die Gesamtnachfrage, selbst dann, wenn das Gesamteinkommen dabei gleich bleibt.

Bei sehr vielen Nachfragern, wie sie ja kennzeichnend sind für die vollständige Konkurrenz auf einem Markt, wird die Gesamtnachfrage viele "Knicke" aufweisen. Diese dürften jedoch nicht sehr ausgeprägt sein. Deshalb zeichnet man der Einfachheit halber die Gesamtnachfragekurve in der Regel ohne Knicke, so wie wir dies in Abbildung 15.2 auch getan haben.

Abb. 15.2: Gesamtnachfragekurve

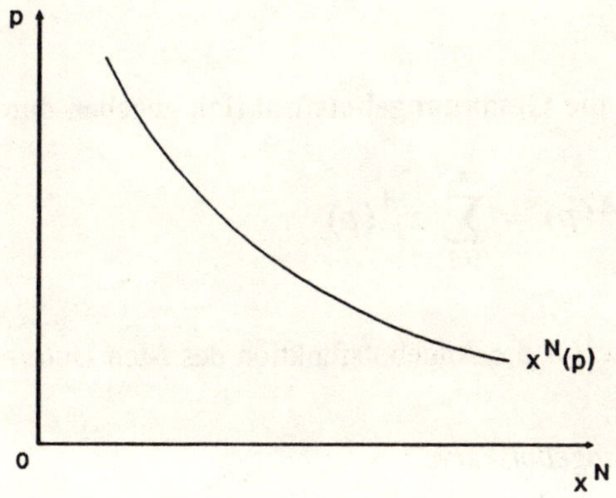

15.3 Gesamtangebot

Die Angebotskurven der einzelnen Unternehmen werden prinzipiell auf die gleiche Weise zu einer Kurve des Gesamtangebots zusammengefaßt, wie wir dies bei den individuellen Nachfragefunktionen kennengelernt haben. Auch sie hat man "horizontal" zu addieren. Wir haben diese Aggregation für den Fall zweier Unternehmen in Abbildung 15.3 durchgeführt.

In den Teilbildern (a) und (b) werden für einen Preis $\hat{p}$ die angebotenen Mengen des Unternehmens 1 und 2 für ein homogenes Gut abgeleitet. Sie betragen $\hat{x}_1^A$ und $\hat{x}_2^A$. In Teilbild (c) sind die Einzelangebote zum Gesamtangebot $\hat{x}_1^A+\hat{x}_2^A$ aufaddiert. Nimmt man diese Addition nicht nur für den Preis $\hat{p}$ vor, sondern auch für alle anderen möglichen Preise, so erhält man die Kurve für das Gesamtangebot x^A. Diese Kurve weist, wie man sehen kann, auch einen Knick auf.

Abb. 15.3: Aggregation einzelner Angebotsfunktionen

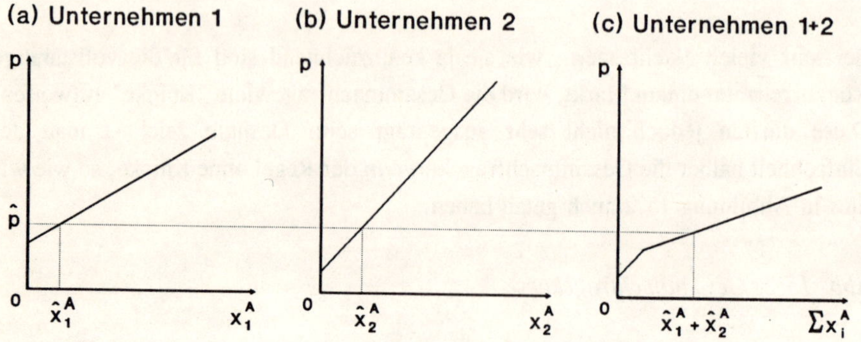

Bei n Anbietern ist die **Gesamtangebotsfunktion** gegeben durch

$$x^A(p) = \sum_{i=1}^{n} x_i^A(p) \quad .$$

Hierbei bezeichnet $x_i^A(p)$ die Angebotsfunktion des i-ten Unternehmens.

Abb. 15.4: Gesamtangebotskurve

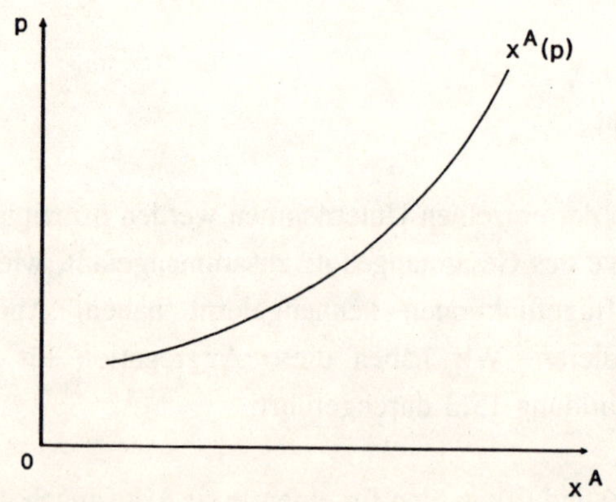

Im allgemeinen verläuft die Gesamtangebotsfunktion monoton steigend, da auch die Angebotsfunktionen der einzelnen Unternehmen monoton steigend sind. Die

Unternehmen werden also insgesamt bei steigenden Preisen mehr anbieten. Wir haben diesen üblichen Verlauf in Abbildung 15.4 aufgezeichnet, wobei auch hier wieder die "Knicke" vernachlässigt wurden.

Man beachte weiterhin, daß die Angebotsfunktionen der einzelnen Unternehmen und somit auch die Gesamtangebotskurve nur unter der ceteris paribus-Annahme gelten. Das heißt, wir haben unveränderte Faktorpreise und eine gegebene Technologie unterstellt. Jede Veränderung in diesen Parametern wird zu einer Verschiebung der Angebotsfunktion führen.

15.4 Marktgleichgewicht bei vollständiger Konkurrenz

Nachdem wir nun die Gesamtnachfrage und das Gesamtangebot auf dem Markt für ein homogenes Gut kennen, können wir als nächstes das Marktgleichgewicht bei vollständiger Konkurrenz bestimmen.

Ableitung des Marktgleichgewichts

Marktgleichgewicht herrscht, wenn die insgesamt nachgefragte Menge mit der insgesamt angebotenen Menge übereinstimmt. Die formale Bedingung dafür lautet:

$$x^N(p) = x^A(p) \quad .$$

Aus dieser Gleichung ergeben sich als Lösung der **gleichgewichtige Preis** p^* und die **gleichgewichtige Menge** x^*. In der graphischen Darstellung erhalten wir das Marktgleichgewicht im Schnittpunkt von Angebotskurve und Nachfragekurve. Sehen wir uns dazu Abbildung 15.5 an.

Bei Preisen, die über dem Gleichgewichtspreis p^* liegen, stellt sich ein **Angebotsüberschuß** ein. Die Konsumenten fragen weniger nach als die Unternehmen zu diesen Preisen produzieren wollen. Preise unter dem Gleichgewichtspreis führen zu einem **Nachfrageüberschuß**. Die Unternehmen bieten bei diesen Preisen insgesamt weniger an als die Konsumenten kaufen wollen. In beiden Fällen ist der Markt im Ungleichgewicht, die Pläne der Unternehmen und der Konsumenten sind nicht miteinander vereinbar. Erst der Gleichgewichtspreis bringt Angebot und Nachfrage wieder ins Gleichgewicht; jeder Marktteilnehmer kann nun seine Pläne realisieren.

Ob das eben beschriebene Gleichgewicht überhaupt existiert und ob es eindeutig ist, hängt, wie man sieht, vom Verlauf der Angebots- und der Nachfragefunktion ab.

In der Regel wird es bei steigender Angebots- und fallender Nachfragefunktion, wovon man üblicherweise ausgeht, ein eindeutiges Gleichgewicht geben, obwohl auch hier Fälle denkbar sind, in denen ein Gleichgewicht nicht existiert.

Abb. 15.5: Marktgleichgewicht bei vollständiger Konkurrenz

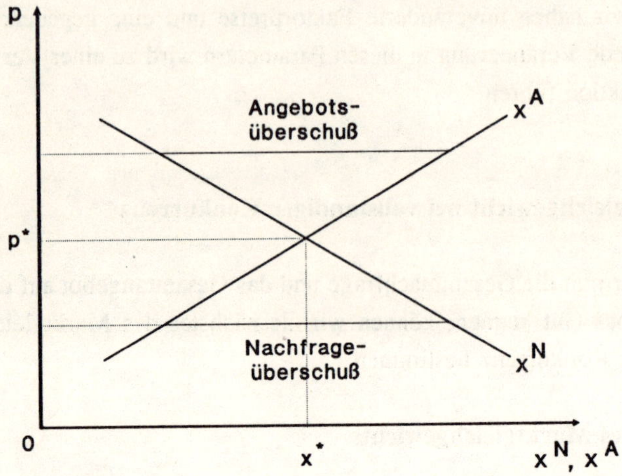

In der Abbildung 15.6 haben wir dazu noch einen für die wirtschaftliche Praxis durchaus bedeutsamen Fall aufgezeichnet.

Abb. 15.6: Nichtexistenz des Marktgleichgewichts

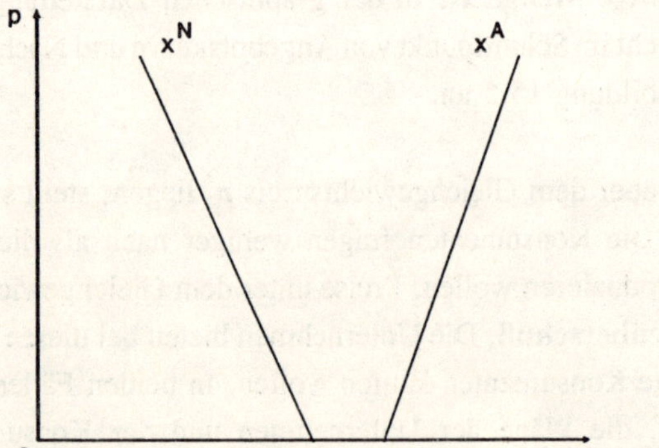

Wie wir sehen, übersteigt hier bei jedem positiven Preis das Angebot die Nachfrage. Es gibt folglich keinen Schnittpunkt zwischen Angebots- und Nachfragekurve und damit auch kein Marktgleichgewicht. Dieser Fall trifft vor allem für freie Güter wie Luft und Wasser zu. Solche freien Güter werden zu einem Preis von Null im Überfluß angeboten. Die Konsumenten können somit ihren gesamten Bedarf umsonst decken und werden davon weit mehr verbrauchen als es dem eigentlichen Wert der Güter entspricht.

Stabilität des Gleichgewichts

Die Gleichgewichtstheorie sagt zwar viel über einen Gleichgewichtszustand selbst und seine Eigenschaften aus, über sein Zustandekommen jedoch ungleich weniger. Man kann indessen nicht so ohne weiteres davon ausgehen, daß ein Gleichgewichtspreis "einfach da" sei. Man muß auch die Mechanismen kennen und erklären, die ein Gleichgewicht herbeiführen und es zu stabilisieren vermögen. Eine der bekanntesten Vorstellungen dazu ist die von **Leon Walras** (1834-1910) entwickelte Idee des **Auktionators.**

Nehmen wir an, ein Konsument interessiert sich für ein bestimmtes Gut und bietet dafür zunächst einen Preis p_0. Dieser Preis wird von einem Auktionator, der als Unparteiischer alle Kaufabschlüsse kennt und beobachtet, veröffentlicht. Käufer und Verkäufer schließen dann zu diesem Preis Verträge ab, von denen sie allerdings zurücktreten dürfen, wenn sie das Gut anderweitig günstiger kaufen beziehungsweise verkaufen können. Ist der anfängliche Preis p_0 höher als der Gleichgewichtspreis, dann werden einige Verkäufer keinen Käufer finden. Um zu vermeiden, daß sie auf ihren Gütern sitzenbleiben, werden diese Produzenten den Preis senken. Der neue Preis wird wieder vom Auktionator veröffentlicht. Konsumenten, die bereits zu einem höheren Preis abgeschlossen hatten, werden daraufhin nun neue Verträge zu dem niedrigeren Preis eingehen (Rekontrakte). Der Prozeß der Rekontrakte wiederholt sich solange, bis am Ende der Gleichgewichtspreis erreicht ist. Bei diesem Preis kann kein Marktteilnehmer mehr einen vorteilhafteren Vertrag abschließen. Analoge Überlegungen gelten auch für den Fall, daß der anfängliche Preis unter dem Gleichgewichtspreis liegt.

Damit der eben beschriebene Prozeß aber tatsächlich zu einem Gleichgewicht führt, muß eine wichtige Bedingung erfüllt sein, die man als **Walras-Stabilität** bezeichnet. Es ist offensichtlich notwendig, daß die Käufer bei einem Nachfrageüberschuß ihre Preisgebote erhöhen und die Verkäufer bei einem Angebotsüberschuß die Preise senken. Definiert man

$$x^E(p) := x^N(p) - x^A(p)$$

als überschüssige Nachfrage zum Preis p, dann ist ein Markt unter den getroffenen Verhaltensannahmen stabil, wenn eine Preiserhöhung diese überschüssige Nachfrage verringert. Es muß also gelten:

$$\frac{dx^E(p)}{dp} < 0 \quad \Leftrightarrow \quad \frac{dx^N(p)}{dp} < \frac{dx^A(p)}{dp} \ .$$

Diese Bedingung ist für alle steigenden Angebotskurven und alle fallenden Nachfragekurven automatisch erfüllt.

15.5 Preisbildung auf dem Monopolmarkt

Ein **Monopol** ist ein Markt, auf dem es nur einen Anbieter, aber viele Nachfrager gibt. Der Monopolist sieht sich deshalb der gesamten Nachfrage aller Konsumenten dieses Marktes gegenüber; seine Nachfragekurve ist also die aggregierte Marktnachfragekurve. Das Monopolunternehmen hat damit sozusagen einen Marktanteil von 100 Prozent. Daher muß es damit rechnen, daß der Preis mit zunehmender Ausbringungsmenge fallen wird.

Für ein Unternehmen auf einem Konkurrenzmarkt stellt sich, wie wir wissen, die Nachfragekurve als Horizontale dar. Aus seiner Sicht kann es wegen seines geringen Marktanteils zum herrschenden Marktpreis jede beliebige Menge absetzen, ohne den vorgefundenen Marktpreis (nennenswert) beeinflussen zu können. Der Monopolist hingegen kann zur Maximierung seines Gewinns von sich aus entweder den Preis oder die Menge festsetzen. Die jeweils andere Größe ist dann durch die Nachfragefunktion gegeben.

Versuchen wir, diese Preissetzung des Monopolisten auch analytisch formal nachzuvollziehen.

Auf einem Gütermarkt sei $x(p)$ die Nachfragefunktion, die man sich wieder als aggregierte Funktion der individuellen Nachfragefunktionen denken muß und die, wie üblich, mit steigendem Preis fallen soll. Der Erlös des Monopolisten $E(x)$ beträgt in diesem Fall

$$E(x) = x \cdot p(x) \quad ,$$

wobei $p(x)$ die (eindeutige) Inverse der Nachfragefunktion darstellt. Der Gewinn des Monopolunternehmens ist, genau wie bei jedem anderen Unternehmen auch, dort maximal, wo Grenzerlös und Grenzkosten übereinstimmen, also

$$\frac{\partial E(x)}{\partial x} = \frac{\partial K(x)}{\partial x} \quad .$$

Im Unterschied zur vollständigen Konkurrenz entspricht hier aber der Grenzerlös nicht mehr dem Preis, sondern er liegt darunter

$$\frac{\partial E(x)}{\partial x} = p(x) + x\,\frac{\partial p(x)}{\partial x} < p(x) \quad .$$

Denn bei fallender Nachfrage muß der Preisverfall $x(\partial p(x)/\partial x)$ vom Preis noch abgezogen werden. Deshalb gilt im Gewinnmaximum auch

$$p(x) > \frac{\partial K(x)}{\partial x} \quad .$$

Das heißt, der Preis liegt über den Grenzkosten.

Abb. 15.7: Preisbildung auf einem Monopolmarkt

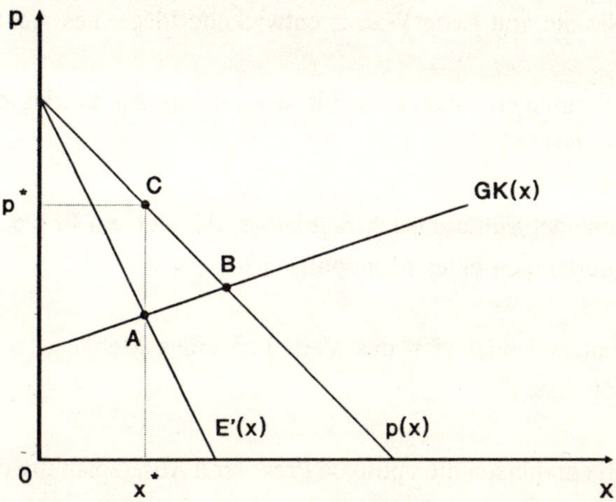

Diese Strategie führt im Endeffekt dazu, daß auf Monopolmärkten eine geringere Menge zu einem höheren Preis als auf vergleichbaren Konkurrenzmärkten gehandelt wird. In der Abbildung 15.7 haben wir die Monopollösung nochmals graphisch dargestellt.

Die Marktnachfragefunktion ***p(x)*** ist in dieser Darstellung zur Vereinfachung als Gerade angenommen. Die Grenzerlöskurve ***E'(x)*** stellt sich dann ebenfalls als eine Gerade dar, mit betragsmäßig doppelt so großer Steigung wie sie die Nachfragekurve besitzt. Die gewinnmaximale Menge x^*, die gleichzeitig die Gleichgewichtsmenge auf dem Monopolmarkt ist, wird durch den Schnittpunkt **A** von Grenzerlös- und Grenzkostenkurve bestimmt. Der zur Menge x^* zugehörige Monopolpreis ergibt sich auf der Nachfragekurve im sogenannten **Cournot-Punkt C**. Auf einem vergleichbaren Konkurrenzmarkt mit aggregierter Angebotsfunktion würde sich das Marktgleichgewicht in Punkt **B** einstellen und, vergleichsweise, zu einem niedrigeren Gleichgewichtspreis und einer größeren Gleichgewichtsmenge führen.

Kontrollfragen zu Kapitel 15:

1. Wie läßt sich aus den individuellen Nachfragekurven der Haushalte die Nachfragekurve des Marktes konstruieren?

2. Wie faßt man die Güterangebotsfunktionen einzelner Unternehmen zu einer Angebotsfunktion des Marktes zusammen?

3. Erläutern Sie die von Leon Walras entwickelte Idee eines Auktionators.

4. Welche Bedingungen müssen erfüllt sein, damit ein Marktgleichgewicht als stabil gelten darf?

5. Wie unterscheidet sich die Nachfragekurve, der sich ein Polypolist gegenübersieht, von derjenigen eines Monopolisten?

6. Wodurch unterscheidet sich das Verhalten eines Mengenanpassers von dem eines Monopolisten?

7. Ermitteln Sie graphisch die optimale Preis- und Absatzplanung eines Monopolisten. Was besagt in dem Zusammenhang der Cournot'sche Punkt?

16. Allgemeines Marktgleichgewicht und Wohlfahrtstheorie

Bisher haben wir in der Mikroökonomie immer nur einen Markt für ein einzelnes Gut betrachtet und von Beziehungen zu den den übrigen Märkten abstrahiert. Eine marktwirtschaftliche Ordnung ist aber durch eine Vielzahl von Märkten gekennzeichnet, auf denen die einzelnen Güter gehandelt werden. Beachtenswert dabei ist, daß diese verschiedenen Märkte nie isoliert nebeneinander existieren, sondern alle miteinander in Verbindung stehen. So beeinflußt beispielsweise der Preis, der sich auf einem Markt für ein Gut bildet, nicht nur die Nachfrage und das Angebot auf diesem Markt, sondern genauso die Nachfrage und das Angebot auf anderen Märkten und damit auch die Preise, die dort zustandekommen.

Wie wir schon früher gehört haben (siehe insbesondere Kapitel 4), kommt den Preisen in der Marktwirtschaft die Funktion zu, Nachfrage und Angebot ins Gleichgewicht zu bringen und für die optimale Allokation der Produktionsfaktoren und Güter zu sorgen. Das Preissystem besteht dabei aus einer Vielzahl von Preisen, bei denen, betrachtet man die Gesamtheit aller Märkte, nun nicht mehr ein einzelner Preis in seiner absoluten Höhe, sondern jeweils sogenannte **Relativpreise** ausschlaggebend sind. Wie der Preismechanismus in einer Marktwirtschaft funktioniert, wie er die Pläne von Konsumenten und Produzenten koordiniert und wie daraus ein Gleichgewichtszustand für die gesamte Volkswirtschaft entstehen kann, wollen wir im folgenden, in graphischer Form, etwas genauer untersuchen. In mehr beschreibender Darstellung ist uns die Problematik auch in anderen Abschnitten ja schon mehrfach begegnet (vergleiche Abschnitt 4.5). Wir sollten an dieser Stelle noch betonen, daß wir stets vollkommene Konkurrenzmärkte unterstellen, auf denen die Preise aus der Sicht eines einzelnen Konsumenten oder Produzenten grundsätzlich nicht beeinflußt werden können.

Um uns die Analyse zu vereinfachen, ohne daß dabei Wesentliches verloren ginge, betrachten wir zunächst den Fall des reinen Tausches zwischen zwei Konsumenten, der uns in seiner grundsätzlichen Bedeutung ebenfalls bereits bekannt ist (siehe Abschnitt 4.5). Ein solcher Tausch ist dadurch gekennzeichnet, daß zwei Konsumenten über eine bestimmte Ausstattung zweier Güter verfügen und von diesen Gütern dann bestimmte Mengen zum Tausch anbieten oder im Tausch erwerben wollen. Ein Austauschprozeß wird dann in Gang kommen, wenn sich beide Konsumenten durch den Tausch verbessern können und wenn sich ihre unterschiedlichen Wünsche decken lassen.

Im weiteren Verlauf werden wir die Analyse dann erweitern, indem wir Produktionsüberlegungen in die Betrachtung miteinbeziehen. Der Bestand an Gütern wird nun nicht länger als vorgegeben angenommen, also nicht mehr allein ein bestimmter Punkt auf der Transformationskurve betrachtet, sondern wir berücksichtigen zudem, daß jede Gesellschaft über vielfältige Alternativen in der Güterproduktion verfügt. Sie alle drücken sich letztlich im Spektrum der Produktionsmöglichkeitenkurve aus. Eine interessante Frage in diesem Zusammenhang wird auch sein, wie in einer Volkswirtschaft die Abstimmung der Produktion auf die Nachfrage geschieht und welche Rolle der Preismechanismus dabei spielt.

16.1 Reiner Tausch

Wie wir schon erwähnten, ist der reine Tausch dadurch gekennzeichnet, daß zwei Konsumenten über eine bestimmte Anfangsausstattung zweier Güter verfügen und versuchen, durch Austausch dieser Güter ihren Nutzen zu erhöhen. Fragen wir uns also, wann ein solcher Tausch überhaupt zustandekommt, und ob sich die Konsumenten dabei besserstellen können. Oder wird es nicht eher doch so sein, daß ein Tauschpartner versucht, den anderen "übers Ohr zu hauen"?

Um diese Fragen zu beantworten, greifen wir auf ein nützliches Diagramm, das sogenannte **Edgeworth-Diagramm** zurück, das die Abbildung 16.1 zeigt. Dieses Diagramm ist benannt nach dem englischen Ökonomen **F.I. Edgeworth** (1845-1926).

In diesem Diagramm sind zunächst einmal die Anfangsausstattungen der beiden Konsumenten **A** und **B** mit den beiden Gütern 1 und 2 dargestellt. Betrachten wir als erstes den Konsumenten **A**.

Seine Güterausstattung wird vom Ursprung des Diagramms mit der Bezeichnung $\mathbf{O_A}$ aus gemessen, und zwar die Menge von Gut 1 auf der Abszisse, diejenige von Gut 2 auf der Ordinate. Die Mengen, über die der Konsument **B** von beiden Gütern am Anfang verfügt, messen wir von der rechten oberen Ecke des Diagramms, also vom Ursprung $\mathbf{0_B}$ aus, und zwar die Menge des Gutes 1 auf der horizontalen, diejenige des Gutes 2 auf der vertikalen Achse. Die jeweils insgesamt vorhandenen Mengen der beiden Güter sollen den Gesamtlängen des Edgeworth-Diagramms entsprechen. Daher stimmt auch die Gesamtmenge von Gut 1 mit der Länge und die Gesamtmenge des Gutes 2 mit der Breite des Rechtecks überein. Wie man sich leicht vorstellen kann, repräsentiert nun jeder Punkt in diesem Diagramm eine bestimmte Aufteilung der beiden Güter auf die beiden Konsumenten. Wie wir wissen, nennt man diese Aufteilung auch **Allokation**. So bedeutet beispielsweise der Punkt **W**, daß von dem Gut 1 der Konsument **A** die Menge w_A^1, der Konsument **B** die Menge w_B^1 bekommt. Von Gut 2 erhält der Konsument **A** die Menge w_A^2, der Konsument **B** die Menge w_B^2.

Abb. 16.1: Reiner Tausch

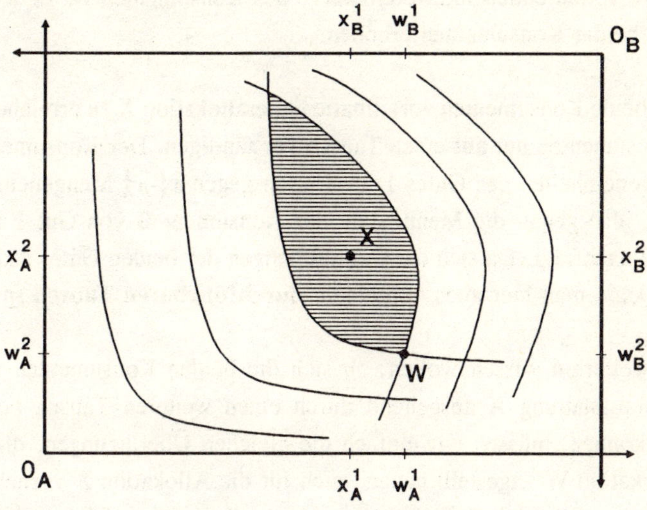

Man kann sich bei der hier gewählten Anfangsausstattung bereits vorstellen, wann ein Tausch zustandekommen wird. Wie man sieht, besitzt Konsument **A** relativ viel vom Gut 1 und relativ wenig vom Gut 2, während dem Konsumenten **B** relativ wenig von Gut 1 und relativ viel von Gut 2 gehört. Ein Tausch wäre also dann für beide vorteilhaft, wenn Person **A** gerne etwas mehr von Gut 2 hätte und dafür auf einen Teil von Gut 1 verzichten würde. Die Präferenzen von Person **B** müßten genau umgekehrt gelagert sein, sie sollte etwas mehr von Gut 1 verlangen und dafür einen Teil von Gut 2 entbehren können.

Wie die beiden Konsumenten ihre Anfangsausstattungen tatsächlich einschätzen, läßt sich ganz genau anhand ihrer **Nutzenfunktionen** feststellen. Dazu müssen wir nur die zugehörigen Indifferenzkurven für beide Konsumenten in das Edgeworth-Diagramm einzeichnen. Die Indifferenzkurven des Konsumenten **A** verlaufen darin konvex zum Ursprung $\mathbf{O_A}$, diejenigen des Konsumenten **B** entsprechend konvex zum Ursprung $\mathbf{O_B}$. Von den jeweiligen Indifferenzkurven interessieren uns natürlich insbesondere diejenigen, die durch den Punkt **W** gehen. Sie geben nämlich jeweils an, wie hoch das Nutzenniveau des Konsumenten **A** und dasjenige des Konsumenten

B bei der Anfangsausstattung **W** ausfallen. Und wir können auch sofort angeben, welche Allokationen beide Konsumenten im Vergleich zur Allokation **W** besserstellen würden. Dies sind offensichtlich alle Punkte, die innerhalb des durch die beiden Indifferenzkurven zu **W** begrenzten linsenförmigen Bereichs liegen. Eine solche Allokation wäre zum Beispiel **X**, denn dieser Punkt liegt sowohl oberhalb der durch **W** verlaufenden Indifferenzkurve des Konsumenten **A** als auch oberhalb der durch **W** verlaufenden Indifferenzkurve des Konsumenten **B**. Er würde somit den Nutzen beider Konsumenten erhöhen.

Um die für beide Konsumenten vorteilhafte Güterallokation **X** zu erreichen, müssen sich die Konsumenten nur auf einen Tausch verständigen. Der Konsument **A** bietet w_A^1-x_A^1 Mengeneinheiten des Gutes 1 im Tausch gegen x_A^2-w_A^2 Mengeneinheiten des Gutes 2 an, also genau die Menge, die der Konsument **B** von Gut 1 im Tausch gegen Gut 2 nachfragt. Da sich die Gesamtmengen der beiden Güter dadurch nicht verändern, kann man hier auch von einem **durchführbaren Tausch** sprechen.

Wenn wir weiterhin wissen wollen, ob sich die beiden Konsumenten von dieser neuen Güterausstattung **X** ausgehend durch einen weiteren Tausch noch einmal verbessern können, müssen wir einfach die gleichen Überlegungen, die wir eben für die Allokation **W** angestellt haben, auch für die Allokation **X** vornehmen. Wir hätten dementsprechend die Indifferenzkurven durch **X** einzuzeichnen, was zu einem neuen linsenförmigen Bereich führte, in dem dann alle Güterallokationen lägen, die beide Konsumenten präferieren und die durch weitere Tauschakte auch prinzipiell realisierbar wären.

Der einmal begonnene Gütertausch würde nun solange anhalten, bis sich die Tauschpartner nicht mehr verbessern können. Eine solche Situation haben wir ja schon früher als **Pareto-effizient** bezeichnet. Ein Paretooptimum ist nämlich, wie wir uns erinnern, durch eine Allokation von Gütern und Produktionsfaktoren (letztere bleiben beim reinen Tausch allerdings ausgeklammert) gekennzeichnet, bei der es nicht möglich ist, eine Person besserzustellen, sprich ihren Nutzen zu erhöhen, ohne gleichzeitig mindestens eine andere Person schlechterstellen zu müssen, deren Nutzen dann sinken würde.

Wann ist dieser Zustand im Falle des reinen Tausches erreicht? Offensichtlich dann, wenn eine Güterverteilung erreicht ist, bei der sich die durch diese Allokation verlaufenden Indifferenzkurven der beiden Konsumenten nicht mehr schneiden, sondern gerade noch tangieren. Es kann dann kein linsenförmiger Bereich mehr konstruiert werden, weil dieser keine weiteren Punkte mehr enthält, sondern quasi auf den paretooptimalen Punkt zusammenschmilzt.

Abb. 16.2: Paretooptimum

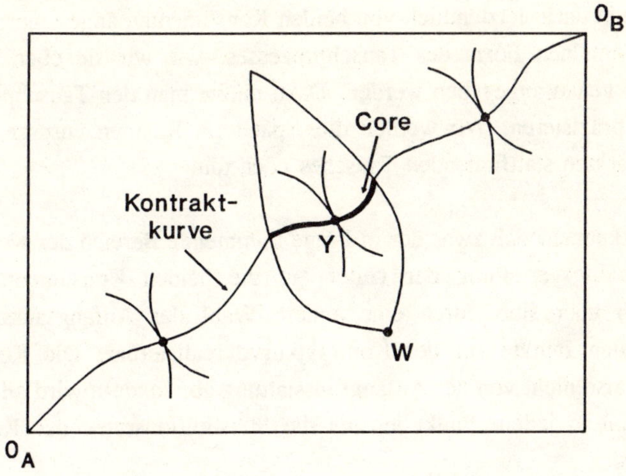

In der Abbildung 16.2 haben wir diesen Zustand dargestellt und die paretoeffiziente Allokation mit **Y** bezeichnet. Man sieht, daß der Bereich oberhalb der Indifferenzkurve der Person **A**, die durch **Y** geht, nicht mehr mit dem Bereich oberhalb der Indifferenzkurve der Person **B** durch diesen Punkt zusammenhängt, also keine Allokationen mehr vorhanden sind, bei denen sich beide gegenüber **Y** verbessern könnten. Da sich in **Y** die Indifferenzkurven der beiden Konsumenten berühren, müssen dort auch ihre Steigungen übereinstimmen.

Die Steigung einer Indifferenzkurve gibt aber bekanntlich die Substitutionsrate zwischen den beiden Gütern an, so daß als eine Bedingung für ein Paretooptimum die **Gleichheit der Substitutionsraten** aller Konsumenten gefordert werden muß. Diese Bedingung wird natürlich nicht nur von **Y**, sondern von sehr vielen Punkten im Edgeworth-Diagramm erfüllt, die alle zusammen eine Linie von der linken unteren Ecke bis zur rechten oberen Ecke des Diagramms bilden und jeweils als Tangentialpunkte von Indifferenzkurven charakterisiert sind. Diese Linie bezeichnet man auch als **Kontraktkurve**, um anzudeuten, daß ein Vertrag zwischen beiden Konsumenten zustandekommen wird, wenn ein Punkt auf dieser Kurve erreicht ist, da dort nach dem Paretokriterium keine Verbesserungen mehr möglich sind und der Tauschprozeß in diesem Punkt ein Ende nimmt.

Geht man von einer bestimmten Anfangsausstattung, etwa wie vorhin von **W** aus, dann kommen als mögliche Tauschergebnisse natürlich nur diejenigen Punkte auf der Kontraktkurve in Frage, die innerhalb des von W gebildeten linsenförmigen Bereichs liegen. Dieser Teil der Kontraktkurve wird daher auch "**Core**" genannt. Welcher Punkt darin letztendlich von beiden Konsumenten angesteuert wird, kann bei der allgemeinen Form des Tauschprozesses, wie wir sie oben beschrieben haben, nicht genau angegeben werden. Dazu müßte man den Tauschprozeß selbst noch näher präzisieren. Wir werden dies später im Rahmen unserer Darstellung eines auf Märkten stattfindenden Tausches noch tun.

Man kann erkennen, daß zwar der in Frage kommende Bereich der Kontraktkurve von der Anfangsverteilung der Güter auf die beiden Konsumenten abhängt, grundsätzlich aber sind durch eine andere Wahl der Anfangsausstattung alle paretooptimalen Punkte auf der Kontraktkurve realisierbar. Die Kontraktkurve selbst hängt also nicht von der Anfangsausstattung ab, sondern wird allein dadurch bestimmt, daß in jedem Punkt jeweils die Substitutionsraten der Konsumenten identisch sind.

16.2 Produktion und Tausch

Wir wollen nun in einem weiteren Schritt berücksichtigen, daß gänzlich unterschiedliche Kombinationen unserer beiden Güter produziert und deren Gesamtmengen im Grunde nicht als gegeben betrachtet werden können. Um einen paretooptimalen Zustand zu erreichen, hat man also eine **simultane** Entscheidung über die Allokation der Produktionsfaktoren auf die einzelnen Verwendungen und die Allokation der Güter auf die Konsumenten zu treffen.

Um die Argumentation etwas zu vereinfachen, wollen wir unmittelbar die Kurve der Produktionsmöglichkeiten zum Ausgangspunkt unserer Überlegungen nehmen. Wenn wir uns erinnern, zeigt diese Kurve auf, welche alternativen Möglichkeiten es zur Produktion zweier Güter bei einem gegebenen Faktorbestand gibt, sobald die Produktionsfaktoren jeweils anders auf die verschiedenen Verwendungen aufgeteilt werden. Falls nur ein Produktionsfaktor vorhanden ist, kann die Transformationskurve relativ einfach konstruiert werden, derart, wie wir dies in Kapitel 3 schon ausführlich beschrieben haben. Etwas komplizierter gestaltet sich die Darstellung, falls zwei oder sogar mehrere Produktionsfaktoren in der Produktion beider Güter eingesetzt werden. Die Konstruktion der Transformationskurve ist aber auch dann prinzipiell möglich, und sie wird in dem Falle, daß beide Produktionsfunktionen konvexe Isoquanten besitzen, auch die schon uns bekannte Gestalt annehmen - die Produktionsmöglichkeitenkurve wird konkav zum Ursprung hin verlaufen.

Rufen wir uns dabei ins Gedächtnis zurück, daß die Steigung dieser Kurve die Grenzrate der Transformation angibt, mithin also das Verhältnis, zu dem die beiden Güter in der Produktion quasi ineinander überführt werden können. Die Konkavität bedeutet dann, daß man die Produktion des einen Gutes immer mehr einschränken muß, um eine weitere Einheit des anderen Gutes herstellen zu können. Schon aus dieser Tatsache heraus erklärt sich, daß in einer Ökonomie Produktion und Konsum aufeinander abgestimmt werden müssen, will man einen paretooptimalen Zustand erreichen. Wie sehen nun die Bedingungen dafür aus?

Betrachten wir dazu die folgende Abbildung.

Abb. 16.3: Tausch und Produktion

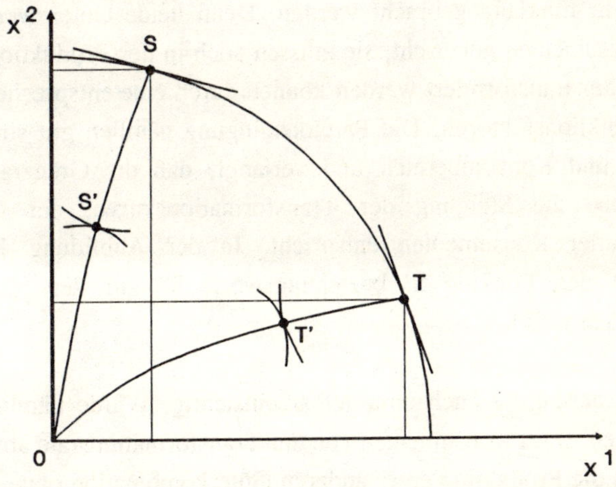

Wir sehen hier die Kurve der Produktionsmöglichkeiten für die beiden Güter 1 und 2 als konkave Funktion dargestellt. Eine Gesellschaft wird zunächst einmal nur solche Punkte in Betracht ziehen, die auf der Kurve selbst liegen, weil nur dort die Produktionsfaktoren effizient eingesetzt sind: effizient in dem Sinne, daß es nicht mehr möglich ist, durch eine Reallokation der Produktionsfaktoren von einem Gut mehr zu produzieren, ohne daß die Produktion des anderen Gutes eingeschränkt werden müßte. Dies trifft auf Punkte, die innerhalb der Transformationskurve liegen, nicht mehr zu, dort sind die Produktionsfaktoren entweder nicht vollbeschäftigt oder es werden Ressourcen in der Produktion verschwendet. Ein

Paretooptimum setzt also zunächst zwingend voraus, daß sich die Gesellschaft auf dem äußersten Rand der Produktionsmöglichkeiten befindet.

Dort haben wir zwei beliebige Punkte **S** und **T** beispielhaft ausgewählt. Bei der Güterkombination **S** wird relativ viel von Gut 2 und relativ wenig von Gut 1 produziert, bei der Kombination **T** verhält sich dies genau umgekehrt. Wir können nun zu jedem Punkt auf der Transformationskurve das jeweils zugehörige Edgeworth-Diagramm einbringen, derart, daß die Seitenlängen dieses Diagramms genau den insgesamt verfügbaren Mengen der beiden Güter entsprechen. In der Abbildung 16.3 haben wir dies für die beiden Güterkombinationen **S** und **T** getan.

Auf diese Weise gelingt es, den Gütertausch zwischen zwei Konsumenten mit den Produktionsbedingungen zu verbinden. An den Paretobedingungen im Konsumbereich ändert sich hierdurch nichts. Paretoeffizient sind nach wie vor alle Punkte auf der Kontraktkurve, die sich durch die Gleichheit der Substitutionsraten auszeichnen. Die Konsumwünsche jedoch müssen nun auch mit den Produktionsbedingungen in Einklang gebracht werden. Denn beide Güter werden nicht nur zwischen Konsumenten getauscht, sie müssen auch in der Produktion in gewissem Sinne ineinander transformiert werden können durch eine entsprechende Reallokation der Produktionsfaktoren. Die Paretobedingung nämlich gilt simultan für den Produktions- und Konsumbereich und verlangt, daß die Grenzrate der Transformation, also die Steigung der Transformationskurve, der Grenzrate der Substitution aller Konsumenten entspricht. In der Abbildung 16.4 ist diese Bedingung in den Punkten **S'** beziehungsweise **T'** auf den jeweiligen Kontraktkurven auch erfüllt.

Die obige Forderung ist auch unmittelbar einsichtig. Würde nämlich die Substitutionsrate irgendeines Konsumenten von der Transformationsrate abweichen, dann wäre es durch die Produktion einer anderen Güterkombination ohne weiteres möglich, wenigstens einen Konsumenten besserzustellen. Ist etwa ein Konsument bereit, eine Einheit des einen Gutes gegen eine Einheit des anderen einzutauschen, und besteht zugleich die Möglichkeit, zwei Einheiten des einen Gutes zusätzlich zu produzieren, wenn auf eine Einheit des zweiten verzichtet wird, dann erscheint es offensichtlich sinnvoll, die entsprechende Änderung in der Güterproduktion vorzunehmen. Der Konsument könnte seinen Nutzen steigern, wenn er von dem vermehrt produzierten Gut nicht nur eine Einheit mehr, sondern sogar zwei Einheiten mehr erhielte. Eine andere Möglichkeit bestünde darin, diesem Konsumenten eine Einheit des Gutes zu geben und die verbleibende Einheit an einen anderen Konsumenten, der dadurch natürlich ebenfalls eine Nutzensteigerung erfahren würde.

16.3 Paretoeffizienz und Marktgleichgewicht

Wenn, wie in unserem bisherigen Beispiel, nur zwei Konsumenten am (reinen) Tausch von zwei Gütern beteiligt sind, darf man mit einiger Berechtigung annehmen, daß diese Konsumenten solange verhandeln werden, bis sie sich auf einen paretooptimalen Zustand verständigt haben. Sie werden also alle Möglichkeiten ausschöpfen, ihren Nutzen zu erhöhen, ohne den Tauschpartner dabei zu übervorteilen. Wie aber sieht es in einer Gesellschaft aus, in der nicht nur zwei Güter gehandelt werden, sondern noch zahlreiche andere, und in der sich nicht nur zwei Akteure, sondern eine Vielzahl weiterer Personen am Tausch beteiligen, und daher im Grunde jede Person mit jeder anderen jedes beliebige Gut austauschen kann?

Wir haben schon öfters betont, daß es in einer solchen Situation ganz und gar unmöglich sei, die einzelwirtschaftlichen Aktivitäten von einer zentralen Stelle aus so zu koordinieren, daß für die Gesellschaft insgesamt ein paretoeffizientes Ergebnis herauskommt. Die Koordination der Akteure und die Abstimmung ihrer unterschiedlichen Ziele hat in diesem Falle der Markt zu übernehmen. Er stellt dann nichts anderes als ein Verfahren oder einen Mechanismus dar, um den Tausch vieler Güter bei vielen beteiligten Personen so zu organisieren und zu strukturieren, daß am Ende ein paretoeffizientes Ergebnis erreicht wird.

Im allgemeinen darf man ja nicht erwarten, daß alle Beteiligten immer über alle Informationen verfügen, die für einen für sie vorteilhaften Tausch notwendig sind, so wie dies bei zwei Personen noch der Fall sein mag. Kommen aber weitere Personen hinzu, so fällt es jedem immer schwerer, die Präferenzen der anderen zu kennen. Er wird also nicht wissen, welche Personen gerade diejenigen Güter zum Tausch anbieten, von denen er selbst mehr besitzen möchte und wer gleichzeitig bereit ist, dafür andere Güter anzunehmen, von denen er zu viel hat.

Wird der Tausch hingegen als ein vollkommener Konkurrenzmarkt organisiert, dann genügt es, wenn alle Beteiligten nur über die **Preise** der Güter informiert sind. Jeder Akteur muß sich dann nur noch mit seinen am Markt nachgefragten und angebotenen Mengen an die herrschenden Preise anpassen. Er darf sich dabei sogar ausschließlich an seinen eigenen Zielen orientieren, im allgemeinen also an der Maximierung seines eigenen Nutzens. Der Preismechanismus sorgt dann für zwei Resultate:

- Er stellt auf allen Märkten ein Gleichgewicht zwischen der nachgefragten und der angebotenen Menge eines Gutes her.

- Darüber hinaus sorgt er insbesondere auch dafür, daß die Verfolgung der einzelwirtschaftlichen Interessen für die Gesellschaft zu einem paretooptimalen Ergebnis führt.

Tauschökonomie und Marktgleichgewicht

Wir wollen nun diese Überlegungen, mit Hilfe des oben entwickelten Instrumentariums, noch etwas präziser fassen. Hierzu sehen wir uns zunächst einmal an, wie das allgemeine Gleichgewicht im Falle einer Tauschökonomie charakterisiert ist. Betrachten wir zu diesem Zweck das Edgeworth-Diagramm in Abbildung 16.4. Es beschreibt den Tauschprozeß vereinfacht für zwei Konsumenten, unter der Annahme, daß sich diese Konsumenten als Mengenanpasser verhalten und die Preise der beiden Güter, zu denen getauscht werden kann, als gegeben annehmen.

Abb. 16.4: Gütertausch auf Märkten

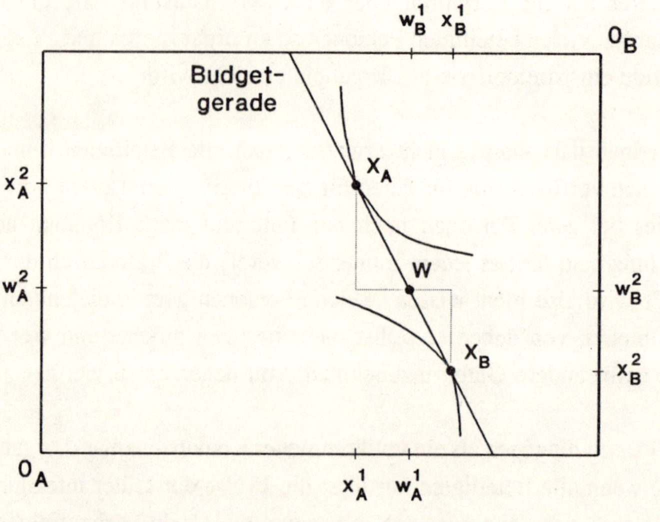

Die Anfangsausstattung der beiden Personen wird wieder durch den Punkt **W** repräsentiert, der eine Aufteilung der insgesamt von beiden Gütern verfügbaren Mengen auf die beiden Konsumenten vornimmt. Multipliziert man die Anfangsausstattung eines Konsumenten noch mit den am Markt herrschenden Preisen der Güter, so erhält man das Einkommen, über das der Konsument verfügen kann. Die

Budgetrestriktion für beide Konsumenten wird in unserem Edgeworth-Diagramm durch eine Gerade repräsentiert. Sie muß natürlich durch den Punkt **W** gehen, da ja die Anfangsausstattung exakt das Einkommen der Konsumenten determiniert. Die Steigung der Geraden wird durch das Preisverhältnis von Gut 1 zu Gut 2 bestimmt.

Man kann auch erkennen, daß die Anfangsausstattung für keinen der beiden Tauschpartner optimal ist, da es noch andere Punkte auf der Budgetgeraden gibt, die den Konsumenten jeweils ein höheres Nutzenniveau versprechen. Für den Konsumenten **A** wäre der Punkt $\mathbf{X_A}$ nutzenmaximal, für die Person **B** hingegen der Punkt $\mathbf{X_B}$, da dort jeweils die Indifferenzkurve mit dem höchsten Nutzenniveau tangiert wird. Dementsprechend würde der Akteur **A** gerne die Menge w_A^1-x_A^1, die man als sein Überschußangebot von Gut 1 bezeichnet, gegen die Menge x_A^2-w_A^2, seine Überschußnachfrage nach Gut 2, eintauschen. Der Konsument **B** äußert analog dazu ein Überschußangebot von Gut 1 in Höhe von w_B^1-x_B^1 und eine Überschußnachfrage nach Gut 2 in Höhe von x_B^2-w_B^2.

Wie man sieht, sind die Wünsche der beiden Tauschpartner nicht miteinander kompatibel, was auch nicht verwundern kann, da wir ja willkürlich irgendein Preisverhältnis angenommen haben. Bei diesem Preisverhältnis werden die Märkte nicht geräumt, es bleibt für jedes Gut eine aggregierte Überschußnachfrage oder ein aggregiertes Überschußangebot bestehen, wenn man die Nachfrage beziehungsweise das Angebot aller Konsumenten jeweils addiert. In diesem Falle spricht man auch von einem **Marktungleichgewicht**.

Um es zu beseitigen, kann man sich der Vorstellung eines **Auktionators** bedienen. Dieser erhöht den Preis für ein Gut, wenn es dafür eine aggregierte Überschußnachfrage gibt, und er senkt den Preis, wenn dafür ein aggregiertes Überschußangebot vorhanden ist. Normalerweise wird man auf diese Weise zu einem gleichgewichtigen Preisverhältnis gelangen, bei dem die Gesamtnachfrage nach jedem Gut mit dessen Gesamtangebot übereinstimmt. Alle überschüssigen Nachfragen oder Angebote werden so vollständig abgebaut. Man erhält schließlich eine Situation, in der alle einzelwirtschaftlichen Pläne miteinander vereinbar sind und in der jeder Marktteilnehmer mit dem Einkommen, das seiner Anfangsausstattung entspricht, dasjenige Güterbündel erwerben kann, das ihm den höchsten Nutzen bringt. Die Akteure haben sich dabei einfach nur am jeweiligen Preisverhältnis zu orientieren und ihre Substitutionsraten diesem anzugleichen.

Die Güterallokation, die sich beim gleichgewichtigen Preisverhältnis einstellt, haben wir in Abbildung 16.5 dargestellt. Wir sehen, daß die Budgetgerade wieder durch die Anfangsausstattung geht und dabei durch das gleichgewichtige Preisverhältnis der Güter eindeutig festgelegt ist. Die Indifferenzkurven beider Konsumenten tangieren in dem gemeinsamen Punkt **Z**, der zugleich die gleichgewichtige Allokation beschreibt.

Abb. 16.5: Marktgleichgewicht

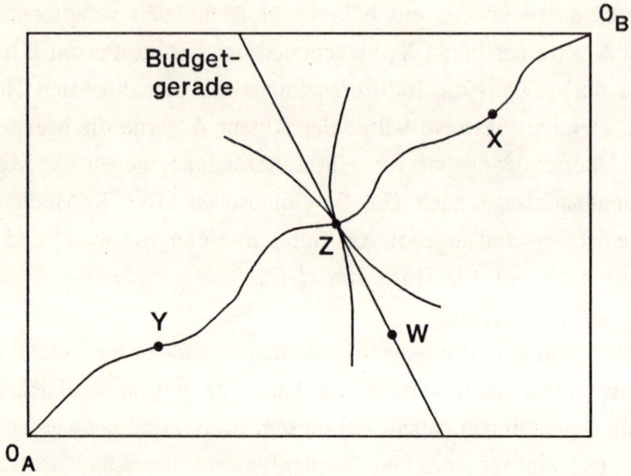

Bemerkenswert ist, daß dieses Marktgleichwicht gleichzeitig auch paretoeffizient sein muß. Wenn sich nämlich alle Konsumenten mit ihren Substitutionsraten dem gleichgewichtigen Preisverhältnis anpassen, müssen diese natürlich auch übereinstimmen, so wie es die Paretobedingungen verlangen. In der Abbildung 16.5 kommt dies darin zum Ausdruck, daß die Allokation **Z** auf der Kontraktkurve liegt.

Werden also die Tauschprozesse als vollständige Konkurrenzmärkte organisiert, dann führen der Preismechanismus und das eigennützige Verhalten der einzelnen Akteure bei einer gegebenen Anfangsausstattung mit Gütern dazu, daß ein Punkt auf der Kontraktkurve und damit eine für die Gesellschaft optimale Güterallokation ereicht werden kann. Dies ist der wesentliche Inhalt des **ersten Theorems der Wohlfahrtstheorie**. Es erbringt den Nachweis der Paretooptimalität vollständiger Konkurrenzmärkte.

Fragen wir, ob diese Schlußfolgerung auch in der umgekehrten Richtung gilt. Gibt es also zu irgendeiner paretoeffizieten Allokation ein Marktgleichgewicht, das genau diese Allokation zum Ergebnis hat?

Die Antwort darauf können wir wieder der Abbildung 16.5 entnehmen. Die Linie, welche die beiden Ursprünge $\mathbf{O_A}$ und $\mathbf{O_B}$ verbindet, stellt die Kontraktkurve dar. Und **Z**, als ein beliebiger Punkt auf dieser Kurve, sei irgendeine paretooptimale Güterallokation. Dann wissen wir, daß sich in **Z** die Indifferenzkurven der beiden Konsumenten gerade berühren und dort die Substitutionsraten übereinstimmen. Falls die Indifferenzkurven konvex zum Ursprung verlaufen, wird **Z** auch der einzige Berührungspunkt zwischen den beiden Indifferenzkurven sein, und wir können durch diesen Punkt eine Budgetgerade legen, deren Preisverhältnis durch die Substitutionsraten in **Z** bestimmt ist.

Um die paretoeffiziente Allokation **Z** als Ergebnis eines Marktprozesses zu erhalten, muß man die Akteure nur mit einem Einkommen ausstatten, das sie bei dem herrschenden Preisverhältnis auf die eben konstruierte Budgetgerade festlegt, wie es etwa durch eine Güterausstattung wie in Punkt **W** der Fall wäre. Es kann aber auch jeder andere Punkt auf dieser Budgetgeraden als Anfangsausstattung gewählt werden. Dann wird der Marktmechanismus dafür sorgen, daß die paretooptimale Allokation **Z** auch erreicht wird. Dies ist im wesentlichen der Inhalt des **zweiten Theorems der Wohlfahrtstheorie**:

Wenn alle Konsumenten konvexe Indifferenzkurven besitzen, dann kann jede paretoeffiziente Güterallokation bei einer geeigneten Anfangsausstattung der Individuen als vollständiges Konkurenzgleichgewicht aufgefaßt werden.

Produktion und Marktgleichgewicht

Wir haben nun wieder die Produktion in unsere Überlegungen einzubeziehen und zu fragen, ob auch das gewinnmaximierende Verhalten der Produzenten den Ansprüchen eines Paretooptimums genügt. Wenn wir uns erinneren, verhalten sich Unternehmen auf vollständigen Konkurenzmärkten als Mengenanpasser und bieten beim herrschenden Marktpreis ein Gut in der Menge an, bei der die Grenzkosten des Gutes mit seinem Marktpreis übereinstimmen. Deshalb wird auch das Preisverhältnis zweier Güter dem Verhältnis der Grenzkosten dieser Güter entsprechen, wenn wir die Allokation zweier Güter betrachten, wie wir dies in diesem Kapitel ja durchweg getan haben.

Nun kann man zeigen, daß die Grenzrate der Transformation, also die Steigung der Transformationskurve, genau dem Verhältnis der Grenzkosten entspricht:

Angenommen, es werde von Gut 1 eine Einheit weniger produziert, dann werden

Ressourcen frei, die für die Produktion des Gutes 2 eingesetzt werden können. Der Wert dieser Ressourcen muß genau den (minimalen) Grenzkosten GK_1 entsprechen, vorausgesetzt, die Ressourcen werden effizient in der Produktion verwendet, was in unserem Falle deshalb gilt, weil wir uns auf der Transformationskurve bewegen. Diesen Wert weisen die Ressourcen natürlich auch in der Produktion des Gutes 2 auf. Verursacht die Produktion einer weiteren Einheit des Gutes 2 Kosten in Höhe von GK_2, dann können mit den freigesetzten Ressourcen GK_1/GK_2 Einheiten des Gutes 2 zusätzlich produziert werden, was gerade der Transformationsrate entspricht.

Wenn sich aber alle Unternehmen mit ihren Grenzkosten an das Preisverhältnis anpassen, dann wird auch automatisch eine Übereinstimmung der Grenzrate der Transformation mit dem Preisverhältnis erreicht. Deshalb müssen auch die Grenzraten der Substitution und die Grenzrate der Transformation übereinstimmen, da sich Konsumenten und Produzenten im Gleichgewicht dem gleichen Preisverhältnis gegenübersehen. Ein Paretooptimum stellt sich demnach auch dann ein, wenn man die Produktion in die Betrachtung einbezieht und diese gewinnorientierten Unternehmen überläßt. Jede Unternehmung wird dort produzieren, wo die Grenzrate der Transformation - also das Verhältnis, zu dem ein Produkt durch eine Reallokation der Produktionsfaktoren in ein anderes überführt werden kann - der relativen Bewertung dieser Güter durch die Konsumenten entspricht. Daher sind die notwendigen Bedingungen für die Paretoeffizienz erfüllt: Die Grenzrate der Substitution jedes Konsumenten ist mit der Grenzrate der Transformation identisch.

Die Preise dienen dabei als Knappheitsanzeiger. Den Konsumenten signalisieren sie, wieviel die Produktion einer weiteren Einheit eines Gutes an Kosten erfordert, ausgedrückt in Einheiten anderer Güter, auf die man dann verzichten müßte. Den Produzenten geben sie an, wieviel den Konsumenten die Produktion dieses Gutes wert ist. Der Preismechanismus sorgt somit für die Übereinstimmung der gesellschaftlichen Wertschätzung eines Gutes mit seinen Opportunitätskosten, wodurch ein paretooptimaler Zustand erreicht werden kann.

16.4. Soziale Wohlfahrt und Verteilung

Im letzten Abschnitt haben wir gezeigt, daß nach dem ersten Wohlfahrtstheorem ein Wettbewerbsgleichgewicht immer auch eine paretoeffiziente Güterallokation hervorbringt. Diese Güterallokation hängt jedoch entscheidend von der Anfangsausstattung der Individuen ab. So kann eine effiziente Allokation durchaus mit einer sehr ungleichen Güterverteilung und damit sehr unterschiedlichen Nutzenniveaus der einzelnen Konsumenten einhergehen. Beispielsweise sind die Nutzen in der Abbildung 16.5 bei der zur Anfangsausstattung **W** gehörenden effizienten Allokation **Z** sicher gleicher auf die Individuen verteilt als dies bei den ebenfalls effizienten Allokationen **Y** und **X** der Fall wäre. Sie würden jeweils einem der beiden Konsumenten jeweils ein hohes, dem anderen ein relativ niedriges Nutzenniveau einbringen.

In einer solchen Lage ist es beruhigend zu wissen, daß das zweite Wohlfahrtstheorem es einer Gesellschaft erlaubt, Gesichtspunkte der Effizienz von Fragen der Verteilung zu trennen. Die Entscheidungen darüber lassen sich unabhängig voneinander treffen. Denn immer dann, wenn eine Gesellschaft mit einer paretoeffizienten Allokation, die sich im Markt einstellt, aus Gerechtigkeitsüberlegungen heraus nicht einverstanden ist, hat sie nach diesem Theorem prinzipiell die Möglichkeit, durch eine **Umverteilung der Anfangsausstattungen** eine Allokation zu erzeugen, die in ihren Augen gerechter ist. Sie kann sich dabei auch wieder des Marktmechanismus bedienen.

Dies setzt freilich voraus, daß in der Gesellschaft eine Vorstellung darüber existiert, wie eine gerechte oder faire Verteilung der Nutzen aussehen sollte. In der Wohlfahrtstheorie wurde in dem Zusammenhang das Konzept der **sozialen Wohlfahrtsfunktion** entwickelt. Es erlaubt, die Nutzen aller Konsumenten zu aggregieren und auf diese Weise eine Rangfolge unter den prinzipiell realisierbaren Güterallokationen herzustellen. Eine solche soziale Wohlfahrtsfunktion ist also, im einfachsten Fall zweier Konsumenten ganz einfach definiert als eine Abbildung w, die jeder Verteilung der beiden Nutzenniveaus $u_A(x_A^1, x_A^2)$ und $u_B(x_B^1, x_B^2)$ ihren Wohlfahrtswert zuordnet:

$$w(X) = w\Big(u_A(x_A^1, x_A^2), u_B(x_B^1, x_b^2)\Big) \quad .$$

Da der Nutzen eines Individuums wiederum von dem Güterbündel abhängt, über das es selbst verfügt, wird durch eine soziale Wohlfahrtsfunktion letztendlich eine gesellschaftliche Bewertung alternativer Güterallokationen $X = (x_A^1, x_A^2, x_B^1, x_B^2)$ vorgenommen. Ziel der Gesellschaft muß es natürlich sein, unter allen paretoeffizienten Allokationen diejenige auszuwählen, die die soziale Wohlfahrt maximiert und den sich darin ausdrückenden Gerechtigkeitsvorstellungen am nächsten kommt.

Wir wollen das Vorgehen wieder mit Hilfe unseres graphischen Instrumentariums illustrieren und dazu nochmals die Abbildung 16.3 betrachten. Darin sind, wie wir wissen, die paretoeffizienten Allokationen als Punkte auf der Kontraktkurve desjenigen Edgeworth-Diagramms eingezeichnet, das jeweils einer bestimmten Güterproduktion zugeordnet ist, die ihrerseits auf der Produktionsmöglichkeitenkurve liegt. In unserem Beispiel trifft dies auf die Allokationen S' und T' zu. Jeder paretoeffizienten Allokation auf der jeweiligen Kontraktkurve entspricht nun eine ganz bestimmte Verteilung der Nutzen, die wir in ein eigenes Nutzendiagramm übertragen können, derart, wie es Abbildung 16.6 zeigt. In unserem Falle mögen dies die Punkte S'' und T'' sein, die den Punkten S' und T' auf der Kontraktkurve zugeordnet sind.

Abb. 16.6: Wohlfahrtsoptimum

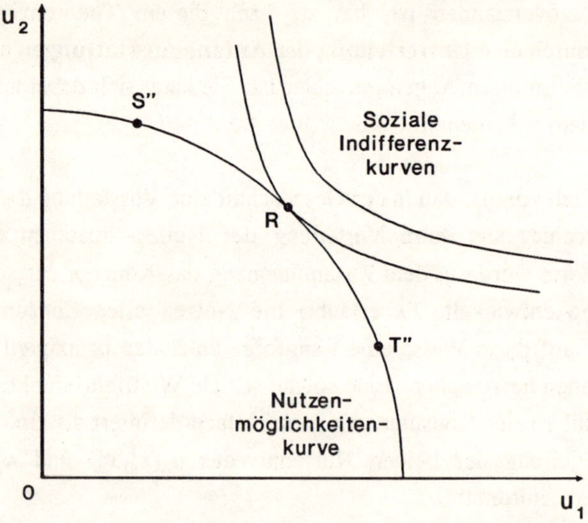

Das Nutzenniveau des Konsumenten 1 messen wir auf der Abszisse, dasjenige des Konsumenten 2 auf der Ordinate. Führt man diesen Vorgang für alle möglichen Punkte auf der Transformationskurve und die zugehörigen paretoeffizienten Allokationen durch, erhält man die sogenannte **Nutzenmöglichkeitengrenze**, auf der auch S'' und T'' liegen. Sie gibt die Menge aller Nutzenverteilungen an, die zu paretoeffizienten Allokationen gehören, und sie wird normalerweise einen fallenden Verlauf aufweisen. Dies bedeutet, daß der Nutzen eines Konsumenten durch eine Veränderung in der Güterstruktur und eine andere Verteilung der Güter auf die Konsumenten nur gesteigert werden kann, wenn man den Rückgang des Nutzens bei den anderen Konsumenten in Kauf nimmt. Dies beweist noch einmal, daß es sich bei der Nutzenmöglichkeitengrenze um eine paretoeffiziente Verteilung der Nutzen handeln muß.

Nimmt man an, daß eine gesellschaftliche Wohlfahrtsfunktion als Aggregat individueller Nutzen existiert und soziale Indifferenzkurven konstruiert werden können, die in Analogie zu individuellen Indifferenzkurven ein konstantes soziales Wohlfahrtsniveau angeben und konvex verlaufen, dann kann die **wohlfahrtsmaximale Allokation** bestimmt werden. Sie ist wieder durch eine Tangentialbedingung gekennzeichnet, die die Gleichheit der Transformationsrate und Substitutionsrate zwischen den Nutzen der beiden Individuen verlangt und so zu verstehen ist, daß das Optimum genau in dem Punkt erreicht wird, wo die Transformation des Nutzens eines Konsumenten in den Nutzen des anderen Konsumenten die gesellschaftliche Wohlfahrt nicht mehr zu steigern vermag. In unserem graphischen Beispiel ist dies im Punkt **R** der Fall.

Unter welchen Bedingungen ein solches Wohlfahrtsmaximum überhaupt existiert, und ob die Aggregation der individuellen Nutzen sich überhaupt widerspruchsfrei vornehmen läßt, soll uns hier nicht weiter interessieren. Hier genügt es festzuhalten, daß unter bestimmten Bedingungen eine Gesellschaft prinzipiell die Möglichkeit hat, unter allen effizienten Allokationen durch eine Reallokation der Güter und Produktionsfaktoren diejenige auszuwählen, die auch ihren Gerechtigkeitsvorstellungen genügt.

Kontrollfragen zu Kapitel 16:

1. Warum bietet der Tausch von Gütern beiden Tauschpartnern die Möglichkeit, ihren Nutzen zu erhöhen und wann wird dieser Tauschprozeß ein Ende finden?

2. Erläutern Sie das Kriterium der Pareto-Effizienz.

3. Warum liegen alle Pareto-effizienten Tauschgleichgewichte auf der Kontraktkurve?

4. Welche Bedingungen müssen erfüllt sein, damit eine Pareto-effiziente Allokation von Produktionsfaktoren und Gütern erfolgt?

5. Warum wird ausgehend von einer bestimmten Anfangsausstattung genau ein Punkt auf der Kontraktkurve erreicht, wenn der Tausch zwischen Individuen als ein Marktprozeß organisiert wird, in dem sich die Individuen als Mengenanpasser verhalten?

6. Wie kann die sich am Markt ergebende Verteilung der Güter verändert werden, ohne Effizienzverluste in Kauf nehmen zu müssen?

7. Warum kann die Verteilung der Güter auf die Konsumenten in einer Volkswirtschaft als ungerecht angesehen werden, obwohl sie dem Kriterium der Pareto-Effizienz vollauf genügt?

Verwendete Literatur zum Teil III Mikroökonomische Theorie:

1. HENDERSON, J. M., R. E. QUANDT, Mikroökonomische Theorie, Eine mathematische Darstellung, München, 1980[5].
2. NEUMANN, M., Theoretische Volkswirtschaftslehre II, Produktion, Nachfrage und Allokation, München, 1987[2].
3. SCHUMANN, J., Grundzüge der mikroökonomischen Theorie, Berlin, Heidelberg, New York, 1987[5].
4. STEHLING, F., Wohlfahrtstheorie, Karlsruhe, 1978 (unveröffentlicht).
5. STEHLING, F., Mikroökonomische Theorie, Karlsruhe, 1979 (unveröffentlicht).
6. VARIAN, H. R., Mikroökonomie, München, 1985[2].
7. VARIAN, H. R., Grundzüge der Mikroökonomik, München, 1989.

Sach- und Personenregister